国家卫生和计划生育委员会"十三五"
江西省卫生类中高职对接规划教材
供护理类专业用

成人护理

主　编　高健群
副主编　胡颖辉　涂　映　巫全胜
编　者　（以姓氏笔画为序）
　　　　代思琦（九江市卫生学校）
　　　　巫全胜（宜春职业技术学院）
　　　　巫章华（赣南卫生健康职业学院）
　　　　李辉员（宜春职业技术学院）
　　　　杨玉琴（江西医学高等专科学校）
　　　　吴少林（宜春职业技术学院）
　　　　闵　瑰（江西卫生职业学院）
　　　　闵　燕（南昌大学第一附属医院）
　　　　陈　婧（江西卫生职业学院）
　　　　胡　翠（九江市卫生学校）
　　　　胡颖辉（江西卫生职业学院）
　　　　聂爱萍（南昌大学第一附属医院）
　　　　高健群（宜春职业技术学院）
　　　　涂　映（江西卫生职业学院）
　　　　彭文蔚（江西中医药高等专科学校）
　　　　赖　青（江西医学高等专科学校）

人民卫生出版社

图书在版编目（CIP）数据

成人护理/高健群主编. —北京：人民卫生出版社,2017
ISBN 978-7-117-23939-4

Ⅰ.①成…　Ⅱ.①高…　Ⅲ.①护理学-医学院校-教材
Ⅳ.①R47

中国版本图书馆 CIP 数据核字（2017）第 000654 号

人卫智网	www.ipmph.com	医学教育、学术、考试、健康、
		购书智慧智能综合服务平台
人卫官网	www.pmph.com	人卫官方资讯发布平台

成 人 护 理

主　　编：高健群
出版发行：人民卫生出版社（中继线 010-59780011）
地　　址：北京市朝阳区潘家园南里 19 号
邮　　编：100021
E - mail：pmph @ pmph.com
购书热线：010-59787592　010-59787584　010-65264830
印　　刷：人卫印务（北京）有限公司
经　　销：新华书店
开　　本：787×1092　1/16　印张：31
字　　数：774 千字
版　　次：2017 年 1 月第 1 版　2020 年 11 月第 1 版第 3 次印刷
标准书号：ISBN 978-7-117-23939-4/R·23940
定　　价：66.00 元

打击盗版举报电话：010-59787491　E-mail：WQ @ pmph.com
（凡属印装质量问题请与本社市场营销中心联系退换）

出版说明

　　卫生职业教育教材是卫生职业教育院校培养学生职业道德、职业技能、就业创业和继续学习能力的重要载体，也是反映当前国家卫生职业教育工作方针和职业教育教学改革的物化成果。高质量的教材对提高卫生职业教育人才培养质量具有十分重要的作用。出版一批具有鲜明区域和时代特征，反映区域产业升级和结构调整对技能型人才新要求，体现区域职业教育课程改革新理念，符合职业教育规律和技能型人才成长规律的高质量现代职业教育教材是时代的要求。

　　为全面贯彻《国务院关于加快发展现代职业教育的决定》、《教育部关于深化职业教育教学改革全面提高人才培养质量的若干意见》和《江西省教育厅关于推进中高职教育对接培养模式改革的意见》等文件精神，切实做好江西省卫生类专业中高职对接"3+2"培养模式落实工作，建立和完善卫生类中高职衔接贯通、协调发展的培养体系，促进中高职对接和产教研深度融合，进一步提高教育教学质量，在江西省卫生和计划生育委员会的推动下，江西省卫生职业教育教学指导委员会经过广泛的调研论证，分别制订了护理、助产、检验、药学四个专业中高职对接人才培养方案，并在此基础上针对高职阶段的专业教学内容和特点，确定了各专业核心课程。2016年1月，江西省卫生类中高职对接教材编审委员会成立，启动教材编写工作。教材编写以"创新、协调、绿色、开放、共享"的发展理念为指引，各教材编写组吸纳了江西省内有影响力的临床一线专家和部分中职学校有丰富教学经验老师，以便更好地对接中职课程内容和岗位要求及职业标准。全套教材立足当前江西省卫生职业教育教学实际，编审委员会和各编写组专家凝心聚力、上下联动、分工合作，统一编写思想，努力构建符合职业教育规律、体现卫生类专业特色、课程内容递进、课程教学连贯，课程考核一致，中高职对接紧密的高职阶段课程和教材体系。各专业教材编写明确教学目标，突出专业核心，夯实能力基础，激发创新思维，适应发展需要；各教材渗透人文素质教育理念，彰显立德树人，敬畏生命，团队协作的良好职业素养。

　　本套教材共15种，均配套网络增值服务，于2016年12月前出版供各院校使用。

江西省卫生类中高职对接教材
编审委员会

江西省卫生类中高职对接教材
目　录

序号	教材名称	主编
1	基础医学概要	周　洁　方义湖
2	母婴及儿童护理	熊杰平　周俊杰
3	成人护理	高健群
4	社区健康服务	赵国琴
5	临床护理技术	汪爱琴
6	手术室护理	黄一凡
7	妇科护理学	项豪华
8	高级助产学	程瑞峰
9	临床医学概要	朱祖余
10	临床血液与体液检验	章　英
11	临床化学检验	吴　剑
12	医用化学概要	何丽针
13	药品生产综合实训	王小平
14	药学综合知识与技能	周铁文
15	医院药学	胡志方

前　言

　　江西省卫生类专业中高职对接规划教材是按照中高职对接专业培养目标、医药卫生行业要求、社会用人需求所规划的教材，编写立足江西省教学实际，密切联系临床，坚持以人为本，以学生为主体，以护理程序为主线，实现内容和形式的全面创新，使本教材为区域卫生行业输送优质护理人才发挥重要作用。

　　《成人护理》教材编写的基本思路：一是体现对"人"的整体护理观理念，体现"以病人为中心"的优质护理指导思想，使用护理程序的工作方法，加强对学生人文素质的培养。二是适应人们健康需求、人口老龄化和疾病谱的变化，紧密联系临床，注重吸收护理行业发展的新知识、新技术、新方法。三是突出护理专业培养目标和技能要求，对接护士职业标准和岗位要求，与护士执业资格考试紧密接轨，体现中高职对接教育的特色。四是遵循教材编写的"三基、五性"的基本原则，基本理论和基本知识以"必需、够用"为度，适当扩展，强调基本技能的培养；保证思想性和科学性，强调适用性与先进性，突出启发性；体现编写内容科学严谨，编写体例、编写风格一致。

　　在编写体例上，本教材以整体护理为指导，以护理程序为框架，将护理程序贯穿于教材的始终。全书内容包括总论、呼吸系统疾病病人的护理、循环系统疾病病人的护理、消化系统疾病病人的护理、泌尿系统疾病病人的护理、血液系统疾病病人的护理、内分泌与代谢疾病病人的护理、神经系统疾病病人的护理、运动系统疾病病人的护理、皮肤及皮下组织疾病病人的护理和传染病病人的护理。在各系统疾病病人的护理中，每个疾病的编写内容包括护理评估、常见护理诊断/问题、护理目标、护理措施、护理评价这一体例，护理评估包括健康史、身体状况、心理和社会状况、诊断要点、治疗要点等。编写组成有"走入现场""知识链接""江西印象""学与思"等。

　　本教材在编写过程中得到了各编写单位的大力支持和帮助，在此表示诚挚的感谢。由于时间较为仓促，加之编者水平有限，本书内容不当之处难免，恳请各院校师生、临床护理工作者予以批评指正。

高健群

2016 年 10 月

目 录

第一章 总 论

第一节 水、电解质、酸碱平衡失调病人的护理

 走入现场

现场:护士小李今日值夜班,一位年轻妈妈抱着 1 岁的小男孩急匆匆走到护士站说:"护士,我小孩门诊看过,医生说我小孩患了急性胃肠炎,现在要住院,这是门诊病历。"小李从年轻妈妈手中接过门诊病历快速浏览的同时发现小孩精神不振,两眼凹陷,她一边礼貌地接待和安慰家属,一边通知值班医生前来处理。

请问:

1. 小李接诊病人评估时应收集哪些资料?
2. 应考虑该病人有哪些护理诊断/问题?
3. 应立即采取的护理措施有哪些?

一、概 述

(一) 体液的组成与分布

体液的主要成分是水和电解质,广泛分布于细胞内外,具有相对稳定的总量、渗透压及酸碱度,其动态稳定状态为人体正常新陈代谢所必需。

体液总量随性别、年龄和体型稍有不同。成年男性体液总量约占体重的60%,女性约占50%,婴儿约占70%。体液分为细胞内液和细胞外液两部分。细胞内液占总体液的三分之二,约占体重的40%;细胞外液占总体液的三分之一,约占体重的20%。细胞外液又分为组织间隙液(占体重的15%)和血浆(占体重的5%)。

(二) 体液平衡及调节

1. **水平衡** 绝大部分组织间隙液能迅速地与血浆和细胞内液进行交换并取得平衡,这在维持机体的水和电解质平衡方面具有重要作用,称为功能性细胞外液。另一小部分组织间隙液只有缓慢的交换和取得平衡的能力,在维持体液平衡方面作用甚小,但具有各自的功能,称为无功能性细胞外液,如消化液、关节液、脑脊液等。但是,有些无功能性细胞外液的变化可导致显著的体液和酸碱平衡失调,最常见的是胃肠消化液的大量丢失,可造成体液量及成分的明显变化。正常成年人 24 小时液体的出入量各为 2000 ~ 2500ml,保持着动态平

1

衡。每日摄水来源包括饮水（1000~1600ml）、食物（700ml）和内生水（200ml）。每日出水方式有呼吸（300ml）、皮肤蒸发（500ml）、尿液（1000~1500ml）、粪便（200ml）；呼吸失水量的多少取决于呼吸的深度和速度，快而浅的呼吸失水量少于深而慢的呼吸；正常情况下，呼吸和皮肤蒸发的水分称为不显性失水。

2. 电解质平衡 体液中的电解质包括无机电解质（Na^+、K^+、Ca^{2+}、Mg^{2+}、Cl^-、HCO_3^- 等）和有机电解质（蛋白质）。细胞外液中主要的阳离子是 Na^+，主要阴离子是 Cl^-、HCO_3^- 和蛋白质。细胞内液中的主要阳离子是 K^+ 和 Mg^{2+}，主要阴离子是 HPO_4^{2-} 和蛋白质。

（1）Na^+：Na^+ 占细胞外液中阳离子总数的 90% 以上，维持神经肌肉的正常兴奋性，细胞外液的渗透压主要由 Na^+ 维持。钠水相随，Na^+ 含量的增减可直接影响细胞外液的变化，如钠潴留，细胞外液量增加；如钠丢失，细胞外液量减少。肾脏对钠的调节是多进多排，少进少排，不进不排。正常成人钠的日生理需要量是 5~9g，相当于生理盐水 500~1000ml。正常血清 Na^+ 浓度为 135~145mmol/L。

（2）K^+：K^+ 为细胞内液中的主要阳离子，全身总钾量的 98% 以上在细胞内，K^+ 维持神经肌肉的正常兴奋性，但抑制心肌的兴奋性。K^+ 主要从食物摄入，每日正常进食便可维持正常生理需要。大多数 K^+ 由肾脏排出，其中尿排出量 40~100mmol/d。肾脏对钾的调节是多进多排，少进少排，但不进也排，因此病人禁食 2 日以上就必须补钾。正常成人钾的日生理需要量为 2~3g。正常血清 K^+ 浓度为 3.5~5.5mmol/L。

（3）Cl^- 和 HCO_3^-：Cl^- 和 HCO_3^- 是细胞外液中主要的阴离子，与钠共同维持细胞外液的渗透压。HCO_3^- 为体内的碱储备，其增减直接影响酸碱平衡，HCO_3^- 和 Cl^- 相互代偿以保持细胞外液阴离子的恒定，如细胞外液 Cl^- 减少（如剧烈呕吐）则 HCO_3^- 代偿性增加引起低氯性碱中毒，而氯离子增加（如大量输生理盐水）则 HCO_3^- 代偿性减少引起高氯性酸中毒。

3. 体液平衡的调节 体液的平衡和稳定是受神经-内分泌系统调节的，一般先通过下丘脑-垂体后叶-抗利尿激素系统来恢复和维持体液的正常渗透压，然后通过肾素-血管紧张素-醛固酮系统来恢复和维持血容量。但是，血容量锐减时，机体将以牺牲体液渗透压的维持为代价，优先保持和恢复血容量，保证重要生命器官的血流灌注。

（三）酸碱平衡及调节

正常体液保持酸碱平衡，即体液的 pH 值维持在 7.35~7.45 之间，机体通过血液缓冲系统、肺和肾三个途径来维持体液的酸碱平衡。疾病过程中，尽管有酸碱物质的增减变化，一般不易发生酸碱平衡失调，只有在严重情况下，机体内产生或丢失的酸碱过多而超过机体调节能力，或机体对酸碱调节机制出现障碍时，导致酸碱失衡。

1. 缓冲系统 缓冲系统由多种缓冲对组成，一种缓冲对由弱酸和该弱酸盐组成，其中含量最多、最重要的缓冲对是碳酸氢盐/碳酸（HCO_3^-/H_2CO_3）。缓冲系统调节酸碱的作用特点是发生快、但总量有限，能应付急需但不持久，最终还是依靠肺和肾的调节。

2. 肺的调节 肺的作用是排出挥发性酸（$H_2CO_3 \rightarrow CO_2\uparrow + H_2O$），当血液 pH<7.35（$CO_2$ 分压超过 40mmHg）时，兴奋呼吸中枢，使呼吸深快，加速 CO_2 的排出。而当 pH>7.45 时，抑制呼吸中枢使呼吸浅慢，以减少 CO_2 排出。

3. 肾的调节 肾脏是调节酸碱平衡的重要器官，非挥发性酸和过剩的碳酸氢盐都必须经过肾脏的排出，其调节机制为通过 Na^+-H^+ 交换排出 H^+；通过重吸收 HCO_3^- 保留碱，通过产生 NH_3 并与 H^+ 结合成 NH_4^+ 后排出 H^+；通过尿的酸化排出有机酸。

二、水和钠代谢紊乱病人的护理

水和钠在体液平衡过程中总是密切相关,缺水总是伴有缺钠。根据丢失水、钠的比例不同,临床上缺水与缺钠分为:①等渗性缺水(isotonie dehydration):水钠成比例地丧失;②高渗性缺水(hypertonic dehydration):病人缺水比例多于缺钠;③低渗性缺水(hypotonic dehydration):病人失钠比例多于失水。

(一)等渗性缺水

等渗性缺水往往因急性失液引起,故又称急性缺水,是外科病人最易发生的缺水类型。水钠成比例地丧失,细胞外液的渗透压在正常范围。

【护理评估】

1. 健康史

(1)病因:①消化液的急性丧失:如剧烈呕吐、肠瘘等;②体液急性丧失:如急性腹膜炎、肠梗阻、大面积烧伤早期等。丧失的体液成分与细胞外液基本相同。

(2)病理生理:由于水和电解质丢失比例大致相等,故细胞内、外渗透压无明显变化。但若补液不及时,可转化为高渗性缺水;如补充大量无盐液体,可转化为低渗性缺水。

2. 身体状况 病人既有恶心、呕吐、厌食、乏力等缺钠症状,又有皮肤弹性下降,口唇黏膜干燥等缺水症状。当缺水严重导致血容量不足时,则有心率加快、血压下降等休克表现,常伴代谢性酸中毒。

3. 实验室及其他检查 实验室检查显示红细胞计数(RBC)、血红蛋白量(Hb)和血细胞比容(Hct)明显增高等血液浓缩现象。血清钠和氯一般无明显降低,尿比重增高。

4. 治疗原则 尽早去除病因,针对细胞外液量的减少,用平衡盐溶液或等渗盐水尽快补充血容量。平衡盐溶液的电解质含量与血浆内含量相仿,用来治疗等渗性缺水比较理想。

【常见护理诊断/问题】

1. 体液不足 与水钠摄入不足或体液丢失过多有关。

2. 有受伤的危险 与意识障碍、低血压有关。

3. 潜在并发症:休克。

【护理措施】

1. 合理补液、恢复体液平衡

(1)去除病因:遵医嘱积极处理原发疾病,控制或减少体液继续损失。

(2)实施液体疗法

1)计算补液量:补液总量 = 生理需要量 + 已经损失量 + 继续损失量。补液总量的估计方法:①第一天补液量 = 生理需要量 + 1/2 已经损失量;②第二天补液量 = 生理需要量 + 1/2 已经损失量(酌情) + 前一日继续损失量;③第三天或术后禁食的补液量 = 生理需要量 + 前一日继续损失量。生理需要量:成人每日水的生理需要量为 2000 ~ 2500ml。已经损失量又称累积损失量,从起病到就诊时已经累积丧失的体液量,包括水、电解质和酸碱储备的丧失,临床上根据缺水程度估计已经损失量。已经损失量通常在第一个 24 小时内补充估算量的1/2,余1/2 量在第二个 24 小时酌情补充。继续损失量又称额外损失量,是入院后治疗过程中继续损失的体液量,如高热出汗、呕吐腹泻、肠瘘引流等情况引起的体液损失。继续损失量的补充原则是"丢多少,补多少"。发热病人,体温每升高 1℃,皮肤蒸发水分增加 3 ~ 5ml/(kg·d);中度出汗(内衣湿透)相当于汗液 500 ~ 1000ml/次;大量出汗,丢失低渗液约

1000ml;气管切开病人呼吸失水700～1000ml/d。

2)液体种类:生理需要量一般成人每日需氯化钠5～9g,氯化钾2～3g,葡萄糖100～150g。所以每日应补充生理盐水500～1000ml,10%氯化钾溶液20～30ml,其余补充5%～10%葡萄糖溶液。已经损失量:①等渗性缺水一般补给等渗盐水和葡萄糖溶液即可;②低渗性缺水轻症病人补充等渗盐水,中重度病人先补充部分高渗盐水,待低渗状况基本纠正后,再补充等渗盐水;③高渗性缺水轻症病人饮水即可纠正,不能饮水或中重度病人,首先补充葡萄糖溶液,待高渗状况基本纠正后,再适量补充等渗盐水;④已经损失量往往损失钾离子,应酌情补给氯化钾溶液。继续损失量原则是丢什么、补什么。根据实际丢失的体液成分和量给予补充。如丢失消化液补给平衡盐溶液,呼吸道蒸发补充葡萄糖溶液。常用液体包括晶体液和胶体液两大类。晶体液有:①电解质溶液:常用的有5%葡萄糖溶液(等渗性)、0.9%氯化钠溶液(等渗性)、3%氯化钠溶液(高渗性)、林格液、平衡盐溶液。②非电解质溶液:常用的是5%葡萄糖溶液、10%葡萄糖溶液。③碱性溶液:5%碳酸氢钠溶液。胶体液包括全血、血浆、白蛋白、右旋糖酐等。

 知识链接

常用晶体液的临床作用

葡萄糖溶液滴入静脉后,糖迅速入细胞氧化,故临床上只作为水分补充。生理盐水的渗透压虽然等同于血浆,但Cl^-远高于血浆,大量输入后可能造成高氯性酸中毒。平衡盐溶液(碳酸氢钠等渗盐水和乳酸钠林格溶液)的成分接近血浆,更符合生理,是可供大量使用的等渗性盐水,其中所含碱性物质有利于纠正轻度酸中毒。但休克或肝功能不良者不宜使用乳酸钠林格溶液,因易导致体内乳酸蓄积。

3)补液原则:液体补充以口服最安全。若无法口服或口服不能满足病人需要,必须静脉输液时,可参考先盐后糖、先晶后胶、先快后慢、液种交替、见尿补钾原则,并根据病人具体情况给予适当调节。①先盐后糖:有利于稳定细胞外液渗透压和恢复细胞外液量,但高渗性缺水者应先补充葡萄糖溶液,以迅速降低血浆渗透压,短时间纠正重度高渗的病理状态。②先晶后胶:有利于纠正血液浓缩,改善微循环。③先快后慢:先快有利于迅速纠正缺水和缺钠,在缺水缺钠基本纠正后应减慢输液速度,以免加重心肺负担,需要特殊用药者应在体液失衡基本纠正后再缓慢补充。④液种交替:输注大量液体时,不同种类的液体要交替输入,避免将同一种液体连续输入而造成医源性体液平衡失调。⑤尿畅补钾:每小时尿量>40ml方可补钾。因尿液是钾排出体外的主要途径,若尿量过少,可引起体内钾的潴留而出现高钾血症。

2. 严密观察病情及治疗效果　输液是否顺利,滴注是否通畅,针头固定是否可靠,局部有无渗漏肿胀,并随时调整滴注速度。记录24小时出入量。危重病人大量输液时应监测CVP、心电图、血气分析和血清电解质,指导和评价治疗效果。观察治疗反应如精神状态是否好转、缺水征是否改善、血容量是否恢复、是否出现心衰和肺水肿、有无寒战和发热等输液反应。

3. 减少受伤的危险　定时测量血压,血压低或不稳者,告知改变体位时动作要慢,以免因眩晕或直立性低血压跌倒受伤。加强安全防护,移除周围可使病人受伤的危险物品,意识不清或有躁动者应加床栏保护。

(二)低渗性缺水

低渗性缺水常见于慢性失液,故又称继发性缺水、慢性缺水。

【护理评估】

1. 健康史

(1)病因:①消化液的慢性丢失:如反复呕吐、长期胃肠减压等;②大创面的慢性渗液;③治疗性原因:如应用排钠利尿药而未补充适量的钠盐,治疗等渗性缺水时补水过多而忽略钠的补充。

(2)病理生理:由于失钠多于失水,细胞外液呈低渗状态,导致抗利尿激素(ADH)分泌减少,肾小管重吸收水分减少,尿量增多,以提高细胞外液渗透压,但此代偿调节结果是细胞外液量进一步减少,一旦减少至影响循环血容量时,机体将牺牲体液渗透压,优先保证和恢复血容量。表现为一方面使肾素-血管紧张素-醛固酮系统兴奋,远曲小管对 Na^+ 和水的重吸收增加;另一方面抗利尿激素(ADH)分泌反而增加,水重吸收增加,尿量减少。若循环血量继续减少,上述代偿能力无法维持血容量时,将出现休克。严重缺钠时,细胞外液可向渗透压相对高的细胞内液转移,引起细胞外液更加减少和细胞水肿,脑组织对此改变最为敏感,可出现进行性加重的脑功能障碍。

2. 身体状况 早期尿量不减甚至增多,引起细胞外液进一步减少和有效循环血容量减少,所以低渗性缺水的临床特点是较早出现周围循环衰竭,缺水征明显而口渴不明显。根据缺钠程度低渗性缺水分为三度(表1-1)。

表1-1 低渗性缺水分度

缺钠程度	身体状况	血清钠值 (mmol/L)	缺 NaCl (g/kg 体重)
轻度缺钠	疲乏、头晕、手足麻木、尿量正常或稍多、尿比重低	130～135	0.5
中度缺钠	除上述症状外,皮肤弹性差、眼窝凹陷、食欲不振、表情淡漠、血压下降、脉压差小、尿少尿比重低	120～130	0.5～0.75
重度缺钠	缺水征加重,并有休克、昏迷、少尿或无尿	<120	0.75～1.25

3. 实验室及其他检查 血清钠＜135mmol/L。尿钠、尿氯和尿比重降低,RBC、Hb、Hct值增高。

4. 治疗原则

(1)治疗原发病,消除病因。

(2)轻症病人从静脉补充等渗盐水即可纠正;中重度病人为迅速提高细胞外液渗透压可给高渗盐水(3%～5%氯化钠溶液),一般每次200ml左右,或按下列公式计算:需补充的钠量(mmol)=[血钠正常值(mmol/L)-血钠测得值(mmol/L)]×体重(kg)×0.6(女性为0.5)。在大量补充钠盐时,为防止输入氯离子过多可用平衡盐溶液替代部分氯化钠溶液。

【常见护理诊断/问题】

1. 体液不足 与长期大量呕吐、胃肠减压等原因致体液慢性丧失有关。

2. 有受伤的危险 与意识障碍、低血压有关。

3. 潜在性并发症：休克。

【护理措施】

遵医嘱补充液体。轻度缺钠以生理盐水为主,中、重度缺钠可补充高渗盐水,其他护理措施参见等渗性缺水。

（三）高渗性缺水

【护理评估】

1. 健康史

（1）病因：①水丢失过多：如大量出汗（含氯化钠0.3%）、大面积烧伤创面渗液、气管切开呼吸道蒸发等；②水分摄入不足：如禁食、吞咽困难和危重病人给水不足；③输入过多的高渗性液体。

（2）病理生理：由于失水大于失钠,细胞外液呈高渗透压状态,细胞内液向细胞外液转移,导致细胞内缺水为主。缺水严重时,脑细胞可因缺水而发生功能障碍。机体对高渗性缺水代偿机制是细胞外液高渗兴奋口渴中枢,病人感到口渴而饮水,使体内水分增加,以降低细胞外液渗透压。另外,细胞外液的高渗可引起抗利尿激素分泌增多,尿量减少,以降低细胞外液的渗透压和恢复其容量。

2. 身体状况 高渗性缺水最早最突出的表现是口渴。分为轻、中、重度（表1-2）。

表1-2 高渗性缺水分度

脱水程度	身体状况	失水量（占体重）
轻度脱水	仅有口渴	2%~4%
中度脱水	明显口渴,皮肤黏膜干燥,眼眶凹陷,尿量明显减少,尿比重高	4%~6%
重度脱水	除缺水症状和体征外,出现中枢神经功能障碍：高热、狂躁、谵妄甚至昏迷	>6%

3. 实验室及其他检查 血清钠>145mmol/L,尿钠、尿比重高,Hb、Hct和RBC增高。

4. 治疗原则

（1）治疗原发病,消除病因。

（2）轻度缺水饮水后即可纠正,不能饮水、缺水达中度以上者,应静脉输入5%葡萄糖溶液或0.45%低渗盐水。估计需补充液体量的方法是根据临床表现估计失水量占体重的百分比,轻度缺水需补充液体量为体重的2%~4%,中度为4%~6%,重度为6%以上,每丧失体重的1%,需补液400~500ml。根据血清钠浓度计算,补水量(ml)=[测得血清钠(mmol/L)－正常血清钠值(mmol/L)]×体重(kg)×4。

【常见护理诊断/问题】

1. 体液不足 与体液丢失过多或摄入不足有关。

2. 皮肤完整性受损 与体液缺乏及不适当的组织灌流引起皮肤黏膜干燥、弹性降低有关。

【护理措施】

对于高渗性缺水病人应遵医嘱尽快去除病因,根据缺水程度以补充5%葡萄糖溶液为主,待缺水症状基本改善后,再补充适量生理盐水。记录皮肤黏膜状况,鼓励病人多饮水以保持身体、口鼻、唇舌的清洁湿润,并做好病人皮肤清洁。其他护理措施参见等渗性缺水。

（四）水中毒

水中毒(water intoxication)又称稀释性低钠血症,较少见。指机体入水总量超过排水量,以致水在体内潴留,引起血液渗透压下降和循环血量增多。

【护理评估】

1. 健康史

(1)病因:常见于严重创伤或感染所致应激状态时抗利尿激素分泌增多,此时过多输入不含电解质的溶液,易致水中毒;肾功能不全或心力衰竭病人未限制水分的摄入量;低渗性缺水病人,过多补充不含电解质溶液。

(2)病理生理:由于水分摄入过多或排出过少,细胞外液增多,血清钠浓度降低,渗透压下降,细胞外液向细胞内液转移,结果是细胞内、外液量都增加而渗透压均降低。增大的细胞外液抑制醛固酮的分泌,使远曲小管减少 Na^+ 的重吸收,尿中排 Na^+ 增加,血清钠降低更明显,细胞外液渗透压进一步降低。

2. 身体状况　临床表现以脑细胞水肿症状最为突出,如头痛、乏力、嗜睡、意识不清、躁动、抽搐、昏迷等;体重增加;早期可见眼结膜水肿,较重时则见皮肤虚胖感、有皮肤压陷性水肿或肺水肿发生。

3. 实验室及其他检查　血清钠降低,可至 120mmol/L 以下;血常规见血液稀释现象。

4. 治疗原则　一经确诊,立即停止水分的摄入,严重者静脉输注高渗盐水(3%～5%氯化钠溶液),酌情使用20%甘露醇和呋塞米,减轻脑细胞水肿和加速水的排出。

【常见护理诊断/问题】

1. 体液过多　与水分摄入过多、体内水分潴留有关。

2. 潜在并发症：脑水肿、肺水肿。

【护理措施】

1. 严密观察病情　每天测量体重,严格记录出入量,注意脑水肿、肺水肿临床表现的发生与发展。

2. 控制水摄入量　每日限制摄水量在 700～1000ml 以下。

3. 静脉应用高渗盐水　对重症水中毒遵医嘱静脉慢滴3%～5%氯化钠溶液(一般用量为5ml/kg体重),纠正细胞外液低渗,缓解细胞内水肿。同时使用呋塞米等利尿药,以减少扩张的血容量。

4. 透析疗法　对肾衰竭病人必要时采取透析疗法以排出体内积水,做好透析疗法的护理。

5. 健康教育　告知肾功能不全、心力衰竭、急性感染、大手术、严重创伤病人应严格控制水分摄入。

三、钾代谢异常病人的护理

人体钾的98%分布在细胞内,维持着细胞内液渗透压。细胞外液中钾量较少,血清钾值仅 3.5～5.5mmol/L。钾来源于饮食,大部分经肾排出。肾对钾的调节能力较弱,如禁食或血钾很低时,每天仍有一定量的钾盐由尿排出,所以临床上低钾血症常见。

（一）低钾血症

血清 K^+ 浓度低于 3.5mmol/L 表示有低钾血症(hypokalemia)。

【护理评估】

1. **健康史**　引起低钾血症的原因包括：①摄入不足：常见于因疾病或手术而禁饮食或不能进饮食病人；②丢失过多：多见于呕吐、腹泻、持续胃肠减压，或长期应用糖皮质激素、利尿药等病人；③分布异常：如大量注射葡萄糖或氨基酸，或进行高营养支持时，细胞内糖原和蛋白质合成加速，钾随之转进细胞内，易发生低钾血症；④碱中毒：细胞内 H^+ 移出要起缓冲作用，细胞外 K^+ 移入与之交换，同时因碱中毒肾小管泌 H^+ 减少而使 K^+-Na^+ 交换活跃，尿排钾较多，故有低钾血症可能。

2. **身体状况**

(1)神经肌肉兴奋性降低：轻者乏力，重者软瘫、腱反射减弱或消失。

(2)消化系统：表现为厌食、恶心呕吐、腹胀、肠鸣音减弱或消失。

(3)中枢神经系统：兴奋性下降，表现神志淡漠、嗜睡甚至昏迷。

(4)循环系统：低钾引起心脏的兴奋性升高、心肌张力降低和血管扩张，表现为心悸、严重者发生室颤，心跳快而无力，血压下降。

(5)代谢性碱中毒：血清钾过低时，细胞内 K^+ 向细胞外转移，而细胞外的 H^+ 则进入细胞内，故常合并碱中毒。但肾为了保存 K^+，远曲肾小管 K^+-Na^+ 交换减少，H^+-Na^+ 交换增加，排 H^+ 增多，尿液反而呈酸性，称为反常性酸性尿。

3. **实验室及其他检查**　血清 K^+ < 3.5mmol/L，心电图 T 波低平或倒置，ST 段降低，QT 时间延长，u 波出现。

4. **治疗原则**　尽早治疗造成低钾血症的病因，以减少或终止钾的继续丢失，合理口服或静脉补钾。

【常见护理诊断/问题】

1. **活动无耐力**　与肌无力有关。

2. **有受伤的危险**　与四肢肌肉软弱无力，眩晕及定向障碍有关。

3. **潜在并发症**：心律失常、心衰。

【护理措施】

1. **控制病因**　如止吐止泻，防止钾的继续丢失。在病情允许时，尽早恢复病人饮食。

2. **及时补钾**　补钾原则是：①尽量口服补钾，遵医嘱选用10%氯化钾溶液或枸橼酸钾溶液，鼓励病人多进食含钾食物。②见尿补钾：每小时尿量在40ml以上，方可补钾。③控制浓度：静脉补液钾浓度一般不可超过0.3%，如5%葡萄糖溶液1000ml中最多只能加入10%氯化钾溶液30ml；禁止静脉直接推注氯化钾，以免血钾突然升高致心搏骤停。④速度勿快：成人静脉滴注速度不要超过60滴/分。⑤总量限制：一般禁饮食病人而无其他额外失钾者，每天可补生理需要量氯化钾 2～3g；对一般性缺钾病人（临床症状较轻，血钾常在 3～3.5mmol/L），每日补氯化钾总量 4～5g；严重缺钾者（血钾多在3mmol/L以下），每日补氯化钾总量不宜超过 6～8g，但严重腹泻、急性肾衰多尿期等特殊情况例外。

3. **预防并发症**　加强陪护，避免意外损伤。严密观察呼吸、脉搏、血压及尿量，及时做血清钾测定和心电图检查，尤其应注意循环功能衰竭或心室纤颤的发生。

4. **健康教育**　告知病人可引起低钾的常见原因、对人体健康造成的影响、预防措施。

（二）高钾血症

高钾血症(hyperkalemia)指血清 K^+ 浓度 >5.5mmol/L。

【护理评估】

1. 健康史 引起高钾血症的原因包括：①摄入钾过多：如静脉补钾过量或大量输入库血等；②排钾减少：如急慢性肾衰、长期应用保钾利尿药、慢性肾上腺皮质减退（肾小管排钠增多、K^+-Na^+ 和 H^+-Na^+ 交换引起排 K^+ 和排 H^+ 减少）和大量输氯化钠溶液，均可引起血钾升高；③分布异常：如溶血反应，大量组织细胞破坏和酸中毒，均使 K^+ 由细胞内转移到细胞外，引起血钾升高。

2. 身体状况 手足麻木，肢体极度疲乏、软弱无力，腱反射消失，严重者软瘫及呼吸困难；多有神志淡漠或恍惚；血钾过高的刺激作用使微循环血管收缩，皮肤苍白、发冷、血压变化（早期可升高、晚期下降）；心搏徐缓和心律失常，甚至发生舒张期心搏骤停。

3. 实验室及其他检查 血清 K^+ 浓度 >5.5mmol/L，心电图出现 T 波高尖、QRS 波群异常增宽。

4. 治疗原则 高钾血症有心搏骤停的危险，故发现病人有高钾血症后，应尽快处理原发疾病和改善肾功能，并停用含钾的药物或食物，降低血清钾浓度（采用将 K^+ 转入细胞内、阳离子交换树脂、透析治疗等方法），并对抗心律失常。

【常见护理诊断/问题】

1. 活动无耐力 与肌张力下降有关。

2. 有受伤的危险 与软弱无力、意识障碍、感觉异常有关。

3. 潜在并发症： 心律失常、心搏骤停。

【护理措施】

1. 预防高钾血症 控制原发疾病，如改善肾功能。保证外科病人有足够热量供给，避免体内蛋白质、糖原的大量分解而释放钾离子。严重创伤者，应彻底清创，控制感染。大量输血时，不用久存的库血。静脉补钾务必遵守补钾原则。

2. 纠正高钾血症

（1）禁钾：停用一切含钾药物，如青霉素钾盐。禁食含钾量多的食物如水果、橘汁、牛奶、豆制品等。

（2）抗钾：发生心律失常时，用 10% 葡萄糖酸钙或 5% 氯化钙 10～20ml 加等量 5% 葡萄糖溶液稀释后缓慢静脉注射，Ca^{2+} 可以对抗 K^+ 的抑制心肌作用。

（3）转钾：将钾转入细胞内。①促糖原合成：10% 葡萄糖溶液 500ml 或 25% 葡萄糖溶液 200ml + 胰岛素 12.5U 静脉滴注。②促蛋白质合成：应给高糖、高植物油、高维生素饮食，尚可肌注丙酸睾酮或苯丙酸诺龙。③碱化细胞外液：11.2% 乳酸钠溶液 60～80ml 稀释成等渗液或 5% 碳酸氢钠溶液 100～200ml 静脉滴注，使钾转入细胞内，并可增加肾小管排钾。

（4）排钾：应用降钾树脂聚磺苯乙烯口服或灌肠，可从消化道携出大量钾离子。最有效的方法是透析疗法（腹膜透析或血液透析），做好相关护理工作。

3. 健康教育 告知病人引起高钾的常见原因、补钾的重要性和危险性。

四、酸碱平衡失调病人的护理

pH、HCO_3^- 和 $PaCO_2$ 是反映机体酸碱平衡的三个基本因素。体液的正常 pH 值维持在 7.35～7.45 之间，凡 pH 值低于 7.35 者为酸中毒，pH 值高于 7.45 者为碱中毒。其中 HCO_3^- 反映代谢因素，HCO_3^- 的增加或减少引起代谢性碱中毒或代谢性酸中毒；$PaCO_2$ 反映呼吸因素，$PaCO_2$ 的增加或减少引起呼吸性酸中毒或呼吸性碱中毒。但在临床疾病发展过程中，有时两种或两种以上酸、碱失衡复合存在,形成混合性酸碱平衡紊乱。

(一)代谢性酸中毒

代谢性酸中毒(metabolic acidosis)系因体液中的 HCO_3^- 减少引起,是临床最常见的酸碱平衡失调。

【护理评估】

1. 健康史

(1)病因:引起代谢性酸中毒的常见因素:①体内酸性物质产生过多:如高热、休克、饥饿、糖尿病等;②碱性物质丢失过多:如慢性腹泻、胆瘘、肠瘘、胰瘘等;③肾功能不全:不能有效排出酸性物质和重吸收 HCO_3^-;④异常转移:严重高钾血症,H^+ 向细胞外转移。

(2)病理生理:代谢性酸中毒时体内 HCO_3^- 减少、H_2CO_3 相对过多,H^+ 浓度升高刺激呼吸中枢兴奋,表现为呼吸加深加快以加速 CO_2 呼出,降低动脉血二氧化碳分压,并使 HCO_3^-/H_2CO_3 的比值重新接近 20:1,从而保持 pH 在正常范围。同时,肾小管上皮细胞中的碳酸酐酶和谷氨酰胺酶活性增加,促进 H^+ 和 NH_3 形成 NH_4^+,致 H^+ 排出增多。此外,肾脏对 $NaHCO_3$ 的再吸收亦增加,但该代偿能力有限。

2. 身体状况

(1)呼吸系统:表现为呼吸深而快,呼吸有烂苹果气味。前者原因为酸中毒时肺代偿调节加强,为的是加速排出 CO_2,以降低 H_2CO_3 浓度,故常表现呼吸加深加快。后者常因发热、进食不足、糖尿病等使体内酮体生成过多所致。

(2)循环系统:表现为心率增快、心律失常、心音低弱、血压下降,严重者可出现休克。因酸中毒时 H^+ 增高,且酸中毒常伴血 K^+ 增高,二者都可抑制心肌收缩力。H^+ 增高,刺激毛细血管扩张,病人面部潮红、口唇樱红色,但休克病人的酸中毒,因缺氧而发绀。

(3)神经系统:表现为头痛、头昏、嗜睡等,因酸中毒抑制脑细胞代谢活动所致。

3. 实验室及其他检查

(1)血气分析:血液 pH 和 HCO_3^- 明显下降。代偿期的血 pH 可在正常范围,但 HCO_3^- 和 $PaCO_2$ 有一定程度降低。

(2)其他:常合并高钾血症;尿呈强酸性。

4. 治疗原则

(1)病因治疗:积极治疗引起代谢性酸中毒的原发性疾病。

(2)纠正酸中毒治疗:轻度代谢性酸中毒病人在适当补液纠正缺水后可自动好转;严重病人必须补碱治疗,常用的碱性溶液为 5% $NaHCO_3$,首次补给 100~250ml,用后 2~4 小时复查动脉血气分析及血清电解质,根据测定结果再决定后续治疗方案。

【常见护理诊断/问题】

1. **意识障碍** 与代谢性酸中毒抑制脑代谢活动有关。

2. **心输出量减少** 与高钾和氢离子抑制心肌收缩力有关。

3. **潜在并发症** 高钾血症、心律失常。

【护理措施】

1. **观察病情** 注意水、电解质、酸碱失衡的动态变化,注意心血管功能及脑功能的改变。遵医嘱及时检测血气分析。

2. **消除或控制危险因素** 纠正高热、腹泻、缺水、休克,积极改善肾功能;保证足够热量供应,减少脂肪分解而生成过多酮体。

3. **及时补液** 代谢性酸中毒常有缺水表现。轻度代谢性酸中毒(血浆 HCO_3^- 在 16mmol/L 以上),遵医嘱补液纠正缺水后,酸中毒多可好转。

4. **使用碱性溶液** 对病情较重者,如症状明显或血浆 HCO_3^- 低于 15mmol/L,须遵医嘱及时补给碱性溶液。常用的是 5% $NaHCO_3$ 溶液,输入体内可离解出 HCO_3^-,能直接中和体内积聚的酸。静脉滴注 5% $NaHCO_3$ 时注意:①5% $NaHCO_3$ 宜单独静脉滴注,且不必稀释,但滴速应缓慢,首次用量一般宜在 2~4 小时内滴完。②补充 5% $NaHCO_3$ 时,应从病人补液总量中扣除等量渗盐水,以免补钠过多。③酸中毒纠正后,血 Ca^{2+} 减少,过快纠正酸中毒还能引起大量 K^+ 移到细胞内,引起低钾血症,故应注意观察,并及时纠正低钙血症或低钾血症。

(二)代谢性碱中毒

代谢性碱中毒(metabolic alkalosis)系因体内 H^+ 丢失或 HCO_3^- 增多所致。

【护理评估】

1. **健康史**

(1)病因:①酸性胃液丧失过多:严重呕吐、长期胃肠减压可使大量 HCl 丢失,氯离子丢失超过钠离子丢失,造成低氯性碱中毒。大量胃液的丧失也丢失了 Na^+,在代偿过程中,K^+ 和 Na^+ 交换、H^+ 和 Na^+ 交换增加,保留了 Na^+,但排出了 K^+ 和 H^+,造成低钾血症和碱中毒。②碱性物质摄入过多:见于长期服用碱性药物,或大量输入库存血,后者所含抗凝剂入血后可转化成 HCO_3^- 致碱中毒。③缺钾:钾缺乏时,K^+ 从细胞内移至细胞外,每 3 个 K^+ 从细胞内释出,就有 2 个 Na^+ 和 1 个 H^+ 进入,引起细胞内的酸中毒和细胞外的碱中毒。④利尿药的作用:呋塞米能抑制肾近曲小管对内 Na^+ 与 H^+ 的交换,随尿排出的 Cl^- 比 Na^+ 多,回入血液的 Na^+ 和 HCO_3^- 增多,发生低氯性碱中毒。

(2)病理生理:代谢性碱中毒时血浆 H^+ 浓度下降抑制呼吸中枢的兴奋性,呼吸变浅变慢,CO_2 排出减少,$PaCO_2$ 升高,HCO_3^-/H_2CO_3 的比值接近 20/1,从而保持血液 pH 值正常。同时,肾小管上皮细胞中的碳酸酐酶和谷氨酰胺酶活性降低,使 H^+ 排泌和 NH_3 生成减少,HCO_3^- 再吸收亦减少,从而使血浆 HCO_3^- 减少。代谢性碱中毒时,由于氧合血红蛋白解离曲线左移,使氧不易从氧合血红蛋白中释出,尽管病人的血氧含量和氧饱和度属正常,但组织仍处于缺氧状态。碱中毒时钙的离子化过程受抑制引起钙离子浓度下降。

2. **身体状况** 轻者常无明显症状,且易被原发病的症状所掩盖。有时可表现为呼吸变浅变慢;精神神经方面的异常如嗜睡、精神错乱或谵妄,甚至昏迷。低钾血症和缺水临床表现。因低钙而出现腱反射亢进甚至抽搐。

3. **实验室及其他检查** 血液 pH > 7.45,HCO_3^- 值明显增高,$PaCO_2$ 正常。Cl^- 和 K^+ 浓度降低。

4. **治疗原则** 治疗原发病。对丧失胃液所致的代谢性碱中毒,可输注等渗盐水或葡萄糖盐水,以恢复细胞外液和补充 Cl^-,纠正低氯性碱中毒。代谢性碱中毒者几乎都伴有低钾血症,适当补钾才能纠正低氯性碱中毒。对于严重的代谢性碱中毒(pH > 7.65,血浆 HCO_3^- 为 45~50mmol/L),应迅速中和细胞外液中过多的 HCO_3^-,可用 0.1mmol/L 稀盐酸溶液。

【常见护理诊断/问题】

1. **体液不足** 与长期呕吐等有关。

2. 低效性呼吸型态　与呼吸抑制有关。

3. 活动无耐力　与缺氧和电解质紊乱有关。

【护理措施】

1. 病情监测　密切监护呼吸状态、生命体征、血气分析及血清电解质浓度变化,记录24小时出入量,评估病人酸碱失衡改善情况,避免矫正过度。

2. 控制危险因素　控制呕吐等原发病症状,减少胃肠液的丧失。限制碱性药物、食物的摄取,矫正细胞外液不足。呕吐时,避免误吸,吐后及时清理呕吐物。

3. 遵医嘱纠正碱中毒　纠正碱中毒时,不宜过于迅速,以免造成溶血等不良反应。轻症者,补充0.9%氯化钠溶液和适量氯化钾后,病情可改善。低氯性碱中毒考虑补充生理盐水;缺钾性碱中毒注意补钾。病情严重时遵医嘱使用盐酸溶液缓慢静脉滴注,将1mol/L盐酸150ml溶入生理盐水或5%葡萄糖溶液1000ml中(盐酸浓度为0.15mol/L),经中心静脉导管缓慢滴入(25~50ml/h)。每4~6小时重复测定血Na^+、K^+、Cl^-和HCO_3^-值,根据病情转化情况随时调整治疗护理方案。

4. 维持电解质平衡　碱中毒纠正后,如有手足抽搐者,遵医嘱给10%葡萄糖酸钙20ml适当稀释后静脉缓慢注入。补钾时注意尿量要超过40ml/h。

5. 健康指导　告知病人引起代谢性碱中毒的常见原因和防治措施。

(三) 呼吸性酸中毒

呼吸性酸中毒(respiratory acidosis)指肺泡通气及换气功能减弱,不能充分排出体内CO_2,致血液中$PaCO_2$增高,引起高碳酸血症。

【护理评估】

1. 健康史

(1)病因:任何引起肺泡通气、换气不足的疾病均可导致呼吸性酸中毒。急性高碳酸血症见于全身麻醉过深、镇静剂过量、喉或支气管痉挛、急性肺水肿、严重气胸、胸腔积液、心搏骤停、呼吸机管理不当等均可引起急性高碳酸血症。持续性高碳酸血症见于慢性阻塞性肺部疾病,如肺组织广泛纤维化、重度肺气肿等则可引起。合并慢性肺部疾病的外科病人,术后易产生呼吸性酸中毒。

(2)病理生理:人体对呼吸性酸中毒的代偿,主要通过血液中的缓冲系统进行,即血液中H_2CO_3与Na_2HPO_4结合,形成$NaHCO_3$和NaH_2PO_4,后者从尿中排出,使H_2CO_3减少,HCO_3^-增多。还可以通过肾小管上皮细胞中的碳酸酐酶和谷氨酰胺酶活性增加,使H^+和NH_3生成增加。H^+除与Na^+交换外,还与NH_3形成NH_4^+,从而使H^+排出增多和$NaHCO_3$再吸收增加。

2. 身体状况　表现为胸闷、气促和呼吸困难、躁动不安等。因缺氧可有头痛、发绀,严重者可伴血压下降、谵妄、昏迷等。脑缺氧可致脑水肿、脑疝,甚至呼吸骤停。

3. 实验室及其他检查　血气分析pH明显下降,$PaCO_2$增高,血浆HCO_3^-可正常。慢性呼吸性酸中毒时,血pH下降不明显,$PaCO_2$增高,血浆HCO_3^-亦有增高。

4. 治疗原则　机体对呼吸性酸中毒的代偿能力较差,治疗原发疾病和改善通气功能是基本措施。施行气管插管或气管切开术并使用呼吸机,能有效地改善机体的通气及换气功能。若因呼吸机使用不当发生的呼吸性酸中毒,应及时调整呼吸机的各项参数,促使体内蓄积的CO_2排出。高浓度氧吸入可抑制呼吸中枢的兴奋性,因此吸入气体内的氧浓度不宜过高。

【常见护理诊断/问题】

1. **低效性呼吸型态** 与呼吸困难有关。

2. **意识障碍** 与缺氧引起脑水肿有关。

【护理措施】

1. 控制致病因素。

2. 改善肺通气、换气功能,如吸氧、促进咳痰,必要时气管切开,使用呼吸机辅助呼吸等。

3. 酸中毒较重者考虑适当使用氨基丁三醇(THAM)以中和碳酸。

4. **健康指导** 告知病人呼吸困难对人体的不利影响、有效咳嗽和排痰的方法,指导慢性肺部疾病病人进行身体锻炼增加肺活量。

(四) 呼吸性碱中毒

呼吸性碱中毒(respiratory alkalosis)是由于肺泡通气过度、体内 CO_2 排出过多而引起的低碳酸血症。

【护理评估】

1. **健康史**

(1)病因:过度通气使体内二氧化碳呼出过多导致呼吸性碱中毒。常见原因有癔症、高热、中枢神经系统疾病及呼吸机辅助通气过度等。

(2)病理生理:$PaCO_2$ 降低起初虽可抑制呼吸中枢,使呼吸变浅、变慢,CO_2 排出量减少,血中 H_2CO_3 代偿性增高,但这种代偿致机体缺氧而难以维持。肾脏的代偿是肾小管上皮细胞分泌 H^+ 减少、HCO_3^- 排出增多以维持 pH 在正常范围之内。

2. **身体状况** 一般病人可无明显症状,部分病人可有呼吸急促,较重者有眩晕、手足和口周麻木及针刺感、肌震颤及手足抽搐;病人常有心率加快。危重病人发生急性呼吸性碱中毒常提示预后不良,或将发生急性呼吸窘迫综合征。

3. **实验室及其他检查** 血气分析提示 pH 增高、$PaCO_2$ 和 HCO_3^- 下降。

4. **治疗原则** 治疗原发病,去除造成呼吸异常的原因。对症治疗。用纸袋罩住口鼻,增加呼吸道无效腔,可减少 CO_2 的呼出,以提高血 $PaCO_2$。可以吸入含 5% CO_2 的氧气。如系呼吸机使用不当所造成的通气过度,应适当调低呼吸频率及潮气量。

【常见护理诊断/问题】

1. **低效性呼吸型态** 与过度通气有关。

2. **活动无耐力** 与缺氧有关。

【护理措施】

对使用呼吸机辅助呼吸者,注意调整呼吸频率及潮气量,避免过度通气。评估病人对氧的需求量,观察临床表现,如有呼吸性碱中毒,应指导病人将呼吸速度放慢。对出现痉挛抽搐的病人,应密切观察和加以保护并报告医生。

第二节 休克病人的护理

休克(shock)是机体受到强烈致病因素侵袭后,导致的有效循环血量锐减、组织血液灌注不足引起的以微循环障碍、细胞缺氧、代谢紊乱及器官功能受损为共同特点的病理过程,是一种危急的临床综合征。休克发病急骤,进展迅速,并发症严重,若未能及时发现及治疗,则发展至不可逆阶段而引起死亡。

【护理评估】

(一)健康史

1. 病因与分类 根据引起休克的原因,可分为低血容量性、感染性、心源性、神经源性和过敏性休克5类。其中低血容量性休克与感染性休克在外科最常见。

2. 病理生理 各类休克共同的病理生理基础是有效循环血量锐减、组织灌注不足,以及由此导致的微循环障碍、代谢改变及内脏器官继发性损害。

(1)微循环障碍

1)微循环收缩期:休克早期,由于有效循环血量急剧减少,引起循环血容量降低、动脉血压下降,刺激主动脉弓和颈动脉窦压力感受器引起血管舒缩中枢加压反射,交感-肾上腺轴兴奋导致大量儿茶酚胺释放以及肾素、血管紧张素分泌增加,使心跳加快、心排血量增加;选择性收缩外周和内脏的小血管,使循环血量重新分布,以保证心、脑等重要器官的有效灌注;毛细血管前括约肌强烈收缩,真毛细血管网内血流减少,压力降低,有助于组织液回吸收,一定程度补充了循环血量;动静脉短路和直捷通路开放,使回心血量增加。故此期称为休克代偿期。

2)微循环扩张期:若休克继续进展,动静脉短路和直捷通路大量开放,流经毛细血管的血流继续减少,原有的组织灌注不足会更加严重。组织细胞因严重缺氧处于无氧代谢状态,并出现能量不足、乳酸类代谢产物蓄积及舒血管介质如组胺、缓激肽等的释放。这些介质可引起毛细血管前括约肌舒张,而后括约肌由于对其敏感性低仍处于收缩状态。结果大量血液淤滞于毛细血管,导致毛细血管网内静水压升高、管壁通透性增强,引起血浆外渗、血液浓缩和血液黏稠度增加,使回心血量进一步减少,心排血量继续下降,心、脑等重要器官灌注不足,休克加重并进入抑制期。

3)微循环衰竭期:由于微循环内血液浓缩、血液黏稠度增加及酸性环境中血液的高凝状态等,使红细胞与血小板易发生聚集并在血管内形成微血栓,甚至引起弥散性血管内凝血(DIC)。随着各种凝血因子的消耗,纤维蛋白溶解系统的激活,可出现出血倾向。此时,组织的血液灌注严重不足,细胞处于严重缺氧和缺乏能量状态,加之酸性代谢产物和内毒素的作用,使细胞内的溶酶体膜破裂,释放多种水解酶,引起组织细胞自溶和死亡,导致广泛的组织损害,甚至多器官功能受损。此期称为休克失代偿期。

(2)代谢变化

1)代谢性酸中毒:休克时组织灌注不足、细胞缺氧,体内葡萄糖以无氧酵解供能,产生的三磷酸腺苷(ATP)较有氧代谢时明显减少,而丙酮酸和乳酸生成增多;肝脏血液灌流量减少,处理乳酸的能力减弱,结果使乳酸在体内的清除率降低、血液内含量增多,出现代谢性酸中毒。

2)能量代谢障碍:休克时儿茶酚胺大量释放,可促进胰高血糖素生成并抑制胰岛素分泌,使肝糖原和肌糖原分解加速,同时刺激垂体分泌促肾上腺皮质激素,使血糖水平升高。儿茶酚胺和肾上腺皮质激素明显升高,还可抑制蛋白质合成、促进蛋白质分解,使血尿素氮、肌酐、尿酸含量增加。

(3)内脏器官继发损害:休克时,内脏器官处于持续缺血、缺氧状态,可发生变性、出血、坏死,导致器官功能障碍甚至衰竭。多系统器官功能障碍或衰竭是休克病人死亡的主要原因。

1)肺:低灌注和缺氧可损伤肺毛细血管的内皮细胞和肺泡上皮细胞。内皮细胞损伤可致毛细血管壁通透性增加而引起肺间质水肿;肺泡上皮细胞损伤可使表面活性物质生成减少,肺泡表面张力升高,继发肺泡萎陷、局限性肺不张,进而出现氧弥散障碍,通气/血流比例失调,肺内分流和死腔样通气增加,临床表现为进行性呼吸困难和缺氧,称为急性呼吸窘迫综合征(ARDS)。常发生于休克期内或休克稳定后48~72小时内。

2)肾:正常生理状况下,80%的肾脏血流供应肾皮质的肾单位。休克时儿茶酚胺、抗利尿激素、醛固酮分泌增加,引起肾血管收缩,肾血流量减少和肾小球滤过率降低,水、钠潴留,尿量减少。此时,肾内血流重新分布,主要转向髓质,使肾皮质血流锐减,肾小管上皮细胞缺血坏死,引起急性肾衰竭(ARF),表现为少尿或无尿等。

3)心:冠状动脉灌流量的80%来源于舒张期,休克时由于心率过快、舒张期过短或舒张压降低,可使冠状动脉灌流量减少,心肌因缺血缺氧而受损。一旦心肌微循环内血栓形成,可引起局灶性心肌坏死和心功能衰竭。此外,缺血-再灌注损伤、酸中毒以及高血钾等均可加重心肌功能的损害,导致急性心力衰竭(AHF)。

4)脑:休克早期,由于机体血液的重新分布及脑血管对儿茶酚胺的作用不敏感,使脑的血供基本能得以满足。但休克晚期,持续性的血压下降,使脑灌注压和血流量下降,可出现脑缺氧。缺血、二氧化碳潴留和酸中毒会引起脑细胞肿胀、血管壁通透性升高和血浆外渗,出现继发性脑水肿和颅内压增高,表现为意识障碍,甚至出现脑疝。

5)胃肠道:胃肠道黏膜缺血、缺氧可使正常黏膜上皮细胞屏障功能受损,引起急性糜烂出血性胃炎或溃疡形成,称为应激相关胃黏膜损伤,表现为上消化道出血。此外,还可引起肠道内的细菌或毒素经淋巴或门静脉途径侵害机体,发生细菌易位或内毒素易位,形成肠源性感染,这是导致休克继续发展和发生多系统器官功能障碍综合征的重要原因。

6)肝:肝细胞缺血、缺氧,肝血窦及中央静脉内微血栓形成,肝小叶中心区坏死。肝脏灌流障碍还可使网状内皮细胞受损,肝脏的解毒及代谢能力减弱,易发生内毒素血症,加重代谢紊乱及酸中毒。临床可出现黄疸、转氨酶升高,严重者表现为肝性脑病。

(二) 身体状况

1. 临床表现　按照休克的病程演变,临床表现分为休克代偿期和休克抑制期2个阶段,或称休克早期和休克期。

(1)休克代偿期:又称休克早期,此期机体处于代偿阶段。病人中枢神经系统兴奋性增高,交感肾上腺轴兴奋,表现为精神紧张、兴奋或烦躁不安;口渴;皮肤苍白、手足湿冷;呼吸急促、脉率增快;血压变化不大,但脉压减小;尿量正常或减少。此期若能得到及时处理,休克可很快好转。

(2)休克抑制期:又称休克期,此期机体失去代偿能力。表现为神情淡漠、反应迟钝,甚至出现意识模糊或昏迷。口唇肢端发绀,四肢湿冷、脉搏细速,血压进行性下降。严重者全身皮肤、黏膜发绀加重或有花纹、四肢厥冷;脉搏微弱,血压测不出;尿量进行性减少,甚至无尿;若出现皮肤黏膜瘀斑、呕血、便血等出血症状,提示已并发DIC。若出现进行性呼吸困难,烦躁、发绀,一般给氧不能改善呼吸状态,则提示并发ARDS,此时病人常因继发MODS而死亡。

2. 实验室及其他检查

(1)实验室检查

1)血常规检查:红细胞计数和血红蛋白量可提示失血是否纠正,血细胞比容变化可反映血浆丢失情况,白细胞计数和中性粒细胞比例变化可提示有无感染存在。

2）动脉血气分析：有助于判断酸碱平衡情况。$PaCO_2$ 正常值为 4.8～5.8kPa（36～44mmHg）。若>5.9～6.6kPa（45～50mmHg）而通气良好，提示严重肺功能不全；若>8kPa（60mmHg），吸入纯氧后仍无改善，应考虑急性呼吸窘迫综合征（ARDS）。

3）动脉血乳酸盐测定：反映细胞的缺氧程度，正常值为 1.0～1.5mmol/L。动脉血乳酸盐浓度越高，提示预后越差。

4）血清电解质测定：测定血清钾、钠、氯等浓度，可了解电解质代谢及酸碱平衡失调的程度。

5）DIC 的监测：疑有 DIC 时，应做血小板计数、血凝分析、纤维蛋白原含量、凝血酶原时间等测定。若血小板计数<$80×10^9$/L、纤维蛋白原<1.5g/L，凝血酶原时间较正常延长 3 秒以上，应考虑存在 DIC。

（2）血流动力学监测

1）中心静脉压（CVP）：CVP 代表右心房或胸腔内上、下腔静脉内的压力，正常值为 0.49～0.98kPa（5～10cmH₂O）。CVP 变化可反映血容量和右心功能，若<0.49kPa（5cmH₂O）表示血容量不足；>1.47kPa（15cmH₂O）表示有心功能不全；>1.96kPa（20cmH₂O）则提示充血性心力衰竭。临床常与血压变化结合进行综合分析，指导补液治疗。

2）肺毛细血管楔压（PCWP）：PCWP 是应用 Swan-Ganz 漂浮导管测得的肺毛细血管内的压力，正常值为 6～15mmHg（0.8～2kPa）。PCWP 变化可反映肺静脉、左心房及左心室的功能状态，若<0.8kPa（6mmHg）表示血容量不足；>2.0（15mmHg）提示肺循环阻力增加，>4.0kPa（30mmHg）提示发生了肺水肿。

（三）心理和社会状况

休克起病急、病情重、变化快，加之抢救中使用的监测和治疗仪器较多，易使病人和家属产生遭受死亡威胁的感觉，出现不同程度的紧张、焦虑或恐惧心理。观察评估病人及家属的情绪反应，了解其心理承受能力及对治疗和预后的知晓程度。

（四）治疗原则

尽早去除病因，迅速恢复有效循环血量，纠正微循环障碍，恢复组织灌注，增强心肌功能，恢复机体正常代谢，防治并发症。

1. 紧急处理　主要包括安置休克卧位、控制出血、应用抗休克裤，保持呼吸道通畅、给氧、调节体温及镇静止痛等措施。

2. 恢复有效循环血量　是抗休克的基本措施，也是纠正休克引起的组织低灌注和缺氧的关键。

3. 积极处理原发病　在治疗休克中，消除引起休克的病因和恢复有效循环血量同等重要。

4. 纠正酸碱平衡失调　休克时微循环改变、细胞代谢异常和重要器官功能障碍，可引起酸碱平衡失调，应积极采取防治措施，维持机体的酸碱平衡。

5. 应用血管活性药物和强心剂　根据病情可应用血管活性药物，缓解周围血管舒缩功能的紊乱，以维持脏器的血液灌注。必要时使用强心剂。

6. 改善微循环　对诊断明确的 DIC，可用肝素抗凝。必要时使用抗纤维蛋白溶解药、抗血小板黏附聚集药等。

7. 应用抗菌药物　感染性休克，必须应用抗菌药物控制感染；低血容量性休克，病人机体抵抗力降低，加之留置各种导管，感染的危险性增加，也应使用抗菌药预防感染。

8. 应用糖皮质激素 适用于严重休克,特别是感染性休克。其主要作用是抑制炎性因子的产生,减轻全身炎症反应综合征,使微循环血流动力学恢复正常,改善休克状态;稳定溶酶体膜,减少心肌抑制因子的形成;扩张收缩的血管、增强心肌收缩力;提高机体对细菌内毒素的耐受力。

9. 应用其他药物 如三磷酸腺苷氯化镁、纳洛酮、超氧化物歧化酶、依前列醇等,也有助于休克的治疗。

【常见护理诊断/问题】

1. 体液不足 与急性大量失血、失液有关。

2. 气体交换受损 与肺萎陷、通气/血流比例失调、DIC 等有关。

3. 体温异常 与感染、毒素吸收或体表灌注减少等有关。

4. 有感染的危险 与机体免疫力降低、留置导尿管和静脉导管等有关。

5. 有受伤的危险 与微循环障碍、烦躁不安、意识不清有关。

【护理目标】

1. 病人能维持体液容量,血压、脉搏稳定,皮肤转暖,末梢循环改善。

2. 病人呼吸通畅,呼吸平稳。

3. 病人体温维持正常范围。

4. 病人住院期间未发生新的感染或感染发生后被及时发现并处理。

5. 病人未发生意外伤害。

【护理措施】

(一) 恢复有效循环血量

1. 体位 安置病人于平卧位或头和躯干抬高 20°~30°、下肢抬高 15°~20° 卧位,以增加回心血量。

2. 补充血容量 是抗休克的关键措施。尽快建立两条静脉通路,一条用于快速补液,另一条用于静脉给药。

3. 合理补液 一般先补给晶体溶液如平衡盐溶液、生理盐水、葡萄糖溶液等,以增加回心血量和心排血量。以后根据情况补充胶体溶液如全血、血浆、血浆增量剂、白蛋白等,以减少晶体液渗出至血管外第三间隙。应根据病人的心肺功能、失血或失液量及血压、中心静脉压监测结果等调整补液速度(表 1-3)。临床也可根据补液试验来判断血容量不足或心功能不全,取等渗盐水 250ml,于 5~10 分钟内经静脉滴入,若血压升高而中心静脉压不变,提示血容量不足;若血压不变而中心静脉压升高 0.29~0.49kPa(3~5cmH$_2$O),则提示心功能不全。

表 1-3 中心静脉压、血压与补液的关系

CVP	BP	原因	处理原则
低	低	血容量严重不足	充分补液
低	正常	血容量不足	适当补液
高	低	心功能不全或血容量相对过多	给强心药,纠正酸中毒,舒张血管
高	正常	容量血管过度收缩	舒张血管
正常	低	心功能不全或血容量不足	补液试验*

4. 使用抗休克裤 抗休克裤是专为紧急抢救各种原因所致的低血容量性休克病人而设计,它通过对腹部和下肢施加可测量和可控制的压力,使体内有限的血液实现最优分配,进而迅速改善心、脑重要脏器的血供。现场穿抗休克裤只需 1～2 分钟,可使自身输血达 750～1500ml,同时可以控制腹部和下肢出血,迅速纠正休克。当休克纠正后,由腹部开始缓慢放气,每 15 分钟测量血压 1 次,若血压下降超过 5mmHg,应停止放气,并重新注气。

5. 准确记录输入液体的种类、数量、时间及速度等,并详细记录 24 小时出入量,为后续治疗提供依据。

(二)密切观察病情变化

1. **神志** 反映脑组织血液灌注和全身循环状况。休克病人神志由兴奋转为抑制状态,表示脑缺氧加重病情恶化,经治疗病人神志转清、反应灵敏、对答自如,提示脑循环改善。

2. **生命体征** 每 15～30 分钟测体温、脉搏、呼吸、血压 1 次,随时观察病人病情的变化。

(1)血压:若病人收缩压 <90mmHg、脉压 <20mmHg 提示休克;血压回升、脉压增大是休克好转的征兆。

(2)脉率:脉率的变化常先于血压的变化。休克早期脉率增快;休克加重时脉搏细弱,甚至摸不到。当血压较低,但脉率已恢复且肢体温暖者,常表示休克趋向好转。可用脉率/收缩压(mmHg)计算休克指数,>1.0 提示休克,>2.0 提示重度休克。

(3)呼吸:呼吸急促、变浅、不规则,提示病情恶化;呼吸 >30 次/分或 <8 次/分提示病情危重。

(4)体温:休克病人常有体温偏低,感染性休克病人可有高热。若体温突然升高至 40℃以上或突然降到 36℃以下提示病情危重。

3. **皮肤色泽和温度** 反映末梢循环血液灌流情况。休克病人皮肤黏膜由苍白转为发绀,表示休克加重;发绀并出现皮下瘀点、瘀斑,则提示可能发生 DIC;若发绀程度减轻逐渐转为红润,肢体皮肤干燥温暖,说明末梢循环改善。

4. **尿量** 反映肾血流灌注情况,间接提示全身血容量充足与否,是观察休克病情变化最简便有效的指标。在排除高渗利尿、尿崩、尿路损伤等情况后,尿量维持在 30ml/h 以上时,提示休克好转。若尿量持续少于 25ml/h,提示发生急性肾衰竭可能。

5. **辅助动态监测** 定时监测血、尿、粪常规、血电解质、肝肾功能、血气分析、CVP、PCWP等检查,了解休克状态和治疗效果。

(三)维持有效的气体交换

1. **保持呼吸道通畅** 立即清理口鼻分泌物、呕吐物、血迹或异物等;必要时置口咽通气道,以保持呼吸道通畅。

2. **改善缺氧状态** 行鼻导管给氧,氧浓度为 40%～50%、流量为 6～8L/min,以提高动脉血氧浓度。严重呼吸困难者,应协助医生行气管插管或气管切开,并尽早使用呼吸机辅助呼吸。

3. **监测呼吸功能** 密切观察病人的呼吸频率、节律、深浅度及面唇色变化,动态监测动脉血气,了解缺氧程度。

(四)维持正常体温

1. **保暖** 多数病人体温偏低,应采取保暖措施,但禁忌体表加温(如使用热水袋保暖),以防血管扩张加重休克。

2. **降温** 感染性休克者可有高热,应采取降温措施。

3. 库存血的复温 须快速输血的病人在使用库存血时应置于常温下复温后再输入。

（五）改善组织灌注

休克病人常用血管活性药物缓解周围血管舒缩功能的紊乱,改善组织灌注,维持重要脏器的血供。给药时应从低浓度、慢滴速开始用药,每 5 ~ 10 分钟监测一次,血压平稳改 15 ~ 30 分钟监测一次,用药期间应严密观察血压、脉搏、尿量、末梢循环等变化,视具体情况调整静脉滴注药物的浓度及速度。当生命体征平稳后逐渐减慢速度,直至停药。使用缩血管药物时,应慎防药液外渗,若注射部位出现红肿、疼痛,应立即更换注射部位,并用 0.25% 普鲁卡因封闭注射部位,以免引起皮下组织坏死。扩血管药物只有在血容量补足的前提下方可使用,以防血管扩张导致血压进一步下降而加重休克。

（六）预防感染

遵医嘱全身应用有效抗生素。严格按照无菌操作原则执行各项护理操作。保持床单清洁、平整、干燥。病情允许时,每 2 小时为病人翻身一次,按摩受压部位皮肤,以预防压疮。鼓励病人深呼吸和有效咳嗽,痰液黏稠者行雾化吸入,防止肺部感染。加强导尿管护理,严格无菌操作,每日 2 次清洁、消毒会阴部和尿道口,预防泌尿系逆行感染。

（七）预防意外损伤

对烦躁不安或意识不清者,应采取安全防范措施。如加床旁护栏,以防坠床;输液肢体宜用夹板固定,以防输液针头脱出;必要时,使用约束带将四肢固定于床旁。

（八）心理护理

安慰病人及家属,做好必要的解释工作,使其能安心地接受治疗和护理。抢救过程中做到严肃认真、细心沉稳、忙而不乱、快而有序,通过各种护理行为使病人和家属产生信任感和安全感,减轻焦虑和恐惧,树立战胜疾病的信心。

（九）健康教育

教育病人及家属加强自我保护,避免损伤和意外伤害。讲解遭遇意外损伤后初步处理和自救知识。向病人及家属讲解各项治疗、护理的必要性和疾病的转归过程。指导病人康复期应加强营养。若发生感染和高热应及时就诊。

【护理评价】

1. 病人是否体液维持平衡,生命体征平稳,尿量正常。

2. 病人是否呼吸平稳,血气分析值维持在正常范围。

3. 病人体温是否维持正常。

4. 未发生感染,或感染发生后被及时发现和控制。

5. 病人未发生压疮或意外受伤。

第三节 营养支持的护理

营养支持是 20 世纪临床医学最重要的发展之一。在外科领域中,禁饮食、手术、创伤、感染等均可导致营养不良,据统计,50% ~ 70% 的外科住院病人存在营养不良。营养不良不同程度地降低了病人机体的抵抗力、器官的功能及组织的修复能力,不少病人虽然得到了较好的手术治疗,但却因为营养不良致机体状况日趋衰弱,术后恢复困难,甚至出现并发症而死亡,故外科营养支持是保证治疗结果和预后的重要措施之一,对危重病人救治中尤其如此。目前营养支持方式分为肠内营养和肠外营养 2 种。

一、肠内营养支持的护理

肠内营养(enteral nutrition,EN)系指经口或喂养管通过胃肠道途径提供人体代谢所需营养素的一种方法。其优点有:①肠内营养制剂经肠道吸收入肝,在肝内合成机体所需的各种成分,整个过程符合生理,且肝脏可发挥解毒作用;②食物的直接刺激有利于预防肠黏膜萎缩,保护肠屏障功能,防止细菌移位;③食物中的某些营养素(如谷氨酰胺)可直接被消化道黏膜细胞利用,有利于黏膜代谢;④肠内营养给药方便、价格低廉,无严重并发症。因此,凡有营养支持指征、胃肠功能正常或存在部分功能者,应首选肠内营养支持。

【护理评估】

（一）健康史

1. **适应证**　①不能正常经口进食:如意识障碍、食管癌、破伤风、严重颌面部损伤等。②高分解代谢状态:如严重感染、大面积烧伤、创伤或大手术等。③慢性消耗性疾病:如结核、肿瘤等。④消化道疾病稳定期可由肠外营养逐步过渡到肠内营养:如肠瘘、短肠综合征、炎性肠疾病、胰腺炎等。

2. **肠内营养制剂**　根据肠内营养的组成分为4类。

(1)要素制剂:由氨基酸或蛋白质水解物、葡萄糖、脂肪为能源,含有全面的、多种维生素和矿物质、微量元素组成。特点是营养成分全面,营养素不需要消化,可被肠道直接或接近直接吸收和利用。

(2)非要素制剂:其氮源为整蛋白或大豆蛋白,渗透压接近等渗,口感好,使用方便,不易引起胃肠道反应。

(3)组件制剂:也称不完全制剂,是含某种或以某类营养素为主的制剂,以适合病人的特殊需要。有蛋白质组件、糖类组件、脂肪组件、维生素及矿物质组件等。

(4)特殊需要制剂:根据疾病的不同特点给予病人既能达到营养支持目的,又能起到治疗疾病作用的制剂。如肝衰竭制剂、肾病制剂、糖尿病制剂等。

3. **营养投给途径**　肠内营养投入途径有经口和管饲2种。多数病人因经口摄入受限或不愿口服而采用管饲,遵医嘱放置鼻胃管、鼻十二指肠管或鼻空肠管,或配合医生做胃造口、空肠造口等。

4. **营养液输注方式**　常用方式有一次投给、间歇滴注、连续输注等。

(1)一次投给:适用于喂养管尖端位于胃内及胃肠功能良好者。一次投给是将营养液用注射器在5～10分钟内缓慢地注入胃内,每次200ml,每日6～8次。

(2)间歇滴注:是将营养液置于输液容器内,经输注管接喂养管缓慢地滴注,每次250～500ml,每日4～6次,每次持续30～60分钟。多数病人能耐受。

(3)连续输注:是将营养液在24小时内均匀输注,为目前常用的方法。可采用重力滴注法,也可采用营养泵输注法,尤其适用于胃肠道耐受性差、喂养管尖端位于十二指肠或空肠内的病人。

（二）身体状况

评估病人有无腹部胀痛、恶心、呕吐、腹泻、急性腹膜炎体征等。生命体征是否平稳,有无休克、脱水或水肿等征象。根据人体测量指标和实验室指标,判别营养不良的程度、是否具有营养支持的指征,可作为营养支持治疗效果观察的客观指标。

（三）心理和社会状况

了解病人及家属对营养支持重要性和必要性的认知程度,对营养支持的态度、看法以及家庭经济状况,对营养支持费用的承受能力等。

【常见护理诊断/问题】

1. **营养失调：低于机体需要量**　与摄入不足、疾病消耗过多或高分解代谢等有关。

2. **有误吸的危险**　与意识障碍、体位不当、喂养管移位及胃排空障碍等有关。

3. **有黏膜受损的危险**　与长期留置喂养管有关。

4. **潜在并发症**:胃肠道并发症、感染、代谢性并发症。

【护理措施】

（一）预防误吸

1. **妥善固定喂养管**　若经鼻胃管喂养,应将喂养管妥善固定于面颊部,防止喂养管移位至食管而导致误吸;同时,每次喂食前一定要确认鼻胃管在胃内才能灌注食物。

2. **体位**　根据病情及喂养管位置,置病人于合适的体位。伴有意识障碍、胃排空迟缓、经鼻胃管或胃造瘘输注营养液的病人应取半卧位,以防营养液反流和误吸。

3. **估计胃残留量**　每次输注营养液前及连续输注期间(每间隔 4 小时)抽吸并估计胃内残留量,若残留量每次大于 100 ~ 150ml,应延迟或暂停输注,必要时加用胃动力药物,以防胃潴留引起反流而致误吸。

4. **加强观察**　若病人突然出现呛咳、呼吸急促或咳出类似营养液的痰液,应疑有喂养管移位并致误吸的可能,应鼓励和刺激病人咳嗽排出吸入物和分泌物,必要时经鼻导管或气管镜清除误吸物。

（二）预防胃肠道并发症

胃肠道并发症主要与输注速度快、营养液浓度与渗透压高、温度低、营养液污染等有关。

1. **控制输注量和速度**　营养液宜从少量开始,250 ~ 500ml/d,在 5 ~ 7 日内逐渐达到全量;输注速度以 20ml/h 开始,逐步增加到 100 ~ 120ml/h,以输液泵控制滴速为佳。

2. **控制营养液的浓度**　浓度从低到高,以避免营养液浓度和渗透压过高引起胃肠道不适、肠痉挛、腹胀和腹泻。

3. **保持营养液的适宜滴注温度**　营养液的滴注温度以接近正常体温为宜,温度过高可能灼伤胃肠道黏膜,过低易刺激胃肠道引起肠痉挛、腹胀或腹泻。

4. **避免营养液污染和变质**　营养液应现用现配;保持调配容器的清洁、无菌,存于4℃冰箱中备用;营养液在室温下放置的时间应小于 6 ~ 8 小时,如营养液中含有牛奶及易腐败成分时,放置时间应更短;每日更换输注管道、袋或瓶。

（三）避免黏膜和皮肤的损伤

长期留置鼻胃管或鼻肠管者,可每日用油膏涂拭润滑鼻腔黏膜,防止喂养管长时间压迫鼻咽部黏膜产生溃疡。对胃、空肠造瘘者,胃、空肠造瘘口处应 2 ~ 3 日换药一次,保持造瘘口周围皮肤干燥、清洁。按常规做好口腔护理。

（四）预防感染性并发症

1. **吸入性肺炎**　主要是误吸导致的吸入性肺炎。

2. **急性腹膜炎**　多见于空肠造瘘输注营养液者。妥善固定营养管,防止发生移位或脱出,一般在造瘘口管出腹壁处做好标记,每 4 小时检查 1 次,以判断喂养管是否保持在位;加强观察,若病人突然出现腹痛、胃或空肠造瘘周围有类似营养液渗出或腹腔引流管引流出类似营养液的液体,可怀疑喂养管移位、营养液进入游离腹腔,应立即停输营养液并报告医师,尽可能协助清除或引流出渗漏的营养液;按医嘱应用抗生素以免继发性感染或腹腔脓肿。

3. **肠道感染** 避免营养液污染、变质。在配制营养液时,注意无菌操作;配制的营养液暂时不用时应放冰箱保存,以免变质而引起肠道感染。

(五)代谢并发症监测

1. **代谢及效果监测** 注意测定尿糖和酮体及时发现高血糖和高渗性非酮性昏迷;记录液体出入量和监测电解质变化等,防止水、电解质失调。

2. **营养情况** 定期监测肝、肾功能及内脏蛋白质、氮平衡、进行人体测量,以评价营养支持效果。

(六)喂养管的护理

妥善固定喂养管,防止滑脱、移动、折叠及扭曲。保持喂养管通畅,于输注营养液前、后及连续管饲过程中每隔4小时及特殊用药前后,都应用30ml温开水或生理盐水冲洗喂养管。临时灌注特殊药物如药片或药丸等,应研碎加水溶解后再注入,以防药物与营养液混合发生凝结附于管壁或堵塞管腔。

(七)心理护理

给病人和家属讲解营养不良对人体健康的影响,营养支持的重要性,治疗期间需要监测内容,肠内营养的实施途径、方法、优点和可能发生的并发症等,使病人和家属心中有数、消除疑虑、知情同意,以积极的心态配合治疗和护理。

(八)健康教育

1. 告知病人肠内营养的重要性和必要性,出院后须遵医嘱继续进行巩固治疗,以维持或进一步改善营养状态,降低自行拔管的风险。

2. 指导病人和家属掌握居家喂养和喂养管自我护理的方法。

二、肠外营养支持的护理

肠外营养(parenteral nutrition,PN)是指通过静脉途径提供人体代谢所需营养素的一种方法。所有营养素完全经静脉途径供给时称为全胃肠外营养(total parenteral nutrition,TPN)。肠外营养能替代胃肠道的功能,不但能使病人在不进食的情况下获得足够的营养素,维持正常代谢和营养、获得正常生存条件,而且可使胃肠道处于功能性休息状态,减少胃肠液的分泌,有治疗某些疾病的作用。

【护理评估】

(一)健康史

1. **适应证** 凡不能或不宜经口摄食超过5~7日的病人都是肠外营养的适应证。包括:①胃肠道功能障碍:如消化道瘘、胃肠道梗阻、短肠综合征、放射性肠炎等;②因疾病或治疗限制不能经胃肠道摄食或摄入不足:如重症胰腺炎及化疗、放疗、手术前后等;③高分解代谢状态:如严重感染、大面积烧伤或大手术等。

2. **肠外营养制剂** 由葡萄糖、脂肪乳及氨基酸3部分主要成分组成。

(1)葡萄糖:是肠外营养的主要能源物质。成人需要量为4~5g/(kg·d),利用能力为5mg/(kg·min),若供给过多或输入过快,可导致高血糖和糖尿,甚至高渗性非酮性昏迷。另外,应激时机体利用葡萄糖的能力下降,多余的葡萄糖可转化为脂肪沉积在器官内引起脂肪肝。因此,目前肠外营养强调糖和脂肪双能量来源。为促进合成代谢和葡萄糖的利用,可在营养液中按比例添加胰岛素,一般 8 ~ 10g 葡萄糖需加 1U 胰岛素。

(2)脂肪乳剂:是肠外营养的另一种重要能源物质,1g 脂肪可提供 9kcal 热量。成人脂肪乳剂的供给量为 1 ~ 2g/(kg·d),约占能量的 20% ~ 30%。当脂肪与葡萄糖共同构成非蛋白质能量时更符合生理,二者的比例约 1:2 ~ 2:3。

(3)复方氨基酸:氨基酸构成肠外营养的唯一氮源,用于合成人体的蛋白质。正常成人氨基酸需要量为 0.8 ~ 1.0g/(kg·d),应激、创伤时需要量增至 1 ~ 1.5g/(kg·d)。复方氨基酸溶液可归纳为平衡型与非平衡型两类。平衡型氨基酸溶液所含必需氨基酸(8 种)与非必需氨基酸(8 ~ 12 种)的比例符合正常机体代谢的需要,适用于大多数病人;非平衡型氨基酸溶液的配方多针对某一疾病代谢特点而设计,兼有营养支持和治疗的双重作用。临床选择须以应用目的、病情、年龄因素为依据。

(4)电解质:肠外营养时需补充钾、钠、钙、氯、镁及磷。常用制剂有 10% 氯化钾、10% 氯化钠、10% 葡萄糖酸钙、25% 硫酸镁等。

(5)维生素:分为水溶性和脂溶性两大类。水溶性维生素体内无储备,不能进食时,应每日给予;脂溶性维生素体内有一定储备,禁食超过 2 周才需补充。

(6)微量元素:对临床具有实际意义的微量元素有锌、铜、铁、硒、铬、锰等。短期禁食可不予补充,TPN 超过 2 周时,需注意补充。

3. 营养液输注途径 肠外营养输注途径有经周围静脉和中心静脉两种,具体选择应视病情、营养液组成、输液量及护理条件等而定。对于短期(<2 周)、部分营养支持或中心静脉置管和护理有困难者,可采用周围静脉输注;对于需长期、全量营养支持者,以选择中心静脉(如锁骨下静脉或颈内静脉穿刺置管)输注为宜。目前临床采用经外周穿刺中心静脉置管(PICC),与锁骨下静脉穿刺和颈内静脉穿刺比较,具有安全、并发症少、操作简单、带管时间长、护理方便、不影响病人日常生活等优点,是进行长期肠外营养的极佳途径。

4. 营养液输注方式 常用方式有全营养混合液(TNA)和单瓶输注两种。

(1)全营养混合液:是指 PN 各营养素配制于 3L 塑料袋中,又称全合一(AIO)营养液。其优点是多种营养素同时进入体内,热氮比合理,增加节氮效果,降低代谢性并发症的发生率;简化输注步骤,节省护理时间;全封闭的输注系统减少了污染机会。目前有将全营养混合液制成两腔或三腔袋的产品,腔内分装氨基酸、葡萄糖和脂肪乳剂,有隔膜将各成分分开,以防相互发生反应,临用前用手加压即可撕开隔膜,使各成分立即混合。

(2)单瓶输注:在无条件进行全营养混合液输注时,可采用此方法输注,但由于各营养素非同步输入,不利于营养素的有效利用。此外,单瓶输注葡萄糖或脂肪乳剂,可因单位时间内的葡萄糖或脂肪量较多而增加代谢负荷,甚至出现高糖或高脂血症。单瓶输注时,氨基酸溶液应与非蛋白质能量溶液合理地间隔输注。

(二)身体状况

评估病人的身体状况,肠外营养支持的适应证,根据人体测量指标和实验室指标,判别营养不良的程度、是否具有营养支持的指征,可作为营养支持治疗效果观察的客观指标。

(三)心理和社会状况

了解病人及家属对肠外营养支持重要性和必要性的认知程度,对肠外营养支持的态度、看法以及家庭经济状况,对肠外营养支持费用的承受能力等。

【常见护理诊断/问题】

1. **营养失调：低于机体需要量**　与摄入不足、疾病消耗过多或高分解代谢等有关。

2. **潜在并发症**：气胸、空气栓塞、血栓性静脉炎、穿刺部位感染、导管性脓毒症、肠源性感染、电解质紊乱、糖代谢紊乱、脂肪代谢紊乱、肝胆系统损害等。

【护理措施】

（一）合理输注

合理安排输液顺序和控制输液速度。对已有缺水者，先用平衡盐溶液补充；电解质紊乱者，先予以纠正；TNA 输注控制速度在 200ml/h 以内，保持连续和匀速输入。根据病人 24 小时液体出入量，合理补液，维持水、电解质和酸碱平衡。

（二）监测和评价营养状况

最初 3 日每日监测血清电解质、血糖水平，3 日后，视稳定情况每周测 1～2 次。其他营养指标每 1～2 周 1 次，有条件测氮平衡以评价营养支持效果。

（三）并发症的观察与护理

1. **技术性并发症**　主要有气胸、空气栓塞、血栓性静脉炎、血管或胸导管损伤等。

（1）气胸：若在中心静脉穿刺或置管后，病人出现胸闷、胸痛、呼吸困难，同侧呼吸音减弱等表现，应怀疑气胸，尽快协助医生处理。

（2）空气栓塞：是最危险的并发症。应预防为主，锁骨下静脉穿刺时安置病人平卧、屏气，置管成功后妥善连接输液管道，输注结束后旋紧导管塞；一旦出现空气栓塞症状，立即安置病人左侧卧位，并配合急救。

（3）血栓性静脉炎：多见于外周静脉营养输注时，一旦输注静脉出现红肿、条索状变硬、触痛等，即按血栓性静脉炎护理。给予局部湿热敷、外涂抗凝、消炎药膏等，更换穿刺部位，禁止局部按摩。

（4）血管损伤和胸导管损伤：前者为同一部位反复穿刺所致，表现为局部出血或血肿，一旦发现立即退出穿刺针，局部压迫止血；后者可发生于左锁骨下静脉穿刺时，表现为有清亮的淋巴液渗出，一旦发现立即退针或拔出导管。

2. **感染性并发症**　主要为穿刺部位感染、导管性脓毒症和肠源性感染。若穿刺部位有红肿、压痛，有临床难以解释的发热、寒战、反应淡漠或烦躁不安甚至休克等，应考虑感染性并发症。对怀疑导管性感染者，应做营养液细菌培养和血培养，更换输液系统和营养液。观察 8 小时若发热仍不退者，必须立即拔出中心导管，并做导管尖端培养。24 小时发热仍不退者，遵医嘱使用抗生素。若病情需要，观察 12～24 小时后更换部位重新穿刺置管。若疑为肠源性感染，除使用抗菌药物外，还应尽可能应用肠内营养或在肠外营养时增加经口饮食机会。

3. **代谢性并发症**

（1）高血糖和高渗性非酮性昏迷：由于单位时间内输入过量葡萄糖或体内胰岛素相对不足引起。若发现病人尿量突然增多、意识改变，应怀疑此症，立即告知医生并协助处理；常用措施为停输葡萄糖溶液或含大量葡萄糖的营养液，输入低渗或等渗氯化钠溶液（内加胰岛素），以使血糖水平逐渐下降。

（2）低血糖性休克：由于突然停输高渗葡萄糖溶液或营养液中胰岛素含量过多所致。因很少单独输注高浓度葡萄糖溶液，此类并发症已很少见。病人出现脉搏加速、面色苍白、四肢湿冷、乏力，甚至血压下降、意识改变等，应考虑低血糖性休克。一旦发现应立即遵医嘱给予高渗糖静脉推注或输注葡萄糖溶液。预防的有效方法是采用 TNA 方式输注。

（3）肝胆系统损害：主要是肝酶谱异常、肝脂肪变性和淤胆等。主要表现为血胆红素升高、碱性磷酸酶和转氨酶升高，可能与葡萄糖超负荷引起肝脂肪变性、长期 TPN 时肠道缺少食物刺激、体内谷氨酰胺缺乏使肠黏膜屏障功能降低、内毒素移位等因素有关。目前尚无有效的预防措施。

（四）发热反应的观察与护理

肠外营养液输注过程中可能出现高热，与营养素产热有关，一般不经特殊处理可自行消退，部分病人可给予物理降温或服用退热药。但如病人持续高热或发热经一般处理无效，须警惕发热为感染所致，应及时告知医生，协助排查原因和进行相应的处理。

（五）输液导管护理

妥善固定输液导管，以防止滑脱；保持导管通畅，避免导管折曲、受压，每次输液结束时应使用肝素稀释液封管，以防导管内凝血堵塞导管；专管专用，避免经输液导管采血、给药、输血等，以免增加感染和堵管的机会；穿刺部位换药，每日 1 次，观察并记录有无红肿热痛等感染征象，一旦发生感染，根据医嘱做相应处理，必要时拔除导管。

（六）心理护理

给病人和家属讲解营养不良对人体健康的影响，营养支持的重要性，治疗期间需要监测内容，肠外营养的实施途径、方法、优点和可能发生的并发症等，使病人和家属心中有数、消除疑虑、知情同意，以积极的心态配合治疗和护理。

（七）健康教育

告知病人肠外营养的重要性和必要性，以维持或进一步改善营养状态。

第四节　损伤病人的护理

走入现场

现场：护士小李今日急诊科值班，一位 16 岁男孩由家人搀扶进入急诊室，病人家属告诉小李："我儿子 3 小时前被电动车撞伤腹部，现疼痛越来越明显。"小李给病人查体：P 120 次/分，BP 90/55mmHg，病人神志清楚，面色苍白，腹部有擦伤痕迹。

提问：

1. 接待病人时，小李对病人评估时还应注意什么？
2. 小李当前应做好哪些护理措施及健康教育？

一、创伤病人的护理

各种致伤因素作用于人体所造成的组织结构破坏和生理功能障碍统称为损伤。导致损伤的主要因素有机械性因素、物理性因素、化学性因素、生物性因素等。通常把机械性因素导致的损伤称为创伤。创伤（trauma）是指机械性致伤因素作用于人体造成的组织结构完整性破坏或功能障碍，是临床上最常见的损伤。

【护理评估】

(一) 健康史

1. 病因及分类

(1) 按致病因素分类:可分为刺伤、切割伤、烧伤、擦伤、挫伤、撕裂伤、挤压伤、冲击伤、爆震伤及多种因素所致的复合伤等。

(2) 按损伤部位分类:可分为颅脑伤、颌面颈部伤、胸(背)部伤、腹(腰)部伤、骨盆部伤、脊柱脊髓伤、上肢伤、下肢伤和多发伤等。

(3) 按伤后皮肤完整性分类:可分为开放性与闭合性创伤两大类。

1) 开放性创伤(opened injury):①擦伤:常常因致伤物与皮肤表面快速摩擦而发生。②刺伤:尖锐器物刺入组织造成的损伤,伤口深而小,易发生破伤风。③切伤或砍伤:切伤为锐利器械切线运动造成的组织损伤,砍伤是锐器垂直运动造成,作用力较大,多伤及骨。④撕裂伤:因暴力的撕扯或卷拉,造成皮肤、皮下组织、肌肉、肌腱等组织剥脱,伤口多不规则,周围组织破坏较重,出血多,易感染。⑤火器伤:弹片或枪弹等所致的创伤,损伤范围大,坏死组织多,可致大出血,异物滞留等。

2) 闭合性创伤(closed injury):①挫伤:由钝性暴力引起皮下组织、肌肉和小血管的损伤,表现为局部肿胀、血肿、触痛或皮肤青紫,头胸腹部损伤常合并深部器官损伤。②挤压伤:肌肉组织丰富的肢体或躯干较长时间受钝力挤压所造成的损伤,严重时肌肉组织广泛缺血、坏死。坏死组织崩解产物被吸收后可引起以高钾血症和肌红蛋白尿为特征的急性肾衰竭,即挤压综合征。③扭伤:常发生在关节受力失衡时,造成相关韧带、肌腱等组织撕裂损伤。④震荡伤:也称冲击伤。多指爆炸产生的冲击波形成高压及高速气流而造成的胸腔、腹腔内脏器官及耳鼓膜的损伤,其特点是伤情外轻内重,发展迅速,常发生多部位或多脏器损伤。

(4) 按损伤程度分类:一般分为轻度受伤、中度受伤、重度受伤。轻度受伤主要是局部软组织伤,无生命危险。中度受伤主要是广泛软组织伤、上下肢开放骨折、肢体挤压伤、创伤性截肢及一般的腹腔器官伤,丧失作业能力和生活能力,一般也无生命危险。重度受伤指危及生命或治愈后有严重残疾者。

2. 病理生理　机体在致伤因素的作用下,迅速产生局部炎症反应和全身性防御反应。较轻的创伤,全身性反应轻微;较重的创伤则有明显的全身性反应,且容易引起并发症。

(1) 局部反应:由于组织结构破坏,或细胞变性坏死,或病原微生物入侵及异物存留等,可引起局部炎症反应。表现为局部血管通透性增加,血浆成分外渗,白细胞等趋化因子聚集于伤处以吞噬和清除病菌或异物,出现局部发红、肿胀、发热、疼痛等。红、肿、热主要是因为肥大细胞释放组织胺等引起,疼痛是因组织内压增高,缓激肽增多等引起。

(2) 全身性反应:是因受到严重创伤时机体的非特异性应激反应,损伤越严重,全身反应越明显。①神经-内分泌系统反应:由于疼痛、精神紧张、失血、失液等原因,下丘脑-垂体-肾上腺皮质轴和交感神经-肾上腺髓质轴可出现应激效应,分泌大量儿茶酚胺、肾上腺皮质激素、生长激素、高血糖素等,同时肾素-血管紧张素-醛固酮系统被激活,以调节全身器官功能与物质代谢,减轻致伤因素对机体的损害作用。②发热反应:机体创伤后释放大量的炎性介质,如肿瘤坏死因子、白细胞介素等作用于下丘脑体温调节中枢可引起机体发热。③代谢反应:严重创伤后,由于神经内分泌系统的作用,机体分解代谢增强,基础代谢率增高,能量消耗增加,糖、蛋白质、脂肪分解加速,机体处于负氮平衡状态;水电解质代谢紊乱,可致水钠潴留,钾排出增多等。④免疫反应:严重创伤后,中性粒细胞、单核-巨噬细胞的吞噬和杀菌能力减弱;淋巴细胞数量减少、功能下降;免疫球蛋白含量降低;补体系统过度耗竭等因素可能导致机体免疫能力低下,并易发生感染。

(3)组织修复:创伤修复是由受伤局部增生的细胞和细胞间质充填、连接伤口或代替缺损组织而完成的。大致经历三个基本阶段:①炎症反应阶段:时间为3~5天。主要是伤后早期伤口血凝和细胞反应、免疫应答、血液凝固和纤维蛋白的溶解,以清除致伤因子和坏死组织,防止感染,为组织再生与修复奠定基础。②组织增生和肉芽形成阶段:伤后1~2周。伤口内成纤维细胞、血管内皮细胞和毛细血管大量增生,形成肉芽组织,随着胶原纤维的增多,肉芽组织逐渐变为瘢痕组织,使伤口愈合。③组织塑形阶段:约需1年时间。主要是胶原纤维交联增加、强度增加,瘢痕内的胶原纤维和其他基质又被转化和吸收,并改变排列顺序,使瘢痕软化,伤口外观和功能障碍得以改善。

(4)伤口愈合类型:①一期愈合(又称原发愈合):组织修复以同类细胞为主,仅含少量纤维组织,瘢痕组织较少,伤口愈合快、功能良好,如外科切口的愈合。②二期愈合(又称间接愈合):组织修复以纤维组织为主,形成的瘢痕组织较大,不同程度地影响结构和功能恢复。见于开放或污染严重的创口,坏死组织较多,愈合时间较长。

(二)身体状况

1. 临床表现

(1)局部症状

1)疼痛:其程度与创伤的部位、范围、性质及炎症反应强弱有关。活动时伤处疼痛加剧,制动则减轻。疼痛一般在伤后2~3日缓解,如持续存在并加重,表示可能合并感染。内脏损伤所致的疼痛常定位不确切。为避免漏诊或误诊,创伤引发的体腔内疼痛,在确诊前慎用麻醉镇痛药。

2)局部肿胀和瘀斑:局部出现瘀斑、肿胀或血肿,组织疏松和血管丰富的部位,肿胀尤为明显。

3)功能障碍:组织结构破坏、疼痛或炎症反应所致,如脱位、骨折的肢体不能正常运动。

4)伤口与出血:为开放性创伤所特有的征象。伤口可分为:①清洁伤口:无菌手术的切口,可直接缝合达到一期愈合目的的。②污染伤口:有大量细菌污染,但未形成感染,适用于清创术。一般认为伤后8小时以内的伤口即属于污染伤口。③感染伤口:细菌严重污染并繁殖,伤口有脓液、渗出液及坏死组织等,多需延期缝合,适用于换药术。

5)伤口并发症:①伤口出血:指发生在手术或意外伤害性伤口48小时内的继发性出血,也可发生在修复期任何时段。②伤口感染:多见于开放性创伤的病人。化脓性感染是最为常见的并发症,主要症状是持续性的炎症反应,伤口出现红、肿、热、痛,有脓性分泌物出现等。③伤口裂开:指伤口未愈合,皮肤以下各层或全层完全分离。

(2)全身症状:轻伤病人可无明显的全身表现,创伤较重者可表现为:

1)发热:创伤后血液、渗出液及坏死组织毒性产物吸收后可引起发热,一般体温在38℃左右,称为吸收热。如颅脑损伤或继发感染者,可出现高热。

2)全身炎症反应综合征:指严重创伤者由于交感神经肾上腺髓质系统兴奋,大量儿茶酚胺及其他炎性介质的释放、疼痛、精神紧张和血容量减少等可引起体温、心血管、呼吸和血细胞等方面的异常。

3)并发症:常见有化脓性感染和创伤性休克。伤后还可能发生破伤风、气性坏疽等特异性感染;严重创伤、失血、并发严重感染等,可引起休克、急性肾衰竭、凝血功能障碍、成人呼吸窘迫综合征等多系统器官衰竭。

2. 实验室及其他检查

(1)实验室检查:血常规和血细胞比容可判断失血或感染情况;尿常规可提示泌尿系统损伤;血电解质和血气分析可了解水、电解质、酸碱平衡失调状况及有无呼吸功能障碍。

(2)影像学检查:X 线检查可诊断有无骨折、脱位、气胸、肺实变、气腹等;超声检查可明确有无肝、脾、肾等实质性脏器的损伤和腔内积液等;CT 检查可辅助诊断颅脑损伤和某些腹部实质性器官、腹膜后损伤;MRI 有助于诊断颅底、脊髓、骨盆等损伤。

(3)诊断性穿刺和导管检查:用于对闭合性损伤的诊断,有助于明确有无腔内脏器损伤或出血等,常用的有腹腔穿刺、胸膜腔穿刺、心包腔穿刺、关节腔穿刺等。对穿刺不能明确的,可采取穿刺后置入导管灌洗检查。

(4)其他:对严重创伤病人,还可根据需要采用多种功能监护仪器和其他实验室检查方法,监测心、肺、脑、肾等重要器官的功能,以利于观察病情变化。

(三)心理和社会状况

了解病人的心理反应,了解病人及其家属对突发创伤的态度和认知程度,以及家庭经济承受能力和支持能力。

(四)治疗原则

1. 全身治疗 应用支持疗法积极抗休克、保护器官功能、加强营养支持、预防继发性感染和破伤风等。此外,还需根据创伤的部位、性质和严重程度,积极预防和处理相关并发症。

2. 局部治疗

(1)闭合性损伤:如无内脏合并伤,多不需特殊处理,可自行恢复;如骨折脱位,应及时复位固定,逐步进行功能锻炼;如合并深部器官损伤,应及时进行专科处理。

(2)开放性损伤:及早清创缝合,积极控制感染,并在 12 小时内使用破伤风抗毒素。

【常见护理诊断/问题】

1. 体液不足 与创伤后失血、失液有关。

2. 疼痛 与组织器官损伤和创伤后局部炎症反应有关。

3. 组织完整性受损 与组织器官损伤、结构破坏等有关。

4. 焦虑 与创伤刺激或担心愈后伤残等因素有关。

5. 潜在并发症:休克、感染、挤压综合征等。

【护理措施】

(一)急救护理

1. 抢救生命 优先处理危及生命的紧急情况,如心搏骤停、窒息、活动性大出血、张力性气胸或开放性气胸、休克、腹腔内脏脱出等。

2. 判断伤情 经紧急处理后,迅速进行全面、有重点的检查,注意有无内脏损伤情况。

3. 呼吸支持 立即清理口鼻分泌物、异物,维持呼吸道通畅,给予吸氧。

4. 有效止血 以无菌或清洁的敷料包扎伤口。用加压包扎、填塞压迫、止血带等方法止血。使用止血带止血时,要注意正确的缚扎部位、方法和持续时间,一般每隔 1 小时左右放松 1 次止血带,每次 2～3 分钟,避免引起肢体缺血性坏死。

5. 维持循环功能稳定 积极抗休克,迅速输液、输血以补充血容量。

6. **包扎** 应用无菌敷料或干净布料包扎,填塞封闭开放的胸壁伤口,用敷料或器具保护有腹腔脱出的内脏。若有脑组织外露,可用纱布卷垫高伤口周围,再行头部包扎。

7. **固定** 有骨折者,可用夹板或代用品,也可用躯体或健肢以中立位固定伤肢,注意远端血运。疑有脊柱骨折,应3人以平托法或滚动法将病人轻放、平卧于硬板床上,防止脊髓损伤。

8. **转运** 经上述处理后,平稳护送病人到医院。转运途中保证静脉通道,有效输液,根据医嘱给予止痛、镇静、给氧吸入、注意保暖,预防休克;严密监测生命体征,协助医生进一步行伤情评估。

（二）闭合性创伤的护理

1. **病情观察** 对伤情较重者要注意观察局部症状、体征的发展;密切观察生命体征的变化,注意有无深部组织器官损伤;对挤压伤病人应观察尿液变化,观察是否发生急性肾衰竭。

2. **局部制动** 病情较重者应卧床休息,抬高患肢以利静脉回流,减轻肿胀和疼痛。骨折、关节脱位时先行复位,再选用夹板、绷带等固定方法制动,以缓解疼痛。

3. **局部治疗** 小范围软组织创伤后早期局部冷敷,以减少渗血和肿胀,24小时后热敷和理疗,以促进渗出吸收和炎症消退。血肿较大者,可在无菌条件下穿刺抽吸后加压包扎。

4. **功能恢复** 病情稳定后,配合应用理疗、按摩,并指导功能锻炼,促进伤肢功能尽快恢复。

5. **心理护理** 安慰病人,多做心理疏导,减轻其焦虑等不良心理,使病人能积极配合治疗。

（三）开放性创伤的护理

1. **术前准备** 按急诊手术要求,做好备皮、药物过敏试验、配血、输液、局部X线摄片检查等一切术前准备。有活动性出血者,在抗休克同时积极准备手术止血。

2. **配合医生进行清创手术** 清创术应争取在伤后6~8小时内施行,在此期间,细菌仅存在创口的表面,尚未形成伤口感染,此为清创术的最佳时机。

3. **术后护理** ①密切观察病情:注意观察生命体征,警惕术后活动性出血的发生。观察伤口情况,如出观感染征象时,应配合治疗进行早期处理。②伤口护理:定期伤口换药,换药顺序遵循先换清洁伤口,再换污染伤口,最后换感染伤口。特异性感染伤口应专人换药。③预防感染:遵医嘱常规使用合适的抗生素,达到预防用药的目的,受伤后或清创后应及时加用破伤风抗毒素,预防破伤风。④对症支持疗法:遵医嘱给予输液、输血、防治水、电解质紊乱,纠正贫血,加强营养,促进创伤的愈合。病情稳定后,鼓励并协助病人早期活动,指导病人进行肢体功能锻炼。

（四）深部组织或器官损伤的护理

疑有颅脑、胸部、腹部等部位的损伤,应密切观察病情变化,加强心、肺、肾、脑等重要器官功能的监测,采取相应的措施防治休克和多器官功能不全,最大限度地降低病人死亡率。

（五）心理护理

安慰病人,稳定情绪。尤其对容貌受损或有致残可能的病人,医务人员和家属都应与病人沟通,多做心理疏导,减轻其焦虑不安等不良心理,使其积极配合治疗。

（六）健康指导

1. 安全教育 普及安全知识、加强安全防护意识，避免受伤。

2. 护理指导 向病人讲解伤口修复的影响因素、伤口护理措施。

3. 饮食指导 指导病人加强营养，以积极的心态配合治疗，促进组织和脏器功能的恢复。

4. 功能锻炼 督促病人伤后恢复期坚持功能锻炼，防止肌肉萎缩和关节僵硬等并发症。

二、烧伤病人的护理

烧伤（burns）是指由热力（火焰、热液、蒸汽、热固体）、电流、放射线以及某些化学物质（强酸、强碱、磷）作用于人体所引起的局部或全身损害，其中以热力烧伤最为常见。

【护理评估】

（一）健康史

根据烧伤病理生理特点及临床过程，临床上将烧伤分为 4 期，各期之间常互相重叠影响，分期的目的是为了突出各阶段临床处理和护理的重点。

1. 急性渗出期（休克期） 烧伤后无论烧伤深浅或面积大小，迅速发生体液渗出。一般伤后数分钟开始，伤后 6～8 小时渗出最快，36～48 小时渗出达高峰，随后趋于稳定并开始回吸收。小面积浅度烧伤，渗液量有限，主要表现为局部水肿和水疱。当烧伤面积较大时，体液的渗出量较多，机体代偿不足，循环血量明显下降，可发生低血容量性休克，因此，此期又称休克期。休克是烧伤后 48 小时内导致病人死亡的主要原因。

2. 急性感染期 烧伤后皮肤黏膜屏障被损坏，机体的免疫功能降低，对致病菌的易感性增加，通常在烧伤休克期即同时并发局部和全身性感染。此外，深度烧伤形成的凝固性坏死和焦痂，在伤后 2～3 周即进入组织溶解期，此期细菌也极易侵入机体引起感染，故为烧伤并发全身性感染的第 2 个高峰期。再者，若创面处理不当或病人抵抗力极低，大量致病菌可侵入创面邻近组织引起侵入性感染，感染发展使创面和周围组织炎症恶化，即使细菌未进入血流也可引起病人死亡，称为"烧伤创面脓毒症"。烧伤面积越大、深度越深、程度越严重，感染的危险越大，并且感染的危险将持续到创面完全愈合。

3. 创面修复期 创面修复过程在伤后不久即开始。浅度烧伤，生发层存在，再生能力强，多能自行修复，不留瘢痕。深Ⅱ度烧伤如无感染等并发症，约 3～4 周后逐渐修复，留有瘢痕。Ⅲ度烧伤需靠皮肤移植整形愈合。严重的深度烧伤，创面的纤维化、瘢痕增生和挛缩将造成毁容、肢体畸形和功能障碍。

4. 康复期 深度创面愈合后，可形成瘢痕，严重者影响外观和功能，修复期应注意对一些关节、功能部位进行防挛缩、畸形的措施与锻炼。大面积深度烧伤的康复过程需要较长时间，有的还需要做整形手术及长时间功能锻炼以恢复。

（二）身体状况

通过对烧伤程度、病程的估计，全面了解病人的身体状况、并发症发生的可能性和危险性、病情轻重和预后。烧伤程度主要取决于烧伤面积和深度。

1. 烧伤面积 我国统一采用的烧伤面积计算方法有 2 种。

（1）中国新九分法：即将人体体表面积划分为 11 个 9% 等份，另加会阴区的 1%，构成 100% 体表面积，适用于较大面积烧伤的评估。12 岁以下小儿头部面积较大，双下肢面积相对较小，测算方法应结合年龄进行计算（表 1-4）。

表1-4　中国新九分法

部位	占成人体表面积(%)	占儿童体表面积(%)
头颈	9×1=9(头部3,面部3,颈部3)	9+(12-年龄)
双上肢	9×2=18(双手5,双前臂6,双上臂7)	9×2
躯干	9×3=27(躯干腹侧13,躯干背侧13,会阴1)	9×3
双下肢	9×5+1=46(双臀5,双小腿13,双大腿21,双足7)	46-(12-年龄)

(2)手掌法:无论年龄、性别,以病人本人五指并拢的1个手掌面积约为体表总面积的1%,适用于较小面积或散在的烧伤面积估测。

2. **烧伤深度**　目前临床上普遍采用的是三度四分法,即Ⅰ度、浅Ⅱ度、深Ⅱ度和Ⅲ度烧伤。一般将Ⅰ度、浅Ⅱ度称为浅度烧伤,深Ⅱ度和Ⅲ度为深度烧伤。

(1)Ⅰ度烧伤:又称红斑性烧伤。仅伤及表皮浅层;表面红、肿、热、痛、烧灼感,无水疱;3~7日后可痊愈,不留瘢痕。

(2)Ⅱ度烧伤:又称水疱性烧伤。局部出现水疱,根据伤及皮肤的深度分为:

1)浅Ⅱ度烧伤:伤及表皮全层、真皮浅层(生发层及真皮乳头层);局部红肿明显,有大小不一的水疱;水疱破裂后,可见潮红创面,疼痛剧烈;2周左右愈合,无瘢痕,有色素沉着。

2)深Ⅱ度烧伤:伤及真皮深层;可有小水疱,创面基底苍白与潮红相间,痛觉迟钝;3~4周愈合,愈合留瘢痕,皮肤功能基本保存。

(3)Ⅲ度烧伤:又称焦痂性烧伤。伤及皮肤全层,甚至达到皮下、肌肉及骨骼;创面无水疱,皮肤蜡白或焦黄,甚至炭化成焦痂,痛觉消失;因皮肤及其附件已全部烧毁,无上皮再生来源,必须靠植皮而愈合。

3. **烧伤程度**　成人按烧伤总面积和深度将烧伤程度分为4类(通常情况下,烧伤总面积的计算不包括Ⅰ度烧伤)。小儿由于生理上的特点,休克、全身性感染与病死率均明显高于成人,烧伤严重程度分类时,面积在此标准上减半。

(1)轻度烧伤:Ⅱ度烧伤面积在10%以下。

(2)中度烧伤:Ⅱ度烧伤面积10%~29%,或Ⅲ度烧伤面积小于10%。

(3)重度烧伤:烧伤总面积30%~49%,或Ⅲ度烧伤面积10%~19%,或Ⅱ度、Ⅲ度烧伤面积不到上述百分比,但并发休克、呼吸道烧伤或有较重的复合伤。

(4)特重烧伤:烧伤总面积50%以上,或Ⅲ度烧伤面积20%以上,或存在较重的吸入性损伤、复合伤等。

4. **吸入性损伤**　又称"呼吸道烧伤",常与头面部烧伤同时发生,因热力及燃烧时产生的有害性烟雾吸入支气管和肺泡后,产生局部腐蚀和全身毒性作用所致。头面部、颈部、口部周围常有深度烧伤创面,鼻毛烧掉,口鼻有黑色分泌物;有呼吸道刺激症状,咳出炭末样痰,声音嘶哑,呼吸困难,肺部可闻及哮鸣音等;有些病人可无体表烧伤,当场死于吸入性窒息。

5. **实验室及其他检查**

(1)实验室检查:较严重的烧伤可发生血管内凝血、红细胞破坏,故病人有红细胞、血红蛋白减少及血红蛋白尿;感染时白细胞、中性粒细胞百分率明显增多;以及肾功能的损害。

(2)影像学检查:胸部X线检查有助于了解肺部有无损伤及感染。

(3)其他:尿量可了解全身血容量及肾功能状况。检查血中电解质、血气分析可了解有无水、电解质和酸碱平衡失调。

（三）心理和社会状况

了解病人和家属对烧伤的认识,对急性事件的应对能力。观察病人的心理反应,由于烧伤场景的不良刺激、担忧烧伤后毁容或残疾,面临治疗烧伤的高额医疗费用等,病人可能表现出焦虑、恐惧、无助、悲哀等心理反应。了解家属及社会对病人的支持程度。评估病人预后适应工作和生活自理能力,尤其是病人是否能承受因毁容而带来的一切生活及社会问题。

（四）治疗原则

1. **小面积浅表烧伤** 按外科原则,清创、保护创面,避免感染,促进愈合。

2. **大面积深度烧伤** 其原则是:①早期及时输液,维持呼吸道通畅,积极纠正低血容量性休克;②及时清创,必要时植皮;③控制全身感染的发生,防治多系统、多器官功能衰竭;④防治功能障碍和畸形。

【常见护理诊断/问题】

1. **有窒息的危险** 与严重缺氧、吸入性烧伤损伤有关。

2. **体液不足** 与烧伤创面大量体液渗出,血容量减少,摄入不足等有关。

3. **皮肤完整性受损** 与烧伤导致组织破坏有关。

4. **恐惧和焦虑** 与烧伤现场刺激、担心毁容或残疾及治疗费用过多有关。

5. **潜在并发症**：压疮、感染、低血容量性休克、急性肾衰竭、急性呼吸窘迫综合征、应激性溃疡等。

【护理目标】

1. 病人呼吸道维持通畅,呼吸平稳。

2. 病人生命体征平稳,平稳度过休克期。

3. 病人烧伤部位疼痛明显减轻或消失。

4. 病人恐惧和焦虑消失,能积极配合治疗与护理,敢于面对伤后的自我形象。

5. 病人潜在并发症得到预防或得到有效处理。

【护理措施】

（一）现场救护

现场救护原则在于使病人尽快消除致伤原因,脱离热源,抢救危及病人生命的损伤。

1. **迅速脱离热源** 火焰烧伤尽快扑灭火焰,脱去燃烧衣物,就地翻滚或跳入水池,以阻止高温继续向深部组织渗透,并减轻创面疼痛。可就近用棉被或毛毯覆盖,隔绝灭火。切忌用手扑打火焰、奔跑呼叫,以免增加损伤。热液浸渍的衣裤,可冷水冲淋后剪开取下,以免强力剥脱而撕脱水疱皮。小面积烧伤立即用清水连续冲洗或浸泡,既可止痛,又可带走余热。强酸或强碱烧伤应即刻脱去或剪开沾有酸、碱的衣服,以大量清水冲洗为首选,且冲洗时间宜适当延长。如系生石灰烧伤,应先去除石灰粉粒,再用清水长时间冲洗,以避免石灰遇水产热加重损伤。磷烧伤时立即将烧伤部位浸入水中或用大量清水冲洗,同时在水中拭去磷颗粒,不可将创面暴露在空气中,避免剩余磷继续燃烧。电击伤时迅速使病人脱离电源,呼吸心搏骤停者,立即进行心肺脑复苏。

2. **抢救生命** 是急救的首要原则,要配合医生优先处理心搏骤停、窒息、大出血、休克、开放性或张力性气胸等危急情况。对头、颈部烧伤或疑有呼吸道烧伤时,应备齐氧气和气管切开包等抢救物品,并保持口、鼻腔通畅。必要时协助医生做气管切开手术。

3. 预防休克 稳定病人情绪、镇静和止痛。合并呼吸道烧伤或颅脑损伤者忌用吗啡。伤后应尽早实施补液方案,尽量避免饮白开水。若病情平稳,口渴者可口服淡盐水。中度以上烧伤需转运者,须建立静脉通道,途中持续输液。

4. 保护创面 用各种现成的敷料做初期包扎,或用清洁的衣物覆盖创面,以保护创面,避免再污染或再损伤。创面勿涂任何药物,尤其勿涂有色药物,以免延误伤情判断。

5. 安全转送 对大面积烧伤伤员,应先就地抢救抗休克,待休克已基本平稳后再运送,途中应建立静脉输液通道,保持呼吸道通畅。转运前和转运中避免使用冬眠药物和呼吸抑制剂。抬病人上下楼时,头朝下方;用汽车转运时,病人应横卧或取头在后、足在前的卧位,以防脑缺血。

(二)休克期的护理

烧伤后 2 日内,因创面大量渗出而致体液不足,可引起低血容量性休克。液体疗法是防治烧伤后休克的主要措施。

1. 开放静脉通路 迅速建立 2~3 条静脉通路,有条件时可做深静脉穿刺置管,以保证快速输液的顺利进行。

2. 早期补液方案 我国常用的烧伤补液方案是按公式法计算:伤后第一个 24 小时补液量按病人每千克每1%烧伤面积(Ⅱ~Ⅲ度)补液 1.5ml(小儿 1.8ml,婴儿 2ml)计算,即第一个 24 小时补液量 = 体重(kg)×烧伤面积(%)×1.5ml,另加每日生理需水量 2000ml(小儿按年龄或体重计算),即为补液总量。晶体和胶体溶液的比例一般为2∶1,特重度烧伤为 1∶1(每1%烧伤面积每千克体重补充电解质溶液和胶体溶液各 0.75ml)。生理日需量常用 5%~10% 葡萄糖液补充。伤后第二个 24 小时补液量为第一个 24 小时计算量的一半,日需量不变。第三个 24 小时补液量根据病情变化决定。举例:一名烧伤面积60%、体重50kg的病人,第一个 24 小时补液总量为 60 × 50 × 1.5 + 2000 = 6500ml,其中胶体液为 60 × 50 × 0.75 = 2250ml;电解质液为 600 × 50 × 0.75 = 2250ml 时,水分为 2000ml。

3. 液体的种类与安排 晶体溶液应首选平衡盐溶液,其次选用等渗盐水等。胶体溶液首选血浆,以补充丢失的血浆蛋白。生理日需量常用5%的葡萄糖溶液补充。因为烧伤后第1个 8 小时内渗液最快,故应在首个 8 小时内输入胶体、晶体液总量的1/2,其余分别在第2、第 3 个 8 小时内输入。日需量应在 24 小时内均匀输入。补液原则一般是先晶后胶、先盐后糖、先快后慢、胶晶液体交替输入,尤其注意不能集中在一段时间内输入大量不含电解质的液体,以免引起低钠血症。

4. 观察指标

(1)尿量:是判断血容量是否充足的简便而有效的指标。一般成人每小时尿量大于30ml 以上,有血红蛋白尿时要维持在 50ml/h 以上。若低于上述水平,表示输液量不足,应快速输液;但某些情况(如心血管病病人、老年人、呼吸道烧伤合并颅脑损伤者等)补液不能太快,只要求每小时尿量 20ml 即可。

(2)其他指标:密切观察意识、血压、脉搏、中心静脉压、末梢循环情况等。病人意识清醒,安静,成人心率 100 次/分以下,心音有力,肢体温暖,收缩压在 90mmHg 以上,中心静脉压在 5~10cmH$_2$O,说明血容量已基本补足。

(三)创面护理

创面处理目的是保护创面、减轻损害和疼痛、防止感染、促进创面愈合。

1. 早期清创 在控制休克后应尽早清创,即清洗、消毒、清理创面。清创顺序一般自头部、四肢、胸腹部、背部和会阴部顺序进行。用灭菌水冲洗创面,轻拭去表面异物,清洁创面。浅Ⅱ度创面的完整水疱予以保留,已脱落及深度创面上的水疱皮予以去除。根据情况取暴露疗法或包扎疗法。清创时操作动作轻柔,注意保暖。

2. **包扎疗法** 适用于四肢Ⅰ度、Ⅱ度烧伤。在清创后的创面先放一层油质纱布,外覆吸水性较强的纱垫,用绷带予以适当压力包扎。目的是保护创面、减少污染、缓解疼痛,及时引流创面渗液。包扎后的护理包括观察肢端感觉、运动和血运情况,若发现指、趾末端皮肤若有青紫、麻木等情况,应立即放松绷带;抬高患肢,注意保持肢体于功能位置;保持敷料清洁干燥,如外层敷料被浸湿,须及时更换;注意创面是否有感染,若发现敷料浸湿、有臭味,伤处疼痛加剧,伴有高热,血白细胞计数增高,均表明伤口有感染,应报告医生及时检查创面,如脓液呈绿色、有霉腥味,提示为铜绿假单胞菌感染,可改为暴露疗法,更换下的伤口污染的敷料应烧毁,防止院内交叉感染。

3. **暴露疗法** 适用于Ⅲ度烧伤、特殊部位(头面部、颈部或会阴部)及特殊感染(如铜绿假单胞菌、真菌)的创面、大面积创面。暴露疗法要求环境清洁无菌,控制室温在28~32℃,相对湿度在40%~60%左右。应用暴露疗法时,护理要点为保持床单清洁干燥;适当约束肢体,防止无意抓伤;定时翻身或使用翻身床,交替暴露受压创面;促进创面干燥、结痂,可用烤灯或红外线辐射的方法,亦可外涂收敛抗菌的药物;密切观察创面情况,注意有无痂下感染。

4. **去痂、植皮** 深度烧伤创面愈合慢或难以愈合,且瘢痕增生可造成畸形并引起功能障碍。因此Ⅲ度烧伤创面应早期采取切痂、削痂和植皮,做好植皮手术前后的护理。

5. **感染创面的处理** 加强烧伤创面的护理,注意观察创面病情变化,及时清除脓液及坏死组织。局部根据感染特征或细菌培养和药敏试验选择外用药物,已成痂的保持干燥,或采用湿敷、半暴露(薄层药液纱布覆盖)、浸浴疗法清洁创面。

6. **特殊部位烧伤护理**

(1)吸入性损伤:呼吸道烧伤可引起气管、支气管黏膜充血水肿,严重者影响通气,甚至发生窒息。床旁备气管切开包、吸痰器、气管镜等;保持呼吸道通畅,必要时应行气管插管或切开;及时吸氧;密切观察并积极预防肺部感染。

(2)头面颈部烧伤:多采用暴露疗法,应安置半卧位,观察有无呼吸道烧伤表现,必要时给予相应处理。保持眼、耳、鼻清洁,及时用棉签拭去分泌物;双眼使用抗生素眼膏或眼药水,防止角膜干燥而发生溃疡;保护耳廓,避免患侧卧位,防止耳廓受压发生软骨炎;定时清洁口腔,预防口腔黏膜溃疡及感染。

(3)会阴部烧伤:保持局部干燥,将大腿外展,使创面暴露;避免大小便污染,便后使用生理盐水或0.1%苯扎溴铵溶液清洗肛门、会阴部,注意保持创面周围的清洁。

(四)防治感染的护理

注意观察病情变化、遵医嘱应用抗生素、正确处理创面及消毒隔离。

1. **一般护理** 做好降温、保持呼吸道通畅及其他基础护理工作,加强皮肤护理;保护骨隆凸处,暴露的创面尽可能避免受压,使用烧伤专用翻身床或气垫床,并做好疼痛病人的对症处理。

2. **观察病情变化** 密切观察生命体征、意识状况、胃肠道反应等,注意有无脓毒症表现。同时还应注意创面变化,若创面水肿、分泌物增多、色泽灰暗、创缘下陷或出现红肿等炎症表现,或出现上皮停止生长,干燥的焦痂变为潮湿、腐烂,创面有出血点或坏死斑等现象都提示有感染存在,应及时通知医生,并协助处理。

3. **合理应用抗生素** 定期取创面分泌物送细菌培养和药物敏感试验,合理选用抗生素,须同时注意不良反应及二重感染的发生。

4. **营养支持** 烧伤病人呈高代谢状态,极易造成负氮平衡,需要补充高蛋白、高热量、富含维生素的营养物质,提高机体的免疫力。营养支持可依据病人具体病情给予口服、鼻饲或肠内、肠外营养,促使肠黏膜屏障的修复及身体功能的康复。大面积烧伤者,可遵医嘱适时输入适量血浆或全血或人体血白蛋白,以增强抵抗力,防治休克。

5. **消毒隔离工作** 病房用具应专用;医务人员出入病房需更换隔离衣、口罩、帽、鞋等;接触病人前后要洗手,做好病房的消毒工作。采取保护性隔离措施,防止交叉感染。

(五)心理护理

护理过程中应耐心倾听病人烧伤后的不良心理感受,给予真诚的安慰和劝导,取得病人的信任。加强与病人的沟通与交流,耐心解释病情,说明各项治疗的必要性和安全性。帮助病人面对烧伤的事实,鼓励其树立信心,配合治疗。鼓励病人参与社交活动和力所能及的工作,减轻心理压力,增强其自信心与独立能力。

(六)健康指导

1. **知识普及** 宣传防火防电知识,消除火灾隐患。告知病人及家属烧伤的预防、急救知识。

2. **预防感染** 指导病人预防创面和全身感染的方法。

3. **创面保护** 指导病人保护皮肤,新愈皮肤防太阳曝晒,避免机械性刺激等。

4. **功能锻炼指导** 指导恢复期病人坚持功能锻炼,循序渐进地增加活动量。

5. **心理指导** 帮助病人调整和适应容貌、生活状态的改变,应联合家属给予病人精神上、生活上无微不至的关心,使其保持有规律的生活和健康的心态,提高病人的生活质量。

【护理评价】

1. 病人呼吸道是否保持通畅,呼吸是否平稳。

2. 病人生命体征是否平稳,能平稳度过休克期。

3. 病人伤创面是否逐渐愈合,烧伤部位疼痛明显减轻或消失。

4. 病人情绪是否稳定,能配合治疗及护理,敢于面对伤后的自我形象的改变。

5. 病人并发症能得到预防或发生时得到及时的发现和处理。

(胡颖辉)

案例1-1 李某,39岁,体重60kg。因急性肠梗阻入院,诉口渴、软弱无力,尿少,昨日呕吐8次,量约2000ml。查体:脉搏95次/分,血压90/60mmHg,皮肤弹性差,眼窝内陷。尿液检查呈酸性,测血钾3.0mmol/L,CO_2CP 13.3mmol/L。

问题:

(1)该病人存在哪种缺水?哪种电解质紊乱?哪种酸碱失衡?

(2)该病人存在哪些护理诊断/问题?

(3)对病人应采取怎样的护理措施?

案例1-2 张某,男,30岁。因车祸发生脾破裂急诊入院。BP 70/50mmHg,P 120次/分,病人口渴,烦躁不安,皮肤苍白,四肢湿冷。

问题：

（1）该病人并发了何种休克？

（2）该病人处于休克哪一期？估计该病人出血量有多少？

（3）对于该病人主要应采取哪些处理措施？

案例 1-3 刘某,男,26 岁,体重 50kg,不慎被火焰烧伤急诊入院。查体:面部、颈部及双上肢烧伤,腹部有 3 个手掌面积烧伤,创面可见小水疱、其疱壁较厚,去除疱壁后,基底部呈红白相间,疼痛迟钝。

问题：

（1）该病人烧伤面积是多少？为几度烧伤？

（2）病人存在哪些常见护理诊断/问题？

（3）病人的护理措施有哪些？

（胡颖辉）

第二章　呼吸系统疾病病人的护理

呼吸系统由鼻、咽、喉、气管、支气管、肺和胸膜等组成,其主要功能是吸入氧气和呼出二氧化碳。呼吸道以环状软骨下缘为界,分为上呼吸道及下呼吸道两部分。上呼吸道由鼻、咽、喉构成,功能除传导气体外,还有吞咽、湿化、加温、净化空气、嗅觉及发音功能。气管和支气管的组织结构相似,管壁均由黏膜、黏膜下层和外膜组成。肺是气体交换场所,为多面型薄壁囊泡。它的一面与肺泡囊、肺泡管或呼吸性细支气管相通,其他各面与相邻肺泡紧密相接。肺泡表面覆盖有肺泡上皮,壁内有丰富的毛细血管网以及大量的网状纤维、弹力纤维和胶原纤维。网眼内含有巨噬细胞、白细胞等。肺由双重血供,一为肺循环,全身各器官回心静脉血均流经肺循环,在肺内进行气体交换,由肺动脉干及其分支、毛细血管和静脉组成;另一为支气管循环,包括支气管动脉和静脉,是气道、肺和胸膜等的营养血管。为防止各种微生物、毒素、变应原和粉尘等的侵袭,肺与呼吸道共同构成了完善的防御机制。

由于大气污染、吸烟、人口老龄化等因素的影响,使呼吸系统疾病成为危害人类健康的常见病和多发病。因此,呼吸系统疾病的防治与护理十分重要,护士应该掌握呼吸系统疾病的发生、发展规律,对病人实施整体护理,以改善症状、延缓疾病进展,恢复和促进病人的健康。

 走入现场

现场:小明今年5岁,是个聪明可爱的孩子,爸爸妈妈都在外地工作。昨天下午和小朋友玩耍出了一身汗,早上起床时奶奶发现小明鼻塞,流鼻涕,有点咳嗽,额头有点烫,于是急忙来到了医院就诊。不久见奶奶一脸不高兴的从医生办公室走了出来,向导诊台护士小张数落着医生,说医生一不肯给小明输液,二不愿意开消炎药,虽然再三要求,医生都没答应,只给小明开了点口服的中成药。见此情境,小张一边安慰着奶奶,一边查看了小明的门诊病历,得知小明只是呼吸道感染。

问题:

如果你是护士小张,应该如何给小明奶奶做解释,以消除她对医生的误会?

第一节　急性支气管炎病人的护理

急性支气管炎是由各种致病原引起的支气管黏膜的急性炎症,气管常同时受累,故又称急性气管支气管炎(acute tracheobronchitis)。婴幼儿多见,常继发于上呼吸道感染,临床主

要表现为咳嗽、咳痰,是呼吸系统常见病。

【护理评估】

（一）健康史

引起本病的最主要病因是感染,过度劳累和受凉是常见诱因。

1. 感染　可由病毒、细菌直接感染,或有急性上呼吸道感染迁延而来,或在病毒感染的基础上继发细菌感染。常见病毒有腺病毒、流感病毒、冠状病毒、鼻病毒、单纯疱疹病毒、呼吸道合胞病毒和副流感病毒等,常见细菌有流感嗜血杆菌、肺炎链球菌、卡他莫拉菌等,亦可为衣原体和支原体感染引起。

2. 理化因素　过冷空气、粉尘、刺激性气体或烟雾的吸入使气管-支气管黏膜受到刺激引起急性损伤和炎症反应。

3. 过敏反应　吸入花粉、有机粉尘、真菌孢子、动物皮毛排泄物等致敏原,或对细菌蛋白质过敏,钩虫、蛔虫的幼虫在肺内移行等均可引起气管-支气管急性炎症反应。

（二）身体状况

1. 临床表现　起病较急,全身症状一般较轻,可有发热,体温在38℃左右,多于3～5日降至正常。咳嗽、咳痰为最主要的症状,初为干咳或少量黏液痰,随后痰量增多,咳嗽加剧,偶有痰中带血。咳嗽、咳痰可延续2～3周,如迁延不愈,可演变为慢性支气管炎。伴支气管痉挛时,可有程度不等的胸闷气促。体检可无明显阳性体征,也可在两肺听到散在干、湿性啰音,部位不固定,咳嗽后可减少或消失。

2. 实验室及其他检查

（1）血液检查:病毒感染时白细胞计数正常或偏低,淋巴细胞比例升高。细菌感染者可有白细胞计数和中性粒细胞增高,可有核左移。

（2）病原学检查:病毒抗原血清学检查或病毒分离。细菌培养可判断细菌类型及指导临床用药。

（三）心理和社会状况

咳嗽、咳痰严重时影响病人夜间休息,病情迁延不愈时可出现焦虑等心理。

（四）治疗要点

1. 对症治疗　干咳者可用右美沙芬、喷托维林等镇咳药物,痰多不易咳出者选用盐酸氨溴索、溴己新或雾化祛痰,有气喘时可用氨茶碱等平喘药。

2. 病因治疗　细菌感染时应及时使用有效抗生素,症状较重者可肌内注射或静脉滴注给药。少数病人需根据细菌培养指导用药。

【常见护理诊断/问题】

1. 体温过高　与气管-支气管炎症有关。

2. 清理呼吸道无效　与呼吸道炎症、痰液黏稠有关。

【护理措施】

（一）一般护理

嘱病人多休息,多饮水,注意保暖,保持室内空气新鲜、流通。

（二）病情观察

观察咳嗽、咳痰情况,如痰液的颜色、性状、量、气味及咳嗽的频率及程度。注意体温及X线胸片情况,警惕并发肺炎。对年老体弱病人注意观察脉搏、血压变化,防止病人发生虚脱。

（三）用药护理

遵医嘱用药,观察药物的疗效,尽量减少药物的不良反应,如口服氨茶碱应在饭后服用或用肠溶片,避免刺激胃黏膜,引起恶心、呕吐、胃部不适等不良反应。

（四）对症护理

指导病人采取舒适的体位,运用深呼吸进行有效咳嗽。如痰液量多且黏稠,嘱病人多饮水,或遵医嘱雾化吸入,湿润呼吸道,有助于排痰。

（五）心理护理

告知病人本病预后良好,应加强沟通,针对病因做必要的解释,消除病人的心理顾虑,建立治疗疾病的信心。

（六）健康教育

1. 疾病知识指导　告知病人若2周后症状持续存在应及时就诊,寻找原因。及时清除鼻、咽、喉等部位的病灶。

2. 生活指导　养成良好的生活习惯,增强体质,避免劳累,防止感冒。改善劳动和生活环境,减少空气污染,做好个人防护。

3. 用药指导　督促病人遵医嘱用药,注意药物不良反应。口服氨茶碱应在饭后服用或用肠溶片,避免对胃黏膜的刺激。

（杨玉琴）

第二节　肺炎病人的护理

肺炎(pneumonia)是指各种原因引起的终末气道、肺泡和肺间质的炎症。肺炎是呼吸系统的常见病,在我国发病率、病死率较高,老年人或免疫功能低下者并发肺炎时死亡率更高。肺炎发病率、病死率高可能与人口老龄化、吸烟、免疫功能低下、病原体变迁、医院获得性肺炎发病率增高、病原学诊断困难、不合理应用抗生素引起细菌耐药性增高和部分人群贫困化加剧等有关。

【分类】

肺炎可按病因、解剖部位及患病环境不同加以分类。

（一）病因分类

1. 细菌性肺炎　革兰氏阳性球菌有肺炎链球菌、金黄色葡萄球菌、甲型溶血性链球菌等。革兰氏阴性杆菌有肺炎克雷伯杆菌、流感嗜血杆菌、铜绿假单胞菌等。

2. 病毒性肺炎　如冠状病毒、腺病毒、呼吸道合胞病毒、流感病毒、鼻病毒、麻疹病毒、巨细胞病毒等。

3. 非典型病原体所致肺炎　如支原体、衣原体和军团菌等。

4. 真菌性肺炎　如白念珠菌、曲霉菌、隐球菌、肺孢子菌等。

5. 其他病原体所致的肺炎　如立克次体、弓形体、原虫、寄生虫等。

6. 理化因素所致的肺炎　如放射性肺炎、胃酸吸入引起的化学性肺炎等。

（二）解剖学分类

1. 大叶性（肺泡性）肺炎　病原体先在肺泡引起炎症,继之导致部分或整个肺段、肺叶的实质性炎症,通常并不累及支气管。致病菌多为肺炎链球菌。

2. 小叶性（支气管）肺炎　病原体经支气管入侵,引起细支气管、终末细支气管和肺泡的炎症。常见病原体有肺炎链球菌、葡萄球菌、病毒、肺炎支原体以及军团菌等。常继发于支气管炎、支气管扩张、上呼吸道病毒感染以及长期卧床的危重病人。因支气管腔内有分泌物,故可闻及湿性啰音,无实变体征。

3. 间质性肺炎　以肺间质炎症为主,累及支气管壁及支气管周围,有肺泡壁增生及间质水肿。可由细菌、支原体、衣原体、病毒或原虫等引起。

（三）患病环境分类

按肺炎的获得环境分类,有利于指导经验治疗。

1. 社区获得性肺炎（community acquired pneumonia，CAP）　又称院外肺炎,是指在医院患上的感染性肺实质炎症,包括具有明确潜伏期的病原体感染而在入院后平均潜伏期内发病的肺炎。常见病原菌为肺炎链球菌、支原体、衣原体、流感病毒、腺病毒、呼吸道合胞病毒等。

2. 医院获得性肺炎（hospital acquired pneumonia，HAP）　又称为医院内肺炎,是指病人入院时不存在,也不处于潜伏期,而于入院48小时后在医院内发生的肺炎。也包括呼吸机相关性肺炎和卫生保健相关性肺炎。无感染高危因素病人的常见病原体依次为肺炎链球菌、流感嗜血杆菌、金黄色葡萄球菌、大肠杆菌、肺炎克雷伯杆菌等;有感染高危因素病人的常见病原体依次为铜绿假单胞菌、肠杆菌属、肺炎克雷伯杆菌等,金黄色葡萄球菌的感染有明显增加的趋势。

近年来,由于抗生素的广泛应用,肺部感染的致病菌及其毒性发生了显著变化,金黄色葡萄球菌和革兰氏阴性杆菌肺炎比例增高,但仍以肺炎球菌为主,整叶实变已少见。本节仅叙述最常见的肺炎球菌肺炎病人的护理。

肺炎球菌肺炎（pneumococcal pneumonia）是由肺炎链球菌引起的急性肺实质的炎症,是最常见的感染性肺炎,占社区获得性肺炎的半数以上,多数为大叶性肺炎,近年来由于抗菌药物的广泛应用,临床上轻症或不典型病例较为多见。冬季和初春为本病高发季节,病人多为原先健康的青壮年男性,也可见于体质较弱的老年人、婴幼儿、吸烟者、患有慢性疾病者。

【护理评估】

（一）健康史

1. 病因　肺炎链球菌或称肺炎球菌为革兰氏染色阳性球菌,呈双排列或短链排列,有荚膜。根据菌体荚膜多糖体的抗原性,肺炎链球菌可分86个血清型,以第3型毒力最强。

2. 发病机制　肺炎链球菌是寄居口腔及鼻咽部的一种正常菌群,当机体免疫功能下降时,有毒力的肺炎链球菌侵入人体而致病。其致病力是由于细菌多糖荚膜对组织的侵袭作用,首先引起肺泡壁水肿,出现白细胞与红细胞的渗出,细菌随渗出液经肺泡间孔（Cohn）向肺的中央部分扩展,甚至累及几个肺段或整个肺叶。因病变开始于肺的外周,故叶间分界清楚,且容易累及胸膜。除肺炎外,少数病人可发生菌血症或感染性休克,老年人及婴幼儿的病情尤为严重。肺炎链球菌不产生毒素,故不引起原发性组织坏死和空洞形成,炎症消散后肺组织结构多无破坏,不留纤维瘢痕。典型肺炎链球菌肺炎病理变化为充血期、红色肝变期、灰色肝变期和消散期4个过程。

（二）身体状况

1. 临床表现

（1）症状:发病前常有受凉、淋雨、疲劳、醉酒、病毒感染等诱发因素,多有上呼吸道感染的前驱症状。常骤然起病,出现高热、寒战、全身肌肉酸痛,在数小时内体温可升至39～40℃,热峰在下午或傍晚,也可呈稽留热。可有患侧胸痛,可伴放射性肩部或腹部疼痛。痰少,可带血或呈铁锈色。胃肠道症状明显时,可被误诊为急腹症。严重感染时,可引起休克、急性呼吸窘迫综合征及神经精神症状,表现为烦躁不安、呼吸困难和不同程度的意识障碍等。

(2)体征:病人呈急性热病容,面颊绯红,鼻翼扇动,皮肤干燥灼热,口角有单纯疱疹;实变广泛者可有发绀。合并败血症时,可出现皮肤、黏膜出血点,巩膜黄染。病变早期肺部可仅有呼吸音减低、呼吸运动减弱等表现,肺实变期叩诊呈浊音,触诊语颤增强,可闻及支气管呼吸音,病变累及胸膜时可有胸膜摩擦音。消散期可闻及湿啰音。

(3)并发症:①休克型肺炎:肺炎出现感染性休克时称休克型肺炎或中毒性肺炎。此时肺炎典型症状并不突出,主要表现为休克征象:意识模糊或昏迷、烦躁;血压降低;心动过速、脉搏细弱;体温不升或过高;面色苍白、四肢厥冷、冷汗、发绀;少尿或无尿等;白细胞过高($>30 \times 10^9/L$)或过低($<4 \times 10^9/L$)。②胸膜炎、脓胸、心包炎、脑膜炎、成人急性呼吸窘迫综合征等。

2. 实验室及其他检查

(1)血液检查:血白细胞计数($10 \sim 40$) $\times 10^9/L$,中性粒细胞高达 0.80 以上,可有核左移,细胞内可见中毒颗粒。年老体弱、免疫功能低下者,白细胞计数可正常或降低,但中性粒细胞比例增高。

(2)痰液检查:痰涂片如发现革兰氏染色阳性、带荚膜的双球菌或链球菌即可初步做出病原诊断。痰培养 $24 \sim 48$ 小时可以确定病原体。

(3)胸部 X 线检查:是诊断的重要依据。早期仅见肺纹理增粗或病变的肺段、肺叶稍模糊。随病变进展,可见大片炎症浸润阴影或实变影,胸腔积液者可见肋膈角变钝。在消散期,随炎性浸润的逐渐吸收,可呈现"假空洞"征。多数病例 $3 \sim 4$ 周后可完全吸收。

(三)心理和社会状态

因起病急骤、短期内病情严重,病人及家属思想准备不够,常为疾病来势凶猛而紧张、焦虑。当病情急骤变化时,病人会出现恐惧心理。

(四)诊断要点

凡急性发热伴胸痛、呼吸困难和咳嗽都应怀疑肺炎球菌肺炎,根据病史、临床表现及胸部 X 线改变,痰液检查到病原体等可做出诊断。

(五)治疗要点

1. 抗菌药物治疗　本病一经诊断,不必等待细菌培养结果,需立即行抗菌药物治疗。首选青霉素 G,用药剂量及途径视病情轻重、有无并发症而定。轻症可肌内注射,重症宜静脉用药。若抗生素有效,用药后 $24 \sim 72$ 小时体温即可恢复正常,抗菌药物疗程一般为 7 天,或在退热后 3 天改为口服用药。对青霉素过敏或耐青霉素者,可用喹诺酮类、头孢菌素类、林可霉素、红霉素等药物。

2. 支持及对症治疗　包括卧床休息、补充足够的蛋白质、热量和维生素,鼓励多饮水,清除呼吸道分泌物、保持气道通畅,维持呼吸功能。胸痛时给予镇痛药;烦躁不安、谵妄者可用地西泮肌注或水合氯醛灌肠;发绀者予以吸氧。

3. 并发症治疗　如脓胸、心包炎等给予相应治疗,有感染性休克者抗休克治疗。

【常见护理诊断/问题】

1. 体温过高　与肺炎球菌引起肺部感染有关。

2. 气体交换受损　与肺部炎症导致呼吸膜受损,气体弥散障碍有关。

3. **清理呼吸道无效** 与胸痛、痰液黏稠、咳嗽无力等有关。

4. **疼痛：胸痛** 与肺部炎症累及壁胸膜有关。

5. **潜在并发症**：感染性休克。

【护理目标】

1. 能配合降温措施,体温降至正常范围。

2. 恢复正常呼吸型态,呼吸平稳,血气分析正常。

3. 病人能有效排痰,呼吸道分泌物减少或清除。

4. 知道胸痛的原因,学会运用正确方法缓解疼痛,胸痛消失。

【护理措施】

（一）一般护理

1. **休息** 急性期应卧床休息,安置病人于舒适体位。治疗和护理活动要集中安排,保证病人有充足的睡眠。出现休克时,应去枕平卧,减少搬动。室内空气清新,温湿度适宜,保持病室安静,限制探视。

2. **饮食** 给予高热量、高蛋白及高维生素、低脂肪、易消化的流质或半流质饮食,少量多餐。鼓励多饮水,1000~2000ml/d,脱水严重者可遵医嘱静脉补液,以维持水、电解质平衡。老年人或有心脏疾病应控制补液速度,以防止导致急性肺水肿。

（二）病情观察

监测体温、呼吸、脉搏、血压及神志等,并做好记录。准确记录 24 小时出入量。注意观察病人排痰情况,有无感染性休克等并发症表现。若有异常,应及时报告做出相应处理。

（三）用药护理

遵医嘱使用抗生素止咳祛痰药物,注意观察药物疗效及不良反应,如青霉素 G 可出现荨麻疹、药疹和血清样反应,最严重的是过敏性休克,使用前要进行皮试,过敏者禁用。

（四）对症护理

1. **指导有效咳嗽** 有效咳嗽可促使病人气道远端分泌物的排出,保持呼吸道通畅。坐位或立位时咳嗽可产生较高的胸内压和气流速度,效果更好。应根据病情需要,教会病人有效呼吸咳嗽的方法,嘱病人缓慢地深呼吸,于深吸气末屏气,继而咳嗽,连续咳嗽数次将痰液咳到咽部附近,再迅速用力咳嗽将痰排出。对痰液黏稠不易咳出或排痰无力者,可协助叩背、体位引流、雾化吸入等促进排痰。

2. **胸痛的护理** 维持病人舒适的体位,可采取患侧卧位,在咳嗽时可用枕头等物夹紧胸部,以降低胸廓活动度。病人胸痛常随呼吸、咳嗽加重,疼痛剧烈者,遵医嘱应用镇痛、止咳药,如口服可待因,缓解疼痛和改善肺通气。

3. **吸氧** 可提高血氧饱和度、改善呼吸困难症状。注意观察病人呼吸频率、节律、深度的变化,并给予血氧饱和度监测。

（五）感染性休克的抢救配合

1. **病情监测** 观察生命体征、末梢循环、意识状态。注意有无心率加快、脉搏细速、血压下降、呼吸浅促、四肢湿冷、皮肤发花、面色苍白、尿量减少(每小时少于 30ml)等休克症状,及时报告医生,采取救治措施。如病人神志逐渐清醒、皮肤及肢体变暖、脉搏有力、呼吸平稳规则、血压回升、尿量增多,预示休克纠正好转。

2. **体位** 取仰卧中凹位,抬高头胸部 20°,抬高下肢 30°,有利于呼吸和静脉回流,增加心排血量。

3. **吸氧** 鼻导管吸氧,氧流量为 4～6L/min,维持动脉氧分压在 60mmHg 以上。

4. **扩容纠酸** 尽快建立两条静脉通路,遵医嘱补液扩容,维持有效血容量;根据血气分析使用碱性液体。补液不宜过多过快,可监测中心静脉压,来调整补液速度,以免引起心力衰竭和肺水肿。中心静脉压以不超过 10mmH$_2$O 宜。观察病人尿量,以每小时在 30ml 以上为宜。

5. **遵医嘱应用血管活性药物** 在应用多巴胺、间羟胺(阿拉明)等血管活性药物时,应注意防止液体外渗血管外,导致局部组织坏死。根据血压随时调整滴速,维持收缩压在 90～100mmHg,保证重要脏器的血液供应,改善微循环。

(六)心理护理

耐心讲解疾病的有关知识,解释各种不适的原因,做各种诊疗及护理操作前应先向病人解释说明,以取得理解和配合。帮助病人去除不良心理反应,树立治愈疾病的信心。

(七)健康教育

1. **疾病知识指导** 向病人及家属宣教肺炎的病因和诱因,避免受凉、淋雨、酗酒和过度疲劳,尤其是年老体弱和免疫力功能低下者。积极预防呼吸道感染。

2. **生活指导** 劳逸结合,生活有规律。保证摄取足够的营养物质,适当参加运动,增强机体抗病能力。对长期卧床者,应指导家属帮助病人经常改变体位、翻身、拍背,鼓励并协助者咳痰。

3. **用药指导** 指导病人遵医嘱服药,并说明所服药物的剂量、用法、疗程及不良反应。

4. **定期复查** 出院后定期随访,如出现发热、咳嗽、呼吸困难等症状时及时就诊。

【护理评价】

1. 体温是否降至正常范围。

2. 呼吸是否平稳,血气分析有无异常。

3. 病人能否掌握有效排痰技巧,呼吸道是否保持通畅。

4. 胸痛是否减轻或消失。

(杨玉琴)

第三节 支气管扩张病人的护理

支气管扩张(bronchi ectasis)简称支扩,是指支气管及其周围肺组织的慢性炎症和阻塞,导致直径大于 2mm 的中等大小的支气管管壁肌肉和弹性组织的破坏,造成管腔的慢性异常扩张和变形。典型临床表现为慢性咳嗽、大量脓痰和(或)反复咯血。多于儿童或青年期起病。近年来由于麻疹、百日咳疫苗的预防接种和抗生素的应用,本病的发病率已明显降低。

【护理评估】

(一)健康史

1. **病因与发病机制**

(1)支气管-肺感染和阻塞:是支气管扩张的主要病因,以婴幼儿期的麻疹、百日咳和支气管肺炎最为常见。婴幼儿期患麻疹、百日咳后继发支气管炎、支气管肺炎,引起管壁黏膜充血、水肿,使管腔狭小。分泌物易阻塞管腔,导致引流不畅而加重感染。反复感染破坏支气管管壁的各层组织,削弱管壁的支撑作用,咳嗽时管腔内压增高,加之呼吸时胸腔内压牵引,致使支气管变形扩张。感染和阻塞两者相互影响,互为因果,促使支气管扩张的发生和发展。肺结核、肺脓肿等病人若反复严重感染,也可损伤支气管各层组织,导致支气管扩张。

（2）支气管先天性发育障碍和遗传因素:较少见。如肺囊性纤维化、纤毛运动障碍、先天性丙种球蛋白缺乏症等疾病所引起的支气管扩张。部分遗传性 a_1-抗胰蛋白酶缺乏者也可伴有支气管扩张。

（3）机体免疫功能失调:已发现类风湿关节炎、系统性红斑狼疮、溃疡性结肠炎支气管哮喘等免疫性疾病可同时伴有支气管扩张。有些不明原因的支气管扩张症病人体液免疫和（或）细胞免疫功能有不同程度的异常,提示支气管扩张可能与机体免疫功能失调有关。

2. 病理　支气管扩张常位于段或亚段的支气管,包括柱状、囊状和不规则扩张三种类型。先天性多为囊状,继发性多为柱状。受累管壁的结构包括软骨、肌肉、弹性组织被破坏,为纤维组织替代,管腔扩张。扩张的管腔内可积聚大量稠厚的脓性分泌物。支气管扩张常伴有毛细血管、支气管动脉和肺动脉终末支扩张和吻合,形成血管瘤,致易反复咯血。因左下肺叶支气管细长、与主支气管的夹角大、受心脏及大血管压迫等因素致引流不畅易发感染,故左下叶支气管扩张更多见。

（二）身体状况

1. 临床表现　多数病人在 12 岁以前发病,呈慢性过程。

（1）症状:①慢性咳嗽伴大量脓痰:咳嗽、咳痰与体位改变有关,由于分泌物积储于支气管的扩张部位,晨起或夜间卧床体位改变,分泌物刺激支气管黏膜引起咳嗽加剧、排痰增多。可根据痰量估计病情严重程度:轻度 < 10ml/d;中度 10 ～ 150ml/d;重度 > 150ml/d。急性感染发作时,黄绿色脓痰量增多,每日可达数百毫升,将痰液收集于玻璃瓶中静置后可出现分层特征,上层为泡沫,下悬脓性成分,中层为混浊黏液,下层为坏死组织沉淀物。如有厌氧菌感染,痰有恶臭味。②反复咯血:50% ～ 70% 的病人有反复咯血,从痰中带血至大量咯血程度不等。咯血量与病情严重程度、病变范围有时不一致。少数病人仅以反复咯血为唯一症状,临床上称为"干性支气管扩张",其病变多位于引流良好的上叶支气管,常见于结核性支气管扩张。③反复肺部感染:特点是同一肺段反复发生感染并迁延不愈,源于扩张的支气管清除分泌物的功能丧失,引流差,易于反复发生感染。④慢性感染中毒症状:反复感染可出现发热、乏力、食欲减退、盗汗等,病程较长者可有消瘦、贫血,儿童可影响生长发育。

（2）体征:早期或干性支气管扩张肺部可无异常体征。病变重或继发感染时可于下胸部、背部闻及固定而持久的局限性湿啰音,有时可闻及哮鸣音。部分病人有杵状指（趾）。

2. 实验室及其他检查

（1）血常规检查:继发感染时,血白细胞计数和中性粒细胞增高;反复咯血者可出现红细胞和血红蛋白减少。

（2）病原学检查:痰涂片和细菌培养可发现致病菌。

（3）影像学检查:①胸部 X 线平片:囊性支气管扩张的气道表现为显著的囊腔,腔内可有气液平面,典型者可见多个不规则的蜂窝状透亮阴影或沿支气管的卷发样阴影,感染时阴影内出现液平面,其他表现为气道壁增厚。②支气管造影检查:可以明确支气管扩张的部位、形态、范围和病变严重程度,但因其为创伤性检查,现已被 CT 取代。③胸部 CT:可显示管壁增厚的柱状扩张或成串成簇的囊性改变。高分辨率 CT 提高了 CT 诊断支气管扩张的敏感性,是支气管扩张的主要诊断方法。

（4）纤维支气管镜检查:可明确出血、扩张或阻塞的部位,还可进行活检、局部灌洗,进行细菌学、组织细胞学检查,有助于鉴别管腔内异物、肿瘤等。

（三）心理和社会状况

本病为慢性疾病，常因反复感染或咯血而住院治疗，影响病人的工作、生活，也给家人带来了负担，容易产生焦虑、悲观等情绪，甚至对生活丧失信心。治疗效果不佳时，尤其现大咯血时，出现紧张不安、恐慌等情绪。

（四）治疗要点

支气管扩张症的治疗原则是控制感染，促进痰液引流，必要时手术治疗。

1. **控制感染**　是急性感染期的主要治疗措施。可根据痰细菌培养和药敏试验选择有效抗生素。如氨苄西林、阿莫西林或头孢菌素类。有铜绿假单胞菌感染时，可口服喹诺酮类，静脉给予氨基糖苷类或第三代头孢菌素。有厌氧菌感染时可使用甲硝唑、替硝唑。

2. **保持呼吸道通畅**　是控制感染和减轻全身中毒症状的关键。

（1）祛痰剂：宜在体位引流前用。常用复方甘草合剂 10ml 或盐酸氨溴索、溴己新。

（2）支气管舒张剂：支气管痉挛时，可口服氨茶碱，必要时加用 β_2 受体激动药或异丙托溴铵喷雾吸入。

（3）体位引流：有利于排出积痰，对痰多、黏稠不易排出者其作用尤其重要。

（4）雾化吸入：可稀释分泌物，使其易于排出。可选用生理盐水或重组脱氧核糖核酸酶雾化吸入，每日 2~3 次，后者可阻断中性粒细胞释放 DNA 降低痰液黏度。

（5）纤维支气管镜吸痰：若以上排痰措施实施后仍不能有效排痰，可通过纤维支气管镜向气管内注入生理盐水冲洗，稀释痰液并吸痰，也可直接向气管内注入抗生素。

3. **手术治疗**　病变范围局限，全身情况较好，经充分内科治疗仍顽固反复发作者，可考虑外科手术治疗。

【常见护理诊断/问题】

1. **清理呼吸道无效**　与痰多黏稠、无效咳嗽有关。

2. **有窒息的危险**　与痰液潴留、大咯血有关。

3. **营养失调：低于机体需要量**　与慢性感染致机体消耗增多有关。

4. **有感染的危险**　与痰液引流不畅有关。

5. **焦虑**　与疾病迁延、反复咯血有关。

【护理措施】

（一）一般护理

1. **休息与体位**　急性感染或病情严重者应卧床休息，以减少肺活动度，避免因活动诱发咯血。大咯血者应绝对卧床休息。病情缓解时逐渐增加活动量，劳逸结合，避免剧烈运动。保持室内空气流通，无异味。注意保暖，避免受凉。

2. **饮食护理**　提供高蛋白、高热量、高维生素、易消化饮食，少食多餐。指导病人在咳痰后及进食前用清水或漱口剂漱口，祛除痰臭，促进食欲。为了稀释痰液，利于排痰，鼓励病人多饮水，每日在 1500ml 以上。

（二）病情观察

观察痰液的量、颜色、性质、气味和黏稠度，咳嗽、咳痰与体位的关系，静置后有无分层现象，记录 24 小时痰量。注意病人有无毒血症表现，如发热、消瘦、贫血等。定期监测体温、心率、呼吸和血压，病情严重者注意病人有无缺氧情况，如气促、发绀等表现。若出现咯血，应观察咯血的颜色、性质及量，密切观察病情变化，警惕窒息的发生。

（三）用药护理

遵医嘱应用抗生素、祛痰剂、支气管舒张剂，观察治疗效果及不良反应，并指导病人掌握药物的剂量、用法、疗效和不良反应。

（四）促进痰液引流

根据病变部位实施体位引流，为增加引流效果，鼓励病人做深呼吸、有效咳嗽，并辅以拍背，便于痰液排出。

（五）心理护理

护士应尊重、关心病人，多与病人交谈，了解其心理状态，给予心理支持。向病人介绍支气管扩张反复发作的原因及治疗进展，帮助病人树立战胜疾病的信心。病人出现咯血时，应陪伴病人，保持情绪稳定，避免因情绪波动加重出血。

（六）健康教育

1. 疾病知识指导　帮助病人及家属了解疾病知识，指导其正确认识和对待疾病。介绍防治百日咳、麻疹、支气管肺炎、肺结核等呼吸道感染的重要性，积极治疗上呼吸道慢性病灶。告知病人排痰的重要性，教会病人有效咳嗽、排痰的方法。指导家属帮助病人叩击背部、雾化吸入及体位引流。出现咯血时要保持镇静，将血咯出，不可屏气，以免导致窒息。注意保暖，预防呼吸道感染。

2. 生活指导　补充足够营养，以增加机体抵抗力。多饮水，以利于排痰。戒烟、戒酒。鼓励病人参加体育锻炼，避免剧烈运动。建立良好的生活习惯，消除紧张心理，防止病情进一步加重。

3. 自我病情监测　指导病人和家属学会监测感染和咯血等症状，一旦病情加重，及时就诊。

（杨玉琴）

第四节　支气管哮喘病人的护理

支气管哮喘（bronchial asthma）简称哮喘，是由多种细胞（如嗜酸性粒细胞、肥大细胞、T淋巴细胞、中性粒细胞、气道上皮细胞等）和细胞组分参与的气道慢性炎症性疾病。这种慢性炎症导致气道高反应性，可发生不同程度的可逆性广泛性气道阻塞。典型临床表现为反复发作性喘息、伴有哮鸣音的呼气性呼吸困难，多数病人可自行缓解或经治疗后缓解。若长期反复发作可使气道（包括胶原纤维、平滑肌）重建，导致气道增厚与狭窄，成为阻塞性肺气肿。本病可发生于任何年龄，但半数以上在 12 岁前发病，约 40% 的病人有家族史。

【护理评估】

（一）健康史

1. 病因　哮喘的病因还不十分清楚，大多认为是与多基因遗传有关的疾病，受遗传因素和环境因素的双重影响。

（1）遗传因素：哮喘病人的亲属患病率明显高于群体患病率，且亲缘关系越近患病率越高。可能存在与气道高反应性、IgE 调节和特应性反应相关的基因，这些基因在哮喘的发病中起重要作用。

（2）环境因素：主要为某些诱发因素，包括：①吸入性过敏原：是支气管哮喘最主要的激发因素。如花粉、尘螨、动物毛屑、二氧化硫、氨气等各种特异和非特异性吸入物。②食物：

如鱼、虾、蟹、蛋类、牛奶等。婴幼儿尤其容易对食物过敏,但随年龄增长而减少。③感染:如细菌、病毒、原虫、寄生虫等感染。哮喘的形成和发作与反复呼吸道感染有关。④气候变换:气温、湿度、气压、空气中离子等改变可诱发哮喘,故在寒冷季节或秋冬气候转变时多发病。⑤药物:如普萘洛尔(心得安)、阿司匹林等可诱发哮喘。⑥精神、心理因素:强烈情绪变化可诱发或抑制哮喘发作。⑦运动:部分哮喘病人在剧烈运动 5～15min 后诱发哮喘,称为运动性哮喘。与运动后过度通气致使支气管黏膜水分与热量丢失,呼吸道上皮暂时失水,导致支气管平滑肌痉挛有关。⑧其他:如月经、妊娠,部分女性病人在月经前 3～4 天有哮喘加重的现象,与经期前黄体酮突然下降有关。妊娠对哮喘的作用主要是子宫增大使膈升高,影响呼吸,此外,妊娠时激素的变化也会诱发哮喘。

2. 发病机制 哮喘的发病机制复杂,目前尚不完全清楚。免疫-炎症反应、神经机制和气道高反应及其相互作用可能与哮喘的发病有关。

(1)免疫-炎症机制:体液免疫和细胞免疫均参与哮喘的发病。变应原进入机体通过递呈细胞激活化了辅助性 T 细胞,后者进一步激活 B 淋巴细胞,使之合成特异性 IgE,IgE 与肥大细胞和嗜碱性粒细胞等细胞表面的 IgE 受体结合。当变应原再次进入体内,即与细胞表面的 IgE 结合,使该细胞合成并释放多种活性介质,导致平滑肌收缩、黏液分泌增加、血管通透性增高和炎症细胞浸润等。在介质的作用下,炎症细胞又可分泌多种介质,使气道病变加重,炎症浸润增加,产生哮喘发作。根据变应原吸入后哮喘发生的时间,可分为速发性哮喘反应(IAR)、迟发性哮喘反应(LAR)和双相型哮喘反应(DAR)。IAR 在吸入变应原的同时立即发生反应,15～30min 达高峰,2h 逐渐恢复正常。LAR 约在吸入变应原 6h 左右发作,持续时间长,症状重,常呈持续性哮喘表现,为气道慢性炎症反应的结果。

(2)神经机制:支气管受胆碱能神经、肾上腺素能神经等自主神经支配。哮喘的发生与β-肾上腺素受体功能低下和迷走神经张力亢进有关。

(3)气道高反应性:是哮喘病发生发展的另一重要因素。表现为气道对各种刺激因子出现过强或过早的收缩反应。气道炎症被认为是导致气道高反应性的重要机制之一。

3. 病理 疾病早期,无明显器质性改变,随着疾病进展,肉眼可见肺膨胀及肺气肿,支气管及细支气管内含有黏稠痰液及黏液栓,支气管壁增厚,气道黏膜下组织水肿,微血管通透性增加。镜下可见气道上皮下有肥大细胞、嗜酸性粒细胞、淋巴细胞等多种炎性细胞浸润。若哮喘长期反复发作,支气管平滑肌肥厚,上皮细胞纤维化、基底膜增厚,导致气道重构。

(二)身体状况

1. 临床表现

(1)症状:哮喘发作前常有鼻咽痒、打喷嚏、干咳、流泪、流涕等先兆表现。典型症状为发作性伴有哮鸣音的呼气性呼吸困难、胸闷和咳嗽。严重者呈坐位或端坐呼吸。哮喘症状可持续数分钟至数小时,用支气管舒张剂或自行缓解。

(2)体征:发作时肺部呈过度充气状态。胸部呼吸运动减弱,双侧语颤减弱或消失,叩诊呈过清音,因病变主要在小气道,双肺可闻及广泛的哮鸣音,呼气音延长。严重哮喘发作时常有奇脉、胸腹反常运动、发绀、心率增快、大汗淋漓等。缓解期无异常体征。

(3)重症哮喘:指严重的哮喘发作持续 24h 以上,经一般支气管舒张剂治疗不能缓解者,又称哮喘持续状态。常见诱因为呼吸道感染未控制,过敏原未清除,严重脱水,痰液黏稠、形成痰栓阻塞细支气管导致肺不张,治疗不当或突然停用糖皮质激素,精神过度紧张,严重缺氧,酸中毒,电解质紊乱,并发自发性气胸或肺功能不全等。病人表现为极度呼吸困难、端坐呼吸、发绀明显、大汗淋漓、心慌、焦虑不安或意识障碍,甚至出现呼吸及循环衰竭。病人颈静脉怒张、胸廓饱满,呈吸气状。如呼吸微弱或痰栓阻塞支气管,哮鸣音可不明显。

(4)并发症:发作时可并发自发性气胸、纵隔气肿、肺不张、呼吸衰竭等;长期反复发作和感染可并发慢性支气管炎、慢性阻塞性肺疾病(COPD)、支气管扩张、间质性肺炎、肺纤维化和肺源性心脏病。其中以 COPD 最常见。

2. 哮喘的分期和病情评价　根据临床表现哮喘分为急性发作期、慢性持续期和缓解期。急性发作期是指气促、咳嗽、胸闷等症状突然发生伴有呼吸困难,以呼气流量减低为特征。哮喘急性发作严重程度评估可分为轻度、中毒、重度和危重 4 级。慢性持续性指在哮喘非急性发作期,病人仍有不同程度的哮喘症状。缓解期指经过或未经治疗,症状、体征消失,肺功能恢复到急性发作前水平并持续 4 周以上。

3. 实验室及其他检查

(1)血液检查:哮喘发作时血嗜酸性粒细胞升高,合并感染时白细胞总数及中性粒细胞增高。

(2)痰液检查:可见大量嗜酸性粒细胞、黏液栓和透明的哮喘珠。

(3)血气分析:哮喘发作严重时可有缺氧,PaO_2 降低,过度通气致 $PaCO_2$ 下降。若 PaO_2 降低伴有 $PaCO_2$ 升高,提示气道阻塞,病情危重。重症哮喘可出现呼吸性酸中毒或合并代谢性酸中毒。

(4)肺功能检查:①肺通气功能检测:哮喘发作时呈阻塞性通气功能改变,呼气流速指标如第 1 秒用力呼气量(FEV_1)、第 1 秒用力呼气量占用力肺活量百分比值($FEV_1/FVC\%$)和呼气峰值流速(PEF)均显著下降,以及用力肺活量减少、残气量增加、肺总量增加和残气量占肺总量百分比增高等。②支气管激发试验:测定气道反应性,适用于 FEV_1 在正常预计值的 70% 以上的病人。吸入激发剂(乙酰甲胆碱、组胺等)后通气功能下降、呼吸道阻力增加,如 FEV_1 下降≥20%,为阳性。③支气管舒张试验:测定气道受限可逆性。吸入支气管舒张剂(沙丁胺醇、特布他林、异丙托溴铵等),若 FEV_1 较用药前增加 >12%,且其绝对值增加 >200ml,或 PEF 增加 60L/min 或增加≥20%,为阳性。④呼气峰流速(PEF)及其变异率测定:PEF 可反映气道通气功能的变化,哮喘发作时 PEF 下降。若 24h 内或昼夜 PEF 波动率≥20%,则符合可逆性气道受限的特点。

(5)胸部 X 线检查:哮喘发作时呈过度充气状态,双肺透亮度增高。如合并感染时,可见肺纹理增加和炎性浸润阴影。

(6)特异性变应原的检测:哮喘病人大多数为过敏体质。①体外检测:过敏性哮喘病人血清特异性 IgE 较正常人明显增高。②体内试验:方法有皮肤变应原测试和吸入变应原测试,有助于病因诊断。

(三)心理和社会状况

哮喘发作时出现呼吸困难,造成病人焦虑、烦躁不安;若哮喘连续发作,易对家人、医护人员或平喘药产生依赖心理;若是重症哮喘,病人往往伴有濒死感、恐惧感;当病情缓解后担心哮喘复发而影响工作、生活;病程长、反复发作、伴有并发症时,病人对治疗失去信心。

(四)治疗要点

目前尚无特效治疗方法。治疗原则:①迅速控制症状,尽快缓解气道阻塞,防止低氧血症。②使肺功能接近最佳状态,减少复发乃至不发作,提高生活质量。③避免药物的副作用。④防止不可逆性气道阻塞,避免死亡。

1. **脱离变应原**　防治哮喘最有效的方法。立即脱离变应原,去除引起哮喘的刺激因素。

2. **药物治疗**

(1)缓解哮喘发作:此类药物又称支气管舒张药,主要作用为舒张支气管平滑肌,改善气道阻塞症状。①β_2肾上腺素受体激动药(简称β_2受体激动药):控制哮喘急性发作的首选药物。主要通过激动呼吸道的β_2肾上腺素受体,激活腺苷环化酶,使细胞内的环磷腺苷(cAMP)含量增加,游离Ca^{2+}减少,从而松弛支气管平滑肌,改善气道阻塞。常用的短效制剂有沙丁胺醇、特布他林等,作用时间4~6h;长效制剂有福莫特罗、沙美特罗等,作用时间10~12h,并具有一定的抗气道炎症作用。用药方法有吸入、口服、静脉注射。首选吸入法,因药物吸入气道直接作用于呼吸道,局部浓度高且作用迅速,所用剂量较小,全身性不良反应少。②茶碱类:是目前治疗哮喘的有效药物之一。茶碱类可抑制磷酸二酯酶,提高平滑肌细胞内的cAMP浓度,拮抗腺苷受体,刺激肾上腺素分泌,增强呼吸肌收缩,增强气道纤毛清除功能和抗炎作用。与糖皮质激素合用具有协同作用。③抗胆碱能药物:为胆碱能受体(M受体)拮抗剂,有舒张支气管及减少痰液的作用。常用异丙托溴铵吸入或雾化吸入,约10min起效,维持4~6h,不良反应少,常与β_2受体激动药联合吸入,具有协同作用。

(2)控制或预防哮喘发作:此类药物亦称非特异性抗炎药,主要用于治疗哮喘的气道炎症,达到控制或预防哮喘发作的目的。①糖皮质激素:是当前控制哮喘发作最有效的抗炎药物。可用于吸入、口服和静脉使用。吸入治疗是目前最常用的长期抗炎治疗哮喘的方法,全身不良反应少。常用吸入药物有倍氯米松、布地奈德、氟替卡松、莫米松等。当吸入糖皮质激素无效或需要短期加强的病人,可口服泼尼松、泼尼松龙,症状缓解后逐渐减量至停用或改用吸入剂;重度或严重哮喘发作时应及早应用琥珀酸氢化可的松静脉用药。②白三烯(LT)拮抗剂:具有抗炎和舒张支气管平滑肌的作用。常用药物孟鲁司特10mg,每晚1次口服。③其他药物:酮替芬和第二代抗组胺药物如阿司米唑、曲尼斯特、氯雷他定等,对过敏性哮喘有一定预防作用。色甘酸二钠是一种非皮质激素抗炎药物,能预防变应原引起或运动诱发的哮喘。

3. **急性发作期的治疗**　治疗目的是尽快缓解气道阻塞,纠正低氧血症,恢复肺功能。

(1)轻度发作:每日定时吸入糖皮质激素(200~500μg 倍氯米松);有症状可加吸短效β_2受体激动药,也可加服β_2受体激动药控释片或茶碱控释片(200mg/d),或加吸抗胆碱药如异丙托溴铵气雾剂。

(2)中度发作:糖皮质激素吸入剂量加至(500~1000μg 倍氯米松);规则加用β_2受体激动药。也可加服白三烯拮抗剂。若不能缓解,可口服糖皮质激素(<60mg/d),必要时可静脉注射氨茶碱。

(3)重度至危重度发作:持续雾化吸入β_2受体激动药,可合用抗胆碱药;或静脉滴注氨茶碱或沙丁胺醇;加服白三烯拮抗剂;静脉滴注糖皮质激素,常用有琥珀酸氢化可的松、甲泼尼松,地塞米松慎用,在病情控制缓解后改为口服给药;可给予氧疗,必要时行机械通气。

4. **免疫疗法**

(1)特异性免疫疗法:又称脱敏疗法(或称减敏疗法),采用特异性变应原(如螨、花粉、猫毛等)作定期反复皮下注射,剂量由低至高,以产生免疫耐受性,使病人脱敏。

(2)非特异性免疫疗法:如注射卡介苗、转移因子、疫苗等生物制品抑制变应原反应的过程。目前采用基因工程制备的人重组抗 IgE 单克隆抗体治疗中重度变应性哮喘,已取得较好效果。

【常见护理诊断/问题】

1. **低效性呼吸型态** 与哮喘发作时气道狭窄有关。

2. **清理呼吸道无效** 与支气管痉挛、痰液黏稠及无效咳嗽有关。

3. **有体液不足的危险** 与液体丢失增加，水分摄入不足有关。

4. **知识缺乏**：缺乏自我病情监测及正确使用气雾剂等相关知识。

5. **潜在并发症**：自发性气胸、肺不张、急性呼吸衰竭等。

【护理措施】

（一）一般护理

1. **休息与体位** 有明确过敏原者，应尽快脱离过敏环境。提供整洁、舒适、安静的休养环境，空气流通，无灰尘、无烟雾，室内温度在 18~22℃，湿度维持在 50%~70%。病室避免摆放花草、不铺地毯、不使用羽绒制品或蚕丝织物等。哮喘发作时，协助病人取适当的体位如半卧位或坐位，可安置跨床小桌给病人伏桌休息，以减轻其体力消耗。合理安排各种治疗，保证病人的休息和睡眠。

2. **饮食护理** 发作期给予营养丰富、热量充足、富含钙、维生素 A 和维生素 C、清淡、易消化的流质或半流质饮食。多食蔬菜、水果，避免进食鱼、虾蟹、蛋、牛奶等易过敏的食物，避免刺激性食物，如胡椒、生姜等，戒烟、戒酒。鼓励每日饮水 2500~3000ml，必要时遵医嘱静脉补液，以防痰栓形成阻塞气道。

（二）病情观察

监测生命体征，观察发绀及呼吸困难程度，注意痰液的量、黏稠度及能否顺利排痰等，观察肺部体征的变化。重症哮喘发作时，应每隔 10~30min 测量呼吸、脉搏、血压一次，注意血气分析数值的变化，准确记录液体出入量。药物治疗无效的严重哮喘病人，如出现意识不清、呼吸困难加重伴明显发绀时，应做好气管插管、气管切开及机械通气准备。

（三）用药护理

1. **β₂ 受体激动药** 指导病人按医嘱用药，此类药物不宜长期规律、单一、大量使用，否则会产生耐受性使疗效降低，并有加重哮喘的危险。常见不良反应有头痛、头晕、心悸、手指震颤等，停药后可消失。用量过大可引起心律失常，甚至发生猝死。有心衰、高血压、甲状腺功能亢进、糖尿病的病人慎用或禁用。

2. **糖皮质激素** 吸入治疗药物全身性不良反应少，指导病人吸药后必须立即用清水充分漱口，以减少口腔念珠菌感染、声音嘶哑及呼吸道不适等不良反应。静脉滴注或口服激素应注意肥胖、糖尿病、高血压、骨质疏松、消化性溃疡等不良反应，尤其长期使用时。口服激素宜在饭后服用，以减少对消化道的刺激。激素使用 5 天以上的病人，不得自行停药或减量，应按医嘱进行阶梯式减量。

3. **茶碱类** 主要不良反应为胃肠道、心脏和中枢神经系统的毒性反应。氨茶碱过量或静脉注射速度过快可引起恶心、呕吐、头痛、失眠、心律失常，严重者引起室性心动过速，抽搐乃至死亡。静脉注射速度不宜超过 25mg/min。茶碱缓释片或茶碱控释片必须整片吞服，不能嚼服。

4. **吸入器的正确使用** 一般先吸支气管扩张剂，后吸抗炎气雾剂。应用吸入器，可方便治疗和确保用量准确，常用定量雾化吸入器和干粉吸入器。

（1）定量雾化吸入器：打开定量雾化吸入器的盖子，摇匀药液，病人深呼气至不能再呼时张开口,将定量雾化吸入器的喷嘴置于口中用双唇包住,然后以深而慢的方式用口吸气、同时用手指按压喷药,至吸气末屏气 10s(以使较小的雾粒到达气道远端)后再慢慢呼气。休息 3min 后,可再重复 1 次。

(2)定量干粉吸入器都保装置:使用时,先旋松盖子并拔出,一手握住瓶体使之直立、另一手握住瓶底盖,先右转尽量将旋柄拧到底、再向左转回至原来的位置,听到"喀"的一声备用。吸入前先呼气(不可对着吸嘴呼气),然后用双唇含住吸嘴,仰头用力深吸气、屏气 5 ~ 10s,同时盖好盖子。如吸入的是糖皮质激素,在吸药后需用清水漱口,以免药粉黏附在口腔黏膜上诱发口咽部念珠菌感染。

(四)对症护理

1. **氧疗护理** 遵医嘱给予鼻导管或面罩供氧,氧流量一般为 2 ~ 4L/min。重危哮喘病人往往伴有高碳酸血症,应持续低流量(1 ~ 2L/min)吸氧。及时了解动脉血气分析结果,以了解氧疗效果。供氧时应注意加温、加湿,以免干燥和寒冷气流刺激加重气道痉挛。必要时建立人工气道进行机械通气。

2. **协助排痰** 清除呼吸道分泌物是改善通气的重要环节。若痰液黏稠、不易咳出,可行雾化吸入,同时辅以拍背,促进痰液排出。哮喘病人不宜使用超声雾化吸入,因雾滴过小容易导致支气管痉挛,加重哮喘症状。

(五)心理护理

哮喘发作时病人紧张、烦躁甚至恐惧,而不良情绪又会诱发或加重哮喘发作。当急性发作时,医护人员应沉着冷静,守护与床旁,关心和安慰病人,给其以安全感,有利于症状缓解。反复或持续发作,病人易对家属、医护人员或药物产生依赖心理,并影响工作和生活,对治疗缺乏信心,故应多予鼓励,适当解释,以提高治疗的信心和依从性。

(六)健康教育

1. **疾病知识指导** 介绍本病基本知识,使病人对哮喘的病因、临床表现、治疗效果有充分的认识,以积极的心态对待疾病。告诉病人规范化治疗的目的是减少复发乃至不发作,提高生活质量,而不是根治。

2. **生活指导** 宜摄入营养丰富、清淡饮食,避免暴饮暴食,鼓励多饮水。在缓解期应适当锻炼身体,以增强体质。养成规律的生活习惯,避免过劳,保证充足的睡眠。

3. **识别和避免诱因** 哮喘预防最关键的是避免吸入或接触过敏原。保持室内空气新鲜,经常打扫房间,勤更衣勤换洗,将室内灰尘量降至最低,避免接触刺激性气体,主动戒烟,避免被动吸烟。注意气候的变化,避免冷空气刺激,注意保暖,预防呼吸道感染。居住室内不摆放花草、不铺地毯、不养宠物、不使用羽绒制品。避免进食易引起哮喘的食物虾、蟹、胡椒等。避免大笑、大哭、持续喊叫等过度换气动作。保持情绪稳定、避免剧烈运动。

4. **自我监测病情** 能识别哮喘发作先兆和病情加重的征象,并能及时使用止喘气雾剂;指导使用峰流速仪。峰流速仪是一种可随身携带的小型仪器,使用时取站立位,尽可能深吸一口气,然后用唇齿包住进气口,以最快的速度,最有力的呼气吹动游标滑动,游标最终停止到的刻度就是此次峰流数值(图 2-1)。若最大呼气峰流速(PEFR)保持在 80% ~ 100%,为安全区,说明哮喘控制理想。若 PEFR 在 50% ~ 80%,为警告区,需及时治疗。若 PEFR 小于 50%,为危险区,要立即到医院就诊。

5. **用药指导** 向病人介绍所用药物的名称、用法、用量及注意事项,了解药物的主要不良反应及处理。不用可能诱发哮喘的药物,如阿司匹林、吲哚美辛、普萘洛尔等。嘱病人随

游标

图2-1 峰流速仪使用示意图

身携带止喘气雾剂,哮喘发作时立即吸入。发病季节前可以遵医嘱进行预防性治疗,减少复发。常用药物有色甘酸二钠、酮替芬等。可进行特异性脱敏治疗,还可用哮喘疫苗、核酸等预防注射。

6. 定期复查 一般情况下,病人在初诊后1~3个月复查1次,以后每3个月复查1次。哮喘发作后应在2周至1个月内进行复查。复查的目的便于调整治疗方案及剂量,以有效控制哮喘发作。

(杨玉琴)

 走入现场

　　现场:刘先生,68岁,因咳嗽、气促住院。护士小李刚参加工作不久,她在询问病史时了解到病人有吸烟史30余年,近10来年经常咳嗽,一旦受凉后即咳嗽不止,痰液也明显增多,病人及其家属一直以为这是"慢性咽炎"而未引起重视。病人向护士询问:"我从去年开始走路速度稍微加快就气喘吁吁的,感觉体力明显下降了,饭量也不如从前了。昨天晚上都无法平躺休息,不知何故?"小李随即安慰病人:"您别担心,没事的,您的病可以完全治好的。"

　　提问:

　　1. 护士小李对病人的解释是否恰当,是否需要提供更多的信息或帮助?
　　2. 根据以上资料,考虑什么疾病?还需进一步完善哪些检查?

第五节 慢性支气管炎和慢性阻塞性肺疾病病人的护理

　　慢性阻塞性肺疾病(chronic obstructive pulmonary disease,COPD)简称为慢阻肺,是一组具有不完全可逆性气流受限特征,呈进行性发展的肺部疾病。COPD是呼吸系统疾常见病和多发病。由于肺功能减退,严重影响病人的劳动力和生活质量,患病率和病死率高。据世界银行/世界卫生组织发表的研究,至2020年COPD将成为世界疾病经济负担的第五位。

COPD 主要与慢性支气管炎及慢性阻塞性肺气肿密切相关。当慢性支气管炎和肺气肿病人肺功能检查出现气流受限,且不能完全可逆时才可诊断为 COPD。如病人只有慢性支气管炎和(或)肺气肿,而无气流受限,则不能诊断 COPD,而视为 COPD 的高危期。支气管哮喘也有气流受限,其气流受限具有可逆性,它不属于 COPD。

<h2 align="center">一、慢性支气管炎病人的护理</h2>

　　慢性支气管炎(chronic bronchitis)简称慢支,是指气管、支气管黏膜及其周围组织的慢性非特异性炎症。临床主要症状为咳嗽、咳痰或伴有喘息,每年发病持续 3 个月或更长时间,连续 2 年或 2 年以上,并排除其他心、肺疾病即可诊断为慢性支气管炎。病情呈缓慢进行性进展,常并发阻塞性肺气肿和肺源性心脏病。据调查,我国的患病率为 3% ~ 5%,随着年龄的增长而增加,50 岁以上者可高达 15% 左右。北方高于南方,农村高于城市。

【护理评估】

(一) 健康史

病因与发病机制　　病因不完全清楚,可能是多种环境因素与机体自身因素长期相互作用的结果。

　　(1)吸烟:是导致慢支发生的最重要因素。吸烟者慢性支气管炎的患病率比不吸烟者高 2 ~ 8 倍。烟草中含焦油、尼古丁和氰氢酸等化学物质,可损伤气道上皮细胞,使纤毛运动减退和巨噬细胞吞噬功能降低,导致气道净化功能下降。并能刺激黏膜下感受器,使副交感神经功能亢进,引起支气管平滑肌收缩,导致气道阻力增加,以及腺体分泌增多,杯状细胞增生,支气管黏膜充血水肿、黏液积聚,易引起感染和发病。

　　(2)感染因素:感染是慢性支气管炎发生和发展的重要因素之一。病毒、支原体和细菌等感染为本病急性发作的主要原因。病毒感染以流感病毒、鼻病毒、腺病毒和呼吸道合胞病毒为常见。细菌感染常继发于病毒感染,常见病原体为肺炎链球菌、流感嗜血杆菌、卡他莫拉菌和葡萄球菌等。这些感染因素同样造成气管、支气管黏膜的损伤和慢性炎症。

　　(3)空气污染:大气中的有害气体如二氧化硫、二氧化氮、氯气及臭氧等对气道黏膜上皮均有刺激,其他粉尘如二氧化硅、煤尘、棉屑等亦可对支气管黏膜造成损伤,使纤毛清除功能下降,黏液分泌增加,为细菌感染增加了条件。

　　(4)过敏因素:喘息型慢性支气管炎病人,多有过敏史。过敏反应可使支气管痉挛、组织损伤和炎症的发生,加重气道狭窄使阻力增加而导致疾病发生。常见的过敏因素有尘埃、虫螨、细菌、花粉、寄生虫和化学气体等。

　　(5)其他因素:免疫功能紊乱、气道高反应性、年龄增大等机体因素和气候等环境因素均与慢性支气管炎的发生和发展有关。如老年人肾上腺皮质激素功能减退、细胞免疫功能下降、溶菌酶活性降低,从而容易造成呼吸道的反复感染。寒冷空气可刺激腺体分泌黏液增加和纤毛运动减弱,削弱气道的防御功能。还可通过反射引起支气管平滑肌痉挛,黏膜血管收缩,局部血循环障碍,有利于继发感染。

(二) 身体状况

1. 临床表现　　缓慢起病,病程长,反复急性发作而病情加重。

　　(1)症状:①咳嗽:长期反复的咳嗽是本病的突出表现。轻者仅在冬春季节发病,尤以清晨起床前后最明显,白天咳嗽较少。夏秋季节,咳嗽减轻或消失。重症病人则四季均咳,冬春加剧,日夜咳嗽,早晚尤为剧烈。②咳痰:一般为白色黏液和浆液泡沫性,偶可带血。清晨排痰较多,体位变动可刺激排痰。③喘息或气急:当合并呼吸道感染时,由于细支气管黏膜充血水肿,痰液阻塞可引起喘息。若伴肺气肿时可表现为活动后气急。

(2)体征:早期多无异常体征。急性发作时,可在背部及双肺底闻及少许干、湿啰音,咳嗽后可减少或消失。喘息性慢性支气管炎发作时,可闻及广泛哮鸣音及呼气延长。长期反复发作可有肺气肿征象。

(3)临床分型与分期:①临床分型:可分为单纯型和喘息型两型。单纯型主要表现为咳嗽、咳痰;喘息型除有咳嗽、咳痰外尚有喘息症状,常伴有哮鸣音。②临床分期:按病情进展可分为3期,即急性发作期:指在1周内出现脓性或黏液脓性痰,痰量明显增加,或伴有发热等炎症表现,或咳、痰、喘任何一项症状明显加剧;慢性迁延期:指有不同程度的咳、痰、喘症状迁延1个月以上者;临床缓解期:经治疗或自然缓解,症状基本消失或偶有轻微咳嗽、少量痰液,持续2个月以上者。

2. 实验室及其他检查

(1)血液检查:慢支急性发作期或并发肺部感染时,可见白细胞计数及中性粒细胞增多。缓解期多无变化。

(2)痰液检查:急性发作期痰液外观多呈脓性,痰涂片或培养可明确致病菌。

(3)X线检查:早期可无异常,反复发作者可见两肺纹理增粗、紊乱,呈网状或条索状、斑点状阴影,以下肺野明显。

(4)呼吸功能检查:早期无异常,发展到气道狭窄或有阻塞时,逐渐出现阻塞性通气功能障碍的表现。

(三)心理和社会状况

由于病程长、反复发作,身体每况愈下,给病人及其家庭带来较重的精神和经济负担,病人易出现烦躁不安、忧郁、焦虑的情绪。由于缺氧,年老者咳嗽无力,痰不易咳出,容易产生精神不振、失眠、语言交流费力等。

(四)治疗要点

1. 急性加重期的治疗 治疗原则是控制感染,祛痰平喘为主。

(1)控制感染:根据痰细菌培养对抗生素敏感试验的结果进行抗感染药物的选择,对未能确定病原菌者可采取经验治疗。较轻者口服或肌注,严重者应静脉给药。常选用青霉素类、头孢菌素类、大环内酯类、氨基糖苷类、氟喹诺酮类等。疗程视病情轻重而定。

(2)祛痰止咳:常用氨溴索、乙酰半胱氨酸、溴己新等。如痰液黏稠不易咳出可雾化吸入治疗。

(3)解痉平喘:有气喘者可加用解痉平喘药,如异丙托溴铵、沙丁胺醇、氨茶碱等。

2. 缓解期治疗 治疗原则是增强体质,提高抗病能力和预防复发为主。可采用气管炎菌苗、卡介苗多糖核酸、胸腺肽、人血丙种球蛋白等。

【常见护理诊断/问题】

1. 清理呼吸道无效 与痰多、痰黏稠有关。

2. 焦虑 与病程长、反复发作有关。

【护理措施】

(一)一般护理

保持室内空气流通,避免烟雾、粉尘和刺激性气体对气道的影响,吸烟者劝其戒烟。注意保暖,避免受凉。给予高蛋白、高热量、高维生素、易消化的食物,注意食物的色、香、味,以增加食欲。鼓励病人多饮水,足够水分可保证呼吸道黏膜的湿润,利于痰液稀释和排出。

(二)病情观察

观察病人咳嗽、痰液的性质,痰液的颜色、气味和量。有无喘息及其严重程度。注意有无肺部感染征象。若出现咳痰不畅、呼吸困难等症状加重时,报告医生,协助处理。

(三)用药护理

遵医嘱用药,并注意药物疗效及不良反应。在药物治疗的同时,鼓励病人有效咳嗽、咳痰,对体弱卧床、痰多而黏稠的病人,可协助翻身、拍背或雾化吸入等促使痰液排出,以利呼吸道感染的控制。

(四)心理护理

急性发作时给予适当的处理,护士应保持镇静,以减轻病人的焦虑、不安。关心体贴、鼓励病人,协助病人适当活动,避免病人产生依赖心理。讲解疾病治疗的重要性,以取得病人的配合。

【健康教育】

1. 知识指导　向病人及家属宣传本病有关知识,树立信心,坚持配合治疗。

2. 生活指导　生活规律,疾病缓解期进行适当的体育锻炼,加强营养,增强体质。气候变化时注意衣服的增减,避免受凉。耐寒锻炼需从夏季开始,先用手按摩面部,后用冷水浸毛巾拧干后擦头面部,渐及四肢,以提高耐寒能力,预防和减少本病的发作。同时,应避免尘埃和煤烟对呼吸道的刺激、有吸烟嗜好应戒除。

3. 定期复查　告知病人定期随访,若发现呼吸道感染症状时,应立即就诊。

二、阻塞性肺气肿病人的护理

阻塞性肺气肿(obstructiv pulmonary emphysema)简称肺气肿,指终末细支气管远端(呼吸细支气管、肺泡管、肺泡囊和肺泡)的气道弹性减退、过度膨胀、充气和肺容积增大或同时伴有肺泡壁和细支气管管壁破坏的病理状态。肺气肿是严重危害我国人们身体健康的常见病,患病率随年龄增长而增加。

【护理评估】

(一)健康史

1. 病因　肺气肿是支气管和肺疾病常见的并发症,主要由慢性支气管炎发展而来,故引起慢性支气管炎的各种因素,如吸烟、感染、大气污染、职业性粉尘和有害气体的长期吸入、过敏等均可致病。

2. 发病机制　肺气肿的发病机制至今尚未明,一般认为是多种因素协同作用所致。

(1)阻塞性通气障碍:慢性细支气管炎时,由于小气道的狭窄、阻塞或塌陷,导致了阻塞性通气障碍,使肺泡内残气量增多,而且细支气管周围的炎症,使肺泡壁破坏、弹性减弱,更影响到肺的排气能力,末梢肺组织则因残气量不断增多而发生扩张,肺泡孔扩大,肺泡间隔也断裂,扩张的肺泡互相融合形成气肿囊腔。此外,细支气管闭塞时也是导致肺泡内储气量增多、肺泡内压增高的因素。

(2)弹性蛋白酶增多、活性增高:与肺气肿发生有关的内源性蛋白酶主要是中性粒细胞和单核细胞释放的弹性蛋白酶。此酶能降解肺组织中的弹性硬蛋白、结缔组织基质中的胶原和蛋白多糖,破坏肺泡壁结构。慢性支气管炎伴有肺感染,尤其是吸烟者,肺组织内渗出的中性粒细胞和单核细胞较多,可释放多量弹性蛋白酶。α_1-抗胰蛋白酶乃弹性蛋白酶的抑制物,失活后则增强了弹性蛋白酶的损伤作用。遗传性 α_1-抗胰蛋白酶缺乏是引起原发性肺气肿的原因,α_1-抗胰蛋白酶缺乏的家族,肺气肿的发病率比一般人高 15 倍。在我国因遗传性 α_1-抗胰蛋白酶缺乏引起的原发性肺气肿非常罕见。

(3)通气/血流比例失调:随着肺气肿日益加重,膨胀的肺泡挤压周围的毛细血管,使其大量退化而减少,肺泡间血流量减少,导致通气/血流比例失调,出现换气功能障碍,从而引起缺氧和二氧化碳潴留,进而出现呼吸困难,甚至发展为呼吸衰竭。

3. 病理 肺气肿的病理改变可见肺过度膨胀,弹性减退。按累及肺小叶的部位,可分为小叶中央型、全小叶型和混合型 3 类,以小叶中央型多见。小叶中央型特点为囊状扩张的呼吸性细支气管位于二级小叶的中央区,全小叶型的气肿囊腔较小,遍布于肺小叶内,若两型同时存在于一个肺内,称混合型肺气肿,多在小叶中央型的基础上,并发小叶周边区肺组织膨胀。

(二)身体状况

1. 临床表现

(1)症状:慢支并发肺气肿时,在原有咳嗽、咳痰、喘息等症状的基础上出现逐渐加重呼吸困难。早期仅有体力劳动或上楼等活动时出现,随着病变逐渐加重,轻度活动甚至安静时也感呼吸困难。当慢支急性发作时,支气管分泌物增多,使胸闷、气急加重,严重时可出现呼吸衰竭表现,如发绀、头痛、嗜睡、神志恍惚等。

(2)体征:早期体征不明显。随着病情发展可出现桶状胸,呼吸运动减弱。触诊语颤减弱或消失。叩诊呈过清音,心浊音界缩小或不易叩出,肺下界和肝浊音界下降。听诊心音遥远,呼吸音减弱,呼气延长,并发感染时肺部可有干、湿啰音。

(3)并发症:自发性气胸、慢性肺源性心脏病、慢性呼吸衰竭、肺部急性感染等。

(4)临床分型:阻塞性肺气肿按临床表现特征可分为气肿型和支气管炎型,两者区别见表 2-1。

表 2-1 阻塞性肺气肿气肿型和支气管炎型的区别

	气肿型(A 型)	支气管炎型(B 型)
年龄	多见于老年	年龄较轻
体型	明显瘦弱,无发绀	多肥胖,有发绀
咳嗽	较轻	较重
咳痰	黏液性,量少	黏液脓性,量多
喘气	气促明显,多呈持续性	较轻,急性感染时加重
桶状胸	多明显	不明显
呼吸音	减低	正常或减低
湿性啰音	稀少	多密布

2. 实验室及其他检查

(1)呼吸功能检查:对阻塞性肺气肿诊断、严重程度评价、疾病进展、预后及治疗反应等有重要意义。如第一秒用力呼气容积占用力肺活量的百分比值(FEV_1/FVC)<60%,最大通

气量低于预计值的80%,尚有残气容积增加,残气量占肺总量的百分比(RV/TLC)>40%说明肺过度充气,对诊断阻塞性肺气肿有重要意义。$FEV_1/FVC < 60\%$是评价气流受限的敏感指标。

(2)胸部X线检查:胸廓扩张,肋间隙增宽,肋骨平行,膈及胸廓运动减弱,膈降低且变平,两肺野的透亮度增加。肺野周围纹理减少、变细。心脏常呈垂直状。胸部CT比胸片更具敏感性与特异性,但不应作为常规检查。

(3)心电图检查:一般无异常,有时可呈低电压。

(4)动脉血气分析:如出现明显缺氧二氧化碳潴留时,则动脉血氧分压(PaO_2)降低,二氧化碳分压($PaCO_2$)升高,并可出现失代偿性呼吸性酸中毒,pH值降低。

(5)其他检查:继发感染时,外周血白细胞增高,核左移。痰培养可能查出病原体。

(三)心理和社会状况

随着病情发展,肺功能及日常生活能力下降,影响健康和劳动力,给家人及家庭带来精神和经济负担,病人心理压力加重,常出现焦虑、悲观、失望等情绪。

(四)治疗要点

治疗目的在于改善呼吸功能,提高病人工作、生活能力。治疗原则为解除气道阻塞中的可逆因素;控制咳嗽和痰液的生成;消除和预防气道感染;控制各种可以矫治的合并症,如低氧血症;避免吸烟和其他气道刺激物、麻醉和镇静剂、非必需的手术或所有可能加重本病的因素。

1. 急性加重期的治疗

(1)控制感染:选择敏感抗生素,如青霉素、庆大霉素、环丙沙星、头孢菌素等,若疗效不佳,再根据痰培养药敏试验结果调整用药。

(2)解痉、平喘:应用支气管舒张药物,如氨茶碱 β_2 受体激动药。如有过敏因素存在,可适当选用糖皮质激素。

(3)祛痰、止咳:同慢支治疗。

(4)持续低流量给氧:氧疗的指征是 $PaO_2 < 60mmHg$,常用鼻导管给氧,一般吸氧浓度25%~29%,应避免吸氧浓度过高加重 CO_2 潴留。氧疗的目标为使 PaO_2 在 60~65mmHg,并且 CO_2 潴留无明显加重。

(5)机械通气:适用于经上述治疗呼吸衰竭仍不能缓解者。

2. 稳定期的治疗

(1)避免诱因:如戒烟、预防呼吸道感染等。

(2)药物治疗:如止咳、祛痰、解痉、平喘等。

(3)长期吸入糖皮质激素:对于COPD与哮喘合并存在的病人,长期吸入糖皮质激素和长效 β_2 受体激动药效果较好。

(4)长期家庭氧疗(LTOT):LTOT可提高COPD慢性呼吸衰竭者的生活质量和生存率。LTOT的主要指征为:①$PaO_2 < 55mmHg$ 或 $SaO_2 < 88\%$,有或没有高碳酸血症。②$PaO_2 < 55~60mmHg$ 或 $SaO_2 < 89\%$,并有肺动脉高压、心力衰竭所致水肿或红细胞增多症(血细胞比容>0.55)。一般采用鼻导管吸氧,氧流量控制在 1~2L/min,每日吸氧时间≥15h/d,睡眠时不可间歇,以防熟睡时呼吸中枢兴奋性更低或上呼吸道阻塞而加重缺氧。氧疗目标是使 PaO_2 在 60~65mmHg 和(或)$SaO_2 > 90\%$,并且 CO_2 潴留无明显加重。

(5)康复治疗:视病情制定方案,如气功、太极拳、呼吸操、定量行走或登梯等练习。

【常见护理诊断/问题】

1. **气体交换受损**　与气道阻塞、通气不足、肺泡呼吸面积减少有关。
2. **清理呼吸道无效**　与呼吸道分泌物过多、痰液黏稠、咳嗽无力有关。
3. **营养失调：低于机体需要量**　与食欲降低、摄入减少、腹胀等有关。
4. **焦虑**　与呼吸困难、病情重有关。
5. **潜在并发症**：自发性气胸、呼吸衰竭、肺源性心脏病等。

【护理措施】

（一）一般护理

1. **休息与体位**　保持空气流通、新鲜，注意保暖，防止受凉。视病情严重程度安排活动与休息。急性加重期鼓励病人卧床休息，协助病人取半坐或端坐位。坐位时可通过支撑病人手臂和上身扩张胸廓，站立位时手臂或后背部要有支撑点减轻胸廓对胸腔的压力，以增加肺活量。稳定期病人安排适当活动，尽可能生活自理，活动时以不感到疲劳、不加重症状为宜。

2. **饮食护理**　重视营养摄入，改善营养状态，提高机体的免疫力。应给病人高蛋白、高热量、高维生素的流质或半流饮食，少食多餐，细嚼慢咽。避免进食汽水、啤酒、豆类、马铃薯等产气食物，以免产气影响膈肌运动。

（二）病情观察

密切观察生命体征、神志、尿量，尤其注意呼吸频率、节律、深度，及时评估呼吸困难的程度；观察咳嗽、咳痰情况，包括痰液的颜色、量、性状、咳痰是否顺畅；注意动脉血气分析和水、电解质、酸碱平衡情况；肺气肿易并发自发性气胸，如有突然加剧的呼吸困难，并伴有明显的胸痛、发绀，听诊时呼吸音减弱或消失，叩诊时鼓音调，应考虑气胸存在，通过 X 线检查，可明确诊断。

（三）氧疗的护理

呼吸困难伴低氧血症者，应予低流量低浓度持续给氧，氧流量 1～2L/min，氧浓度 25%～29%。COPD 病人因长期二氧化碳潴留，主要靠缺氧刺激呼吸中枢，如果吸入高浓度的氧，会导致呼吸频率和幅度降低，引起二氧化碳潴留，因此，应避免吸入过高氧浓度的氧。氧疗有效的指标为病人呼吸困难减轻，发绀减轻，呼吸频率和心率减慢，活动耐力增加。

（四）用药护理

遵医嘱应用抗生素、支气管舒张药、祛痰药和糖皮质激素，注意观察疗效及不良反应。指导病人正确咳嗽、协助病人翻身、背部叩击，以促进排痰。痰量较多不易咳出时，按医嘱使用祛痰剂或雾化吸入。

（五）呼吸功能锻炼

指导病人进行缩唇呼吸、腹式呼吸等锻炼，可加强胸、膈呼吸肌肌力和耐力，以改善呼吸功能。

1. **缩唇呼吸**　肺气肿病人因肺泡弹性回缩力减低，小气道阻力增高，呼气时小气道提早闭合致使气体滞留在肺泡内。如在呼气时将口唇缩成吹笛子状，气体经缩窄的口唇缓慢呼出，其目的是提高呼气期肺泡内压力，防止呼气时小气道过早闭合，有利于肺泡内气体的排出。指导病人闭嘴经鼻吸气，缩拢口唇似吹口哨状，持续缓慢呼气，呼气与吸气时间比为2∶1 或3∶1。缩唇大小程度与呼气流量以能使距口唇 15～20cm 处的蜡烛火焰随气流倾斜又不至于熄灭为宜。

2. 腹式呼吸 COPD病人常呈浅速呼吸,呼吸效率低。深而慢的腹式呼吸,可通过腹肌的主动舒张与收缩加强腹肌训练,使呼吸阻力减低,肺泡通气量增加,提高呼吸效率。①体位:开始训练时以半卧位,膝半屈曲最适宜。立位时上半身略向前倾,可使腹肌放松,舒缩自如,全身肌肉特别是辅助呼吸肌尽量放松,情绪安定,平静呼吸。②呼吸训练:用鼻吸气,经口呼气,呼吸要缓慢均匀,切勿用力呼气,吸气时腹肌放松,腹部鼓起,呼气时腹肌收缩,腹部下陷。开始训练时,病人可将一手放在腹部,一手放在前胸,以感知胸腹起伏,呼吸时应使胸廓保持最小的活动度,呼与吸时间比例为 2 ~ 3∶1,每分钟呼吸 7 ~ 8 次,每次练习 10 ~ 20min,每日 2 次,熟练后可增加训练次数和时间,并可在各种体位时随时进行练习,最终成为呼吸的习惯形式。

3. 缩唇腹式呼吸 是将缩唇呼吸与腹式呼吸结合进行,是 COPD 缓解期改善肺功能的最佳方法。

4. 呼吸操 双手上举,用鼻缓慢吸气时,膈肌最大限度下降,腹部凸出。弯腰,双手下垂并与上身垂直,同时缩唇呼气,腹肌收缩。

(六)心理护理

慢性疾病不仅给病人带来身心痛苦,也影响到病人正常的工作与生活,多有焦虑、抑郁等心理。医护人员应关心、体贴病人,引导病人适应慢性病并以积极的心态对待疾病,培养生活兴趣,如听音乐、养花种草等,以分散注意力,减少孤独感,缓解焦虑、紧张的心态。

(七)健康教育

1. 疾病知识指导 向病人和家属介绍 COPD 的相关知识,使其认识到疾病虽是不可逆的,但积极预防和治疗可减少急性发作,改善呼吸功能,延缓病情进展,提高生活质量。指导长期家庭氧疗的目的、方法及注意事项,供氧装置周围严禁烟火,氧疗装置应定期更换、清洁、消毒等。

2. 生活指导 告知吸烟的危害,劝导病人戒烟,避免粉尘和刺激性气体的吸入;增强体质,进行耐寒锻炼,防止急性呼吸道感染;重视缓解期营养摄入,改善营养状况;指导病人制定合理的运动计划,坚持呼吸训练,以改善呼吸功能。

3. 病情监测 教会病人自我监测病情的方法,学会识别感染如发现咳嗽、咳痰、发热等症状明显时或病情加重、出现并发症时,及时就诊。

4. 用药指导 介绍药物治疗的目的、用法、剂量和不良反应,告知遵医嘱正确用药的重要性,勿滥用药物。

(杨玉琴)

第六节 慢性肺源性心脏病病人的护理

慢性肺源性心脏病(chronic pulmonary heart disease)简称肺心病,是指由支气管-肺组织、胸廓或肺血管慢性病变,导致肺血管阻力增加,产生肺动脉高压,继而右心室结构和(或)功能改变的疾病。患病年龄多在 40 岁以上,患病率随年龄增长而增高,北方地区高于南方地区,农村高于城市。吸烟者比不吸烟者患病率明显增多,男女无明显差异。冬、春季节和气候骤变时易急性发作。

【护理评估】

（一）健康史

1. 病因　按原发病的不同部位分为三类：

（1）支气管、肺疾病：以慢性阻塞性肺疾病最多见,约占80%～90%,其次为支气管哮喘、支气管扩张、重症肺结核、肺尘埃沉着症、间质性肺炎等。

（2）胸廓运动障碍性疾病：较少见,严重胸廓或脊椎畸形及神经肌肉疾病均可限制胸廓活动,使肺受压、支气管扭曲或变形,导致肺功能受损。气道引流不畅,肺部反复感染,易并发肺气肿或纤维化,引起缺氧、肺血管收缩、狭窄、阻力增加,致肺动脉高压,发展成慢性肺心病。

（3）肺血管疾病：慢性血栓栓塞性肺动脉高压、肺小动脉炎、特发性肺动脉高压等,均可引起肺动脉狭窄、阻塞,致肺血管阻力增加、肺动脉高压和右心室负荷加重,发展成慢性肺心病。

（4）其他：原发性肺泡通气不足及先天性口咽畸形、睡眠呼吸暂停综合征等均可产生低氧血症,引起肺血管收缩、肺动脉高压而发展成慢性肺心病。

2. 发病机制　引起右心室肥大、扩大的先决条件是肺功能和结构的不可逆改变,引起反复的气道感染和低氧血症,导致一系列体液因子和肺血管的变化,使肺血管阻力增加、肺动脉血管的结构重塑,产生肺动脉高压。

（1）肺动脉高压的形成：①肺血管阻力增加的功能性因素：包括缺氧、高碳酸血症和呼吸性酸中毒,可使肺血管收缩、痉挛,其中缺氧是形成肺动脉高压的最重要因素。缺氧性肺血管收缩的主要原因是体液因素,缺氧时收缩血管的活性物质增多,使肺血管平滑肌收缩,血管阻力增加。②肺血管阻力增加的解剖学因素：慢性阻塞性肺疾病长期反复发作,累及邻近肺小动脉,引起血管炎,管壁增厚、管腔狭窄甚至闭塞,使肺血管阻力增加;随着肺气肿的加重,肺泡内压增高压迫肺泡毛细血管,造成管腔狭窄或闭塞。肺泡壁破裂,导致肺泡毛细血管网毁损,减损超过70%时肺循环阻力增加;慢性缺氧使肺血管重塑;血栓形成增加肺血管阻力。③血液黏稠度增加和血容量增多：慢性缺氧引起继发性红细胞增多,血液黏稠度增加,血流阻力随之增高。缺氧可使醛固酮增加,致水、钠潴留,并使肾小动脉收缩,肾血流量减少而加重水、钠潴留,使血容量增多,肺动脉压升高。

（2）心脏病变和心力衰竭：肺动脉高压早期,右心室发挥代偿功能,克服肺动脉高压的阻力,引起右心室肥大。随着病情的进展,肺动脉压持续升高,超过右心室代偿能力,右心室失代偿而致右心室功能衰竭。

（3）其他重要器官损害：缺氧和高碳酸血症除影响心脏外,还可导致脑、肝、肾、胃肠及内分泌系统、血液系统等发生病理改变,引起多器官功能损害。

（二）身体状况

1. 临床表现　本病病程缓慢,临床上除原有支气管、肺、胸疾病的各种症状和体征外,主要是逐步出现肺、心功能衰竭以及其他器官损害的表现。按功能分为代偿期和失代偿期。

（1）肺、心功能代偿期（包括缓解期）：①症状：咳嗽、咳痰、气促,活动后可有心悸、呼吸困难、乏力和劳动耐力下降。急性感染可加重上述症状。少有胸痛或咯血。②体征：可有不同程度的发绀和原发肺脏疾病体征,如肺气肿体征,干、湿性啰音,心音遥远。如 $P_2 > A_2$ 提示肺动脉高压,三尖瓣区可有收缩期杂音或剑突下心脏搏动增强,提示右心室肥大。部分病人由于肺气肿使胸内压升高,阻碍腔静脉回流,可出现颈静脉充盈。又因膈下降,使肝上界及下缘明显下降。

(2)肺、心功能失代偿期(包括急性加重期):

1)呼吸衰竭:常见诱因为急性呼吸道感染,表现为呼吸困难加重,夜间为甚,常伴头痛、失眠、食欲下降,严重者出现表情淡漠、神志恍惚、谵妄等肺性脑病的表现。体征有明显发绀,球结膜充血、水肿,因高碳酸血症可出现周围血管扩张的表现,如皮肤潮红、多汗等。

2)心力衰竭:主要表现为右心衰竭,明显气促、心悸、食欲不振、腹胀、恶心等。体征可见发绀明显,颈静脉怒张,心率增快,可出现心律失常,剑突下可闻及收缩期杂音,甚至有舒张期杂音。肝大并有压痛,肝颈静脉反流征阳性,下肢水肿,重者可有腹水。少数病人可出现肺水肿及全心衰竭的体征。

(3)并发症:肺性脑病、酸碱失衡及电解质紊乱、心律失常、休克、消化道出血、弥散性血管内凝血(DIC)等。其中肺性脑病是慢性肺心病死亡的首要原因。

2. 实验室及其他检查

(1)X 线检查:除原有肺、胸基础疾病及急性肺部感染的特征外,尚有肺动脉高压征,如右下肺动脉干扩张,其横径≥15mm;横径与气管横径比值≥1.07;肺动脉段明显突出或其高度≥3mm;右心室增大征等。皆为诊断慢性肺心病的主要依据。

(2)血液检查:红细胞及血红蛋白可升高,血浆黏度可增加;合并感染时白细胞总数和中性粒细胞增高或核左移。部分病人可有肾功能、肝功能的改变;可出现钾、钠、氯、钙等电解质的变化。

(3)血气分析:慢性肺心病失代偿期可出现低氧血症或合并高碳酸血症。

(4)心电图检查:主要表现右心室肥大的改变,如电轴右偏、额面平均电轴≥+90°,重度顺钟向转位、$RV_1 + SV_5 \geq 1.05mV$ 及肺型 P 波。

(5)超声心动图检查:右心室流出道内径≥30mm、右心室内径≥20mm、右心室前壁厚度≥5mm、左、右心室内径比值<2、右肺动脉内径或肺动脉干及右心房增大等指标,对诊断慢性肺心病有参考价值。

(6)其他:肺功能检查对早期、缓解期慢性肺心病病人有意义。痰细菌学检查可判断致病菌,指导抗生素的选用。

(三)诊断要点

根据病人有慢性支气管炎、肺气肿、支气管哮喘或肺血管疾病等病史,并出现肺动脉压增高、右心室增大或右心功能不全的征象,如 $P_2 > A_2$、颈静脉怒张、肝大并有压痛,肝颈静脉反流征阳性,下肢水肿等,结合 X 线胸片、心电图、超声心动图有肺动脉增宽和右心增大、肥厚的征象,可以做出诊断。

(四)心理和社会状况

由于长期患病,肺心功能受损加重,病人逐渐丧失劳动能力,容易出现情绪低落、焦虑、悲观等心理反应。因久治不愈对治疗丧失信心,甚至产生绝望、厌世心态。

(五)治疗要点

1. 急性加重期治疗　肺心病治疗以治肺为本,治心为辅。最重要的治疗措施是积极控制感染,保持呼吸道通畅,改善呼吸功能。

(1)控制感染:根据痰菌培养及药敏试验结果选择有效抗生素。常用青霉素类、氨基糖苷类、喹诺酮类及头孢菌素类等抗菌药物。

(2)祛痰、氧疗:保持呼吸道通畅,纠正缺氧和二氧化碳潴留。

（3）控制心力衰竭：肺心病病人一般经控制感染、改善呼吸功能后，心力衰竭可改善，不需加用利尿药。但对治疗无效的重症病人，可适当选用利尿药、正性肌力药或血管扩张药。①利尿药：有减少血容量、减轻右心负荷和消除水肿的作用。原则上选用作用轻、剂量小、疗程短、间歇用药。如氢氯噻嗪、氨苯蝶啶等。②正性肌力药：原则上选用剂量小、作用快、排泄快的洋地黄类药物，一般为常规剂量的 1/2 或 2/3 量。③血管扩张药：可减轻心脏前、后负荷，降低心肌耗氧量，增强心肌收缩力，对部分顽固性心衰有一定效果，但效果不如治疗其他心脏病那样明显。

（4）控制心律失常：经积极抗感染、纠正缺氧等治疗后，心律失常常可自行消失。如果持续存在，可根据心律失常的类型选用药物。

（5）呼吸衰竭治疗：详见"呼吸衰竭病人的护理"治疗要点。

（6）对症治疗：如抗休克、抗凝治疗等。

2. **缓解期治疗**　如积极治疗原发疾病，去除诱因，长期家庭氧疗、调整免疫功能、营养疗法等，以增强病人的免疫功能，减少或避免急性发作，改善心肺功能。

【常见护理诊断/问题】

1. **气体交换受损**　与缺氧、二氧化碳潴留导致肺血管阻力增高有关。

2. **清理呼吸道无效**　与呼吸道感染、痰多黏稠、咳嗽无力有关。

3. **活动无耐力**　与肺、心功能失代偿或缺氧有关。

4. **体液过多**　与右心功能不全，体循环淤血有关。

5. **营养失调：低于机体需要量**　与反复感染、呼吸困难等引起食欲减退有关。

6. **潜在并发症**：肺性脑病、心律失常、消化道出血等。

【护理措施】

（一）一般护理

1. **休息与活动**　保持安静、舒适的环境，温度、湿度适宜。肺心功能失代偿期，应绝对卧床休息，减少机体耗氧量，促进心肺功能的恢复，并有利于增加肾血流量，促进利尿。协助病人采取舒适的体位，若有胸水、腹水、呼吸困难严重者取半卧位或坐位。病情许可时应鼓励病人下床适当活动，注意搀扶；有肺性脑病先兆者，可使用床栏或约束肢体，加强安全防护。肺心功能代偿期，鼓励病人进行适量活动，活动量以不引起疲劳、不加重症状为宜。

2. **饮食护理**　提供高蛋白、高热量、高维生素、易消化的饮食，少食多餐，以软食为主。忌食辛辣刺激性食物，戒烟、酒。避免含糖高的食物，以免引起痰液黏稠。如出现腹水或水肿、尿少时，应限制水、钠摄入。

（二）病情观察

观察病人生命体征、神志、尿量、咳嗽、咳痰、呼吸困难、发绀、水肿等情况，必要时记 24 小时出入液量。监测动脉血气分析，若病人出现头痛、烦躁不安、神志改变等，可能为肺性脑病，应及时通知医生。

（三）对症护理

鼓励病人咳嗽，辅以背部叩击，促进排痰，改善肺泡通气。对体弱卧床者，应每 2 小时协助翻身 1 次，及时清除痰液。对神志不清者，可行机械吸痰，注意无菌操作。缺氧伴高碳酸血症者给予低流量、低浓度持续给氧，氧流量 1～2L/min，氧浓度 25%～29%，维持 PaO_2 在 60mmHg 以上，注意观察氧疗效果。严重呼吸困难者可通过面罩加压呼吸机辅助呼吸，必要时进行气管插管建立人工气道。

（四）用药护理

遵医嘱给抗生素,注意给药方法、剂量和用药时间,输液时应现配现用,以免失效。遵医嘱给予利尿药、强心剂、呼吸兴奋剂等药物应用,注意观察药物疗效及其毒、副作用。二氧化碳潴留严重、呼吸道分泌物多者应慎用或禁用安眠药、镇静剂,以免抑制呼吸功能和咳嗽反射,诱发或加重肺性脑病。

（五）心理护理

及时了解病人的心理状况,有针对性地进行安慰、解释。尤其对病情较重的病人更应多给予心理支持。二氧化碳潴留者往往昼睡夜醒,要加强巡视,多沟通,必要时给予陪护,增加病人的安全感。

（六）健康教育

1. 疾病知识指导　向病人和家属介绍疾病发生、发展过程,告知病人去除病因和诱因的重要性。应积极防治呼吸道疾病,避免各种诱发因素,尽可能减少发作次数,延缓病情进展。鼓励病人坚持呼吸功能锻炼,如腹式呼吸、缩唇呼吸,以改善呼吸功能。

2. 生活指导　保持居室空气新鲜,定期通风,温度湿度适宜。鼓励病人戒烟,避免尘埃和刺激性气体的吸入,避免接触上呼吸道感染者。冬季注意保暖,避免受凉。避免到人多、空气混浊的公共场所。缓解期适当体育锻炼,如有计划地进行散步、慢跑、气功、打太极拳等,注意劳逸结合。向病人及家属解释饮食营养的重要性,指导病人摄入足够热量、维生素和水分,以保证机体需要,增加抗病能力。

3. 自我病情监测　告知病人及家属病情变化的征象,若出现体温升高、呼吸困难加重、咳嗽剧烈、咳痰不畅、尿量减少、水肿明显或发现病人神志淡漠、嗜睡或兴奋躁动等,均提示病情变化或疾病加重,应立即就诊。

4. 用药指导　指导病人遵医嘱用药并注意观察药物的不良反应。

5. 定期复查　学会自我病情监测,能识别呼吸道感染、肺性脑病、右心衰竭等征象。定期随访,如有异常及时就诊。

（杨玉琴）

第七节　肺结核病人的护理

肺结核(pulmonary tuberculosis)是由结核分枝杆菌感染引起的肺部慢性传染性疾病。结核分枝杆菌可累及全身几乎所有脏器,但以肺部最为常见。临床上以午后低热、盗汗、消瘦、乏力等全身症状为特点。

【护理评估】

（一）健康史

1. 病因与发病机制

(1)病原学:结核病的病原菌为结核分枝杆菌,分为人型、牛型、非洲型和鼠型4种。人肺结核的致病菌90%以上为人型结核分枝杆菌,少数为牛型感染。结核分枝杆菌抗酸染色呈红色,可抵抗盐酸酒精的脱色作用,故又称为抗酸杆菌。用氢氧化钠或硫酸对痰液处理时,结核分枝杆菌仍存活;对干燥、冷、酸、碱等抵抗力强,在干燥的环境中可存活数月或数年,在室内阴暗潮湿处,结核分枝杆菌能数月不死;低温条件下(−40℃)仍能存活数年。但是,太阳光直射下痰中结核分枝杆菌经2~7小时可被杀死,10W紫外线灯距照射物0.5~1

米,照射 30 分钟具有明显杀菌作用,煮沸 100℃ 5 分钟可杀死,70% 乙醇最佳,一般在 2 分钟内可杀死结核分枝杆菌。将痰液吐在纸上直接焚烧是最简便有效的杀菌方法。

(2)传播途径:飞沫传播是最重要的传播途径。传染源主要是带菌的肺结核病人,尤其是痰涂片阳性肺结核且未经治疗者。肺结核病人通过大声说话、咳嗽、咳痰、打喷嚏或高声说笑时可使含有结核菌的痰液以飞沫微粒的形式喷射到空气中,接触者直接吸入带菌飞沫而感染。

(3)人体反应性:结核病的发生、发展和转归不仅取决于细菌的数量、毒力、人体免疫力,还和机体的变态反应的程度密切相关。少量结核菌多能被人体免疫防御机制所杀灭,不一定发病。而大量、毒力强的结核菌侵袭而机体,且免疫力不足时,感染后才发病;而肺结核的发病类型与变态反应程度密切相关。

结核菌侵入人体后 4 ~ 8 周,身体组织对结核菌及其代谢产物所发生的敏感反应称为变态反应,属于Ⅳ型(迟发型)变态反应,与获得性免疫力同时存在。变态反应同样是以 T 淋巴细胞介导,以巨噬细胞为效应细胞,淋巴细胞释放炎症介质、皮肤反应因子及淋巴毒素等,使局部组织出现渗出性炎症甚至干酪样坏死空洞形成等。

2. 病理　结核病的基本病理改变是炎性渗出、增生和干酪样坏死。渗出性病变为浆液和浆液纤维素性炎症,表现为组织充血、水肿和白细胞浸润,发生在机体免疫力低下,菌量多,毒力强或变态反应较强时。增生性病变发生在菌量较少而机体免疫力较强,病变恢复阶段时发生,以结核结节形成为典型特征。干酪样坏死常发生在渗出或增生病变的基础上,当人体抵抗力降低或菌量过多,机体超敏反应增强,上述渗出性病变和结核结节连同原有的组织一起坏死。这是一种彻底的组织凝固性坏死,肉眼下见病灶呈黄灰色,坏死组织质松而脆,类似干酪,故称干酪样坏死。坏死组织中含有一定量的结核杆菌,可发生液化,液化组织排出体外,形成空洞,这也是造成结核菌在体内蔓延、扩散的原因。上述三种基本病理变化可同时存在,也可以某一病变为主,且可相互转变。

(二)身体状况

1. 临床表现　肺结核病人因发病类型不同临床表现不尽相同,但有共同之处。

(1)全身中毒症状:发热最常见,表现为长期午后低热、两颧潮红、消瘦、盗汗、乏力、食欲减退等,妇女可有月经失调、闭经,当肺部病灶急剧进展播散时,可有不规则高热。

(2)呼吸系统症状:咳嗽、咳痰是肺结核最常见症状,一般为干咳或少量黏液痰,继发感染时,痰液呈黏液脓性且量增多。约 1/3 ~ 1/2 的病人可出现不同程度的咯血,痰中带血多因炎性病灶的毛细血管扩张所致;中等量以上的咯血,则与小血管损伤或来自空洞的血管瘤破裂有关。多数为小量咯血,少数为大量咯血,甚至发生失血性休克。咯血后低热多为小血管内血液吸收或阻塞支气管引起感染所致,若高热持续不退,提示结核病灶播散;大咯血时若血块阻塞大气道可引起窒息。炎症波及壁胸膜可引起胸痛,随呼吸运动和咳嗽加重;当病变广泛、肺功能减退时可出现呼吸困难。干酪样性肺炎、纤维空洞性肺结核和大量胸腔积液病人可有不同程度的呼吸困难。

(3)体征:取决于病变性质、范围。病灶小或位置深者,可无异常体征。若病灶广泛,可见患侧呼吸运动减弱,叩诊浊音,听诊呼吸音减低。肺结核好发于肺尖,在锁骨上下、肩胛间区叩诊略浊,于咳嗽后偶可闻及湿啰音,对肺结核的诊断具有参考意义。当有较大的空洞性病变时,听诊可闻及支气管呼吸音。当肺有广泛纤维条索形成或胸膜粘连增厚时,结核性胸膜炎时有胸腔积液体征。

2. **临床类型**　2004年我国实施新的结核病分类标准,突出了对痰结核分枝杆菌检查和化学治疗史的描述,使分类法更符合现代结核病控制的概念和实用性。

(1)原发型肺结核:含原发综合征及胸内淋巴结结核,多见于儿童及从边远山区、农村初进城市的成人。多有结核病密切接触史,症状多轻微而短暂,有低热、咳嗽、盗汗、食欲减退等表现。结核菌素试验多为强阳性。X线胸片显示为哑铃形阴影,即原发病灶、引流淋巴管炎和肺门淋巴结肿大,形成典型的原发综合征。大多数预后良好,抵抗力强时大多数病灶可自行吸收和钙化。原发病灶通常吸收较快,不留任何痕迹。

(2)血行散播型肺结核:包括急性血行散播型肺结核(急性粟粒型肺结核)、亚急性和慢性三种类型。儿童多由原发型肺结核发展而来,在成年人则多由肺内或肺外结核病灶破溃到血管引起。大量结核杆菌一次进入血液循环时可引起急性血行散播型肺结核,多见于婴幼儿和青少年,急性者起病急,全身毒血症状严重,有高热、寒战、大汗、气急等表现,并发脑膜炎时出现脑膜刺激征。X线检查见两肺布满大小、密度和分布均匀的粟粒状阴影。亚急性或慢性血行散播型肺结核病情发展缓慢,多无明显中毒症状,X线显示两肺中上部有大小不等、密度不一致、分布不均匀的斑点状阴影。

(3)继发型肺结核:是成年人中最常见的肺结核类型,病程长,易反复。包括浸润型肺结核、空洞型肺结核、干酪样肺结核等。多为人体免疫力降低时,潜伏在肺部病灶的结核菌重新繁殖而引起。①浸润型肺结核:多发生在肺尖和锁骨下,以浸润渗出性病变为主,X线显示可见片状、絮状阴影,可相互融合形成空洞,渗出性病变易吸收。②空洞型肺结核:多有支气管散播病变,痰中经常排菌。临床表现为发热、咳嗽、咳痰或咯血。X线显示可见由干酪渗出病变融合而形成多个空腔,形态不一。③结核球:多由干酪样病变吸收和周围纤维组织包裹,或空洞的引流支气管阻塞,空洞内干烙物质不能排出,凝成球形病灶。X线胸片示结核球直径常小于3cm,内可见钙化灶或空洞。④干酪样肺炎:当人体免疫力低下时,原先潜伏在病灶内的结核菌重新繁殖,引起以渗出和细胞浸润为主、伴有不同程度的干酪样病灶,即为干酪样肺炎。病变多发生于双肺中下部。X线显示边缘模糊、片状或絮状阴影。⑤纤维空洞型肺结核:由于肺结核治疗的不及时、不彻底,或结核菌耐药菌株的产生,使空洞长期不愈,病灶出现广泛纤维化,病情反复进展恶化,病灶的吸收、修补与恶化相互交替出现。病人长期咳嗽、咳痰、反复咯血、活动后气促,严重者可发生呼吸衰竭。X线表现为单侧或反侧出现一个或多个厚壁空洞和广泛的纤维增生,气管和纵隔向患侧移位,典型者肺纹理呈垂柳状。

(4)结核性胸膜炎:含结核性干性胸膜炎、结核性渗出性胸膜炎、结核性脓胸。当机体处于高敏状态时,结核菌侵入胸膜腔可引起结核性胸膜炎。早期干性胸膜炎以胸痛为主要症状,深吸气、咳嗽时加重,可闻及胸膜摩擦音,X线检查无异常;渗出性胸膜炎全身毒血症状明显,胸痛减轻或消失,X线检查少量积液可见肋膈角变钝,中等量积液时,中、下肺叶呈一片均匀致密阴影,上缘呈外高内低弧形向上的曲线。

(5)其他肺外结核:按部位和脏器命名如骨结核、肠结核、肾结核等。

(6)菌阴肺结核:3次痰涂片及1次培养阴性的肺结核为菌阴肺结核。

3. **并发症**　可并发自发性气胸、脓胸、脓气胸、支气管扩张、慢性肺源性心脏病等。

4. **实验室及其他检查**

(1)痰结核分枝杆菌检查:是确诊肺结核、制定化学治疗方案和考核治疗方案的主要依据。直接涂片镜检最常用,应收集病人深部痰液并连续多次送检以提高检出率。痰结核菌培养的敏感性的特异性高于涂片法,一般需培养2~6周。

(2)影像学检查:为早期诊断肺结核的重要方法,可以早期发现肺结核,而且可对病灶部位、范围、性质、病情发展和治疗效果作出判断,有助于决定治疗方案。胸部CT检查能发现微小或隐蔽性病变,有助于了解病变范围及组成,为诊断提供依据。

(3)结核菌素试验:旧结素(OT)是结核菌的代谢产物,主要成分为结核蛋白。因OT抗原不纯,可能引起非特异性反应。目前WHO和国际防痨的肺病联合会推荐使用的结核菌素为纯化蛋白衍生物(PPD)。

1)方法:通常取0.1ml(5IU)结核菌素,在左前臂屈侧中部作皮内注射,48~72小时后测皮肤硬结直径,得出平均直径=(横径+纵径)/2,硬结直径≤4mm为阴性(−),5~9mm为弱阳性(+),10~19mm为阳性(++),20mm以上或局部有水疱、坏死为强阳性(+++)。

2)意义:阳性仅表示曾有结核感染或接种过卡介苗,但并不一定是病人;用1:10 000结核菌素稀释液0.1ml(1IU)试验呈强阳性,常提示体内有活动性结核病。结核菌试验对婴幼儿的诊断价值比成人高,因年龄小,自然感染率越低。结核菌试验阴性除表明机体未感染结核分枝杆菌外,还见于初染结核菌4~8周内,机体处于变态反应前期;应用糖皮质激素、免疫抑制剂者及营养不良和老年体弱多病者结核菌反应可暂时消失;严重结核病的危重病人,由于免疫力下降和变态反应暂时受抑制,结核菌素试验可暂时呈阴性,待病情好转可为阳性。

(4)纤维支气管镜检查:可对支气管和肺内病灶进行活检提供病理学诊断,可收集分泌物或冲洗液标本做病原学诊断,提高诊断的敏感性和特异性,对疑难病例具有重要诊断价值。

(5)其他检查:急性活动性肺结核血常规白细胞计数可有轻度增高,血沉可增快。

5. 肺结核的记录方式　按结核病分类、病变部位、范围、痰菌情况、化学治疗史、并发症、并存病、手术等顺序书写。

(1)记录方法:病变范围按左、右侧,分上、中、下肺野记录;痰菌阳性或阴性分别以(+)或(−)表示,以"涂、培"分别代表涂片和培养的方法。病人无痰或未查痰时,注明"无痰"或"未查";治疗状况可记录为初治或复治,血行播散型肺结核可注明"急性"或"慢性";继发型肺结核可注明"浸润型""纤维空洞型"等。并发症如自发性气胸、肺不张等,并存病如糖尿病、手术如肺切除术后等。

(2)记录举例:纤维空洞型肺结核 双上 涂(+),肺不张 糖尿病 肺切除术后。

(三) 心理和社会状况

由于疾病具有传染性,人际交往紧张、恐惧情绪,害怕他人嫌弃而主动远离人群,造成心理上的压抑和孤独;病人及家属对结核病知识的了解程度,是否有进一步获得有关知识的愿望,病人对用药的长期性是否有充分的思想准备;了解病人家庭主要成员对其关怀、支持程度;家庭的经济条件,有无医疗保障的支持;病人工作单位所能提供的支持;出院后的就医条件,居住地的社区保健服务等。

(四) 治疗要点

治疗原则主要是化学药物治疗和对症治疗。传统的营养和休息疗法起辅助作用。外科治疗是肺结核综合治疗的一个组成部分,对于有些病变不可逆转恢复,需要采用外科手术切除病灶或用萎陷疗法促进愈合,如某些肺结核空洞、结核球等,可行肺叶或全肺切除术。

1. 化学治疗

（1）化学治疗的原则：早期、规律、适量、联合、全程治疗。①早期：是指一旦发现和确诊病人均应立即给予化学治疗。早期化学治疗有利于迅速发挥早期杀菌作用，促进病变吸收和减少传染性。②规律：严格遵照医嘱要求规律用药，按时服药，以避免耐药性的产生，未经医生同意不可随意停药或自行改变方案。③适量：严格遵照适当的药剂药物剂量用药，药物剂量过低不能达到有效的血浓度，影响疗效和易产生耐药性，剂量过大易发生药物不良反应。④联合：联合用药系指同时采用两种以上抗结核药物治疗，可提高疗效，同时通过交叉杀菌作用减少或防止耐药性的产生。⑤全程：保证完成规定的治疗期是提高治愈率和减少复发率的重要措施。

（2）常用抗结核药物：常用抗结核药物名称和不良反应等见表2-2。

表2-2　常用抗结核药物抗菌作用和不良反应

药名（缩写）	抗菌作用	主要不良反应
异烟肼（H，INH）	全杀菌剂	周围神经炎、偶有肝功能损害
链霉素（S，SM）	半杀菌剂	听力障碍、眩晕、肾功能损害
利福平（R，RFP）	全杀菌剂	肝功能损害、过敏反应
吡嗪酰胺（Z，PZA）	半杀菌剂	胃肠道反应、肝功能损害、高尿酸血症、关节痛
乙胺丁醇（E，EMV）	抑菌剂	视神经炎
对氨水杨酸（P，PAS）	抑菌剂	胃肠道反应、肝功能损害、过敏反应

（3）化学治疗方案：目的是为了解决滥用抗结核药物，化疗方案不合理和混乱造成的治疗效果差、费用高、疗程过短等实际问题。化学治疗方案分两个阶段，即2个月强化期和4～6个月的巩固期。强化期旨在有效杀灭繁殖菌，迅速控制病情。巩固期的目的是杀灭生长缓慢的结核菌，以提高治愈率，减少复发。我国按照国家防结核规划的结核病化疗方案分6个月疗程和8个月疗程。

1）初治涂阳肺结核治疗方案（含初治涂阴有空洞形成或粟粒型肺结核）：2HRZE/4HR、$2H_3R_3Z_3E_3/4H_3R_3$ 等。

2）复治涂阳肺结核治疗方案：2HRZSE/4～6HRE、$2H_3R_3Z_3S_3E_3/6H_3R_3E_3$ 等。

3）初治涂阴肺结核治疗方案：2HRZ/4HR、$2H_3R_3Z_3/4H_3R_3$。其中药物前面的数字分别代表强化期和巩固期的月数，而药物后面的下标代表每周服药的次数，无下标者表示为每天服用。上述间歇方案必须采用全程督导化疗管理，以保证病人不间断的规律用药。

2. 对症治疗

（1）毒性症状：在有效抗结核治疗1～2周内，一般经化疗后消退，不需特殊处理。

（2）咯血：少量咯血时，安慰病人，消除紧张，卧床休息，可用氨基己酸、氨甲苯酸（止血芳酸）、酚磺乙胺（止血敏）、卡络柳钠（安络血）等药物止血。大咯血时可用垂体后叶素5～10U加入5%葡萄糖液40ml中缓慢静脉注射，一般为15～20分钟，然后将垂体后叶素加入5%葡萄糖液按0.1U（kg·h）速度静脉滴注。垂体后叶素收缩小动脉，使肺循环血量减少而达到较好的止血效果。高血压、冠状动脉粥样硬化性心脏病、心力衰竭和孕妇禁用。在大咯血时，应密切观察有无窒息的表现出现窒息先兆应及时抢救。

3. 手术治疗　适应证是经合理化学治疗无效、多重耐药的厚壁空洞、大块干酪灶、结核性脓胸、支气管胸膜瘘和大咯血保守治疗无效者。但如病人全身情况差,或有明显心肺肝肾功能不全者,则不能手术。

【常见护理诊断/问题】

1. **知识缺乏**:缺乏结核病防治知识。

2. **营养失调:低于机体需要量**　与机体消耗增加、食欲减退有关。

3. **活动无耐力**　与结核菌感染引起毒血症有关。

4. **体温过高**　与结核菌引起肺部感染有关。

5. **有孤独的危险**　与结核病病人实施隔离治疗有关。

6. **潜在并发症**:大咯血、窒息。

【护理措施】

（一）一般护理

1. **休息和活动**　急性期症状明显,有咯血、高热等症状时应卧床休息,减轻体力和氧的消耗;大咯血应绝对卧床休息,保证患侧卧位,以免病灶扩散;恢复期可适当增加户外活动,如散步、打太极拳、做保健操等,加强体质锻炼,提高机体耐力和抗病能力。症状较轻的病人在坚持化疗的同时,可进行正常工作,但应避免劳累和重体力劳动,保证充足的睡眠和休息,做到劳逸结合。

2. **饮食护理**　补充蛋白质、维生素等营养物质,如鱼、肉、蛋、牛奶、豆制品等动植物蛋白,成人每天蛋白质为 $1.5 \sim 2.0 g/kg$,以增加机体的抗病能力及修复能力;鼓励病人多饮水,每天不少于 $1500 \sim 2000ml$,既保证机体代谢的需要,又有利于体内毒素的排泄。

（二）用药护理

有计划、有目的地向病人及家属介绍疾病治疗知识,强调早期、联合、适量、规律和全程用药治疗的重要性及意义,使病人树立治愈疾病的信心,积极配合治疗,督促病人严格按医嘱用药,不可漏服、不可擅自改变治疗方案,提高治愈率和减少耐药性的发生。密切观察药物的不良反应,一旦出现不良反应及时报告医生,按医嘱进行调整。异烟肼应注意肝脏损害和神经毒性症状,指导病人遵医嘱服用 $VitB_6$,戒酒,空腹服药,避免与抗酸药同时服用。服用利福平时告知病人体液、分泌物等呈橘红色,使隐形眼镜永久变色,应监测肝脏毒性及过敏反应,妊娠 3 个月内忌用,早晨空腹或早饭前半小时服药。应用链霉素时每 $1 \sim 2$ 个月测听力,老年人及有肾脏疾患的慎用,使用过程中监测尿量、体重和肾功能。用吡嗪酰胺时指导病人进食的同时服药,警惕肝脏毒性反应,监测血尿酸,注意关节疼痛、皮疹等反应。乙胺丁醇服药前测视觉灵敏度和颜色辨别力,每 $1 \sim 2$ 个月复查一次。大部分不良反应经相应处理可以消除。

（三）对症护理

1. **发热护理**　注意室内通风,保持病房适宜温度和湿度。发热者应多饮水,必要时采取物理降温或遵医嘱应用解热镇痛药,盗汗病人睡眠时及时用毛巾擦干身体和更换汗湿的衣服和床单等。

2. **咯血护理**

（1）预防窒息:小量咯血可通过安静休息,常能自行停止。必要时可用小剂量镇静剂、止咳药物,禁用吗啡,对于年老体弱、肺功能不全病人,慎用强镇咳药物,以免抑制呼吸中枢咳嗽反射,使血块不能咳出而发生窒息。告知病人咯血时不能屏气,以免诱发喉头痉挛,血液引流不畅,形成血块导致窒息。备好吸引器、气管插管、止血药物等急救物品。

（2）窒息抢救:咯血时注意观察有无窒息先兆,大咯血时病人出现情绪紧张、面色灰暗、胸闷气促、咯血不畅,为窒息先兆,应引起警惕;若病情继续恶化,出现表情恐怖、张口瞪目、双手乱抓、大汗淋漓、唇指发绀、大小便失禁、意识丧失等提示血块阻塞气道而发生窒息,应紧急处理。一旦有窒息征兆时立即取头低足高45°俯卧位,托起头部向背屈,轻拍背部,嘱病人尽量将气道内存留的积血咯出,不可屏气。必要时迅速用粗鼻导管吸出血块,或行气管插管或在支气管镜直视下吸取血块。气道通畅后,若病人自主呼吸未恢复,应行人工呼吸,给高流量吸氧或遵医嘱应用呼吸中枢兴奋剂,同时密切观察咯血情况,检测血气分析,警惕再次窒息的发生。

（四）病情观察

注意血压、脉搏、呼吸、瞳孔、意识等生命体征的变化,严密观察咯血量,出血速度等,及时观察病人有无窒息的表现。

（五）心理护理

耐心向病人介绍有关疾病知识治疗方法、治疗效果。解释负面情绪对疾病康复的影响,消除紧张不安、焦虑情绪。护士应理解和尊重病人,主动与其交流,鼓励病人说出内心的感受,选择适合病人的娱乐消遣方式,丰富病人的生活。同时应关注病人的家庭、社会支持系统,帮助病人保持乐观心态,安心接受治疗。

（六）健康教育

1. 疾病预防指导

（1）控制传染源:是预防结核的主要措施,加强卫生宣教,做到早发现、早报告、及时登记管理。监督化疗、定期复查,防止传播。肺结核病程长、易复发和具有传染性,必须长期随访。

（2）切断传播途径:病人应单居一室,室内保持良好通风,用紫外线消毒。宣传消毒隔离的意义、方法及注意事项,如注意个人卫生,严禁随地吐痰,痰应吐在纸上,将纸巾直接焚烧,或将痰吐在浸泡有消毒剂的有盖的痰杯内,痰必须经处理方可弃去。嘱病人在咳嗽或打喷嚏时,应用双层纸巾遮住口鼻,病人在拥挤的公共场合内应戴口罩,接触呼吸道分泌物后要用流水清洗双手。正确处置日常生活用品,同桌进餐时使用公筷,病人餐具用后应煮沸消毒或用0.5%过氧乙酸浸泡消毒,被褥、书籍在烈日下曝晒6小时以上等。尽量减少探视,探视者应戴口罩,医护人员接触病人时应戴口罩、手套、处置病人前、后要彻底洗手。

（3）保护易感人群:给未受过结核菌感染的新生儿、儿童及青少年接种卡介苗,是人体产生对结核菌的特异性免疫力,减少肺结核的发生。密切接触者应定期到医院进行相关检查,必要时给予预防性治疗。

2. 生活指导　合理安排休息,加强营养,保持心情愉快,戒烟酒,避免劳累。

3. 用药指导　强调早期、联合、适量、规律和全程用药治疗的重要性。坚持遵医嘱用药的重要性,严格遵医嘱用药、防止不规则用药或过早停药。指导病人观察治疗效果及药物不良反应,如有不适及时就医。

4. 定期复查　定期复查胸片和肝、肾功能,以了解病情变化,有利于治疗方案的调整,继续巩固治疗至疾病痊愈。

（赖　青）

第八节　原发性支气管肺癌病人的护理

原发性支气管肺癌(primary bronchogenic carcinoma)简称肺癌,是起源于支气管黏膜或腺体的恶性肿瘤,常有区域性淋巴结和血行转移,早期常有刺激性干咳和痰中带血等呼吸道症状。发病率是男性肿瘤的首位,女性发病率占第二位。据世界卫生组织(WHO)公布的资料显示,肺癌无论是发病率还是死亡率,均居全球首位。在我国,肺癌已超过癌症死因的20%,且发病率及死亡率均迅速增长。

【护理评估】

(一)健康史

1. 病因与发病机制　病因和发病机制尚未明确,通常认为与下列因素有关。

(1)吸烟:经证实,吸烟是肺癌的重要危险因素,是肺癌死亡率进行性增加的首要原因。烟雾中的苯并芘、尼古丁、亚硝铵和少量放射性元素钋等均有致癌作用,尤其易致鳞状上皮细胞癌和未分化小细胞癌。与不吸烟者比较,吸烟者发生肺癌的危险性平均高4~10倍,重度吸烟者可达10~25倍。肺癌的危险性与吸烟年限、开始吸烟年龄、吸烟量、吸入深度、烟中焦油和尼古丁的含量有关。

(2)职业致癌因子:已被确认的致人类肺癌的职业因素有石棉、砷、铬、焦油和石油中的多环芳烃、烟草的加热产物以及铀、镭等放射性物质衰变时产生的氡和氡子气、电离辐射和微波辐射等,这些因素可使肺癌发生危险性增加3~30倍。

(3)空气污染:空气污染包括室内小环境和室外大环境污染。室内小环境包括用被动吸烟、烧煤等危险因素,烹调时加热所释放出的烟雾也是不可忽视的致癌因素。室外大环境包括汽车废气、工业废气、公路沥青等都含有致癌物质,主要是苯并芘、氧化亚砷、放射性物质,镍、铬化合物以及不燃的脂肪族碳氢化合物等致癌物质。有资料表明,肺癌发病率在工业发达国家比工业落后国家高,城市比农村高。

(4)电离辐射:大剂量电离辐射可引起肺癌,不同射线产生的效应也不同,电离辐射可来自于自然界和医疗性照射。

(5)饮食与营养:维生素A及其衍生物β胡萝卜素能够抑制化学致癌物诱发的肿瘤。较少食用含β胡萝卜素的蔬菜和水果,肺癌发生的危险性升高。血清中β胡萝卜素水平低的人,肺癌发生的危险性也高。流行病学调查资料也表明,较多地食用含β胡萝卜素的绿色、黄色和橘黄色的蔬菜和水果含维生素A的食物,可减少肺癌发生的危险性,这一保护作用对于正在吸烟的人或既往吸烟者特别明显。

(6)其他:有结核病者肺癌的危险性是正常人群的10倍,其主要组织学类型是腺癌。此外,病毒感染、真菌毒素(黄曲霉)、机体免疫力低下、内分泌失调以及家族遗传因素等,对肺癌的发生可能也起一定作用。

2. 肺癌分类

(1)按解剖学部位分类

1)中央型肺癌:指发生在段支气管至主支气管的肺癌称为中央型肺癌,约占3/4,以鳞状上皮细胞癌和小细胞癌多见。

2)周围型肺癌:发生在段支气管以下的肺癌,以腺癌较为多见,约占1/4。

(2)按组织病理学分类

1)非小细胞肺癌：①鳞状上皮细胞癌：简称鳞癌，最常见。约占原发性肺癌的一半。老年男性多见，与吸烟有关，以中央型肺癌多见，并有向管腔内生长的倾向，早期常引起支气管导致肺不张或阻塞性肺炎。②腺癌：约占原发性肺癌的四分之一，多为周围型肺癌。女性较多见，早期即可侵犯血管、淋巴管，常在原发瘤引起症状前即已转移。③大细胞癌：可发生在肺门附近或肺边缘的支气管，大细胞癌的转移较小细胞未分化癌晚，手术切除机会较大。④其他：腺鳞癌、类癌、肉瘤样癌、唾液腺型癌等。

2)小细胞肺癌：一般起源于较大支气管，较早出现淋巴转移和血行转移，是恶性程度最高的一种肺癌，大多为中央型肺癌。包括燕麦细胞型、中间细胞型、复合燕麦细胞型。

（二）身体状况

本病临床表现与其发生部位、大小、类型、发展的阶段、有无并发症或转移有密切的关系。有 5%～15% 的病人无症状，仅在常规体检、胸部影像学检查时发现的。

1. 由原发肿瘤引起的症状和体征

（1）咳嗽：为常见的早期症状，表现为阵发性刺激性干咳或少量黏液痰，继发感染时，痰量增多呈黏液脓性；肿瘤增大引起支气管狭窄时，咳嗽加重，多为持续性高调金属音，是一种特征性的阻塞性咳嗽。

（2）血痰或咯血：常见于中央型肺癌。部分病人以咯血为首发症状，常为间断或持续性痰中带血，若侵蚀大血管，则可引起大咯血。

（3）气短或喘鸣：肿瘤向支气管内生长，或转移到肺门淋巴结致使肿大的淋巴结压迫主支气管或隆凸，或引起部分气道阻塞时，听诊时可闻及局限或单侧哮鸣音。

（4）发热：肿瘤组织坏死引起发热，多数发热的原因是继发性肺炎所致。

（5）体重下降：消瘦是恶性肿瘤常见的症状之一，主要是由于感染、疼痛所致的食欲减退及肿瘤毒素和消耗等原因所引起的，病人消瘦明显，晚期可表现为恶病质。

2. 肺外胸内扩展引起的症状和体征

（1）胸痛：由于肿瘤细胞侵犯所致，也可由于阻塞性炎症波及部分胸膜或胸壁引起。若肿瘤位于胸膜附近，则产生不规则的钝痛或隐痛，疼痛于呼吸、咳嗽时加重。肋骨、脊柱受侵犯时可有压痛点，而与呼吸、咳嗽无关。肿瘤压迫肋间神经，胸痛可累及其分布区。

（2）声音嘶哑：癌肿直接压迫或转移致纵隔淋巴结压迫喉返神经（多见左侧），可发生声音嘶哑。

（3）咽下困难：为肿瘤侵犯或压迫食管引起。

（4）胸水：约 10% 的病人有不同程度的胸水，通常提示肿瘤转移累及胸膜或肺淋巴回流受阻。

（5）上腔静脉阻塞综合征：由于上腔静脉被附近肿大的转移性淋巴结压迫或右上肺的原发性肺癌侵犯，以及腔静脉内癌栓阻塞静脉回流引起。表现为头面部和上半身淤血水肿，颈部肿胀，颈静脉扩张，病人常主诉领口进行性变紧，可在前胸壁见到扩张的静脉侧支循环。出现头面部、颈部和上肢水肿，以及胸前部淤血和静脉曲张，并有头痛、头昏或眩晕等。

（6）Horner 综合征：肺尖部的肺癌又称肺上沟瘤，易压迫颈交感神经，引起病侧眼睑下垂、瞳孔缩小、眼球内陷，同侧额部与胸壁无汗或少汗；压迫臂丛神经可引起同侧肩关节、上肢内侧疼痛和感觉异常，夜间尤甚。

3. 胸外转移引起的症状和体征

（1）中枢神经系统：可引起颅内压增高，如头痛，恶心，呕吐，精神异常。少见的症状为癫痫发作、偏瘫、小脑功能障碍、定向力和语言障碍等。

（2）骨骼系统：转移至脊柱后可压迫椎管引起局部压迫和受阻症状，可引起骨痛和病理性骨折。此外，也常见股骨、肱骨和关节转移。

（3）腹部：可转移到肝脏、胰腺，可引起肝区疼痛、阻塞性黄疸、胰腺炎等表现。

（4）淋巴结：锁骨上淋巴结是肺癌转移的常见部位，固定且坚硬，逐渐增大、增多，可以融合，多无压痛。

4. 胸外表现　指肺癌非转移性胸外表现，又称副癌综合征，可发现于肺癌发现前或后，包括骨关节病综合征（杵状指、骨关节痛、骨膜增生等）、Cushing 综合征、重症肌无力、男性乳房发育、多发性肌肉神经痛、高钙血症等。

5. 实验室及其他检查

（1）胸部影像学检查：胸部 X 线检查、CT、MRI 和正电子发射计算机体层显像（PET）是发现肺癌的重要方法之一。通过检查可发现肺部阴影，可了解肿瘤的部位、大小、肺门和纵隔淋巴结肿大及支气管阻塞的情况。

（2）痰脱落细胞检查：是最简单有效的早期诊断方法之一。一般收集清晨深部咳出的痰液，保证新鲜、及时送检，次数 3～4 次为宜，痰检查的准确率达到 80% 以上。

（3）纤维支气管镜检查：对诊断、确定病变范围、明确手术指征与方式有帮助。经支气管镜肺活检可提高周围型肺癌的诊断率。

（4）其他：如胸壁穿刺活组织检查、胸水癌细胞检查、淋巴结活检、开胸肺活检和肿瘤标志物检查等。

（三）心理和社会状况

早期症状不明显，接受各种检查容易使病人产生疑虑、揣测而焦虑不安。一旦被确证为肺癌，病人一般依次出现惊恐、愤怒、沮丧的心理反应，随着病情的发展、治疗效果的不佳，药物的不良反应大，易产生绝望的心理。了解病人能否适应角色的转变和采用有效的应对方式，判断其心理准备程度和知识缺乏程度；病人亲属对疾病知识的了解程度；对病人关怀、支持程度；家庭的经济条件、有无医疗保障的支持等。

（四）治疗要点

肺癌的治疗需要根据病人的机体状况、肿瘤的类型、侵犯的范围和发展趋向，合理有计划的进行。非小细胞肺癌在局限期首先选用手术治疗，在播散期适当的选择化疗和放疗。小细胞肺癌首选以化疗为主的综合治疗方案，以延长病人生存期。

1. 手术治疗　手术原则是彻底切除原发灶和胸腔内有可能转移的淋巴结，且尽可能保留正常的肺组织，全肺切除术宜慎重。根据病情适当选择肺楔形及局部切除术、肺叶切除、肺段切除术、肺楔形及局部切除术。

2. 化学药物治疗　采用联合化疗可增加生存率、缓解症状以及提高生活质量。对小细胞癌治疗的效果显著，常用化疗药物有环磷酰胺、长春新碱、丝裂霉素、顺铂、多柔比星等。

3. 放射治疗　放射线对癌细胞有直接的杀伤作用，以达到治疗的目的。放射治疗对小细胞肺癌效果较好，其次为鳞癌和腺癌。放射治疗分为根治性和姑息性两种，根治性适用于病灶局限、因解剖位置不便或手术或病人不愿意手术者；姑息性疗法目的在于抑制肿瘤的发展、扩散，以缓解症状。

4. 生物反应调节剂　作为辅助治疗，如干扰素、转移因子等，增强机体对化疗、放疗的耐受性，提高疗效。

5. 其他疗法　包括对症治疗、中医治疗、冷冻治疗、支气管动脉灌注及栓塞治疗,经纤维支气管镜电刀切割癌体或行激光治疗等,对缓解病人的症状和控制肿瘤的发展有较好的效果。

【常见护理诊断/问题】

1. **疼痛**　与癌细胞浸润、肿瘤压迫或转移、手术有关。

2. **恐惧**　与肺癌的确诊、不了解治疗计划和病痛的折磨和预感到死亡危险有关。

3. **营养失调:低于机体需要量**　与癌肿致机体过度消耗、化疗反应致食欲下降、摄入量不足有关。

4. **有皮肤完整性受损的危险**　与营养不良、水肿、皮肤干枯粗糙、瘙痒、长期卧床有关。

5. **潜在并发症**:出血、肺部感染、支气管胸膜瘘、化疗药物不良反应。

【护理措施】

(一)一般护理

1. **休息与活动**　根据病情合理安排病人的休息与活动,劳逸结合;保持病室空气新鲜,环境清洁卫生,维持良好的进食环境。

2. **饮食护理**　向病人及家属强调增加营养与促进康复、配合治疗的关系。原则是提供高蛋白、高热量、高维生素易消化的食物,动物蛋白质合理搭配,如蛋、奶、瘦肉、大豆等,避免产气食物,如地瓜、韭菜等;尽量选用病人喜欢吃的食物,注意食物的色、香、味、做好口腔护理,创造清洁、舒适、愉快的进餐环境。有吞咽困难者,应给予流质饮食,进食宜慢、取半卧位防止发生吸入性肺炎或呛咳;病情危重者采取喂食、鼻饲或静脉补充营养,必要时遵医嘱给予静脉输入脂肪乳、白蛋白、血浆、氨基酸等改善营养状况。

(二)疼痛护理

需要评估病人的疼痛程度、疼痛性质、疼痛部位、影响因素或止痛方法应用的效果,如可用 0~10 数字评估量表让病人描述疼痛的程度;避免加重疼痛的因素如预防上呼吸道感染,尽量避免咳嗽,必要时给予止咳剂;遵医嘱按三阶梯止痛方案给药以控制疼痛,晚期病人疼痛严重而持续者,应用常规给药方法不能有效控制疼痛时,有条件的病人可采用 PCA,并指导病人掌握操作方法。

(三)病情观察

密切监测病人的生命体征,疼痛、咯血、呼吸困难等情况。及时发现肿瘤转移表现,如头痛、呕吐、眩晕、颅内高压等中枢神经系统症状和骨骼疼痛、压痛等。化疗、放疗时密切观察不良反应,如血象变化、有无恶心、呕吐、脱发、口腔溃疡等表现,有无感染征象。定期称体重、测量血清蛋白,以了解病人的营养状况。

(四)化疗护理

观察疗效和药物的不良反应,常见的不良反应有骨髓抑制、消化道反应、肝脏损害、口腔溃疡、脱发、出血性膀胱炎、心脏毒性反应等,出现不良反应时须及时处理。因化疗药物刺激性强,疗程长,应合理应用静脉,保护静脉,防止药液外渗。①保护静脉:熟练掌握静脉穿刺技术,宜用留置针或深静脉置管,避免反复穿刺,减少穿刺时带来的痛苦;或有计划地选择和保留静脉,可由四肢远端向近端依次选择合适的小静脉穿刺,左右交替使用。静脉注射要求准确,防止药物外漏。输入化疗药物前先输入 0.9% 生理盐水或 10% 葡萄糖液,确定针头在血管内后输入化疗药物。推药过程要不断回抽检查,观察针头是否在血管内,注射完毕时用少量的生理盐水冲洗或抽少量回血并保持注射器内一定负压时再拔针,然后压迫针眼数分钟;或可先行无药液静脉滴注,确定通畅无外漏,再夹住滴管上端输液管,将化疗药物由滴管下端输液管间接注入静脉内。注毕,继续用无药液体迅速冲净输液管内的药液,减少药物对血管壁的刺激。②防止药液外渗:若发现药物外渗或自诉有烧灼样疼痛应停止用药,在无菌操作下,利用原针头接注射器进行多方面穿刺抽吸,尽可能将渗液吸出。然后用5%的碳酸氢钠或硫代硫酸钠局部封闭,并用冰袋冷敷,局部外敷氢化可的松软膏,切忌热敷,以免加重损伤。

(五)放疗护理

向病人说明放疗的目的、方法及注意事项。嘱病人不能将涂在放射部位的皮肤标记擦去,避免抓伤、压迫和衣服摩擦以损伤皮肤;照射部位的皮肤禁用胶布和肥皂,表皮脱屑时避免用手撕剥,内衣应选择柔软的棉质衣服。观察有无出现放射性食管炎,嘱病人口腔清洁,给予流质或半流质食物,进食后喝温水冲洗食管,避免摄入刺激性食物;有吞咽疼痛时,口服氢氧化铝凝胶或口服利多卡因溶液。

(六)心理护理

当病人得知自己患有肺癌时,会有巨大的心理冲击,病人会产生明显的消极情绪,鼓励病人表达其恐惧及所关心的问题。护士应通过多种途径向病人及家属提供心理和社会的支持,鼓励家庭成员和亲朋好友关心、理解病人的痛苦,定期探望病人,使其感受到家庭温暖、朋友的关爱,激发其珍惜生命、热爱生活,克服恐惧、绝望的心理,增强战胜疾病的信念。

【健康教育】

1. 疾病知识指导 对肺癌高危人群定期进行体检,早期发现肿瘤,早期治疗。宣传吸烟健康的危害,提倡不吸烟和戒烟,并避免被动吸烟。注意改善劳动和生活环境,防治大气污染。指出积极防治慢性肺部疾病时肺癌防治的积极意义,对肺癌高危人群、地区要健全肿瘤防治网,重点普查。

2. 生活指导 生活规律,保证充足的睡眠与休息,适当活动,注意保暖,预防感冒。注意加强营养,多进食高蛋白、高热量、高维生素、高纤维、易消化的饮食,尽可能改善病人的食欲。保持良好的精神状态,增强机体免疫力,促进疾病的康复。保持良好的精神状态,避免呼吸道感染以调整机体免疫力。

3. 治疗指导和病情的监测 介绍肺癌的治疗方法及前景,正确认识疾病,摆脱痛苦,增强治疗信心,提高生命质量。督促病人按医嘱坚持化疗和放疗,教会病人自我护理,定期到医院复诊。

4. 心理指导 指导病人保持良好的精神状态,增强治疗疾病的信心,向病人解释治疗中可能出现的反应,消除病人的恐惧心理,使病人做好必要的准备,完成治疗方案。对晚期癌肺肿转移病人,要交代病人和家属对症处理的措施,指导家属对病人临终关怀,尽量满足病人的要求,使病人平静、安详地走完人生的最后旅程。

(赖 青)

第九节 自发性气胸病人的护理

胸膜腔为不含气体的密闭潜在腔隙,当气体进入胸膜腔,造成积气状态时,称为气胸(pneumothorax)。气胸可分为自发性、外伤性和医源性3类,自发性气胸是指肺组织及脏胸膜的自发性破裂,或靠近肺表面的肺大疱、细小气肿疱自发破裂,使肺及支气管内气体进入胸膜腔所致的气胸,可分为原发性和继发性,前者多发生于无基础肺疾病的健康人,后者发生于有基础疾病的病人,自发性气胸为内科急症。

【护理评估】

（一）健康史

1. 病因　自发性气胸以继发于肺部基础疾病为多见,其次为特发性气胸。

（1）继发性自发性气胸:由于基础肺部病变,如肺结核、慢性阻塞性肺疾病、肺癌、肺脓肿、尘肺等,引起细支气管阻塞形成肺大疱破裂;有些女性可在月经来潮24~72小时内发生气胸,可能在胸膜上存在异位子宫内膜,在月经期可以破裂而发生气胸,称为月经性气胸。以继发于慢性阻塞性肺疾病和肺结核最为常见。

（2）原发性自发性气胸:常见X线检查肺部无明显病变,但胸膜下(多在肺尖部)可有肺大疱,一旦破裂所形成的气胸称为特发性气胸,多见于瘦高体型的男性青壮年。胸膜下肺大疱的原因可能与吸烟、瘦高体型、先天性弹力纤维发育不良等有关。航空、潜水作业而适当防护措施时,从高压环境突然进入低压环境,以及持续正压人工呼吸加压过高等,均可发生气胸。抬举重物等用力动作,咳嗽、喷嚏、屏气或高喊大笑等常为气胸的诱因。

2. 发病机制　气胸发生后,胸膜腔压力增高,失去了负压对肺的牵引作用,且胸膜腔对肺产生了压迫,使肺失去膨胀能力,导致限制性通气功能障碍,出现低氧血症;大量气胸时,不但失去了胸腔负压对静脉血回心的吸引作用,而且对心脏和大血管产生压迫作用,使回心血量减少,导致心输出量减少,出现心率加快、血压下降甚至休克,张力性气胸会引起纵隔移位,导致循环障碍,甚至窒息死亡。

3. 临床类型　根据脏胸膜破裂口的情况及其发生后对胸腔内压力的影响,将自发性气胸分为以下三种类型:

（1）闭合性(单纯性)气胸:胸膜破裂口较小,在呼气肺回缩时或因有浆液渗出物使脏胸膜破口自行封闭,气体不再进入胸膜腔。胸膜腔内压显示压力有所增高,胸膜腔内的压力取决于进入胸膜腔内的气体量,抽气后,压力下降而不复升。

（2）交通性(开放性)气胸:因胸膜裂口较大或两层胸膜间有粘连和牵拉,使破口持续开启,吸气和呼气时,空气可以自由进出胸膜腔。患侧胸腔内压力约等于大气压,抽气后观察数分钟,压力并不降低,又复升至抽气前水平。

（3）张力性(高压性)气胸:胸膜破口形成活瓣或活塞作用,吸气时,空气漏入胸膜腔,呼气时关闭,胸膜腔内气体不能再经破口返回呼吸道而排出体外。其结果是胸膜腔内气体越积越多,压力持续升高,使肺脏受压。患侧胸膜腔内压力升高,抽气至负压后,不久又迅速复升。

（二）身体状况

1. 临床表现

（1）胸痛:部分病人可有持重物、屏气、剧烈运动、用力过猛或大笑等诱发因素,多数病人发生在正常活动或安静休息时,偶有在睡眠中发生。病人突感一侧针刺样或刀割样胸痛,持续时间较短,继之出现胸闷,呼吸困难。

（2）呼吸困难:严重程度与有无肺基础病及肺功能状态、气胸发生的速度、胸腔膜内积气量及压力等因素有关。若气胸发生前肺功能良好,尤其是年轻人,即使压缩达80%也无明显呼吸困难;若有胸膜粘连和肺功能减退时,即使小量局限性气胸也可能明显胸痛和气急;若是大量气胸,尤其是张力性气胸,由于胸腔内骤然升高,肺被压缩,纵隔移位,出现严重呼吸循环障碍,病人表情紧张、胸闷,甚至有心律失常,常挣扎坐起,烦躁不安,有发绀、冷汗、脉快、虚脱,甚至有呼吸衰竭、意识不清和呼吸衰竭。

(3)咳嗽:可有轻中度的刺激性咳嗽,由气体刺激胸膜所导致。

2. 体征　取决于积气量,小量气胸时体征不明显。大量气胸时,呼吸增快,发绀,气管移向健侧,患侧胸部隆起,呼吸运动和语颤减弱,叩诊呈鼓音,听诊呼吸音减弱或消失;右侧气胸可使肝浊音界下降;左侧气胸或并发纵隔气肿时可在左心缘处听到与心脏搏动一致的气泡破裂音称为 Hamman 征;有液气胸时可闻及胸内振水声。

3. 并发症　可并发纵隔气肿、皮下气肿、血气胸、脓气胸和呼吸衰竭。

4. 实验室及其他检查

(1)胸部 X 线检查:是诊断气胸的重要方法,典型表现为被压缩肺边缘呈外凸弧形状阴影,线外透亮度增强,无肺纹理,线内为压缩的肺组织。

(2)胸部 CT 检查:表现为胸膜腔内极低密度气体影,伴有肺组织不同程度的肺萎缩改变。

(三)心理和社会状况

病人常因突然发生胸痛和呼吸困难出现恐慌不安,部分青壮年因无肺部基础疾病,对此次患病无充分重视,容易导致复发。原有慢性肺病者则担心病情恶化、气胸复发而产生紧张、焦虑情绪。

(四)治疗要点

自发性气胸治疗目的是排出气体促进患侧肺复张、消除病因及减少复发。

1. 保守治疗　适用于首次发生的症状轻微的稳定型小量闭合气胸。具体方法包括严格卧床休息、给氧和酌情给予镇静、镇痛、止咳药物等,积极治疗肺基础疾病,密切观察病情变化,尤其在气胸发生后 24~48 小时内。

2. 排气治疗　适用于胸膜腔内积气量较多、症状明显者或张力性气胸。

(1)胸腔穿刺排气:适用于少量气胸、呼吸困难较轻、心肺功能尚好的病人。通常可用一粗针头在患侧第 2 肋间锁骨中线处刺入胸膜腔,随后连接于 50ml 或 100ml 注射器或气胸机抽气并测压,使高压气体排出,缓解呼吸困难等症状,一次抽气量不宜超过 1000ml,每天或隔天抽气 1 次。亦可于插入针头的尾部,绑扎橡皮指套,指套盲端剪一小裂口,起到临时排气的作用,高压气体从小裂口排出,待胸膜腔内压减至低于大气压,小裂口关闭,外界气体不能进入胸膜腔。

(2)胸腔闭式引流:适用于呼吸困难明显、肺压缩程度较大的不稳定型气胸(包括交通性气胸、张力性气胸和气胸反复发生)的病人,无论气胸容量多少,均应尽早胸腔闭式引流。插管部位一般选取锁骨中线第 2 肋间或腋前线第 4~5 肋间,然后将引流到管经胸部插入胸膜腔,连接胸腔闭式引流瓶进行引流,对肺复张不满意时可采用负压吸引。

3. 胸膜粘连术　适用于气胸反复发作、肺功能欠佳、不宜手术治疗的病人。可供选用的粘连剂有 50% 葡萄糖、四环素粉针剂、灭菌精致滑石粉、纤维蛋白质加凝血酶等。其作用机制是通过生物、理化刺激,产生无菌性变态反应性胸膜炎症,使用两层胸膜粘连,胸膜腔闭合,达到预防气胸复发的目的。

4. 手术治疗　适用于复发性气胸、长期气胸、血气胸、长期排气治疗的肺不张、双侧自发性气胸、张力性气胸引流失败、支气管胸膜瘘等病人,可经胸腔镜行直视下粘连带烙断术,促进破口关闭。手术治疗的成功率高、复发率低。

【常见护理诊断/问题】

1. **低效率呼吸型态**　与胸膜腔内积气压迫肺脏导致的限制性通气功能障碍有关。

2. **疼痛：胸痛**　与胸膜摩擦、引流管置入有关。

3. **潜在并发症**：脓气胸、血气胸、纵隔气肿、皮下气肿等。

【护理措施】

（一）一般护理

1. **休息与活动**　急性自发性气胸病人应绝对卧床休息,避免用力、屏气、咳嗽等增加胸腔内压力的活动。血压平稳者取半坐卧位,有利于呼吸、咳嗽排痰及胸腔引流等。

2. **饮食**　摄取高纤维素食物和新鲜蔬菜、水果,保持大便通畅,防止因便秘用力排便引起气胸或使病情加重。

3. **吸氧**　吸氧可加快胸腔内气体的吸收,减少肺活动度,促使胸膜裂口氧合。根据病情选择适当的吸氧方式和吸入氧流量;对于选择保守治疗的病人,需给予高浓度吸氧。

（二）排气治疗病人的护理

1. **术前准备**　向病人简要说明排气疗法的目的、意义、过程及注意事项,以取得病人的理解和配合。严格检查引流管是否通畅和整套胸腔闭式引流装置是否密闭。

2. **保证有效引流**

(1)确保引流装置安全:随时检查引流装置是否密闭及引流管有无脱落,水封瓶长玻璃管没入水中 3~4cm,并始终保持直立,任何时候引流瓶应低于胸壁引流口平面 60~100cm,以防瓶内液体逆流入胸腔,妥善固定引流管于床旁,留出适宜长度的引流管,既要便于病人翻身活动,又可避免过长扭曲受压。

(2)保持引流管通畅:注意观察引流管内的水柱是否随呼吸上下波动及有无气体自水封瓶液面逸出。必要时,可让病人做深呼吸或咳嗽,如有波动或气泡逸出,表示引流通畅;若无波动,且无气泡逸出,病人无胸闷、呼吸困难,说明肺组织已复张,若病人出现发绀、大汗、胸闷气促,气管向健侧偏移等肺受压的状况,应立即通知医生紧急处理,同时应注意观察引流液的量、色和性状。

(3)防止意外:搬动病人或更换引流瓶时,需双重关闭引流管,以防空气进入;引流管连接处脱落或引流瓶损坏,应立即双钳夹闭胸壁引流导管,并更换引流装置;若引流管从胸腔滑脱,立即用手捏闭伤口处皮肤,消毒处理后,用凡士林纱布封闭伤口,并协助医生做进一步处理。

3. **引流装置及伤口护理**　严格执行无菌操作,引流瓶上的排气管外端应用 1~2 层纱布包扎好,避免空气中脏物进入引流瓶内,亦可使用一次性闭式引流装置;需定期更换引流瓶,更换时应注意连接管和接头处的消毒,如更换应用双钳夹闭式引流管近心端,更换完毕后再放开,防止气体进入胸腔。伤口处注意观察有无渗湿或污染,否则及时更换。

4. **肺功能锻炼**　鼓励病人每 2 小时进行一次深呼吸和咳嗽练习,以促进萎陷的肺扩张。

5. **拔管护理**　拔管指征为引流管无气体逸出且病人无呼吸困难等症状 1~2 天后,X 线胸片示肺膨胀良好无漏气,夹闭引流管 1 天病人无气急、呼吸困难,即可拔管。护士协助医生拔管,在拔管时应先嘱病人先深吸一口气,在吸气末迅速拔管,并立即用凡士林纱布或厚敷料封闭式胸壁伤口,加外包扎固定。拔管后注意观察病人有无胸闷、呼吸困难、切口漏气、渗液、出血、皮下气肿等情况,如发现异常应及时通知医生处理。

（三）病情观察

严密观察呼吸频率、呼吸困难程度和血氧饱和度变化，治疗后患侧呼吸音的变化；有无心率加快、血压下降等循环衰竭的征象；大量抽气后或放置胸腔引流管后，如出现呼吸困难缓解后再次胸闷、顽固性咳嗽、肺部湿啰音，应考虑肺水肿的发生，立即报告医生并协助处理。

（四）健康指导

1. 疾病知识指导　向病人和家属介绍继发性自发性气胸的发生常常由于肺基础疾病的存在，因此遵医嘱积极治疗肺部基础疾病，预防气胸的复发。

2. 避免诱发因素　指导病人避免各种诱发因素，如不要抬举重物、用力咳嗽、屏气、用力排便等，注意劳逸结合，在气胸痊愈后 1 个月内，不要进行剧烈运动。保持愉快的心情，避免情绪波动。吸烟者应戒烟。

3. 气胸复发时的处理　一旦出现突发性胸痛、胸闷、气急、可能气胸复发，及时就诊。

（赖　青）

第十节　呼吸衰竭病人的护理

呼吸衰竭（respiratory failure）简称呼衰，是指各种原因引起的肺通气和（或）换气功能严重障碍，以致在静息状态下亦不能维持足够的气体交换，导致低氧血症伴（或不伴）高碳酸血症，进而引起一系列病理生理改变和相应临床表现的综合征。因临床表现缺乏特异性，明确诊断有赖于动脉血气分析，在海平面、静息状态、呼吸空气条件下，动脉血氧分压（PaO_2）< 60mmHg，伴或不伴二氧化碳分压（$PaCO_2$）>50mmHg，并排除心内解剖分流和原发于心排血量降低等因素所致的低氧血症，即可诊断为呼吸衰竭。

【分类】

1. 按照动脉血气分析分类

（1）Ⅰ型呼吸衰竭：即缺氧性呼吸衰竭，无 CO_2 潴留，血气分析特点是 PaO_2 <60mmHg，$PaCO_2$ 降低或正常，主要由于肺换气障碍所导致，如严重肺部感染性疾病、间质性肺疾病。

（2）Ⅱ型呼吸衰竭：即高碳酸性呼吸衰竭，既有缺氧，又有 CO_2 潴留，血气分析特点是 PaO_2 <60mmHg，同时伴有 $PaCO_2$ >50mmHg，主要由于肺泡通气不足所致，如 COPD。

2. 按发病的急缓　分为急性呼吸衰竭和慢性呼吸衰竭。急性呼吸衰竭常由于某些突发因素所导致，如创伤、休克、电击、药物中毒、急性气道阻塞等，在短时间内可使肺通气和（或）换气功能出现严重障碍，并引起呼吸衰竭，若不及时抢救会危及病人生命。慢性呼吸衰竭临床多见，常见于慢性疾病如 COPD、肺结核、神经肌肉病变等，其中 COPD 最常见。疾病造成呼吸功能受损逐渐加重，经过较长时间发展成呼吸衰竭。在慢性呼衰基础上，可合并呼吸系统感染、起到痉挛等因素，使病情迅速加重，短时间出现 PaO_2 显著下降和 $PaCO_2$ 显著升高，其病理生理改变和表现兼有急性呼衰的特点，称为慢性呼吸衰竭急性加重。

3. 按发病机制分类

（1）泵衰竭：由神经、肌肉病变以及胸廓疾病引起的呼吸衰竭，以Ⅱ型呼吸衰竭表现为主。

（2）肺衰竭：由肺组织、气道阻塞和肺血管病变造成的呼吸衰竭，可表现为Ⅰ型或Ⅱ型呼吸衰竭。

本节主要阐述慢性呼吸衰竭病人的护理。慢性呼吸衰竭(chronic respiratory failure)是指由支气管-肺疾病、胸廓和神经肌肉病变引起,呼吸功能损害逐渐加重,经过较长时间最终发展为呼吸衰竭。

【护理评估】

(一)健康史

1. 病因　参与肺通气和换气的任何一个环节发生严重病变,均可导致呼吸衰竭。引起慢性呼吸衰竭的病因众多,以 COPD 最常见,常由于细菌或病毒感染、镇静安眠药、高热、寒战、手术等因素诱发加重。

(1)支气管-肺疾病:COPD、重症哮喘、严重肺结核、肺间质纤维化、肺尘埃沉着症等。

(2)胸廓和神经肌肉病变:胸部手术、外伤、胸膜增厚、胸廓畸形、脊髓侧索硬化症等。

2. 发病机制

(1)缺氧和二氧化碳潴留的发病机制

1)通气不足:健康成人在静息状态下呼吸空气时,有效肺泡通气量约为 4L/min,才能维持正常的肺泡氧分压(PaO_2)和二氧化碳分压($PaCO_2$)。当二氧化碳产生量增加时,需通过增加通气量以维持正常的 $PaCO_2$。气道阻塞引起呼吸道肺泡通气量减少,导致氧吸入肺泡减少和二氧化碳排出障碍,造成 PaO_2 下降和 $PaCO_2$ 上升,从而引起缺氧和 CO_2 潴留。

2)弥散障碍:指 O_2、CO_2 等气体通过肺泡膜进行交换的物理弥散过程发生障碍。气体的弥散量取决于弥散面积、肺泡膜的厚度和通透性、气体和血液接触的时间和气体分压差等。O_2 的弥散能力仅为 CO_2 的 1/20,故在弥散障碍时,通常以低氧血症为主。

3)通气/血流比例失调:正常成人静息状态下,通气/血流比值约为 0.8。肺泡通气/血流比值失调有下述两种主要形式:①肺泡通气不足:通气/血流比值减小,部分未经氧合或未经充分氧合的静脉血通过肺泡的毛细血管或短路流入动脉血中,故又称肺动-静脉样分流或功能性分流。②肺泡血流不足:通气/血流比例失调仅导致低氧血症,而无 CO_2 潴留。

4)肺内动-静脉解剖分流增加:肺动脉内的静脉血未经氧合直接流入肺静脉,导致动脉血氧分降低,此时给予高浓度氧气吸入并不能改善缺氧情况。

5)氧耗量增加:发热、寒战、抽搐和呼吸困难均可增加耗氧量,使肺泡氧分压下降。正常人借助增加通气量以防止缺氧。若病人有通气障碍,在耗氧量增加时则会出现严重的低氧血症。

(2)低氧血症和高碳酸血症对机体的影响

1)对中枢神经系统的影响:脑组织耗氧量大,脑细胞对缺氧十分敏感。通常完全停止供氧 4~5 分钟即可引起不可逆的脑损害。缺氧对中枢神经的影响在于缺氧的程度和发生速度。当 PaO_2 降至 60mmHg 时,表现为注意力不集中、智力和视力轻度减退;当 PaO_2 速度降至 40~50mmHg 以下时,有一系列神经精神症状的表现,如头疼、烦躁不安、定向与记忆力障碍、精神错乱、嗜睡;低于 30mmHg 时,可引起神志丧失甚至昏迷;PaO_2 低于 20mmHg 时,只需几分钟即可造成神经细胞不可逆损伤。轻度的 CO_2 增加,对皮质下层刺激加强,间接引起皮质兴奋,病人常常出现失眠、精神兴奋、烦躁不安等症状;随着 CO_2 潴留加重使脑脊液 H^+ 浓度增加,影响脑细胞代谢,降低脑细胞兴奋性,抑制皮质活动,出现嗜睡、昏迷等抑制状态,称为 CO_2 麻醉。

2)对循环系统的影响:一定程度的缺氧和 CO_2 潴留,可引起反射性心率加快、心肌收缩力增强,心排血量增加;严重的缺氧和 CO_2 潴留可直接抑制心血管中枢,造成心脏活动受抑和血管扩张、血压下降和心律失常等严重后果。长期慢性缺氧可引起肺动脉高压、心肌纤维化、心肌硬化、右心负荷加重,同时心肌缺氧可使心肌的舒缩功能下降,最终导致肺源性心脏病。

3)对呼吸系统的影响:缺氧(PaO_2 < 60mmHg)作用于颈动脉体和主动脉体化学感受器,可反射性兴奋呼吸中枢,增强呼吸运动;当缺氧程度缓慢加重时,这种反射性兴奋作用迟钝,此时缺氧抑制呼吸中枢;当 PaO_2 < 30mmHg 时,抑制作用占优势。CO_2 是强有力的呼吸中枢兴奋剂,$PaCO_2$ 急骤升高,呼吸加深加快,通气量明显增加;当 $PaCO_2$ > 80mmHg 时会对呼吸中枢产生抑制和麻醉效应,通气量反而下降,此时呼吸运动主要靠 PaO_2 降低对外周化学感受器的刺激作用得以维持。因此对这种病人进行氧疗时,如吸入高浓度氧,由于解除了低氧对呼吸的刺激作用,可造成呼吸抑制,应注意避免。

4)对消化系统和肾功能的影响:严重缺氧可使胃壁血管收缩,胃黏膜屏障作用降低,而 CO_2 潴留可使胃酸分泌增多,出现胃肠黏膜糜烂、坏死、溃疡和出血;缺氧可直接或间接损害肝细胞使丙氨酸氨基转移酶上升。缺氧也可使肾血管痉挛收缩,肾血流量减少,导致肾功能不全。

5)对酸碱平衡和电解质紊乱的影响:持续或严重的缺氧,组织细胞能量代谢的中间过程受到抑制,能量生成减少,导致体内乳酸和无机磷产生增多而引起代谢性酸中毒;由于能量不足,体内转运子的钠泵功能障碍,使细胞内 K^+ 转移至血液,而 Na^+ 和 H^+ 进入细胞,造成细胞内酸中毒和高钾血症。肾脏排出 HCO_3^- 减少,当 HCO_3^- 持续增加时血中 Cl^- 相应降低,产生低氯血症。

(二)身体状况

1. 临床表现　　除导致慢性呼吸衰竭的原发病表现外,主要是缺氧和二氧化碳潴留所致的呼吸困难和多脏器功能障碍的表现。

(1)呼吸困难:是呼吸衰竭最早出现的症状,多数病人有明显的呼吸困难,可表现为频率、节律和幅度的改变。急性呼吸衰竭早期可有呼吸频率增加,病情严重时,可出现三凹征。慢性呼吸衰竭表现为呼吸费力伴呼吸延长,严重时发展为浅快呼吸并发 CO_2 麻醉时,转变为浅慢呼吸或潮式呼吸。

(2)发绀:是缺氧的典型表现。当动脉血氧饱和度低于 90% 时,在口唇、指甲出现发绀。发绀的程度与还原型血红蛋白含量相关,因此红细胞增多者,发绀明显,贫血病人则不明显。

(3)精神-神经状态:慢性呼吸衰竭随着 CO_2 浓度升高,表现为先兴奋后抑制症状。兴奋症状包括失眠、烦躁、夜间失眠而白天嗜睡(昼夜颠倒现象),甚至谵妄;抑制症状主要表现为肺性脑病,出现表情淡漠、肌肉震颤或扑翼样震颤、间接抽搐、昏睡,甚至昏迷等。

(4)循环系统症状:多数病人有心动过速,严重缺氧和酸中毒时可引起周围循环衰竭、心肌损害、心律失常甚至心搏骤停。CO_2 潴留使体表静脉充盈、皮肤潮红、温暖多汗、血压升高。慢性因脑血管扩张,常出现搏动性头痛。

(5)消化和泌尿系统表现:严重呼吸衰竭可损害肝、肾功能;部分病人肠胃道黏膜充血水肿、糜烂渗血或应激性溃疡,引起上消化道出血。

2. 实验室及其他检查

(1)动脉血气分析:是诊断的重要依据,可判断呼吸衰竭严重程度、类型和血液酸碱度可指导氧疗、机械通气各种参数的调节以及纠正酸碱平衡和电解质紊乱。呼衰时 PaO_2 <

60mmHg,伴有或不伴有 $PaCO_2 > 50mmHg$,$SaO_2 < 75\%$。

（2）影像学检查：X 线胸片检查、胸部 CT 和放射性核素肺通气/灌注扫描等可协助查找呼吸衰竭的原因。

（3）其他：肾功能检查可出现红细胞、蛋白质及管型，肝功能检查可出现丙氨酸氨基转移酶（ALT）增高，亦可出现高钾血症或低钾、低氯血症。

（三）心理和社会状况

慢性呼吸衰竭病人因呼吸困难、预感病情危重、可能危及生命，病人表现为极度恐惧、焦虑和烦躁不安，在应用人工气道或机械通气时病人情绪低落。

（四）诊断要点

对慢性呼吸衰竭的诊断依据是慢性呼吸衰竭的病因和诱因，有低氧血症或高碳酸血症的临床表现；在海平面大气压下，静息状态 $PaO_2 < 60mmHg$，伴有或不伴有 $PaCO_2 > 50mmHg$，同时排除心内解剖分流或原发性心排血量降低后，即可诊断。

（五）治疗要点

慢性呼吸衰竭的治疗原则是包括保持呼吸道通畅，迅速纠正缺氧、二氧化碳潴留、酸碱失衡、代谢紊乱，防治多器官功能受损，积极治疗原发病，消除诱因，预防和治疗并发症。

1. 保持呼吸道通畅 保持呼吸道通畅是纠正缺氧和二氧化碳潴留的最重要的措施。其主要方法有清除呼吸道内分泌物及异物，缓解支气管痉挛可使用支气管扩张药物或肾上腺素受体激动药，糖皮质激素或茶碱类药物缓解支气管痉挛，必要时建立人工气道可采用简易人工气道、气管插管或气管切开建立人工气道。

2. 氧疗 氧疗是纠正病人缺氧状态最有效的方法，任何类型的呼吸衰竭都存在低氧血症，故氧疗时呼衰病人的重要治疗措施。氧疗的效应是通过提高肺泡氧分压，增加氧弥散功能，提高 PaO_2，改善低氧血症导致的组织缺氧。一般将 $PaO_2 < 60mHg$ 定为氧疗的指标，$PaO_2 < 55mmHg$ 为需要氧疗的指标。I 型呼衰可给予较高浓度（>35%）的氧疗，但当 PaO_2 达 70mmHg 时应逐渐降低氧浓度。因长期吸入高浓度的氧可引起氧中毒。II 型呼衰应采取持续低浓度（<30%）吸氧，这样既能纠正严重缺氧，又能防止 CO_2 潴留的加重。根据病人的临床表现和动脉血气分析调节吸氧浓度。氧疗后症状无改善者应考虑使用机械通气辅助呼吸。

3. 增加通气量、减少 CO_2 潴留

（1）呼吸兴奋剂：呼吸兴奋剂可通过刺激呼吸中枢或外周化学感受器，增加呼吸频率和潮气量，改善通气。使用呼吸兴奋剂的前提是必须保持气道通畅，否则会促发呼吸肌疲劳，并进而加重 CO_2 潴留；主要适用于以中枢抑制为主、通气量不足引起的呼吸衰竭，而对以肺换气功能障碍为主所导致的呼吸衰竭病人，不宜使用。常用的药物有多沙普仑、尼可刹米和洛贝林，尼可刹米最常用。

（2）机械通气：应用机械通气能维持必要的肺泡通气量，有利于改善肺部的氧合能力，缓解呼吸肌疲劳。根据病情选择无创机械通气和有创机械通气，在 COPD 急性加重早期给予无创机械通气可以防止呼吸功能不全加重，缓解呼吸肌疲劳，减少后期气管插管率，改善预后。

4. 纠正酸碱平衡失调和电解质紊乱 慢性呼吸衰竭常有 CO_2 潴留，导致呼吸性酸中毒。呼吸性酸中毒的发生多为慢性过程，机体常以增加碱储备来代偿，以维持 pH 于相对正常水平。当以机械通气等方法较为迅速地纠正呼吸性酸中毒时，应注意同时纠正潜在的代谢性碱中毒,通常给予病人盐酸精氨酸和补充氯化钾。

5. 抗感染　慢性呼吸衰竭急性加重的最常见诱因是感染,一些非感染性因素诱发的呼吸衰竭加重也常继发感染,所以必须加以控制。可选用敏感抗生素,或根据临床经验选用广谱抗菌药如第三代头孢菌素、喹诺酮类药物、哌拉西林等。

6. 病因治疗　治疗慢性呼吸衰竭本身造成危害的前提下,需采取适当的措施对不同的病因进行治疗,也是治疗呼吸衰竭的根本所在。

7. 一般支持疗法　呼吸衰竭往往会累及其他重要脏器因此应及时将重症病人转入ICU,加强对重要脏器功能的监测与支持,预防和治疗肺动脉高压、肺源性心脏病、肺性脑病、肾功能不全、消化道功能障碍,尤其要防治多器官功能障碍综合征(MODS)。

【常见护理诊断/问题】

1. 气体交换受损　与通气不足、通气/血流失调和弥散障碍等有关。

2. 清理呼吸道无效　与分泌物多、黏稠、意识障碍、人工气道、呼吸肌及其支配神经功能障碍有关。

3. 营养失调:低于机体需要量　与食欲缺乏、呼吸困难、人工气道及机体消耗增加有关。

4. 焦虑　与呼吸困难、气管插管病情严重、失去个人控制及对预后的不确定有关。

5. 有受伤的危险　与意识障碍、气管插管及机械通气有关。

【护理措施】

(一) 一般护理

1. 休息与活动　协助病人采取半卧位或坐位,以利于增加通气量。注意室内空气清新、温暖,定时消毒,防止交叉感染。

2. 饮食护理　清醒的病人,应给予高蛋白、高脂肪、高热量、富含维生素易消化的流质或半流质饮食,以满足机体的需要;昏迷的病人给予鼻饲或胃肠外的静脉营养。

(二) 保持呼吸道通畅

在氧疗或改善通气之前,必须要保持呼吸道通畅,神志清醒者,鼓励病人多饮水和教会其进行有效的咳嗽排痰;咳嗽无力者应定时帮助翻身、拍背,边拍边鼓励排痰,可遵医嘱给予口服祛痰剂,痰液稠时采用雾化吸入的方法以湿化气道;对于病情严重、意识不清者定时使用无菌多孔导管经鼻或口进行机械吸引,以清除口咽部分泌物。

(三) 氧疗护理

目前采用鼻导管、鼻塞或面罩给氧,配合机械通气可气管内给氧。

1. 给氧浓度　根据基础疾病和呼吸衰竭的类型选择合适的吸入氧浓度。①对于Ⅰ型呼吸衰竭病人,有低氧血症不伴高碳酸血症,应给予高浓度吸氧(> 35%),使 PaO_2 提高到60mmHg 或 SaO_2 在 90% 以上,此类病人的主要病变是氧合障碍,由于通气量足够,高浓度吸氧后,不会引起二氧化碳潴留。②对于Ⅱ型呼吸衰竭病人,有低氧血症伴高碳酸血症者,应低流量(1~2L/min)、低浓度(25% ~29%)持续给氧,此类病人呼吸中枢化学感受器对 CO_2 的反应性差,此时呼吸的维持主要依靠缺氧对颈动脉窦和主动脉体化学感受器的兴奋作用,若吸入高浓度氧,PaO_2 迅速上升,使外周化学感受器失去了缺氧的刺激,其结果是病人的呼吸变慢变浅,肺泡通气量下降,PaO_2 随即迅速上升,严重时可陷入二氧化碳麻醉状态,病情加重。

2. 氧疗效果观察　氧疗过程中,应注意观察用氧后的效果,如呼吸困难缓解、发绀减轻、心率减慢,提示氧疗有效;如出现意识障碍加重或呼吸过度表浅或缓慢,可能为二氧化碳潴留加重。根据病人的临床表现结合动脉血气分析结果,及时调整吸氧浓度和氧流量防止发生氧中毒和二氧化碳麻醉。

3. 氧疗注意事项 注意保持吸入氧气的湿化,以免干燥的氧气对呼吸道产生刺激和气道黏膜栓形成;运送氧气的管道、面罩、气管导管应妥善固定,使病人舒适;保持供氧设备的清洁和畅通,定时更换消毒,以防交叉感染;向病人家属说明氧疗的重要性,不得擅自停止吸氧或变动氧流量。

(四)机械通气的护理

1. 使用呼吸机前 与病人、家属进行沟通,做好必要的解释,阐明机械通气的目的或作用;使用前检查呼吸机与人工气道连接口是否紧密。合适,防止脱落或漏气。

2. 使用呼吸机时 观察呼吸机机械部件运转情况,发现节奏异常或音响异常时,及时排除故障,保证病人安全。根据病情和血气分析结果,及时调整呼吸机工作参数(潮气量、呼吸频率、吸/呼时间比、呼气末正压及报警参数)和氧浓度。密切监测生命体征、意识状态、液体出入量、痰液引流、腹部情况、血气分析以及肾功能等病情变化,以了解机械通气的效果,及时发现并处理可能发生的并发症。注意监测通气量,以便判断机械通气的效果,如呼吸平稳,吸气时能看到胸廓起伏且对称,自主呼吸与呼吸机合拍,听诊呼吸音清楚,生命体征平稳,神志清晰说明通气量合适;如高血压上升,心率加快,烦躁不安,外周表浅静脉充盈说明二氧化碳潴留,通气不足;如血压骤降,出现心律失常及谵妄、昏迷等意识障碍说明二氧化碳排出过多,通气过度。

3. 撤离呼吸机 是指从准备停机,直到完全停机、拔出气管插管后的一段时间护理。首先帮助病人树立信心,长期接受呼吸机治疗的病人,对呼吸机产生了依赖性,对自主呼吸失去了信心,向病人解释撤机的重要性和必要性。按步骤有序撤机,如逐渐减少进气量、采用间断适应呼吸机模式等方法循序渐进的帮助病人恢复呼吸功能,不操之过急。

(五)用药护理

遵医嘱及时准确给药,并观察疗效和不良反应。病人使用呼吸兴奋剂应保持呼吸道通畅,适当提高吸氧浓度,静滴时不宜过快,注意观察呼吸频率、节律、神志变化及动脉血气的变化,如出现恶心、呕吐、烦躁、面色潮红、皮肤瘙痒等现象,应减慢滴速。

(六)病情观察

观察呼吸频率、节律和深度的变化及使用辅助呼吸机时的呼吸情况;观察缺氧和二氧化碳潴留症状,如有无发绀、球结膜水肿、肺部有无异常呼吸音及啰音;观察意识状况及精神神经症状表现,有无肺性脑病的表现,如有异常及时通知医生,对于昏迷的病人要评估瞳孔、肌张力、腱反射及病理反射;监测动脉血气分析结果,了解电解质和酸碱平衡情况。

(七)心理护理

慢性呼吸衰竭病人因预感病情危重可能危及生命,病人表现为极度恐惧、焦虑和烦躁不安,鼓励病人说出或写出病人的心理状况及引起焦虑的原因等,尤其是应用人工气道或机械通气的病人情绪低落,应经常巡视,指导病人放松、分散注意力,以缓解病人紧张焦虑的心情。

【健康教育】

1. 疾病知识指导 向病人及家属讲解疾病的基本知识、发展和转归,理解本病治疗、预防的意义及目的,密切配合治疗和护理;教会病人正确的呼吸技术及有效排痰的方法。

2. 生活指导　与家属和病人共同制定合理的活动及休息计划。适当活动,避免劳累,加强营养,增强体质。避免各种引起呼吸衰竭的诱因,如劳累、情绪激动、呼吸道感染等;避免烟雾刺激,戒烟,加强耐寒训练,指导和鼓励病人进行呼吸运动锻炼。

3. 用药指导　嘱病人坚持正确用药,掌握药物剂量、用法和注意事项。对出院后仍需吸氧的病人,应指导病人和家属学会合理的家庭氧疗方法,并了解氧疗时应注意的问题,保证用氧安全。

4. 病情监测　指导病人和家属学会病情监测,提高自我护理能力,如若出现气急、发绀、呼吸困难加重或神志改变等呼吸衰竭征象,应及时就诊。

（赖　青）

第十一节　急性呼吸窘迫综合征病人的护理

急性呼吸窘迫综合征(acute respiratory distress syndrome,ARDS)是急性肺损伤的严重阶段,指心源性以外的肺内、外致病因素导致的急性、进行性呼吸衰竭。临床上以呼吸窘迫和顽固性低氧血症为特征,肺部影像学表现为均一性渗出性病变。ARDS 是急性肺损害伤发展到后期的典型表现,病理生理改变以肺顺应性降低、肺内分流增加及通气/血流比例失调为主。该病起病急骤,发展迅猛,预后极差,死亡率高达 50% 以上。

【护理评估】

（一）健康史

1. 病因　ARDS 的病因尚不十分清楚,引起 ARSD 发病的高危致病因素众多,主要包括肺内和肺外因素两个方面。

（1）肺内因素:主要是指对肺的直接损失,包括化学因素如吸入肺内毒气、烟尘、胃内容物及长时间吸入纯氧等,物理性因素如肺挫伤、放射性损失等,生物性因素如重症肺炎等。其中,国内重症肺炎时发生 ARDS 是最常见的危险因素。

（2）肺外因素:包括休克、败血症、感染中毒症、严重非胸部创伤、大面积烧伤、大量输血、急性胰腺炎、药物或麻醉品中毒等。

2. 发病机制　ARDS 发病机制仍尚未完全阐明。除了对肺部的直接损伤外,更加重要的是多种炎症细胞(巨噬细胞、中性粒细胞、血小板等)及其释放的炎性介质和细胞因子间接介导的肺炎症反应,最终引起肺泡膜损伤、肺部毛细血管通透性增加和微血栓形成,并可造成肺泡上皮损伤,表面活性物质减少或消失,加重肺水肿和肺不张,从而导致肺的氧和功能障碍,导致顽固性低氧血症和呼吸窘迫。

（二）身体状况

1. 临床表现　除原发病的表现外,ARDS 多于受到发病因素攻击 12~48 小时(偶有长达 5 天)内发生,突然出现进行性呼吸困难、发绀,常伴有烦躁、焦虑、出汗等。呼吸困难的特点是呼吸深快、费力,病人常感到胸廓紧束、严重憋气,即呼吸窘迫,不能被氧疗所改善,且不能用其他原发心肺疾病解释,伴咳嗽、咳痰。早期体征可无异常,或仅在双肺闻及少量细湿啰音;后期多可闻及水泡音及管状呼吸音。

2. 实验室及其他检查

（1）动脉血气分析:典型的改变为 PaO_2 降低,$PaCO_2$ 降低,pH 升高。根据动脉血气分析和吸入氧浓度可计算肺氧合功能指标,目前在临床上以 PaO_2(氧分压)/FiO_2(吸入氧的分数值)最为常用,PaO_2/FiO_2 降低是诊断 ARDS 的必要条件。正常值为 400 ~ 500mmHg,ARDS 时≤200mmHg。

（2）胸部 X 线检查:早期可无异常,或呈轻度间质改变,表现为边缘模糊的肺纹理增多,继之出现斑片状甚至融合成大片状的浸润阴影,大片阴影中可见支气管充气征,后期可出现肺间质纤维化的改变。

（3）床边肺功能监测:ARDS 时肺顺应性降低,无效腔通气量比例(Vd/Vt)增加,但无呼吸气流速受限。

（4）血流动力监测:通常仅用于左心衰竭鉴别有困难时,肺动脉压增高,这是反映左心房压较可靠的指标。一般肺动脉楔压(PAWP)< 12mmHg,若 > 16mmHg 则支持左心衰竭的诊断。

（三）心理和社会状况

因起病急骤,病情发展迅速,进行性加重的呼吸困难,病人产生恐惧、烦躁,进而消耗量增加,进一步加重呼吸困难和低氧血症。入院后病人需要监护,要进行检查和治疗,应用机械通气,病情的危重及插管带来的不适,机械通气病人气管插管后发音障碍,影响交流,自己的需求无法表达,会产生恐惧、紧张悲观、孤独等情绪。

（四）治疗要点

主要治疗措施包括积极治疗原发病、改善肺氧合功能、纠正缺氧、保护器官功能、防治并发症和治疗基础疾病。

1. **积极治疗原发病**　是治疗 ADRS 的首要原则和基础,应积极寻找原发病因并予以积极治疗,防止进一步损害如控制感染、纠正休克。

2. **氧化**　一般需高浓度给氧(> 50%),使 PaO_2 ≥60mmHg 或 SaO_2 ≥90%。轻症者可使用面罩给氧,但多数病人需使用机械通气。

3. **机械通气**　尽管 ARDS 机械通气的指针尚无统一的标准,多数学者认为一旦诊断为 ARDS,应尽早进行机械通气,目的是提供充分的通气和氧合,以支持器官功能。急性肺损伤早期的病人可试用无创正压通气,无效或病情加重时尽快气管插管或切开行有创机械通气。ARDS 的机械通气推荐采用肺保护性通气。

（1）呼气末正压(PEEP):适当的 PEEP 可使萎陷的小气道和肺泡重新开放,使呼气末肺容量增加,并可减轻肺损伤和肺泡水肿。建议从低水平开始,先用 $5cmH_2O$,逐渐增加至合适的水平,一般为 8 ~ $18cmH_2O$。

（2）小潮气量:要求以小潮气量通气,通气量为 6 ~ 8ml/kg,使吸气平台压控制在 30 ~ $35cmH_2O$ 以下,以防止肺泡过度充气

4. **调节液体平衡**　为减轻肺水肿,应合理限制液体摄入量,需要以较低循环容量来维持有效循环,保持肺脏于相对"干"的状态。在血压稳定和保证组织器官灌注的前提下,液体出入量宜呈轻度负平衡,也可使用利尿药促进水肿的消退。

5. **营养支持与监护**　ARDS 时机体处于高代谢状态,应补充足够的营养。因静脉营养可引起感染和血栓形成等并发症,因此宜早期开始胃肠营养。

6. **其他治疗**　糖皮质激素、表面活性物质替代疗法、吸入一氧化氮等。

【常见护理诊断/问题】

1. **低效性呼吸型态**　与肺部毛细血管炎症性损伤、通透性增加,肺部广泛性充血水肿、肺泡透明膜的形成、肺顺应性降低有关。

2. 潜在并发症：多器官功能衰竭。

【护理措施】

（一）一般护理

1. **休息与活动**　安置病人在呼吸监护病房实施特别监护,对于神志清醒使用机械通气的病人,加强沟通,给予心理支持。

2. **饮食护理**　ARDS 病人处于高代谢状态,应补充高热量、高蛋白、高维生素、高脂肪饮食,必要时遵医嘱行肠内或肠外营养,以避免发生营养代谢失调和电解质紊乱。

3. **防止感染**　加强皮肤和口腔护理,防止继发感染。

（二）氧疗护理

遵医嘱给予高浓度、高流量,以提高氧分压,在给氧过程中应充分湿化,防止气道黏膜干裂受损。同时,要记录给氧方式、给氧浓度及时间,观察氧疗的效果和不良反应等。

（三）机械通气的护理

掌握呼吸机参数的调节,及时发现并分析呼吸机报警的原因,并解除报警;加强气道的管理,保持呼吸道畅通;预防并发症。应用呼吸末正压通气（PEEP）时避免加重肺损伤的潜在危险。

（四）病情观察

监测生命体征和意识状态,尤其是要有关注呼吸困难和缺氧情况的变化,遵医嘱及时采集,送检动脉血气分析和生化检测标本。

（五）健康教育

1. **疾病知识指导**　向病人及家属讲解疾病的基本知识,密切配合治疗和护理;指导病人加强营养和合理膳食,改善体质以提高抗病能力,指导病人自我保健和自我护理的知识,注意休息,预防感染。

2. **用药指导与病情检测**　嘱病人按医嘱用药,观察药物疗效和不良反应。若有气急、发绀加重等变化,应及时就诊。

（赖　青）

学 与 思

案例 2-1　杨某,男,30 岁,受凉后出现咳嗽、咳痰,伴左侧胸痛 7 天入院,身体评估:急性病面容,T 39.2℃,P 108 次/分,R 28 次/分,BP 102/60 mmHg,左下肺触觉语颤增强,叩诊浊音,可闻及病理性支气管呼吸音。胸部 X 线检查示左下肺野大片模糊阴影,呈肺段分布。实验室检查:WBC 13×10^9/L,N 0.87。

问题:

（1）根据上述资料,首先考虑的诊断是什么?

（2）目前病人存在哪些常见护理诊断/问题?

（3）应采取哪些护理措施?

案例 2-2　刘某,男,70 岁,反复咳嗽、咳痰 30 年余,7 天前因受凉咳嗽加剧,痰呈黄色,不易咳出,3 天前出现夜间烦躁不眠,白昼嗜睡。身体评估:神志恍惚,发绀,皮肤温暖。球结膜充血水肿,颈静脉怒张,桶状胸,肺底湿啰音。初步诊断:COPD、Ⅱ型呼吸衰竭、肺性脑病。

问题：

(1)呼吸衰竭病人有哪些常见病因？

(2)病人为进一步明确诊断需要哪些检查？

(3)如何对病人进行氧疗？

（杨玉琴　赖 青）

第三章　循环系统疾病病人的护理

循环系统包括心脏、血管和调节血液循环的神经体液装置。其主要功能是为全身组织器官运输血液,通过血液将氧、营养物质和激素等供给组织,并将组织代谢废物运走,以保证人体正常新陈代谢的进行。循环系统疾病包括心脏和血管病,合称心血管病。随着我国人民生活水平的提高及人口老龄化,心血管病的发病率和死亡率呈上升趋势,已成为我国居民死亡的首要病因。因此,积极开展心血管病的防治至关重要。近年来,心血管疾病分子和细胞生物学研究取得了较大进展,促进了心血管病的防治工作。许多新的诊断手段如三维超声显像、多普勒超声、螺旋 CT、数字减影心血管造影等技术,提高了心血管病的诊断水平;溶栓、介入、起搏、电复律和射频消融、基因重组技术在心血管药物研发中的运用等治疗手段不断推陈出新,使心血管病的治疗水平得到不断提高。随着护理程序的应用、冠心病监护病房的建立和心血管专科护理技术的推广,心血管病人的护理水平也得到了显著提高。

 走入现场

现场:小李是一名心血管科实习护士,今天凌晨 1 点接到病房 32 床刘先生呼救铃声紧急来到病房,发现病人严重呼吸困难,端坐呼吸,频繁咳嗽,咯大量粉红色泡沫痰,烦躁不安,面色苍白,口唇青紫,末梢发绀,大汗淋漓。小李判断病人出现了急性左心衰竭,于是,立即给予吸氧(6~8L/min,20%~30% 乙醇湿化)并迅速通知了医生。

提问:

1. 小李评估是否正确?是否到位?
2. 小李给予病人护理措施是否合适?

第一节　心力衰竭病人的护理

心力衰竭(heart failure,HF)简称心衰,是各种心脏疾病引起心肌收缩力下降,心排血量不能满足机体代谢的需要,出现器官、组织血液灌注不足,肺循环和(或)体循环淤血为主要特征的一组临床综合征,又称充血性心力衰竭。或是心肌收缩力尚可,心排血量维持正常,但由于各种原因引起的左心室充盈压异常增高,致使肺静脉血液回流受阻而导致肺循环淤血,称之为舒张性心力衰竭。

心力衰竭的临床类型按其发展速度可分为急性和慢性两种,以慢性居多;按其发生的部位可分为左心、右心和全心衰竭；按有无舒缩功能障碍又可分为收缩性和舒张性心力衰竭。

一、慢性心力衰竭病人的护理

慢性心力衰竭(chronic heart failure,CHF)是多数心血管疾病的终末阶段,也是最主要的死亡原因。心力衰竭是一种复杂的临床综合征,特定的症状是呼吸困难和乏力,特定的体征是水肿,这些情况可造成器官功能障碍,影响生活质量。心脏收缩功能障碍的主要指标是射血分数下降,一般<40%;而心脏舒张功能障碍的病人射血分数相对正常,通常心脏无明显扩大,但有心室充盈指标受损。

【护理评估】

（一）健康史

1. 病因

(1)原发性心肌损害:如冠心病心肌缺血和(或)心肌梗死是引起心力衰竭最常见的原因之一;心肌炎和心肌病以病毒性心肌炎和扩张性心肌病最为常见;心肌代谢障碍性疾病以糖尿病、心肌病最常见等。

(2)心脏负荷过重

1)容量负荷(前负荷)过重:见于二尖瓣、主动脉瓣关闭不全;房间隔缺损、室间隔缺损、动脉导管未闭;以及伴有全身血容量增多疾病,如甲状腺功能亢进症、慢性贫血等。

2)压力负荷(后负荷)过重:见于高血压、主动脉瓣狭窄、肺动脉高压、肺动脉瓣狭窄等以及左、右心室收缩期射血阻力增加的疾病。

2. 诱发和加重心力衰竭的因素

(1)感染:感染是最常见和最主要的诱因,特别是呼吸道感染。

(2)生理或心理压力过大:劳累过度、精神紧张、情绪激动等。

(3)循环血量增加或锐减:如输液过多过快、摄入高钠食物、大量失血、严重脱水等。

(4)严重心律失常:尤其是各类快速心律失常,如心房颤动。

(5)治疗不当:如洋地黄用量不足或过量、不恰当应用某些抑制心肌收缩力的药物等。

(6)妊娠和分娩:妊娠、分娩加重心脏负荷,可诱发心力衰竭。

(7)其他:各种原因引起的水、电解质、酸碱平衡紊乱;合并甲状腺功能亢进、贫血、肺栓塞等。

3. 病理生理　慢性心力衰竭的病理生理变化十分复杂,当心脏病发展至心功能障碍时,机体首先发生代偿反应。这种代偿机制在一定时间内可使心功能维持在相对正常水平,但代偿机制也有其负性效应。当代偿失效时,则发生更为复杂的病理生理变化。

(1)代偿变化

1)Frank-Starling定律:当回心血量增多,心脏前负荷升高时,心室舒张末期容积增加,从而增加心排血量及心脏做功量。由于心室舒张末期容积增加,压力增高,心房压、静脉压相应地也随之升高。当后者达到一定高度时,即出现肺的阻性充血或腔静脉系统充血。

2)心肌肥厚:当心脏后负荷增高时,常以心肌肥厚作为主要的代偿机制。心肌肥厚时,心肌细胞数并不增多,以心肌纤维增多为主。作为能量供应物的线粒体因其增加的程度和速度落后于心肌纤维的增多,因此心肌处于相对的能源不足状态,继续发展终致心肌细胞死亡。肥厚的心肌收缩力增强,使心排血量暂时维持正常,可无心力衰竭症状。但肥厚心肌的顺应性下降,舒张功能降低,心室舒张末压增高,客观上已经存在心功能障碍的表现。

3）神经体液代偿机制：①交感-肾上腺髓质系统激活：心力衰竭病人血中去甲肾上腺素水平升高，作用于心肌的 β_1 肾上腺素能受体，出现心肌收缩力增强，心率加快，心排血量增加，同时因周围血管收缩，增加心脏后负荷，使心肌耗氧量增加。②肾素-血管紧张素系统（RAS）激活：低心排血量时，RAS 被激活，一方面使心肌收缩力增强，周围血管收缩维持血压，保证心、脑等重要脏器的血液供应。另一方面促进醛固酮分泌，使水钠潴留，增加总体液量及心脏前负荷，对心力衰竭起到代偿作用。此外，心钠肽和脑钠肽、精氨酸加压素、缓激肽等体液因子也参与了心衰的发生和发展。

（2）心肌损害和心室重塑：在心腔扩大、心肌肥厚的过程中，心肌细胞、胞外基质、胶原纤维网等均有相应变化，也就是心室重塑过程。目前研究表明，心力衰竭发生发展的基本病理机制是心室重塑。心肌肥厚初期对心功能起有益的代偿作用，但肥厚的心肌在长期负荷过重的条件下处于能量饥饿状态，心肌缺血，心肌细胞死亡，继以纤维化，使存活的心肌负荷进一步加重，如此形成恶性循环，最终发展为不可逆的心肌损害。

（3）舒张功能不全：在能量供给不足（如心肌缺血、心肌肥大）的情况下，Ca^{2+} 摄入肌浆网及泵出胞外的耗能过程受损，导致舒张功能障碍，这个过程在出现收缩功能障碍之前。心室顺应性降低在心室肥大（如高血压、肥厚型心肌病）、心肌纤维化等情况下，心肌的顺应性下降及充盈障碍，需要较大的充盈压才能使心室容积相应增大，当左心室舒张末压过高时，肺循环出现高压和淤血，即舒张性心功能不全。

（4）体液因子的改变：①利钠肽类增多：利钠肽类包括心钠肽（ANP）、脑钠肽（BNP）和 C 型利钠肽（CNP）。心力衰竭时，BNP 和 ANP 增高程度与心衰的严重程度成正相关，尤其是 BNP，目前已成为心衰临床诊断、病情及疗效判断和预后估计的重要指标。②精氨酸加压素（AVP）增多：AVP 由垂体分泌，心房牵张感受器调节，具有抗利尿和促周围血管收缩的作用。心力衰竭时心房牵张感受器敏感性（抑制 AVP 释放）降低，血浆 AVP 增多。③内皮素增多：心力衰竭时，内皮素分泌增多，收缩血管和促肥大细胞增生。④细胞因子：如转化生长因子-β、炎性细胞因子、肿瘤坏死因子-α 均参与了慢性心力衰竭的病理生理过程。

（二）身体状况

1. **左心衰竭**　主要表现为肺循环淤血。

（1）症状：早期可无症状，或仅出现心动过速、面色苍白、出汗、疲乏和活动耐力减低等。主要特征为：

1）呼吸困难：①最早出现的是劳力性呼吸困难，经休息后缓解；②最典型的是阵发性夜间呼吸困难，表现为病人入睡后突然因憋气而惊醒，被迫坐起，轻者经端坐休息可缓解；③严重者可发生急性肺水肿；④晚期出现端坐呼吸，病人不能平卧，因平卧时回心血量增加，且膈肌上抬，使呼吸更为困难，被迫采取半卧位甚至端坐位使呼吸困难减轻。

2）咳嗽、咳痰、咯血：咳嗽、咳痰早期即可出现，多发生在夜间，坐、立位可减轻。痰液特点为白色泡沫样，如发生急性肺水肿，则咳大量粉红色泡沫痰，为肺泡和支气管淤血所致。

3）其他症状：由于心排血量降低，出现倦怠、乏力、头昏、失眠、嗜睡、烦躁等症状，重者可有少尿。

（2）体征：①心脏体征：心率加快、第一心音减弱、心尖区舒张期奔马律，部分病人可出现交替脉，是左心衰竭的特征性体征。慢性左心衰竭可有心脏扩大。②肺部啰音：开始肺底闻及湿啰音，随着病情加重，湿啰音可布满全肺，急性肺水肿时可出现哮鸣音。

2. **右心衰竭**：主要表现为体循环静脉淤血，其症状以食欲缺乏、恶心呕吐、水肿、腹胀、少尿、肝区胀痛等为特征。

（1）水肿：早期在身体的下垂部位和组织疏松部位，出现凹陷性水肿。站立位以足、踝及胫前较明显，卧位则以骶部和大腿内侧较明显。重者可出现全身水肿，并伴有胸腔积液、腹水和阴囊水肿。

（2）颈静脉怒张和肝颈静脉反流征阳性：右心衰竭可见颈静脉怒张，其程度与静脉压升高的程度成正相关；右心衰引起肝淤血肿大时，用手压迫肝使颈静脉怒张更明显，称为肝颈静脉反流征阳性，则更具特征性。

（3）肝大和肝压痛：可出现肝大和压痛；持续慢性右心衰竭者，可发展为心源性肝硬化，此时肝脏压痛不明显，肝颈静脉反流征不明显，伴有黄疸和肝功能损害。

（4）发绀：由于体循环静脉淤血，血流缓慢，血液中还原血红蛋白增多所致。

（5）心脏体征：除基础心脏病体征之外，右心衰时可因右心室显著扩大而出现三尖瓣关闭不全的反流性杂音。

3. **全心衰竭**　病人同时有左、右心衰竭的表现。全心衰时，肺淤血可因右心衰使右心排血量减少而减轻，故表现为呼吸困难减轻而发绀加重。

4. **心功能分级**　心力衰竭的严重程度通常采用的是 1928 年美国纽约心脏病学会（NYHA）的心功能分级方案（表3-1）。

表 3-1　心功能分级（NAHA，1928 年）

心功能分级	依据及特点
Ⅰ级	病人日常活动不受限制，一般活动不引起乏力、呼吸困难等心衰症状
Ⅱ级	病人体力活动轻度受限，休息时无自觉症状，一般活动下可出现心衰症状
Ⅲ级	病人体力活动明显受限，休息时无自觉症状，但低于平时一般活动即引起心衰症状
Ⅳ级	病人不能从事任何体力活动，休息状态下也存在心衰症状，活动后加重

5. **实验室及其他检查**

（1）X 线检查：①心影大小及外形可为病因诊断提供重要依据，根据心脏扩大的程度和动态改变还可间接反映心功能状态。②有无肺淤血及其程度直接反映心功能状态。早期肺静脉压增高主要表现为肺门血管影增强；肺动脉压力增高可见右下肺动脉增宽；肺间质水肿可使肺野模糊；肺小叶间隔内积液可表现为 Kerley B 线是在肺野外侧清晰可见的水平线状影，是慢性肺淤血的特征性表现。

（2）超声心动图：超声多普勒通过计算心排血量（CO）、左心室射血分数（LVEF%）和心脏指数（CI），评价其收缩和舒张功能，而且比 X 线更准确地提供各心腔大小变化、心瓣膜结构及功能情况。

（3）有创性血流动力学检查：目前多采用漂浮导管在床边进行，经静脉插管直至肺小动脉，可测定各部位的压力及血液含氧量，计算心脏指数（CI）及肺小动脉楔压（PCWP），直接反映左心功能，CI 正常值为 $2.6 \sim 4.0 L/(min \cdot m^2)$，PCWP 正常值为 $6 \sim 12 mmHg$。

（4）放射性核素检查：放射性核素心血池显影帮助判断心室腔大小，计算射血分数和左心室最大充盈速率。

（三）心理和社会状况

慢性心力衰竭多是心血管病发展至晚期的表现，病程多长期，心衰反复出现，病人体力活动受限,甚至不能从事任何体力活动,常出现焦虑不安、内疚、绝望或恐惧,家属和亲友可因长期照顾病人而忽视病人的心理感受,或长期高昂的医疗费用而导致家庭陷入经济危机等。

(四)诊断要点

1. 慢性心力衰竭完整的诊断:包括病因诊断、心功能评价和预后评估。

2. 诊断依据:为原有心脏病的证据及循环淤血的表现。①左心衰:呼吸困难、肺部啰音等。②右心衰:颈静脉怒张、肝大、水肿等。③心脏体征:心衰的心脏奔马律、瓣膜区杂音等。

(五)治疗要点

治疗原则为去除病因与诱因,减轻心脏负荷,增强心肌收缩力。

1. 治疗病因、消除诱因　控制高血压、应用药物、介入或手术治疗改善冠心病心肌缺血、心瓣膜病的手术治疗等;积极控制感染、纠正贫血,对于心室率较快的心房颤动,及时复律或控制心室率,对甲状腺功能亢进症要注意予以纠正。

2. 减轻心脏负担

(1)休息:限制体力活动,避免精神紧张,减轻心脏负荷。

(2)饮食:应低钠饮食,同时要少食多餐。水肿明显时应限制水的摄入量。

(3)吸氧:给予持续氧气吸入,流量2~4L/min,增加血氧饱和度,改善呼吸困难。

(4)利尿药应用:可排出体内潴留的体液,减轻心脏前负荷,改善心功能。常用利尿药见表3-2。

表3-2　常用利尿药的用法及不良反应

类型	药物	用法	主要不良反应
噻嗪类	氢氯噻嗪(双氢克尿噻)	25mg,qd	低血钾、高尿酸血症、高血糖
袢利尿药	呋塞米(速尿)	100mg,bid	低血钾、消化道症状、听力障碍
保钾利尿药	螺内酯(安体舒通)	20mg,tid	高血钾
	氨苯蝶啶	50~100mg,bid	高血钾

(5)扩血管药物:通过扩张小动脉,减轻心脏后负荷;通过扩张小静脉,减轻心脏前负荷。

1)扩张小静脉制剂:临床上以硝酸酯制剂为主。如硝酸甘油,每0.3~0.6mg舌下含服,可重复使用,重症病人可静脉点滴;硝酸异山梨醇(消心痛)2.5~10mg舌下含化,每4小时一次或5~20mg口服,每日3~4次。

2)扩张小动脉制剂:如血管紧张素转化酶抑制药(ACEI)的卡托普利、贝那普利;α_1受体阻滞药如哌唑嗪等;直接舒张血管平滑肌的制剂如双肼屈嗪等。

3. 正性肌力药物　是治疗心力衰竭的主要药物,具有增强心肌收缩力作用,适于治疗以收缩功能异常为特征的心力衰竭,尤其对心腔扩大引起的低心排血量心力衰竭,伴快速心律失常的病人作用最佳。

(1)洋地黄类药物:是临床最常用的强心药物,具有正性肌力和减慢心率作用,在增加心肌收缩力的同时,不增加心肌耗氧量。

1)应用洋地黄类药物的适应证:充血性心力衰竭,尤其对伴有心房颤动和心室率增快的心力衰竭,对心房颤动、心房扑动和室上性心动过速均有效。

2)应用洋地黄类药物的禁忌证:严重房室传导阻滞、肥厚性梗阻型心肌病、急性心肌梗死 24 小时内。洋地黄中毒或过量者为绝对禁忌证。

3）常用洋地黄制剂包括：地高辛为口服制剂，使用维持量的给药方法即维持量法，0.25mg，1 次/日。毛花苷 C 为静脉注射制剂，每次 0.2～0.4mg，稀释后静脉注射，24 小时总量 0.8～1.2mg。适用于急性心衰或慢性心衰加重时，尤其适用于心衰伴快速心房颤动者。

4）洋地黄类药物毒性反应：药物的治疗剂量和中毒剂量接近，易发生中毒。易导致洋地黄中毒的情况主要包括肾功能不全、低血钾、严重缺氧、急性心肌梗死、急性心肌炎引起的心肌损害、年老等情况。常见毒性反应包括：①胃肠道表现：食欲下降、恶心、呕吐等。②神经系统表现：视物模糊、黄视绿视、头晕、头痛等。③心血管系统表现：是较严重的毒性反应，常出现各种心律失常，室早二联律最为常见，常有室上性心动过速伴房室传导阻滞、房室传导阻滞、窦性心动过缓等。长期心房颤动病人使用洋地黄后心律变得规则，心电图 ST 段出现鱼钩样改变，应注意有发生洋地黄中毒的危险。

 知识链接

洋地黄药物应用较大系列前瞻性、有对照的临床研究报告

1997 年结束的包括 7788 例大样本，以死亡为观察终点的 DIG 研究证实在其他药物没有差别的情况下与对照组相比加地高辛（digoxin）可明显改善症状，减少住院率，提高运动耐量，增加新排血量，但终期的生存率地高辛组与对照组没有差别。

（2）β受体兴奋剂：常用的有多巴酚丁胺、多巴胺静脉点滴，由小剂量开始，逐渐增加用量，适用于急性心肌梗死伴心力衰竭的病人。小剂量多巴胺能扩张肾动脉，增加肾血流量和排钠利尿，从而用于充血性心力衰竭的治疗，大剂量多巴胺可维持血压，用于心源性休克的治疗。

（3）磷酸二酯酶抑制剂：常用的有氨力农、米力农等，具有正性肌力作用和扩张周围血管作用，可缓慢静脉滴注，宜短期使用。

4. β受体阻滞药 可对抗代偿机制中交感神经兴奋性增强这一效应，从而降低病人死亡率、住院率，提高其运动耐量。常用药物有卡维地洛、美托洛尔等。但β受体阻滞药确实有负性肌力作用，临床应用应十分慎重。仅小剂量应用于以舒张功能不全为特征的轻、中度心力衰竭的治疗。此类药物患有支气管痉挛性疾病、心动过缓、Ⅱ度及Ⅱ度以上的房室传导阻滞病人禁用。

【常见护理诊断/问题】

1. **气体交换受损** 与左心衰竭致肺循环淤血有关。

2. **体液过多** 与右心衰竭致体循环淤血、水钠潴留、低蛋白血症有关。

3. **活动无耐力** 与心功能不全、心排血量下降有关。

4. **潜在并发症**：洋地黄中毒。

【护理目标】

病人呼吸困难减轻，血气分析结果正常；心排血量增加；水肿减轻或消失，活动耐力增强；无洋地黄中毒发生，或一旦发生，能得到及时发现和控制。

【护理措施】

（一）一般护理

1. **休息与活动**　根据病人心功能分级决定活动量,尽量保证病人体力和精神休息,以减轻心脏负荷。督促病人坚持动静结合,循序渐进增加活动量。同时监测活动中有无呼吸困难、胸痛、心悸、疲劳等症状,如有不适应停止活动,并以此作为限制最大活动量的指征。一般心功能Ⅰ级不限制一般的体力活动,但避免剧烈运动和重体力劳动。心功能Ⅱ级可适当从事轻体力工作和家务劳动,强调下午多休息。心功能Ⅲ级日常生活可以自理或在他人协助下自理,严格限制一般的体力活动。心功能Ⅳ级绝对卧床休息,生活需要他人照顾。在床上做肢体被动或主动运动和翻身,逐步过渡到坐床边或下床活动。将病人所需用物如茶杯、餐具、眼镜、书报等置于伸手可及之处,帮助病人在床上或床旁使用便器。当病情好转后,鼓励病人尽早作适量的活动,防止长期卧床导致静脉血栓形成、肺栓塞、便秘、压疮的发生。

2. **饮食护理**　给予高蛋白、高维生素的易消化、清淡饮食,注意补充营养,改善病人营养状况。少量多餐,避免过饱;限制水、钠摄入,限制含钠量高的食品如腌制品、海产品、发酵面食、罐头、味精、啤酒、碳酸饮料等。每日食盐摄入量少于5g,服利尿药者可适当放宽。

3. **输液的护理**　控制输速度在20～30滴/分为宜,以防诱发急性肺水肿。

4. **皮肤、口腔护理**　应注意加强病人皮肤护理,每天进行会阴部清洁、清洁周身皮肤,温水泡脚,局部按摩,预防压疮及皮肤感染的发生。重度水肿病人,由于血液循环及营养不良,皮肤抵抗力低、弹性差,易受损伤,帮助病人翻身或改变体位时,要避免拖、拉等增加皮肤摩擦的动作,防止皮肤损伤。对于阴囊水肿的男性病人,也要注意保持阴囊周围的清洁,涂爽身粉等保持局部干燥、必要时可使用阴囊托,将阴囊托起,防止阴囊皮肤破溃、感染。加强口腔护理,特别是呼吸困难病人因张口呼吸易发生口干和口臭,以防止感染。

（二）病情观察

1. 注意观察水肿的消长情况,每日测量体重,准确记录出入量。

2. 监测病人呼吸困难的程度、发绀情况、肺部啰音的变化以及血气分析和血氧饱和度等变化,根据缺氧的轻重程度调节氧流量和给氧方式,一般为2～4L/min,肺心病心衰病人应为1～2L/min持续吸氧。

3. 心力衰竭病人由于肺淤血、呼吸道分泌物增多及抵抗力下降,易发生呼吸道感染,应密切观察体温、咳嗽、咳痰、呼吸音等的变化,预防及时发现肺部感染。

4. 由于肠道淤血、进食减少、长期卧床及焦虑等因素使肠蠕动减弱,又因排便方式的改变,病人常有便秘现象,而用力排便可增加心脏负荷和诱发心律失常。故饮食中需增加粗纤维食物,必要时口服缓泻剂或开塞露置肛中,保持大便通畅。注意不能使用大剂量液体灌肠,以防增加心脏负担。

5. **定期监测血电解质及酸碱平衡情况**　特别对使用强利尿药者,应观察有无电解质、酸碱平衡紊乱或循环血量的改变,防止低钾血症诱发洋地黄中毒或加重心力衰竭。

6. **观察肢体状况**　长期卧床病人易发生下肢静脉血栓形成,应注意观察病人肢体远端是否出现局部肿胀、发绀等皮肤变化。

（三）用药护理

1. **使用利尿药的护理**　遵医嘱正确使用利尿药,并注意有关不良反应的观察和预防。监测血钾及有无乏力、腹胀、肠鸣音减弱等低钾血症的表现,同时多补充含钾丰富的食物,如深色蔬菜、瓜果、红枣、菇类、豆类等，必要时遵医嘱补充钾盐。口服补钾宜在饭后或将水剂与果汁同饮，以减轻胃肠道不适；静脉补钾时每500ml液体中氯化钾含量不宜超过1.5g。应用保钾利尿药需注意有无胃肠道反应、嗜睡、乏力、皮疹，高血钾等不良反应。利尿药的应用时间选择早晨或日间为宜，避免夜间排尿过频而影响病人的休息。

2. 使用洋地黄的护理

（1）严格遵医嘱给药，当病人脉搏<60次/分或节律不规则应暂停服药并通知医生。静脉给药时务必稀释后缓慢静注，并同时监测心率、心律及心电图变化。

（2）注意不与奎尼丁、普罗帕酮（心律平）、维拉帕米（异搏定）、钙剂、胺碘酮等药物合用，以免增加药物毒性。

（3）应严密观察病人用药后毒性反应，必要时监测血清地高辛浓度。

（4）洋地黄类药物毒性反应的处理：立即停用洋地黄类药；对快速性心律失常，血钾低者，可静脉补钾。血钾不低可用利多卡因或苯妥英钠，禁用电复律，因易致心室颤动；对缓慢心律失常，可使用阿托品或安置临时起搏器。

3. 使用血管扩张剂的护理　应用硝酸酯制剂应注意观察和预防不良反应发生，如头痛、面红、心动过速、血压下降等。硝酸甘油静滴时应严格掌握滴速，监测血压变化；应用ACEI抑制剂时需预防直立性低血压、皮炎、蛋白尿、咳嗽、间质性肺炎等不良反应的发生。

（四）心理护理

焦虑可使心率增加，故减轻病人精神负担与限制体力活动同样重要。要鼓励病人说出内心的感受，指导病人进行自我心理调整。鼓励家属探视病人，帮助稳定病人的情绪。对高度焦虑、情绪不易放松的病人可遵医嘱应用小量镇静剂。

（五）健康教育

1. 疾病知识指导　向病人及其家属讲解慢性心力衰竭的病因、诱因。指导家属重视病人心理变化，帮助病人树立战胜疾病的信心，保持病人情绪稳定。

2. 生活指导　帮助病人合理安排活动与休息，制定适当有利于提高心脏储备力的活动，如平地散步、打太极拳、练气功等，避免耗氧量大的运动如举重、快跑等，活动应循序渐进，以不出现心悸、气急为原则。指导病人自我护理的方法，避免感冒，积极治疗呼吸道感染；饮食宜清淡、易消化、富营养饮食，少食多餐，每日食盐不超过5g。

3. 用药指导　告知病人应严格遵医嘱服药，不得随意增减或撤换药物，帮助病人熟悉所用药物的名称、剂量、用法、服药时间、可能出现的不良反应及预防方式。教会病人自我用药监测，如服洋地黄药物时要学会自测脉率，若脉率少于每分钟60次，或有厌食、恶心、呕吐等洋地黄中毒表现时，应暂时停服并就诊；服用血管扩张剂者，改变体位时动作不宜过快，以防止发生直立性低血压。

4. 自我监测　指导病人定时测量体重，观察气急、水肿、咳嗽、夜尿、厌食、饱胀感等症状，若体重增加，即使尚未出现水肿，也应警惕心衰先兆；若在骶尾部或足踝部出现水肿，表明已有心力衰竭；若气急加重、夜尿增多、有厌食饱胀感，常提示心衰复发；若气急加重、夜间半卧时咳嗽，是左心功能不全的表现。

5. 育龄妇女应避孕或在医生的指导下控制妊娠与分娩。

【护理评价】

病人呼吸困难得到改善、肺部无啰音、血气分析指标正常；水肿减弱或消退、皮肤无破损；活动耐力增加、活动后无心衰症状；焦虑减轻，增强了治疗疾病的信心；水、电解质、酸碱维持平衡;无洋地黄中毒发生或得到控制。

二、急性心力衰竭病人的护理

急性心力衰竭(acute heart failure)是指心肌遭受急性损害或心脏负荷突然增加,使心排血量急剧下降,导致组织灌注不足和淤血的综合征。以急性左心衰竭最常见,多表现为急性肺水肿。

【护理评估】

(一)健康史

1. 病因与发病机制

(1)急性弥漫性心肌损害:引起心肌收缩无力,如广泛性心肌梗死、急性心肌炎、心肌病等。

(2)急性瓣膜反流:如感染性心内膜炎或心肌梗死引起的瓣膜穿孔或腱索断裂等。

(3)其他:高血压心脏病血压急剧升高,原有心脏病基础上快速心律失常或严重缓慢心律失常,输液过快等。

2. 病理生理　主要的病理生理基础为心脏收缩力突然严重减弱,心排血量急剧减少,或左室瓣膜性急性反流,左室舒张末压迅速升高,肺静脉回流不畅,导致肺静脉压快速升高,肺毛细血管压随之升高,使血管内液体渗入到肺间质和肺泡内,形成急性肺水肿。

(二)身体状况

急性左心衰竭病情发展极为迅速且危重。最常见为左心衰竭,其特征性症状为突发严重呼吸困难,呼吸频率达30~40次/分,咳嗽、咳痰和咯大量粉红色泡沫痰、乏力、尿少等。病人极度烦躁不安、大汗淋漓、被迫采取坐位,两腿下垂,双臂支撑以助呼吸。体征为血压降低、口唇青紫、面色苍白,心率和脉率增快,两肺满布湿啰音和哮鸣音,心尖部可闻及舒张期奔马律。

 知识链接

心源性哮喘与支气管哮喘的鉴别		
	心源性哮喘	**支气管哮喘**
发病年龄	中老年	青少年
病史	冠心病、高血压	过敏史
症状	劳力性呼吸困难、夜间阵发性呼吸困难、端坐呼吸,急性肺水肿时咳粉红色泡沫痰	发作性呼气性呼吸困难、咳嗽、咳黏液痰
体征(肺部听诊)	双肺底或两肺布满湿啰音	肺部哮鸣音
治疗效果	氨茶碱治疗效果不显著	氨茶碱治疗效果显著

(三)心理和社会状况

因病情突然加重及严重的呼吸困难,病人常产生濒死恐惧心理,家属亦表现紧张不安。

(四)治疗要点

急性左心衰竭时的缺氧和严重呼吸困难是致命的威胁,必须及时救治,尽快缓解。

1. **体位** 置病人于两腿下垂坐位或半卧位,以减少静脉回流,减轻心脏负担。

2. **吸氧** 吸入高流量(6～8L/min)氧气,加入20%～30%乙醇湿化,降低肺泡及气管内泡沫的表面张力,使泡沫破裂,改善肺通气。

3. **镇静** 吗啡具有镇静作用和扩张静脉及小动脉作用,皮下注射或静推吗啡3～10mg可减轻病人烦躁不安,减轻心脏负担。老年病人须酌情减量或肌内注射。伴颅内出血、神志障碍、慢性肺部疾病时禁用。

4. **快速利尿** 静脉注射呋塞米20～40mg,本药兼有扩张静脉作用,可减轻心室前负荷。

5. **血管扩张剂** ①硝普钠缓慢静脉滴注,扩张小动脉和小静脉,一般剂量12.5～25μg/min。硝普钠见光易分解,应现配现用,避光使用;连续使用不得超过24小时,以免引起氰化物中毒。②硝酸甘油静脉点滴:可扩张小静脉,病人对本药个体差异很大,一般从10μg/min开始,每10分钟调整一次,每次增加5～10μg。③酚妥拉明静脉点滴:扩张小动脉及毛细血管。从0.1mg/min开始,每5～10分钟调整一次,最大可增至1.5～2.0mg/min。

6. **强心剂** 毛花苷C 0.4mg缓慢静脉注射,近期使用过洋地黄药物的病人,应注意洋地黄中毒。重度二尖瓣狭窄病人禁用,急性心肌梗死病人24小时内一般不宜使用。

7. **平喘** 氨茶碱0.25g加入5%葡萄糖20ml内缓慢静脉注射。具有强心、利尿、平喘及降低肺动脉压等作用。应警惕氨茶碱过量,肝肾功能减退病人、老年人应减量。

8. **糖皮质激素** 地塞米松10～20mg或琥珀酸氢化可的松100mg静脉滴注,可降低外周阻力,减少回心血量和解除支气管痉挛。

9. **应用四肢轮流三肢结扎法** 在情况紧迫时对缓解病情,减少静脉回心血量有一定的作用。但须注意结扎肢体不宜固定时间不宜长,防止造成肢体坏死。

10. **机械辅助治疗** 极危重的病人,在有条件的医院可采用主动脉内球囊反搏(IABP)治疗。

【常见护理诊断/问题】

1. **气体交换受损** 与肺水肿有关。

2. **恐惧** 与呼吸困难有关。

3. **清理呼吸道无效** 与肺淤血、呼吸道内大量泡沫痰有关。

4. **潜在并发症**:心源性休克、呼吸道感染、下肢静脉血栓形成。

【护理措施】

(一)一般护理

1. **保证病人充分休息** 协助病人取坐位,双腿下垂,以利于呼吸和减少静脉回心血量,从而减轻心脏负担。注意防止静脉血栓形成和皮肤损伤的发生。

2. **吸氧** 给予高流量吸氧,6～8L/min。病情特别严重者,应给予加压吸氧,必要时机械通气辅助呼吸,采用呼气末正压通气(PEEP),使肺泡内压在吸气时增加,利于气体交换,减少肺泡内液体的渗出。采用20%～30%乙醇湿化吸氧,可使肺泡内泡沫的表面张力降低而破裂,有利于改善通气。

3. **保持呼吸道通畅** 协助病人咳嗽、排痰,以保持呼吸道通畅。观察咳嗽情况、痰液性质和量。

4. **饮食** 应摄取高营养、高热量、少盐、易消化清淡饮食,少量多餐,减轻心脏负担,避免进食胀气食物。

（二）病情观察

严密观察病人呼吸频率、深度，意识，精神状态，皮肤颜色、温度和血压变化。观察肺部啰音的变化，监测血气分析结果。观察尿量，并严格记录出入量。

（三）用药护理

迅速建立静脉通道，遵医嘱正确使用药物，控制静脉输液速度，一般为每分钟 20～30 滴。用吗啡时应注意病人有无呼吸抑制、心动过缓；用利尿药要严格记录尿量，注意水、电解质变化和酸碱平衡情况；用血管扩张剂要注意调节输液速度、监测血压变化，防止低血压的发生，用硝普钠应现用现配，避光滴注，有条件者可用输液泵控制滴速；洋地黄制剂静脉使用时要稀释，推注速度宜缓慢，同时观察心电图变化。

（四）心理护理

病人常因严重呼吸困难而有濒死感，焦虑和恐惧可使心率加快，加重心脏负担，应加强床旁监护，给予精神安慰及心理支持，减轻焦虑和恐惧，以增加安全感。

（五）健康教育

1. 疾病知识指导　向病人及家属介绍急性心力衰竭的诱因，嘱病人积极治疗原有心脏疾病。指导病人在静脉输液前主动告知护士自己有心脏病史，以便护士输液时控制输液量和速度。

2. 自我监测　观察病情进展情况，如出现频繁咳嗽、气急、咳粉红色泡沫痰时应立即取端坐位并由他人护送就诊。

3. 定期复查。

（涂　映）

第二节　心律失常病人的护理

心脏传导系统由产生和传导冲动的特殊心肌细胞组成。在正常情况下，由窦房结产生冲动，沿结间束、房室结、希氏束、左右束支及浦肯野纤维网传导，最终到达心房与心室而产生一次完整的心动周期。各种原因引起心脏冲动起源或冲动传导的异常均可引起心脏活动的规律发生紊乱，称为心律失常（cardiac arrhythmia）。本节主要讨论常见心律失常。

【心律失常的分类】

临床上根据心律失常发作时心率的快慢可分为快速性心律失常（＞100 次/分）和缓慢性心律失常（＜60 次/分）两类。前者包括期前收缩、心动过速、扑动和颤动等；后者包括窦性心动过缓、房室传导阻滞等。心律失常按其发生原理可分为冲动形成异常和冲动传导异常两大类。前者包括窦性心律失常和异位心律失常，后者分为生理性传导异常（干扰及房室分离）和病理性传导异常（传导阻滞及预激综合征）。

（一）窦性心律失常

心脏的正常起搏点位于窦房结，其兴奋的频率为 60～100 次/分（成人），产生的心律称为窦性心律。

1. 窦性心动过速(sinus tachycardia)　成人窦性心律的频率超过 100 次/分，为窦性心动过速。窦性心动过速通常逐渐开始和终止，其频率大多在 100～150 次/分。刺激迷走神经可使频率逐渐减慢，停止刺激后又加速至原先水平。

2. 窦性心动过缓(sinus bradycardia)　成人窦性心律的频率低于 60 次/分，称为窦性心动过缓。窦性心动过缓常同时伴有窦性心律不齐。

3. **窦性心律不齐**(sinus arrhythmia) 窦性心律节律不规则。多与呼吸有关,吸气时心率加快,呼气时心率减慢。

4. **窦性停搏**(sinus pause)**或窦性静止** (sinus arrest) 是指在规律的窦性心律中,窦房结在一段时间内停止发放冲动,由低位起搏点发出逸搏或逸搏心律控制心室。

5. **病态窦房结综合征**(sick sinus syndrome,SSS) 简称病窦综合征,是由窦房结病变导致功能减退,产生多种心律失常的综合表现。

(二)异位心律失常

1. **期前收缩**(premature beats) 又称过早搏动,简称早搏,是临床上最常见的心律失常。是由于窦房结以外的异位起搏点兴奋性增高,过早发生兴奋控制心脏收缩所致,根据异位起搏点部位不同,可分为房性、房室交界区性(简称交界区性)和室性期前收缩。

期前收缩可表现为:①偶发(<5 次/分),或频发(>5 次/分)。②联律:期前收缩与窦性搏动联在一起规律出现,称为联律。如果每个窦性搏动后出现一个期前收缩,称为二联律;每两个窦性搏动后出现一个期前收缩,或每个窦性搏动后出现二个期前收缩,称为三联律,或成对期前收缩。③单源性期前收缩是指在同一导联心电图上各期前收缩的形态相同,若形态不同称为多源性期前收缩。④R on T 现象:指期前收缩心动周期的 R 波落在前一个心动周期的 T 波上。

2. **阵发性心动过速**(paroxysmal tachycardia) 3 个或 3 个以上的期前收缩以较高频率、连续而规律的发生即称为阵发性心动过速。频率在 150 ~ 250 次/分。根据异位起搏点的不同,可分为房性、房室交界区性和室性阵发性心动过速。前两者临床上难于区别,统称为阵发性室上性心动过速,简称室上速。

3. **扑动和颤动** 异位起搏点以 250 ~ 350 次/分的频率、规律兴奋形成的异位心律失常,称扑动,分为心房扑动(atrial flutter)与心室扑动(ventricular flutter),简称房扑与室扑。如果频率在 350 ~ 600 次/分、节律不规则,称为颤动(fibrillation),可分为心房颤动和心室颤动,简称房颤与室颤。

心房扑动与颤动起搏点在心房。扑动时,心房冲动常以一定的比例下传至心室,使心室搏动节律规则,频率约 150 次/分;房颤时,心房不协调的乱颤,房室传导系统仅能传导部分心房兴奋,故心室律不规则,频率常为 100 ~ 160 次/分。房颤是仅次于期前收缩的常见心律失常。

心室扑动与颤动起搏点在心室,心室肌如此活动导致心脏无排血,心、脑等器官和周围组织血液灌注停止,可发生阿-斯综合征或猝死,是最危重心律失常。

(三)房室传导阻滞

房室传导阻滞(atrioventricular block,AVB)是指窦房结兴奋自心房传入心室的过程中发生传导延迟或中断。阻滞可发生在房室结、希氏束及束支等不同部位,按阻滞程度可分为三度。第一度房室传导阻滞只有传导速度变慢,所有窦房结冲动均可传到心室,第二度房室传导阻滞有部分窦性冲动不能下传心室,第三度房室传导阻滞所有窦性冲动均不能下传心室。

【护理评估】

(一)健康史

1. **基本病因**

(1)各种器质性心脏病:如冠心病、高血压性心脏病、风心病、心肌炎、心肌病、肺心病等。

（2）心外病理因素：如发热、贫血、休克、缺氧、甲状腺功能亢进症、颅内疾病、电解质及酸碱平衡失调等。

（3）某些药物影响：如洋地黄、肾上腺素、阿托品、抗心律失常药物、麻醉药等。

2. 诱发因素　常见的诱发因素有过度劳累、情绪激动、精神紧张、剧烈运动、饱餐、大量饮酒或喝咖啡、浓茶，吸烟等。

3. 发生机制

（1）冲动形成异常

1）自律性异常：自主神经系统兴奋性改变或心脏传导系统的病变，均可导致窦房结的自律性升高或降低，异位起搏点的自律性增强而发放不适当的冲动。心肌缺氧、洋地黄类药物中毒等因素可使无自律性的心肌细胞（如心房、心室肌细胞），在病理状态下出现异常自律性，从而引起各种心律失常。

2）触发活动：指局部儿茶酚胺浓度增高、低血钾、高血钙、洋地黄中毒时，心房、心室与希氏束-浦肯野组织在动作电位后产生除极活动，被称为后除极。若后除极的振幅增高并达到阈值，则可引起反复激动。触发活动虽与自律性不同，但亦可导致持续性快速性心律。

（2）冲动传导异常：折返与局部传导障碍密切相关，是所有快速性心律失常最常见的发生机制。产生折返需要以下基本条件：①心脏两个或多个部位的传导性与不应期各不相同，相互连接形成一个有效的折返环路；②其中一条通路可形成单向传导阻滞；③另一通道传导缓慢，使原先发生阻滞的通道有足够的时间恢复兴奋性；④原先阻滞的通道再次激动，从而完成一次折返激动。冲动在环内反复循环，从而产生持续而快速的心律失常。

冲动传导至某处心肌，若恰逢生理性不应期，则可形成生理性阻滞或干扰现象。若冲动传导障碍并非由于生理性不应期所引起，则称为病理性传导阻滞。

（二）身体状况

1. 临床表现　心律失常的临床表现主要取决于心律失常的类型、心室率的快慢、发作持续时间的长短及对血流动力学的影响等。轻症者可无任何症状，最早的症状是心悸。当引起心排血量减少而轻者出现乏力、头晕、黑矇、低血压、胸闷等，严重者可诱发心绞痛、心力衰竭、晕厥，甚至发生阿-斯综合征或猝死。

（1）窦性心律失常：窦性心动过速病人可无症状或有心悸；窦性心动过缓病人多无自觉症状，心率过慢时心排血量不足，可有头晕、乏力、胸闷、胸痛甚至猝死等症状；窦性停搏时间较长者可出现黑矇、头晕或短暂意识障碍，严重时可发生抽搐；病态窦房结综合征，轻者有发作性眩晕、头痛、乏力、心绞痛等心脑供血不足的表现，重者可出现阿-斯综合征。

（2）期前收缩：偶发期前收缩一般不引起症状，部分病人可产生漏搏或心跳暂停感，频发或连续出现使心输出量减少，出现重要器官供血不足症状，如头晕、晕厥、心悸、胸闷、心绞痛等症状。期前收缩的第二心音减弱或消失，仅能听到第一心音，其后出现较长间歇。桡动脉搏动减弱或消失。

（3）阵发性心动过速：①阵发性室上性心动过速：突然发作、突然终止，持续时间长短不一。发作时病人常有心悸、胸闷、头晕、乏力，严重时可晕厥、心绞痛、心力衰竭和休克。体征：心率绝对规则，心尖部第一心音强度恒定。②阵发性室性心动过速：非持续性室速（发作持续时间短于30秒，能自行终止）的病人通常无症状，持续性室速（发作持续时间超过30秒，需药物或电复律方能终止）常引起明显血流动力学障碍，病人可有气促、少尿、低血压、晕厥、心绞痛等。体征：心律轻度不规则，第一心音强弱不等。

（4）扑动和颤动：①心房扑动：心室率不快时，病人可无症状，心室率过快时可诱发心绞痛与充血性心力衰竭。体征：可见快速的颈静脉扑动。心律可规则或不规则。②心房颤动：心房颤动症状的轻重受心室率快慢的影响。心室率不快时可无症状，心室率超过150次/分时可诱发心绞痛与充血性心力衰竭。房颤发生时心房无法有效排血，血流淤滞，导致左心房（左心耳部多见）形成附壁血栓，栓子脱落后，可引起体循环动脉栓塞，临床上以脑栓塞最常见。体征有第一心音强弱不等，心律极不规则，当心室率快时可有脉搏短绌。③心室扑动和心室颤动：心室扑动或心室颤动一旦发生，病人迅速出现意识丧失、抽搐、呼吸停止甚至死亡。体征为心音消失、脉搏触不到、血压测不出。

2. 实验室及其他检查

（1）心电图检查：是诊断心律失常最重要的一项无创性检查，应记录12导联心电图。

1）窦性心律失常：正常心脏起搏点位于窦房结，由窦房结发出冲动引起的心律称为窦性心律，其频率为60~100次/分。心电图显示窦性心律的P波在Ⅰ、Ⅱ、aVF导联直立，aVR导联倒置，P-R间期0.12~0.20秒。

窦性心动过速：①窦性P波；②P-P间期小于0.60秒，即P波频率大于100次/分（图3-1）。

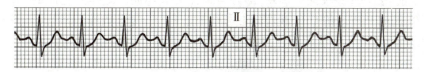

图3-1 窦性心动过速

窦性心动过缓：①窦性P波；②P-P间期大1.0秒，即P波频率小于60次/分。常伴有窦性心律不齐（图3-2）。

窦性心律不齐：①窦性P波；②P-P间期逐渐改变，相差大于0.12秒；③P波形态，随心率快慢可有轻度变异，而P-R间期无改变。

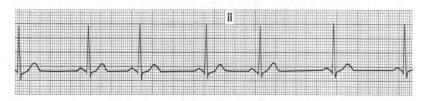

图3-2 窦性心动过缓与窦性心律不齐

窦性停搏：PP间期明显延长，且间期内无P波或P波与QPS波群均不出现，形成心房或全心停顿现象（图3-3）。

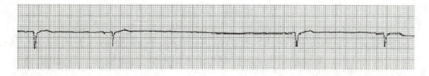

图3-3 窦性停搏

病态窦房结综合征:①持续而显著的窦性心动过缓,心率 <50 次/分。②窦性停搏与窦房阻滞。③窦房阻滞与房室传导阻滞并存。④慢-快综合征,即心动过缓与房性快速性心律失常(心房扑动、心房颤动或房性心动过速)交替发作为病态窦房结综合征(图 3-4)。

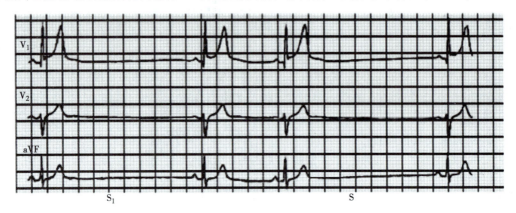

图 3-4　病态窦房结综合征

2)期前收缩

房性期前收缩:①P 波提前出现,形态与窦性 P 波不同。②提前 P 波的 PR 间期大于0.12 秒。③提前 P 波后的 QRS 波群的形态基本正常。④期前收缩后常见不完全性代偿间歇(图 3-5)。

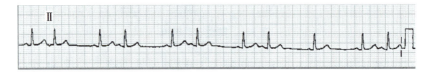

图 3-5　房性期前收缩

房室交界区性期前收缩:①提前出现的 QRS 波群,形态与窦性者基本相同。②出现逆行 P 波(Ⅱ、Ⅲ、aVF 导联 P 波倒置),逆行 P 波可在 QRS 波群之前(PR 间期 <0.12 秒)或之后(RP 间期 <0.20 秒)。③QRS 波群形态正常,当发生室内差异性传导时,QRS 波群形态可有变化(图 3-6)。

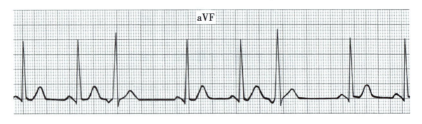

图 3-6　房室交界区性期前收缩

室性期前收缩:①提前发生的 QRS 波群宽大、畸形,时限通常大于 0.12 秒,其前无相关的 P 波。②T 波方向与 QRS 波群主波方向相反。ST 段随 T 波移位。③期前收缩后有一完全性代偿间歇。④室性期前收缩可孤立或规律出现(图 3-7)。

3)阵发性心动过速

阵发性室上性心动过速：①心率150～250次/分,节律规则。②QRS波群形态与时限基本正常。③P波为逆行性(Ⅱ、Ⅲ、aVF导联倒置),常埋藏于QRS波群内或位于其终末部位,与QRS波群保持恒定关系。④起始突然,通常由一个房性期前收缩触发(图3-8)。

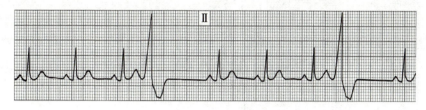

图3-7 室性期前收缩

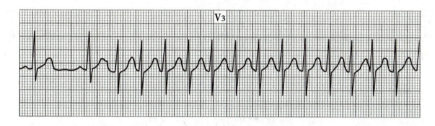

图3-8 阵发性室上性心动过速

阵发性室性心动过速：①3个或3个以上的室性期前收缩连续出现,通常起始突然。②QRS波群宽大、畸形,时限>0.12秒,T波方向与QRS波群主波方向相反。③心室率一般为100～250次/分,心律规则或略不规则。④房室分离:即P波与QRS波群无固定关系。⑤心室夺获(少数室上性冲动可下传心室)或室性融合波是确立室速的重要依据(图3-9)。

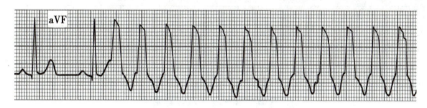

图3-9 阵发性室性心动过速

4)扑动和颤动

心房扑动：①P波消失,代之以规律的锯齿状扑动波,称F波,扑动波之间的等电位线消失,心房率为250～350次/分。②心室律规则或不规则,取决于房室传导比率是否恒定,不规则的心室律是由于传导比率发生变化所致。③QRS波群形态和时限正常,伴有室内差异性传导或原有束支传导阻滞者QRS波群可增宽、形态异常(图3-10)。

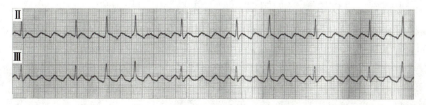

图3-10 心房扑动

　　心房颤动:①P波消失,代之以大小不等、形态不一、间距不均的心房颤动波,称f波,频率约350~600次/分。②心室律不规则,房颤未治疗时心室率多在100~160次/分。③QRS波群形态基本正常,当心室率过快,发生室内差异性传导时,QRS波群增宽变形(图3-11)。

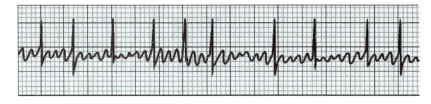

图 3-11　心房颤动

　　心室扑动和心室颤动:心室扑动呈正弦波图形,波幅大而规则,频率为150~300次/分,有时难与室速鉴别。心室颤动的波形振幅与频率均极不规则,无法辨认QRS波群、ST段与T波(图3-12)。

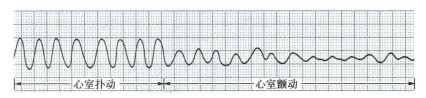

图 3-12　心室扑动与心室颤动

　　5)房室传导阻滞

　　第一度房室传导阻滞:每个心房冲动都能传导至心室,但PR间期超过0.20秒(图3-13)。

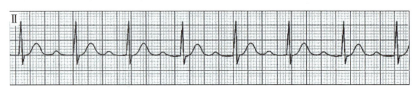

图 3-13　第一度房室传导阻滞

　　第二度房室传导阻滞:①Ⅰ型:又称文氏现象(图3-14)。表现为P波规律出现,PR间期逐渐延长,直至QRS波群脱落,周而复始,相邻R-R间期逐渐缩短,直至P波后QRS波群脱落,但长R-R间期小于其前最短P-P间期的2倍,最常见的房室传导比例为3:2或5:4(图3-14A)。②Ⅱ型:PR间期恒定,可正常亦可延长,部分P波后无QRS波群,常见比例为2:1或3:2(图3-14B)。

　　第三度房室传导阻滞:①P波与QRS波群无固定关系,PP与RR间期基本规则。P波频率大于QRS波频率。②QRS波群如阻滞在房室束分支以上,则形态正常,频率40~60次/分,心律较稳定;如阻滞在希氏束分支以下,则QRS波群宽大畸形,频率<40次/分,心律不稳定(图3-15)。

　　(2)其他检查:必要时可作动态心电图、运动试验、食管心电图、临床电生理检查等,对进一步明确诊断有一定的意义。

　　(三)心理和社会状况

　　由于心律失常反复发作,病人经常出现心悸、胸闷、乏力等不适,易导致病人紧张、焦虑。

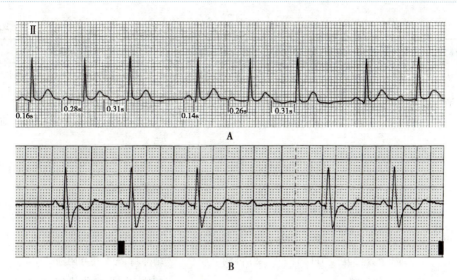

图3-14　第二度房室传导阻滞

A. 二度Ⅰ型房室传导阻滞　B. 二度Ⅱ型房室传导阻滞

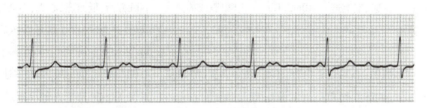

图3-15　第三度房室传导阻滞

当需进行电复律、心导管介入及人工心脏起搏等治疗时,由于对治疗方法、自我保健缺乏认识,加之经济因素的影响,病人易出现多疑、信心不足。

(四) 治疗要点

无症状者通常不需治疗,应严密观察,严重时需加强病因治疗,去除各种诱发因素,合理使用抗心律失常药物(表3-3,表3-4),必要时采取心脏电复律、心脏起搏或心脏介入治疗如射频消融术等。

表3-3　常用抗快速心律失常药物

药物	适应证	常用剂量	给药途径	不良反应
奎尼丁	房颤、心动过速	0.2g,Tid,<1.5g/d	口服	心脏方面:窦性停搏、房室传导阻滞、QT间期延长、室速 其他:消化道反应、视听觉障碍、意识模糊、皮疹、血小板减少、发热
普鲁卡因胺	房颤、心动过速	0.5~0.75g,q6h	口服、肌注、静滴	心脏方面:低血压、传导阻滞、QT间期延长与室速 其他:消化道反应、皮疹、粒细胞减少、发热、药物性狼疮

续表

药物	适应证	常用剂量	给药途径	不良反应
利多卡因	室性期前收缩、室速、室颤	首次 50~100mg,见效后 1~2mg/min	静注或静滴	心脏方面:窦房结抑制、室内传导阻滞 其他:眩晕、感觉异常、嗜睡、抽搐、昏迷
腺苷	心动过速	首次 3~6m,无效后,再次 6~12mg	静注	心脏方面:窦性停搏、病窦综合征、室性期前收缩 其他:胸闷、呼吸困难、面部潮红
普罗帕酮	室性期前收缩、室速、房性心律失常	100~200mg,Tid	口服、静注或静滴	心脏方面:轻度抑制心肌收缩力、窦房结抑制、房室传导阻滞 其他:眩晕、视物模糊;恶心、呕吐、口内金属味;加重支气管痉挛
普萘洛尔	室速、室上速	10mg,Tid	口服或静滴	心脏方面:低血压、心衰、心动过缓 其他:乏力、加重哮喘与慢性阻塞肺疾病、精神抑郁
胺碘酮	房颤、心动过速、房性期前收缩	0.2g,Tid,维持量 0.1g/d	口服、静注或静滴	心脏方面:心动过缓、偶有室速 其他:甲状腺功能亢进或减退、肺纤维化、转氨酶升高、光过敏、胃肠道反应
维拉帕米	房性期前收缩、室上速	40~80mg,Tid	口服或静注	心脏方面:心动过缓、房室传导阻滞、窦性停搏 其他:偶有肝毒性、使地高辛血浓度增高

表 3-4 常用抗缓慢心律失常药物

药物	适应证	常用剂量	给药途径	不良反应
异丙肾上腺素	窦性停搏、窦房阻滞、高度完全房室传导阻滞、心搏骤停	10~15mg,1~3μg/min	舌下含服或静滴	头痛、眩晕、心悸、震颤
阿托品	窦性心动过缓、窦性停搏、窦房阻滞、房室传导阻滞	0.3~0.6mg,Tid	口服、静注或皮下注射	口干、皮肤潮红、腹胀、排尿困难、视物模糊、心动过速
肾上腺素	心搏骤停	每次 3~5mg	静注或气管内滴入	头痛、心悸、震颤、高血压

知识链接

射频消融术治疗阵发性室上性心动过速

　　李女士,38 岁,"室上速"反复发作 5 年,经常阵发性心慌、胸闷,每天用药,效果不佳,药物副作用亦让她不堪重负,严重影响了她的生活和工作。经食管心脏超声检查显示,病人无手术禁忌证,医生为其进行了射频消融术。术后随访 2 年,病人未再发生心慌、胸闷等不适症状。射频消融治疗的效果确切,病人的生活质量明显提高。

【常见护理诊断/问题】

1. **焦虑**　与严重心律失常导致的躯体及心理不适有关。
2. **活动无耐力**　与严重心律失常引起的心排血量减少有关。
3. **有受伤的危险**　与心律失常导致的晕厥有关。
4. **焦虑**　与心律失常反复发作、疗效欠佳有关。
5. **潜在并发症**:心力衰竭、心搏骤停。

【护理措施】

(一)一般护理

1. **休息与活动**　影响心脏排血功能的心律失常病人应绝对卧床休息,协助完成日常生活。血流动力学改变不大者,应注意劳逸结合,避免劳累及感染,可维持正常工作和生活,积极参加体育运动,改善自主神经功能。

2. **饮食护理**　宜选择低脂、易消化、营养饮食,不宜饱食,少量多餐,避免吸烟、酗酒、刺激性或含咖啡因的饮料或饮食。

(二)病情观察

　　密切观察脉搏、呼吸、血压、心率、心律,以及神志、面色等变化。严重心律失常病人应实行心电监护,注意有无引起猝死的危险征兆,如频发性、多源性、成联律、Ron T 室性期前收缩,阵发性室上性心动过速,心房颤动,第二度Ⅱ型房室传导阻滞等。随时有猝死危险的心律失常,如阵发性室性心动过速、心室颤动、第三度房室传导阻滞等。如有发现,应立即抢救,报告医生进行处理。同时嘱病人卧床、吸氧、开放静脉通道、准备抗心律失常药物、除颤器、临时起搏器等。

(三)用药护理

　　正确、准确使用抗心律失常药物,观察药物不良反应。应用利多卡因须注意静脉注射不可过快、过量,以免导致传导阻滞、低血压、抽搐甚至呼吸抑制和心脏停搏。奎尼丁药物有较强的心脏毒性作用,使用前须测血压、心率,用药期间应经常监测血压、心电图,如有明显血压下降、心率减慢或不规则,心电图示 Q-T 间期延长时,须暂停给药,并报告医生处理。

(四)手术治疗护理

1. **心脏电复律护理**

(1)心脏电复律适应证:非同步电复律适用于室颤、持续性室性心动过速。同步电复律适用于有 R 波存在的各种快速异位心律失常,如房颤、室性阵发性心动过速等。

(2)心脏电复律禁忌证:病史长、心脏明显扩大,同时伴二度Ⅱ型或三度房室传导阻滞的房颤和房扑病人;洋地黄中毒或低血钾病人。

（3）操作配合：准备用物如除颤器、氧气、吸引器、心电血压监护仪、抢救车等。病人仰卧于绝缘床上，连接心电监护仪，建立静脉通路，遵医嘱静脉注射地西泮。放置电极板，电极板须用盐水纱布包裹或均匀涂上导电糊，并紧贴病人皮肤。放电过程中医护人员注意身体的任何部位均不要直接接触铁床及病人，以防电击意外。

（4）电复律后：要严密观察心律、心率、呼吸、血压，每半小时测量并记录1次直至平稳，并注意面色、神志、肢体活动情况。电击局部皮肤如有烧伤，应给予处理；遵医嘱给予抗心律失常药物维持窦性心律，观察药物不良反应。

2. 心脏起搏器安置的护理

（1）适应证

1）临时心脏起搏：适用于急需起搏、房室传导阻滞有可能恢复者；超速抑制治疗异位快速性心律失常或需"保护性"应用的病人。

2）植入式心脏起搏：①二度Ⅱ型以上的房室传导阻滞有临床症状者。②病态窦房结综合征或房室传导阻滞，有明显症状或虽无症状，但逸搏心律<40次/分或心脏停搏时间>3秒。③反复发生的颈动脉窦晕厥和血管迷走性晕厥，以心脏反应为主者。④有窦房结功能障碍或房室传导阻滞的病人，须采用减慢心率的药物治疗时，应植入起搏器。⑤药物治疗效果不佳的顽固性心力衰竭可行心脏同步起搏治疗。

（2）术前准备

1）环境准备：心导管室安静、整洁，温度适宜。

2）用物准备：①临时或植入式起搏器全套装置。②心电图机。③无菌手术包、套管针、5ml注射器、无菌手套等。④急救车：内备有急救药品和器材。

3）病人准备：①心理疏导：向病人及家属介绍手术的必要性和安全性，手术的方法、过程和注意事项以消除病人的紧张情绪。必要时术前应用地西泮，保证充足的睡眠。②皮肤准备：术前1日常规备皮，临时起搏备皮范围为会阴部及双侧腹股沟，植入式起搏备皮范围是左上胸部包括颈部和腋下。③训练床上大、小便，停用抗血小板凝集药物。④青霉素皮试。⑤术前建立静脉通路。

（3）术中配合：严密监测心率、心律、呼吸及血压的变化，发现异常立即通知医生。协助医生测定有关起搏参数，做好抢救准备。了解病人术中有无疼痛及其他不适，做好安慰、解释工作。

（4）术后护理：术后可心电监护24小时，注意起搏频率和心率是否一致，监测起搏器工作情况。遵医嘱绝对卧床1~3天，取平卧位或半卧位，不要压迫植入侧。指导病人6周内限制体力活动，植入侧手臂、肩部应避免过度活动，避免剧烈咳嗽等以防电极移位或脱落。遵医嘱给予抗生素治疗，同时注意伤口有无渗出和感染。做好病人的术后宣教，如何观察起搏器工作情况和故障、定期复查的必要、日常生活中要随身携带"心脏起搏器卡"等。

3. 心导管射频消融术护理 心导管射频消融术（radio frequency catheter ablation, RFCA）是通过心导管将射频电流引入心脏内以消融特定部位的心肌细胞，消除病灶，治疗心律失常的方法。操作的基本步骤为：①明确心律失常的类型。②进行电生理检查以确定消融靶点。③根据不同的靶点位置，经股静脉或股动脉置入消融导管（消融左侧房室旁路，导管经股动脉逆行或股静脉经房间隔置入；消融右侧房室旁路或改良房室结时，导管经股静脉置入），并使之到达靶点。④根据消融部位及心律失常类型不同放电消融，能量5~30W，时间持续或间断10~60秒。⑤重复电生理检查，确认异常传导途径或异位兴奋灶消失。

（1）适应证：①伴有心房颤动且心室率快的预激综合征。②发作频繁和（或）药物治疗无效的室上性、室性心动过速。③无器质性心脏病、反复发作的室性期前收缩。④顽固性心房扑动。⑤特发性心房颤动。

（2）禁忌证：①严重出血性疾病。②感染性疾病。③严重肝肾损害者。④电解质紊乱、洋地黄中毒。⑤外周静脉血栓性静脉炎。⑥严重心律失常、严重的高血压未加控制者。

（3）术前准备

1）术前停用抗心律失常药物 5 个半衰期以上。

2）心电图检查：进行常规 12 导联心电图检查，必要时进行食管调搏、Hotel 等检查。

3）环境准备：心导管室安静、整洁，温度适宜。

4）用物准备：①心电监护仪、除颤器、临时起搏器、高压注射器。②静脉穿刺针、血管鞘、右心导管、导引钢丝及无菌注射器。③气管插管包、呼吸机、氧气。④其他用物如无菌手术包、套管针、5ml 注射器、无菌手套、聚维酮碘（碘伏）、1% 利多卡因、肝素盐水、造影剂等。⑤急救车：内备急救药品和器材。

5）病人准备：①心理疏导：向病人及家属介绍心导管检查的方法和意义、手术的必要性和安全性，以解除病人的紧张心理。必要时术前应用地西泮，保证充足的睡眠。②完成术前各种检查，如肝肾功能、出、凝血时间、胸片、超声心动图等。③皮肤准备：术前 1 日常规备皮，范围为会阴部及双侧腹股沟或上肢、锁骨下静脉穿刺区。④青霉素皮试、碘过敏试验，训练病人床上排尿。⑤穿刺股动脉者应检查两侧足背动脉搏动情况并标记，便于术中、术后对照观察。⑥指导病人衣着舒适，术前排空膀胱。

（4）术中配合：严密监测生命体征、心率、心律变化，密切观察有无心脏压塞、心脏穿孔、房室传导阻带或其他严重心律失常等并发症，并协助医生及时处理。向病人做好解释，如术中药物与放电引起的不适症状，或由于术中靶点选择困难导致手术时间长等，以减轻其紧张与不适，帮助病人顺利配合手术。

（5）术后护理：常规描记 12 导联心电图。严密观察术后并发症如房室传导阻滞、血栓与栓塞、气胸、心脏压塞等。卧床休息，穿刺侧肢体制动 10～12 小时，协助做好生活护理。静脉穿刺者伤口以 1kg 沙袋加压 4～6 小时；动脉穿刺者伤口先加压包扎止血，再以 1kg 沙袋加压 6 小时。观察穿刺点有无出血与血肿，发现异常及时通知医生。定期检查足背动脉搏动情况，比较两侧肢端的颜色、温度、感觉及运动情况。常规使用抗生素，预防感染。严密观察生命体征，及时发现术后并发症，如心律失常、空气栓塞、出血、热原反应、感染、心脏压塞、心脏穿孔等。

（五）心理护理

对于轻度心律失常病人，给予必要的解释和安慰，以稳定情绪。对于严重心律失常病人，加强巡视，加强生活护理，给予心理支持，消除恐惧心理，增加病人的安全感。

（六）健康教育

1. **疾病知识指导**　向病人讲解心律失常的原因及常见诱发因素，如情绪紧张、过度劳累、急性感染、寒冷刺激、不良生活习惯（吸烟、饮浓茶和咖啡）等。

2. **生活指导**　指导病人劳逸结合，有规律生活。无器质性心脏病者应积极参加体育锻炼。保持情绪稳定，避免精神紧张、激动。改变不良饮食习惯，戒烟、酒，避免饮浓茶、咖啡、可乐等刺激性食物。保持大便通畅，避免排便用力而加重心律失常。

3. **用药指导**　说明病人所用药物的名称、剂量、用法、作用及不良反应，嘱病人坚持服药,不得随意增减药物的剂量或种类。

4. **自我监测**　指导教会病人及家属测量脉搏的方法,心律失常发作时的应对措施及心肺复苏术,以便于自我监测病情和自救。对安置心脏起搏器病人,讲解自我监测与家庭护理方法。

5. **复诊定期**　复查心电图和随访。发现异常及时就诊。

（涂　映）

第三节　心脏瓣膜病病人的护理

心脏瓣膜病(valvular heart disease)是由于多种原因引起的单个或多个瓣膜的结构异常和功能异常,导致瓣口狭窄和(或)关闭不全。风湿性心瓣膜病(rheumatic heart disease)与A族乙型溶血性链球菌反复感染有关,病人感染后对链球菌产生免疫反应,使心脏结缔组织发生炎症病变,在炎症的修复过程中,心脏瓣膜增厚、变硬、畸形、相互粘连致瓣膜的开放受到限制,阻碍血液正常流通,称为瓣膜狭窄;如心脏瓣膜因增厚、缩短而不能完全闭合,称为关闭不全。最常受累的是二尖瓣,其次是主动脉瓣。主要累及40岁以下人群,女性多于男性。近年发病率已有所下降,但仍是我国常见的心脏病之一。瓣膜黏液样变性和老年人的瓣膜钙化在我国日渐增多。本节主要介绍风湿性心瓣膜病。

【护理评估】

(一)健康史

1. **病因**　风湿热、慢性咽炎、慢性扁桃体炎等链球菌感染史。

2. **诱发因素**　风湿活动、呼吸道感染、心律失常、过度劳累、情绪激动等。

3. **病理解剖**　由于慢性、反复发作的风湿性心瓣膜炎症和结缔组织增生,使瓣叶增厚、变形、瓣叶间粘连,导致瓣膜口狭窄。早期呈隔膜型,晚期瓣叶明显增厚、纤维化、钙化,腱索及乳头肌粘连、缩短,整个瓣膜口呈漏斗型,常伴有关闭不全。

4. **病理生理**

(1)二尖瓣狭窄(mitral stenosis):正常人二尖瓣口面积为$4 \sim 6cm^2$。当瓣口面积减少至$1.5 \sim 2cm^2$(轻度狭窄)时,左心房压力升高,左心房代偿性扩大、肥厚。此时病人多无症状,临床表现为代偿期。当瓣口面积减少到$1 \sim 1.5cm^2$(中度狭窄)甚至减少至$1cm^2$以下(重度狭窄)时,左心房压力升高,导致肺循环淤血、肺循环压力增高,临床上出现劳力性呼吸困难,为左房失代偿期。长期肺循环压力增高,右室压力负荷过重,引起右心室扩张肥厚、扩大,最终导致右心衰,为右心受累期。

(2)二瓣关闭不全(mitral incompetence):因二尖瓣关闭不全,左心室收缩时部分血液反流回左心房,加上肺静脉回流的血液,使左心房压力升高和容量增加;左心室舒张期过多的左房血液流入左心室,造成左心室扩张、肥大,最后引起左心衰竭。左心室扩大,常使二尖瓣环更为扩张,从而加重了二尖瓣反流量,左心搏出量降低又加重血液反流,使左房压力进一步增高,致肺静脉和毛细血管淤血,最终导致肺动脉高压和右心衰竭。

(3)主动脉瓣狭窄(aortic stenosis):主动脉瓣狭窄使左心室射血阻力增加,左心室代偿性肥厚,失代偿时,左心室射血减少而心肌耗氧增加,引起心肌缺血、纤维化。导致左心衰。同时主动脉瓣狭窄左心室排血减少,导致全身动脉缺血及冠状动脉灌注不足。

(4)主动脉瓣关闭不全(aortic incompetence):主动脉瓣关闭不全时左心室容量负荷增

加,使左心室肥大、扩张,同时由于舒张期主动脉内压降低,冠状动脉灌注减少,导致心肌缺血,两者最终引起左心衰。

(二) 身体状况

1. 二尖瓣狭窄

(1)症状:最常出现的早期症状是劳力性呼吸困难,常伴有咳嗽,随着瓣膜口狭窄的加重,可出现阵发性夜间呼吸困难,严重时可导致急性肺水肿,咳嗽、咳粉红色泡沫痰。咯血可表现为血性或血丝痰,严重二尖瓣狭窄可有突然大咯血,可为首发症状,可能与肺静脉曲张出血有关。可常出现以房颤为代表的心律失常,可有心悸、乏力,甚至可有食欲减退、腹胀、肝区疼痛、下肢水肿。

(2)体征:可出现面部两颧绀红、口唇轻度发绀,称"二尖瓣面容"。心尖部可触及舒张期震颤;心尖部可闻及舒张期隆隆样杂音,是最重要的体征;心尖部第一心音亢进及二尖瓣开放拍击音,提示前叶柔顺,活动度好;肺动脉瓣区第二心音亢进、分裂。

2. 二尖瓣关闭不全

(1)症状:轻者可无症状,重者出现左心功能不全的表现如疲倦、心悸、劳力性呼吸困难等,后期可出现右心功能不全的表现。

(2)体征:心脏搏动增强并向左下移位;心尖部可闻及收缩期粗糙吹风样杂音是最重要体征,第一心音减弱,肺动脉瓣区第二心音亢进。

3. 主动脉瓣狭窄

(1)症状:劳力性呼吸困难、心绞痛、晕厥是主动脉瓣狭窄典型的三联症。心绞痛常由活动引起,休息便缓解。劳力性呼吸困难为晚期肺淤血引起的首发症状,进一步可发生夜间阵发性呼吸困难、端坐呼吸,甚至急性肺水肿。晕厥多数发生于直立、运动中或运动后即刻。

(2)体征:主动脉瓣区可闻及响亮、粗糙的收缩期吹风样杂音是主动脉瓣狭窄最重要的体征,可向颈部传导。主动脉瓣区可触及收缩期震颤。

4. 主动脉瓣关闭不全

(1)症状:轻者可无症状。重者可有心悸,心前区不适、头部强烈的震动感,常有体位性头晕。如反流量大,主动脉舒张压显著降低,可引起冠状动脉灌注不足,出现心绞痛,病情发展最终可发生全心衰竭。

(2)体征:心尖搏动向左下移位,呈心尖抬举样搏动。主动脉瓣第二听诊区可闻及舒张早期叹气样杂音。颈动脉搏动明显,血压收缩压升高,舒张压降低,脉压增大而产生周围血管征,如毛细血管搏动征、水冲脉、大动脉枪击音、Duroziez征等。

5. 并发症

(1)充血性心力衰竭:首要的并发症,也是就诊和致死的主要原因。诱因是感染、风湿活动、心律失常、洋地黄使用不当、劳累和妊娠等。

(2)心律失常:房颤是风湿性心瓣膜病最常见的心律失常,并发之后可诱发或加重心力衰竭。

(3)亚急性感染性心内膜炎:主动脉瓣关闭不全病人发生率较高,常见致病菌为草绿色链球菌。常有发热、寒战、皮肤黏膜瘀点、进行性贫血,病程长者可出现脾大、杵状指等全身症状。心内膜赘生物如脱落引起周围动脉栓塞。

(4)栓塞:多见于二尖瓣狭窄伴有房颤的病人,血栓脱落引起周围动脉栓塞,以脑动脉栓塞常见。另外,重症心力衰竭病人因长期卧床,下肢静脉可形成血栓,如血栓脱落可导致栓塞等。

6. 实验室及其他检查

（1）二尖瓣狭窄

1）X线检查：中、重度二尖瓣狭窄左心房显著增大时，心影呈梨形（二尖瓣型心脏），是肺动脉总干、左心耳和右室扩大所致。

2）心电图检查：左心房增大，可出现"二尖瓣型P波"，P波＞0.12秒，伴切迹。

3）超声心动图：确诊二尖瓣狭窄的可靠方法。M型超声心动图显示二尖瓣呈城墙样改变；二维切面超声心动图可显示狭窄瓣膜的形态和活动度，测量二尖瓣口面积；彩色多普勒血流显像可实时观察二尖瓣狭窄的射流束；食管心脏超声可检出左心房血栓。

（2）二尖瓣关闭不全

1）X线检查：慢性重度反流常见左心房、左心室增大。

2）心电图检查：慢性重度二尖瓣关闭不全者主要为左心房肥大表现，部分有左心室肥大及继发性ST-T改变。

3）超声心动图：脉冲多普勒超声和彩色多普勒血流显像可在二尖瓣左心房侧探及收缩期反流束，诊断二尖瓣关闭不全的敏感率几乎达100%，且可判断反流程度。

（3）主动脉瓣狭窄

1）X线检查：单纯主动脉瓣狭窄时，心影正常或轻度增大，主动脉根部常见狭窄后扩张。

2）心电图检查：重度狭窄者有左心室肥大伴继发性ST-T改变，可有房室传导阻滞、房颤等心律失常。

3）超声心动图：左心室壁增厚，主动脉瓣开放幅度减低。多普勒超声可测出主动脉瓣口面积及跨瓣压差，为明确诊断和判断狭窄程度的重要方法。

（4）主动脉瓣关闭不全

1）X线检查：心影呈靴形（主动脉型心脏），即左心室增大，伴升主动脉扩张、迂曲、主动脉弓突出、搏动明显。

2）心电图检查：左心室肥大及继发性ST-T改变。

3）超声心动图：彩色多普勒血流显像为最敏感的确定主动脉瓣反流方法。二维超声可显示瓣膜和主动脉根部的形态改变，有助于病因确定。

（三）心理和社会状况

本病因病程长，反复发作，病情呈进行性发展，出现并发症，使病人的工作和生活受到部分或完全限制，社会支持差等，病人常有焦虑、压抑、敏感多疑等心理状态。

（四）治疗要点

1. 内科治疗　以保持和改善心脏代偿功能、积极预防及控制风湿活动及并发症发生为主。

2. 外科手术　是治疗本病的根本方法，主要有人工心瓣膜置换术等。对于中、重度单纯二尖瓣狭窄，瓣叶无钙化，瓣下组织无病变，左房无血栓的病人，也可应用经皮瓣膜球囊扩张术介入治疗。

【常见护理诊断/问题】

1. **活动无耐力**　与心排血量减少有关。

2. **有感染的危险**　与肺淤血、风湿活动有关。

3. **知识缺乏**　与对疾病缺乏正确认识有关。

4. **潜在并发症**：心衰、栓塞、心律失常。

【护理措施】

（一）一般护理

1. **活动与休息** 按心功能分级安排适当的活动,防止静脉血栓的形成、增加侧支循环、保持肌肉功能、防止便秘。合并主动脉病变者应限制活动,风湿活动时卧床休息,活动时出现不适,应立即停止活动并给予吸氧 3～4L/min。

2. **饮食** 给予高热量、高蛋白、高维生素易消化饮食。有心力衰竭时应限制钠盐摄入,少量多餐,多吃蔬菜、水果,保持大便通畅。

（二）病情观察

监测生命体征,注意病人的精神状态及意识变化。观察有无风湿活动的表现,如皮肤环行红斑、皮下结节、关节红肿及疼痛等。观察有无呼吸困难、乏力、食欲减退、尿少等心力衰竭的征象。观察有无栓塞征象,一旦发现,立即报告医生并给予相应的处理。

（三）用药护理

预防风湿热复发常用药物有苄星青霉素、阿司匹林,有风湿活动的病人应长期甚至终生应用苄星青霉素,每月 1 次,肌内注射 120 万 U。苄星青霉素溶解后为白色乳剂,若按一般的肌注方法针头易堵塞,天气寒冷时尤甚,操作时应选择 9 号针头,用 8～10ml 生理盐水稀释后,更换注射针头,勿排气,快速肌注。阿司匹林主要不良反应有胃肠道反应、牙龈出血、血尿、柏油样便等,应饭后服药,并观察有无出血。慢性房颤者如无禁忌证应长期服用华法林,预防血栓栓塞。华法林用药过程中应注意观察有无出血倾向,观察有无皮肤黏膜出血,定期检查凝血酶原时间,必要时使用维生素 K 对抗。

（四）并发症的预防及护理

1. **心衰的预防与护理** 预防呼吸道感染及风湿活动、注意休息、保持大便通畅、严格控制入量及静脉输液滴速、如发生心力衰竭时置病人半卧位,给予吸氧;给予低热量、易消化饮食,少量多餐,适量补充营养,提高机体抵抗力。

2. **防止栓塞发生**

（1）指导病人避免长时间盘腿或蹲坐、勤换体位、肢体保持功能位,腿部常活动保持肌肉张力,以防发生下肢静脉血栓。

（2）合并房颤者服阿司匹林,防止附壁血栓形成。如有附壁血栓形成者,应避免剧烈运动或体位突然改变,以免附壁血栓脱落,动脉栓塞。

（3）观察栓塞发生的征兆,脑栓塞可引起言语不清、肢体活动受限、偏瘫;四肢动脉栓塞可引起肢体剧烈疼痛、皮肤颜色及温度改变;肾动脉栓塞可引起剧烈腰痛;肺动脉栓塞可引起突然剧烈胸痛和呼吸困难、发绀、咯血、休克等。

3. **风湿的预防与护理** 风湿活动时应注意休息,病变关节应制动、保暖,并用软垫固定、避免受压和碰撞,可用局部热敷或按摩,增加血液循环,减轻疼痛,必要时遵医嘱使用镇痛药如寒痛乐外敷、口服非甾体抗炎药如阿司匹林等。

4. **亚急性感染性心内膜炎的预防与护理** 严格执行无菌操作规则,完成各项无菌操作,预防风湿复发;出现亚急性细菌性心内膜炎时应注意休息,作血培养以查明病原菌;注意观察体温、血红蛋白、新出血点、栓塞等情况。合理饮食,补充营养和铁,提高抗病能力。

（五）心理护理

向病人解释风心病的原因、诱因及预后,告诉病人情绪稳定、积极配合治疗、加强自我保健可控制病情进展,提高生活质量。鼓励家属与病人交流、多陪伴,减轻病人的心理负担。

（六）健康教育

1. 疾病知识指导 告诉病人及家属此病的病因和病程发展特点,将其治疗长期性和困难讲清楚,同时要给予鼓励,建立信心。对于有手术适应证的病人,要劝病人择期手术,提高生活质量。

2. 生活指导 指导病人居住环境要避免潮湿、阴暗等不良条件,保持室内空气流通,温暖干燥,阳光充足,防风湿复发。教育病人要注意适当锻炼,注意保暖,加强营养,合理饮食,提高机体抵抗力,避免呼吸道感染,一旦发生,应立即就诊。

3. 用药指导 教育病人坚持按医嘱服药,提高病人依从性。同时告诉病人定期门诊复诊,对于防止病情进展也是重要的。

4. 避免诱因 指导病人避免诱发因素,协助病人做好休息及活动的安排,避免重体力劳动、过度劳累和剧烈运动。要劝告反复发生扁桃体炎病人,在风湿活动控制后 2~4 个月可手术摘除扁桃体。在拔牙、内镜检查、导尿、分娩、人工流产等手术前,应告诉医生自己有风心病史,便于预防性使用抗生素。

5. 生育指导 育龄妇女要在医生指导下,根据心功能情况,控制好妊娠与分娩时机。对于病情较重不能妊娠与分娩病人,做好病人及配偶的心理工作,接受现实。

（涂 映）

第四节 冠状动脉粥样硬化性心脏病病人的护理

冠状动脉粥样硬化性心脏病(coronary atherosclerotic heart disease)是冠状动脉粥样硬化后造成管腔狭窄、阻塞,和(或)冠状动脉功能性痉挛,导致心肌缺血、缺氧或坏死引起的心脏病,简称冠心病,又称缺血性心脏病。是动脉硬化引起器官病变的最常见类型,也是严重危害人们健康的常见病。

【概述】

（一）病因

冠状动脉粥样硬化病因不明,研究表明是由多种危险因素作用所致:

1. 年龄、性别 40 岁以上的中老年多见。近年来,发病年龄有年轻化的趋势。男性多见,女性在更年期后发病率明显增高。

2. 血脂异常 是动脉粥样硬化最重要的危险因素。目前认为与动脉粥样硬化形成关系最密切的危险因素是总胆固醇、甘油三酯、低密度脂蛋白或极低密度脂蛋白增高,高密度脂蛋白、载脂蛋白 A 降低,载脂蛋白 B 增高。

3. 高血压 高血压病人本病的患病率比正常者高 3~4 倍,且约 60%~70% 的冠心病病人有高血压病史。

4. 吸烟 吸烟者本病的患病率比不吸烟者高 2~6 倍,且与吸烟量成正比。被动吸烟亦是危险因素。

5. 糖尿病和糖耐量异常 糖尿病多伴高脂血症、血小板活力增高,糖尿病病人心血管疾病风险增加 2~5 倍。

6. 遗传 家族中有年龄小于 50 岁的冠心病病人,其近亲患病的机会可 5 倍于无这种情况的家族。

7. **其他**　肥胖、缺少体力活动、A 型性格(性情急躁、争强好胜)及进食过多的动物脂肪、胆固醇、糖和钠盐的食物。近年发现的危险因素有血中同型半胱氨酸增高、胰岛素抵抗增强、血中纤维蛋白原及一些凝血因子增高和病毒、衣原体感染等。

(二)发病机制

对于冠状动脉粥样硬化的发病机制,近年多数学者支持"内皮损伤反应学说"。认为本病各种主要危险因素最终都损伤动脉内膜,而粥样硬化病变的形成是动脉对内膜损伤作出的炎症-纤维增生性反应的结果。正常动脉壁由内膜、中膜和外膜构成(图 3-16),动脉粥样硬化时相继出现脂质点和条纹、粥样和纤维粥样斑块及出血、坏死、溃疡、钙化和附壁血栓(图 3-17a、图 3-17b)。

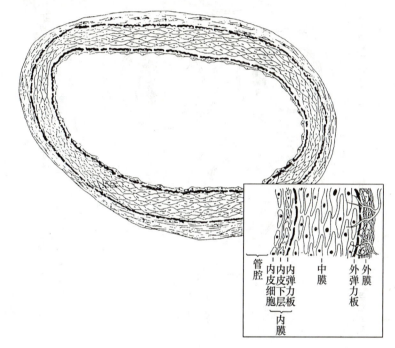

图 3-16　动脉壁结构示意图

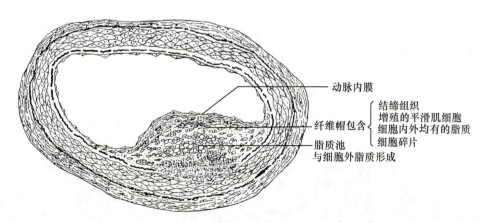

图 3-17a　动脉粥样硬化斑块结构示意图

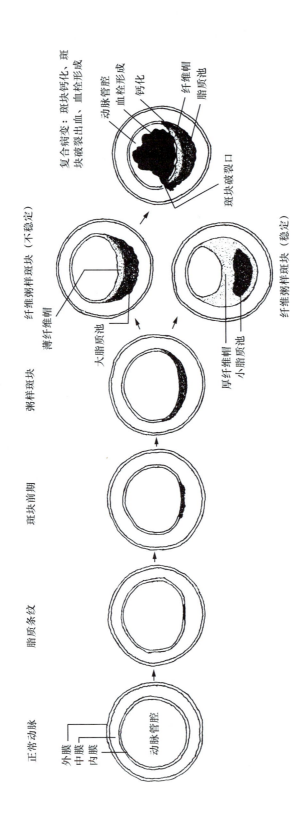

图3-17b　动脉粥样硬化进展过程血管横切面示意图

图中黑色代表血栓、钙化，淡黑色代表脂质条纹、脂质核和脂质池，细黑点代表纤维帽

（三）临床分型

1979 年世界卫生组织将冠心病分为无症状性心肌缺血、心绞痛、心肌梗死、缺血性心肌病、猝死 5 型,上述 5 种类型也可合并出现。为了有预见性、针对性地选择适当的治疗方案以提高疗效,降低死亡率,近年来,趋于将本病分为急性冠脉综合征(ACS)和慢性冠脉病(CAD)或称慢性缺血综合征(CIS)两大类,急性冠脉综合征包括不稳定型心绞痛(UA)、非 ST 段抬高性心肌梗死(NSTEMI)、ST 段抬高性心肌梗死(STEMI)和冠心病猝死;慢性冠脉病包括稳定型心绞痛、冠脉正常的心绞痛(如 X 综合征)、无症状性心肌缺血和缺血性心力衰竭(缺血性心肌病)。本节仅讨论心绞痛及急性心肌梗死病人的护理。

一、心绞痛病人的护理

心绞痛(angina pectoris)指由冠状动脉供血不足,导致心肌急剧、暂时的缺血、缺氧所产生的临床综合征。心绞痛可分为稳定型心绞痛和不稳定型心绞痛。本节重点介绍稳定型心绞痛。

【护理评估】

（一）健康史

1. 病因

(1)基本原因:冠状动脉粥样硬化引起血管腔狭窄和痉挛。

(2)其他病因:重度主动脉瓣狭窄或关闭不全、肥厚型心肌病、先天性冠状动脉畸形、冠状动脉栓塞、严重贫血、休克、快速心律失常、心肌耗氧量增加等。

(3)诱因:体力劳动、情绪激动、饱餐、寒冷、饮食不当、吸烟、便秘等。

2. 发病机制 冠状动脉粥样硬化所致的冠脉管腔狭窄和(或)部分分支闭塞时,冠状动脉扩张能力减弱,血流量减少,对心肌供血处于相对固定状态。当心脏负荷突然增加时,冠状动脉不能相应扩张以满足心肌需血量;或是各种原因引起冠状动脉痉挛,致冠状动脉血流量减少;或是循环血量减少致冠状动脉血液灌注量突然降低,导致心肌血液供求不平衡。心肌在缺血、缺氧情况下产生的代谢产物,如乳酸、磷酸、丙酮酸等酸性物质,或是类似激肽类物质,刺激心脏内的传入神经末梢而产生心绞痛。

（二）身体状况

1. 症状 阵发性胸痛或心前区不适是典型的心绞痛特点。

(1)疼痛部位:以胸骨体中段或上段,可波及心前区,甚至整个前胸,边界表达不清。可放射至左肩、左臂内侧,甚至可达左手无名指和小指,也可向上放射至颈、咽部和下颊部。部分病人疼痛部位可不典型。

(2)疼痛性质:常为压迫感、发闷、紧缩感也可为烧灼感,偶可伴有濒死感。病人可因疼痛而被迫停止原来的活动,直至症状缓解。

(3)持续时间:多在 3~5 分钟内,一般不超过 15 分钟。

(4)缓解方式:休息或含服硝酸甘油后 1~3 分钟内缓解。

(5)诱发因素:常由于体力劳动或情绪激动、饱餐、寒冷、吸烟、心动过速、休克等情况而诱发。

2. 体征 发作时可有心率增快,暂时血压升高。有时出现第四或第三心音奔马律。也可有心尖部暂时性收缩期杂音,出现交替脉。

3. 实验室及其他检查

(1)心电图检查:①静息和发作时心电图:缓解期可无任何表现。发作期可见 ST 段压低

>0.1mV,T 波低平或倒置。②运动负荷试验:运动中出现典型心绞痛,心电图有 ST 段水平型或下斜型压低≥0.1mV,持续 2 分钟即为运动负荷试验阳性。③24 小时动态心电图:胸痛发作时相应时间心电图呈缺血性 ST-T 改变有助于心绞痛的诊断。

(2)超声心动图检查:心绞痛及严重缺血发作时,超声心动图可见缺血区心室壁运动异常。冠状动脉内超声显像可显示血管壁的粥样硬化病变。双嘧达莫、多巴酚丁胺等药物超声负荷试验对冠心病诊断敏感性较高。

(3)放射性核素检查:放射性核素²⁰¹TI(铊)对心肌缺血诊断极有价值。放射性核素心血池显像,可测定左心室射血分数,显示室壁局部运动情况。

(4)冠状动脉造影:有确诊价值。可发现冠脉系统病变的范围和程度,当管腔直径缩小70%~75%以上时,将严重影响心肌供血。

(三)心理和社会状况

心绞痛病人多为易激动、急躁、争强好胜者,竞争强烈的工作或家庭社会较高的期望值易强化病人的性格特点。心绞痛发作时的濒死感和病情的反复、频繁发作,常使病人产生焦虑、恐惧或抑郁心理。

(四)治疗要点

1. 心绞痛发作期治疗 原则是改善冠状动脉供血、减轻心肌的耗氧、治疗动脉粥样硬化。

(1)发作时立刻休息。

(2)应用硝酸酯类药物:是最有效、作用最快的终止心绞痛发作的药物。如舌下含化硝酸甘油 0.3~0.6mg,1~2 分钟开始起效,作用持续 30 分钟左右,或舌下含化硝酸异山梨醇酯 5~10mg,2~5 分钟起效,作用持续 2~3 小时。

2. 缓解期治疗

(1)去除诱因:尽量避免已确知的诱发因素,如过度劳累、情绪激动等。

(2)药物治疗:以改善预后和减轻症状、改善缺血的药物为主。①硝酸酯制剂,如硝酸异山梨醇酯等。②β 受体阻滞药,如普萘洛尔、阿替洛尔、美托洛尔等。③钙离子拮抗剂,如硝苯地平、地尔硫䓬等。④抑制血小板聚集的药物,如肠溶阿司匹林等。

3. 介入治疗 经皮冠状动脉介入治疗。

【常见护理诊断/问题】

1. 疼痛 与心肌缺血有关。

2. 活动无耐力 与心肌缺血、缺氧有关。

3. 知识缺乏:缺乏有关冠心病的知识。

4. 潜在并发症:急性心肌梗死。

【护理措施】

(一)一般护理

1. 休息与活动 稳定型心绞痛发作时应立即停止活动,同时舌下含服硝酸甘油。缓解期一般不需卧床休息,可适当参加体力劳动和锻炼,以不出现心绞痛症状为度。秋、冬季外出应注意保暖,以防冠脉收缩,加重心肌缺血。吸烟病人应鼓励戒烟,以免加重心肌缺氧。

2. 饮食护理 宜低热量、低脂肪、低胆固醇、少糖、少盐、适量蛋白质、纤维素和丰富的维生素饮食,宜少食多餐,不宜过饱,不饮浓茶、咖啡,避免辛辣刺激性食物。

3. 保持大便通畅 由于便秘时病人用力排便可增加心肌耗氧量,诱发心绞痛。指导病人养成按时排便的习惯,增加水分、纤维素的摄入。

（二）病情观察

了解病人发生心绞痛的诱因,发作时疼痛的部位、性质、持续时间、缓解方式、伴随症状等。发作时应尽可能描记心电图,以明确心肌供血情况。观察症状变化,警惕急性心肌梗死发生。

（三）用药护理

注意药物的疗效及不良反应。含服硝酸甘油片后约 1～2 分钟起效,30 分钟失效。硝酸甘油可引起头胀、面红、头晕、心悸等血管扩张的表现,一般持续用药数天后可自行好转。使用时注意:①随身携带硝酸甘油片,注意有效期,定期更换。②对于规律性发作的劳累性心绞痛,可进行预防用药,在外出、就餐、排便等活动前含服硝酸甘油。③发作时每隔 5 分钟含服硝酸甘油 0.5mg,直至疼痛缓解。如果疼痛持续 15～30 分钟仍未缓解(或连续含服 3 片后),应警惕急性心肌梗死的发生。④含服硝酸甘油后最好平卧,防止低血压的发生。⑤青光眼、低血压时忌用。

（四）心理护理

焦虑、紧张能增加心肌需氧量,加重心肌缺血。因此发作时应专人守护,给予心理安慰,增加病人的安全感,必要时可遵医嘱给予镇静剂。

（五）健康教育

1. 生活指导　合理安排休息与活动,保证充足的休息时间。活动应循序渐进以不引起症状为原则。避免重体力劳动、精神过度紧张的工作或过度劳累。

2. 预防发作指导　避免情绪激动、精神紧张、寒冷刺激、剧烈运动、过度劳累、用力排便、饱餐或高脂饮食、进食刺激性食物(如酒、浓茶、咖啡)等诱因。减少危险因素,选择低盐、低脂、低胆固醇、高纤维素饮食,维持理想的体重,控制高血压,调节血脂,治疗糖尿病等。

3. 用药指导　指导病人正确用药,学会观察药物的作用和不良反应。提高病人服药的依从性　按医嘱服药,平时要随身携带保健药盒(内有保存在深色瓶中的硝酸甘油等药物)以备急用,并注意定期更换。学会自我监测药物的副反应,自测脉率、血压,密切观察心率、血压变化,如发现心动过缓应到医院调整药物。

4. 定期复查　定期检查心电图、血脂、血糖情况,积极治疗高血压、控制血糖和血脂。如出现疼痛加重,用药效果不好,应到医院就诊。

二、急性心肌梗死病人的护理

心肌梗死(myocardial infarction,MI)是指在冠状动脉的基础上,发生冠状动脉血流急剧减少或中断,使相应的心肌严重而持久地急性缺血导致的心肌细胞死亡。临床表现为胸骨后持续而剧烈的疼痛、特征性心电图动态演变、心肌酶增高,可发生心律失常、心力衰竭或心源性休克。属冠心病的严重类型。多发生于 40 岁以上男性。

【护理评估】

（一）健康史

1. 病因及发病机制　心肌梗死的基本病因是冠状动脉粥样硬化。造成管腔严重狭窄和心肌血液供应不足,而侧支循环尚未充分建立,在此基础上,若发生血供急剧减少或中断,使心肌严重而持久地缺血达 20～30 分钟以上,即可发生心肌梗死。心肌梗死可由频发心绞痛发展而来,也可原无症状,直接发生心肌梗死。心肌梗死后发生的严重心律失常、休克或心力衰竭,均可使冠状动脉灌流量进一步降低,心肌坏死范围进一步扩大,严重者可导致死亡。

研究证明,多数心肌梗死是由于粥样斑块破溃,出血、管腔内血栓形成,使管腔闭塞。还有部分病人是由于冠状动脉粥样斑块内或其下出血或血管持续痉挛,也可使冠状动脉完全闭塞。

促使斑块破裂出血及血栓形成的诱因有:①晨起6时至12时,交感神经活动增加,机体应激反应性增强,心肌收缩力、心率、血压增高,冠状动脉张力增高。②饱餐特别是进食大量脂肪后,血脂增高,血黏度增高。③重体力活动、情绪过分激动、用力排便或血压剧升,致左心室负荷明显加重,儿茶酚胺分泌增多,心肌需氧量增加,冠状动脉供血明显不足。④休克、脱水、出血、外科手术或严重心律失常,致心排血量骤降,冠状动脉灌流量锐减。

(二) 身体状况

1. 先兆表现　约半数以上病人发病数日或数周前有胸闷、心悸、乏力、恶心、大汗、烦躁、血压波动、心律失常、心绞痛等前驱症状。以新发生的心绞痛,或原有心绞痛发作频繁且程度加重、持续时间长、硝酸甘油效果不好为常见。

2. 症状

(1)疼痛:是最早、最突出的症状,其性质和部位与心绞痛相似,但程度更剧烈,伴有烦躁、大汗、濒死感。一般无明显的诱因,疼痛可持续数小时或数天,休息和含服硝酸甘油多不能缓解。

知识链接

心绞痛与心肌梗死的鉴别

鉴别项目	心绞痛	心肌梗死
诱因	体力劳动、情绪激动、寒冷、饱餐后	多不明显
部位	胸骨上、中段之后	同左,但可在较低位置或上腹部
放射部位	左肩、左臂内侧至无名指和小指内侧	不确定,可放射至下颌、上腹等
性质	压迫、发闷或紧缩感	同左,但更剧烈
持续时间	短(常短于15分钟)	长(数小时至1~2天)
硝酸甘油疗效	疼痛显著缓解	疼痛不缓解

(2)全身症状:有发热、心动过速、白细胞增高和红细胞沉降率增快等,由坏死组织吸收所引起。体温在38℃左右,一般不超过39℃,持续大约1周。

(3)胃肠道症状:部分有疼痛的病人在发病早期伴频繁的恶心、呕吐和上腹胀痛,与坏死心肌刺激迷走神经和心排血量降低致组织灌注不足等有关;亦可出现肠胀气;重者可发生呃逆。

(4)心律失常:是急性心肌梗死病人死亡的主要原因。约有75%~95%的病人发生心律失常。多发生在起病1~2日内,以24小时内最多见。室性心律失常常见,尤其是室性期前收缩,如出现频发室性期前收缩、成对或呈短阵室性心动过速、多源性室性期前收缩或R on T现象,常为心室颤动的先兆。前壁心肌梗死易发生室性心律失常,下壁心肌梗死易发生房室传导阻滞。前壁心肌梗死如发生房室传导阻滞表明梗死范围广泛,预后较差。

(5)低血压和心源性休克:休克见于约20%的病人,多在起病后数小时至1周内发生,主要为心肌广泛坏死、心排血量急剧下降所致。主要表现为疼痛缓解而收缩压下降至＜80mmHg,烦躁不安,面色苍白,皮肤湿冷,脉细而快,大汗淋漓,尿量减少(＜20ml/h),意识模糊,甚至昏厥。但疼痛期的血压下降,未必是休克。

(6)心力衰竭:主要为急性左心衰竭,可在起病最初几日内发生,或在疼痛、休克好转阶段出现。发生率32%～48%,为梗死后心脏收缩力显著减弱或顺应性降低所致,可出现呼吸困难、咳嗽、发绀、烦躁等,严重者可发生肺水肿,随后可有右心衰竭的表现。右心室心肌梗死者一开始即可出现右心衰竭表现,并伴血压下降。

3. 体征

(1)心脏体征:心脏浊音界可正常,也可轻度至中度增大;心率可增快或减慢;心尖区第一心音减弱,可出现第四或第三心音奔马律。部分病人发病后2～3日出现心包摩擦音。

(2)血压和其他:除极早期血压可增高外,几乎所有病人都有血压降低。起病前有高血压者,血压可降至正常;起病前无高血压者,血压可降至正常以下。当伴有心律失常、休克或心力衰竭时,可有相应的体征。

4. 并发症

(1)乳头肌功能失调或断裂:二尖瓣乳头肌因缺血、坏死等而收缩无力或断裂,造成不同程度的二尖瓣脱垂并关闭不全,心尖区可出现粗糙的收缩期杂音或伴收缩中晚期喀喇音,并易引起心力衰竭。

(2)心脏破裂:少见,常在起病1周内出现,多为心室游离壁破裂,造成心包积血引起急性心脏压塞而猝死,偶为心室间隔破裂造成穿孔,引起心力衰竭和休克而在数日内死亡。

(3)栓塞:见于起病后1～2周,如为左心室附壁血栓脱落所致,则引起脑、肾、脾或四肢等动脉栓塞;如由下肢静脉血栓破碎脱落所致,则产生肺动脉栓塞。

(4)心室壁瘤:主要见于左心室,可见左侧心界扩大,心脏搏动范围广泛,可有收缩期杂音。瘤内发生附壁血栓时,心音减弱。心电图ST段持续抬高。

(5)心肌梗死后综合征:于心肌梗死后数周至数月内出现,可反复发生,表现为心包炎、胸膜炎或肺炎,有发热、胸痛、气急、咳嗽等症状,可能为机体对坏死物质的过敏反应。

5. 实验室及其他检查

(1)心电图

1)特征性改变:宽而深的Q波(又称病理性Q波,在面向透壁心肌梗死区的导联上出现)、ST段弓背向上抬高(在面向梗死区周围心肌损伤区的导联上出现)、T波倒置(在面向损伤区周围心肌缺血区的导联上出现)。

2)动态性改变:①起病数小时内可无异常或出现异常高大T波,数小时后ST段弓背向上抬高,与T波形成单相曲线,而后出现病理性Q波,这是急性期改变。②数日后,ST段逐渐回到等电位水平,T波则倒置,此为亚急性期改变。③数周至数月后,T波倒置,病理性Q波持续存在,此为慢性期改变。T波倒置可永久存在,也可在数月或数年内恢复。

3)定位和定范围:心电图可反映梗死区的位置和范围(见表3-5、图3-18、图3-19)。

表 3-5 心肌梗死定位诊断

梗死部位	出现梗死图形的导联
前间壁	V_1、V_2、V_3
前壁(局限)	V_3、V_4、V_5
前侧壁	V_5、V_6、Ⅰ、aVL
高侧壁	Ⅰ、aVL
下壁	Ⅱ、Ⅲ、aVF
广泛前壁	$V_1 \sim V_6$、Ⅰ、aVL
广泛前壁伴下壁	$V_1 \sim V_6$、Ⅰ、aVL、aVF

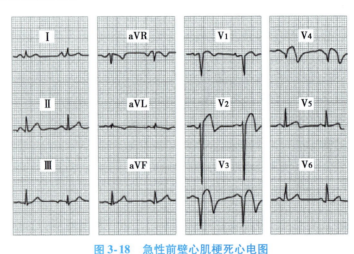

图 3-18 急性前壁心肌梗死心电图

图示 V_1、V_3、V_4 导联呈 QS 型,V_1-V_5导联 ST 段抬高

(2)实验室检查

1)血清心肌坏死标记物增高:心肌坏死标记物增高水平与心肌梗死范围及预后明显相关。对心肌坏死标记物的测定应进行综合评价,如肌红蛋白在 AMI 后出现最早,也十分敏感,但特异性不很强。肌钙蛋白 T(cTnT)和肌钙蛋白 I(cTnI)出现稍延迟,而特异性很高。肌酸激酶同工酶(CK-MB)虽不如 cTnI、cTnT 敏感,但对早期(<4 小时)AMI 的诊断有较重要的价值,其高峰出现时间是否提前有助于判断溶栓治疗是否成功(表3-6)。

表 3-6 血清心肌坏死标记物测定

血清心肌坏死标记物及心肌酶	开始升高(h)	高峰(h)	恢复正常
肌红蛋白	2	12	1~2 天
肌钙蛋白 I(cTnI)	3~4	11~24	7~10 天
肌钙蛋白 T(cTnT)	3~4	24~48	10~14 天
肌酸激酶同工酶(CK-MB)	4	16~24	3~4 天
肌酸激酶(CK)	6~10	12	3~4 天
天门冬氨酸氨基转移酶(AST)	8~12	24	3~6 天
乳酸脱氢酶(LDH)	8~10	48~72	1~2 周

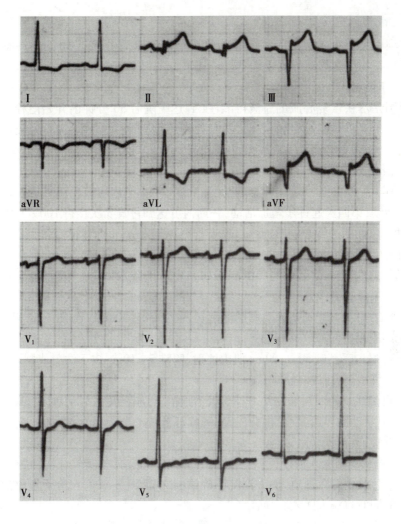

图 3-19　急性下壁心肌梗死心电图

图示Ⅲ、aVF 导联 QRS 波群呈 Qr 型,Q 波深、宽,ST 段抬高,Ⅱ导联 QRS 波群呈
qRsr 型,ST 段抬高,Ⅰ、aVF 导联 ST 段压低,T 波倒置,此外,$V_{1,2}$ 导联 S 波深,$V_{5,6}$
导联 R 波高,ST 段压低,T 波低双相,尚有左心室肥大和劳损

2)其他:起病 24～48 小时后白细胞可增至(10～20)×10^9/L,中性粒细胞增多,酸性粒
细胞减少或消失。红细胞沉降率增快。C 反应蛋白(CRP)增高,均可持续 1～3 周。起病数
小时至 2 天内血中游离脂肪酸增高。

(3)放射性核素检查:根据坏死心肌细胞中钙离子能结合放射性锝焦磷酸盐或坏死心肌
细胞的肌球蛋白可与其特异抗体结合的特点,显示心肌梗死的部位和范围。

(4)超声心动图:可评估左心室梗死面积、测量左心功能等,为临床治疗及判断预后提供
重要依据。

(三)心理和社会状况

病人因剧烈胸痛、呼吸困难而产生濒死感、恐惧感;监护病房的环境和一系列的检查、治
疗和病情监护等,会加重病人的焦虑、悲哀情绪;病人家属及亲友因对疾病的认识程度有限
及担心预后常表现情绪激动,焦虑不安等。

123

（四）诊断要点

以下三项中具备两项即可确诊：①缺血性胸痛的临床病史；②心电图的动态演变；③血清心肌坏死标记物浓度的动态改变。

（五）治疗要点

治疗原则是尽快恢复心肌的血液再灌注（到达医院后 30 分钟内开始溶栓治疗或 90 分钟内开始介入治疗）以挽救濒死的心肌，及时处理严重心律失常、休克、心力衰竭等并发症，防止猝死。

1. 一般治疗

（1）休息与活动：急性期卧床休息，若无并发症，24 小时内应鼓励病人床上活动肢体，第三天可床边活动，第四天起逐步增加活动，一周内可达到每日 3 次步行 100～150 米。

（2）监护：急性期进行心电图、血压、呼吸监护，密切观察生命体征变化和心功能变化，防止并发症的发生。

（3）吸氧：急性期持续吸氧 4～6L/min，如发生急性肺水肿，给予 20%～30% 乙醇湿化 6～8L/min，高流量吸氧。

（4）抗凝治疗：无禁忌证病人嚼服肠溶阿司匹林 150～300mg，连服三日，以后改为 75～150mg/d，长期服用。

2. 解除疼痛　哌替啶 50～100mg 肌内注射、吗啡 5～10mg 皮下注射或罂粟碱 30～60mg 肌内注射。也可用硝酸甘油静脉点滴。

3. 心肌再灌注　心肌再灌注是一种积极治疗措施，应在发病 12 小时内，最好在 3～6 小时内进行，使冠状动脉再通，心肌再灌注，使濒临坏死的心肌得以存活，坏死范围缩小，减轻梗死后心肌重塑，改善预后。

（1）经皮冠状动脉介入治疗（PCI）：实施 PCI 首先要有具备实施介入治疗条件，并建立急性心肌梗死急救的绿色通道，病人到院明确诊断之后，既要对病人给予常规治疗，又要做好术前准备的同时将病人送入心导管室。

1）直接 PCI 适应证：①ST 段抬高和新出现左束支传导阻滞。②ST 段抬高性心肌梗死并发休克。③非 ST 段抬高性心肌梗死，但梗死的动脉严重狭窄。④有溶栓禁忌证，又适宜再灌注治疗病人。

2）补救性 PCI：对于溶栓治疗后仍有胸痛，抬高的 ST 段降低不明显，应实施补救 PCI。

3）溶栓治疗再通后 PCI：溶栓治疗再通后，如无缺血复发的表现，可在 7～10 天行冠状动脉造影，如残留的狭窄血管并适宜行 PCI 的可行 PCI 治疗。

（2）溶栓疗法：对于由于各种原因没有进行介入治疗的病人，在无禁忌证情况下，可尽早行溶栓治疗。

1）适应证：溶栓疗法适应证有：①两个以上（包括两个）导联 ST 段抬高或急性心肌梗死伴左束支传导阻滞，发病＜12 小时，年龄＜75 岁。②ST 段抬高明显心肌梗死病人，年龄＞75 岁，经慎重权衡利弊仍可考虑。③ST 段抬高性心肌梗死发病已达 12～24 小时，但仍有胸痛、广泛 ST 段抬高者。

2）禁忌证：溶栓疗法禁忌证有：①既往病史中有出血性脑卒中。②年内有过缺血性脑卒中、脑血管病。③颅内肿瘤。④近 1 个月有过内脏出血或已知出血倾向。⑤正在使用抗凝药。⑥近 1 个月有创伤史、＞10 分钟的心肺复苏；近 3 周来有外科手术史；近 2 周内有在不能压迫部位的大血管穿刺术。⑦未控制高血压＞180/110mmHg。⑧未排除主动脉夹层。

3）常用溶栓药物：①尿激酶（UK）在 30 分钟内静脉滴注 150 万～200 万 U；②链激酶（SK）、重组链激酶（rSK）：在 1 小时内静脉滴注 150 万 U，应用链激酶须注意有无过敏反应，如寒战、发热等；③重组组织型纤溶酶原激活剂（rt-PA）：在 90 分钟内静脉给药 100mg，先静脉注射 15mg，继而在 30 分钟内静脉滴注 50mg，随后 60 分钟内静脉滴注 35mg。另外，在用 rt-PA 前后均需静脉滴注肝素，应用 rt-PA 前需用肝素 5000U，用 rt-PA 后需每小时静脉滴注用肝素 700～1000U，持续使用两天。之后 3～5 天，每 12 小时皮下注射肝素 7500U 或使用低分子肝素。

血栓溶解指标为：①抬高的 ST 段 2 小时内回落大于 50%。②2 小时内胸痛消失。③2 小时内出现再灌注性心律失常。④血清 CK-MB 酶峰值提前出现。

4. **心律失常处理**　室性心律失常应立即给予利多卡因静脉注射；发生室颤时立即实施电复律；对房室传导阻滞等缓慢心律失常，可用阿托品、异丙肾上腺素，严重者需安装人工心脏起搏器。

5. **控制休克**　补充血容量，应用升压药物及血管扩张剂，纠正酸碱平衡紊乱。

6. **治疗心力衰竭**　主要是治疗急性左心衰竭。急性心肌梗死 24 小时内禁止使用洋地黄制剂。

7. **二级预防**　对于已经患有冠心病、心肌梗死病人预防再梗，防止发生心血管事件的措施属于二级预防。二级预防措施有：①应用阿司匹林或氯吡格雷等药物，抗血小板集聚。②应用硝酸酯类药物，抗心绞痛治疗。③预防心律失常，减轻心脏负荷。④控制血压在 140/90mmHg 以下，合并糖尿病或慢性肾功能不全应控制在 130/80mmHg 以下。戒烟、控制血脂。⑤控制饮食，治疗糖尿病，糖化血红蛋白应低于 7%，体重指数应控制在标准体重之内。⑥对病人及家属要普及冠心病相关知识教育，鼓励病人有计划、适当的运动。

【常见护理诊断/问题】

1. **疼痛**　与心肌坏死有关。

2. **恐惧**　与剧烈疼痛造成的濒死感有关。

3. **活动无耐力**　与心功能下降有关。

4. **有便秘的危险**　与长时间卧床和排便习惯改变有关。

5. **潜在并发症**：心律失常、心源性休克、猝死、血栓形成。

【护理目标】

病人主诉疼痛减轻或消失；卧床期间生活需要得到满足，促进身心休息；病人的活动耐力逐渐增加；病人保持排便通畅，不发生便秘。及时发现和控制心律失常，避免发生心力衰竭和心源性休克。

【护理措施】

（一）一般护理

1. **休息与活动**　急性期卧床休息 12 小时，保持环境安静，减少探视，协助病人进食、洗漱及大小便。如无并发症，24 小时床上肢体活动，第 3 日房内走动，第 4～5 日逐渐增加活动量，以不感到疲劳为限，一周内可达到每日 3 次步行 100～150 米。有并发症者可适当延长卧床时间。

2. **饮食指导**　第 1 日可进流质饮食，随后用半流质，2～3 日后改为软食，宜进低盐、低脂、低胆固醇、易消化的食物，多吃蔬菜、水果，少量多餐，不宜过饱。禁烟、酒。避免浓茶、咖啡及过冷、过热、辛辣刺激性食物。超重者应控制总热量，有高血压、糖尿病者应进食低脂、低胆固醇及低糖饮食。有心功能不全者,适当限制钠盐。

3. 保持大便通畅 急性心肌梗死病人由于卧床休息、进食少、使用吗啡等药物易引起便秘,而排便用力易诱发心力衰竭、肺梗死甚至心搏骤停。因此,对此类病人必须加强排便护理,保持大便通畅。了解病人日常的排便习惯、排便次数及形态,指导病人养成每日定时排便的习惯,多吃蔬菜、水果等粗纤维食物,或服用蜂蜜水;每日行腹部环形按摩,促进排便;也可每日常规给予缓泻剂,必要时给予甘油灌肠。

(二)病情观察

进入冠心病监护病房(CCU),严密监测心电图、血压、呼吸、神志、出入量、末梢循环等情况 3~5 日,有条件还可进行血流动力学监测。及时发现心律失常、休克、心力衰竭等并发症的早期症状。备好各种急救药品和设备。

(三)用药护理

观察药物不良反应,应用硝酸甘油时,嘱咐病人舌下含服,或嚼碎后含服,应在舌下保留一些唾液,以利药物迅速溶解而吸收。含药后应平卧,以防低血压的发生。服用硝酸酯类药物后常有头胀、面红、头晕、心悸等血管扩张的表现,一般持续用药数天后可自行好转。应用抗凝药物如阿司匹林、肝素,使用过程中应严密观察有无出血倾向。应用溶栓治疗时应严密观察出凝血时间和纤溶酶原,防止出血,注意观察有无牙龈、皮肤、穿刺点出血和大便的颜色。如出现大出血时需立即停止溶栓,遵医嘱输鱼精蛋白,输血。

(四)并发症的预防及护理

1. 预防心律失常护理 恶性心律失常要持续心电监护,发现频发室性期前收缩,成对的、多源性的、呈 R on T 现象的室性期前收缩或发现房室传导阻滞时,应及时通知医生处理,遵医嘱应用利多卡因等抗心律失常药物,同时要警惕发生室颤、猝死。电解质紊乱、酸碱失衡也是引起心律失常的重要因素,要监测电解质和酸碱平衡状态,准备好急救药物和急救设备如除颤器、起搏器等。

2. 预防休克护理 遵医嘱给予扩容、纠酸、血管活性药物,避免脑缺血、保护肾功能,安置病人平卧位或头低脚高位。

3. 预防心力衰竭护理 在起病最初几天甚至在心肌梗死演变期内,急性心肌梗死的病人可以发生心力衰竭,多表现左心衰竭。因此要严密观察病人有无咳嗽、咳痰、呼吸困难、尿少等症状,观察肺部有无湿啰音。避免情绪烦躁、饱餐、用力排便等加重心脏负荷的因素。如发生心力衰竭,即按心力衰竭进行护理。

(五)手术治疗护理

经皮腔内冠状动脉成形术的术后护理重点是防止出血与血栓形成,停用肝素 4 小时后,复查全血凝固时间,凝血时间在正常范围之内,拔除动脉鞘管,压迫止血,加压包扎,病人继续卧 24 小时,术肢制动。同时,严密观察生命体征,有无胸痛。观察足背动脉搏动情况、鞘管留置部位有无出血、血肿。

(六)康复护理

急性心肌梗死病人进行早期康复护理有利于疾病的预后和提高病人的生活质量。优点如下:①改善功能储备,增加运动耐量和肌力。②改善精神、心理状态,减轻症状,减少心绞痛的发生。③增强心肌血液灌注,减少心肌缺血。④延缓动脉粥样硬化的进展,甚至可使之逆转。⑤减少长期卧床所致的血流缓慢、静脉栓塞等并发症。根据美国心脏康复学会的建议,急性心肌梗死病人的康复可分为以下三期:

1. **住院期** 又可分为监护室抢救期和普通病房期,一般为 1~2 周。主要护理措施为指导病人进行低强度的体力活动,实施健康教育,为病人及家属提供心理-社会支持以及制订出院计划等。

2. **恢复期** 即出院后休养阶段,一般为 8~12 周。康复可在家庭、社区或医院中进行,存在低危因素的病人适合在家庭或社区,而存在中、高危因素的病人则适合在医院,其康复过程需要在医疗监护下,以防止发生意外。主要护理措施为鼓励病人逐步增加体力活动、继续接受健康教育,提供进一步的心理社会支持等。

3. **维持期** 自发病后数月直到生命终止。主要护理措施为督促病人坚持进行冠心病的二级预防和适当的体育锻炼,以进一步恢复并保持体力与心功能,从而提高生活质量。

(七)心理护理

心肌梗死的发生不仅使病人产生焦虑、抑郁、恐惧等负性心理反应,还会对整个家庭造成严重的影响,往往导致整个家庭处于危机状态,使得家庭应对能力降低,不能发挥正常家庭功能。因此,护理人员应尽量陪伴在病人身边,加强病人的心理护理,如给病人介绍监护室的环境、治疗方法,解释不良情绪对疾病的负面影响等。对于病人家属,也应给予心理支持,及时了解病人家属的需要,并设法予以满足,如及时向家属通告病人的病情和治疗情况,解答家属的疑问等,以协助病人和家属提高应对危机的能力,维持病人和家庭的心理健康。

(八)健康指导

1. **疾病知识指导** 向病人和家属宣传冠心病的预防知识。说明远期存活率与生活方式相关。建议从事精神紧张的工作的病人最好更换工作。

2. **生活指导** 食用低热量、低脂、低胆固醇,总热量不宜过高的饮食,以维持正常体重为度。清淡饮食,少量多餐。避免大量刺激性食品。多食含纤维素和果胶的食物。戒烟限酒,保持理想体重。防寒保暖。缓解压力,克服不良情绪,养成良好生活习惯。洗澡时应注意:不在饱餐和饥饿时洗澡,水温和体温相当,时间不要过长以免疲劳与缺氧,洗澡时卫生间不上锁,必要时有人陪同。

3. **用药指导** 坚持按医嘱服药,注意药物不良反应,定期复查。

4. **避免危险因素** 积极治疗梗死后心绞痛、高血压、糖尿病、高脂血症,控制危险因素;保持情绪稳定,避免精神紧张、激动;避免寒冷;保持大便通畅,防止排便用力。

5. **心肌梗死发作时自救** ①立刻就地休息,保持靠坐姿势,心情放松,保持环境安静而温暖。②积极与急救站或医院联系,呼叫救护车或用担架将病人送往医院,切忌扶病人勉强步行。③如有条件,立刻吸入氧气。④舌下含服硝酸甘油、消心痛,可连续多次服用,亦可舌下含服速效救心丸、复方丹参滴丸等扩张冠状动脉的药物。

【护理评价】

病人的疼痛缓解;卧床休息期间病人的生活需要得到满足;生命体征稳定,能进行循序渐进的运动;大便正常,并能说出预防便秘的方法;未发生心律失常、心力衰竭、心源性休克等并发症。

(涂 映)

第五节 高血压病人的护理

高血压(hypertension)是指以动脉收缩压和(或)舒张压持续升高为主要临床表现的综

合征。高血压按其病因是否明确,分为原发性高血压和继发性高血压两种类型。绝大多数病人的原发性高血压病因不明,称为原发性高血压(primary hypertension)。是心血管疾病死亡的主要原因之一。约5%病人血压升高是继发某些疾病基础之上的症状,称为继发性高血压。

高血压早期无明显的病理改变,高血压病理生理作用的主要靶器官是心脏和血管,长期高血压引起的心脏改变,主要是心室肥大、扩大,引起的全身小动脉改变,主要是管腔内经缩小、壁腔比值增加,导致心、脑、肾等靶器官缺血。长期高血压可使微循环毛细血管扭曲变形、稀疏,静脉顺应性减退。研究认为血管内皮功能障碍是高血压最早、最重要的血管损害。

本节主要阐述原发性高血压。

【高血压分类和定义】

目前,我国采用的血压分类和标准见表3-7,适用于任何成年人。当收缩压和舒张压分属于不同分级时,以较高级别为标准。高血压诊断标准为未使用降压药物的情况下收缩压≥140mmHg和(或)舒张压≥90mmHg,根据血压升高水平,又进一步将高血压分为1、2、3级和单纯收缩期高血压。

表3-7　血压水平分类和定义(单位:mmHg)

分类	收缩压(mmHg)		舒张压(mmHg)
正常血压	<120	和	<80
正常高值血压	120~139	和(或)	80~89
高血压	≥140	和(或)	≥90
1级高血压(轻度)	140~159	和(或)	90~99
2级高血压(中度)	160~179	和(或)	100~109
3级高血压(重度)	≥180	和(或)	≥110
单纯收缩期高血压	≥140	和	<90

注:当收缩压和舒张压分属于不同分级时,以较高的级别作为标准。

以上标准适用于任何年龄的成年男性和女性

【护理评估】

(一)健康史

1. 病因　原发性高血压的病因可分为遗传和环境因素两方面。高血压是遗传易感性和环境因素相互作用的结果。

(1)遗传因素:高血压具有明显的家族聚集性。父母均有高血压,子女的发病率高达46%,约60%的高血压病人有高血压家族史。在遗传表型上,不仅高血压发生率体现遗传性,而且在血压高度、并发症和其他相关因素如肥胖等也有遗传性。

(2)环境因素:①饮食:钠盐摄入量与高血压的发生密切相关。不同地区人群血压水平和高血压患病率与钠盐平均摄入量显著正相关,而同一地区人群个体间血压水平与摄盐量并不相关。而低钾、低钙、低动物蛋白的膳食更加重了钠对血压的不良影响。饮酒量与血压水平呈线性正相关,尤其是收缩压,每天饮酒超过50g者高血压发病率明显增高。②精神应激:脑力劳动者及高度精神紧张的职业者如驾驶员、飞行员等高血压发病率较高,长期环境噪音亦可引起高血压。③吸烟:因促使交感神经释放去甲肾上腺素增加而升血压。

江西印象

江西美食与高血压

　　江西饮食习惯是味浓油重、鲜咸香辣,钠盐摄入量超全国平均水平,达到推荐量每日人均 6 克的两倍以上。专家称高血压成因很多,其中钠摄入过高和钾摄入不足是重要的风险因素。根据省疾控中心数据显示,江西省 18 岁及以上成年人中,已有超过 700 万名高血压病人。要预防和控制高血压,需要从饮食结构上调整,选择低钠盐能够帮助人体降钠补钾,实现钠钾平衡,防控高血压。

　　(3)其他因素:超重或肥胖是血压升高的重要危险因素,腹型肥胖易发生高血压。服避孕药的女性血压升高发生率及程度与服用时间长短有关。口服避孕药引起的高血压一般为轻度,并且可逆转。睡眠呼吸暂停低通气综合征也可能与高血压的发生有关。

　　2. **发病机制**　本病的发病机制尚未完全阐明,可能与以下几个方面有关。

　　(1)交感神经系统活动亢进:长期过度紧张和反复的精神刺激,使大脑皮质兴奋与抑制过程失调,皮质下血管运动中枢失去平衡,神经递质浓度与活性异常,导致交感神经系统亢进,儿茶酚胺浓度升高,阻力小动脉收缩增强。

　　(2)肾性水钠潴留:各种原因引起肾性水钠潴留,机体为避免心排血量增高使组织过度灌注,全身阻力小动脉收缩增强,导致外周血管阻力增高。

　　(3)肾素-血管紧张素-醛固酮系统(RAAS)激活:由于动脉痉挛,刺激肾小球旁细胞分泌大量肾素,将肝产生的血管紧张素原水解为血管紧张素Ⅰ,再经血管紧张素转化酶作用转化为血管紧张素Ⅱ,引起全身细小动脉持续收缩;同时刺激肾上腺皮质球状带分泌醛固酮,引起钠潴留、血容量增加,血压进一步升高。肾素-血管紧张素-醛固酮系统成为体内调节血管阻力和细胞外液的重要机制,后两者又是决定血压的主要因素。

　　(4)胰岛素抵抗:胰岛素抵抗造成继发性高胰岛素血症,使肾脏水钠重吸收增加,交感神经系统活性亢进,动脉弹性减退,从而使血压升高。

　　(5)其他:细胞膜离子转运异常、血管内皮系统生成、激活和释放的各种血管活性物质、代谢异常等均可导致心排血量及外周血管阻力增加,而引起血压升高。

　　以上机制主要从外周血管阻力增加出发,但此机制尚不能解释单纯收缩性高血压和脉压明显增大,通常情况下,收缩压和脉压的主要决定因素是大动脉和外周血管的压力反射波,因此近年来重视动脉弹性功能在高血压发病中的作用。

　　(二)身体状况

　　1. **症状**　大多数起病缓慢、渐进,一般缺乏特殊的临床表现。常见症状有头晕、头痛、颈项板紧、疲劳、心悸等,呈轻度持续性,在紧张或劳累后加重,不一定与血压水平有关,多数症状可自行缓解。也可出现视物模糊、鼻出血等较重症状。约 1/5 病人无症状,仅在测量血压时或发生心、脑、肾等并发症时才被发现。

　　2. **体征**　血压随季节、昼夜、情绪等因素有较大波动。冬季血压较高,夏季较低;血压有明显昼夜波动,一般夜间血压较低,清晨起床活动后血压迅速升高,形成清晨血压高峰。病人在家中的自测血压值往往低于诊所血压值。心脏听诊时可有主动脉瓣区第二心音亢进、收缩期杂音或收缩早期喀喇音,少数病人在颈部或腹部可听到血管杂音。

3. 恶性或急进性高血压　少数病人病情急骤发展,舒张压持续≥130mmHg,并有头痛、视物模糊、眼底出血、渗出和乳头水肿,肾脏损害突出,持续蛋白尿、血尿与管型尿,病情进展迅速,如不及时有效降压治疗,预后很差,常死于肾衰竭、脑卒中或心力衰竭。

4. 并发症

(1)高血压危象:在高血压早期与晚期均可发生。主要表现有头痛、烦躁、眩晕、心悸、气急、视物模糊、恶心、呕吐等症状,同时可伴有动脉痉挛和累及靶器官缺血症状。诱因常是紧张、劳累、寒冷、嗜铬细胞瘤发作、突然停用降压药等。

(2)高血压脑病:发生在重症高血压病人,由于过高的血压突破了脑血流自动调节范围,脑组织血流灌注过多引起脑水肿。临床表现以脑病的症状与体征为特点,表现为弥漫性严重头痛、呕吐、意识障碍、精神错乱,甚至昏迷、局灶性或全身抽搐。

(3)脑血管病:包括脑出血、脑血栓形成、腔隙性脑梗死、短暂性脑缺血发作等。

(4)其他:长期高血压可导致心力衰竭、慢性肾衰竭和主动脉夹层等并发症。

5. 高血压的心血管风险分层　高血压病人的预后和治疗决策要综合考虑血压水平、心血管危险因素、靶器官损害及伴临床疾患,并以此为依据分为低危、中危、高危和极高危,具体心血管风险分层见表3-8。风险分层因素包括:①心血管危险因素:吸烟、高脂血症、男性>55岁、女性>65岁、早发心血管疾病家族史(一级亲属发病年龄<50岁)、腹型肥胖、缺乏体力活动等。②靶器官损害:左心室肥大(心电图或超声)、肾功能检查有血肌酐升高、颈动脉超声证实有粥样硬化等。③并发症:心脏疾病(心绞痛、心肌梗死、既往曾接受冠状动脉旁路手术、心力衰竭)、脑血管疾病(脑卒中或短暂性脑缺血发作)、肾脏疾病(糖尿病肾病或肾衰竭)、血管疾病(主动脉夹层、周围血管病)、高血压性视网膜病变(出血或渗出、视神经盘水肿)。

表3-8　高血压病人心血管风险水平分层(中国高血压防治指南,2010)

危险因素和病史	血压水平		
	1级	2级	3级
无其他危险因素	低危	中危	高危
1~2个危险因素	中危	中危	极高危
3个以上危险因素或糖尿病或怕器官损害	高危	高危	极高危
有并发症	极高危	极高危	极高危

6. 实验室及其他检查

(1)常规检查:有助于发现相关的危险因素和靶器官的损害情况。有血清电解质、血糖、血脂、肾功能、尿液分析、心电图、胸部X线检查、超声心动图等。

(2)特殊检查:为进一步了解高血压病人病理生理状况和靶器官结构与功能变化,有动态血压监测、颈动脉超声等检查。

(三) 心理和社会状况

高血压是一种慢性病,病情迁延不愈,需终身用药,且并发症多而严重,发病年龄多在中年期,因中年人面临赡养父母、教育子女,住房还贷等多种压力,病人常出现紧张、焦虑、烦躁、抑郁、失眠等心理反应。

（四）诊断要点

正确的血压测量是诊断高血压的关键,采用经核准的水银柱或电子血压计,测量安静休息坐位时上臂肱动脉部位血压。必要时还应测量平卧位和站立位血压。高血压的诊断必须以未服用降压药物情况下 2 次或 2 次以上非同日多次血压测定所得的平均值为依据。同时,必须排除由于疾病导致的继发性高血压。

（五）治疗要点

原发性高血压治疗的目的是使血压下降、接近或达到正常范围,预防或延缓靶器官的损害,降低死亡率。目前主张高血压病人血压应降至 140/90mmHg 以下,对于高血压合并糖尿病或慢性肾病的病人,血压应降至 130/80mmHg 以下,老年收缩期高血压应使收缩压降至 140～150mmHg,舒张压 90mmHg 以下,但不低于 65～70mmHg。

1. 改善生活行为　减轻体重,尽量将体重指数控制在 $<24 kg/m^2$。限制钠盐摄入,每日食盐量不超过 6g。补充钙和钾,每日食用新鲜蔬菜和水果。减少脂肪摄入,脂肪量应控制在膳食总热量的 25% 以下。戒烟、限制饮酒,每日饮酒量不超过 50g 乙醇的量。低、中度等张运动,可根据年龄和身体状况选择运动方式如慢跑、步行,每周 3～5 次,每次可进行 30～60 分钟。

2. 药物治疗　适用于高血压 2 级或以上、高血压合并糖尿病或并发症(心、脑、肾靶器官损害)、改善生活行为后血压仍未控制的病人。降压药应用应遵守的原则是:①小剂量开始;②优先选择长效制剂;③联合用药;④个体化,选择适合病人的降压药物。目前常用降压药物可归纳为以下五大类,见表3-9。

表3-9　常用降压药名称、剂量、用法和主要不良反应

药物分类	药物名称	剂量	用法(次/日)	主要不良反应
利尿药	氢氯噻嗪	12.5mg	1～2	低血钾、高尿酸血症
	呋塞米	20～40mg	1～2	低血钾
	螺内酯	20～40mg	1～2	高血钾
β受体阻断药	美托洛尔	25～50mg	2	心动过缓、支气管收缩
	阿替洛尔	50～100mg	1	心动过缓、肢端发冷、雷诺现象、胃肠道症状
钙通道阻滞药	硝苯地平	5～10mg	3	颜面潮红、头痛、胫前水肿
	氨氯地平	5～10mg	1	颜面潮红、头痛、胫前水肿
血管紧张素转换酶抑制剂	卡托普利	12.5～25mg	2～3	干咳、味觉异常、皮疹等
	贝那普利	10～20mg	1	头痛和咳嗽
血管紧张素Ⅱ受体拮抗剂	氯沙坦	50～100mg	1	不良反应轻微而短暂
	厄贝沙坦	150～300mg	1	头痛、眩晕、心悸

3. 高血压急症的治疗原则　及时正确处理高血压急症十分重要,在短时间内缓解病情,预防进行性或不可逆靶器官损害,降低死亡率。

（1）迅速降血压：在血压严密监测的情况下，静脉给予降压药，根据血压情况及时调整给药剂量。如果病情许可，及时开始口服降压药治疗。

（2）控制性降压：为防止短时间内血压骤然下降，使机体重要器官的血流灌注明显减少，要采用逐渐降压，在24小时内降压20%～25%，48小时内血压不低于160/100mmHg。如果降压后病人重要器官出现缺血的表现，血压降低幅度应更小些，在随后的1～2周内将血压逐渐降至正常。

（3）选择合适降压药：处理高血压急症应要求使用起效快、作用持续时间短、不良反应小的药物，临床上常用的有硝普钠、硝酸甘油、尼卡地平、地尔硫䓬、拉贝洛尔等，一般情况下首选硝普钠。

1）硝普钠：可扩张动脉和静脉，降低心脏前后负荷。可适用各种高血压急症，静脉滴注10～25μg/min，但需密切观察血压的变化。不良反应比较轻，可有恶心、呕吐、肌肉颤动等，本药不宜长期、大量使用，因长期、大量使用可引起硫氰酸中毒，特别是肾功能不好者。

2）硝酸甘油：可扩张静脉，选择性扩张冠状动脉和大动脉。主要用于急性心力衰竭或急性冠脉综合征时高血压急症，起效快。密切观察血压情况下，静脉滴注5～10μg/min，然后每5～10分钟增加滴速，逐渐增速至20～50μg/min。不良反应有心动过速、面色潮红、头痛、呕吐等。

3）尼卡地平：本药作用快、持续时间短。在降压的同时还可以改善脑血流量，主要用于高血压危象、急性脑血管病时高血压急症。开始静脉滴注0.5μg/(kg·min)，逐渐增加剂量至6μg/(kg·min)。不良反应有心动过速、面色潮红等。

4）地尔硫䓬：本药具有降压、改善冠状动脉血流量和控制快速室上性心律失常的作用，主要用于高血压危象、急性冠脉综合征。密切观察血压情况下，5～15mg/h静脉滴注，根据血压变化调整滴速。不良反应有面色潮红、头痛等。

5）拉贝洛尔：本药起效快，但持续时间长，主要用于妊娠或肾衰竭时高血压急症。开始缓慢静脉注射50mg，每隔15分钟重复注射一次，使用总量不超过300mg。不良反应有头晕、直立性低血压、房室传导阻滞等。

【常见护理诊断/问题】

1. 疼痛 与高血压脑血管痉挛有关。

2. 活动无耐力 与并发心力衰竭有关。

3. 有受伤的危险 与头晕和视物模糊有关。

4. 知识缺乏：缺乏高血压疾病相关知识。

5. 潜在并发症：心力衰竭、脑血管意外、肾衰竭。

【护理措施】

（一）一般护理

1. 休息与活动 高血压初期可不限制一般的体力活动，避免重体力活动，保证足够的睡眠。血压较高、症状较多或有并发症的病人应卧床休息，避免体力和脑力的过度兴奋。在保证充足休息的条件下，适当运动降低体重，如散步、慢跑、打太极拳、骑自行车等。可根据年龄及身体状况选择低或中等强度的运动，一般每周3～5次，每次30～60分钟。避免潜在的危险，如剧烈运动和用力咳嗽、情绪激动、精神紧张、身心过劳、用力排便、提取重物、突然改变体位、过热的水洗澡和蒸汽浴等。

2. 合理饮食 ①减轻体重：尽量将体重指数（BMI）控制在<25。体重降低对改善胰岛

素抵抗、糖尿病、高脂血症和左心室肥大均有益。②减少钠盐摄入:膳食中约80%钠盐来自烹调和各种腌制品,因此应减少烹调用盐,每日食盐量以不超过6g为宜。③补充钙和钾盐:400～500g新鲜蔬菜及500ml牛奶中含钾1000mg和钙400mg,因此,应多食新鲜蔬菜,多饮牛奶可补充钙和钾。④减少脂肪摄入:膳食中脂肪量应控制在总热量的25%以下。⑤限制饮酒:饮酒量每日不可超过相当于50克乙醇的量。

（二）病情观察

1. **血压及症状监测**　观察病人血压改变,每天测血压2次,必要时进行动态血压监测。评估病人头痛、头晕程度、持续时间,是否伴有眼花、耳鸣、恶心、呕吐等症状。

2. **严密观察并发症征象**　观察有无呼吸困难、咳嗽、咳泡沫痰,突然胸骨后疼痛等心脏受损的表现;观察头痛性质、意识状态、视力、语言能力、肢体活动障碍等急性脑血管疾病的表现;注意有无尿量变化,有无水肿以及肾功检查结果是否异常,以便及早发现肾衰竭。

3. **防止低血压反应**　指导病人改变体位时动作宜缓慢,以防发生急性低血压反应,避免受伤。护理人员应及时向病人解释病情,缓解病人压力,有助于减轻病人头痛症状。病人有头痛、头晕、眼花、耳鸣等症状时应嘱其卧床休息,并抬高床头,协助其如厕或外出活动。若有恶心与呕吐,应将痰盂放在其方便取用之处,以防意外发生。

（三）用药护理

1. **药物不良反应的观察**　遵医嘱给予降压药物治疗,测量用药前后的血压以判断疗效,并观察药物的不良反应。使用噻嗪类和袢利尿药时应注意补钾,防止低钾血症;β-受体阻滞药可抑制心肌收缩力,延长房室传导时间,应用时应注意病人心率,是否有心动过缓,此外,还可引起支气管痉挛、低血糖以及血脂升高。钙通道阻滞药硝苯地平可使交感神经反射性增强,致头痛、面部潮红、下肢浮肿、心动过速等不良反应,地尔硫䓬可因抑制心肌收缩力及自律性和传导性而致心动过缓,加重心衰等;血管紧张素转化酶抑制药可引起刺激性干咳及血管性水肿等不良反应。

2. **用药注意事项**　药物一般从小剂量开始,可联合用药,以增强疗效,减少不良反应。遵医嘱调整剂量,不可自行增减要量或突然撤换药物,多数病人需长期服用维持量。注意降压不宜过快过低,服药后如有晕厥、恶心、乏力应立即平卧,并取头低脚高位以增加脑部血流量。

（四）并发症的观察及护理

1. 定期监测血压,严密观察病情变化,发现血压急剧升高、剧烈头痛、呕吐、大汗、视物模糊、面色及神志改变、肢体运动障碍等症状,立即通知医生。

2. 一旦发生高血压急症,应立即卧床休息,抬高床头,避免一切不良刺激和不必要的活动,协助生活护理,安定情绪,必要时遵医嘱应用镇静剂。

3. 发生心力衰竭时给予吸氧4～6L/min,有急性肺水肿时可给予20%～30%乙醇湿化吸氧,6～8L/min。

4. 立即建立静脉通路,遵医嘱迅速准确给予降压药,一般首选硝普钠,应避光,现配现用,根据血压水平仔细调节给药速度,开始以每分钟10～25μg速率静脉点滴,严密监测血压,每5～10分钟测血压一次。若病人发生脑水肿时,应用脱水剂快速静脉点滴,250ml甘露醇30分钟内滴完,以达到快速脱水作用。

（五）心理护理

原发性高血压病人有趋向好斗和过分谨慎的人格特征。另外,负性情绪反应(愤怒、抑郁和焦虑等)可造成调节血压机制的障碍而引起高血压。减轻压力,指导病人学会自我调节,减轻精神压力,避免情绪激动、紧张等不良刺激,保持健康的心理状态。护理人员可通过了解病人性格特征及有关心理社会因素进行心理疏导,教会病人训练自我控制能力,对于易激动的病人做好家属工作,减少不良刺激,保证病人有安静舒适的休养环境。指导病人使用放松技术如心理训练、音乐治疗和缓慢呼吸等。

（六）健康教育

1. 疾病知识指导 向病人及家属宣传原发性高血压的病因、诱因、临床表现、治疗方法等有关知识,让病人了解原发性高血压虽难以彻底治愈,但通过调整生活方式和服用降压药物,可将血压控制在一个合适的水平,以减少对靶器官的进一步损害。

2. 生活指导 合理安排休息和活动,戒烟限酒,低盐、低脂饮食,多食新鲜蔬菜、水果,避免过饱,少量多餐,防止便秘,控制体重,劳逸结合,保证充足的睡眠,根据病情选择合适的有氧运动(如散步、打太极拳、健身操等)。学会自我心理平衡调整,保持乐观情绪。

3. 用药指导 强调长期药物治疗的重要性,详细告诉病人药物的名称、剂量、用法、作用及不良反应的观察及应对方法,嘱病人遵医嘱服药,不可随意增减剂量或突然撤换药物。

4. 自我监测 教会病人及家属正确测量血压的方法并做好记录,监测服药与血压的关系,以作为就诊时调整药物剂量的参考。血压的测量应在静息的情况下进行,测量血压前应休息 5～10 分钟,测量前 30 分钟内不要吸烟,避免喝浓茶、咖啡及其他刺激性饮料。教会病人识别并发症的方法,一旦有并发症发生,应立即就诊。

5. 定期复查 指导病人根据危险分层决定复诊时间,低危或中危者每 1～3 个月复诊一次,高危者每月复诊一次,病情变化时立即就诊。

（涂　映）

第六节　心肌疾病病人的护理

一、心肌病病人的护理

心肌病是一组异质性心肌疾病,由不同病因(遗传性疾病多见)引起的心肌病变导致心肌机械和(或)心电功能障碍,常表现为心室肥大或扩张。本病可局限于心脏本身,亦可为系统疾病的部分表现,最终可导致心脏性死亡或进行性心力衰竭。近年,心肌病有增加的趋势。心肌病分为五型,即扩张型心肌病、肥厚型心肌病、限制性心肌病、致心律失常型右室心肌病和未定型心肌病。本节重点阐述扩张型心肌病和肥厚型心肌病。

扩张型心肌病(dilated cardiomyopathy,DCM)是一类以左心室或双心室扩大伴收缩功能障碍为特征的心肌病。本病常伴有心律失常、血栓栓塞和猝死。本病预后差,5 年生存率约 50%,也是导致心力衰竭最常见的病因。肥厚型心肌病(hypertrophic cardiomyopathy,HCM)是一种遗传性心肌病,以心室非对称性肥厚为解剖特点。本病主要死亡原因是心源性猝死,也是青少年运动猝死的常见原因。临床根据左心室流出道有无梗阻分为梗阻性肥厚型心肌病和非梗阻性肥厚型心肌病两类。

【护理评估】

（一）健康史

1. 扩张型心肌病

(1)病因:病因不明,部分病人有家族遗传性。可能的原因包括感染、非感染的炎症、中毒(包括酒精)、内分泌和代谢紊乱、遗传、精神创伤等。尤其与柯萨奇病毒 B 感染关系最为密切。

(2)发病机制:病变的心肌收缩力减弱将触发神经-体液机制,产生水钠潴留、加快心率、收缩血管以维持有效循环。但这一代偿机制使病变的心肌雪上加霜,造成更多心肌损害,最终进入失代偿。

(3)病理:病理改变以单侧或双侧心腔扩张为主,肉眼可见心室扩张,室壁多变薄,纤维瘢痕形成,且常伴有附壁血栓。瓣膜、冠状动脉多无改变。组织学为非特异性心肌细胞肥大、变性,特别是程度不同的纤维化等病变混合存在。

2. 肥厚型心肌病

(1)病因:本病常有明显家族史,研究认为本病是常染色体显性遗传疾病,部分学者认为儿茶酚胺代谢异常、高血压、高强度运动等均可作为本病发病的促进因子。

(2)发病机制:遗传等原因使左右心室不对称肥厚并累及室间隔,肥厚的室间隔使左心室血液充盈受阻、左室流出道梗阻和舒张期顺应性下降,随即因心排血量减少,和(或)后负荷增加,导致病人出现心绞痛和心力衰竭。

(3)病理:主要病理改变为左心室形态学的改变,其特征为不均等的心室间隔增厚。本病的组织学特征为心肌细胞肥大、形态特异、排列紊乱,尤以左心室间隔部改变明显。

(二) 身体状况

1. 扩张型心肌病

(1)症状:起病隐匿,早期无明显症状。常出现充血性心力衰竭的症状和体征时就诊。表现为逐渐出现夜间阵发性呼吸困难和端坐呼吸等左心功能不全的症状;逐步出现厌食、浮肿和肝肿大等右心功能不全的症状。部分病人可发生栓塞或猝死。

(2)体征:心脏扩大为主要体征。听诊心音减弱,可闻及第三、四心音,心率增快呈奔马律,常合并各种心律失常。病人可表现出左心衰和(或)右心衰的体征。

2. 肥厚型心肌病

(1)症状:多数病人可有劳力性呼吸困难、胸痛和乏力。部分病人可无自觉症状,常在体检或猝死中被发现。其中晕厥为猝死的先兆症状。室性心律失常、室壁过厚、流出道阶差大,常是引起猝死的主要危险因素。有些病人在运动时可出现晕厥,与室性快速心律失常有关。

(2)体征:无流出道梗阻者,仅有左室抬举搏动和第四心音;有流出道梗阻者,可于胸骨左缘第3、4肋间闻及粗糙的收缩期杂音。增加心肌收缩力(如洋地黄、Valsalva 动作)或减轻心脏后负荷(如含服硝酸甘油,取站立位),均可使杂音增强。

3. 实验室及其他检查

(1)扩张型心肌病:①X 线检查:见心影明显增大,心胸比 >50%,可见肺淤血征象;②心电图检查:可见房颤、房室传导阻滞等心律失常改变及 ST-T 改变。少数可见病理性 Q 波;③超声心动图检查:是诊断 DCM 最重要的检查,可有各心腔均扩大,以左心室扩大早而显著。室壁运动普遍减弱,提示心肌收缩力下降;④其他检查:如心导管检查、造影,心内膜心肌活检,核素显影等。

(2)肥厚型心肌病:①X 线检查:发现心影增大多不明显,如有心衰则心影明显增大;②心电图检查:最常见的表现为左心室肥大,ST-T 改变,常在胸导联出现巨大倒置 T 波;③超声心动图检查:是临床主要诊断手段,可显示室间隔的非对称肥厚,舒张期室间隔的厚度与左心室后壁厚度之比≥1:3,间隔运动低下;④其他检查:如左心导管检查及左心室造影等。

（三）心理和社会状况

长期的疾病折磨及反复出现的心力衰竭,影响生活和工作,病人常出现焦虑、烦躁和忧郁,甚至绝望等不良心理反应。

（四）治疗要点

1. 扩张型心肌病　治疗旨在控制心力衰竭和心律失常,减少神经递质及免疫介导的心肌损害,提高生存率和生活质量。对房颤和心力衰竭者,应长期口服阿司匹林,防止附壁血栓形成。对于晚期难治性心力衰竭,内科治疗效果不佳,可考虑行心脏移植手术。

2. 肥厚型心肌病　治疗旨在改善症状、减少合并症和预防猝死。其方法是减轻左心室流出道梗阻、抗心律失常、防治血栓栓塞。目前主张应用 β 受体阻滞药和钙拮抗剂治疗。避免使用增强心肌收缩力的药物,如洋地黄;避免使用减轻心脏负荷的药物,禁用硝酸酯类药物,以免加重心室流出道梗阻。双腔起搏是治疗 HCM 的一种有效手段,可改善左心室流出道梗阻,降低左心室充盈压。对重症梗阻者可作介入或手术治疗以消融或切除肥厚的心肌。

【常见护理诊断/问题】

1. 活动无耐力　与心肌病变使心肌收缩力减弱,心排血量减少有关。

2. 气体交换受损　与心力衰竭有关。

3. 疼痛:胸痛　与肥厚心肌耗氧量增加、冠状动脉供血相对不足有关。

4. 潜在并发症:心律失常、栓塞、猝死。

【护理措施】

（一）一般护理

1. 休息与活动　限制体力活动,可使心率减慢,减轻心脏负荷,增加心肌收缩力,改善心功能。有心衰症状者应绝对卧床休息,以减轻心脏负荷,从而改善心功能,加强生活护理;当心力衰竭控制后仍应限制活动。肥厚型心肌病病人胸痛时首要的护理措施是绝对卧床休息。病人在体力活动后有晕厥和猝死的危险,故应避免持重物、突然起立、屏气及剧烈的运动如跑步、球类比赛等。有晕厥史者避免独自外出活动,以免发生意外,一旦出现头晕、黑矇等先兆时立即平卧,以防摔伤。

2. 饮食护理　给予低盐、高蛋白、高维生素的清淡易消化饮食,少量多餐,戒烟酒,防止便秘。

（二）病情观察

密切观察病人的生命体征;观察疼痛的部位、性质、程度、持续时间、诱因及缓解方式等,疼痛发生时立即停止活动,并给予吸氧,流量 2 ~ 4L/min;观察有无乏力、颈静脉怒张、肝脏肿大、水肿等心力衰竭表现;及时发现心律失常的先兆,防止发生猝死;准确记录出入水量,定期测体重;心脏附壁血栓脱落则致动脉栓塞,需随时观察有无偏瘫、失语、血尿、胸痛、咯血等症状,以便及时处理;肥厚型心肌病应观察有无晕厥的发生。

（三）用药护理

严格遵医嘱给药,观察疗效及不良反应。扩张型心肌病用洋地黄者因其耐受性差,故尤应警惕发生中毒。应用 β 受体阻滞药或钙通道阻滞药时,注意有无心动过缓等不良反应。梗阻性肥厚型心肌病病人,心绞痛时不宜用硝酸酯类药物,因其可减少静脉回心血量,加重流出道梗阻,导致胸痛症状加重。心力衰竭时不宜用洋地黄。严格控制输液量与速度,以免发生急性肺水肿。应用抗心律失常药物时,要密切观察心率、心律及不良反应,发现异常立即通知医生,并协助处理。

(四)心理护理

因病程长,治疗效果不佳,病人可出现焦虑、抑郁甚至绝望等不良情绪,使交感神经兴奋,心肌耗氧增加,不利疾病恢复。而病人情绪紧张主要的原因是担心猝死。因此,护理人员应安慰病人,稳定病人情绪,避免病人因情绪波动而加重病情。

(五)健康教育

1. 疾病知识指导 宣传疾病常识,使病人及其家属知晓心肌病的病因和诱发因素,避免持重、屏气及剧烈的运动如跑步、球类比赛等,一旦有头晕、黑矇等先兆时立即平卧,以免摔伤。

2. 生活指导 症状明显者应卧床休息,症状轻者可参加轻体力工作,以病人不感疲劳为宜。防寒保暖,尽量少去人多的场所,预防上呼吸道感染。合理营养,增强机体抵抗力。保持大便通畅、减轻排便负担。保持情绪稳定,避免精神紧张。

3. 用药指导与定期复诊 嘱病人定期随访,症状加重立即就诊,防止病情进展。坚持服用抗心力衰竭、纠正心律失常的药物,说明药物的名称、剂量、用法,教会病人及家属观察药物疗效及不良反应。

二、心肌炎病人的护理

心肌炎(myocarditis)指心肌本身的炎症病变,分为感染性(细菌、病毒、螺旋体、立克次体、真菌等)和非感染性(药物、毒物、放射、结缔组织病、血管病等)两大类。病程多有自限性,但也可进展为扩张型心肌病。本节重点叙述病毒性心肌炎。

【护理评估】

(一)健康史

1. 病因 多种病毒可引起心肌炎。柯萨奇 B 组病毒、孤儿(Echo)病毒、脊髓灰质炎病毒等为常见。尤其是柯萨奇 B 组病毒,约占 30% ~ 50%。此外,人类腺病毒、流感、风疹、单纯疱疹、肝炎(A、B、C)病毒及 HIV 等能引起心肌炎。

2. 发病机制 病毒的直接作用,造成心肌直接损害和微血管损伤,这些变化均可损害心脏功能和结构。

3. 病理 病毒性心肌炎的典型改变是以心肌间质增生、水肿及充血,内有多量炎性细胞浸润等。随着临床病情的轻重不同,心肌病理改变的程度也轻重不一。

(二)身体状况

1. 症状 轻者可无症状,重症者可因心源性休克而猝死。多数病人发病前 1 ~ 3 周有病毒感染前驱症状(发热、全身倦怠感等"感冒"样症状)或消化道症状(恶心、呕吐等),然后出现心悸、胸痛、呼吸困难、浮肿甚至阿-斯综合征等心脏受累表现。

2. 体征 与发热程度不平行的心动过速,各种心律失常。第一心音减弱,出现第三心音或杂音。或出现心力衰竭体征,如颈静脉怒张、肺部啰音、肝大。

3. 实验室及其他检查

(1)实验室检查:血清肌钙蛋白、心肌肌酸激酶(CK-MB)增高,血沉增快,C 反应蛋白增加。

(2)病原学检查:血清柯萨奇病毒 IgM 抗体滴度明显增高、外周血白细胞肠道病毒核酸阳性或肝炎病毒血清学检查阳性等。

（3）X线检查：心影扩大或正常。

（4）心电图：常见ST-T改变和各种心律失常，严重时可出现病理性Q波。

（三）心理和社会状况

病人因发热、倦怠及心脏受累等情况影响日常生活可出现烦躁、焦虑不安等心理；症状较重的病人因担心遗留下后遗症而致心理负担过重。

（四）治疗要点

病毒性心肌炎目前无特异性治疗，多采用对症及支持疗法，通常在数周内症状即可消失而痊愈。

1. **一般治疗**　急性期应卧床休息，注意休息及营养等。

2. **对症治疗**　如心力衰竭可按医嘱给予利尿药、血管扩张剂和ACEI等；频发室性期前收缩者，可选用抗心律失常药物；完全性传导阻滞者，可使用临时起搏器；采用黄芪、辅酶Q_{10}等治疗病毒性心肌炎，有抗病毒、调节免疫和改善心脏功能等。

【常见护理诊断/问题】

1. **活动无耐力**　与心肌受损、心律失常有关。

2. **体温过高**　与心肌炎症有关。

3. **潜在并发症**：心力衰竭、心律失常。

【护理措施】

（一）一般护理

1. **休息与活动**　急性期需卧床休息2~3个月，直到症状消失，血清心肌酶、心电图等恢复正常，方可逐渐增加活动量。若出现心律失常，应延长卧床时间。心脏扩大或出现心力衰竭者应卧床休息半年。恢复期仍应适当限制活动3~6个月。

2. **饮食护理**　给予高蛋白、高维生素、易消化的饮食，多吃新鲜蔬菜和水果，戒烟酒。心力衰竭者限制钠盐摄入。病人长期卧床易发生便秘，指导病人多食富含纤维素的食物，防止便秘，必要时给予缓泻剂。

（二）病情观察

急性期行心电监护，注意观察生命体征及心电图变化。密切观察尿量、神志及皮肤颜色，注意有无呼吸困难、咳嗽、颈静脉怒张、水肿及奔马律等表现。发生心力衰竭、心律失常等并发症时，立即报告医生，并配合抢救。

（三）用药护理

遵医嘱给予洋地黄、抗心律失常药物，注意观察药物疗效及不良反应。应用洋地黄时应特别注意其毒性反应。

（四）心理护理

向病人耐心解释卧床休息的必要性，解释病情和治疗方案，告诉病人不良情绪加重心脏负荷，给予病人心理安慰，解除病人的焦虑、恐惧心理，减轻心理压力，主动配合治疗，早日康复。

（五）健康教育

1. **知识指导**　指导病人避免加重心肌炎的因素，如过劳、缺氧、营养不良及呼吸道感染等。

2. **生活指导**　指导病人合理安排休息与活动，出院后继续休息3~6个月，无并发症者可适当恢复部分或全部轻体力工作或学习，6个月~1年避免剧烈运动、重体力劳动及妊娠。

指导病人进食高蛋白、高维生素、易消化的饮食。鼓励病人适当锻炼身体以增强抵抗力。

3. 自我监测　教会病人及家属自测脉搏，发现异常随时就诊。坚持药物治疗，定期随访。

（闵　瑰）

第七节　感染性心内膜炎病人的护理

感染性心内膜炎（infective endocarditis,IE）是微生物感染所致的心内膜和邻近的大动脉内膜炎症。其特点是心瓣膜上形成赘生物，赘生物为大小不等、形状不一的血小板和纤维素团块，内含大量微生物和少量炎症细胞。瓣膜是最常受累部位，致病微生物以细菌、真菌多见。根据临床病程分为急性感染性心内膜炎（acute infective endocarditis）和亚急性感染性心内膜炎（subacute infective endocarditis），以后者多见。

【护理评估】

（一）健康史

1. 病因

（1）急性感染性心内膜炎：主要由金黄色葡萄球菌引起，少数病人由肺炎球菌、淋球菌、A 族链球菌和流感杆菌等所致。病原菌来自皮肤、肌肉、骨骼或肺等部位的活动感染灶。

（2）亚急性感染性心内膜炎：由草绿色链球菌感染最常见，其次为 D 族链球菌（牛链球菌和肠球菌），表皮葡萄球菌，其他细菌少见。少数病例可有两种或两种以上致病菌的混合感染。细菌可在咽炎、扁桃体炎、上呼吸道感染、拔牙、扁桃体摘除术、泌尿系统器械检查及心脏手术时侵入血流。

2. 发病机制

（1）急性感染性心内膜炎：发病机制不明。主要累及正常瓣膜，主动脉常受累。病原菌来自皮肤、肌肉、骨骼或肺等部位的活动感染灶。细菌量大、毒力强，具有高度侵袭性和黏附于内膜的能力。

（2）亚急性感染性心内膜炎：占感染性心内膜炎病人 2/3。主要发生在有器质性心脏病的病人中，多为心脏瓣膜病，以二尖瓣狭窄和主动脉瓣关闭不全多见。其次是先天性心血管畸形（如室间隔缺损、动脉导管未闭和法洛四联症等）。在心瓣膜或血管损害或缺陷时，细菌在损害部位黏着，继之血小板和纤维蛋白附着，成为微生物滋生的基础，使细菌在局部滋生繁殖。当赘生物破裂时，细菌又被释放进入血流。

3. 病理

（1）心内感染和局部扩散：赘生物导致瓣叶破损、穿孔或腱索断裂，引起瓣膜关闭不全；感染的局部扩散产生瓣环或心肌脓肿、传导组织破坏、乳头肌断裂、室间隔穿孔和化脓性心包炎。

（2）赘生物碎片脱落致栓塞：动脉栓塞导致组织器官梗死及动脉管壁坏死或细菌直接破坏动脉壁。还可形成细菌性动脉瘤。

（3）血源性播散：菌血症持续存在，在其他部位播种化脓性病灶，形成迁移性脓肿。

（4）免疫系统激活：持续性菌血症刺激细胞和体液介导的免疫系统，引起脾肿大、心包炎、肾小球肾炎、关节炎和微血管炎。

（二）身体状况

1. **全身感染症状** 发热是最常见的症状。急性者常有急性化脓性感染,起病急骤,进展迅速,突发心力衰竭较为常见。病人主要表现为败血症(高热、寒战)。亚急性者起病隐匿,体温37.5~39℃,呈弛张热,午后和晚上体温较高,伴有寒战和盗汗,可伴有全身不适、乏力、食欲减退、面色苍白、体重减轻等。也常见头痛、背痛和肌肉关节痛。

2. **其他症状** 感染性心内膜炎病人可出现脾大、贫血及杵状指。15%~50%病程大于6周的病人可有脾大。部分病人可见杵状指(趾)。其中亚急性感染性心内膜炎病人贫血较为常见,主要由于感染导致骨髓抑制,以轻、中度贫血多见,晚期病人可重度贫血。

3. **动脉栓塞** 多发生于病程后期,赘生物引起动脉栓塞占20%~40%,可发生在机体的任何部位,以脑栓塞发生率最高。①脑栓塞:出现神志和精神改变、视野缺损、失语、吞咽困难、瞳孔大小不对称、偏瘫、抽搐或昏迷等表现。②肾栓塞:表现为腰痛、血尿等,严重者可有肾功能不全。③脾栓塞:病人有左上腹剧痛,呼吸或体位改变时加重。④肺栓塞:常发生突然胸痛、气急、发绀、咯血。⑤肢体动脉栓塞:表现为肢体变白或发绀、体温降低、动脉搏动减弱或消失等。

急性与亚急性感染性心内膜炎的比较见表3-10。

表3-10 急性与亚急性感染性心内膜炎的比较

		急性	亚急性
病原体		金黄色葡萄球菌	草绿色链球菌
受累瓣膜		正常瓣膜 (主动脉瓣多见)	原有病变的瓣膜 (二尖瓣狭窄、主动脉瓣关闭不全多见)
细菌入血途径		皮肤、肌肉、骨骼或肺等部位的活动感染灶	上呼吸道感染、拔牙、扁桃体摘除术、泌尿系统器械检查、心脏手术时侵入血流
临床表现	病程	进展迅速	数周至数月
	中毒症状	明显	轻
	感染迁移	多见	少见

4. **体征**

(1)心脏杂音:85%病人有病理性杂音。杂音强度与性质易变是本病的特征性表现,如变得粗糙、响亮或出现新的杂音,与赘生物的生长和破裂、脱落有关。腱索断裂或瓣叶穿孔是迅速出现新杂音的重要因素。

(2)周围体征:多为非特异性,由微血管炎或微栓塞所引起。①瘀点:出现于任何部位,以锁骨以上皮肤、口腔黏膜和睑结膜常见。②指甲下出血:呈条纹状,较少见。③Osler结节:指和趾垫出现的豌豆大的红或紫色痛性结节,常见于亚急性感染性心内膜炎。④Roth斑:视网膜的卵圆形出血斑,中心呈白色,多见于亚急性感染性心内膜炎。⑤Janeway损害:位于手掌或足底直径1~4mm无压痛出血红斑,主要见于急性感染性心内膜炎。

5. **并发症**

(1)心力衰竭:为最常见并发症,由瓣膜关闭不全所致,以主动脉瓣多见。

(2) 肾脏损害：多见，包括肾动脉栓塞、肾梗死、肾小球肾炎和肾脓肿。

(3) 神经系统受累：约有 1/3 病人发生，表现为脑栓塞、脑细菌性动脉瘤、脑出血等。

(4) 迁移性脓肿：多见于急性感染性心内膜炎病人。

(5) 细菌性动脉瘤：多见于亚急性感染性心内膜炎病人，发生率为 3%～5%，多发生于病程后期，以近端主动脉常受累。

6. 实验室及其他检查

(1) 血液检查：正常色素正常细胞性贫血常见，红细胞沉降率增快，白细胞计数正常或轻度升高。

(2) 尿液检查：可有镜下血尿和轻度蛋白尿，肉眼血尿提示肾栓塞。

(3) 血培养：诊断感染性心内膜炎的最重要方法，药物敏感试验可为治疗提供依据。

(4) 超声心动图：经胸壁超声可检出 50%～75% 的赘生物。经食管超声可检出 <5mm 的赘生物，敏感性高达 95% 以上。赘生物≥10mm 时，易发生动脉栓塞。

(5) 免疫学检查：80% 病人血清出现免疫复合物。病程大于 6 周的亚急性感染性心内膜炎病人，有 50% 可发现类风湿因子。

（三）心理和社会状况

感染性心内膜炎病情重，治疗时间长，可累及多个器官，甚至出现严重的并发症，长期病痛折磨使病人及家属丧失治疗信心，抑郁、悲观、沮丧。一旦出现并发症，则可因不能预测疾病的预后而焦虑不安。

（四）治疗要点

1. 抗微生物药物治疗 本病最重要的治疗措施。用药原则：①早期用药。②剂量要足。③疗程要长。④选用杀菌剂。⑤静脉用药为主。⑥联合用药，根据药敏试验选用敏感抗生素。

(1) 急性感染性心内膜炎：在病原菌尚未培养出时，经验治疗急性者采用萘夫西林、氨苄西林和庆大霉素静注。病原体为金黄色葡萄球菌和表皮葡萄球菌时：①萘夫西林或苯唑西林均为 2g，每 4 小时 1 次，静脉注射或滴注，用药 4～6 周；治疗初始 3～5 天加用庆大霉素。②青霉素过敏或无效者用头孢唑林 2g 静注，1 次/8 小时，用药 4～6 周；治疗初始 3～5 天加用庆大霉素。③如青霉素和头孢菌素无效，可用万古霉素 4～6 周。

(2) 亚急性感染性心内膜炎：在病原菌尚未培养出时，用药方案以青霉素为主或加庆大霉素，青霉素 320 万～400 万 U 静滴，1 次/4～6 小时。①血培养后应及早应用杀菌性抗生素，剂量要足，疗程要长，一般用药 4 周或以上。②青霉素为首选药。本病的大多数致病菌对青霉素敏感，且毒性小。常用剂量为 1200 万～1800 万 U/d，分次静脉滴注或肌内注射。③联合用药：青霉素与氨基糖苷类抗生素，如庆大霉素、阿米卡星等联合应用以增强杀菌力。④革兰氏阴性肠道细菌所致的感染性心内膜炎应选用氨基糖苷类抗生素为主。

2. 手术治疗 若在抗生素治疗过程中出现主动脉瓣狭窄或二尖瓣组织结构断裂的征象应及早进行人工瓣膜置换手术。

【常见护理诊断/问题】

1. 体温过高 与感染有关。

2. 营养失调：低于机体需要量 与感染所致机体代谢率增高和食欲下降有关。

3. 潜在并发症：栓塞。

【护理措施】

（一）一般护理

1. 休息与活动　急性感染性心内膜炎病人应卧床休息，限制活动，保持环境安静。亚急性者，可适当活动，但应避免剧烈运动及情绪激动。

2. 饮食护理　给予高热量、高蛋白、高维生素、低胆固醇、易消化的半流质或软食，补充营养和水分。有心力衰竭者，适当限制钠盐的摄入。

（二）病情观察

1. 观察体温及皮肤黏膜　每 4～6 小时测量体温一次，准确绘制体温曲线，以反映体温动态变化，判断病情进展及治疗效果。观察病人有无皮肤瘀点、指和趾甲下出血、Osler 结节等皮肤黏膜损害。加强口腔与皮肤护理，防止感染。

2. 观察栓塞的表现　注意观察脑、肾、肺、脾和肢体动脉等栓塞的表现，有变化及时报告医师并协助处理。

3. 观察心脏杂音　观察杂音的部位、强度和性质有无变化。

（三）用药护理

抗生素是治疗本病的关键，应注意观察疗效和不良反应。治疗原则应遵循：①早期应用：连续 3～5 次血培养后即开始治疗；②充分用药：坚持大剂量长疗程的抗生素治疗，可彻底杀灭藏在赘生物内的致病微生物；③静脉用药为主：维持高而稳定的血药浓度。可使用静脉留置针减少穿刺次数，保护静脉和减轻病人的痛苦。

（四）正确采集血培养标本

告诉病人暂时停用抗生素和反复多次采血培养的必要性，以取得病人的理解与配合。采血方法：①本病的菌血症为持续性，无需在体温升高时采血。②每次采血量 10～20ml 作需氧和厌氧菌培养，至少应培养 3 周。③未经治疗的亚急性病人，应在第一日隔 1 小时采血 1 次，共 3 次。如次日未见细菌生长，重复采血 3 次后，开始抗生素治疗。④已用抗生素者，停药 2～7 日后采血，方法同前。⑤急性病人在入院后 3 小时内，每隔 1 小时采血 1 次，取得 3 个血标本后开始治疗。

（五）心理护理

为病人创造安静、舒适的环境，减少不良刺激，多与病人交谈，宣传本病的知识，使病人了解感染性心内膜炎的病因、诱因，疾病过程和治疗效果，指导病人心理放松技巧，帮助病人分散注意力，克服紧张、焦虑心理，向病人解释相关的手术知识，增强病人对手术的认知和信心，使之积极配合治疗和护理，增强治疗疾病的信心。

（六）健康教育

1. 疾病知识指导　向病人和家属讲解本病的相关知识，包括疾病的病因与发病机制、坚持全疗程的抗生素治疗的重要性。告知病人及家属在施行口腔手术（如拔牙、扁桃体摘除术）、上呼吸道、泌尿、生殖、消化道侵入性检查或其他外科手术治疗前，应主动说明患有心瓣膜病、心内膜炎等病史，预防性使用抗生素。

2. 生活指导　嘱病人防寒保暖，少去公共场所，加强营养与锻炼，增强机体抵抗力，合理安排休息。保持口腔和皮肤清洁，勿挤压痤疮、疖、痈等感染病灶，减少病原体入侵的机会。

3. 自我监测　教会病人自我监测体温变化、有无栓塞表现，定期门诊随访。

（闵　瑰）

第八节　心包疾病病人的护理

心包疾病是由感染、肿瘤、代谢性疾病、尿毒症、自身免疫疾病、外伤等引起的心包病理性改变。临床上按病程分为急性、亚急性及慢性(表3-11),按病因分为感染性、非感染性、过敏性或免疫性。临床上以急性心包炎、慢性缩窄性心包炎最为常见,本节将重点介绍。

急性心包炎(acute pericarditis)是心包脏层和壁层的急性炎症,常继发于全身性疾病或心包的局部病变。缩窄性心包炎(constrictive pericarditis)是指心脏被致密厚实的纤维化或钙化心包所包围,使心室舒张期充盈受限而产生一系列循环障碍的病征。

表3-11　心包炎的分类

病程分类	特点
急性	病程<6周,包括:纤维素性;渗出性(浆液或血性)
亚急性	病程6周~6个月,包括:渗出性-缩窄性;缩窄性
慢性	病程>6个月,包括:缩窄性;渗出性;粘连性

【护理评估】

（一）健康史

1. 病因

(1)急性心包炎:①感染性心包炎:病因可由病毒、细菌、真菌、寄生虫、立克次体等感染引起,以病毒感染最常见。②非感染性心包炎:病因有自身免疫性(如风湿热、系统性红斑狼疮、类风湿关节炎)、肿瘤性、内分泌及代谢性(如尿毒症、痛风)心包炎,外伤性、放射性心包炎等。

(2)缩窄性心包炎:继发于急性心包炎,以结核性心包炎最常见,其次为化脓性心包炎、外伤性心包炎。

2. 发病机制

(1)急性心包炎:正常时心包腔内压力低于大气压,也低于心房压和心室舒张压。急性纤维蛋白性心包炎和少量渗液均不致影响心包内压力。当渗液迅速积聚和(或)渗液量超过一定的水平时,心包内压力急剧上升,妨碍心室舒张和充盈,使心排血量降低,收缩压下降。同时,心包内压力增高影响血液回流到右心,使静脉压升高,这些改变构成了急性心脏压塞的临床表现。

(2)缩窄性心包炎:炎症急性期过后,心包出现广泛的纤维瘢痕,引起心包缩窄。整个心脏和大血管出口处均受压,心房和心室舒张期充盈受阻,致使舒张压和毛细血管压升高。

3. 病理　正常情况下,心包脏层和壁层之间是个密闭性腔隙,有少量润滑液(约50ml)。

(1)急性心包炎:根据病理变化可分为纤维蛋白性和渗出性2种。早期心包上有纤维蛋白、白细胞等渗出,液体无明显增加时为纤维蛋白性心包炎。随后液体渗出增多,液体量可由100ml至2~3L不等。积液如在短时间内大量积聚,即可引起心脏受压,心室充盈受限,并使周围静脉压升高,最终使心排血量降低,血压下降,造成急性心脏压塞。积液一般在数周至数月内吸收,但也可伴随发生壁层与脏层粘连、增厚及缩窄。

(2)缩窄性心包炎:急性心包炎的后果,部分急性心包炎愈合后,其脏层与壁层可残留不同程度的粘连,并可出现纤维组织增生,最终形成坚厚的瘢痕,使心包失去伸缩性,致使心脏舒张期充盈受限而产生血液循环障碍。

(二) 身体状况

1. 急性心包炎

(1)纤维蛋白性心包炎:①症状:心前区疼痛为主要症状,部位以胸骨后、心前区为主。疼痛可放射至颈部、左肩、左臂及左肩胛骨,也可达上腹部;疼痛性质呈压榨样、锐痛或闷痛;疼痛与呼吸运动有关,常因咳嗽、深呼吸、变换体位或吞咽而加重。②体征:典型体征为心包摩擦音,多位于心前区,以胸骨左缘第3、4肋间最为明显。在坐位时身体前倾、深吸气或将听诊器胸件加压可更容易听到。心前区听到心包摩擦音可做出心包炎的诊断。摩擦音可持续数小时或持续数天、数周。当积液增多将两层心包分开时,摩擦音即消失。

(2)渗出性心包炎:①症状:呼吸困难是心包积液时最突出的症状,可能与支气管、肺受压及肺淤血有关。严重的呼吸困难病人可呈端坐呼吸。也可因压迫气管、食管而产生干咳、声音嘶哑及吞咽困难。心脏排血量显著减少可发生休克。②体征:表现为静脉高压和心脏体征。静脉高压可产生颈静脉怒张、肝大、腹水、下肢水肿、奇脉等;心脏体征表现为当心包积液量超过300ml 时,心尖搏动可消失;心界扩大呈烧瓶状、心音低而遥远等。大量渗液可使收缩压降低,而舒张压变化不大,故脉压变小。③心脏压塞:短期内出现大量心包积液时可引起急性心脏压塞。临床特征为贝克三联征(Beck trilogy):低血压、心音低弱和颈静脉怒张。若心排血量显著下降,可产生急性循环衰竭、休克等。如积液积聚较慢,可出现亚急性或慢性心脏压塞,表现为体循环静脉淤血、奇脉等。奇脉是大量积液病人,触诊时桡动脉搏动呈吸气性显著减弱或消失,呼气时又复原的现象。

(3)并发症:可并发复发性心包炎及缩窄性心包炎。

2. 缩窄性心包炎

①症状:起病缓慢,多在急性心包炎后1年内形成,少数可达数年。早期症状为劳力性呼吸困难,主要与心搏量降低有关;后期因大量胸水、腹水使膈肌上抬和肺部淤血,导致呼吸困难加重,甚至出现端坐呼吸。体循环淤血时可出现疲乏、食欲减退、上腹胀痛等。②体征:颈静脉怒张、肝大、腹水、下肢水肿、心率增快,可见 Kussmaul 征(即吸气时颈静脉充盈更明显)。心脏体征有心尖搏动不明显,心界不增大,心音减低,通常无杂音,可闻及心包叩击音;窦性心律,可有心房颤动。脉搏细弱无力,收缩压降低,脉压变小。

3. 实验室及其他检查

(1)血液检查:感染者有外周血白细胞计数增加,血沉增快等炎症反应。

(2)X 线检查:对渗出性心包炎有一定价值。当心包内积液量超过300ml 时,可见心脏阴影普遍性向两侧增大,呈烧瓶样,心脏搏动减弱或消失,而肺部无明显充血现象。缩窄性心包炎心影偏小,正常或轻度增大。

(3)心电图:急性心包炎时,常规导联(除 aVR 外)皆呈 ST 段弓背向下抬高、T 波低平或倒置。渗出性心包炎时可有 QRS 波群低电压,无病理性 Q 波。缩窄性心包炎可有 QRS 波群低电压,T 波或倒置。

(4)超声心动图:急性心包炎可见液性暗区。缩窄性心包炎可见心包增厚、室壁活动减弱及室间隔矛盾运动等。

(5)心包穿刺术:明确积液性质和协助病因诊断。

(三) 心理和社会状况

病人常因住院影响工作和生活,心前区疼痛、呼吸困难等症状使病人紧张、焦虑,急性心脏压塞时病人出现晕厥,更易恐惧。

（四）治疗要点

急性心包炎的治疗包括病因治疗和对症治疗,如抗结核、抗生素、化疗药物及镇痛剂等。出现心脏压塞时行心包穿刺术,必要时可采用心包切开引流及心包穿刺术。缩窄性心包炎应早期施行心包切除术。对复发性心包炎应用秋水仙碱治疗。

【常见护理诊断/问题】

1. **气体交换受损**　与肺淤血、肺或支气管受压有关。

2. **疼痛：心前区疼痛**　与心包炎症渗出有关。

3. **心排血量减少**　与大量心包积液妨碍心室舒张充盈有关。

【护理措施】

（一）一般护理

1. **休息与活动**　协助病人采取半卧位或前倾坐位,减轻呼吸困难,提供床上小桌依靠,并保持舒适。胸痛的病人应卧床休息,减少活动,保持情绪稳定,勿用力咳嗽、深呼吸或突然改变体位,以免使疼痛加重。

2. **饮食护理**　给予高热量、高蛋白、高维生素、易消化饮食,保证合理营养,适当限制钠盐摄入。

（二）病情观察

观察病人的意识、生命体征、胸痛的性质及部位、呼吸困难的程度,有无心包摩擦音和心脏压塞的表现。观察血气变化,根据缺氧程度调节氧流量,并观察氧疗效果。

（三）用药护理

遵医嘱给予解热镇痛剂,注意有无胃肠道反应、出血等副作用。若疼痛严重,可适量使用吗啡类药物。遵医嘱给予糖皮质激素及抗菌、抗结核、抗肿瘤等药物治疗并注意观察药物的疗效与不良反应。严格控制输液速度,防止加重心脏负担。

（四）心包穿刺术护理

1. **术前护理**　向病人和家属讲解手术的意义和注意事项,消除病人心理顾虑。必要时术前使用镇静剂,建立静脉通道,术前行超声心动图检查,确定积液的部位和量。择期手术者需术前禁食4~6h。

2. **术中护理**　病人取坐位或半卧位;嘱病人勿剧烈咳嗽或深呼吸;抽液时要注意随时夹闭胶管,防空气进入心包腔;抽液速度要缓慢,第一次抽液最不超过200ml,若抽出的血为鲜血,应立即停止,观察有无心脏压塞症状,准备好抢救物品;记录抽出液体量、性质,及时送检。注意观察病人的反应,如有面色苍白、出冷汗、头晕等情况应及时协助医生处理;监测病人生命体征及心电图变化。

3. **术后护理**　术后严密观察病人生命体征,防止感染的发生。穿刺部位覆盖无菌纱布,用胶布固定。

（五）心理护理

对于焦虑、恐惧的病人,要多与病人沟通,多向病人讲解疾病相关知识,树立战胜疾病的信心,并减少不良情绪对治疗的影响。

（六）健康指导

1. **疾病知识指导**　心包炎病人机体抵抗力下降,应注意充分休息,避免剧烈运动。对缩窄性心包炎的病人应讲明行心包剥离术的重要性,解除其思想顾虑,尽早接受手术治疗。

2. **生活指导**　加强营养，注意防寒保暖，防止呼吸道感染。进食高热量、高蛋白、高维生素的易消化饮食，限制钠盐摄入。

3. **用药指导**　告知病人及家属坚持足够疗程药物治疗的重要性，不可擅自停药，防止复发。注意药物不良反应，定期随访并监测肝肾功能。

（闵　瑰）

第九节　周围血管疾病病人的护理

一、下肢静脉曲张病人的护理

下肢静脉曲张是指下肢浅静脉，因血液回流障碍而引起的以静脉扩张和迂曲为主要表现的一种疾病。

【护理评估】

（一）健康史

下肢静脉曲张病因是静脉壁软弱、静脉瓣膜缺陷及浅静脉内压力持续升高为主要原因。其中静脉壁软弱、静脉瓣膜缺陷为先天因素，与遗传有关；浅静脉内压力持续升高为后天因素，表现为下肢血柱重力的增加和循环血量超负荷。

（二）身体状况

1. **临床表现**　下肢静脉曲张多数发生在大隐静脉，以左下肢多见。主要表现为下肢浅静脉曲张、蜿蜒迂曲。早期病人可无明显症状，仅在长期站立后感觉小腿沉重、酸胀及疼痛感。后期曲张静脉明显隆起、蜿蜒迂曲，可出现踝部肿胀和小腿皮肤营养障碍，如皮肤色素沉着、脱屑、瘙痒甚至湿疹和溃疡。也可并发血栓性静脉炎或曲张的静脉破裂大出血。

2. **实验室及其他检查**

（1）大隐静脉瓣膜功能试验：诊断下肢静脉曲张最可靠的依据。方法是病人平卧位，下肢抬高，排空浅静脉内的血液，用止血带绑在大腿根部，随后让病人站立，10秒内解开止血带，大隐静脉出现由上向下静脉逆向充盈，则提示大隐静脉瓣膜功能不全。如果病人站立后，止血带未解开而止血带下方的浅静脉迅速充盈，说明反流该静脉的血液来自小隐静脉或某些功能不全的交通静脉，提示交通静脉瓣膜关闭不全。

（2）下肢深静脉通畅试验：用来测定深静脉回流情况。方法是在大腿用一止血带阻断大隐静脉干，嘱病人连续用力踢腿或下蹲10余次，由于下肢运动，肌肉收缩，使浅静脉血液向深静脉回流而排空。若在活动后浅静脉曲张更为明显甚至出现胀痛，提示深静脉不通畅。

（3）交通静脉瓣膜功能试验（Pratt试验）：病人平卧，抬高患肢，在大腿根部扎止血带，先从足趾向上至腘窝缚缠第一根弹力绷带，再自止血带处向下，扎上第二根弹力绷带，一边向下解开第一根弹力绷带，一边向下继续缚缠第二根弹力绷带，如果在两根弹力绷带之间的间隙内出现曲张静脉，即意味着该处有功能不全的交通静脉。

（4）影像学检查：下肢静脉造影可观察下肢静脉是否通畅，瓣膜功能情况及病变程度。血管超声检查可以观察瓣膜关闭活动及有无逆向血液。

（三）心理及社会状况

由于病程长、慢性溃疡经久不愈及担心预后，病人常会产生恐惧、焦虑的情绪。

（四）治疗要点

1. 非手术疗法

（1）支持治疗：主要方法是穿弹力袜或使用弹力绷带包扎，利用远侧高而近侧低的外在压力差促进静脉回流。同时注意休息，抬高患肢，避免久站久坐。

（2）硬化剂治疗和压迫疗法：适用于病变范围小且局限者。

（3）处理并发症：血栓性浅静脉炎可给予抗菌药及局部热敷治疗；湿疹和溃疡者应抬高患肢并给予创面湿敷；曲张静脉破裂出血病人给予局部加压包扎止血，必要时缝扎止血。

2. 手术治疗 适用于深静脉通畅、无手术禁忌证者，是治疗下肢静脉曲张的根本方法。

【常见护理诊断/问题】

1. 活动无耐力 与下肢静脉回流受限有关。

2. 皮肤完整性受损 与下肢皮肤营养障碍有关。

3. 知识缺乏：缺乏有关本病预防和治疗的知识。

4. 潜在并发症：深静脉血栓形成、小腿曲张静脉破裂出血。

【护理措施】

（一）一般护理

1. 休息与活动 对于非手术治疗病人，应采取良好的坐姿，坐时双膝勿交叉过久，避免长时间站立或行走，出现患肢肿胀时，应卧床休息并抬高患肢30°。告诉病人活动时穿弹力袜或使用弹力绷带，以减轻患肢症状。穿弹力袜时应抬高患肢，弹力绷带应自下而上包扎，包扎不应妨碍关节活动，保持合适松紧度，以能扪及足背动脉搏动和保持正常皮肤温度为宜。指导病人养成良好的排便习惯，保持大、小便通畅，防止腹内压及静脉压增高。

2. 饮食护理 给予有营养清淡易消化饮食，防止肥胖，多吃蔬菜水果及粗纤维食物，多饮水以防便秘。

（二）病情观察

观察病人生命体征及患肢情况。重点观察患肢远端皮肤的温度、颜色、有无肿胀、渗出，局部有无感染症状。

（三）并发症的观察及护理

1. 小腿慢性溃疡 保持局部清洁卫生，可用等渗盐水湿敷创面或患处用1：5000的高锰酸钾溶液浸泡，每天2~3次。

2. 血栓性静脉炎 给予局部热敷、理疗、抗凝治疗及应用抗生素，禁忌局部按摩。

3. 出血 抬高患肢，局部加压包扎，必要时手术止血。

（四）手术治疗护理

1. 手术前护理 主要护理措施包括做好手术区皮肤准备，范围包括整个患肢、会阴部及腹股沟区。患肢水肿者，术前数日抬高患肢，以利于减轻水肿。有小腿溃疡者，应积极治疗。

2. 手术后护理 主要护理措施包括卧床期间指导病人做足背伸屈运动，抬高患肢30°，术后24h鼓励病人下床活动，以促进下肢静脉血液回流，预防下肢深静脉血栓形成。当下肢深静脉血栓形成，预防肺栓塞应注意严格卧床2周；严禁按摩患肢；禁止施行对患肢有压迫的检查。保持伤口敷料整洁、干燥，如有切口渗血及时更换敷料。术后应用弹力绷带加压包扎，松紧度应合适，以不妨碍关节活动、能扪及足背动脉搏动和保持足部正常皮肤温度为宜，术后3天适当放松，一般需维持2周方可拆除。预防感染，遵医嘱使用抗生素。

（五）心理护理

由于病程长、慢性溃疡经久不愈及担心预后,病人常会产生恐惧、焦虑的情绪,应为病人提供安静舒适的环境,多与病人交流,讲解有关疾病的知识,帮助病人树立战胜疾病的信心。

（六）健康教育

1. 避免长时间站立和行走,休息时尽量抬高患肢。
2. 保持大小便通畅,避免肥胖,积极治疗慢性咳嗽等,避免腹内压增高。
3. 术后应继续穿弹力袜或使用弹力绷带包扎 1~3 个月。

二、血栓闭塞性脉管炎病人的护理

血栓闭塞性脉管炎是一种累及血管的炎症性、节段性和周期性发作的慢性闭塞性疾病。主要发生于四肢的小动脉,尤以下肢多见,男性青壮年多见。

【护理评估】

（一）健康史

1. 病因　血栓闭塞性脉管炎的病因尚不完全了解,一般认为是由综合因素所致。分为外来因素和内在因素。

（1）外来因素:①吸烟:据统计,病人中有吸烟史者占 80%~95%,包括主动及被动吸烟者,烟碱能使血管收缩。②寒冷和感染:寒冷损害可使血管收缩,故北方的发病率明显高于南方。有些学者认为,皮肤真菌感染会影响人的免疫反应,可使血液中的纤维蛋白原含量增多,易发生血栓形成。③外伤:少数病人有肢体损伤史,如压伤、剧烈运动、长途行走等,发病可能与血管损伤有关。有人认为外伤后刺激神经感受器,进而引起中枢神经系统功能失调,使其逐渐丧失对周围血管的调节作用,引起血管痉挛,长期痉挛而导致血栓阻塞。

（2）内在因素:①性激素:病人大多为男性,又都在青壮年发病,很可能与前列腺功能紊乱,引起血管舒缩失常有关。②血管神经调节障碍:自主神经系统对内源性或外源性刺激的调节功能失常,可使血管处于痉挛状态,从而可导致管壁增厚和血栓形成。③免疫学说:临床研究表明脉管炎病人有特殊的抗人体动脉抗原的细胞和体液免疫性,血清中有抗动脉抗体存在。

2. 发病机制　血栓闭塞性脉管炎是一种周围血管的病变,血管全层呈炎性反应伴有腔内血栓形成和管腔阻塞。病变主要侵犯下肢血管,病情进展可侵犯上肢,主要累及中小型动脉,如胫前、胫后、足背、跖、桡、尺和手掌等动脉,其他较大的动脉如股和肱动脉发生病变较少见。病变的血管壁全层呈非化脓性血管炎改变,在全层血管壁中有广泛的淋巴细胞浸润及内皮细胞和成纤维细胞增生。病变为节段性,并常呈节段性分布,节段之间有内膜正常的管壁、病变和正常部分的界线分明。闭塞的同时,可逐渐建立侧支循环,但常不足以代偿。严重病例可发生神经纤维化,甚至发生神经纤维与其细胞体分离变性。

（二）身体状况

1. 临床表现　起病隐匿,进展缓慢,周期性发作。按肢体缺血程度分为三期:

（1）局部缺血期:此期以血管痉挛为主。表现为患肢麻木、发凉、反复出现游走性浅静脉炎。还可出现间歇性跛行,即当病人行走一段路程后,小腿或是足部肌肉发生胀痛或抽痛,如果继续行走则疼痛加重,休息后疼痛迅即缓解,再行走后又可发作的现象。检查发现患肢皮温稍低,色泽较苍白,足背或胫后动脉搏动减弱。

（2）营养障碍期:此期动脉已处于闭塞状态,有明显的血管壁增厚和血栓形成,肢体依靠侧支循环保持存活。症状加重,间歇性跛行明显,疼痛转为持续性静息痛即肢体处于休息状态,疼痛仍不能缓解,夜间剧烈。检查患肢皮温显著降低,色泽苍白,或出现紫斑、潮红、小腿肌萎缩,足背或胫后动脉搏动消失。

(3)坏死期:此期动脉完全闭塞,侧支循环不能保证趾(指)存活。表现为症状继续加重,患肢趾(指)端发黑、干性坏疽、溃疡形成,先见于第一趾尖端。疼痛剧烈呈持续性。

2. 实验室及其他检查

(1)肢体抬高试验(Buerger 氏试验):病人平卧,患肢抬高 70°~80°,持续 60 秒,若出现麻木、疼痛、苍白或蜡黄色为阳性,提示动脉供血不足。然后让病人坐起,下肢垂于床旁,观察肤色变化。正常皮肤色泽可在 10 秒内恢复正常,若超过 45 秒且皮肤色泽不均匀,进一步提示患肢有动脉供血障碍。

(2)皮肤温度测定:在一定室温(15~25℃)条件下,肢体温度较对侧相应部位下降 2℃以上,表示该侧肢体血供不足。

(3)检查患肢远端动脉搏动情况:出现搏动减少或不能扪及提示血流减少。

(4)测定跛行距离和时间

(5)动脉造影:可明确动脉闭塞的部位、范围、性质和程度,并可了解患肢侧支循环建立情况。血栓闭塞性脉管炎动脉造影的典型表现为中小动脉节段性闭塞,而在病变的动脉之间,可见管壁光滑的正常动脉。一般不作为本病的常规检查方法。

(三)心理和社会状况

由于病程长、慢性溃疡经久不愈及担心预后,病人常会产生恐惧、焦虑的情绪。

(四)治疗要点

治疗原则是解痉止痛、防治感染、促进侧支循环建立、尽可能保全肢体,减少伤残程度。

1. 非手术治疗

(1)一般疗法:包括严禁吸烟;防止受冷、受潮和外伤,但不宜使用热疗;患肢运动锻炼,促进侧肢循环建立;可适当使用吗啡或哌替啶止痛。

(2)药物治疗:适用于早、中期的病人。可选择血管扩张剂、抗血小板聚集药、选用合适的抗菌药或中医中药治疗。

(3)高压氧治疗:通过提高氧含量,促进肢体的血氧弥散,改善组织缺氧症状。

(4)局部治疗:对干性坏疽无菌包扎防止感染,对溃疡可外用康复新换药。

2. 手术治疗

经非手术方法治疗无效者,可行腰交感神经切除术、大隐静脉移植转流术或动脉血栓内膜剥离术。当肢端坏死边界局限后,在无菌情况下扩创,将坏死组织清除。对已形成指(趾)端坏疽者,要考虑截指(趾)术。

【常见护理诊断/问题】

1. **疼痛** 与患肢(趾)缺血、缺氧、组织坏死有关。

2. **焦虑** 与患肢疼痛、久治不愈有关。

3. **皮肤完整性受损** 与患肢供血不足、局部营养障碍有关。

4. **潜在并发症:**感染、溃疡及坏疽。

【护理措施】

(一)一般护理

1. 休息与活动

(1)体位:病人在休息或睡眠时采取头高脚低位,以利于血液灌注至下肢。避免长时间保持同一姿势(久站或久坐)不变,坐时避免将一腿搁在另一腿膝盖上,以防止腘动、静脉受压,阻碍血流。

(2)患肢锻炼:鼓励病人进行运动,促进侧支循环的建立。指导病人进行 Buerger(勃格)运动,病人取平卧位,抬高患肢约45°,保持2~3分钟,然后将患肢沿床边下垂3~5分钟,再放平患肢2~3分钟,同时进行踝部和足趾的活动,每日锻炼数次,每次5~6回,以便更好地恢复患肢功能。

(3)肢体保暖:避免受寒冷刺激,但应避免用热水袋或热水给局部直接加温。

2. **饮食护理**　给予有营养清淡易消化饮食,绝对戒烟,消除烟碱对血管的刺激。

(二)病情观察

观察病人生命体征及患肢情况。重点观察患肢皮肤的温度、颜色、有无肿胀、渗出,足背、胫后动脉搏动情况,局部有无感染症状等。

(三)用药护理

观察药物的疗效和不良反应。早期应用低分子右旋糖酐、血管扩张剂、中药等药物;中、晚期遵医嘱应用镇痛药物,必要时可给予神经阻滞麻醉止痛。

(四)并发症的观察及护理

加强感染的预防和控制。保持患肢干燥、清洁,每天用温水洗脚,勿用足趾直接试水温,防烫伤;有足癣者积极治疗,避免用手抓痒;对已出现干性坏疽的部位,应保持创面清洁干燥,每天换药,避免受压及刺激;继发感染者,积极处理创面,遵医嘱应用有效抗生素。

(五)手术治疗护理

1. **手术前护理**　充分做好术前准备,如皮肤的准备、病人心理的准备等。

2. **手术后护理**

(1)一般护理:静脉重建术者卧床制动1周,且患肢抬高30°;动脉重建术者卧床制动2周,患肢平放。在制动期间,鼓励病人常做足背伸屈活动,以利于静脉回流。血管造影术后病人应平卧,穿刺点加压包扎24h,患肢制动6~8h。

(2)病情观察:密切观察病人生命体征、肢体血运情况,观察切口无有渗血或血肿;观察足背动脉搏动、皮肤温度、颜色及感觉,并作记录。若动脉搏动消失、皮肤温度降低、颜色苍白、感觉麻木,提示有动脉栓塞。

(3)防止感染:术后遵医嘱应用抗生素,如发现伤口有红、肿、热、痛,病人体温增高,应及时通知医生处理。

(六)心理护理

做好解释工作,消除病人紧张、焦虑情绪,讲解有关疾病的知识,帮助病人树立战胜疾病的信心,密切配合治疗和护理。

(七)健康教育

1. 防寒防潮,劝告病人戒烟。

2. 指导病人进行 Buerger 运动,促进侧支循环建立。睡觉或休息是应取头高脚低位,使血液容易灌流至下肢。避免长时间维持同一姿势,如久站、久坐等。

3. 合理使用止痛药。

(闵　瑰)

案例3-1　李女士,39岁,原有风湿性心瓣膜病、二尖瓣狭窄合并关闭不全6年,反复活动后心悸、气促3年,加重伴不能平卧、水肿、尿少1周,现安静状态下亦有心悸、呼吸困难。病人情绪低落。身体评估:T 37℃,P 110 次/分,R 24 次/分,BP 110/70mmHg,颈静脉怒张,两肺底可闻及湿啰音,啰音的分布可随体位改变而变化,心界向两侧扩大,肝肋下3cm。初步诊断为:风湿性心瓣膜病、二尖瓣狭窄合并关闭不全,全心衰竭,心功能Ⅳ级。

请问:

(1)心脏瓣膜病病人的常见病因有哪些? 最常见的类型是什么?

(2)请列出病人主要的护理诊断/问题。

(3)针对病人首优护理诊断/问题,列出护理措施。

案例3-2　张先生,58岁。午饭后1小时突感左前胸压榨样闷疼,向左前臂放射,伴上腹饱胀,出冷汗,烦躁,恐惧感,来院急诊。身体评估:T:37℃,BP 90/60mmHg,心率60次/分,律齐,心音低钝,两肺无特殊性,腹平软,上腹压之不适,肝脾未扪及。心电图Ⅱ、Ⅲ、aVF导联ST段明显抬高,有深度Q波。临床诊断:急性心肌梗死(下壁)。

请问:

(1)冠状动脉粥样硬化性心脏病的危险因素有哪些?

(2)请列出病人主要的护理诊断/问题。

(3)针对病人首优护理诊断/问题,列出护理措施。

案例3-3　王先生,50岁。半年来常感头痛、头晕,体重较以前有所减轻,但食欲尚好。身体评估:体温36.8℃,脉搏80次/分,呼吸17次/分,血压150/95mmHg,肥胖,两肺正常,心界正常,心音有力,心尖区可闻及收缩期杂音,腹软,肝脾触及,双下肢无浮肿。实验室检查:血糖7.5mmol/L,血胆固醇8.0mmol/L。临床诊断为高血压。

请问:

(1)高血压病人的常见病因有哪些?

(2)请列出病人主要的护理诊断/问题。

(3)针对病人首优护理诊断/问题,列出护理措施。

案例3-4　陈先生,30岁。因头晕、胸闷1天,以扩张性心肌病入院。曾有晕厥史。身体评估:心界扩大,心率38次/分。心电图提示三度房室传导阻滞。

请问:

(1)该病人最恰当的处理方法是什么?

(2)如何对心肌疾病病人进行健康教育?

案例3-5　万女士,25岁。患风湿性心脏瓣膜病。不明原因持续发热1个月,体温在37.5~38.5℃。应用抗生素治疗无效。今晨以"感染性心内膜炎"收入院。

请问:

(1)现遵医嘱行血培养检查,请说出留取血培养标本的方法。

(2)如何对该病人进行健康教育?

案例3-6　李先生,55岁。近期消瘦,昨日突然出现呼吸困难,颈静脉怒张,下肢水肿,心界扩大,心脏超声提示心包积液,诊断为"渗出性心包炎",急诊行心包穿刺术。

请问：

(1)急性心包炎出现心包积液的临床表现有哪些?

(2)说出心包穿刺术病人的护理措施。

案例3-7 朱先生,46岁。右下肢发冷、小腿抽痛、足趾麻木半年。1周前出现右足趾持续性疼痛难忍,夜间尤甚。医生让病人多做勃格运动,否则有截肢危险。现该病人坐卧不安,常发怒,与家人争吵。对医护人员不满。

请问：

(1)根据病人的现状,说出该病人主要的心理问题。

(2)说出勃格运动的目的,如何指导病人进行运动。

（涂 映 闵 瑰）

第四章　消化系统疾病病人的护理

消化系统疾病包括食管、胃、肠、肝脏、胆囊、胰腺及腹膜、肠系膜、网膜等脏器的器质性或功能性疾病,疾病种类多,为临床常见病和多发病。常见的病因有理化因素、感染、免疫因素、代谢因素、遗传因素、外伤、神经精神因素、医源性因素等,引起消化系统疾病的病因复杂,一种疾病可由某一种或多种病因引起,同样某一种病因可引起多种消化系统疾病。消化系统疾病与临床、细胞和分子生物学、生理学、生物化学、病理学、免疫学、影像学等密切相关,由于研究的进展,许多消化系统疾病的发病机制、诊断、治疗等有了新的发展,相应地对消化系统疾病病人的护理提出了更高要求。

第一节　慢性胃炎病人的护理

胃炎(gastritis)是指任何病因引起的胃黏膜炎症,常伴有上皮损伤和细胞再生,是最常见的消化系统疾病之一。按临床发病缓急和病程的长短,一般分为急性胃炎和慢性胃炎两大类。慢性胃炎(chronic gastritis)是指各种病因引起的胃黏膜慢性炎症。发病率在胃疾病中为首位,而且随年龄的增长而增加。

【护理评估】

（一）健康史

1. **分类**　慢性胃炎的分类方法很多,目前采用国际上新悉尼系统的分类方法,将慢性胃炎分为非萎缩性(以往称浅表性)、萎缩性和特殊类型三大类。

（1）慢性非萎缩性胃炎:是指不伴有胃黏膜萎缩性改变,胃黏膜层以淋巴细胞和浆细胞为主的慢性炎症细胞浸润的慢性胃炎。主要病因是幽门螺旋杆菌感染。

（2）慢性萎缩性胃炎:是指胃黏膜已发生了萎缩性改变的慢性胃炎,常伴有肠上皮化生。慢性萎缩性胃炎又可分为多灶萎缩性胃炎和自身免疫性胃炎,前者的萎缩性改变在胃内呈多灶性分布,但以胃窦为主,大多由幽门螺旋杆菌引起慢性非萎缩性胃炎发展而来。后者的胃黏膜萎缩主要发生在胃体部,多由自身免疫引起。

（3）特殊类型胃炎:种类很多,由不同病因引起,临床上较少见,如感染性胃炎、化学性胃炎等。

2. **病因与发病机制**

（1）幽门螺旋杆菌(Helicobacter pylori, H. pylori, Hp)感染:幽门螺旋杆菌感染是慢性胃炎最主要的病因。发病机制可能通过 HP 的鞭毛运动及黏附素直接侵袭胃黏膜,或其产生的尿素酶分解尿素产生氨而损害胃黏膜,或通过该菌产生的蛋白酶、脂肪酶和磷脂酶 A 降解胃液中的黏液糖蛋白、脂质和脂蛋白,破坏黏液层的完整性,或通过产生的毒素如细胞空泡毒素 A 使上皮细胞受损,细胞毒素相关基因蛋白引起强烈的炎症反应,幽门螺旋杆菌菌体胞壁可作为抗原产生免疫反应。这些因素长期存在可引起胃黏膜的慢性炎症。

幽门螺旋杆菌

　　幽门螺旋杆菌为革兰氏阴性微需氧菌,长 2.5～4μm,宽 0.5～1.0μm,呈弯曲螺旋状,该菌的一端有 2～6 根鞭毛。幽门螺旋杆菌可产生多种酶,如尿毒酶及其代谢产物氨、过氧化氢酶、蛋白溶解酶、磷脂酶 A 等,亦产生细胞毒素如细胞空泡毒素、细胞毒素相关蛋白 A。

　　(2)理化因素:食用过热、过冷、过于粗糙的食物及长期饮酒、浓茶、咖啡和吸烟可导致胃黏膜损害。经常服用非甾体抗炎药、糖皮质激素等药物可抑制胃黏膜前列腺素的合成,破坏胃黏膜屏障,为幽门螺旋杆菌和其他因素的致病创造了条件而导致慢性炎症。

　　(3)免疫因素:壁细胞损伤后作为自身抗原激发机体产生壁细胞抗体和内因子抗体,壁细胞抗原和壁细胞抗体形成免疫复合体在补体的参与下,破坏壁细胞,使壁细胞总数减少,导致胃酸分泌减少或缺乏。内因子抗体与内因子结合阻断了维生素 B_{12} 与内因子结合,引起维生素 B_{12} 吸收不良而致恶性贫血。可能是萎缩性胃炎中自身免疫性胃炎的病因,病人血液中可检测到壁细胞抗体,伴有恶性贫血者还可检出内因子抗体。

　　(4)其他因素:如幽门功能不全造成的胆汁反流、老年人胃黏膜退行性病变、胃黏膜营养因子缺乏如促胃液素缺乏、高盐饮食、缺乏新鲜蔬菜以及某些疾病如心力衰竭、肝硬化门静脉高压、尿毒症等均可使胃黏膜受损。

　　3. **病理** 慢性胃炎病理变化是胃黏膜损伤和修复互相作用的结果,主要病理改变是胃黏膜炎症、萎缩和化生。炎症为黏膜层以淋巴细胞和浆细胞为主的慢性炎症细胞浸润,当有中性粒细胞浸润,显示有活动性炎症,称为慢性活动性炎症。慢性炎症过程中出现胃黏膜固有腺体数量减少甚至消失,胃黏膜变薄,常伴有肠化生,为胃黏膜萎缩。在慢性胃炎发展过程中,增生的上皮或肠化生的上皮在再生过程中发育异常,可形成异型增生,又称不典型增生,中度以上的不典型增生被认为是胃癌的癌前病变。

(二)身体状况

　　1. **临床表现** 慢性胃炎病程迁延,进展缓慢,缺乏特异性症状,症状轻重与胃黏膜病变程度并非一致。多数病人常无明显症状或有程度不等的消化不良症状,如上腹痛或不适、饱胀、食欲不振、嗳气、反酸、恶心和呕吐等。自身免疫性胃炎病人可有厌食、贫血、消瘦、舌炎等症状。少数病人可有反复小量上消化道出血。体征多不明显,有时可有上腹轻压痛。

　　2. **实验室及其他检查**

　　(1)胃镜及胃黏膜活组织检查:是诊断慢性胃炎的最可靠方法。非萎缩性胃炎病变以胃窦部最明显,病变黏膜充血、水肿、呈花斑状红白相间的改变,以红为主,可有局限性糜烂和出血点;活检可见黏膜浅层炎性细胞浸润,腺体多正常。萎缩性胃炎胃黏膜呈淡红色、灰色、灰黄色或灰绿色,也可红白相间,但以白色为主,黏膜层变薄,可透见黏膜下树枝状或网状紫蓝色血管纹,黏膜表面无炎症渗出物,活检显示腺体减少,伴不同程度的炎性细胞浸润,可有肠腺化生、假性幽门腺化生及不典型增生等。

　　(2)幽门螺旋杆菌检查 可通过胃镜检查获取胃黏膜标本作培养、涂片、尿素酶试验及血清幽门螺旋杆菌抗体测定、^{13}C 或 ^{14}C 尿素呼吸试验等方法进行检查。

（3）血清学检查：自身免疫性胃炎时血清促胃液素水平明显升高，抗壁细胞抗体和抗内因子抗体可阳性，维生素 B_{12} 浓度明显低下。多灶萎缩性胃炎时血清促胃液素水平视 G 细胞破坏程度而定，可正常或偏低。

（4）胃液分析：慢性非萎缩性胃炎胃酸多正常。自身免疫性胃炎时胃酸缺乏，多灶萎缩性胃炎时胃酸分泌正常或偏低。

（三）心理和社会状况

由于本病的病程迁延，病情反复发作、症状时轻时重、治疗效果欠佳、病人担心恶变等，可出现紧张不安、失眠、焦虑和情绪不稳定等心理反应，甚至产生"疑癌"心理，表现为情绪低落或抑郁，四处求医等。

（四）治疗要点

慢性胃炎尚无特效治疗。对无症状的慢性非萎缩性胃炎无需进行治疗，有症状的慢性胃炎治疗包括病因治疗和对症治疗。

1. 根除幽门螺旋杆菌感染 根除幽门螺旋杆菌治疗适用于慢性萎缩性胃炎、合并肠上皮化生或不典型增生、有胃癌家族史病人及其他慢性胃炎合并幽门螺旋杆菌感染者。根据具体情况选择进行根除幽门螺旋杆菌治疗。目前推荐三联疗法，即以一种质子泵抑制剂（PPI）或一种胶体铋剂为基础加上两种抗菌药物，如奥美拉唑或胶体次枸橼酸铋（CBS）加上阿莫西林和甲硝唑或克拉霉素，2 周为 1 个疗程，三联治疗失败者，可用铋剂、质子泵抑制剂加两种抗生素组成的四联疗法。

2. 对症治疗 因 NSAID 引起者，应停用该药并给予抗酸剂和胃黏膜保护药。非萎缩性胃炎以反酸、腹痛为主要表现者，可给予黏膜保护剂如硫糖铝、抑酸剂如 H_2 受体拮抗剂或质子泵抑制剂；黏膜萎缩、伴明显肠上皮化生病人治疗宜以黏膜保护剂为主，同时给予维生素C、维生素 E、叶酸等抗氧化维生素及锌、硒等微量元素以助其逆转，并定期随访。有胃动力学改变者，可应用促胃肠动力药如多潘立酮、西沙必利等；对胃酸缺乏者，可应用胃蛋白酶合剂或 1% 稀盐酸溶液；萎缩性胃炎伴恶性贫血者，可给予维生素 B_{12} 和叶酸治疗。

3. 胃黏膜不典型增生的治疗 除上述治疗外，关键是定期随访，对萎缩性胃炎伴重度不典型增生可选择预防性内镜下胃黏膜切除术。

【常见护理诊断/问题】

1. **疼痛：腹痛** 与胃黏膜炎症有关。

2. **营养失调：低于机体需要量** 与消化吸收障碍有关。

3. **焦虑** 与病程迁延、病情反复、担心癌变有关。

【护理措施】

（一）一般护理

1. 休息与活动 指导病人日常生活要有规律，慢性胃炎轻症者可适当活动，但应避免过度劳累。伴上消化道出血时应卧床休息，并注意环境安静舒适；同时密切观察腹痛部位、性质、呕吐物与大便的颜色和量，以便掌握病情。

2. 饮食护理 以高热量、高蛋白、高维生素、易消化的饮食为原则。向病人说明摄取足够营养素的重要性，与病人共同制定饮食计划，注意饮食卫生，纠正不良卫生习惯，进食宜少量多餐、定时进餐、细嚼慢咽的饮食卫生习惯；忌暴饮暴食及餐后从事重体力劳动，避免粗糙、辛辣、过冷、过热等刺激性食物和饮料，尽量少吃或不吃烟熏、腌制食物，减少食盐摄入量,多吃新鲜蔬菜、水果,戒烟酒;指导病人和家属改进烹饪技巧,注意食物或食品的色、香、味调配,刺激病人食欲,并鼓励病人进食;胃酸缺乏病人最好食用完全煮熟的食物,以利消化吸收,并可食用刺激胃酸分泌的食物如浓肉汤、鸡汤等;胃酸偏高者应避免食用浓肉汤、酸性食品、多脂肪食物,以免引起胃酸分泌过多,可食用牛奶、菜泥、面包等,口味要清淡;提供舒适的进餐环境,避免不良刺激,鼓励病人晨起、睡前、进食前后刷牙或漱口,保持口腔清洁舒适、促进食欲。

(二) 疼痛的护理

对腹胀和腹痛病人,注意腹部保暖,避免腹部受凉,可用热水袋局部热敷,以解除胃痉挛,减轻腹痛;腹痛较严重者,应遵医嘱给予解痉、抑酸药物以缓解疼痛。

(三) 用药护理

遵医嘱正确使用药物并注意观察药物的疗效和不良反应。使用促胃动力药应在餐前 1 小时与睡前服用,不宜与阿托品、山莨菪碱等解痉药合用。用抗胆碱药缓解腹痛时,应注意口干、心率加快、汗闭、胃排空延缓等不良反应。胃酸缺乏者服用 1% 稀盐酸时,宜用吸管将药物送至舌根部咽下,服后温开水漱口。使用胶体次枸橼酸铋(CBS)治疗时,应餐前半小时服用,不得与牛奶同服,不宜与强制酸药物同服,服药过程可使牙齿、舌变黑,可用吸管直接吸入,服药后大便可呈黑褐色,停药后可自行消失,少数病人可有恶心、一过性血清转氨酶升高等。阿莫西林服用前应询问病人有无青霉素过敏史,用药过程中注意有无过敏反应。甲硝唑可引起恶心、呕吐等胃肠道反应,应在餐后半小时服用,并可遵医嘱用甲氧氯普胺、维生素 B_6 等拮抗。

(四) 心理护理

安慰病人,多与病人沟通,使病人了解本病的病因、疾病经过与转归,说明本病经过正规治疗后病情是可以逆转的,使病人树立治疗信心,配合治疗,消除忧虑、恐惧心理,保持情绪稳定,从而增强病人对疼痛的耐受性。应指导病人掌握有效的自我护理和保健,减少本病的复发次数。

(五) 健康指导

1. **疾病知识指导**　向病人及其家属讲解本病的病因和诱发因素,指导病人避免诱发因素,对病人提出的有关本病的诊治、预后等方面的质疑,应耐心解释,解除病人的思想顾虑,配合治疗,促进康复。

2. **生活指导**　指导病人生活要有规律,保持乐观的情绪,避免过度紧张和劳累;合理饮食与营养,注意饮食卫生,戒烟酒,忌暴饮暴食,避免摄入刺激性食物和饮料。避免使用对胃黏膜有刺激的药物,必须使用时应同时使用制酸剂或胃黏膜保护剂。

3. **定期复诊**　对胃黏膜萎缩严重的病人,尤其是伴肠上皮化生及不典型增生者,应定期到医院作胃镜及胃黏膜活组织检查,以便早期发现癌变,及时手术治疗。

(高健群)

第二节　食管癌病人的护理

食管癌(esophageal carcinoma)是常见的一种消化道恶性肿瘤。我国是食管癌高发地区之一,发病率占各部位癌肿死亡的第二位,仅次于胃癌。男多于女,发病年龄多在 40 岁以上。

【护理评估】

(一) 健康史

1. **病因与发病机制**　食管癌的病因至今尚未明确,可能因素有:①化学物质:如长期进食含亚硝胺量较高的食物。②生物因素:如某些真菌有致癌作用,有些真菌能促使亚硝胺形成。③缺乏某些微量元素:如钼、铁、锌、氟、硒等。④缺乏维生素:如维生素 A、B_2、C 等。⑤长期刺激性饮食:对局部黏膜的慢性刺激引起癌变。⑥遗传易感因素。

2. **病理** 食管癌以胸中段较多见,下段次之,上段较少,贲门部腺癌可向上延伸累及食管下段,大多为鳞癌。

(1)分型:按病理形态,食管癌可分为髓质型、蕈伞型、溃疡型、缩窄型四型。

(2)转移途径:癌肿先向黏膜下层扩散,继而向上、下及全层浸润,很易穿过疏松的外膜侵入邻近器官;淋巴转移最常见,癌细胞经黏膜下淋巴管,通过肌层到达与肿瘤部位相应的区域淋巴结;中、下段癌亦可向远处转移至锁骨上和腹主动脉旁淋巴结;血行转移较晚。

(二)身体状况

1. **临床表现**

(1)早期:常无明显症状,仅在吞咽粗硬食物时有不同程度的不适感觉,包括梗噎感,胸骨后烧灼样、针刺样或牵拉摩擦样疼痛,食物通过缓慢,食管癌并有停滞感或异物感。症状时轻时重,进展缓慢。

(2)中晚期表现:为进行性吞咽困难,先是难咽干硬食物,继而只能进半流质、流质,最后滴水难进。病人逐渐消瘦、贫血、无力、明显脱水症状及营养不良。

(3)其他表现:癌肿侵犯喉返神经,可发生声音嘶哑;侵入主动脉,溃烂破裂,可引起大量呕血;侵入气管,可形成食管气管瘘;高度阻塞可致食物反流,引起进食时呛咳及肺部感染;持续胸痛或背痛为晚期症状,表示癌肿已侵犯食管外组织。

(4)体征:中晚期病例可有锁骨上淋巴结肿大,肝转移者可触及肝肿块,恶病质者有腹水症。

2. **实验室及其他检查**

(1)食管吞钡 X 线双重对比造影:可见食管黏膜皱襞紊乱、粗糙或有中断现象;充盈缺损;龛影;食管有明显的不规则狭窄等。

(2)脱落细胞学检查:食管拉网检查脱落细胞,早期病变阳性率可达 90% ~95% ,是一种简便易行的普查筛选诊断方法。

(3)纤维食管镜检查:对临床已有症状或怀疑而又未能明确诊断者,应早作纤维食管镜检查,可直视肿块部位、大小及钳取活组织作病理组织学检查。

(三)心理和社会状况

了解病人对疾病的认知程度,对手术有何顾虑,有何思想负担。了解家属对病人的关心、支持程度及经济承受能力。

(四)诊断要点

进食时有梗阻感或呛咳、咽部干燥紧束感,进行性吞咽困难等症状。中晚期病人可出现锁骨上淋巴结肿大,肝转移性肿块、腹水等。纤维食管镜、食管吞钡、X 线造影等检查结果能明确诊断。

(五)治疗要点

以手术治疗为主,辅以放射、化学药物等综合治疗。

1. **手术治疗** 适用于全身情况和心肺功能储备良好、无明显远处转移征象的病人。

2. **放射疗法** 放疗联合手术治疗可增加手术切除率,也能提高远期生存率。术前放疗后,间隔 2 ~3 周再作手术较为合适,手术时不能完全切除的残留癌组织处作金属标记,一般在术后 3 ~6 周开始术后放疗。单纯放射疗法多用于颈段、胸上段食管癌,因手术难度大,并发症多,手术疗效常不满意。也可用于有手术禁忌证而病变长度不长,尚可耐受放疗的病人。

3. 化学药物治疗 采用化疗与手术治疗相结合或与放疗、中医中药相结合的综合治疗,有时可提高疗效,或使食管癌病人症状缓解,延长存活期。

【常见护理诊断/问题】

1. 营养失调：低于机体需要量 与进食量减少或不能进食、消耗增加等有关。

2. 体液不足 与吞咽困难、水分摄入不足有关。

3. 焦虑 与对癌症的恐惧和担心疾病预后等有关。

4. 潜在并发症：出血、肺不张、肺炎、吻合口瘘、乳糜胸等。

【护理措施】

(一) 一般护理

1. 休息与活动 病人生活有规律,创造舒适的休息环境,保证病人安静休息,病情较轻者鼓励适当活动,以分散注意力。

2. 营养支持 大多数食管癌病人因不同程度吞咽困难而出现营养不良、水电解质失衡,使机体对手术的耐受力下降。故术前应保证病人的营养摄入,能口服者,指导病人合理进食高热量、高蛋白、含丰富维生素的流质或半流质饮食。若病人仅能进食流质或长期不能进食且营养状况较差,可补充液体、电解质或提供肠内、肠外营养。

(二) 病情观察

观察病人疼痛的特点,如疼痛的部位、程度、持续时间、诱发因素、与饮食的关系、伴随症状等。监测生命体征及变化。

(三) 用药的护理

食管癌病人只要有手术指针首选手术治疗,药物仅是对症处理。

(四) 手术治疗

1. 术前护理

(1)保持口腔卫生:保持口腔清洁,进食后漱口,并积极治疗口腔疾病。

(2)呼吸道准备:对吸烟者,术前应劝其严格戒烟,指导并训练病人有效咳痰和腹式深呼吸,以利术后减轻伤口疼痛,主动排痰,达到增加肺部通气量、改善缺氧、预防术后肺炎和肺不张。

(3)胃肠道准备:食管癌可导致不同程度的梗阻和炎症,术前1周遵医嘱给予病人分次口服抗生素溶液,可起到局部消炎抗感染作用。术前3日改流质饮食,术前1日禁食。对进食后有滞留或反流者,术前1日晚遵医嘱予以生理盐水100ml加抗生素经鼻胃管冲洗食管及胃,可减轻局部充血水肿,减少术中污染,防止吻合口瘘。结肠代食管手术病人,术前3~5日口服抗生素,如甲硝唑、庆大霉素或新霉素等;术前2日进食无渣流质,术前晚行清洁灌肠或全肠道灌洗后禁饮禁食。

(4)手术日晨常规置胃管,通过梗阻部位时不能强行进入,以免穿破食管,可置于梗阻部位上端,待手术中直视下再置于胃中。

2. 术后护理

(1)监测:监测并记录生命体征,每30分钟1次,平稳后可1~2小时1次。禁食期间注意经静脉补充水分和营养。

(2)呼吸道护理:食管癌术后病人易发生呼吸困难、缺氧,并发肺不张、肺炎,甚至呼吸衰竭。食管癌术后,应密切观察呼吸状态、频率和节律,听诊双肺野是否清晰,有无缺氧征兆。

气管插管拔除前,随时吸痰,保持气道通畅。术后第 1～2 小时鼓励病人深呼吸、吹气球、吸深呼吸训练,促使肺膨胀。痰多、咳痰无力的病人,若出现呼吸浅快、发绀、呼吸音减弱等痰阻塞现象时,应立即行鼻导管深部吸痰,必要时行纤维支气管镜吸痰或气管切开。

(3)胸腔闭式引流:气胸病人行胸腔闭式引流术。

(4)饮食护理:术后禁食期间不可下咽唾液,以免感染造成食管吻合口瘘,术后 3～4 日吻合口处于充血水肿期,需禁饮禁食。术后 3～4 日待肛门排气、胃肠减压引流量减少后,拔除胃管,停止胃肠减压 24 小时后,若无呼吸困难、胸内剧痛、病侧呼吸音减弱及高热等吻合口瘘的症状时,可开始进食。先试饮少量水,术后 5～6 日可给予全量清流质,每 2 小时给100ml,每日 6 次。术后 3 周后病人若无特殊不适可进普食,但仍应注意少食多餐,细嚼慢咽,防止进食量过多、速度过快;避免进食生、冷、硬食物,以免导致后期吻合口瘘。

(5)胃肠减压的护理:术后 3～4 日内持续胃肠减压,保持胃管通畅,妥善固定胃管,防止脱出。严密观察引流量、性状、气味并准确记录。术后 6～12 小时内可从胃管内抽吸出少量血性液或咖啡色液,以后引流液颜色将逐渐变浅。若引流出大量鲜血或血性液体,病人出现烦躁、血压下降、脉搏增快、尿量减少等,应考虑吻合口出血,需立即通知医生并配合处理。经常挤压胃管,勿使管腔堵塞,胃管不通畅时,可用少量生理盐水冲洗并及时回抽,避免胃扩张增加吻合口张力而并发吻合口瘘。胃管脱出后应严密观察病情,不应再盲目插入,以免戳穿吻合口,造成吻合口瘘。

(6)胃肠造瘘术后的护理:观察造瘘管周围有无渗出液或胃液漏出。胃液对皮肤刺激较大,应及时更换渗湿的敷料并在瘘口周围涂氧化锌软膏或置凡士林纱布保护皮肤,防止发生皮炎。胃造瘘管应妥善固定,防止脱出、阻塞。

(7)结肠代食管术后护理:保持置于结肠袢内减压管通畅。注意观察腹部体征,发现异常及时报告医生。若从减压管内吸出大量血性液或呕吐大量咖啡样液并伴全身中毒症状,应考虑代食管的结肠袢坏死,应立即通知医生并配合抢救。结肠代食管的病人因结肠逆蠕动,病人常闻及粪便气味,需向病人解释原因,并指导其注意口腔卫生,一般此情况于半年后能逐步缓解。

(8)放疗及化疗期间的护理:向病人解释治疗目的。放疗及化疗后病人会出现倦怠感、食欲不振、恶心等症状,应充分休息,避免体力消耗,注意合理调配饮食,以增进食欲。有恶心、呕吐者,给予对症治疗,以缓解症状。放疗、化疗可致造血液系统抑制,白细胞计数减少,病人易发生感染,应限制会客,注意口腔卫生,预防上呼吸进感染。放疗病人应注意保持照射部位皮肤的清洁,防止放射线对皮肤的损伤。

(9)术后并发症的护理

1)吻合口瘘:是食管癌手术后极为严重的并发症,死亡率高达 50%,发生吻合口瘘的原因有:①食管的解剖特点:如无浆膜覆盖、肌纤维呈纵形走向易发生撕裂。②食管血液供应:呈节段性,易造成吻合口缺血。③其他:吻合口张力太大、感染、营养不良、贫血、低蛋白血症等。吻合口瘘临床表现为呼吸困难、胸腔积液、全身中毒症状,全身中毒症状有高热、白细胞计数升高,休克甚至脓毒血症。吻合口瘘多发生在术后 5～10 日,在此期间应密切观察有无上述症状,一旦出现,应立即通知医生并配合处理,护理措施包括:①嘱病人立即禁食,直至吻合口瘘愈合。②行胸腔闭式引流并常规护理。③加强抗感染治疗及肠外营养支持。④严密观察生命体征,若出现休克症状,应积极抗休克治疗。⑤需再次手术者,应积极配合医生完善术前准备。

2）乳糜胸：术后并发乳糜胸是比较严重的并发症，多因伤及胸导管所致。乳糜胸多发生在术后 2～10 日，少数病例可在 2～3 周后出现。术后早期由于禁食，乳糜液含脂肪甚少，胸腔闭式引流可为淡血性或淡黄色液，但量较多；恢复进食后，乳糜液漏出量增多，大量积聚在胸腔内，可压迫肺及纵隔并使之向健侧移位。病人表现为胸闷、气急、心悸，甚至血压下降，由于乳糜液中 95% 以上是水，并含有大量脂肪、蛋白质、胆固醇、酶、抗体和电解质，若未及时治疗，可在短时期内造成全身消耗、衰竭而死亡。因此术后应密切观察，一旦出现乳糜胸，应迅速处理，即置胸腔闭式引流，及时引流胸腔内乳糜液，使肺膨胀。可用负压持续吸引，有利于胸膜形成粘连；一般主张行胸导管结扎术，同时给予肠外营养支持治疗。

（五）心理护理

护士应加强与病人和家属的沟通；了解病人及家属对疾病和手术的认知程度，了解病人的心理状况。根据病人的具体情况，实施耐心的心理疏导。讲解手术和各种治疗、护理的意义、方法、大致过程、配合与注意事项。为病人营造安静舒适的环境，以促进睡眠，争取亲属在心理和经济方面的积极支持和配合，解除病人的后顾之忧。

（六）健康教育

1. **饮食指导**　进食的原则是少量多餐，由稀到干，逐渐增加食量。注意观察进食后的反应，避免刺激性食物和碳酸饮料，避免进食过快、过量及带骨刺或硬质食物，质硬的药片可碾碎后服用。

2. **体位指导**　指导病人取半卧位，目的防止进食后反流、呕吐，利于肺膨胀和引流。

3. **保持口腔卫生**　可减少口臭，增进食欲。若病人口腔不洁或有慢性感染，细菌易进入食管梗阻部位引起感染，也可能成为术后吻合口感染的危险因素。

4. **活动的意义及注意事项**　增加肺通气，利于分泌物排出，减少肺部并发症；促使肠蠕动早期恢复，减少腹胀，增进食欲；促进血循环，减少下肢静脉栓塞。在活动时应注意掌握活动量，避免疲劳，保证充分睡眠，术后早期不宜下蹲大小便，以免引起直立性低血压或发生意外。

5. **康复活动**　清醒后即开始作被动肩臂运动。术后第一日开始肩臂主动运动，即过度伸臂、内收和前屈上肢及内收肩胛骨。

（巫全胜）

 走入现场

现场：周某，30 岁，因"消化性溃疡并上消化道出血"入院，晚 12 时来到消化科护士站焦急地询问当班护士小邓："我住院已 10 天，一般情况已改善，但从今日晨起，已解 3 次黑色软便，并感觉有些头晕、心慌，是否又有出血了？"，小邓翻看病历后回答："你在使用胶体次枸橼酸铋治疗，这种药物会使你的大便变黑，请不要担心。"病人将信将疑地回到病房。

提问：

1. 针对病人情况，小邓对病人的解释是否到位，评估时应注意什么？
2. 临床上当该类病人出现黑便时，可能有哪些原因？

第三节　消化性溃疡病人的护理

消化性溃疡(peptic ulcer)主要指发生在胃和十二指肠的慢性溃疡,即胃溃疡(gastric ulcer,GU)和十二指肠溃疡(duodenal ulcer,DU),因溃疡的形成与胃酸及胃蛋白酶的消化作用有关,故称为消化性溃疡。临床上 DU 较 GU 多见,两者之比约为 3:1。可发生于任何年龄,男性发病率远远高于女性,DU 好发于青壮年,GU 的发病年龄一般较 DU 约迟 10 年。

【护理评估】

（一）健康史

1. 病因与发病机制　消化性溃疡的病因和发病机制尚未完全明确。一般认为是一种多因素疾病,幽门螺旋杆菌感染、胃酸和胃蛋白酶的消化作用、胃十二指肠黏膜的黏液-黏膜屏障作用削弱是引起消化性溃疡的主要环节。消化性溃疡的发生是由于黏膜侵袭因素和防御/修复因素失平衡的结果,GU 主要是防御/修复因素减弱,DU 则主要是侵袭因素增强。

（1）幽门螺旋杆菌感染:是消化性溃疡已确认的主要病因。幽门螺旋杆菌感染破坏了胃十二指肠的黏膜屏障,幽门螺旋杆菌分泌的空泡毒素蛋白和细胞毒素相关基因蛋白可造成胃十二指肠黏膜上皮细胞受损和炎症反应,损害了黏膜的防御修复机制。幽门螺旋杆菌感染通过直接和间接作用于胃黏膜的 G 细胞、D 细胞,导致高促胃液素血症,胃酸分泌增加,上述协同作用最终导致溃疡的发生。

（2）胃酸和胃蛋白酶:是消化性溃疡发生的决定因素,消化性溃疡的最终形成是由于胃酸和胃蛋白酶对黏膜自身消化的结果。胃酸和胃蛋白酶是胃液的主要成分,胃酸在消化性溃疡中起主要作用,胃酸的高分泌不仅破坏胃黏膜屏障,也增加了胃蛋白酶对黏膜的消化作用。一般来说,胃酸的致溃疡作用只有在黏膜防御和修复功能遭到破坏时才会发生。

（3）非甾体抗炎药(NSAID):NSAID 如阿司匹林、吲哚美辛等是引起消化性溃疡的另一重要因素。NSAID 致溃疡及发生并发症的危险性与药物的种类、剂量、疗程及是否同时服用糖皮质激素、抗凝剂等有关。NSAID 导致消化性溃疡的机制可能为药物在胃十二指肠黏膜上皮细胞内聚积,细胞内高浓度 NSAID 产生细胞毒而损害胃十二指肠黏膜上皮,并抑制胃黏膜内前列腺素 E 合成,进一步削弱胃十二指肠黏膜屏障功能,导致消化性溃疡的发生。

（4）吸烟:是不可忽视的重要因素之一,吸烟者消化性溃疡发生率高于不吸烟者,吸烟可降低药物治疗效果,溃疡愈合慢,易促使溃疡复发。可能与吸烟增加胃酸和胃蛋白酶分泌、减少十二指肠碳酸氢盐分泌、增加黏膜氧自由基损害等因素有关。

（5）饮食因素:饮食无规律、暴饮暴食、长期食用过冷、过热、过硬和刺激性食物及嗜酒等,可通过影响胃十二指肠黏膜功能而致病。

（6）遗传:消化性溃疡有家族聚集现象,家族中有患消化性溃疡倾向者,其亲属患病机会比没有家族倾向者高 3 倍。

（7）应激:急性应激可导致应激性溃疡,长期精神紧张、焦虑或情绪不稳或过度劳累,可能通过迷走神经机制影响胃十二指肠分泌、运动和黏膜血流调节而使溃疡发作或加重。

2. 病理　GU 多发生在胃角和胃窦、胃体的小弯侧,DU 多发生在球部的前壁。消化性溃疡多呈圆形或椭圆形,大多为单发,也可多发,若胃十二指肠同时有溃疡称复合性溃疡。

（二）身体状况

1. 临床表现　消化性溃疡的临床表现不一,少数病人可无症状,称为"无症状性溃疡",

这类病人首发症状多为呕血和黑便。典型的消化性溃疡临床特征有:①慢性病程:历时数月、数年反复发作。②周期性发作:发作与缓解周期性交替出现,发作期可为数周或数月,缓解期也长短不一,发作多在秋冬或冬春之交发病,可因不良精神刺激、饮食失调、过度劳累而诱发。③节律性上腹痛:疼痛或缓解与进食有关。一般春秋季节易发作,容易复发,其发作常与不良精神刺激、情绪波动、饮食失调等情况有关。

(1)腹痛:上腹痛是本病的主要症状,可为钝痛、灼痛、胀痛或饥饿样疼痛,疼痛一般较轻,病人多能忍受,少数穿透性溃疡疼痛较剧烈,休息、制酸剂或用手按压疼痛部位等方法可使疼痛减轻或缓解。GU 多在中上腹或稍偏左,DU 多在上腹偏右,有局限性轻度压痛。疼痛与饮食之间有明显的相关性,GU 的疼痛多在餐后 1 小时内出现,经 1~2 小时后逐渐缓解,至下餐进食后再次出现疼痛,即进食-疼痛-缓解的规律。DU 的疼痛表现为空腹痛,常在餐后 2~4 小时出现,持续至下次进餐后才缓解,即疼痛-进食-缓解的规律,有的病人于午夜出现疼痛,称为午夜痛。部分病人可无上述典型表现,可仅表现为无规律性的上腹隐痛不适,或因并发症而改变疼痛性质及节律。

(2)其他症状:消化性溃疡可伴有恶心、呕吐、食欲减退、反酸、嗳气、上腹饱胀等胃肠道症状,部分病人也可有失眠、多汗、脉搏缓慢等自主神经功能失调表现。

(3)体征:溃疡活动期可有上腹部固定而局限的轻压痛,缓解期常无明显体征。病程长者可有消瘦、体重下降。

2. 并发症

(1)上消化道出血:是消化性溃疡最常见的并发症,尤其是 DU。上消化道出血引起的临床表现取决于出血的速度和量,表现为呕血与黑便,严重者可出现失血性休克。

(2)穿孔:溃疡病灶向深部发展穿透浆膜层所致,分为急性穿孔和慢性穿孔,前者最常见,穿孔后胃肠内容物渗入腹膜腔而引起急性弥漫性腹膜炎,表现为上腹突然剧痛并迅速向全腹弥散的持续性腹痛,并有腹肌紧张、压痛、反跳痛、肝浊音界消失等体征;慢性穿孔为溃疡穿透并与邻近器官、组织粘连,使胃肠内容物不流入腹腔,又称穿透性溃疡,表现为疼痛规律发生改变,呈顽固而持久的疼痛,向背部放射。

(3)幽门梗阻:主要由 DU 或幽门管溃疡引起,表现为上腹胞胀不适和呕吐,上腹胞胀以餐后为甚,呕吐后减轻,呕吐物量多,内含发酵宿食,病人可有脱水和低钾低氯性碱中毒等表现;上腹部胃蠕动波、空腹振水音及晨空腹抽出胃液量 >200ml 是幽门梗阻的特征性表现。

(4)癌变:约 1% 以下的 GU 可发生癌变,DU 极少癌变;对长期慢性 GU 病史、年龄在 45 岁以上、经严格内科治疗 4~6 周无效、粪便隐血试验持续阳性者,应怀疑癌变,应尽快做胃镜及活组织检查以明确诊断和定期随访。

3. 实验室及其他检查

(1)胃镜和胃黏膜活组织检查:可直接观察溃疡部位、病变大小、性质,并可在直视下取活组织检查和幽门螺旋杆菌检测,是确诊消化性溃疡的首选检查方法。

(2)X 线钡餐检查:适用于对胃镜检查有禁忌或不愿接受胃镜检查者。龛影为溃疡的 X 线直接征象,是诊断消化性溃疡的可靠依据之一,局部压痛、十二指肠球部激惹和变形、胃大弯侧痉挛性切迹等为间接征象,提示溃疡的可能。

(3)幽门螺旋杆菌检查　是消化性溃疡的常规检查项目,阳性的出现常提示溃疡活动期。常用方法有快速尿素酶试验、组织学检查和培养、血清学(抗 HpIgG 抗体检测)、^{13}C 或 ^{14}C 尿素呼气试验等,尤其是后者的敏感性和特异性较高而无需胃镜检查,常作为根除治疗后复查的首选方法。

（4）粪便隐血试验：溃疡活动期可呈阳性反应，如 GU 病人持续阳性则怀疑癌变的可能。

（5）胃液分析：DU 病人胃酸分泌增多，GU 病人胃酸分泌正常或低于正常。

（三）心理和社会状况

消化性溃疡好发于青壮年，心理反应可随病人的个性特点和行为方式不同而异。本病病程长，病程可反复发作并产生并发症，从而影响病人的工作和生活，使病人产生焦虑、急躁情绪。并应注意评估家属对疾病的认识，了解病人家庭经济状况和社会支持情况如何。

（四）诊断要点

慢性病程、周期性发作的节律性上腹痛，疼痛可为进食或抗酸药所缓解，可做出初步诊断，但确诊有赖胃镜或 X 线钡餐检查。

（五）治疗要点

治疗的目的在于消除病因、缓解疼痛、促进溃疡愈合、减少复发和避免并发症的发生。

1. 一般治疗 消除焦虑、紧张情绪，保持乐观态度；活动期应注意休息，劳逸结合，生活有规律；合理调整饮食结构，维持营养；戒烟、酒、浓茶、咖啡；停用或慎用 NSAID 和糖皮质激素等药物。

2. 根除幽门螺旋杆菌治疗 根除幽门螺旋杆菌可加速溃疡愈合，降低复发率和并发症，有可能彻底治愈消化性溃疡。对幽门螺旋杆菌感染的消化性溃疡初发或复发病人、活动期或静止期、有无并发症均给予根除幽门螺旋杆菌治疗。单一药物效果较差，联合用药可提高根除率，减少耐药性；目前推荐三联疗法，即以质子泵抑制剂（PPI）或胶体铋剂为基础加上两种抗生素，奥美拉唑或枸橼酸铋（CBS）加上阿莫西林和甲硝唑或克拉霉素，疗程为 7~14日。在疗程结束后，GU 病人继续用 PPI 4~6 周或枸橼酸铋 6~8 周，DU 病人继续用 PPI 2~4 周或枸橼酸铋 4~6 周，并在结束治疗至少 4 周后复查幽门螺旋杆菌，以确定幽门螺旋杆菌是否根除。

3. 抑制胃内酸度的药物 包括制酸药和 H_2 受体拮抗剂（H_2RA）和质子泵抑制剂（PPI）。

（1）制酸药：具有中和胃酸、降低胃蛋白酶活性、缓解疼痛、促进溃疡愈合的作用。常用的有氢氧化铝、铝碳酸镁及其复方制剂如胃得乐、胃疡宁、胃舒散等，餐后 1 小时和睡前服用。但长期和大量应用，不良反应较大，目前很少单一应用抗酸药来治疗溃疡。

（2）H_2 受体拮抗剂（H_2RA）：H_2RA 是通过选择性竞争结合壁细胞 H_2 受体而抑制壁细胞分泌胃酸，可选用西咪替丁 200mg，3 次/日，睡前加服 400mg，或 400mg，2 次/日；雷尼替丁 150mg 或法莫替丁 20mg 或尼扎替丁 150mg 或罗沙替丁 75mg，每日早晨与睡前各服 1 次，疗程 4~6 周。

（3）质子泵抑制剂（PPI）：PPI 是通过抑制壁细胞分泌胃酸的关键酶即 H^+-K^+-ATP 酶，使其不可逆失活，从而抑制胃酸分泌，与 H_2RA 可作为胃十二指肠溃疡的抗酸分泌首选药物，但作用较 H_2RA 强而持久，特别适宜高胃酸分泌者或 NSAID 溃疡病人不能停用 NSAID 时的治疗，可用奥美拉唑 20mg 或兰索拉唑 30mg 或泮托拉唑 40mg 或拉贝拉唑 10mg，每日晨 1 次服用，疗程 2~4 周。PPI 与抗生素的协同作用较 H_2RA 好，可作为根除幽门螺旋杆菌治疗方案中的基础用药。

4. 保护胃黏膜药物 硫糖铝和胶体次枸橼酸铋（CBS）目前已少用做治疗消化性溃疡的一线药物。

（1）硫糖铝：可黏附在溃疡表面阻止胃酸、胃蛋白酶侵袭溃疡面,并促进内源性前列腺素合成及刺激表皮生长因子分泌,还可增强幽门螺旋杆菌对抗菌药物的敏感性。可每天餐前30分钟及睡前1g,嚼碎后口服,疗程为4~8周。

（2）胶体次枸橼酸铋(CBS)：胃黏膜保护作用与硫糖铝类似,但还有较强的抗幽门螺旋杆菌作用,120mg,4次/日,餐前30分钟及睡前服用,疗程为4~8周。

（3）前列腺素类药物：具有很好的胃黏膜保护作用及抑制胃酸分泌作用,对胃十二指肠溃疡的近期疗效均满意,尤其是对NSAID溃疡的治疗和预防。可选用米索前列醇200~400µg或恩前列素3.5µg,4次/日。近年来,生长抑素、表皮生长因子、基底成纤维细胞生长因子和血管内皮细胞生长因子亦广泛用于本病的治疗。

5. **手术治疗**　对于大量出血经内科治疗无效、急性穿孔、瘢痕性幽门梗阻、经内科正规治疗无效的顽固性溃疡及胃溃疡疑有癌变的病人可选择手术治疗。手术方法有胃大部切除术、穿孔缝合修补术、出血贯穿缝扎术。胃大部切除术后,胃肠道重建主要有毕Ⅰ式和毕Ⅱ式两种方式。毕Ⅰ式即切除胃大部后,残胃与十二指肠直接吻合,优点是重建后的胃肠道接近正常解剖生理状态,术后并发症较少,多用于胃溃疡。毕Ⅱ式即切除胃大部后,残胃与空肠上端吻合,将十二指肠残端封闭;优点是术后溃疡的复发率较低,适用于胃和十二指肠溃疡,尤其是十二指肠溃疡;缺点是胃空肠吻合改变了正常解剖生理状态,术后并发症较多。

【常见护理诊断/问题】

1. **疼痛：腹痛**　与消化道黏膜溃疡有关。

2. **营养失调：低于机体需要量**　与腹痛导致摄入量减少及消化吸收障碍有关。

3. **焦虑**　与疾病反复发作、病程迁延或出现并发症有关。

4. **潜在并发症：**上消化道出血、穿孔、幽门梗阻、癌变。

【护理目标】

1. 病人能描述引起疼痛的原因,避免导致和加重疼痛的因素,疼痛减轻或消失。

2. 能合理调整饮食习惯和结构,营养状况得到改善。

3. 病人能应用有效应对措施控制焦虑情绪。

4. 并发症能得到有效预防或减少。

【护理措施】

（一）一般护理

1. **休息与活动**　病人生活有规律,创造舒适的休息环境保证病人安静休息,病情较轻者鼓励适当活动,以分散注意力。注意劳逸结合,避免过度劳累,溃疡活动期及有并发症时应卧床休息。

2. **指导缓解疼痛**　向病人介绍疾病的过程,帮助病人认识和去除病因,如服用NSAID者应停药,有烟、酒、浓茶等嗜好者,应劝其戒除。向病人解释疼痛的原因,指导和帮助病人减少或消除诱发疼痛和疼痛加重的因素,解释饮食与疼痛的关系及药物的止痛作用,指导病人运用有效缓解疼痛的方法,如按压疼痛部位、局部热敷等,并按医嘱正确使用镇痛药物。

3. **饮食护理**　合理饮食可避免或减轻疼痛,改善营养状况,促进康复。

（1）食物选择：选择营养丰富、搭配合理、清淡、易消化的食物,以利于促进胃黏膜的修复和提高抵抗力。一般无需规定特殊食谱,选择营养丰富刺激性小的食物,以稀饭、面食等偏碱性食物为宜;脱脂牛奶有中和胃酸作用,但牛奶中的钙质可刺激胃酸分泌,故不宜多饮,并宜安排在两餐之间饮用;适量摄取脂肪,因脂肪虽能刺激小肠黏膜分泌肠抑胃液素,抑制胃酸分泌,但同时又可引起胃排空延缓,胃窦扩张,致胃酸分泌增多;烹调方法以蒸、煮、炖、烩、汆等为主,戒烟酒,忌咖啡、浓茶等刺激性饮料,避免进食过冷、过热、酸、辣、油炸等刺激性食物和调味品。

(2)进餐方式:正确指导病人有规律定期进食,注意调节进餐时的情绪,提供愉快的进餐环境,避免精神紧张。溃疡活动期应少食多餐,每日5~6餐,避免餐间零食和睡前进食。少食多餐可中和胃酸,减少胃的饥饿性蠕动,同时可避免过饱所引起的胃窦部扩张,刺激促胃液素的分泌,以减少胃酸对病灶的刺激,利于溃疡的愈合。进食时细嚼慢咽,避免过饥过饱。恶心、呕吐剧烈者暂禁食,采用静脉维持营养,必要时按医嘱使用镇吐药物,症状缓解后逐渐恢复至正常饮食。

(3)营养监测:定期测量体重、监测血清清蛋白和血红蛋白等营养指标,评估病人的饮食方式和结构及营养状况。

(二)病情观察

观察病人疼痛的特点,如疼痛的部位、程度、持续时间、诱发因素、与饮食的关系、伴随症状等。监测生命体征及腹部体征变化,重点观察病人有无上消化道出血、穿孔、幽门梗阻和癌变征象,出现并发症迹象及时通知医生,并配合做好相关护理工作。

(三)用药护理

遵医嘱正确使用治疗消化性溃疡的药物,注意观察药物疗效和药物的不良反应。

1. **H$_2$ 受体拮抗剂** 应在餐中或餐后即刻服用,也可把1日的剂量睡前顿服,若同时服用抗酸药,则两药应间隔1小时以上。西咪替丁不良反应较多,常见的有乏力、转氨酶升高、粒细胞减少、皮疹、男性乳房发育、阳痿等,用药期间注意监测肝、肾功能和血常规;雷尼替丁抑酸作用较西咪替丁强,宜晨起空腹和睡前服药,不良反应小,且无抗雄性激素作用;法莫替丁的抑酸作用较前二者强,也无抗雄激素作用,但在用药中应注意头痛、头晕、腹泻和便秘等不良反应;尼扎替丁的作用强度类同雷尼替丁,但不良反应更少;新型制剂罗沙替丁抑酸作用和雷尼替丁大致相同,但不需空腹用药,不受抗酸药影响,可同时应用抗酸药,不良反应轻微,包括头痛、腹泻、便秘、感冒样症状等。因药物可随母乳排出,哺乳期应停止用药。若静脉给药应注意控制速度,速度过快可引起低血压和心律失常。

2. **质子泵抑制剂** 可每日用药1次或每日早、晚各服1次,奥美拉唑者不良反应较少,但有头晕不适,特别是用药初期,因此,初次应用时应减少活动,避免开车等。兰索拉唑不良反应有轻微腹泻、头痛、恶心、荨麻疹、皮疹、肝功能异常等;泮托拉唑不良反应较少,偶可引起头痛和腹泻;拉贝拉唑的不良反应类同兰索拉唑。不良反应较重时应及时停药。

3. **胃黏膜保护剂** 服用硫糖铝宜餐前1小时嚼碎后服用,不良反应少,可引起便秘,不能与多酶片同服,以免降低两者的作用。胶体铋剂应在餐前1小时服用,不良反应轻微,可有轻微头痛、头晕、腹泻、便秘及皮疹、一过性转氨酶升高等,并使舌苔和粪便变黑;长期服用可造成铋在体内大量堆积引起神经毒性,故不宜长期服用。米索前列醇的常见不良反应是腹泻,但继续用药可自行缓解,该药具有兴奋子宫平滑肌作用,可致流产,故孕妇禁用。

4. **制酸药** 宜餐后1小时和睡前服用。可溶性抗酸药如碳酸氢钠,肠道吸收迅速,长期服用可引起碱中毒和钠潴留;不溶性抗酸药中含镁制剂可致腹泻,含钙、铝、铋的制剂可致便秘,长期大量应用时,尚有腹胀、食欲不振、软骨病或骨质疏松、肾损害等不良反应,应特别注意。

（四）并发症护理

当发生急性穿孔、瘢痕性幽门梗阻时,立即遵医嘱做好手术前各项准备工作,行手术治疗。慢性穿孔时注意观察疼痛的性质,指导病人按时服药。幽门梗阻时做好呕吐物的观察和处理,指导病人禁饮禁食,进行胃肠减压,遵医嘱静脉维持营养,纠正水、电解质、酸碱平衡紊乱,并做好抗生素的用药护理;抗胆碱能药可以降低胃运动性,加重梗阻,故幽门梗阻的病人不宜用抗胆碱能药;对内科积极治疗无效的病人应做好术前准备工作。上消化道出血和溃疡癌变的病人应进行相应护理。

（五）手术治疗护理

1. 手术前护理

（1）准备:指导病人饮食,应少量多餐,给予高蛋白、高热量、高维生素、易消化、无刺激的食物。营养不良者,应输全血、血浆、人体白蛋白等改善营养状况;按腹部手术前常规进行准备。

（2）急性胃穿孔病人的护理:取半卧位,禁食、持续胃肠减压;全身性应用抗生素预防感染;严密观察病情变化,预防及治疗休克。若经非手术治疗 6～8 小时病情不见好转或反而加重者,立即转手术治疗。

（3）急性溃疡大出血病人的护理:病人半卧位、吸氧、暂禁食;情绪紧张者,可予以镇静剂;输血、输液,按时应用止血药物,以治疗休克和纠正贫血;必要时以 0.9% 氯化钠溶液 200ml 加去甲肾上腺素 8mg,经鼻胃管分次灌注,每 4～6 小时 1 次。严密观察生命体征,记录呕血量和便血量。若经 6～8 小时治疗而出血仍在继续者,应做好急诊手术治疗的准备。

（4）幽门梗阻病人的护理:术前根据梗阻程度控制饮食,完全梗阻者禁食,肠外营养支持;非完全梗阻性病人可给予无渣半流质饮食,以减少胃内容物潴留。输血、输液,积极纠正脱水、低氯、低钠、低钾和代谢性碱中毒。术前 3 日每晚用温盐水洗胃,减轻胃黏膜水肿和炎症,有利术后吻合口愈合。

2. 手术后护理

（1）体位与活动:术后取平卧位,麻醉作用消失且血压平稳后取低半卧位。卧床期间,协助病人翻身,指导病人深呼吸和肢体伸屈活动。术后一日可坐起并做轻微活动。若病人病情允许,鼓励病人早期下床活动,以促进肠蠕动、改善呼吸和循环功能,减少术后并发症。活动量因人而异,年老体弱或病情较重者,活动量适当减少。

（2）病情观察:定时监测生命体征,每 30 分钟一次,病情平稳后延长间隔时间。同时观察病人神志、面色、切口敷料以及胃肠引流液情况,并记录 24 小时液体出入量。

（3）输液、抗感染:病人禁食期间静脉补充液体,必要时输注血浆和全血,改善病人的营养状况,以利吻合口和切口的愈合。遵医嘱应用抗生素预防感染。

（4）饮食护理:一般术后第 3 日拔除胃管,拔除胃管当日可饮少量水或米汤;拔管第 2 日进半量流质饮食,每次 50～80ml;若病人无腹痛、腹胀等不适,第 3 日进全量流质,第 4 日可进半流质饮食。术后 10～14 日可进软食。进食应少量多餐、循序渐进,开始每日 5～6 餐,逐渐减少进食次数,而增加每次进餐量,逐渐过渡为正常饮食。少进食牛奶、豆类等产气食物,忌生、冷、硬及刺激性饮食。

（5）引流管的护理:妥善固定胃肠减压管和引流管,保持通畅,观察并记录胃管和引流管引流液的颜色、性质和量,待肠蠕动恢复和肛门排气后,停止胃肠减压,拔除胃管。

(6) 手术后并发症的观察和护理

1) 术后胃出血：术后从胃管中可以引流出少量暗红色或咖啡色胃液，24 小时内不超过 300ml。如术后短时间内胃管不断吸出新鲜血液，24 小时后仍不停止，则为术后出血。多采取包括禁食、应用止血药和输新鲜血等措施进行止血。如以上措施无效，应做好再次手术止血准备。

2) 十二指肠残端破裂：是毕 Ⅱ 式胃切除术后最严重的并发症，多发生在术后 3 ~ 6 日。表现为突发右上腹部剧痛、发热、局部明显压痛、反跳痛、腹肌紧张等急性腹膜炎体征及白细胞计数升高。一旦诊断，立即手术治疗。术中行破口缝合修补、十二指肠残端置管引流及腹腔引流。

3) 吻合口破裂或瘘：是术后早期严重并发症之一，多发生在术后 5 ~ 7 日。如病人出现贫血、水肿、低蛋白血症则更容易发生。表现为高热、脉速、腹痛及明显腹膜炎的表现，引流管引出混浊含肠内容物液体。

4) 术后梗阻：包括输入袢梗阻、输出袢梗阻和吻合口梗阻，前两者见于毕 Ⅱ 式胃切除术后。①输入段梗阻：有急、慢性两种类型。急性完全性输入段梗阻表现为突发性上腹部剧痛、呕吐频繁但呕吐物量少，不含胆汁，呕吐后症状不缓解。上腹部有压痛，甚至可扪及包块。属于闭段性肠梗阻，易发生肠绞窄，应行手术解除梗阻。慢性不完全性输入段肠梗阻表现为进食后 30 分钟左右上腹胀痛或绞痛，突然大量呕吐，呕吐物为胆汁，几乎不含食物，呕吐后症状缓解，也称"输入段综合征"。应采取包括禁食、胃肠减压、营养支持等保守疗法。若无缓解，应做好再次手术准备。②吻合口梗阻：原因是吻合口缝闭、过小或水肿。表现为上腹胀痛，呕吐大量食物不含胆汁。给予禁食、补液或再次手术治疗。③输出段梗阻：原因是粘连、扭转引起。表现为右上腹剧痛、包块、腹膜炎，呕吐大量胆汁不含食物。给予禁食、补液或再次手术治疗。

5) 倾倒综合征：①早期倾倒综合征：多于进食后 30 分钟内，病人出现心悸、心动过速、出汗、无力、面色苍白等表现。治疗为少量多餐，避免过甜、过咸、过浓流质食物，宜进食低碳水化合物、高蛋白饮食。进餐时限制饮水，进餐后平卧 10 ~ 20 分钟。②晚期倾倒综合征：又称低血糖综合征。病人表现为餐后 2 ~ 4 小时出现头晕、心慌、无力、出冷汗、脉细弱甚至晕厥。给予饮食调整、食物中加入果胶延缓碳水化合物吸收等措施。

6) 碱性反流性胃炎 表现为上腹或胸骨后烧灼痛、呕吐胆汁样液体及体重减轻。给予应用胃黏膜保护剂、胃动力药及胆汁酸结合药物。症状严重者，应考虑手术治疗。

7) 低血糖综合征：为高渗食物迅速进入小肠、快速吸收后血糖升高，使胰岛素大量释放，继而发生反应性低血糖。表现为餐后 2 ~ 4 小时，病人出现心慌、无力、眩晕、出汗、手颤、嗜睡，或虚脱。出现症状时稍进食，尤其是糖类可缓解，饮食中减少糖类含量，增加蛋白质比例，少量多餐可防止其发生。

8) 残胃癌：术后 5 年以上，残留胃发生的原发癌，好发于术后 20 ~ 25 年。病人表现为上腹部疼痛不适、进食后饱胀、消瘦、贫血等症状，纤维胃镜可明确诊断。

(六) 心理护理

为病人创造安静、舒适的环境，减少不良刺激，多与病人交谈，宣传本病的知识，使病人了解消化性溃疡的诱发因素、疾病过程和治疗效果，指导病人心理放松技巧，帮助病人分散注意力，克服紧张、焦虑心理，向病人解释相关的手术知识，增强病人对手术的认知和信心，使之积极配合治疗和护理，增强治疗疾病的信心。

（七）健康指导

1. 疾病知识指导　宣传疾病常识,使病人及其家属知晓消化性溃疡的病因和诱发因素,避免病因和诱发因素,掌握消化性溃疡的防治知识。

2. 生活指导　指导病人保持乐观的情绪、规律的生活,合理安排生活和工作,保证充足的睡眠和休息,避免过度紧张和劳累;指导病人建立合理的饮食习惯和结构,忌暴饮暴食、过冷或过热的食物,避免摄入刺激性食物,戒烟酒。

3. 用药指导与定期复诊　教育病人学会观察药物疗效及不良反应,遵医嘱正确服药。嘱病人定期复诊,指导病人了解本病及并发症的知识和识别方法,有异常情况发生时及时就诊。

【护理评价】

1. 病人疼痛是否减轻或消失。
2. 病人食欲有无好转,营养状况是否得到改善。
3. 情绪是否稳定,能否保持良好的心理状态。
4. 并发症是否得到有效预防,减少或无并发症发生。

（高健群）

第四节　胃癌病人的护理

胃癌(gastric cancer)是源于胃黏膜上皮的恶性肿瘤,是最常见的恶性肿瘤之一。发病情况在我国以西北地区为高发,而中南、西南地区发病率则较低。40～60岁为高发年龄,男性高于女性,男女之比约为2∶1。我国的胃癌平均每年死亡率约为16/10万,胃癌的分级、分期和累及的部位、转移情况及治疗手段直接影响预后。

【护理评估】

（一）健康史

1. 病因与发病机制　尚未完全清楚,可能是一个多因素参与,多步骤进行性发展的过程。一般认为是下列因素共同参与的结果。

(1)幽门螺旋杆菌感染:幽门螺旋杆菌感染是人类胃癌的Ⅰ类致癌原,幽门螺旋杆菌诱致胃癌的机制可能是幽门螺旋杆菌导致的慢性炎症有可能成为一种内源性致突变原,进而发生癌变;幽门螺旋杆菌是一种硝酸盐还原剂,具有催化亚硝化作用而致癌;幽门螺旋杆菌的某些代谢产物可促进上皮细胞变异。

(2)环境和饮食因素:流行病学调查资料显示,不同国家和地区发病率的明显差异及移民发病率高于本地居民,说明环境因素与胃癌发生相关。长期食用霉变食品、腌制烟熏食品、咸菜及高盐食品可增加胃癌发生的危险性,腌制烟熏食品中含高浓度的硝酸盐,在胃内经细菌作用还原成亚硝酸盐,再与胺结合形成致癌物亚硝胺。流行病学研究提示,多吃新鲜水果和蔬菜、使用冰箱和正确贮存食物可减少胃癌的发生。

(3)遗传因素:胃癌有明显家族聚集倾向,家族发病率高出正常人群2～3倍,尤其是浸润型胃癌。一般认为遗传素质使致癌物质对易感者更易致癌。

(4)癌前状态:胃癌的癌前状态有癌前病变和癌前疾病,前者指较易转化为癌组织的病理学变化,如肠型化生和不典型增生;后者指与胃癌相关的胃良性疾病,如慢性萎缩性胃炎、胃息肉、残胃炎、胃溃疡,有发生胃癌的危险性。

2. **病理** 胃癌可发生胃的任何部位,好发部位依次为胃窦、贲门、胃体、全胃或大部分胃。组织学上,胃癌以腺癌为主。根据胃癌侵犯胃壁的程度可分为早期和进展期胃癌,早期胃癌指癌组织浸润深度不超过黏膜下层,不论其有无局部淋巴结转移;进展型胃癌浸润深度超过黏膜下层,已侵入肌层者为中期,侵及浆膜层或浆膜外层者称晚期胃癌。胃癌的转移途径有:①直接浸润:侵袭相邻器官如食管、肝、胰、大网膜。②淋巴转移:先局部转移,再远处淋巴结转移,胃的淋巴系统与锁骨上淋巴结相连接,转移到该处时称为 Virchow 淋巴结。③血行转移:晚期病人约60%以上发生,以肝转移最常见,其次是肺、脑、肾、骨等。④种植转移:癌组织侵出浆膜层脱落入腹腔,种植于肠壁和盆腔等。

(二)身体状况

1. 临床表现

(1)症状:早期胃癌无明显症状,少数病人仅有一些非特异消化道症状。随胃癌进程至进展期,此时最早出现的症状是上腹痛或饱胀不适,餐后加重,偶呈节律性溃疡样疼痛,继之上腹痛或饱胀不适转为持续性加重,不能为制酸剂缓解。常伴有食欲缺乏、厌食、乏力、体重下降。病变位于胃窦部者可致幽门梗阻而出现严重恶心、呕吐;贲门癌易侵犯食管下段而出现吞咽困难;溃疡型胃癌易发生呕血或黑便。转移至身体其他脏器可出现相应的症状,如转移至肝时可引起右上腹痛、黄疸等;转移至肺可引起咳嗽、胸痛、咯血等;转移至骨骼时可有骨骼疼痛。晚期病人出现恶病质。

(2)体征:早期胃癌多无明显体征,进展期胃癌多在上腹部偏右可触及肿块,有压痛;肝转移可有肝大,常伴黄疸;腹膜转移时可出现腹水;远处淋巴结转移可在左锁骨上窝内侧触到质硬而固定的淋巴结。某些胃癌病人可出现伴癌综合征如皮肌炎、浅表性血栓静脉炎等。

2. 并发症 可并发胃出血、穿孔、贲门或幽门梗阻等。

3. 实验室及其他检查

(1)血常规检查:常见缺铁性贫血的血象改变,多为中、晚期胃癌慢性失血所致。

(2)粪便隐血试验:常呈持续阳性。

(3)胃镜检查:可观察病变部位、性质,结合黏膜活组织检查是目前诊断胃癌最可靠的方法。早期胃癌镜下表现为小的息肉样隆起或凹陷,进展期胃癌镜下可表现为凹凸不平、表面有污秽苔的肿块,或不规则较大溃疡,常见渗血及溃烂。超声内镜检查能观察到胃黏膜以下各层次和胃周围邻近脏器的图像。

(4)影像学检查:①X 线钡餐检查:表现为充盈缺损,或边缘不规则的龛影,或黏膜皱襞破坏消失或中断,邻近胃黏膜僵直,蠕动消失等。②腹部超声:用于观察胃的邻近脏器受浸润及淋巴结转移的情况。③螺旋 CT:有助于胃癌的诊断和术前临床分期。

(三)心理和社会状态

病人在知晓自己的诊断后,预感疾病的预后不佳,加之躯体的痛苦,出现紧张、恐惧、悲观、绝望等心理变化,又进一步加重病人的躯体不适。

(四)治疗要点

早期发现、早期诊断和早期治疗是提高胃癌疗效的关键,手术是首选的方法,辅以化疗、放疗及免疫治疗等以提高疗效。

1. 手术治疗 是目前唯一有可能根治胃癌的方法,手术治疗的效果取决于胃癌的病期、癌肿浸润的深度和扩散范围。早期胃癌宜首选胃部分切除术,有局部淋巴结转移应同时予以清扫。对进展期胃癌的病人,只要无禁忌和远处转移,尽可能采取手术切除。手术方式有

根治性手术、微创手术、姑息性切除术、短路手术。

2. **化学治疗**　应用抗肿瘤药物治疗。单一的联合化疗主要用于晚期胃癌不能施行手术者,以减轻或缓解症状,改善生存质量及延长生存期。目前胃癌的化疗多是辅助手术治疗,在术前、术中及术后使用,以抑制癌细胞扩散和杀伤残存的癌细胞,从而提高手术治疗效果。常用药物有氟尿嘧啶、丝裂霉素、替加氟等。注意化疗药物的消化道反应、局部血管反应、粒细胞减少、骨髓抑制、脱发等不良反应。

3. **内镜下治疗**　对早期胃癌可在内镜下行高频电凝切除术、内镜下激光治疗等,内镜下微波凝固治疗可用于早期胃癌及进展期胃癌发生梗阻者。

4. **支持疗法**　包括高能量静脉营养疗法,以提高病人的抗癌能力,使病人能耐受手术和化疗。免疫增强剂如左旋咪唑、卡介苗等,提高病人免疫力;也可配合中药治疗等。

【常见护理诊断/问题】

1. **疼痛:腹痛**　与癌细胞浸润有关。

2. **营养失调:低于机体需要量**　与胃癌造成吞咽困难、消化吸收障碍、化疗药物致胃肠反应有关。

3. **焦虑或恐惧**　与胃癌确诊、手术危险性、并发症的发生有关。

4. **潜在并发症**:上消化道出血、幽门梗阻或贲门梗阻、穿孔等。

【护理措施】

(一) 饮食护理

充足的营养支持有助于机体的恢复和疾病的康复。能进食者应鼓励病人尽量多进富含蛋白质、碳水化合物和维生素的易消化流质或半流饮食,提供愉快、清洁的进食环境,尽可能变换食物的色、香、味以满足病人的口味,增加营养素的摄入量。对胃癌晚期病例或贲门癌出现吞咽困难者,应遵医嘱静脉输注高营养物质治疗,以维持机体代谢。出现幽门梗阻者可暂禁食,可行胃肠减压,同时静脉补充液体。

(二) 疼痛的护理

1. **一般护理**　轻症病人鼓励适当参加日常活动,有助于心理的稳定和注意力转移,从而减轻疼痛,活动时应注意以不感到劳累、腹痛为原则。重症病人应安置病人适宜体位卧床休息,环境宜安静、舒适,以减少刺激、减轻体能消耗,保证休息;协助和指导病人采用应对措施,如听音乐、看电视、看书报、与病人交谈等,以分散病人对疼痛的注意力,使疼痛减轻或缓解。

2. **药物止痛**　遵医嘱给予相应的止痛药,给药时应遵循 WHO 推荐的三阶梯疗法,选用镇痛药必须从弱到强,先以非麻醉镇痛药为主,当其不能控制疼痛时依次加用弱麻醉性及强麻醉性镇痛药,并配以辅助用药,采取复合用药的方式达到镇痛效果。目前治疗的药物有:①非麻醉镇痛药如阿司匹林、对乙酰氨基酚、吲哚美辛等。②弱麻醉性镇痛药如可待因、布桂嗪等。③强麻醉性镇痛药如吗啡、哌替啶等。④辅助性镇痛药如地西泮、氯丙嗪、异丙嗪等。

3. **病人自控止痛 (PCA)**　是用计算机化的注射泵,经由静脉、皮下或椎管内连续性输注止痛药,病人可自行间歇性给药。该方法可根据病人需要提供合适的止痛药物剂量、增减范围、间隔时间,从而做到个体化给药。可在连续性输注中间歇性地增加药量以控制病人突发的疼痛,克服了用药的不及时性,减少了病人对止痛药的总需要量和对专业人员的依赖性,增加了病人自我照顾和对疼痛的自主控制能力。

（三）病情观察

病程中重点观察有无黑便、呕血等出血情况；有无腹部胀痛加重、频繁呕吐、呕吐物为酸性宿食等幽门梗阻表现；有无腹痛突然加剧，迅速延及全腹，皮肤湿冷、脉搏细弱，全腹压痛、肌紧张等穿孔表现。一旦发现应及时报告医生，并做好相应的护理。采用化疗时，因化疗药物具有消化道反应、局部血管反应、粒细胞减少、骨髓抑制、脱发等不良反应，应做好相应的护理。

（四）手术治疗护理

1. 改善病人的营养状况

（1）术前营养支持的护理：应根据病人的饮食和生活习惯，给予高蛋白、高热量、高维生素、低脂肪、易消化和少渣的食物；对不能进食者，应遵医嘱给予静脉输液，补充足够的热量。必要时输血浆或全血，以改善病人的营养状况，提高其对手术的耐受性。

（2）术后营养支持的护理

1）肠外营养支持：术后需及时补充病人所需的水、电解质和营养素，必要时输血清蛋白或全血，以改善病人的营养状况，促进切口的愈合。同时应详细记录24小时出入量，为合理输液提供依据。

2）早期肠内营养支持：术后早期经喂养管输注实施肠内营养支持，对改善病人的全身营养状况、维护肠道屏障结构和功能、促进肠功能早日恢复、增加机体的免疫功能、促进伤口和肠吻合口的愈合等有益。应根据病人的个体情况，合理制定营养支持方案。护理应注意：①喂养管的护理：妥善固定喂养管，防止滑脱、移动、扭曲和受压；保持喂养管的通畅，防止营养液沉积堵塞导管，每次输注营养液前后用生理盐水或温开水20～30ml冲管，输液过程中每4小时冲管一次。②控制输入营养液的温度、浓度和速度：以37℃左右为宜，温度偏低会引起肠痉挛，导致腹痛、腹泻；温度过高则可能灼伤肠道黏膜，甚至可引起溃疡或出血；营养液浓度过高易诱发倾倒综合征。③并发症的观察：观察有无恶心、呕吐、腹痛、腹胀、腹泻和水电解质紊乱等并发症的发生。

3）饮食护理：肠蠕动恢复后可拔除胃管，拔胃管后当日可少量饮水或米汤；第2日半量流质饮食，每次50～80ml；第3日进全量流食，每次100～150ml，以蛋汤、菜汤、藕粉为宜；若进食后无腹痛、腹胀等不适，第4日可进半流质饮食，如稀饭；第10～14日可进软食。少食产气食物，忌生、冷、硬和刺激性食物。注意少量多次，开始时每日5～6餐，以后逐渐减少进餐次数并增加每次进餐量，逐步恢复正常饮食。全胃切除术后，肠管代胃容量较小，开始全流质饮食时宜少量、清淡；每日进食后观察病人有无腹部不适。

2. 采用有效措施，促进舒适感　全麻清醒前去枕平卧位，头偏向一侧。麻醉清醒后，若血压稳定取低平卧位，有利于呼吸和循环，减少切口缝合处张力，减轻疼痛不适。保持有效的胃肠减压以减少胃内积气、积液。对切口疼痛所致的不适，可遵医嘱给予镇痛药物。为病人创造良好的休息环境，保证病人的休息和睡眠。

3. 并发症的观察、预防和护理

（1）术后出血：包括胃和腹腔内的出血。加强病情观察，严密观察病人的生命体征，包括血压、脉搏、心率、呼吸、神志和体温的变化。胃肠减压的负压要适当，避免负压过大损伤胃黏膜。观察胃肠减压引流液的量和颜色。胃手术后24小时内可有少量暗红色或咖啡色液体从胃管引出，一般不超100～300ml，以后胃液逐渐转清。若术后短期内从胃管引流出大量鲜红色血液，应警惕有术后出血，须及时报告医师处理。加强腹腔引流的观察，观察和记录腹腔引流液的量、颜色和性质;若术后持续从腹腔引流管引流出大量新鲜血性液体,应怀疑有腹腔内出血,需及时通知医生处理。若病人术后发生胃出血,应遵医嘱应用止血药物和输新鲜血,或用冰生理盐水胃内灌注等。若经非手术疗法不能有效止血或出血量 500ml/h,应积极完善术前准备,并做好相应的术后护理。

(2)感染:术前良好的胃肠道和呼吸准备,利于有效预防术后并发症。全麻清醒前取去枕平卧位,头偏向一侧,以免呕吐时发生误吸。清醒后若血压稳定取低半卧位,有利于腹腔渗出液积聚于盆腔,一旦感染,便于引流。口腔护理以减少细菌的繁殖。保持腹腔引流通畅,放置引流的目的是及时引流腹腔内的渗血、渗液,避免腹腔内液体积聚继发感染和脓肿形成。护理时应注意妥善固定引流管、保持引流通畅、观察和记录引流液的量、颜色和性质,并严格无菌操作,每日更换引流袋。

(3)吻合口瘘和残端破裂:充分的术前准备,改善营养状态,促进术后吻合口愈合。维持有效的胃肠减压,可防止胃肠道内积液、积气,减轻胃肠内压力。注意观察病人的生命体征和腹腔引流情况,保护瘘口周围皮肤。根据医嘱补液,维持水、电解质和酸碱平衡。遵医嘱合理使用抗菌药物。

(4)消化道梗阻:若病人出现恶心、呕吐、腹胀甚至腹痛和停止肛门排便排气,应警惕消化道梗阻和残胃蠕动无力所致的胃排空障碍。护理时应禁食、胃肠减压,记录出入水量。维持水、电解质和酸碱平衡,给予肠外营养支持,纠正低蛋白。应用促胃动力药物,如多潘立酮等。非手术治疗无效时,做好术前准备。

(5)倾倒综合征:①早期倾倒综合征:主要知道病人通过饮食调整,包括少量多餐,避免过甜、过咸、过浓的流质饮食;宜进低碳水化合物、高蛋白饮食;进餐时限制饮水喝汤;进餐后平卧 10 ~ 20 分钟。多数病人可缓解。②晚期倾倒综合征:出现症状时少进饮食,尤其是糖类即可缓解。饮食中减少碳水化合物含量,增加蛋白质比例,少量多餐可防止其发生。

(6)碱性反流性胃炎:病情较轻者,遵医嘱口服胃黏膜保护剂、胃动力药;病情严重者,准备手术治疗。

(五)心理护理

病人在知道自己的诊断后,预感疾病的预后差,会出现愤怒、抑郁、焦虑和绝望等负性心理反应,而情绪的稳定有助于因心理障碍所致的神经内分泌、免疫功能紊乱的调整。因此,护士应与病人建立良好的护患关系,关心、体贴病人,加强与病人的沟通,倾听病人自身感受的叙述,尊重、理解、同情病人在病程中出现的各种不良心态,并给予支持和鼓励。手术病人应向病人解释胃癌手术治疗的必要性,鼓励病人表达自身感受和学会自我放松的方法;并根据病人的个体情况进行有针对性的心理护理,以增强病人对手术治疗的信心。向病人介绍有关胃癌的治疗进展信息,提高病人的治疗信心,指导病人保持乐观的生活态度,用积极的心态面对疾病,树立战胜疾病、延长生存期的信心。做好病人家属的工作,及时取得家属的配合,发挥家庭和社会支持系统的作用,从而减轻病人的不良心理反应。

(六)健康指导

1. 疾病预防指导　对健康人群开展卫生宣教,不吃霉变食品,少食烟熏、腌制食品和咸菜,避免高盐饮食,注意饮食、饮水卫生,食品贮存要科学,提倡多食富含维生素 C 的新鲜水果、蔬菜、鱼类、豆制品和乳制品等。对有癌前状态者,应定期检查,以便早期诊断及治疗。

2. 疾病知识指导　指导病人生活规律,保证充足的睡眠,合理休息与活动,避免身心过劳。注意个人卫生,防止继发性感染。对手术治疗的病人,讲解合理的饮食调理计划及注意事项,讲解手术后并发症的表现及预防。指导病人了解化疗药物的不良反应,合理使用止痛药,并应发挥病人自身积极的应对能力,以提高控制疼痛的效果。指导病人保持乐观态度,以平稳而积极的心态面对疾病。

3. 病情监测 指导病人及家属做好病情自我观察或识别,嘱病人定期复诊,以动态监测和掌握病情变化,及时调整治疗与护理方案。

(高健群)

第五节 溃疡性结肠炎病人的护理

溃疡性结肠炎(ulcerative colitis,UC)是一种病因不明的慢性直肠和结肠非特异性炎性疾病。病变主要限于大肠的黏膜与黏膜下层,临床表现为腹泻、黏液脓血便和腹痛,呈反复发作的慢性病程。本病多见于青壮年,男女发病率无明显差异。

【护理评估】

(一)健康史

1. 病因与发病机制 尚未完全明确,目前认为本病可能与遗传、感染、精神因素和免疫机制异常有关。

(1)免疫因素:研究认为本病病人的肠黏膜存在异常的上皮细胞,分泌异常黏液糖蛋白,正常防御功能被削弱,影响肠黏膜屏障的完整性,使一般不易通过正常肠黏膜及对人体无害菌群和食物等抗原,可以进入肠黏膜,激发一系列免疫反应与炎症变化。

(2)遗传因素:本病的发病具有家族聚集现象,病人一级亲属发病率显著高于普通人群,而其配偶发病率不增加。目前认为,UC 不仅是多基因病,还是遗传异质性疾病,即不同人由不同基因引起,病人在一定的环境因素作用下由于遗传易感而发病。

(3)氧自由基损伤:在肠内黄嘌呤氧化酶等作用下,导致大量氧自由基形成,损伤肠黏膜。

(4)感染因素:可能与痢疾杆菌或溶组织阿米巴感染有关。多数人认为是本病的促发因素。

(5)精神因素:精神紧张、应激事件等可诱发本病,病人常伴有紧张、焦虑、抑郁等表现。

2. 病理 病变位于大肠,呈连续性、弥漫性分布。范围由肛端直肠开始,向近端结肠发展,可扩展到降结肠、横结肠,甚至全结肠,极少数可累及末端回肠。病变一般局限于黏膜和黏膜下层,少数重症者可累及肌层。

(二)身体状况

1. 临床表现 起病多数缓慢,少数急性起病,病程长,呈慢性经过,多表现为发作期与缓解期交替,少数持续并逐渐加重。部分病人可因劳累、感染、饮食失调、精神刺激等诱发或加重症状。

(1)消化系统表现:①腹泻和黏液脓血便:见于绝大多数病人,腹泻主要与炎症导致大肠黏膜对水钠的吸收障碍及结肠运动功能失常有关。黏液脓血便是活动期的重要表现,为炎症渗出和黏膜糜烂及溃疡引起。病情严重程度取决于排便次数和便血程度,轻者排便每日2~4 次,粪便呈糊状,可混有黏液、脓血,便血轻或无;重者腹泻每日 10 次以上,大量脓血,甚至血水样粪便。病变局限于直肠和乙状结肠的病人偶有腹泻与便秘交替现象,与直肠排空功能障碍有关。②腹痛:轻者或缓解期可无腹痛或仅有腹部不适,活动期有轻或中度腹痛,为左下腹或下腹的阵痛,亦可涉及全腹,具有腹痛-便意-便后缓解的规律,直肠受累时多伴有里急后重。若并发中毒性巨结肠或腹膜炎,则有持续性剧烈腹痛。③其他症状:可有食欲减退、恶心、呕吐、腹胀等。

(2)全身表现:通常出现在中、重型病人,活动期常有低至中等度发热,高热多见于暴发型或合并感染者,重症病人可有消瘦、低蛋白血症、贫血、水和电解质平衡紊乱、水肿等表现。

(3)肠外表现:肠外表现发生率低于国外,包括外周关节炎、结节性红斑、坏疽性脓皮病、虹膜睫状体炎、口腔黏膜溃疡、脑梗死、周围神经病变等。

(4)体征:慢性病容,重者可呈消瘦贫血貌。部分病人左下腹可有轻压痛,有时可触及痉挛乙状结肠或降结肠。重症病人可有明显鼓肠、腹部压痛,若出现反跳痛、腹肌紧张、肠鸣音减弱等应警惕中毒性巨结肠和肠穿孔等并发症。

2. 并发症　可并发中毒性巨结肠、肠出血、肠穿孔、肠梗阻、直肠结肠癌变等。

3. 临床分型　可根据病情程度、病程经过、病变范围及病期进行综合分型。

(1)根据病情程度分型:①轻型:多见,腹泻每日4次以下,便血轻或无,无发热、脉速,贫血轻或无,血沉正常。②重型:腹泻频繁,有明显黏液脓血便,有发热、脉速等全身表现,血沉加快、血红蛋白下降。③中型:介于轻型和重型之间。

(2)根据病程经过分型:①初发型:无既往史的首次发作。②慢性复发型:临床最多见,发作期与缓解期交替。③慢性持续型:病变范围广,症状持续半年以上。④急性暴发型:少见,病情严重,全身毒血症状明显,易发生大出血和其他并发症。上述后3型可相互转化。

(3)根据病变范围分型:分为直肠炎、直肠乙状结肠炎、左半结肠炎、全结肠炎和区域性结肠炎。

(4)根据病期分型:可分为活动期和缓解期。

4. 实验室及其他检查

(1)血液检查:可有红细胞和血红蛋白减少,活动期白细胞计数增多。血沉增快及C反应蛋白增高是活动期的标志。重型或急性暴发型可有凝血酶原时间延长、血清清蛋白下降、球蛋白增高等。

(2)粪便检查:肉眼以黏液脓血便常见,镜检可见红细胞、白细胞或脓细胞,急性发作期可见巨噬细胞。粪便病原学检查内容包括细菌培养、溶组织阿米巴滋养体检查、粪便集卵检查、病毒学检查等,目的在于排除感染性结肠炎,需反复多次进行。

(3)X线钡剂灌肠检查:是诊断本病的重要方法。可有黏膜皱襞粗乱或黏膜呈颗粒样改变,也可呈多发性小龛影或小的充盈缺损。病程长、反复发作迁延不愈时可呈铅管征,表现为病变肠管缩短,结肠袋消失,肠壁严重纤维化,肠壁僵硬。重型或暴发型病人通常不作钡剂灌肠检查,以免加重病情或诱发中毒性巨结肠。

(4)结肠镜检查:结合活组织检查是诊断本病最有价值的检查方法,可确定病变部位及范围,了解病变性质、活动性及病变程度,有助于肠病的鉴别。内镜下可见病变黏膜充血、水肿,粗糙呈颗粒状,组织变脆触之易出血,黏膜上有多发性浅溃疡,散在分布也可融合,表面附有脓性分泌物。也可见假性息肉形成,结肠袋消失等。

(三) 心理和社会状况

由于病因不明,病情反复发作,迁延不愈,常给病人带来痛苦及给病人的精神和日常生活带来困扰,易产生自卑、焦虑、多疑等心理,甚至恐惧心理。

（四）治疗要点

本病治疗目的在于控制急性发作,缓解病情,减少复发,防治并发症。

1. 一般治疗　活动期注意休息,避免劳累,减少精神刺激,注意营养和水、电解质平衡的维持,纠正贫血和低蛋白血症。腹泻、腹痛的对症治疗时应慎重使用抗胆碱能药或止泻药;重症病人合并细菌感染时,应积极采取抗生素治疗。

2. 药物治疗

(1)氨基水杨酸制剂:柳氮磺胺吡啶(SASP)是治疗本病的首选药物,适用于轻型、中型及重型经糖皮质激素治疗已缓解者。活动期 4 ~ 6g/d,分 4 次口服,用药 3 ~ 4 周,症状缓解后改为 2g/d,分次口服,疗程 1 ~ 2 年。近年采用高分子材料膜包裹 5-氨基水杨酸微粒压片制成的缓释片偶氮二水杨酸(奥沙拉嗪),口服后近端小肠不吸收,能到达远端小肠和结肠病变处发挥药效,该类药物不良反应少,适用于对 SASP 不能耐受者的治疗。也可用其他氨基水杨酸制剂如美沙拉嗪、巴柳氮等。

(2)糖皮质激素:适用于对氨基水杨酸制剂疗效不佳者及重症活动期和急性暴发型病人,作用机制为非特异性抗炎和抑制免疫反应。通常采用泼尼松 40 ~ 60mg/d 口服。重症病人可先用氢化可的松 200 ~ 300mg/d 或地塞米松 10mg/d,静滴 7 ~ 14 日后,改为口服泼尼松 60mg/d,病情缓解后逐渐减量至停药。

(3)免疫抑制剂:硫唑嘌呤或巯嘌呤可用于氨基水杨酸制剂、糖皮质激素治疗效果不佳者,或糖皮质激素依赖的慢性持续型病人。

3. 手术治疗　适用于并发大出血、肠穿孔、中毒性巨结肠、结肠癌变或经内科治疗无效的病人。

【常见护理诊断/问题】

1. 腹泻　与炎症致结肠黏膜对水钠吸收障碍及结肠运动功能异常有关。

2. 营养失调：低于机体需要量　与长期腹泻、食欲减退、吸收障碍有关。

3. 疼痛：腹痛　与肠道炎症、溃疡有关。

4. 焦虑　与病情反复、迁延不愈有关。

5. 潜在并发症:中毒性巨结肠、肠出血、肠穿孔、肠梗阻、直肠结肠癌变。

【护理措施】

（一）一般护理

1. 休息与活动　应安置病人在有卫生间的病室或室内留置便器,病室安静、舒适。轻症者应注意休息、减少活动,防止劳累,重症病人宜卧床休息。

2. 饮食护理　合理的饮食有利于减轻腹泻症状、改善营养状况和促进疾病的恢复,饮食以富含营养、有足够热量、易消化、少纤维素、质软的食物为原则,避免食用辛辣、生冷、水果、多纤维素的蔬菜及其他刺激性食物,忌食牛乳和乳制品。活动期病人宜进流质或半流质饮食,重症病人应禁食,按医嘱采用静脉高营养,以维持和改善病人的营养状况,且有利减轻肠道负担和炎症。提供良好的进餐环境,避免不良刺激,以增进病人食欲。

（二）病情观察

观察病人腹泻次数、性质,严密观察腹痛的部位、性质、程度、进展与演变情况及生命征的变化,以了解病情的进展情况及是否有中毒性巨结肠、大出血、肠穿孔、肠梗阻等并发症;注意观察皮肤的弹性、尿量等,观察病人进食情况,定期测体重,检测血红蛋白、血清蛋白等,以掌握病人营养状况的变化。

（三）用药护理

遵医嘱正确使用氨基水杨酸制剂、糖皮质激素及免疫抑制剂治疗,注意药物的治疗效果和不良反应。氨基水杨酸类药物的不良反应有恶心、呕吐、皮疹、肝毒性、粒细胞减少、再生障碍性贫血等,为减轻胃肠道反应嘱病人餐后服药,治疗期间应定期检测血象、肝功能等,一旦发现异常及时报告。糖皮质激素长期使用易产生精神改变、满月脸、高血压等不良反应,要注意观察和预防,不可随意停药,防止反跳现象。免疫抑制剂的不良反应有粒细胞减少、骨髓抑制及消化道反应,使用时应定期检测血象。抗胆碱能药和止泻药可诱发中毒性巨结肠,不宜滥用,应严格掌握适应证及遵医嘱用药,并注意观察腹痛、肠鸣音等变化,防止中毒性巨结肠的发生。

（四）对症护理

疼痛明显时向病人解释疼痛的原因,协助病人采取适宜体位,以减轻腹痛。指导病人缓解疼痛的方法,如深呼吸、分散注意力等,对疼痛性质突然改变病人,应注意是否合并肠梗阻、肠穿孔、大出血等并发症,并立即配合医生进行抢救。腹泻病人应保持肛周皮肤清洁,每次排便后局部用温水清洗,必要时涂抗生素软膏以防皮肤破溃。

（五）心理护理

加强与病人和家属的沟通,关心体贴病人,做好心理疏导工作,告诉病人不良心理反应可诱发和加重病情,不利于身心康复,耐心倾听和解答病人提出的有关问题,使病人保持乐观情绪,树立治疗信心并积极配合治疗和护理。

（六）健康指导

1. 疾病知识指导 向病人和家属介绍本病相关知识,合理安排休息与活动,根据病情调节运动量,保证充足睡眠。帮助和指导病人的心理自我调适,保持乐观情绪。指导病人合理选择饮食,保证营养的摄入,避免刺激性食物等。

2. 用药指导和病情监测 注意观察病情变化和药物不良反应,发现异常及时就诊,并定期复诊并进行相关检查,以便准确掌握病情,调整治疗方案。

（高健群）

第六节　肠结核和结核性腹膜炎病人的护理

肠结核(intestinal tuberculosis)和结核性腹膜(tuberculous peritonitis)均由结核分枝杆菌感染所致。肠结核是由结核分枝杆菌侵犯肠道引起的慢性特异性感染,结核性腹膜是由结核分枝杆菌侵犯腹膜引起的慢性弥漫性腹膜感染。

【护理评估】

（一）健康史

1. 病因与发病机制

(1)肠结核:主要由人型结核分枝杆菌引起,少数由牛型结核分枝杆菌引起。结核分枝杆菌感染主要途径是经口感染,病人多有开放性肺结核,因经常吞咽含结核分枝杆菌的痰液,或经常与开放性肺结核病人共餐,餐具未消毒隔离,或饮用未消毒的带菌牛奶或乳制品等而感染致病。血行播散较少见,可由粟粒型结核经血行播散而侵犯肠壁。直接蔓延多由盆腔结核病灶如女性生殖器结核或结核性腹腔炎直接蔓延而侵犯肠壁。肠结核易发生在回盲部,可能与该部位有丰富的淋巴组织或含结核分枝杆菌的肠内容物在该部位停留的时间较长和结核分枝杆菌又容易侵犯淋巴组织有关。

肠结核的发病是人体和结核分枝杆菌相互作用的结果，只有当入侵的结核分枝杆菌数量多、毒力大、人体免疫功能低下、肠功能紊乱引起局部抵抗力削弱时才会发病。

（2）结核性腹膜炎：是由结核分枝杆菌感染腹膜引起，多继发于体内其他部位结核病。本病的感染途径大多数以腹腔脏器活动性结核病灶如肠系膜淋巴结结核、肠结核、输卵管结核等直接蔓延侵及腹膜引起，少数可由粟粒型肺结核、睾丸结核和骨、关节结核等经血行播散引起。

2. 病理

（1）肠结核：好发于回盲部，其次为升结肠，其他肠段也可侵犯，但较少见。病理变化随人体对结核分枝杆菌的免疫力与过敏反应的情况而定。若感染结核菌量多、毒力大、过敏反应强时以炎症渗出性病变为主，可有干酪性坏死，形成溃疡，称溃疡型肠结核。当感染结核菌量少、毒力低、人体免疫力较高时，病变肠段有大量结核性肉芽组织增生和纤维化，称为增生型肠结核。兼有两种病变者称为混合型或溃疡增生型肠结核。

（2）结核性腹膜炎：因侵入腹腔的结核菌数量与毒力及机体免疫力不同，腹膜炎的基本病理变化有渗出型、粘连型和干酪型3种类型，以渗出型、粘连型多见，在疾病发展过程中，可有2种或3种类型的病变并存，称为混合型。

（二）身体状况

1. 临床表现

（1）肠结核：本病大多起病缓慢，病程较长，早期症状不明显，临床表现因病理类型、病变活动情况及人体反应性不同而异。

1）腹痛：多位于右下腹，也可在脐周，间歇性发作，常为痉挛性阵痛，进食时可诱发或加重，排便或肛门排气后疼痛可缓解。增生型肠结核或并发肠梗阻时，可出现右下腹绞痛，伴腹胀、烦躁不安、出汗等。

2）腹泻和便秘：腹泻是溃疡型肠结核病人的主要表现，每日排便2～4次，粪便多呈糊状或稀水样，不含黏液和脓血，如直肠未受累，无里急后重。病变严重广泛者，排便次数每日可达10余次，粪便有少量黏液和脓液，并有水、电解质紊乱。也可腹泻与便秘交替出现，为肠结核引起胃肠功能紊乱所致。增生型肠结核病人多以便秘表现为主。

3）腹部肿块：是增生型肠结核的主要体征，多位于右下腹，较固定，质地中等，伴轻、中度压痛。溃疡型肠结核合并局限性腹膜炎、局部病变肠管与周围组织粘连或同时有肠系膜淋巴结结核时，也可出现腹部肿块。

4）全身症状和肠外结核表现：以溃疡型肠结核多见，有低热、盗汗、乏力等结核毒血症状，病人呈慢性病容、苍白、体重下降、贫血等表现。肠外结核主要是肺结核的临床表现，增生型肠结核病人全身表现不明显。

5）并发症：晚期病人常有肠梗阻和肠瘘形成，也可并发结核性腹膜炎，肠出血少见，偶有急性肠穿孔。

（2）结核性腹膜炎：结核性腹膜炎病人的临床表现因原发病灶、感染途径、病理类型和机体反应不同而异。多数起病缓慢，症状较轻；少数起病急骤，以急性腹痛、高热为主要表现；极少数起病隐匿，无明显症状，仅因腹部其他疾病手术时偶然发现。

1）全身表现：结核毒血症状常见，有不规则低热或中等发热、盗汗、疲乏无力等，渗出型、干酪型或伴有粟粒型肺结核、干酪性肺炎者可出现高热伴明显毒血症状。疾病后期可有消瘦、贫血、舌炎、口角炎等营养不良表现。

2)腹部表现:①腹痛:多位于脐周或下腹,多为持续性隐痛或钝痛,进餐后加重,排便或肛门排气后缓解。并发不完全性肠梗阻时腹痛呈阵发性加剧,干酪性坏死病灶破溃或肠结核急性穿孔可表现为急腹痛。②腹胀:多数病人出现不同程度的腹胀,多由结核毒血症或伴肠功能紊乱引起,也可因腹水或肠梗阻所致。③腹泻、便秘:腹泻常见,粪便多呈糊状,常无黏液或脓血,每日 2～4 次,重者每日达 10 余次,不伴里急后重。有时腹泻与便秘交替出现,便秘多见于粘连型病人。

3)体征:病人呈慢性病容,一般有腹部轻压痛,干酪型结核性腹膜炎时压痛明显且有反跳痛。腹水多为少量至中等量,可出现移动性浊音。触诊有腹壁柔韧感,是结核性腹膜炎的临床特征。腹部包块见于粘连型或干酪型,多位于脐周,大小不一,边缘不整,表面粗糙,不易推动。

4)并发症:肠梗阻、肠瘘等。

2. 实验室及其他检查

(1)肠结核

1)血液检查:溃疡型肠结核病人可有轻至中度贫血。有活动性病变者血沉明显加速,可作为评估结核病活动程度的指标之一。

2)粪便检查:溃疡型肠结核病人的粪便多为糊状,镜下可见少量脓细胞和红细胞。粪便浓缩找结核菌,对痰菌阴性的肠结核病人有一定诊断意义。

3)结核菌素试验:强阳性反应对本病有辅助诊断作用。

4)X 线检查:X 线胃肠钡餐造影或钡剂灌肠造影对肠结核的定性和定位诊断具有重要意义。

5)结肠镜检查和活检:可确定肠结核的病变性质和范围。内镜下可见病变肠段黏膜充血、水肿、溃疡形成,可伴有大小及形态各异的炎性息肉,肠腔狭窄等。病变部位活组织检查发现干酪样坏死性肉芽肿或结核分枝杆菌,肠结核的诊断即可确定。

(2)结核性腹膜炎

1)血象、红细胞沉降率与结核菌素试验:部分病人可有轻度至中度贫血,多为正细胞正色素性贫血。干酪型病人或腹腔病灶急性扩散者,白细胞计数可增高。血沉增快可作为活动性病变的指标。结核菌素试验强阳性有助于本病的诊断。

2)腹水检查:腹水呈草黄色,偶有血性或乳糜性,性质为渗出液。

3)X 线检查:腹部 X 线平片检查有时可见钙化影,提示钙化的肠系膜淋巴结结核。X 线胃肠钡餐造影可发现肠粘连、肠结核、肠瘘、肠外肿块等征象。

4)超声检查:腹部 B 型超声检查有助于少量腹水的诊断和腹部肿块性质的鉴别诊断,有助于腹腔穿刺抽腹水的准确定位。

5)腹腔镜检查:一般适用于有游离腹水的病人,禁用于腹膜有广泛粘连者。镜下可见腹膜、网膜、内脏表面有散在或聚集的灰白色结节,浆膜失去正常光泽,呈混浊粗糙,活组织检查有确诊价值。

(三) 心理和社会状况

本病因病程迁延,接受治疗的时间长,短期治疗难于见效等,病人常出现焦虑和对治疗失去信心等心理。

（四）治疗要点

治疗强调早期诊断、早期采用规范抗结核化疗为主的综合治疗,治疗目的在于消除症状、改善全身状况、促使病灶愈合、防治并发症。

1. 抗结核化学药物治疗 在抗结核化学药物治疗中应注意强调规则、全程治疗,有关抗结核化疗的用药原则、常用的抗结核药物用法及疗程等参见"肺结核病人的护理"。

2. 对症治疗 合理安排休息,积极改善营养状况。腹痛可使用抗胆碱能药;腹泻严重或摄入不足病人,应加强水、电解质与酸碱平衡紊乱的纠正;对不完全性肠梗阻病人,应暂禁食,并施行胃肠减压以减轻肠道负担,缓解腹胀等症状。对大量腹水者,可适当腹腔穿刺放腹水治疗,以减轻症状。

3. 手术治疗 当肠结核并发完全性肠梗阻、急性穿孔、慢性穿孔致肠瘘形成、肠道大量出血经积极抢救不能止血者,需要手术治疗。

【常见护理诊断/问题】

1. 疼痛：腹痛 与腹膜炎症刺激及伴有肠结核、盆腔结核或并发肠梗阻有关。

2. 营养失调：低于机体需要量 与结核杆菌毒性作用致营养消耗过多和摄入减少、消化吸收障碍有关。

3. 腹泻 与肠结核或腹膜炎所致肠道功能紊乱有关。

4. 潜在并发症： 肠梗阻、肠穿孔、肠瘘、腹腔脓肿。

【护理措施】

（一）一般护理

1. 休息与活动 为病人提供安静、舒适的休息环境,保证充足的睡眠,减少活动,以降低代谢、减少毒素的吸收。

2. 饮食护理 向病人及家属解释营养对治疗结核病的重要性,共同制定饮食计划,给予高热量、高蛋白、高维生素而又易于消化的食物,以弥补疾病的慢性消耗,提高机体抵抗力,促进疾病的痊愈。指导腹泻病人少食乳制品及富含脂肪和粗纤维的食物,以免加快肠蠕动;便秘病人嘱进食含水分、纤维素多的食物;严重营养不良病人通过饮食途径难于维持足够营养时,遵医嘱进行静脉营养治疗,以满足机体代谢需要。对肠梗阻病人应暂禁食,遵医嘱进行胃肠道减压,静脉补充营养及维持水、电解质平衡。

（二）病情观察

应重点观察腹痛的演变与腹胀情况,严密观察腹痛的性质及伴随症状,正确评估病程进展情况,病程中注意观察有无肠型和肠蠕动情况等,如出现腹痛突然加重、压痛明显或出现便血、肠鸣音亢进等,应考虑肠梗阻、肠穿孔、肠出血等并发症,并及时协助医生采取抢救措施。每周观察病人的体重及有关营养指标,以评价病人的营养状况。

（三）用药护理

着重向病人及家属介绍常用抗结核药物的作用及不良反应,正确合理用药,注意观察药物疗效,及时预防和处理不良反应的发生。腹痛、腹泻病人遵医嘱使用抗胆碱能药时注意药物的不良反应。

（四）对症护理

1. 腹痛的护理 协助病人采取适宜体位,以减轻腹痛。当病人出现腹痛症状时,多与病人交流,分散病人注意力,指导病人放松技巧,如深呼吸、全身肌肉放松等,或采用热敷、按摩、针灸方法缓解疼痛。根据病情遵医嘱使用解痉、镇痛药物,当急腹痛原因诊断未明时,不可随意使用镇静药,以免掩盖病情。

2. 腹泻、便秘的护理　腹泻病人应注意腹部保暖,观察排便次数和粪便性状;保持肛周皮肤清洁,每次排便后局部用温水清洗,必要时局部涂无菌凡士林。便秘时给病人解释便秘的原因,帮助病人消除不良情绪反应,指导病人养成定时排便的习惯,适当活动,进行腹部按摩,有便意时立即如厕,每次排便后局部用温水清洗,必要时遵医嘱给予缓泻剂、软化剂或保留灌肠,以保持正常通便、改善躯体不适,增加舒适感。

3. 腹水护理　大量腹水时取半卧位,使膈肌下降,减轻呼吸困难。限制水、钠的摄入,观察病人尿量和腹围情况。遵医嘱正确使用利尿药等,注意药物的不良反应,监测血电解质变化,发现异常及时报告。加强皮肤护理,保持皮肤清洁卫生,减少皮肤感染。腹腔穿刺放液治疗时,注意每次放腹水不宜过多,术中观察病人的病情变化,并做好腹腔穿刺术后的护理。

（五）心理护理

向病人解释腹痛、腹泻的原因,介绍肠结核及结核性腹膜炎的有关知识,指出不良心态不利于疾病的恢复,使病人认识到肠结核及结核性腹膜炎是可治性疾病,从而树立战胜疾病的信心,积极配合医护人员的治疗与护理。

（六）健康指导

1. 疾病知识指导　加强对结核病的卫生宣教工作,肺结核病人特别是痰菌阳性者不可吞咽痰液。活动性肺结核病人应注意个人饮食卫生,餐具最好专用,定期消毒。提倡用公筷进餐及分餐制,不饮用未消毒的牛奶和乳制品。对肠结核病人的粪便要进行消毒处理,防止病原体传播。教育和指导病人保持良好的心态,注意合理休息与活动,劳逸结合,生活规律,并保证充足的营养素摄入,促进疾病恢复。

2. 用药指导　指导病人遵医嘱坚持抗结核治疗,保证足够的剂量和疗程,不随意更换药物和停药,并指导抗结核药物疗效和不良反应的自我观察与防范。

3. 病情监测　指导病情变化监测,如出现肠梗阻、肠穿孔等并发症及时就诊。嘱病人定期复诊,以便掌握病人的病情,并根据病情及时调整治疗与护理方案。

（高健群）

第七节　肠梗阻病人的护理

肠梗阻(intestinal obstruction)是肠内容物不能正常运行,或通过障碍。是外科常见的急腹症之一。

【护理评估】

（一）健康史

1. 病因与分类

（1）按梗阻发生的原因分类

1）机械性肠梗阻:是各种机械性原因导致的肠腔狭窄、肠内容物通过障碍,是临床中最多见的一种类型。主要原因有:①肠腔堵塞:如粪便、异物、寄生虫等。②肠管受压:如肠扭转、肿瘤压迫等。③肠壁病变:如肠肿瘤、肠套叠等。

2）动力性肠梗阻:为神经反射异常或毒素刺激造成的肠运动紊乱,无器质性肠狭窄。可分为:①麻痹性肠梗阻:常见于急性弥漫性腹膜炎、低钾血症等导致肠运动减弱。②痉挛性肠梗阻:常见于肠功能紊乱、慢性铅中毒等导致肠运动增强。

3)血运性肠梗阻:肠壁血运障碍所致。如肠系膜血管损伤、栓塞和血栓形成所致,此型较少见。

(2)按肠壁血运有无障碍分类:①单纯性肠梗阻:仅肠内容物通过受阻,无肠壁血运障碍。②绞窄性肠梗阻:肠腔既有梗阻又有肠壁血运障碍。

(3)其他分类:按梗阻的部位分为高位性、低位性。按梗阻的程度可分为完全性和不完全性。按梗阻发展速度分为急性和慢性。

2. 病理

(1)局部改变:急性肠梗阻出现后,梗阻以上的肠管因大量积液和积气导致肠扩张,可产生阵发性腹痛和呕吐及腹胀,梗阻部位越低,时间越长,症状就越明显。随着肠腔压力继续增高,肠壁血液运行发生障碍,形成绞窄性梗阻,肠壁易导致缺血性坏死,甚至溃疡破裂、穿孔。

(2)全身改变:① 体液丧失:由于频繁呕吐、肠腔积液、不能进食及肠管高度膨胀,血管通透性增强,使血浆外渗,导致水、电解质大量丢失,造成脱水、电解质紊乱和代谢性酸中毒。②细菌繁殖及毒素吸收:由于梗阻以上的肠腔内细菌大量繁殖并产生大量毒素,加上肠壁血运障碍致通透性增加,细菌和毒素可以透过肠壁引起腹腔感染,再经腹膜吸收造成全身性感染和中毒。③呼吸和循环功能障碍:肠管内大量积气、积液,可引起腹内压升高,膈肌上升,影响肺的通气及换气功能,同时下腔静脉的血液运行也出现障碍,进一步影响了呼吸和循环功能。

(二) 身体状况

1. 临床表现

(1)腹痛:单纯性肠梗阻表现为阵发性绞痛;绞窄性肠梗阻为持续性腹痛伴阵发性加剧;麻痹性肠梗阻为持续性胀痛。

(2)呕吐:与梗阻的部位、类型有关。绞窄性肠梗阻呕吐物为血性或棕褐色液体;麻痹性肠梗阻呕吐为溢出性;高位性肠梗阻呕吐早而频,呕吐物多为胃内容物;低位性肠梗阻呕吐迟,次数少,呕吐物带大量粪水样物。

(3)腹胀:腹胀多出现在梗阻发生一段时间后,其程度与梗阻部位及性质有关,低位梗阻及麻痹性肠梗阻腹胀较明显,可遍及全腹部;高位梗阻腹胀一般不明显。

(4)肛门停止排便排气:完全性梗阻一旦发生,肛门便停止排便和排气;早期肠梗阻可有少量排气排便,绞窄性肠梗阻可排血性黏糊便。

(5)全身变化:单纯性肠梗阻早期,病人全身情况多无明显变化;梗阻晚期或绞窄性肠梗阻病人可有脱水征、感染症状及严重休克。

(6)腹部体征:机械性肠梗阻可见肠型及肠蠕动波,麻痹性肠梗阻腹胀均匀,肠扭转时腹胀则不均匀。单纯性肠梗阻时腹壁软,但因肠管膨胀,可出现轻度压痛,无腹膜刺激征。绞窄性肠梗阻时腹肌紧张、压痛、反跳痛,压痛性包块。蛔虫性肠梗阻可触到条索状团块。绞窄性肠梗阻因腹腔渗液多,可有移动性浊音。机械性肠梗阻绞痛时肠鸣音亢进,并有气过水音或金属音。麻痹性肠梗阻肠鸣音减弱或消失。

2. 常见机械性肠梗阻的临床特点

(1)粘连性肠梗阻:占机械性肠梗阻40%,常见腹部手术后,因肠管粘连成角或腹腔内粘连带压迫肠管所致。可为完全性和不完全性,很少绞窄,对单纯性及不完全性肠梗阻一般选非手术治疗,如果再次手术还可能形成新的粘连。

（2）肠扭转：一段肠袢沿其系膜长轴旋转所形成的闭袢型肠梗阻。发生部位主要在小肠，多见于青壮年人，常与饱餐后剧烈运动有关，有脐周剧烈绞痛、频繁呕吐等典型梗阻表现。其次为乙状结肠，常见老年人，多为便秘所致，除梗阻表现外，X线可见尖端呈"鸟嘴"状阴影。

（3）肠套叠：指一段肠管套入其相连的肠腔内。原发性肠套叠多见于2岁以下幼儿，表现为剧烈腹痛、腹部腊肠样包块、果酱样黏液血便三大症状为特征，检查指套有黏液血便，X线钡灌肠呈"杯口状"改变。继发性肠套叠多见于成年人，常因肠息肉、肿瘤等导致，多为不完全性梗阻。

（4）肠蛔虫阻塞：指蛔虫聚集成团引起的肠道阻塞。多见于农村儿童，常有脐周阵发性腹痛病史，若驱虫不当常引起梗阻，除梗阻征外，可扪及条索状团块。

3. 实验室及其他检查

（1）实验室检查：单纯性肠梗阻早期变化不明显，但后期血红蛋白及血细胞比容增高、尿比重高、电解质失衡，绞窄性肠梗阻可有白细胞及中性粒细胞增高。

（2）影像学检查：梗阻4～6小时后，X线腹部平片可见气液平面和胀气的肠袢；空肠梗阻时可为"鱼肋刺"状阴影。

（3）直肠指检：触及肿块可能是直肠肿瘤或肠套叠的套头。

（三）心理和社会状况

了解病人对诊断、预后、肠梗阻手术方式和术后康复的知晓程度；评估病人的心理状况，注意有无焦虑、恐惧等心理反应，是否能接受手术治疗的心理准备；对围术期的相关知识了解，对手术及并发症的忧虑。了解家属对病人的支持程度及经济承受能力等。

（四）治疗要点

解除梗阻，纠正全身生理功能紊乱、感染、休克等合并症。

1. 解除梗阻

（1）非手术疗法：适于单纯性、麻痹性、痉挛性、蛔虫性、粪块性梗阻。常用方法有颠簸疗法、促进肠蠕动、解痉、润肠通便等。

（2）手术疗法：适于绞窄性、肿瘤、先天肠道畸形及非手术无效者，手术主要有四种：①解决引起梗阻的原因：如粘连松解、扭转复位、套叠复位术等。②肠切除吻合术。③短路术。④肠造口术等。

2. 纠正全身生理功能紊乱　主要措施是禁饮禁食、胃肠减压、纠正水电解质及酸碱失衡、防治感染及解痉、止痛等对症治疗。

【常见护理诊断/问题】

1. **疼痛**　与肠蠕动运行异常及手术创伤有关。

2. **体温升高**　与肠腔内细菌繁殖有关。

3. **体液不足**　与大量呕吐、肠腔内积液、禁食及胃肠减压等有关。

4. **潜在并发症**：腹腔感染、肠粘连、水电解质及酸碱平衡紊乱、感染性或低血容量性休克等。

【护理措施】

（一）一般护理

1. **体位**　无休克时取半坐卧位，使膈肌下降，有利于病人呼吸及循环系统功能的改善。

2. **饮食**　早期绝对禁饮禁食，梗阻解除后12小时可进流质饮食。

3. **胃肠减压** 是治疗肠梗阻的重要方法之一,通过使用胃管进行胃肠减压,有利于降低胃肠内的压力,改善肠壁的血循环,减少肠腔内细菌繁殖和毒素的吸收。注意记录引流液的量、质、色,如发现有血性液体,应注意绞窄性肠梗阻。

(二)病情观察

1. **密切观察病情变化** 注意病人的生命体征及腹部的症状、体征变化,注意有无绞窄性肠梗阻的发生,如出现下列情况之一,应考虑该病的可能:①腹痛急骤,部位持续且固定;②病情进展快,感染中毒症状重,早期出现休克;③腹膜刺激征明显,体温高,脉搏快,白细胞增高;④腹胀不对称、呕吐或排出血性物、非手术无效;⑤X线显示孤立、胀大的肠袢阴影。

2. **记出入量** 观察胃肠减压和呕吐量并做好记录。

(三)用药护理

肠痉挛可用阿托品解痉,但绞窄和麻痹性肠梗阻应禁用,禁用吗啡类镇痛剂,以免掩盖病情。胃肠减压、热敷、针灸、服石蜡油等可缓解腹胀。

(四)并发症的观察及护理

1. **呕吐护理** 呕吐时侧卧位、及时清除呕吐物以防引起吸入性肺炎或窒息。

2. **纠正水、电解质和酸碱失衡** 纠正水、电解质紊乱和酸碱失衡是手术和非手术治疗的重要措施之一,输液的量和种类须根据呕吐的轻重、脱水的体征并结合电解质检测等结果来判定。

3. **防治感染及中毒** 遵医嘱使用有效抗肠道及抗厌氧菌的抗生素。

(五)手术治疗病人的护理

1. **体位与活动** 病情稳定后,病人可取半坐卧位,有利于呼吸及循环功能的改善,也有利于腹腔引流。术后鼓励病人早期下床活动,以促进肠功能恢复及防止肠粘连。

2. **病情观察** 注意病人生命体征、腹部症状、伤口及引流情况。

3. **饮食护理** 术后应禁饮禁食,给予静脉补液供给热量与营养,待肠功能恢复及肛门排气后,可进少量饮水、如无不适可进流质、半流质饮食,逐渐过渡到软食。

4. **胃肠减压及腹腔引流管的护理** 妥善固定胃管及腹腔引流管,保持引流管的通畅,防止受压、折叠、堵塞及滑脱。注意观察和记录引流液的颜色、性质及量。胃管常在肛门排气、肠功能恢复后方能拔出。

5. **术后并发症的观察及护理** 密切防止手术后各种并发症的发生如腹腔感染、肠瘘切口裂开等,同时注意术后并发症的观察及护理。

(六)心理护理

向病人解释治疗的必要性,帮助其消除不良心理,增强对治疗的信心。

(七)健康教育

1. 注意饮食卫生,少食辛辣等刺激性饮食,慢性粘连性肠梗阻病人应防止暴饮暴食,饭后忌激烈活动。

2. 如有腹痛、腹胀停止排便排气等不适症,及时就诊。

3. 保持大便通畅,防止便秘,无效时可应用缓泻剂。

4. 适量运动,保持心情愉快。

(巫全胜)

第八节　急性阑尾炎病人的护理

急性阑尾炎(acute appendicitis)是阑尾的急性化脓性感染,是外科最常见的急腹症。可发生在任何年龄,但以青年为多,男性较女性多见。

【护理评估】

(一) 健康史

1. 病因

(1)阑尾管腔阻塞:是急性阑尾炎最常见的病因。阑尾管腔阻塞的最常见原因是淋巴滤泡的明显增生,约占60%,多见于年轻人。肠石也是阻塞的原因之一,约占35%。异物、炎性狭窄、食物残渣、蛔虫、肿瘤等则是较少见的病因。阑尾管腔细、开口狭小、系膜短,使阑尾蜷曲是造成阑尾管腔易于阻塞的解剖因素。

(2)细菌侵入:致病菌多为肠道内的各种革兰氏阴性杆菌和厌氧菌。阑尾管腔阻塞后,细菌繁殖并分泌内毒素和外毒素,损伤黏膜上皮并使黏膜形成溃疡,细菌穿过溃疡的黏膜进入阑尾肌层。

(3)其他:阑尾先天畸形,如阑尾过长、多度扭曲、管腔细小、血运不佳等都是急性炎症的病因。另外,胃肠道功能障碍引起内脏神经反射,导致肠管肌肉和血管痉挛,黏膜受损,细菌入侵也可导致急性炎症。

2. 病理生理

(1)病理分型:根据其临床过程和病理学变化,可分为四种病理类型。①急性单纯性阑尾炎:病变多只限于黏膜和黏膜下层。阑尾轻度肿胀,浆膜充血失去正常光泽,表面有少量纤维素性渗出物。临床症状和体征均较轻。②急性化脓性阑尾炎:常由单纯性阑尾炎发展而来。阑尾肿胀明显,浆膜高度充血,表面覆以纤维素性(脓性)渗出物。阑尾周围的腹腔内有稀薄脓液,形成局限性腹膜炎。临床症状和体征较重。③坏疽性及穿孔性阑尾炎:是一种重型的阑尾炎。阑尾管壁坏死或部分坏死,呈暗紫色或黑色,阑尾管腔内积脓,压力升高,阑尾壁血液循环障碍。穿孔部位多在阑尾根部和尖端,穿孔如未被包裹,感染急性扩散,则可引起急性弥漫性腹膜炎。④阑尾周围脓肿:急性阑尾炎化脓坏疽或穿孔,如果进展缓慢,大网膜可移至右下腹,将阑尾包裹并导致粘连,形成炎性包块或阑尾周围脓肿。

(2)病理转归:①炎症消退:炎症完全消退,不遗留病理改变;或与周围组织粘连,易复发,成为慢性阑尾炎。②炎症局限化:化脓性、坏疽性阑尾炎被大网膜包裹,粘连成炎性包块,形成阑尾周围脓肿。③炎症扩散:阑尾坏疽穿孔形成弥漫性腹膜炎;细菌扩散至门静脉,引起门静脉炎;病情恶化可导致感染性休克。

(二) 身体状况

1. 临床表现

(1)腹痛:急性阑尾炎的典型表现为转移性右下腹痛,表现为腹痛发作始于上腹部,逐渐移向脐部,数小时后转移并局限在右下腹,约70%～80%的病人具有这种典型的转移性腹痛的特点。若病情发展快,腹痛也可一开始即局限于右下腹,而无转移性右下腹痛病史。若持续性剧痛范围扩大,波及腹腔大部或全腹,是阑尾坏死或穿孔并发腹膜炎的表现。

(2)消化道症状:早期有反射性恶心、呕吐,部分病人因肠功能紊乱可有便秘或腹泻,若并发弥漫性腹膜炎可出现腹胀等麻痹性肠梗阻症状。

（3）全身症状：早期体温正常或轻度增高，达38℃左右，当阑尾化脓或形成坏疽后，体温明显增加，可达39～40℃，有脉搏、呼吸增快、精神萎靡等全身中毒症状。如果出现寒战高热和黄疸时，应考虑有门静脉炎。

（4）体征

1）右下腹压痛：是急性阑尾炎最常见的重要体征。压痛的程度与病变的程度相关，当阑尾穿孔时，疼痛和压痛的范围可波及全腹，但仍以阑尾所在位置的压痛最明显。常见的麦氏点压痛点在右髂前上棘与脐连线的中外1/3交界处。

2）腹膜刺激征：化脓性或坏疽性阑尾炎有腹膜炎表现，可见局限性或弥漫性腹部压痛、反跳痛和腹肌紧张、肠鸣音减弱或消失。

3）右下腹肿块：阑尾周围脓肿较大时，在右下腹触到境界不太清楚、不能活动、伴有压痛和反跳痛的包块。

4）其他体征：①结肠充气试验：病人取仰卧位，检查者先用一手按压左下腹部降结肠区，再用另一手反复压迫近侧结肠，结肠积气可传至盲肠和阑尾根部，若引起右下腹疼痛加重即为阳性。②腰大肌试验：病人取左侧卧位，检查者将病人右下肢向后过伸，如出现右下腹疼痛加重即为阳性，提示阑尾可能位于盲肠后或腹膜后靠近腰大肌处，或炎症已波及腰大肌。③闭孔内肌试验：病人取仰卧位，右髋及右膝均屈曲90°，将右腿内旋，若右下腹疼痛加重即为阳性，表示阑尾位置较低，炎症已波及到闭孔内肌。④直肠指检：压痛常在直肠右前方；当阑尾穿孔时，直肠前臂广泛压痛；当形成阑尾周围脓肿时，有时可触及痛性肿块。

2. 实验室及其他检查

（1）实验室检查：血白细胞及中性粒细胞比例升高。

（2）影像学检查：腹部平片可见盲肠扩张和液-气平面，偶尔可见钙化的肠石和异物影，可帮助诊断；超声检查有时可发现肿大的阑尾或脓肿。

（3）腹腔镜检查：对于难以鉴别诊断的阑尾炎，采用腹腔镜诊断并可以同时治疗具有明显优势。

（三）心理和社会状况

急性阑尾炎发病突然，疼痛加剧，加之惧怕手术，病人及家属常产生紧张、焦虑情绪。

（四）治疗要点

急性阑尾炎以阑尾切除手术治疗为宜。单纯性阑尾炎及较轻的化脓性阑尾炎，早期可以考虑使用抗生素、中草药等非手术疗法。对有局限化倾向的阑尾周围脓肿则不宜手术，而采用中西药非手术疗法，待肿块消失后3个月，再行手术切除阑尾。

【常见护理诊断/问题】

1. **急性疼痛** 与阑尾炎症刺激或手术创伤有关。

2. **体温过高** 与阑尾炎症，毒素吸收有关。

3. **体液不足** 与病人呕吐、腹泻、术后禁食及补液不足有关。

4. **潜在并发症**：门静脉炎等，术后并发症如切口感染、内出血、腹腔脓肿、粘连性肠梗阻、粪瘘等。

【护理目标】

病人疼痛减轻，体温接近正常，保持体液平衡，发生并发症能及时发现并得到妥善处理。

【护理措施】

（一）一般护理

1. **休息与活动**　病人血压平稳,应采取半卧位,以利于炎症的局限和减轻中毒症状。

2. **饮食**　急性单纯性阑尾炎且肠蠕动良好者可进流质饮食,病情重或有手术可能者应禁食,禁食期间注意静脉补充能量、水及电解质。

（二）病情观察

注意病人的神志、生命体征及腹部体征,以及血象变化。一旦病情加重,应考虑急诊手术治疗。

（三）并发症的观察与护理

高热者应采用物理降温。疼痛明显者可给予解痉剂缓解症状,但禁用吗啡,以免掩盖病情,对已确定手术时间者,可给适量的镇痛剂。便秘者可用开塞露,但禁忌灌肠和使用泻剂,以免炎症扩散或阑尾穿孔。使用有效的抗菌药物,如常用氨苄西林、庆大霉素、甲硝唑等静脉滴注。

（四）手术治疗护理

1. **术前护理**　按急症手术前的常规护理,对老年病人应作心、肺、肾功能检查,如有异常应积极采取措施予以纠正。

2. **术后护理**

(1)体位与活动:病人回病房后,按不同的麻醉要求安置体位,待血压平稳后,改为半卧位。鼓励病人早期下床活动,以促进肠蠕动恢复、防止肠粘连,预防肺部并发症。

(2)饮食:一般病人手术后当天禁食,术后1~3天进流质或半流质。合并弥漫性腹膜炎病人需禁食至肠蠕动恢复,肛门排气后可进流质饮食,以后根据情况而改为半流质、普食。

(3)按医嘱输液和使用抗菌药物:纠正水、电解质及酸碱失衡,并控制感染。

(4)术后并发症护理:

1)腹腔内出血:表现为腹痛、腹胀和失血性休克等,一旦发现,应立即补液、输血,做好急诊术前准备。

2)切口感染:是最常见的术后并发症。术中加强切口保护,行切口冲洗,彻底止血等措施可预防切口感染。切口感染可表现为术后2~3日体温升高,切口胀痛或跳痛,局部红肿、压痛等。早期未化脓者可加强换药,保持敷料清洁干燥,已化脓者应于波动处拆除缝线,排出脓液并放置引流。

3)粘连性肠梗阻:也是阑尾切除术后较常见的并发症,与局部炎症重、手术损伤、切口异物、术后卧床等多种因素有关。

4)粪瘘:很少见。一般采用保守治疗和常规护理后,多数病人可自愈,如病程超过3个月仍未愈合,应考虑手术治疗。

（五）心理护理

向病人解释手术治疗的必要性,帮助其消除不良心理,增强对治疗的信心。

（六）健康教育

1. 指导病人注意饮食卫生、生活规律、劳逸结合等,避免慢性阑尾炎急性发作。

2. 指导病人早期活动,防止肠粘连等并发症。

3. 阑尾周围脓肿经非手术治疗得到控制,需待出院后3个月再行手术。

4. 出院后如有急、慢性腹痛、恶心呕吐等腹部不适,应及时复诊。

【护理评价】

通过治疗和护理,病人是否:①疼痛减轻或缓解;②体温降至正常;③体液平衡恢复;④并发症未出现,或出现后得到及时发现和处理。

（巫全胜）

第九节 大肠癌病人的护理

结肠癌(carcinoma of colon)和直肠癌(carcinoma of rectum)统称大肠癌,是消化道较为常见的恶性肿瘤之一,其发病率仅次于胃癌,近年30年来大肠癌有明显上升趋势。

【护理评估】

（一）健康史

1. 病因 结、直肠癌的病因尚不清楚,可能与下述因素有关。

(1)饮食与生活习惯:长期摄入过多高脂肪、高动物蛋白食物使得粪便中的甲基胆蒽物质增多,甲基胆蒽可诱发大肠癌。少纤维食品、缺乏适度的体力活动使肠蠕动能力下降,粪便通过肠道速度减慢,致癌物质与肠黏膜接触时间延长,增加致癌作用。

(2)癌前病变:结、直肠慢性炎性疾病,如溃疡性结肠炎及结肠克罗恩病已被列为癌前疾病。结肠血吸虫病肉芽肿常使得肠黏膜反复破坏和修复而癌变。家族性结、直肠息肉病是癌前期疾病,癌变率是正常人的5倍。结、直肠腺瘤尤其是绒毛状腺瘤癌变率较高。

(3)遗传易感性:流行病学调查发现,有为数不少的大肠癌家族,说明大肠癌与遗传因素关系密切,抑癌基因突变和遗传不稳定性使其成为大肠癌的易感人群。

2. 病理

(1)好发部位:结肠癌依次为乙状结肠、盲肠、升结肠、横结肠、降结肠。直肠癌多发生在腹膜返折以下的直肠壶腹部。

(2)大体分型:肿块型多发于右侧结肠,尤其盲肠;溃疡型是结肠癌及直肠癌最常见类型;浸润型多发生于左侧结肠,特别是乙状结肠和直肠乙状结肠交界处。显微镜下组织学分类,较常分为:①腺癌:占大多数。②黏液癌:预后较腺癌差。③未分化癌:易侵入小血管和淋巴管,预后最差。

3. 临床分期 我国提出对Dukes分期进行补充,分为:

A期:癌肿局限于肠壁,可分为三个亚期:A1:癌肿侵及黏膜或黏膜下层;A2:癌肿侵及肠壁浅肌层;A3:癌肿侵及肠壁深肌层。

B期:癌肿穿透肠壁,无淋巴结转移。

C期:癌肿侵及肠壁任何一层,但有淋巴结转移。

D期:有远处转移或腹腔转移或广泛浸润,侵及邻近脏器。

（二）身体状况

1. 临床表现

(1)结肠癌:排便习惯和粪便性状改变是最早出现的症状,多表现为大便次数增多、腹泻、便秘,粪便带血、脓或黏液。腹痛常表现为隐痛、胀痛等,定位不确切,但晚期合并肠梗阻时可表现腹痛加剧或出现绞痛。肠梗阻症状出现一般属晚期症状,多为慢性不完全性肠梗阻,但左侧结肠癌有时出现急性完全性肠梗阻。全身症状可出现贫血、消瘦、乏力、低热等,晚期可出现恶病质。

由于肿瘤部位不同,临床表现也会出现差异。右半结肠癌因肠腔较大,肿瘤多突出于肠腔,呈菜花状;粪便稀薄,可有腹泻、便秘交替出现;有便血,血与大便混合,因此以全身中毒症状、贫血、腹部包块和消瘦等为主要表现,而肠梗阻较少见。左半结肠癌因肠腔较小,肿瘤多呈浸润生长引起环状狭窄,加之肠内粪便多已成形,因此以肠梗阻,便秘、腹泻、血便或黏液便为主要表现。

(2)直肠癌:多出现里急后重、排便不尽感等直肠刺激症状;大便表面带血及黏液,感染时可出现脓血便;由于肠腔狭窄,粪便变细、变形;造成肠梗阻时可表现为腹痛、腹胀,肠鸣音亢进等表现;晚期癌肿侵犯前列腺、膀胱,可发生尿频、尿痛、血尿等;侵犯骶前神经,骶尾部则发生持续性剧烈疼痛;出现肝转移时有腹水、肝肿大、黄疸、贫血、消瘦、水肿等恶病质表现。

2. 实验室及其他检查

(1)直肠指检:是诊断直肠癌的首选检查方法,75%以上直肠癌病人经直肠指检可触及肿瘤。

(2)实验室检查:大便隐血试验早期可为阳性;血清癌胚抗原(CEA)测定诊断特异性不高,但对判断病人预后、疗效和复发有一定作用。

(3)影像学检查:X线钡剂灌肠或气钡双重对比造影检查可观察结肠运动和显示结肠内的异常。B超和CT检查可提示腹部肿块、腹腔内肿大淋巴结和有无肝内转移等。

(4)内镜检查:通过直肠镜、乙状结肠镜或纤维结肠镜检查,可直视病灶并取活组织作病理学检查,是诊断大肠癌最有效、可靠的方法。

(三) 心理和社会状况

了解病人及家属对疾病的认识,对诊断、预后、手术方式和术后康复的知晓程度;评估病人的心理状况,是否能接受手术治疗的心理准备;对围术期的相关知识了解;对手术及并发症的忧虑,注意有无焦虑、恐惧等心理反应;了解病人家庭的支持程度及经济承受能力等。

(四) 治疗要点

结、直肠癌以手术为主的综合治疗。

1. 手术治疗

(1)根治性手术

1)结肠癌根治术:切除范围包括癌肿所在的肠袢及其系膜和区域淋巴结。

2)直肠癌根治术:①局部切除术:适用于早期瘤体小、局限于黏膜或黏膜下层、分化程度高的直肠癌。手术方式主要有经肛门局部切除术或骶后径路局部切除术。②腹会阴联合直肠癌根治术(Miles手术):主要适用于腹膜返折以下的直肠癌。乙状结肠近端在左下腹做永久性人工肛门。③经腹腔直肠癌切除术(直肠前切除术,Dixon手术):适用于直肠癌下缘距肛缘5cm以上的直肠癌,作直肠和乙状结肠端端吻合,保留正常肛门。④经腹直肠痛切除、近端造口、远端封闭手术(Hartmann手术):适用于一般情况差,不能耐受Miles手术或因急性肠梗阻不宜行Dixon手术的病人。近年来,在广泛研究直肠癌病理组织学与使用吻合器的基础上,原先适用于上中段直肠癌的保留肛管括约肌的切除术,沿用到距肛门5~7cm的直肠下段癌。目前认为高、中分化直肠癌,下切缘距肿瘤下缘>3cm时,直肠癌保肛手术后的远期生存、局部复发及并发症与Miles手术无显著差异,但病人的生活质量却有很大提高。

⑤其他:直肠癌侵犯子宫时,可一并切除子宫,称为后盆腔脏器清扫;直肠癌侵犯膀胱,行直肠和膀胱(男性)或直肠、子宫和膀胱切除时,称为全盆腔清扫。

(2)姑息性手术:适用于晚期癌肿,有远处转移,但局部癌肿尚能切除者。可作癌肿所在肠段局部切除及肠吻合术。肝内有转移癌而尚能切除者,近年主张行肝叶切除术。晚期、局部癌肿已不能切除时,为解除梗阻,可将梗阻近端肠管与远端肠管作端侧或侧侧吻合术,或梗阻近端作结肠造口术。晚期直肠癌病人发生排便困难或肠梗阻时,可行乙状结肠双腔造口。

(3)结肠癌并发急性肠梗阻的处理:约90%的大肠梗阻是由结肠癌引起,左半结肠多见。当回盲瓣功能正常而出现急性梗阻时,即形成闭袢性梗阻,需紧急处理,在行胃肠减压,纠正水、电解质、酸碱失衡后,手术处理。右半结肠癌梗阻较适合于作一期切除肠吻合术,若病人全身情况差,可先行切除肿瘤、肠道造瘘或短路手术,待病情稳定后,再行二期手术。

2. 非手术治疗

(1)放疗和化疗:仅适用于晚期病人、手术未达到根治或局部复发的病人。化疗作为根治性手术的辅助治疗可提高5年生存率,给药途径有区域动脉灌注、门静脉给药、静脉给药、术后腹腔置管灌注给药等。

(2)局部治疗:对低位直肠癌造成肠管狭窄且不能手术者,可用电灼、液氮冷冻和激光烧灼等治疗,以改善症状。

(3)其他治疗:有基因治疗、导向治疗、免疫治疗等,但尚处于探索阶段。

【常见护理诊断/问题】

1. **焦虑** 与病人对疾病的认知有关。

2. **知识缺乏** 缺乏有关手术前肠道准备及结肠造口的护理知识。

3. **自我形象紊乱** 与结肠造口、排便方式改变等有关。

4. **潜在并发症**:腹腔感染、肠粘连、吻合口瘘、出血等。

【护理措施】

(一)术前护理

1. **加强营养** 术前应多给予高蛋白、高热量、丰富维生素、易于消化的少渣饮食。必要时,少量多次输血。若病人脱水明显,注意纠正水、电解质及酸碱平衡的紊乱。

2. **肠道准备**

(1)传统肠道准备法:①控制饮食:术前3日进少渣半流质饮食,术前2日起进流质饮食。②清洁肠道:术前3日,番泻叶6g泡茶饮用或术前2日口服泻剂硫酸镁15~20g或蓖麻油30ml,每日上午1次。于术前2日晚用1%~2%肥皂水灌肠1次,术前1日晚清洁灌肠。③药物抑菌:口服肠道抗生素,如卡那霉素1g,每日2次,甲硝唑0.4g,每日4次。因控制饮食和服用肠道抗菌药物,使维生素K合成及吸收减少,故应于手术前3日开始口服或肌注维生素K。

(2)全肠道灌洗法:于术前12~14小时开始口服37℃左右等渗平衡电解质液(用氯化钠、碳酸氢钠、氯化钾配制),引起容量性腹泻,以达到彻底清洗肠道目的。一般灌洗全过程约需3~4小时,灌洗液量不少于6000ml。灌洗液中也可加入抗菌药物。对年迈体弱,心肾等脏器功能障碍和肠梗阻者不宜选用。

(3)口服甘露醇肠道准备法:术前1日午餐后0.5~2小时内口服5%~10%的甘露醇1500ml左右。因高渗性腹泻,达到清洁肠道的效果,但因甘露醇易被细菌酵解产气易爆炸,因此手术使用电刀时应予注意。此外,对年老体弱、心、肾功能不全者禁用,直肠癌术前不主张灌肠而只服泻剂。

3. **阴道冲洗**　女病人若肿瘤已侵犯阴道后壁,术前 3 日每晚需冲洗阴道。

4. **胃管、导尿管准备**　手术日晨放置胃管和留置导尿管,直肠癌根治术后需较长时间保留尿管,为防滑出,应放置气囊导尿管。

（二）术后护理

1. **体位**　病情平稳者,可改半卧位,以利腹腔引流。

2. **严密观察病情**　每半小时测量一次血压、脉搏、呼吸,病情平稳后可延长间隔时间。

3. **饮食**　禁食、胃肠减压期间由静脉补充水和电解质,准确记录 24 小时出入水量,防止水和电解质失衡。2~3 日后肛门排气或结肠造口开放后即可拔除胃肠减压,进流质饮食;若无不良反应,改为半流质饮食,术后 1 周可进少渣饮食,2 周左右可进普食,应给予高热量、高蛋白、丰富维生素、低渣的食物。

4. **留置导尿管护理**　导尿管一般放置 1~2 周,必须保持其通畅,防止扭曲、受压;观察尿液情况并详细记录。每日 2 次进行尿道口护理。拔管前先试行夹管,可每 4~6 小时或病人有尿意时开放,以训练膀胱舒缩功能,防止排尿功能障碍。

5. **腹腔引流管的护理**　保持腹腔及骶前引流管通畅,妥善固定、避免受压、扭曲、堵塞,防止渗血、渗液潴留于残腔;观察记录引流液的色、质、量。骶前引流管需待引流液量少、色清方可拔除,一般引流 5~7 天。引流管周围敷料湿透时应及时更换。

5. **结肠造口护理**

(1)造口开放前的护理:用凡士林或生理盐水纱布外敷结肠造口,外层敷料渗湿后应及时更换,防止感染,注意造口肠段有无回缩、出血、坏死。

(2)保护腹壁切口:结肠造口一般于术后 1~3 天开放,开放后取造口侧卧位,用塑料薄膜将腹壁切口与造口隔开,以防流出的稀薄粪便污染腹壁切口导致感染。

(3)正确使用造口袋:保护造口周围皮肤。选择合适的造口袋,袋口对准造口贴紧,袋囊朝下,用有弹性的腰带固定造口袋。更换造口袋,当造口袋内充满三分之一排泄物,须及时更换。先用中性皂液或 0.5% 氯己定(洗必泰)溶液清洁造口周围皮肤,再涂上氧化锌软膏,防止皮炎和皮肤糜烂;观察造口周围皮肤有无红、肿、破溃等现象。除使用一次性造口袋外,病人可备 3~4 个造口袋用于更换,使用过的造口袋可用中性洗涤剂和清水洗净,或用 0.1% 氯己定溶液浸泡 30 分钟,擦干、晾干备用。

(4)饮食指导:注意饮食卫生,避免食物中毒等原因引起腹泻;避免进食胀气性或有刺激性气味的食物;避免食用引起便秘的食物。

(5)预防并发症:造口处拆线愈合后,每日扩肛 1 次,防止造口狭窄,观察病人有无恶心、呕吐、腹痛、腹胀、停止排气、排便等肠梗阻症状。若进食后 3~4 天未排便,可将导尿管插入造口不超过 10cm 灌肠,常用液体石蜡或肥皂水,注意压力不能过大,以防肠道穿孔。

(6)结肠造口术后心理护理:注意观察病人是否出现否认、抑郁或愤怒的情绪反应,鼓励病人及家属说出对造口的感觉和接受程度。采取针对性的教育措施,使病人能正视并接受造口的存在。鼓励家属参与病人对造口的护理,与病人及亲属共同讨论造口自我护理的注意事项,指导处理步骤,协助病人逐步获得独立护理造口的能力。当病人达到预定目标时,给予适当的鼓励;鼓励病人逐渐适应造口并恢复正常生活、参加适量的运动和社交活动。

7. 预防和处理并发症

(1) 切口感染:应注意预防切口感染,术后常规给予抗生素。保持伤口周围清洁、干燥,及时换药。对会阴部切口,可于术后 4~7 天用 1:5000 高锰酸钾温水坐浴,每日 2 次。观察体温变化及局部切口有无红、肿、热、痛。若发生感染,则开放伤口,彻底清创。

(2) 吻合口瘘:手术造成局部血供差、肠道准备不充分、低蛋白血症等都可导致吻合口瘘,应注意观察术后有无吻合口瘘的表现。术后 7~10 天不可灌肠,以免影响吻合口的愈合。若发生瘘,应行盆腔持续滴注、吸引,同时给予肠外营养支持。若瘘口大、伴有腹膜炎或盆腔脓肿,则必须作横结肠造口以转流粪便,并作腹腔灌洗,彻底清除残留粪质以加速愈合。

(三) 心理护理

帮助病人增强治疗疾病的信心,提高适应能力。

(四) 健康教育

1. 积极预防和治疗结、直肠癌的癌前期病变,避免高脂肪、低纤维饮食;预防和治疗血吸虫病。

2. 定期检查,对疑有结直肠癌或有家族史及癌前病变者,应行筛选性及诊断性检查。

3. 向病人介绍结肠造口护理方法和护理用品。指导病人出院后可每 1~2 周扩张造口一次,持续 2~3 个月。有狭窄、排便困难应到医院检查、处理。

4. 合理安排饮食,参加适量活动,保持心情舒畅。

5. 定期随访,一般 3~6 个月复查一次。化疗的病人,要定期检查血常规,尤其白细胞和血小板计数。

(巫全胜)

第十节　腹外疝病人的护理

腹外疝是由腹腔内的器官或组织连同腹膜壁层,经腹壁薄弱点或孔隙,向体表突出所形成。常见的有腹股沟疝、股疝、脐疝、切口疝等。

【护理评估】

(一) 健康史

1. 病因与发病机制

(1) 腹壁强度降低:引起腹壁强度降低的最常见的因素有:①某些组织穿过腹壁的部位:如精索或子宫圆韧带穿过腹股沟管、股动静脉穿过股管等处。②腹白线因发育不全也可成为腹壁的薄弱点。③手术切口愈合不良、外伤、感染、腹壁神经损伤、年老、久病、肥胖所致肌萎缩等。

(2) 腹内压力增高:引起腹内压力增高的常见原因有慢性咳嗽、慢性便秘、排尿困难、腹水、妊娠、举重、婴儿经常啼哭等。正常人因腹壁强度正常,虽时有腹内压增高情况,但不致发生疝。

2. 病理　典型的腹外疝由疝环、疝囊、疝内容物和疝外被盖等组成。疝囊是壁腹膜的憩室样突出部,由疝囊颈和疝囊体组成。疝囊颈是疝囊较狭窄的部分,为疝环所在,又称疝门,是疝突向体表的门户,即腹壁薄弱区或缺损所在。各种疝通常以疝门部位作为命名依据,如腹股沟疝、股疝、脐疝、切口疝等。疝内容物是进入疝囊的腹内器官或组织,以小肠为最多见,大网膜次之,较少见的如盲肠、阑尾、乙状结肠、膀胱等也可作为疝内容物进入疝囊。疝外被盖指疝囊以外的各层组织。腹外疝有易复性、难复性、嵌顿性、绞窄性等类型。

（二）身体状况

1. 腹股沟斜疝　主要的临床表现是腹股沟区有一突出的肿块。有的病人开始时肿块较小，仅通过深环进入腹股沟管，疝环处仅有轻度坠胀感。

（1）易复性斜疝：除腹股沟区有肿块和偶有胀痛外，并无其他症状。肿块常在站立、行走、咳嗽或劳动时出现，多呈带蒂柄的梨形，可降至阴囊或大阴唇。用手按肿块同时嘱病人咳嗽，可有膨胀性冲击感。若病人平卧休息或用手将肿块向腹腔推送，肿块可向腹腔回纳而消失。疝内容物如为肠袢，则肿块触之柔软、光滑，叩之呈鼓音。

（2）难复性斜疝：在临床表现方面除胀痛稍重外，主要特点是疝块不能完全回纳。

（3）嵌顿性斜疝：发生在强力劳动或用力排便等腹内压骤增时，表现为疝块突然增大，并伴有明显疼痛，平卧或用手推送不能使疝块回纳。肿块紧张发硬，有明显触痛。嵌顿内容物如为大网膜，局部疼痛常较轻微；如为肠袢，不但局部疼痛明显，还可伴有腹部绞痛、恶心、呕吐、停止排便排气、腹胀等机械性肠梗阻的表现。

（4）绞窄性斜疝：临床症状多较严重，但在肠袢坏死穿孔时，疼痛可因疝块压力骤降而暂时有所缓解，故疼痛减轻，肿块仍存在，不可认为是病情好转。绞窄时间较长者，由于疝内容物发生感染，侵及周围组织，引起疝外被盖组织的急性炎症，严重者可发生脓毒症。

2. 腹股沟直疝　临床特点有别于腹股沟斜疝，常见于年老体弱者，主要表现为病人直立时，在腹股沟内侧端、耻骨结节上外方出现一半球形肿块，并不伴疼痛或其他症状。由于直疝的疝囊颈宽大，疝内容物又直接由后、向前顶出，故平卧后疝块多能自行消失，不需用手推送复位。直疝绝不进入阴囊，极少发生嵌顿，疝内容物常为小肠或大网膜（表4-1）。

表4-1　斜疝和直疝的临床特点区别

	斜疝	直疝
发病年龄	多见于儿童及青壮年	多见于老年
突出途径	经腹股沟管突出，可进阴囊	由直疝三角突出，不进阴囊
疝块形状	椭圆或梨形，上部呈蒂柄状	半球形，基底较宽
回纳疝块后压住深环	疝块不再突出	疝块仍可突出
精索与疝囊的关系	精索在疝囊后方	精索在疝囊前外方
疝囊颈与腹壁下动脉关系	疝囊颈在腹壁下动脉外侧	疝囊颈在腹壁下动脉内侧
嵌顿机会	较多	极少

（三）心理和社会状况

了解有无因疝块长期反复突出影响病人工作和生活而感到焦虑不安。了解家庭经济承受能力，病人及家属对预防腹内压升高、治疗慢性疾病的相关知识的掌握程度。

（四）治疗要点

腹股沟疝一般均应尽早施行手术治疗。

1. 非手术治疗　半岁以下婴幼儿可暂不手术，可采用棉线束带或绷带压住腹股沟管深环，防止疝块突出。年老体弱或伴有其他严重疾病而禁忌手术者，白天可在回纳疝内容物后，将医用疝带一端的软压垫对着疝环顶住，阻止疝块突出。

2. 手术治疗　基本原则是关闭疝门即内环口，加强或修补腹股沟管管壁。术前应积极处理引起腹内压力增高的情况,如慢性咳嗽、排尿困难、便秘等,否则术后易复发。疝手术主要可归为两大类,即单纯疝囊高位结扎术和疝修补术。

(1)单纯疝囊高位结扎术:因婴幼儿的腹肌在发育中可逐渐强壮而使腹壁加强,单纯疝囊高位结扎常能获得满意的疗效,无需施行修补术。

(2)疝修补术:成年腹股沟疝病人都存在程度不同的腹股沟管前壁或后壁的薄弱或缺损,只有在疝囊高位结扎后,加强或修补薄弱的腹股沟管前壁或后壁,治疗才彻底。常用的手术方法有传统的疝修补术、无张力疝修补术及经腹腔镜疝修补术。

嵌顿性疝和绞窄性疝的处理有其特殊性。嵌顿性疝在下列情况下可先试行手法复位:①嵌顿时间在3~4小时内,局部压痛不明显,也无腹部压痛或腹肌紧张等腹膜刺激征者。②年老体弱或伴有其他较严重疾病而估计肠袢尚未绞窄坏死者,复位手法须轻柔,切忌粗暴,复位后还需严密观察腹部情况,如有腹膜炎或肠梗阻的表现,应尽早手术探查。除上述情况外,嵌顿性疝原则上需紧急手术治疗。绞窄性疝的内容物已坏死,更需手术,术前应纠正缺水和电解质紊乱。

【常见护理诊断/问题】

1. **焦虑** 与疝块突出影响日常生活有关。

2. **知识缺乏**:缺乏腹外疝成因、预防腹内压升高及术后康复知识。

3. **潜在并发症**:术后阴囊水肿、切口感染。

【护理措施】

(一)术前护理

1. **一般护理** 疝块较大者减少活动,多卧床休息;建议病人离床活动时使用疝带压住疝环口,避免腹腔内容物脱出而造成疝嵌顿。

2. **病情观察** 病人若出现明显腹痛,伴疝块突然增大、紧张发硬且触痛明显、不能回纳腹腔,要高度警惕嵌顿疝发生的可能,应立即报告医生,并配合紧急处理。

3. **消除引起腹内压升高的因素** 择期手术的病人,若术前有咳嗽、便秘、排尿困难等腹内压升高的因素,应相应处理,控制症状后再手术。指导病人注意保暖,预防呼吸道感染,多饮水、多吃蔬菜等粗纤维食物,保持排便通畅。吸烟者应在术前2周戒烟。

4. **术前训练** 对年老、腹壁肌薄弱者或切口疝、复发疝的病人,术前应加强腹壁肌锻炼,并练习卧床排便、使用便器等。

5. **术前准备** 术前备皮至关重要,既要剃净又要防止损伤皮肤,术日晨需再检查一遍有无毛囊炎等炎症表现,必要时应暂停手术。便秘者,术前晚灌肠,清除肠内积粪,防止术后腹胀及排便困难。病人进手术室前,嘱其排尿,以防术中误伤膀胱。嵌顿性疝及绞窄性疝病人多需急诊手术。除上述一般护理外,应予禁食、输液、抗感染,纠正水、电解质及酸碱平衡失调,必要时胃肠减压、备血。

(二)术后护理

1. **一般护理**

(1)休息与活动:病人术后取平卧位,膝下垫一软枕,使髋关节微屈,以降低腹股沟区切口的张力和减少腹腔内压力,利于切口愈合和减轻切口疼痛,次日可改为半卧位。术后1~2日卧床期间鼓励床上翻身及两上肢活动,一般术后3~5日可考虑离床活动。采用无张力疝修补术的病人可早期离床活动,年老体弱、复发性疝、绞窄性疝、巨大疝等病人可适当延迟下床活动。

（2）饮食：术后 6～12 小时，若无恶心、呕吐，可根据病人食欲进流食，逐步改为半流、软食及普食。行肠切除吻合术者术后应禁食，待肠功能恢复后，方可进食。

2. **病情观察** 注意体温和脉搏的变化，观察切口有无红、肿、疼痛，阴囊部有无出血、血肿。

3. **伤口护理** 术后切口一般不需加沙袋压迫，但如有切口血肿，应予适当加压。保持切口敷料清洁、干燥，不被大便污染，预防切口感染。

4. **防止腹内压升高的因素** 术后仍需注意保暖，防止受凉引起咳嗽，指导病人在咳嗽时用手掌扶持、保护切口，在增加腹压（如咳嗽动作）时用手掌稍稍加压于切口。保持排便通畅，便秘者给予通便药物，避免用力排便。因麻醉或手术刺激引起尿潴留者，可肌内注射氨甲酰胆碱或针灸，促进膀胱平滑肌的收缩，必要时导尿。

5. **预防并发症** 为避免阴囊内积血、积液和促进淋巴回流，术后可用丁字带托起阴囊，并密切观察阴囊肿胀情况，预防阴囊水肿。切口感染是引起疝复发的主要原因之一。绞窄性疝行肠切除、肠吻合术后，易发生切口感染，术后须应用抗生素，及时更换污染或脱落的敷料，一旦发现切口感染征象，应尽早处理。

（三）心理护理

向病人解释造成腹外疝的原因和诱发因素、手术治疗的必要性，了解病人的顾虑所在，尽可能地予以解除，使其安心配合治疗。

（四）健康教育

1. 病人出院后应逐渐增加活动量，3 个月内应避免重体力劳动或提举重物等。

2. 减少和消除引起腹外疝复发的因素，并注意避免增加腹内压的动作如剧烈咳嗽、用力排便等，防止术后复发。

3. 调整饮食习惯，保持排便通畅。

4. 定期随访，若疝复发，应及早诊治。

（巫全胜）

第十一节　腹部损伤病人的护理

腹部损伤其发病率在平时约占各种损伤的 0.4%～1.8%。随着我国交通运输事业发展，事故增多，腹部损伤亦增多。根据腹壁有无伤口可分为开放性、闭合性两大类。其中，开放性损伤根据腹壁伤口是否穿破腹膜分为穿透伤（多伴内脏损伤）和非穿透伤（偶伴内脏损伤）。穿透伤又可分为致伤物既有入口又有出口的贯通伤和仅有入口的盲管伤。闭合性损伤可能仅局限于腹壁，也可同时兼有内脏损伤。

【护理评估】

（一）健康史

1. **病因与发病机制** 开放性损伤的致伤物常为各种锐器，如刀刺、弹丸或弹片等，闭合性损伤的致伤因素常为钝性暴力，如撞击、挤压、坠落、冲击、拳打脚踢、坠落或突然减速等。无论开放性或闭合性，都可导致腹部内脏损伤。开放性损伤中受损部位以肝、小肠、胃、结肠、大血管多见，闭合性损伤以脾、小肠、肝、肠系膜受损居多。腹部损伤的严重程度、是否涉及内脏、涉及何内脏等，很大程度上取决于暴力的强度、速度、着力部位和作用方向等外在因素，以及受损器官的解剖特点、原有病理情况和功能状态等内在因素的影响。

2. 病理

（1）实质性器官损伤

1）脾破裂：脾血运丰富，组织结构脆弱，易受钝性打击、剧烈震荡、挤压和术中牵拉而发生破裂，病理性脾更易发生损伤。脾破裂约占所有腹部器官损伤的40%，是最常见的腹部损伤。脾损伤可分为中央破裂、被膜下破裂和真性破裂三型。临床上绝大多数脾损伤为真性脾破裂，伤口穿过脾包膜达脾实质，导致不易自行停止的腹腔内出血。

2）肝破裂：肝是腹腔内最大的实质性器官，血供丰富，质地柔而较脆弱，在外界致伤因素的作用下，易发生损伤，占腹部器官损伤的第二位。肝外伤时，不但损伤肝内血管导致出血，还常同时损伤肝内胆管，引起胆汁性腹膜炎。肝内血肿和包膜下血肿，可继发性向包膜外或肝内穿破，出现活动性大出血，也可向肝内胆管穿破，引起胆道出血。肝内血肿可继发细菌感染形成肝脓肿。

3）胰腺损伤：胰腺位于上腹部腹膜后脊柱前，损伤常系上腹部强力挤压暴力直接作用于脊柱所致，损伤常位于胰的颈、体部，占腹腔器官损伤的1%~2%，因位置深，早期不易发现。胰腺损伤后常并发胰液漏或胰瘘。因胰液侵蚀性强，进入腹腔后，可出现弥漫性腹膜炎，又影响消化功能，故胰腺损伤的死亡率较高，部分病例渗液被局限在网膜囊内，形成胰腺假性囊肿。

（2）空腔器官损伤

1）胃十二指肠损伤：腹部闭合性损伤时胃很少受累，上腹或下胸部的穿透伤则常导致胃损伤，多伴其他器官损伤。十二指肠大部分位于腹膜后，损伤的发病率很低，但因与胰、胆总管、胃、肝等重要器官和结构相毗邻，局部解剖关系复杂，十二指肠损伤的诊断和处理存在不少困难，故死亡率和并发症发生率都相当高。而腹腔内部分的十二指肠损伤破裂时，胰液、胆汁流入腹腔则引起严重的腹膜炎。

2）小肠损伤：成人小肠全长约5~6m，占据中下腹大部分空间，发生损伤的机会较多。闭合性损伤时，钝性致伤因素常导致小肠破裂、小肠系膜血肿，且小肠多部位穿孔在临床上较为多见。小肠破裂后，大量肠内容进入腹腔，导致急性弥漫性化脓性腹膜炎，一部分病人的小肠裂口不大，或穿破后被食物渣、纤维素甚至突出的黏膜所堵塞，可能无弥漫性腹膜炎的表现。

3）结肠及直肠损伤：结肠、直肠损伤的发生率较低。但由于其内容物含有大量细菌，而液体成分少，受伤后早期腹膜炎较轻，后期会出现严重的细菌性腹膜炎，处理不及时常可危及生命。医源性致伤因素占有一定的比例。

（二）身体状况

1. 临床表现

（1）肝、脾、胰等实质性器官或大血管的损伤：临床表现以腹腔内出血症状为主，而腹痛及腹膜刺激征相对较轻。可表现为面色苍白，脉搏细速、脉压变小，尿量减少、神情淡漠等。根据出血速度和量的不同，有不同程度的失血表现，严重者血压可在短时间内迅速下降，发展成重度休克。腹痛的程度一般较轻，呈持续性，伤处压痛，可伴有轻、中度反跳痛，一般无明显腹肌紧张。但肝破裂并发胆汁性腹膜炎或胰腺损伤伴胰管撕裂时，腹痛和腹膜刺激征常较脾破裂伤者更为明显。腹腔内积血较多时可有明显腹胀，移动性浊音阳性。

（2）胃肠道、胆道等空腔器官破裂：以腹膜炎的症状和体征为主要表现，除胃肠道症状（恶心、呕吐、便血、呕血等）及稍后出现的全身性感染的表现外，最突出的是腹膜刺激征，其程度因空腔器官内容物不同而异。通常胃液、胆汁、胰液的刺激最强,肠液次之,血液最轻。若胃的全层破裂,可立即出现剧烈的腹痛及腹膜刺激征。腹膜后十二指肠破裂时早期症状体征多不明显,随后症状体征不断加重,出现感染中毒症状,并进行性加重。空腔器官破裂时腹腔内可有游离气体,表现为肝浊音界缩小或消失。继而可因肠麻痹而出现腹胀,严重时可发生感染性休克。

2. 实验室及其他检查

(1)实验室检查:大量失血时红细胞、血红蛋白及血细胞比容明显下降;胰腺损伤时可有血、尿淀粉酶值升高。

(2)影像学检查:X线、B超、CT可较为准确地判断器官有无损伤及其严重程度,还有助于判断腹腔内的出血量以及腹膜后的损伤情况。

(3)诊断性腹腔穿刺术或灌洗术:可判断腹内器官损伤的情况,若抽出不凝固的暗红色或鲜红色血液,提示实质性器官损伤或血管损伤;若抽出胃肠内容物或气体,提示胃肠道损伤;抽出胆汁,应考虑肝外胆管、胆囊或十二指肠损伤;对穿刺液进行实验室检查如淀粉酶升高,对胰腺损伤有一定诊断参考价值。

(三)心理和社会状况

了解病人的心理变化,以及了解病人和家属对损伤后的治疗和可能发生的并发症的认知程度和家庭经济承受能力。

(四)治疗要点

1. 实质性器官损伤

(1)脾破裂:对被膜下脾破裂和中央型脾破裂病人,可在严密观察下行非手术治疗,包括绝对卧床、止血、镇痛、预防继发感染等,并做好随时手术的准备。真性脾破裂原则上应在抗休克的同时行手术治疗,方法包括脾切除术、脾部分切除术或脾修补术。

(2)肝破裂:根据病人的全身情况、肝损伤的程度、有无腹腔内其他器官的合并伤以及有无休克等情况决定治疗方法。术前和术中应做好抗休克治疗,预防多器官功能衰竭。如有继续活动性出血,应尽早剖腹手术。

(3)胰腺损伤:高度怀疑或诊断为胰腺损伤者,应立即手术治疗。各类胰腺手术之后,腹内均应留置引流物,因为胰瘘是胰外伤术后的常见并发症,故不仅要做到引流通畅,且不能过早拔除引流。

2. 空腔器官损伤

(1)胃十二指肠损伤:疑胃十二指肠破裂时应行剖腹探查,根据探查结果做出相应处理,并应附加减压手术,如置胃管、胃造口、空肠造口等,在十二指肠周围放置有效的引流物,术后禁食并给予完全胃肠道外营养(TPN),应用抗生素等治疗。

(2)小肠损伤:明确诊断,立即手术治疗,方法有肠修补术和相应肠段切除小肠端端吻合术。术后予抗感染等对症治疗。

(3)结肠及直肠损伤:手术是结直肠损伤的唯一治疗手段。

【常见护理诊断/问题】

1. **体液不足**　与损伤致腹腔内出血、渗出及呕吐致体液丢失过多有关。
2. **疼痛**　与腹部损伤、出血刺激腹膜及手术切口有关。
3. **有感染的危险**　与脾切除术后免疫力降低有关。
4. **恐惧**　与意外创伤的刺激、出血及内脏脱出等视觉刺激等有关。

5. **潜在并发症**：腹腔感染、腹腔脓肿。

【护理措施】

（一）现场急救

腹部损伤常合并多发性损伤，急救时应分清轻重缓急。首先检查呼吸情况，保持呼吸道通畅；包扎伤口，控制外出血，将伤肢妥善外固定；有休克表现者应尽快建立静脉通路，快速输液。开放性腹部损伤者，妥善处理，伴有肠管脱出者，可用消毒碗覆盖保护，勿予强行回纳。

（二）非手术治疗病人的护理

1. **一般护理**　病人绝对卧床休息，给予吸氧，床上使用便盆；若病情稳定，可取半卧位。病人禁食，防止加重腹腔污染。怀疑空腔器官破裂或腹胀明显者应进行胃肠减压。禁食期间全量补液，必要时输血，积极补充血容量，防止水、电解质及酸碱平衡失调。待肠蠕动功能恢复后，可开始进流质饮食。

2. **严密观察病情**　每15～30分钟监测脉搏、呼吸、血压一次。观察腹部体征的变化，尤其注意腹膜刺激征的程度和范围，肝浊音界范围，移动性浊音的变化等。有下列情况之一者，考虑有腹内器官损伤：①受伤后短时间内即出现明显的失血性休克表现；②腹部持续性剧痛且进行性加重伴恶心、呕吐者；③腹部压痛、反跳痛、肌紧张明显且有加重的趋势者；④肝浊音界缩小或消失，有气腹表现者；⑤腹部出现移动性浊音者；⑥有便血、呕血或尿血者；⑦直肠指检盆腔触痛明显、波动感阳性，或指套染血者。

观察期间需特别注意：尽量减少搬动，以免加重伤情。诊断不明者不予注射镇痛药，以免掩盖伤情。怀疑结肠破裂者严禁灌肠。

3. **用药护理**　遵医嘱应用广谱抗生素防治腹腔感染，注射破伤风抗毒素。必要时，进行肠外营养支持。

4. **术前准备**　除常规准备外，还应包括交叉配血试验，有实质性器官损伤时，配血量要充足；留置胃管；补充血容量，血容量严重不足的病人，在严密监测中心静脉压的前提下，可在15分钟内输入液体1000～2000ml。

（三）手术治疗病人的护理

根据手术种类做好术后病人的护理，包括监测生命体征、观察病情变化、禁食、胃肠减压、口腔护理。遵医嘱静脉补液、应用抗生素和进行营养支持，保持腹腔引流的通畅，积极防治并发症。

（四）心理护理

主动关心病人，向病人解释腹部损伤后可能出现的并发症、相关的治疗和护理知识，缓解其焦虑和恐惧，稳定情绪，积极配合各项治疗和护理。

（五）健康教育

1. **加强安全教育**　宣传劳动保护、安全行车、遵守交通规则的知识，避免意外损伤的发生。

2. **普及急救知识**　在意外事故现场，能进行简单的急救或自救。

3. **出院指导**　适当休息，加强锻炼，增加营养，促进康复。若有腹痛、腹胀、肛门停止排气排便等不适，应及时就诊。

（巫全胜）

第十二节　直肠肛管疾病病人的护理

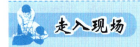

　　现场：张女士，47岁。近年大便干硬难排，排便时肛门疼痛，便后疼痛减轻，过数分钟再次剧痛，长达数小时，诊断为肛裂。护士小刘交代张女士便后用热水坐浴，张女士很惊讶问，"我大便后肛门灼热、疼痛还能用热水坐浴么？"，小刘说"医生是这样说的，不信您问主管医生"。

　　提问：
　　1. 针对病人情况，小刘对病人的解释是否到位，评估时应注意什么？
　　2. 临床上肛门坐浴适用哪些病人，有哪些注意事项？

一、痔病人的护理

　　痔（hemorrhoids）是直肠下段黏膜下和肛管皮肤下的静脉丛淤血、扩张和迂曲所形成的静脉团。痔是最常见的肛肠疾病，发病率随年龄增长而增高。

【护理评估】

（一）健康史

　　1. 病因与发病机制　痔的病因尚未完全明确，目前有以下两种学说。

　　（1）肛垫下移学说：肛垫是肛管黏膜下的一层特殊组织，由平滑肌纤维、结缔组织及静脉丛构成的复合体，位于肛管的左侧、右前、右后三个区域，突向肛管内，起到协调肛管括约肌，完善肛门闭合的作用。肛垫可由于反复便秘、腹压增高等因素而向远侧移位，其中的纤维间隔逐渐松弛直至断裂；同时伴有静脉丛淤血、扩张、融合，甚至夹杂细小的动静脉瘘，形成痔。

　　（2）静脉曲张学说：直肠上静脉属门静脉系统，因无静脉瓣使血液不易回流，加上直肠上下静脉丛管壁薄、位置浅，末端直肠黏膜下组织松弛，易出现血液淤积和静脉扩张。长期坐立、便秘、妊娠、前列腺增生等腹内压增高因素可致直肠静脉回流受阻、淤血、扩张而形成痔。

　　此外，肛窦、肛腺慢性感染可引起直肠下部黏膜下静脉丛周围炎，使静脉壁组织纤维化，失去弹性而扩张。长期饮酒、好食辛辣等刺激性食物、饮食中纤维素少、长期营养不良等可导致直肠下部黏膜下静脉丛扩张充血。

　　2. 病理分类　根据痔所在部位分为内痔、外痔和混合痔三种。

　　（1）内痔：位于齿状线以上由直肠上静脉丛形成，表面为直肠黏膜所覆盖。常表现为直肠下端直肠上动脉分支处（左侧、右前和右后方）下垂突出，基底较宽。内痔分为四期：①Ⅰ期：排便时出血，痔块不脱出肛门。②Ⅱ期：便血量多，排便时痔块脱出肛门，排便后自行回纳。③Ⅲ期：便血量少，痔脱出于肛门，需用手辅助才可回纳。④Ⅳ期：痔块长期脱出于肛门外，不能回纳或回纳后又立即脱出。

　　（2）外痔：由直肠下静脉丛形成，表面为肛管皮肤所覆盖，位于齿状线下方，以血栓性外痔最常见，是血液在肛缘皮下静脉丛形成血栓而成，表现为暗紫色、半球形的血凝块，形成硬结,血块吸收后遗留纤维性皮垂。其次还有结缔组织外痔、静脉曲张性外痔及炎性外痔。

(3)混合痔:因直肠上下静脉丛互相吻合致齿状线上、下静脉丛同时曲张形成,内痔发展到第Ⅲ期以上时多形成混合痔。

(二)身体状况

1. 临床表现

(1)便血:为内痔和混合痔的常见症状。其特点是间歇性便后无痛性出血,轻者大便带鲜血或便后滴血,出血量少;重者呈喷射状出血,可自行停止。便秘、饮酒或进刺激性食物可能诱发出血。长期出血可导致贫血。

(2)痔块脱出:Ⅱ期以上内痔或混合痔可脱出肛门,轻者自行回纳,重者须用手辅助才能回纳或持续脱出于肛门,较大的痔块若不回纳有时可发生嵌顿。

(3)疼痛:单纯性内痔无疼痛,当内痔或混合痔合并血栓形成、嵌顿、感染时可出现疼痛,若形成血栓性外痔,疼痛剧烈,排便、咳嗽时加剧。

(4)瘙痒:痔块脱出时常有黏液分泌物流出,可刺激肛门周围皮肤引起瘙痒或湿疹。

(5)体征:外痔在肛门表面即可见红色或暗红色硬结,大小不一,对有脱出者,在蹲位或排便后可观察到痔块大小、数目及部位。内痔行直肠指诊时可扪及齿线以上有柔软的团块。

2. 实验室及其他检查　肛门镜检查可了解痔块大小、充血等情况。

(三)心理和社会状况

当病情反复发作及便血量较大时,病人的生活及工作带来痛苦及焦虑甚至恐惧。

(四)治疗要点

无症状的痔不需治疗,有症状的可先行非手术治疗,如疗效欠佳可行手术治疗。

1. 非手术治疗

(1)一般治疗:适用于痔初期。主要措施有改变饮食结构,多饮水,多进膳食纤维,忌酒及辛辣有刺激的食物,保持大便通畅;③肛管内注入含有消炎止痛的油膏或有润滑和收敛作用的栓剂;血栓性外痔可先予局部热敷,外敷消炎止痛药物,若疼痛缓解可不手术;内痔脱出者,需立即手法复位,若内痔嵌顿,应尽早手法还纳痔核。

(2)注射疗法:常用于单纯性内痔,是将硬化剂(5%石炭酸植物油或5%鱼肝油酸钠液)注射于痔基底部的黏膜下层,使痔和痔块周围产生无菌性炎症反应,黏膜下组织纤维化,痔内静脉闭塞,痔块萎缩。

(3)胶圈套扎疗法:适于治疗Ⅰ、Ⅱ、Ⅲ期内痔,是将特制胶圈套至内痔根部,利用胶圈的弹性阻断痔的血供,使痔缺血、坏死、脱落而愈合。

2. 手术疗法　主要适用于病程长、出血严重、痔核脱出、混合痔及包括外痔血栓形成或血肿在内的非手术治疗无效者。手术方法有痔结扎术、痔切除术和血栓外痔剥离术、吻合器痔上黏膜环切钉合术。

【常见护理诊断/问题】

1. 疼痛　与肛周疾病或手术有关。

2. 便秘　与肛周疼痛惧怕解大便有关。

3. 潜在并发症:尿潴留、贫血、肛门狭窄等。

【护理措施】

(一)非手术病人护理及术前护理

1. 调节饮食　多吃新鲜蔬菜、水果及多饮水,少吃辛辣食物,避免饮酒。

2. **保持大便通畅**　养成定时排便习惯。有便秘者,可服用缓泻剂。

3. **热水坐浴**　可用 1:5000 高锰酸钾溶液坐浴,温度为 43～46℃,每日 2～3 次,每次 20～30 分钟。

4. **纠正贫血**　严重贫血者需予输血。病人排便时或坐浴时应有人陪伴,以免因贫血头晕而跌倒受伤。

5. **肠道准备**　术前 3 日进少渣饮食,并口服缓泻剂或肠道杀菌剂,以预防感染。术前 1 日进全流质饮食,术前晚清洁灌肠。

6. **皮肤准备**　做好手术野皮肤准备,保持肛门皮肤干净,已婚者术前行阴道冲洗。

（二）手术后护理

1. **病情观察**　注意观察伤口敷料渗血情况,警惕术后伤口内出血。

2. **疼痛护理**　可适当应用镇痛药,必要时放松肛管内填塞物,并注意防止伤口受压。

3. **尿潴留处理**　肛管手术麻醉、疼痛可造成尿潴留。给予诱导排尿、针刺或导尿等。

4. **饮食管理**　术后 1～2 日应以流质、无渣或少渣饮食为主。

5. **控制排便**　术后 2～3 日内服用阿片酊可减少肠蠕动,有控制排便的作用。术后 3 日内尽量避免排便,有利于手术切口愈合。若有便秘,可口服液体石蜡或其他缓泻剂,但禁忌灌肠。

6. **温水坐浴**　每次排便后,应先清洗后再用 1:5000 高锰酸钾溶液温水坐浴,然后再换药。

7. **预防并发症**　注意病人有无排便困难、大便变细或大便失禁等现象。为防止肛门狭窄,术后 5～10 日内可用示指扩肛,每日 1 次。肛门括约肌松弛者,手术 3 日后可作肛门收缩舒张运动。

（三）心理护理

多与病人交谈,宣传本病的知识,使病人了解本病的诱发因素、疾病过程和治疗效果,指导病人心理放松技巧,帮助病人分散注意力,克服紧张、焦虑心理,向病人解释相关的手术知识,增强病人对手术的认知和信心,使之积极配合治疗和护理,增强治疗疾病的信心。

（四）健康教育

1. 防止便秘,注意饮食调节,多吃蔬菜、水果,禁辛辣食物和饮酒。

2. 出院后,若创面末完全愈合,每次排便后仍需坐浴。

3. 若出现排便困难,应及时去医院就诊.有肛门狭窄者行肛门扩张。

二、肛裂病人的护理

肛裂(anal fissure)是齿状线下肛管皮肤层裂伤后形成的小溃疡。多见于青中年人,好发于肛管后正中线。

【护理评估】

（一）健康史

1. **病因**　和长期便秘、粪便干结引起排便时的机械性创伤是肛裂形成的直接原因,用力排便时,肛管后壁承受的压力最大,故后正中线易被撕裂。

2. **病理**　肛裂常为纵向、椭圆形溃疡或感染的裂口。急性肛裂边缘整齐、底浅、呈红色有弹性;慢性肛裂因反复感染,边缘纤维化不整齐,底深、呈灰白色。裂口上端的肛瓣和肛乳头水肿,形成肥大乳头;下端形成突出于肛门外的袋状皮垂,形似外痔,称"前哨痔"。肛裂、

"前哨痔"和肛肥大乳头常同时存在,称为肛裂"三联症"。

（二）身体状况

1. 临床表现　肛裂病人典型表现为疼痛、便秘和出血。

（1）疼痛:为主要症状,表现为排便时和排便后肛门剧烈疼痛,排便时疼痛为干硬粪块直接刺激溃疡创面或撑开肛管裂口,常持续几分钟后缓解;排便后因肛门括约痉挛而再次引起剧痛,可持续半小时到数小时。

（2）便秘:肛裂多由便秘引起,形成肛裂后病人因疼痛惧怕排便,反而更加重便秘,形成恶性循环。

（3）出血:每次排便肛管裂伤时,创面常有少量出血,鲜血见于粪便表面、便纸上或便时滴出。

（4）体征:局部检查可发现肛管后正中部位的肛裂"三联症",即可明确诊断。已确诊肛裂时,一般不宜行直肠指诊或肛镜检查,以免增加病人痛苦。

2. 实验室及其他检查　肛门视诊可见膝胸位6或12点有裂口,此时禁忌做指诊或肛门镜检查,以免造成剧烈疼痛。

（三）心理和社会状况

病人便血、肛门疼痛,常导致其焦虑甚至恐惧。

（四）治疗要点

调理大便,保持大便通畅;止痛,解除肛门括约肌痉挛,促进局部溃疡愈合。

1. 非手术治疗　①口服缓泻剂或液体石蜡:使大便松软、润滑;增加饮水和膳食纤维,纠正便秘。②局部温水坐浴:温水坐浴,以改善局部血液循环,促进炎症吸收,缓解括约肌痉挛及其引起的疼痛,保持局部清洁,促进裂口愈合。③扩肛疗法:局部麻醉下,用示指和中指缓慢、均衡地扩张肛门括约肌,使之松弛,疼痛消失,溃疡愈合。

2. 手术治疗　适用于非手术治疗无效或经久不愈的陈旧性肛裂者。手术方式有:①肛裂切除术:即切除肛裂缘及周围不健康的组织、"前哨痔"和肥大的肛乳头,创面敞开引流、更换敷料直至愈合。②肛管内括约肌切断术:肛管内括约肌为环形不随意肌,其痉挛收缩是引起肛裂疼痛的主要原因。垂直切断部分内括约肌时,同时切除肥大的肛乳头和"前哨痔",数周后自行愈合。

【常见护理诊断/问题】

1. 疼痛　与肛周疾病或手术有关。

2. 便秘　与肛周疼痛惧怕解大便有关。

3. 潜在并发症:尿潴留、肛门失禁、肛门狭窄、感染。

【护理措施】

护理措施同痔病人的护理。

三、直肠肛管周围脓肿病人的护理

直肠肛管周围脓肿(perianorectal abscess)指发生在直肠肛管周围软组织或其周围间隙的急性化脓性感染,并形成脓肿。多见于青壮年,多数脓肿在穿破或切开后形成肛瘘。

【护理评估】

（一）健康史

1. 病因　直肠肛管周围脓肿多数由肛腺感染引起,也可由肛周皮肤感染、损伤等引起。

肛腺开口于肛窦,肛窦容易被粪便擦伤而发生感染并累及肛腺,形成肛窦肛腺肌间感染。

2. **病理** 由于直肠肛管周围间隙为疏松的脂肪结缔组织,感染极易蔓延扩散,向上、下、外扩散到直肠肛管周围间隙,形成不同部位的脓肿。

(二)身体状况

1. 临床表现

(1)肛门周围脓肿:以肛周皮下脓肿最多见,位置表浅,全身症状常不明显,肛周可有持续跳动性疼痛,排便时加重。病人行动不便,坐卧不安。

(2)坐骨肛管间隙脓肿:比较常见。因坐骨肛管间隙较大,形成的脓肿也较大,症状较重。脓肿开始即有全身感染性症状,如乏力、食欲减退、寒战、高热等。局部从持续性胀痛逐渐加重为显著性跳痛,排便时疼痛加重,里急后重或有排尿困难。

(3)骨盆直肠间隙脓肿:又称骨盆直肠窝脓肿,较为少见。此间隙位置较深,空间较大,因此全身性感染症状更为明显而局部症状不明显。病人可出现持续高热、头痛、恶心等,严重时有脓毒症表现。局部表现为直肠坠胀感,便意不尽,常伴排尿困难。

2. 实验室及其他检查

(1)血常规:白细胞及中性粒细胞增多。

(2)直肠指诊:肛门周围脓肿局部红肿,有压痛,脓肿形成后可有波动感。坐骨肛管间隙脓肿患侧有明显压痛或扪及有压痛性肿块。骨盆直肠间隙脓肿可扪及局部肿胀、压痛,可有波动感。

(3)诊断性穿刺:穿刺抽得脓液可确诊。

(4)影像学检查:B 超可探及脓腔。但对较深的脓肿需磁共振检查。

(三)心理和社会状况

疼痛剧烈给病人的生活及工作带来痛苦及焦虑甚至恐惧。

(四)治疗要点

发病初期可用抗生素控制感染;局部理疗,热水坐浴;口服缓泻剂以减轻病人排便时的疼痛,脓肿形成后,应及时切开引流。

【常见护理诊断/问题】

1. **疼痛** 与肛周感染或手术有关。

2. **焦虑** 与肛周疼痛有关。

3. **潜在并发症**:肛瘘、尿潴留、肛门失禁、肛门狭窄、感染。

【护理措施】

(一)手术前病人的护理

1. **饮食护理** 忌食辛辣食物,多吃新鲜蔬菜、水果及多饮水。

2. **保持大便通畅** 养成定时排便习惯。有便秘者,可服用缓泻剂。

3. **控制感染** 合理使用抗生素。

4. **对症治疗** 体温增高者可用物理降温,局部疼痛剧烈者,如明确已化脓,应及时切开引流。

(二)手术后护理

1. **病情观察** 注意观察伤口敷料渗血情况,警惕术后伤口内出血。

2. **疼痛护理** 可适当应用镇痛药,必要时放松肛管内填塞物。

3. **饮食管理** 术后 1~2 日应以流质、无渣或少渣饮食为主。

4. 控制排便 术后 3 日内尽量避免排便,若有便秘,可口服液体石蜡或其他缓泻剂,但禁忌灌肠。

5. 手术切口的护理 切开引流早期分泌物常较多,应及时更换引流条及敷料,保持局部清洁、干燥。放置引流管者应观察引流液的性质、量及气味等。如行肛周脓肿根治术者应及时检查结扎线的松紧度,如结扎线松弛应及时紧线。注意创面肉芽组织的生长情况,如局部肉芽组织高低不平,应及时修剪。

6. 温水坐浴 每次排便后,应先清洗后再用 1:5000 高锰酸钾溶液温水坐浴,然后再换药。

7. 预防并发症 肛管手术麻醉、疼痛可造成尿潴留,给予诱导排尿、针刺或导尿等。注意病人有无排便困难、大便变细或大便失禁等现象。

（三）心理护理

宣传本病的知识,使病人了解本病的诱发因素、疾病过程和治疗效果,指导病人克服紧张、焦虑心理,向病人解释相关的手术知识,增强病人对手术的认知和信心,使之积极配合治疗和护理,增强治疗疾病的信心。

（四）健康教育

1. 防止便秘,注意饮食调节,多吃蔬菜、水果,禁辛辣食物和饮酒。

2. 出院后,若创面未完全愈合,每次排便后仍需坐浴。

3. 若出现排便困难或肛门失禁,应及时去医院就诊。

四、肛瘘病人的护理

肛瘘(anal fistula)为肛门周围的肉芽肿性管道,由内口、瘘管、外口三部分组成,是常见的直肠肛管疾病之一,多见于青壮年男性。

【护理评估】

（一）健康史

1. 病因 大部分肛瘘由直肠肛管周围脓肿引起。

2. 病理 脓肿自行破溃或经手术切开后,溃破或引流处成为外口,原发灶为内口,脓腔逐渐缩小,脓腔周围的肉芽组织和纤维组织增生形成管道;粪便经常由原发感染病灶进入,由于肛瘘管道迁曲、引流不畅,而外口皮肤生长较快,常致假性愈合并形成脓肿。脓肿亦可从另处皮肤穿出形成新口,反复发作造成多个瘘口。

3. 分类

（1）按瘘口和瘘管的多少:①单纯性肛瘘:只有一个瘘管。②复杂性肛瘘:有多个瘘口和瘘管。

（2）按瘘的部位:①低位肛瘘:瘘管位于外括约肌深部以下,又分为低位单纯性肛瘘和低位复杂性肛瘘。②高位肛瘘:瘘管位于外括约肌深部以上,包括高位单纯性肛瘘和高位复杂性肛瘘。

（二）身体状况

1. 临床表现

（1）反复形成脓肿:肛门周围的外口不断有少量脓性分泌物排出是肛瘘的主要特点。

（2）疼痛:当外口堵塞或假性愈合时,瘘管内脓液不能排出,再次形成脓肿,出现疼痛及直肠肛管周围脓肿症状,随脓肿破溃,脓液外流,症状缓解。

（3）瘙痒：分泌物刺激肛门周围皮肤引起瘙痒不适，严重时出现湿疹。

（4）体征：外口呈红色乳头状突起，压之有少量脓液或脓血性分泌物排出。直肠指检时在内口处有轻度压痛，有时可扪到硬结样内口及条索样瘘管。

2. 实验室及其他检查 肛门镜检查有时可发现内口，为判断内口位置，可自外口注入亚甲蓝溶液，观察填入肛管及直肠下端的白色纱布条的染色部位。碘油瘘管造影检查可明确瘘管走向。

（三）心理和社会状况

病人流脓、肛门疼痛，常导致其焦虑甚至恐惧。

（四）治疗要点

本病以手术治疗为主，手术时应避免损伤肛门括约肌，防止肛门失禁。

1. 肛瘘切开术 切开瘘管，靠肉芽组织生长使伤口愈合。适用于低位肛瘘。

2. 肛瘘切除术 切开瘘管并将瘘管壁全部切除至健康组织，敞开创面，使其逐渐愈合。适用于低位单纯性肛瘘。

3. 挂线疗法 利用橡皮筋或有腐蚀作用的药线的机械性压迫作用，缓慢切开肛瘘。适用于高位单纯性肛瘘。此法可防止术后肛门失禁，因为切开瘘管后的炎症反应使切断的肌肉与周围组织粘连，肌肉不至于收缩过多而逐渐愈合。

【常见护理诊断/问题】

1. 疼痛 与肛周感染或手术有关。

2. 焦虑 与肛周疼痛及复发有关。

3. 潜在并发症：尿潴留、肛门失禁、肛门狭窄、感染。

【护理措施】

护理措施同直肠肛管周围脓肿病人的护理。

（巫全胜）

第十三节　肝硬化病人的护理

肝硬化（hepatic cirrhosis）是一种由不同病因引起的慢性进行性弥漫性肝病。临床以肝功能损害和门静脉高压为主要表现，晚期常出现消化道出血、肝性脑病、继发感染等严重并发症。本病是常见疾病和主要死亡病因之一，发病高峰年龄在 35～50 岁，以青壮年男性多见。

【护理评估】

（一）健康史

1. 病因 引起肝硬化的病因众多，我国以病毒性肝炎最常见，约占 60%～80%，国外以酒精中毒所致者多见，值得注意的是同一病人可有多种致病因素同时存在。

（1）病毒性肝炎：是我国肝硬化的最常见原因，主要是乙型、丙型、丁型肝炎病毒感染所致的慢性肝炎，甲型和戊型病毒性肝炎不发展为肝硬化。

（2）慢性酒精中毒：是国外肝硬化的常见原因，在我国约占 15%。长期大量饮酒，乙醇及其中间代谢产物（乙醛）对肝脏的毒性作用，继而发展为肝硬化。

（3）非酒精性脂肪性肝炎：危险因素为肥胖、高甘油三酯血症、糖尿病等，约 70% 的原因不明的肝硬化可能由非酒精性脂肪性肝炎引起。

(4)血吸虫病:长期反复感染血吸虫者,虫卵沉积在汇管区或毒性产物的刺激引起纤维组织增生,造成血吸虫病性肝纤维化。

(5)肝静脉回流障碍:慢性充血性心力衰竭、缩窄性心包炎、肝静脉和(或)下腔静脉阻塞综合征等使肝细胞长期淤血性缺氧、坏死,继而纤维组织增生,最终发展为肝硬化。

(6)化学毒物或药物:长期接触四氯化碳、砷、磷等化学毒物或长期服用对肝脏有毒的药物如双醋酚汀、甲基多巴、抗结核药或抗肿瘤药等,可引起中毒性肝炎,进而演变为成硬化。

(7)营养障碍:长期食物中缺乏蛋白质、维生素、抗脂肪肝物质如胆碱等,或慢性炎症性肠病致吸收不良和营养失调,均可造成肝细胞脂肪变性和坏死而演变成肝硬化。

(8)胆汁淤积:长期存在的肝内淤胆或肝外胆管阻塞所致的胆汁淤积,可导致胆汁性肝硬化。

(9)其他:遗传和代谢性疾病如铜氧化酶缺陷引起的铜代谢障碍所致的肝豆状核变性,铁代谢障碍所致的血色病,均可导致大量的铜和铁沉积于肝脏,引起肝细胞损害并演变为肝硬化。自身免疫性肝炎亦可进展为肝硬化。部分病例发病原因不能确定,称为隐源性肝硬化。

江西印象

鄱阳湖与血吸虫病

鄱阳湖为中国第一大淡水湖,位于江西省北部、长江中下游南岸,经九江市湖口县注入长江。鄱阳湖区有辽阔的湖滩草地,普遍滋生钉螺,而钉螺是血吸虫繁殖的中间宿主,是江西省和我国最严重的血吸虫病流行区之一。血吸虫感染可表现为急性、慢性与晚期血吸虫病,晚期血吸虫病最终多死于上消化道出血、肝性脑病、肝衰竭和脑型血吸虫等并发症。1958年鄱阳湖畔的余江县基本消灭了血吸虫。但是,20世纪80年代、90年代的几次洪水为血吸虫复发提供了环境条件,血吸虫病的防治工作仍不容忽视。

2. **发病机制**　肝硬化的发生、发展、演变一般经过致病因素作用造成大量肝细胞变性坏死,肝小叶纤维支架破坏,残存肝细胞不沿原支架排列,形成不规则的再生结节;汇管区和肝包膜大量纤维结缔组织增生,包绕再生结节或残留肝小叶重新分割,改建成假小叶而形成肝硬化的典型形态改变。上述改变使肝内血管受到再生结节挤压,血管床缩小、闭塞或扭曲,肝内门静脉、肝静脉和肝动脉失去正常关系,发生异常吻合,导致肝内血液循环紊乱,是形成门静脉高压的病理基础,更进一步加重肝细胞营养障碍,促使肝硬化病变进一步发展。

3. **病理**　肝的大体形态表现为肝脏变形,早期肿大,晚期明显缩小,表面有弥漫性大小不等的结节。根据结节形态,病理上可分为:①小结节性肝硬化:本型最常见,结节大小相仿,直径多在3~5mm,假小叶大小亦一致;②大结节性肝硬化:多由大片状肝坏死引起,结节大小不均,直径在1~3cm,最大可达5cm,假小叶亦大小不等;③大小结节混合性肝硬化:本型亦属常见,即肝内同时存在大、小结节两种病理形态。

(二)身体状况

肝硬化病人多数起病隐匿,病情进展缓慢,可隐伏3~5年或更长时间。少数因短期内大片肝坏死,3~6个月便发展为肝硬化。临床上将肝硬化分为代偿期和失代偿期两阶段,但两期界限不明显。

1. 代偿期肝硬化　早期症状较轻,缺乏特异性。主要有乏力、食欲不振、恶心、呕吐、腹胀、腹泻、上腹不适或隐痛等,以乏力、食欲不振为主要表现,出现最早。症状常因劳累或伴发病时出现,休息或治疗后可减轻或缓解。病人营养状况一般或消瘦,肝可稍大,质地偏硬,脾可轻至中度大,肝功能多在正常范围或轻度异常。

2. 失代偿期肝硬化　以肝功能减退和门静脉高压为主要表现。

(1)肝功能减退的临床表现

1)全身症状和体征:一般情况及营养状况较差,可有消瘦、乏力、精神不振、皮肤干枯粗糙、肝病面容(面色黝黑或面色灰暗)、不规则低热、浮肿、舌炎和口角炎等。

2)消化道症状:与胃肠道淤血水肿、消化吸收功能紊乱和肠道菌群失调等因素有关。食欲减退明显,为最常见症状,可出现恶心、呕吐、餐后上腹饱胀不适、腹痛等,稍进食油腻饮食易引起腹泻,半数以上有轻度黄疸,少数有中、重度黄疸。

3)出血倾向和贫血:病人常有鼻出血、牙龈出血、皮肤紫癜、胃肠出血等出血倾向,与肝脏合成凝血因子减少、脾功能亢进和毛细血管脆性增加有关。并常出现不同程度的贫血,由食欲不振、肠道吸收障碍、出血及脾功能亢进等引起。

4)内分泌失调表现:可出现蜘蛛痣、肝掌、性功能减退、男性乳房发育、睾丸萎缩、毛发脱落等,女性病人则出现月经失调、闭经、不孕等,由于雌激素增多、雄激素和糖皮质激素减少所致。肾上腺皮质功能减退时,病人面部和其他暴露部位皮肤色素沉着,与肝脏对雌激素灭活作用减退,致雌激素升高,通过负反馈抑制腺垂体分泌促性腺激素及促肾上腺皮质激素的功能有关。肝脏对醛固酮和抗利尿激素的灭活作用减弱,导致醛固酮和抗利尿激素增多,造成肾远曲管和集合管对钠水的重吸收增加,表现为浮肿、尿量减少、腹水等。肝硬化病人糖尿病患病率增加,但肝衰竭时因肝脏对胰岛素灭活减少,且肝糖原贮备减少,易发生低血糖。

(2)门静脉高压的临床表现:正常情况下门静脉压力为5~10mmHg,当门静脉压力持续>10mmHg时为门静脉高压,门静脉高压症的临床表现是脾大、侧支循环的建立和开放、腹水。

1)脾大:病人多为轻、中度脾肿大,为门静脉高压致脾静脉压力增高,脾淤血所致,血吸虫病肝纤维化时脾肿大明显。晚期常伴有周围血中红细胞、白细胞和血小板减少,称为脾功能亢进。

2)侧支循环的建立和开放:是门静脉高压特征表现。门静脉压力增高时,来自消化器官和脾脏的回心血液流经肝脏受阻,使门静脉交通支开放并扩张,血流量增加,建立侧支循环。临床上重要的侧支循环有3支,食管下段和胃底静脉曲张破裂出血时出现呕血、黑便甚至失血性休克等表现,常因胃酸反流腐蚀损伤、粗糙食物机械损伤或在呕吐、咳嗽、负重等使腹内压突然增高时导致曲张的静脉破裂引起。腹壁静脉曲张时在脐周和腹壁可见迂曲的静脉,以脐为中心向上及下腹延伸,外观呈水母头状。痔静脉曲张时形成内痔,破裂时可引起便血。

3)腹水:是肝硬化失代偿期最突出的临床表现,75%以上的失代偿期病人有腹水。少量腹水常无症状,中等量以上腹水时常有腹胀和移动性浊音,大量腹水时可见腹部隆起,腹壁绷紧发亮,状如蛙腹,可发生脐疝,并使横膈抬高引起呼吸困难和心悸等表现;部分病人可伴有胸水,以右侧多见。腹水的形成原因是多因素作用的结果,由门静脉压力增高、低白蛋白血症致血浆胶体渗透压降低、肝淋巴液生成过多、继发性醛固酮和抗利尿激素增多、有效循环血容量不足等所致。

（3）肝脏情况：早期肝脏增大，表面尚光滑，质地中等硬；晚期肝脏缩小，质地坚硬，表面结节状，一般无压痛。

3. 并发症

（1）上消化道出血：是本病最常见的并发症，起病急，突然出现大量呕血、黑便，易引起失血性休克或诱发肝性脑病，病死率高。出血原因多数由食管下段和胃底静脉曲张破裂所致，少数为急性胃黏膜糜烂或消化性溃疡引起。

（2）肝性脑病：是晚期肝硬化的最严重并发症，也是最常见的死亡原因，详见"肝性脑病病人的护理"。

（3）感染：易并发肺部感染、胆道感染、败血症、自发性腹膜炎等，严重时可导致死亡。自发性腹膜炎的致病菌多为革兰氏阴性杆菌，是肠道内细菌异常繁殖，通过肠壁或侧支循环进入腹腔引起，临床表现为发热、腹痛、腹胀、腹水迅速增长或持续不减、腹膜刺激征，少数可发生中毒性休克。

（4）原发性肝癌：病人出现肝脏短期内迅速增大、持续性肝区疼痛、血性腹水、不明原因发热等情况应考虑并发原发性肝癌。

（5）肝肾综合征：又称功能性肾衰竭，临床表现为自发性少尿或无尿、氮质血症、稀释性低钠血症和低尿钠，但肾脏无明显器质性损害。是肝硬化大量腹水时，由于有效循环血容量不足、肾血管收缩和肾内血液重新分布等因素引起。常在难治性腹水、进食减少、呕吐、腹泻、利尿药应用不当、自发性腹膜炎及肝衰竭时诱发。

（6）电解质和酸碱平衡紊乱：常见有低钠、低钾、低氯血症和代谢性碱中毒，与长期低钠饮食、长期利尿和大量放腹水等有关，可诱发和加重肝性脑病。

（7）肝肺综合征：为严重肝病伴肺血管扩张和低氧血症，晚期肝病病人中发生率为 $13\% \sim 47\%$。表现为低氧血症和呼吸困难，吸氧只能暂时缓解症状，但不能逆转病程。

4. 实验室及其他检查

（1）血常规检查：代偿期多正常，失代偿期可有不同程度的贫血；脾功能亢进时红细胞、白细胞、血小板均减少。

（2）尿常规检查：代偿期正常；失代偿期有蛋白尿、血尿和管型尿，黄疸时可有胆红素及尿胆原增加。

（3）肝功能检查：代偿期多正常或轻度异常，失代偿期多有异常，转氨酶有轻、中度升高，以丙氨酸氨基转移酶（ALT）增高较明显。血清白蛋白（A）降低，球蛋白（G）增高，A/G降低或倒置，γ球蛋白显著增高。凝血酶原时间有不同程度延长，注射维生素K后不能纠正。因纤维组织增生，血清Ⅲ型前胶原肽、透明质酸等常显著增高。

（4）腹水检查：一般为漏出液。并发自发性腹膜炎时，腹水透明度降低，比重介于漏出液与渗出液之间，Rivalta试验阳性，白细胞数增多，常在 $500 \times 10^6/L$ 以上，以多形核白细胞为主。并发结核性腹膜炎时以淋巴细胞增高为主，腹水为血性应警惕癌变，需做细胞学检查。

（5）免疫功能检查：免疫球蛋白IgG、IgA增高，以前者增高最明显。50%以上病人T淋巴细胞数低于正常，抗核抗体、抗平滑肌抗体、抗线粒体抗体阳性。若为病毒性肝炎引起者，病毒标记物可呈阳性反应。

（6）影像学检查：X线食管吞钡检查对诊断食管和胃底静脉曲张有价值，可见钡剂在食管黏膜上分布不均,有虫蚀样或蚯蚓状充盈缺损,纵行黏膜皱襞增宽,胃底呈菊花样充盈缺损。B超、CT和MRI检查可显示肝脾形态改变、脾静脉和门静脉内径增宽及腹水情况。

（7）内镜检查:胃镜检查可观察食管和胃底静脉有无曲张及其分布和程度,并发上消化道出血时,紧急胃镜检查可确定出血部位,并可进行止血治疗。腹腔镜检查可直接观察肝脏、脾脏情况,并可在直视下对病变明显处进行穿刺做活组织检查。

（8）肝穿刺活组织检查:对诊断有确诊价值,有助于明确肝硬化的病因,确定肝硬化的病理类型、炎症和纤维化程度,决定治疗方案和判断预后。

（三）心理和社会状况

由于肝硬化是慢性病,病程长,病理变化常为不可逆,症状复杂多变,且久治不愈。病人常出现思想负担沉重、意志消沉、情绪低落和焦虑心理,甚至出现消极悲观或愤怒绝望等不良情绪,对治疗和生存失去信心,或产生过度依赖医护人员的心理。长期治疗使家庭经济负担沉重,病人和家属出现厌倦、失望、绝望等。

（四）诊断要点

肝硬化代偿期的诊断常不容易,对原因不明的肝脾大、慢性病毒性肝炎、长期大量饮酒者应定期随访,肝穿刺活组织检查有利于早期确诊。肝硬化失代偿期的诊断主要根据有病毒性肝炎、慢性酒精中毒、化学毒物或药物、血吸虫病等病史,肝功能减退和门静脉高压症的临床表现,以及肝功能试验异常等确立。

（五）治疗要点

本病尚无特效治疗,关键在于早期诊断,加强病因治疗,注意一般治疗,以缓解病情,延长代偿期和保持劳动力。

1. 一般治疗　代偿期病人适当减少活动,避免过度劳累,宜高热量、高蛋白、高维生素易消化饮食。失代偿期病人注意休息以减轻肝脏负担,肝功能损害严重或有肝性脑病先兆者,应控制或禁食蛋白质,有腹水者应低盐饮食。禁酒,禁用对肝脏有损害的药物,避免进食粗糙、坚硬食物以免发生食管下段胃底静脉曲张破裂出血。

2. 药物治疗　尚无特效药。可选用抗纤维化药物如秋水仙碱、肾上腺皮质激素、丹参等,使用保护肝细胞药物如还原型谷胱甘肽、维生素类等,不宜滥用护肝药物。

3. 腹水的治疗

（1）消除诱因:注意休息,控制感染,限制钠、水摄入等。

（2）利尿药的应用:是目前临床应用最广泛的治疗腹水的方法。常用利尿药有螺内酯、氨苯蝶啶、呋塞米和氢氯噻嗪,临床常联合应用螺内酯和呋塞米,两者可协同利尿并减少电解质紊乱的发生。利尿药从小剂量起始,利尿期间每天体重下降不超过0.5kg为宜。

（3）提高血浆胶体渗透压:可定期输注白蛋白、血浆,不仅可提高血浆胶体渗透压,促进腹水消退,也有利于病人全身状况和肝功能的改善。白蛋白剂量为10~20g/d,总量400~600g,在使用白蛋白时应继续使用利尿药,以增强利尿的效果。应避免大剂量使用白蛋白,以防血容量剧增引起曲张的食管胃底静脉破裂出血。

（4）顽固性腹水的治疗:可采用腹腔穿刺放腹水、自身腹水浓缩回输术、经颈静脉肝内门体分流术、肝移植等治疗方法。放腹水治疗不作为常规治疗,对严重腹水合并脐疝者或致膈肌明显提高而影响呼吸者,可考虑作腹腔穿刺放腹水。自身腹水浓缩回输术不良反应可出现发热反应、腹腔感染、电解质紊乱等,目前已较少使用。

4. 手术治疗　有各种分流术、断流术和脾切除术等,目的是降低门静脉系统压力和消除脾功能亢进。对肝功能损害较轻、无黄疸或腹水、无并发症者,可考虑选择性手术治疗。晚期肝硬化病人有条件可进行肝移植手术,肝移植是各种原因引起的晚期肝硬化的最佳治疗方法。

5. 并发症治疗 出现并发症相应进行处理。自发性腹膜炎的治疗应早期、足量、联合使用抗生素,并加强支持治疗。肝肾综合征重在预防,控制上消化道出血、感染等诱发因素,严格控制输液量,纠正水、电解质和酸碱紊乱,输注右旋糖酐、白蛋白,并在此基础上应用利尿药,使用血管活性药物多巴胺等。

【常见护理诊断/问题】

1. 营养失调:低于机体需要量 与肝功能减退、食欲不振、消化吸收障碍有关。

2. 体液过多 与肝功能减退、门静脉高压、醛固酮和抗利尿激素增多引起的钠水潴留有关。

3. 有皮肤完整性受损的危险 与营养不良、水肿、皮肤干枯粗糙、瘙痒、长期卧床有关。

4. 焦虑 与病情反复、担心疾病的预后不佳、经济负担压力有关。

5. 潜在并发症: 上消化道出血、肝性脑病、感染、原发性肝癌、肝肾综合征、电解质和酸碱平衡紊乱、肝肺综合征。

【护理目标】

1. 病人能合理调整饮食,摄取营养能满足机体需要,营养状况得到改善。

2. 病人水肿和腹水减轻或消失,身体舒适感增加。

3. 病人皮肤无破损和感染。

4. 能采取有效应对措施,焦虑等情绪得到纠正,对治疗和生活信心增加。

5. 并发症能得到有效预防或减少。

【护理措施】

(一) 一般护理

1. 休息与活动 根据病情合理安排病人的休息与活动,休息是保护肝脏的重要措施之一,休息可减轻肝脏负担,降低门静脉压力,增加肝脏血流量,促进肝细胞修复,改善腹水和水肿,充足的睡眠可增加糖原和蛋白质的合成。肝功能代偿期病人可适度活动,但要避免过度疲劳;肝功能失代偿期病人以卧床休息为主,根据病情安排适量的活动,活动量以不感到疲劳、不加重症状为度。

2. 饮食护理 合理的饮食是改善肝功能、延缓病情进展的基本措施。遵循高热量、高蛋白质、高维生素、易消化饮食原则,并根据病情变化及时调整。保证热量,每天供给糖 300～400g,以利于肝细胞再生;蛋白质每天每公斤体重 1.0～1.5g,应以高生物效价的蛋白质为主,如豆制品、鸡蛋、牛奶、鱼、瘦猪肉等,充足的蛋白质有助于肝细胞修复和维持血浆白蛋白正常水平,有利于腹水和水肿的消退。但肝功能损害严重或肝性脑病先兆时应严格限制或暂禁蛋白质摄入。宜进食富含维生素的食物如粗粮、绿豆、西红柿等,以促进肝细胞修复、保护肝脏功能及增强肝脏解毒功能;脂肪摄入过多易引起脂肪肝、阻止肝糖原的合成和使肝功能衰退,应适当限制脂肪摄入,以 50g/d 左右为宜;尽量食用以蒸、煮、炖、熬、烩等加工方法制作的食物,以利消化吸收,避免食用强烈的调味品和乙醇饮料,以减轻肝脏负担;食管胃底静脉曲张病人应进软食,进餐时细嚼慢咽,食团宜小且表面光滑,避免进食粗糙、坚硬、刺激性强的食物,药物应磨成粉末服用,以免引起食管胃底静脉曲张破裂出血;腹水病人应限制钠水的摄入,每天钠的入量宜限制在 500～800mg(氯化钠 1.2～2.0g),水限制在每天

1000ml 左右,并根据尿量、腹水消退和血钠情况适时调整;严禁饮酒。

(二)病情观察

注意观察病人有无上消化道出血、自发性腹膜炎、肝性脑病、肝肾综合征、原发性肝癌等并发症的临床表现,及早发现并及时处理。

(三)皮肤护理

保持皮肤清洁,每天温水沐浴,水温不宜过高,忌用刺激性沐浴液或皂类,沐浴后可用性质柔和的润肤品,以减轻皮肤干燥和瘙痒。皮肤瘙痒明显者勿用手抓挠,防止损伤皮肤,可用局部冷敷、薄荷油涂擦,或遵医嘱给予止痒处理。衣服宜柔软、宽大、吸汗,床铺应平整、干燥、清洁,注意定时更换体位,臀部、阴囊、下肢、足部水肿可用棉垫托起,受压部位皮肤给予热敷和按摩以促进局部血液循环,改善皮肤的营养代谢,以免受压部位发生压疮及继发感染。

(四)腹水护理

注意休息,取适宜的体位,少量腹水时取平卧位,以利增加肝、肾血流和改善肝细胞营养;大量腹水时取半卧位,使膈肌下降,减轻呼吸困难和心悸;卧床时抬高下肢,阴囊水肿者可用托带托起阴囊,以利水肿消退。限制钠水的摄入量,准确记录 24 小时出入量,定期测量并记录腹围和体重情况,观察腹水消退情况。大量腹水时,应避免腹内压骤增的情况,如剧烈咳嗽、呕吐、用力排便、打喷嚏等。遵医嘱正确使用利尿药和血浆、白蛋白,利尿药易引起水、电解质和酸碱紊乱,应注意加强电解质的监测,发现高血钾、低血钾及酸碱平衡紊乱时,应遵医嘱加以纠正,以免诱发肝性脑病等;使用白蛋白时应注意控制总量,以防过量使血容量剧增诱发食管胃底静脉曲张破裂出血。对实施腹腔穿刺放腹水治疗的病人,应协助做好腹腔穿刺的操作前准备、术中配合及操作后护理,放腹水时注意记录腹水量、颜色、性质等。

(五)心理护理

给予病人精神上的安慰和支持,对肝硬化病人在病程中出现的各种心理变化给予理解、同情,耐心解释病人所提出的问题,鼓励病人说出其内心感受和忧虑,同时发挥家庭等支持系统的作用,指导病人及家属正确应对治疗和护理中出现的各种情况,减轻病人心理负担,增加配合治疗和护理的依从性,保持愉快心情,促使身心康复。

(六)健康指导

1. 疾病知识指导　向病人和家属介绍疾病基本知识和自我护理的方法,消除思想顾虑和精神压力,树立战胜疾病信心,把治疗与护理计划落实到日常生活中。

2. 生活指导　生活起居有规律,根据自身病情掌握活动的时间与活动量,注意劳逸结合,保证足够的休息和睡眠,合理安排工作与生活,同时注意情绪的调节和稳定。向病人及家属强调饮食的重要性,说明饮食治疗的意义、原则和方法,帮助制定切实可行的饮食计划,注意蛋白质、钠盐等的合理补充,养成良好的饮食卫生习惯,戒烟、酒。

3. 用药指导　介绍所用药物的名称、剂量、给药方法、给药时间、药物的疗效和不良反应等,教育病人应遵医嘱用药,避免滥用对肝脏有损害的药物,以免加重肝脏的负担和肝功能损害。

4. 定期复查　帮助病人及家属认识定期复查的重要意义,教会病人早期识别病情变化,熟知并发症的诱因和基本表现,出现相关病情变化或先兆时及时就诊。

【护理评价】

1. 病人能否合理调整饮食,摄取营养能否满足机体需要,营养状况是否得到改善。

2. 病人水肿和腹水是否减轻或已消失,身体舒适感是否增加。

3. 病人皮肤有无破损或感染。

4. 病人情绪是否稳定,焦虑等心理反应有无减轻。

5. 并发症是否得到有效预防,减少或无并发症发生。

（高健群）

第十四节　原发性肝癌病人的护理

原发性肝癌(primary carcinoma of the liver)以下简称肝癌,是指发生于肝细胞或肝内胆管上皮细胞的癌,为我国常见恶性肿瘤之一。肝癌的发病率在世界各地差异较大,欧美、大洋州发病率较低,东南亚及非洲撒哈拉沙漠以南地区为最高,国内沿海高于内地,东南和东北高于西北和西南,尤以江苏的启东和广西的扶绥发病率最高。本病可发生于任何年龄,以40~50岁年龄组最高,男女发病率之比为3~4:1。

【护理评估】

（一）健康史

1. 病因与发病机制　尚未完全肯定,可能是多种因素综合作用的结果。

(1)病毒性肝炎:约1/3的原发性肝癌病人有慢性肝炎病史,而肝癌病人血清HBsAg及其他乙型肝炎病毒标志物的阳性率高达90%,显著高于健康人群,提示乙型肝炎病毒与肝癌发病密切相关。近年研究发现肝细胞癌中5%~8%病人抗HCV阳性,提示丙型病毒性肝炎亦与肝癌的发病密切相关。

(2)肝硬化:原发性肝癌合并肝硬化者约占50%~90%,多为乙型和丙型病毒性肝炎发展成肝硬化。在欧美国家,肝癌常发生在酒精性肝硬化的基础上。肝硬化引起肝细胞恶变可能是在肝细胞反复损害后引起再生或不典型增生过程中,经多病因、多阶段的损害,多基因突变而发生。一般认为,胆汁性和淤血性肝硬化、血吸虫病性肝纤维化与肝癌的发生无关。

(3)黄曲霉毒素:黄曲霉毒素的代谢产物黄曲霉毒素 B_1 有强烈的致癌作用。流行病学调查发现粮食、食品等受黄曲霉毒素 B_1 污染严重的地区,肝癌发病率也较高,说明黄曲霉毒素 B_1 与肝癌发生有关。

(4)其他因素:饮用水受苯并芘、氯仿等有机致癌物污染后可致肝癌发生,藻类毒素污染水源也可致肝癌。长期饮酒和吸烟增加患肝癌的危险性,其他如遗传、亚硝胺类化合物、有机氯类农药、寄生虫如华支睾吸虫感染等,可能与肝癌发生有关。

2. 病理

(1)分型:肝癌按大体形态可分为块状型、结节型、弥漫型。从病理组织学分型可分为肝细胞型、胆管细胞型和混合型,肝细胞型约占肝癌的90%以上。按肿瘤大小可分为微小肝癌(直径≤2cm)、小肝癌(2cm<直径≤5cm)、大肝癌(5cm<直径≤10cm)和巨大肝癌(直径>10cm)。

(2)转移途径:原发性肝癌可经血行转移、淋巴转移、种植转移造成癌细胞扩散。①血行转移:肝内血行转移发生最早及最常见,引起肝内多发性转移灶。门静脉分支癌栓阻塞时,可引起门静脉高压和顽固性腹水。肝外转移以肺转移多见,其次为肾上腺、骨、肾、脑等;②淋巴转移:以肝门淋巴结转移最多见,也可转移至胰、脾、主动脉旁淋巴结及锁骨上淋巴结;③种植转移:脱落的肝癌细胞可种植在腹膜、膈、胸腔等处引起血性腹水、胸水,种植在盆腔时可在卵巢形成较大的肿块,此转移途径少见。

(二)身体状况

1. **临床表现**　起病隐匿,早期缺乏特异性表现。经甲胎蛋白(AFP)普查检出的早期病例可无任何症状和体征,称为亚临床肝癌。出现症状就诊者多属中晚期。

(1)肝区疼痛:是肝癌的最常见和最主要的症状,临床约半数以上病人可有肝区疼痛,多呈持续性胀痛或钝痛,与肿瘤快速增长、肝包膜被牵拉有关;若肿瘤生长缓慢,则可无疼痛或仅有轻微钝痛;肿瘤侵犯膈时疼痛可牵涉至右肩。肝表面的癌结节破裂时,坏死的癌组织及血液流入腹腔,可引起突然的剧痛,伴有急腹症表现,如出血量大,可引起晕厥或休克。

(2)肝大:进行性肝大为最常见的体征,肝质地坚硬,表面凹凸不平,有大小不等的结节或巨块,边缘钝而不规则,常有不同程度的压痛。

(3)黄疸:通常在晚期出现,多由肝细胞损害、癌块压迫或侵犯肝门附近胆管,或癌组织和血块脱落引起胆道阻塞所致。

(4)肝硬化征象:肝癌伴有肝硬化门脉高压者可有脾大、静脉侧支循环形成和腹水等表现。腹水增长速度较快,一般为漏出液。血性腹水多由于癌肿侵犯肝包膜或向腹腔内破溃引起。

(5)全身性表现:进行性消瘦、发热、乏力、食欲不振、营养不良等,晚期可出现全身衰竭和恶病质。

(6)肿瘤转移表现:肝癌转移可出现相应的症状,如胸膜转移可有胸水,肺转移可有咳嗽、咯血症状;骨骼或脊柱转移可有局部压痛和神经受压表现;颅内转移可有相应的神经定位症状和体征。

2. **并发症**

(1)肝性脑病:常为肝癌终末期的最严重并发症,约1/3的病人因此致死。

(2)上消化道出血:约占肝癌死亡原因的15%,肝癌病人可因食管胃底静脉曲张破裂、胃肠道黏膜糜烂、凝血功能障碍等而出血。

(3)肝癌结节破裂出血:肝癌病人因肝癌结节破裂出血致死约占10%。肝癌组织坏死、液化可致自发破裂或由于外力而破裂。小量出血可表现为血性腹水,大量出血可出现休克,当癌结节破裂局限于肝包膜下时可形成压痛性包块,破入腹腔可引起急性腹痛和腹膜刺激征。

(4)继发感染:肝癌病人因长期消耗或放射、化学治疗致白细胞减少,抵抗力减弱,加之长期卧床等因素,易并发肺炎、肠道感染、败血症等各种感染。

3. **实验室及其他检查**

(1)甲胎蛋白(AFP)检查:是肝癌特异性最强的标志物和诊断肝癌的主要指标,广泛应用于肝癌普查、诊断、判断治疗效果和预测复发等方面。肝癌 AFP 阳性率为 70% ～90%,AFP 浓度通常与肝癌大小成正相关。在排除妊娠、活动性肝病和生殖腺胚胎瘤的基础上,AFP 检查诊断肝癌的标准为:①AFP 大于 $500\mu g/L$,持续 4 周以上;②AFP 由低浓度逐渐升高不降;③AFP 在 $200\mu g/L$ 以上的中等水平持续 8 周以上。

(2)血清酶检查:γ-谷氨酰转移酶同工酶 II(GGT$_2$)在原发性和转移性肝癌的阳性率可达 90%。异常凝血酶原(APT)和血清岩藻糖苷酶(AFU)等有助于 AFP 阴性肝癌的诊断和鉴别诊断,联合多种标志物可提高诊断率。

(3)超声显像:对肝癌的早期定位诊断有较大价值,已广泛用于肝癌的筛查,AFP 结合 B 超检查是早期诊断肝癌的主要方法。

(4)CT 检查:是肝癌诊断的重要手段,CT 图像常表现为局灶性边界比较清楚的密度减低区,阳性率达 90% 以上。如结合肝动脉造影,对 1cm 以下肿瘤检出率可达 80% 以上,是临床疑诊肝癌者和确诊为肝癌拟行手术者的常规检查。

(5)MRI 检查:能清楚显示肝癌内部结构特征,对显示子瘤和瘤栓有价值。应用于临床疑诊肝癌而 CT 未能发现病灶,或病灶性质不能确定时。

(6)放射性核素肝显像:用 ^{99m} 锝-红细胞作肝血池显影,有助于肝癌与肝囊肿、肝脓肿、血管瘤等占位性病变的鉴别。

(7)肝血管造影:选择性肝动脉造影是肝癌诊断的重要补充手段,用于临床怀疑肝癌存在,而影像学检查不能发现病灶的情况下。

(8)肝穿刺活组织检查:在超声或 CT 引导下穿刺吸取癌组织进行组织学检查,是确诊肝癌的最可靠方法。肝血管瘤禁止采用肝穿刺活组织检查。

(三)心理和社会状况

肝癌病人的心理状态较复杂,可出现否认、愤怒、忧伤、接受几个心理反应阶段。初始表现是对诊断产生质疑,拒绝承认和相信癌肿的现实而到处求诊。随诊断的确立表现暴躁易怒,或逃避现实,部分病人会出现过激的心理反应。此后病人接受癌肿的现实,期望奇迹出现,甚至会主动到处求诊;后随病情的发展,治疗效果不佳,病人的情绪忧郁低落,甚至有自杀倾向;晚期因全身进行性衰竭,病人的心理彻底崩溃、绝望。同时应评估家属对病人的态度。

(四)治疗要点

应早期发现和早期治疗,治疗方法有手术治疗、肝动脉化疗栓塞治疗(TACE)、无水酒精注射疗法、放射治疗、全身化疗、生物和免疫治疗、中医治疗等,早期肝癌应尽量采取手术切除,对不能切除者可采取多种综合治疗措施。

1. **手术治疗** 是目前根治肝癌的首选方法,对诊断明确并有手术指征者及早手术。常用手术方式有:①肝切除术。②不能切除的肝癌外科治疗方法为单独或联合应用肝动脉结扎、肝动脉栓塞、冷冻、激光、微波热凝等;肿瘤缩小后部分病人可获得二期手术切除的机会。③根治性切除术后复发肝癌部分可二次手术治疗。但术后有较高的复发率,应加强综合治疗与随访。

2. **肝动脉化疗栓塞治疗(TACE)** 是肝癌非手术治疗中的首选方法,可明显提高病人的 3 年生存率。TACE 是经皮穿刺股动脉,在 X 线透视下将导管插至肝动脉或其分支注射抗肿瘤药物和栓塞剂(常用栓塞剂有碘化油和明胶海绵碎片),6~8 周重复 1 次治疗,经 2~5 次治疗,可使肝癌明显缩小,以便再进行手术切除。

3. **无水酒精注射治疗** 在超声引导下经皮穿刺直接注射无水酒精到肿瘤中,导致肿瘤坏死而产生疗效。适用于肿瘤直径在 3cm 以内,癌结节数在 3 个以下伴有肝硬化而不能手术治疗者。

4. **全身化疗** 主要适用于肝外转移者或肝内播散严重者。常用的化疗药物有丝裂霉素 C(MMC)、多柔比星(ADM)及 5-氟尿嘧啶(5-FU)等。

5. **放射治疗** 主要适用于肝门区肝癌的治疗。目前多采用在 CT 或超声定位后用直线加速器或 ^{60}Co 作局部外照射,如配合化疗、中药治疗、免疫治疗及支持疗法,可提高缓解率。

6. **生物和免疫治疗** 具有巩固和增强疗效的作用,常用干扰素、肿瘤坏死因子、白细胞介素 2 等进行治疗。目前单克隆抗体(MAbs)和酪氨酸激酶抑制剂(TKI)类的各种靶向治疗药物等已应用于临床,基因治疗和肿瘤疫苗技术也在研究之中。

7. **中医治疗** 配合手术、放疗、化疗使用,有助于改善机体免疫功能,减少不良反应,提高综合疗效。

8. **并发症治疗** 在病程中如出现上消化道出血、肝性脑病、肝癌结节破裂出血、感染等,应进行相应处理。

【常见护理诊断/问题】

1. **疼痛:肝区痛** 与肝癌生长迅速、牵拉肝包膜或肝动脉栓塞术后产生栓塞后综合征有关。

2. **营养失调:低于机体需要量** 与肿瘤消耗、厌食、化疗所致胃肠道反应有关。

3. **绝望** 与得知肝癌的诊断、治疗效果差、担心预后有关。

4. **潜在并发症**:上消化道出血、肝性脑病、肝癌结节破裂出血、继发感染等。

【护理措施】

(一) 一般护理

1. **缓解疼痛的护理** 合理安排休息,给予舒适体位如取坐位或半卧位,保持舒适、安静的环境,减少对病人的不良刺激。鼓励病人参与适合的娱乐活动,分散或转移病人注意力,如作深呼吸、与病友聊天、看书报、听音乐等。利用放松法、诱导想象或适当按摩等方法来缓解疼痛。指导病人采取相应的保护措施,如遇咳嗽时用手轻按住肝区等,体格检查、诊疗、护理操作时动作宜轻,多与病人沟通,理解和尊重病人,给予心理支持,减轻病人心理压力。遵医嘱给予止痛药,给药时应遵循 WHO 推荐的三阶梯疗法,选用镇痛药必须从弱到强,先以非麻醉镇痛药为主,当其不能控制疼痛时依次加用弱麻醉性及强麻醉性镇痛药,并配以辅助用药,采取复合用药的方式达到镇痛效果,注意观察药物的疗效和不良反应。也可采用病人自控镇痛(PCA)法进行止痛,从而做到个体化给药,增加了病人自我照顾和对疼痛的自主控制能力。

2. **饮食护理** 应选用高蛋白、高热量、高维生素、易消化饮食,向病人解释保证饮食维持良好的营养状态对疾病恢复的意义,鼓励病人多进食,避免摄入高脂和刺激性食物而增加肝脏负担。安排愉快、舒适的就餐环境,注意饮食的多样化,尽量选择和满足病人喜爱的食物种类、烹调方式,并增加食物的色、香、味、美等感官的刺激,增进病人的食欲。对恶心、呕吐者,应做好口腔护理,在使用止吐剂后进少量食物,增加进餐次数,鼓励病人增加摄入量。对有肝性脑病倾向者,应减少或控制蛋白质摄入量,以免诱发肝昏迷。肝癌晚期进食困难者,可遵医嘱静脉补充营养,维持机体代谢需要。有腹水时给予少钠盐或无钠盐饮食,控制钠水的入量,记录每日的出入量,定期检测血清电解质,发现异常遵医嘱及时纠正。

(二) 病情观察

观察病人疼痛的程度、性质、部位及伴随症状,及时发现和处理异常情况。加强对上消化道出血、肝性脑病、肝癌结节破裂出血、感染等并发症相关症状的观察,以便及时发现并报告医生,从而得到及时治疗和护理。

(三) 肝动脉栓塞化疗病人的护理

肝动脉栓塞化疗是一种创伤性的非手术治疗,应做好术前和术后护理及术中配合,以减少并发症的发生。

1. **术前护理** 术前给病人及家属解释治疗的必要性、方法和效果,以减轻其对治疗的疑虑,积极配合治疗,指导其做好术中配合。做好各种术前检查,如血常规、肝肾功能、出凝血功能、B超、心电图等,检查股动脉及足背动脉搏动程度。做好术前准备,如双侧腹股沟区备皮,术前6小时禁食禁水等。

2. 术后护理 术后由于肝动脉供血量突然减少,可产生栓塞后综合征,即出现腹痛、发热、恶心、呕吐、血清蛋白降低、肝功能异常等表现,应做好相应护理。术后24~48小时密切观察并记录生命体征,发热是机体对坏死组织的吸收反应,多在术后4~8小时体温升高,一般为低热至中等度热,持续约1周,可给予物理降温或遵医嘱应用退热药,必要时吸氧。注意局部有无出血,术后穿刺部位压迫止血15分钟后再加压包扎,回病房后穿刺侧肢体伸直24小时,沙袋压迫6~8小时,3天内密切注意穿刺部位有无血肿、渗血,注意观察足背动脉搏动情况及皮肤颜色、温度,防止包扎过紧。术后禁食2~3天,逐渐过渡到流质饮食,少量多餐,以减轻恶心、呕吐,恶心、呕吐多发生在治疗1天以后,系抗癌药对胃肠黏膜的直接毒性所致,应密切注意呕吐物的性状和量、电解质平衡情况,并作出相应的护理。术后1周后,因肝缺血影响肝糖原的储存和蛋白质的合成,应根据医嘱注意补充葡萄糖和白蛋白,保持液体平衡,准确记录出入量,作为补液的依据。腹痛、腹胀系栓塞治疗后肝脏水肿、肝包膜张力增加所致,一般术后48小时缓解,如剧烈疼痛持续3~4天,应考虑有误伤其他器官并引起坏死的可能,必要时行胃肠减压,未明确诊断前慎用镇痛剂。注意观察病人有无肝性脑病前驱症状,一旦发现异常,及时配合医生进行处理。

(四) 手术护理

1. 改善营养情况

(1) 术前:原发性肝癌病人宜采用高蛋白、高热量、高维生素饮食。选择病人喜爱的食物种类,安排舒适的环境,少量多餐。此外,还可给予营养支持、输血等,以纠正低蛋白血症,提高手术耐受力。

(2) 术后:术后禁食、胃肠减压,待肠蠕动恢复后逐步给予流质、半流质,直至正常饮食。病人术后肝功能受影响,易发生低血糖,禁食期间应从静脉输入葡萄糖液。术后两周内适量补充血清蛋白和血浆,以提高机体抵抗力。

2. 并发症的预防和护理

(1) 出血

1) 术前:①改善凝血功能:术前3天给维生素K_1肌内注射,以改善凝血功能,预防术中、术后出血。②告诫病人尽量避免致肿瘤破裂的诱因,如剧烈咳嗽、用力排便等致腹内压骤升的动作。加强腹部体征的观察,若病人突然主诉腹痛,伴腹膜刺激征,应高度怀疑肿瘤破裂出血,应及时通知医师,积极配合抢救。少数出血可自行停止。

2) 术后:术后出血是肝切除术常见的并发症之一。主要措施有:①严密观察病情变化。②体位与活动:手术后病人若血压平稳,可给予半卧位,以防止术后肝断面出血,一般不鼓励病人早期活动。术后24小时内卧床休息,避免剧烈咳嗽,以免引起术后出血。③引流液的观察:手术后当日可从肝旁引流管引流出血性液体100~300ml,若血性液体增多,应警惕腹腔内出血。应做好再次手术止血的准备。

(2) 肝性脑病:病情观察;吸氧;避免肝性脑病的诱因;禁用肥皂水灌肠,便秘者可口服乳果糖,促使肠道内氨的排出。

(3) 膈下积液及脓肿:膈下积液和脓肿是肝切除术后的一种严重并发症。术后引流不畅或引流管拔除过早,使残肝旁积液、积血,或肝断面坏死组织及渗漏胆汁积聚造成膈下积液,如果继发感染则形成膈下脓肿。护理应注意:①保持引流通畅,对经胸手术放置胸腔引流管的病人,应按闭式胸腔引流的护理要求进行护理。②加强观察:膈下积液及脓肿多发生在术后1周左右,若病人术后体温正常后再度升高或术后高热持续不降,出现肋缘下或剑突下持续性顿痛、呃逆,应怀疑膈下积液或膈下脓肿。③脓肿引流的护理:若已形成膈下脓肿,应穿刺抽脓,对穿刺后置入引流管者,加强冲洗和吸引护理。④加强支持治疗和抗菌药的应用护理。

（五）放射治疗护理

针对放射治疗的不良反应进行护理。病人卧床休息,避免体力消耗。保持照射部位干燥,照射部位不可任意涂擦药膏,不可洗掉照射部位的记号,避免照射部位直接暴露于阳光下。照射部位不用肥皂水擦洗,而用清水洗、动作应轻。恶心、呕吐时可少食多餐,遵医嘱使用止吐剂。毛发脱落病人应避免用力梳发,忌用力抓头皮,已脱发者可用假发或头巾掩饰。衣着应宽松、柔软,避免损伤皮肤。

（六）心理护理

充分认识病人的心理社会反应,主动关心、体贴、帮助病人,多与病人交谈,从中了解病人的心理活动和对治疗、护理的要求,尊重病人,同情、理解病人的心理状态并给予心理安慰,尽量满足病人对治疗和护理的要求。对病人的心理状态、承受能力、文化修养等全面评估,掌握病程过程中出现的不同心理状态,并根据不同的心理类型给予心理疏导和心理支持。重视家属的情绪对病人心理支持所起的作用,关心和安慰家属,及时给家属心理支持,适时给予协助和指导,使病人能顺利接受治疗和护理。

（七）健康指导

1. **疾病知识指导**　积极宣传和普及肝癌的预防知识,定期对肝癌高发区人群进行教育、普查,预防肝癌的发生和早期诊治肝癌。指导病人及家属熟悉肝癌的有关知识及并发症的预防和识别,以便随时发现病情变化及时就诊。接种乙肝疫苗预防病毒性肝炎。

2. **生活指导**　保持生活规律,合理调节休息与活动。指导病人合理调节饮食,饮食以高蛋白、适当热量、多种维生素为宜,保证充足营养素的摄入,增强机体抵抗力。注意饮水和饮食卫生,戒烟酒,不吃霉变粮食及食品。

3. **用药指导**　指导病人按医嘱用药,不随意滥用药物,了解药物的不良反应,避免使用对肝有损害的药物。定期随访复查。

（高健群）

第十五节　肝性脑病病人的护理

肝性脑病(hepatic encephalopathy,HE)又称肝昏迷,是严重肝病引起的以代谢紊乱为基础的中枢神经系统功能失调的综合征。主要临床表现是行为失常、扑翼样震颤、意识障碍及昏迷。若脑病的发生是由门静脉高压、广泛肝门静脉与腔静脉侧支循环形成引起,称为门体分流性脑病(PSE)。对于有严重肝病尚无明显的肝性脑病临床表现,而用精细的智力测试或电生理检测异常者,称为轻微肝性脑病,是肝性脑病发病过程中的一个阶段。

【护理评估】

（一）健康史

1. 病因和诱因

（1）病因:多数肝性脑病由各型肝硬化引起。肝炎后肝硬化为最常见的原因,其次为改善门静脉高压的门体分流手术引起。部分肝性脑病由重症肝炎、中毒性肝炎和药物性肝病的急性或暴发性肝衰竭引起。少数由原发性肝癌、妊娠期急性脂肪肝、严重胆道感染等引起。

（2）诱因：肝性脑病的发生可有或无诱因，但门体分流性脑病多有诱因，常见的诱因有上消化道出血、高蛋白饮食、使用大量排钾利尿药、放腹水、镇静催眠药和麻醉药、便秘、外科手术、感染、腹泻、尿毒症、低血糖等。

2. 发病机制 尚未完全明确，是多种因素综合作用的结果。一般认为本病的病理生理基础是肝细胞功能衰竭和门体静脉分流手术造成或自然形成的侧支循环，使来自肠道的大量毒性代谢产物，未经肝脏的解毒和清除便进入体循环，透过血脑屏障进入脑部，引起大脑功能紊乱。

（1）神经毒素：氨是肝性脑病最主要的神经毒素。氨代谢紊乱所致的氨中毒是肝性脑病众多发病机制中研究最多、依据最充分的发病机制，特别是门体分流性脑病。血氨主要来自肠道、肾和骨骼肌生成的氨，肾是排泄氨的主要场所，血氨增高主要是由于氨的生成过多和（或）代谢清除减少所致。氨对中枢神经系统的毒性作用是干扰脑细胞的能量代谢，使脑细胞的能量供应不足，不能维持正常功能。此外脑，内氨浓度升高，星形胶质细胞产生大量的谷氨酰胺，谷氨酰胺是一种很强的细胞内有机渗透剂，可导致脑水肿，进一步干扰脑细胞的能量代谢。同时，氨是一种具有神经毒性的化合物，能导致中枢神经系统直接损害。

（2）神经递质的变化：①假性神经递质：神经冲动的传导是通过递质来完成的，神经递质分为兴奋性和抑制性递质，兴奋性递质有多巴胺、去甲肾上腺素、乙酰胆碱、谷氨酸等，抑制性递质有5-羟色胺、γ-氨基丁酸等，正常时两类神经递质保持生理平衡。食物中的芳香族氨基酸如酪氨酸、苯丙氨酸等经肠道细菌脱羧酶的作用分别转变成酪胺和苯乙胺，经肝细胞中的单胺氧化酶的作用进一步代谢消除，肝衰竭时清除酪胺和苯乙胺能力减退，该物质随血循环进入脑组织，经脑内 β 羟化酶的作用分别生成 β-羟酪胺和苯乙醇胺，β-羟酪胺和苯乙醇胺的化学结构与正常神经递质去甲肾上腺素相似，但不能传递神经冲动或作用很弱，称为假性神经递质。假性神经递质取代突触中的正常递质时，神经传导发生障碍，兴奋冲动不能正常传至大脑皮质而产生抑制，出现意识障碍或昏迷。②γ-氨基丁酸/苯二氮䓬（GABA/BZ）复合体学说：γ-氨基丁酸是哺乳动物大脑的主要抑制性神经递质，在肝衰竭和门体分流时，γ-氨基丁酸绕过肝脏进入体循环，使血浆 γ-氨基丁酸浓度增高。肝性脑病的动物模型中发现 γ-氨基丁酸浓度增高，血脑屏障的通透性也增高，大脑突触后神经元的 γ-氨基丁酸受体增多，该受体不仅与 γ-氨基丁酸结合，还可与巴比妥类和苯二氮䓬类药物结合，组成 GABA/BZ 复合体，共同调节氯离子通道，复合体中任何一个受体被激活而使神经传导被抑制。③氨基酸代谢不平衡学说：芳香族氨基酸如苯丙氨酸、酪氨酸及色氨酸正常情况下在肝中代谢分解，支链氨基酸如缬氨酸、亮氨酸及异亮氨酸主要在骨骼肌分解，胰岛素可促使支链氨基酸进入肌肉组织。肝衰竭时，芳香族氨基酸分解减少使血中浓度增高，而由于胰岛素在肝内灭活作用降低促使支链氨基酸大量进入肌肉组织使其在血中浓度降低。芳香族氨基酸和支链氨基酸在相互竞争、排斥中通过血脑屏障进入大脑，进入脑中的芳香族氨基酸增多进一步形成假性神经递质，造成大脑的抑制。色氨酸在脑内可代谢生成5-羟色胺及5-羟吲哚乙酸，5-羟色胺及5-羟吲哚乙酸为抑制性神经递质，与早期睡眠方式及日夜节律改变有关。

（二）身体状况

1. 临床表现 本病的临床表现可因原有肝病性质、肝细胞损害的轻重缓急程度及诱因不同而异。一般根据意识障碍程度、神经系统表现和脑电图改变,将肝性脑病的临床过程分为四期。

(1)一期(前驱期):轻度性格改变和行为异常,表现为欣快激动或淡漠少言、随地便溺。病人应答尚准确,但有时吐字不清且较缓慢。可有扑翼样震颤,扑翼样震颤是肝性脑病中最具特征性的体征,病人两臂平伸,手掌向背侧伸展,手指分开时可见手向外侧偏斜,掌指关节、腕关节甚至肘与肩关节的急促而不规则地扑击样抖动。此期临床表现不明显,脑电图多数正常,可历时数天或数周,易被忽视。

(2)二期(昏迷前期):以意识错乱、睡眠障碍、行为失常为主。定向力和理解力减退,言语不清,举止反常,多有睡眠时间倒错。书写障碍,对时间、地点、人物的概念混乱,不能完成简单的计算和智力构图,部分病人可出现幻觉、恐惧、狂躁等精神症状。此期常有明显神经系统体征,如腱反射亢进、肌张力增高、巴宾斯基征阳性、踝阵挛等。扑翼样震颤存在,脑电图有表现异常。

(3)三期(昏睡期):以昏睡和精神错乱为主。大部分时间呈昏睡状态,但可唤醒,醒时尚可应答,但答非所问并常有神志不清和幻觉。各种神经体征持续存在或加重,肌张力增高,锥体束征阳性。扑翼样震颤仍存在,脑电图明显异常。

(4)四期(昏迷期):昏迷,不能唤醒。浅昏迷时对疼痛等强刺激尚有反应,腱反射和肌张力亢进,深昏迷时各种反射消失,肌张力降低。扑翼样震颤无法引出,脑电图明显异常。

上述各期分界常不清楚,前后期临床表现可有重叠,可随病情恶化或好转而变化。轻微肝性脑病病人可无明显症状和体征,可以从事日常生活和工作,但操作和反应能力降低,应避免有危险的工作。肝功能损害严重的肝性脑病病人可有明显黄疸、出血倾向和肝臭等表现,易并发各种感染等。

2. 实验室及其他检查

(1)血氨:慢性肝性脑病尤其是门体分流性脑病病人多有血氨增高,急性肝衰竭所致者血氨多正常。

(2)脑电图检查:前驱期正常,昏迷前期到昏迷期,脑电图明显异常。典型的改变为节律变慢,普遍性每秒 $4\sim7$ 次 δ 波或三相波,昏迷时表现为高波幅的每秒 $1\sim3$ 次 δ 波。

(3)简易智力测验:主要用于诊断轻微肝性脑病,敏感性好,但特异性低,易受年龄、教育程度的影响。一般有数字连接试验、木块图试验、数字符号试验等。

 知识链接

数字连接试验

数字连接试验是简易智力测验中较常采用的一种方法。测验方法是让病人将印在纸上的 25 个阿拉伯数字按照从小到大的顺序,尽快地连接起来,医生记录病人连接数字及连错后纠正所需的时间。正常人所需时间多在 30 秒内,而轻微肝性脑病常超过 45 秒以上。

(4)影像学检查:CT 和 MRI 检查可发现肝性脑病病人是否存在脑水肿和不同程度的脑萎缩情况。

（三）心理和社会状况

本病常发生在严重肝病的基础上，随着病情的发展加重，病人逐渐丧失工作和生活自理能力，影响家庭生活并给家庭带来经济负担等，从而使病人及家属出现焦虑、抑郁、恐惧等心理问题，应注意鉴别病人是因疾病所产生的心理问题还是疾病本身出现的精神障碍表现。评估病人及家属对疾病的认识程度，家庭经济状况和家属对待病人的态度等。

（四）治疗要点

本病尚无特效治疗，应立足于早期，采取综合治疗措施。如病因治疗；寻找及消除诱因；纠正代谢紊乱，清除有毒物质；保护肝功能免受进一步损害，维持营养、水、电解质及酸碱平衡；预防并发症等。

1. 消除诱因　寻找和消除诱发因素，避免诱发和加重肝性脑病，如控制感染和上消化道出血、纠正低钾性碱中毒、停用加重肝损害的药物等。缓解便秘，不用或慎用麻醉药、镇静安眠药。

2. 减少肠内毒物的生成和吸收

（1）饮食：减少或禁止蛋白饮食，神志清楚后，可逐渐增加蛋白质摄入，停用含氮药物。

（2）灌肠或导泻：对有上消化道出血或便秘者可用生理盐水或弱酸性溶液灌肠，以清除肠道积血、积食或其他含氮物；或口服或鼻饲 25% 的硫酸镁 30～60ml 导泻。急性门体静脉分流性脑病昏迷病人可首选乳果糖 100ml 加水 500ml 灌肠治疗。

（3）抑制肠道细菌生长：口服抑制肠道产尿素酶细菌的抗生素，减少氨的生成。可用新霉素 2～8g/d，分 4 次口服，或甲硝唑 0.8g/d 口服，也可用替硝唑、利福昔明等。

（4）乳果糖或乳梨醇：口服后在小肠不会被分解，在结肠内分解成乳酸和醋酸，可以降低肠道 pH，抑制肠道细菌生长，产氨减少，并可减少氨的吸收，促进血液中的氨从肠道排出。乳果糖 30～60g/d，分 3 次口服，从小剂量开始，以调节到每日排便 2～3 次、粪 pH 5～6 为宜，或乳梨醇 30～40g/d，分 3 次口服。

（5）益生菌制剂：含有双歧杆菌的微生态制剂可起到维护肠道正常菌群、抑制有害菌群、减少毒素吸收的作用。

3. 促进有毒物质的代谢清除，纠正氨基酸代谢紊乱

（1）降氨药物：常用的有谷氨酸钠、谷氨酸钾、精氨酸及门冬氨酸钾镁，但疗效有争议。目前有效的最常用的降氨药物是 L-鸟氨酸-L-门冬氨酸，能促进体内的尿素循环（鸟氨酸循环）而降低血氨，每天静脉输注 20g 可降低血氨，改善症状。

（2）纠正氨基酸代谢紊乱药物：口服或静脉滴注以支链氨基酸为主的复方氨基酸溶液，有利于纠正氨基酸平衡失调。

（3）GABA/BZ 复合受体拮抗剂：氟马西尼是 BZ 受体的拮抗剂，通过抑制 GABA/BZ 受体可发挥作用，剂量为 0.5～1.0mg 静脉注射或 1mg/h 持续静脉滴注，对三期、四期病人具有催醒效果。

（4）人工肝：临床上有血液透析、血浆置换、血液灌流、分子吸附再循环系统（MARS）及生物人工肝等人工肝支持治疗方法，对肝性脑病有一定作用。

4. 并发症治疗　积极防治各种并发症。维持营养，纠正水、电解质和酸碱紊乱，每日液体总入量以不超过 2500ml 为宜。保护脑细胞功能，可用冰帽降低颅内温度。防治脑水肿，使用高渗葡萄糖、甘露醇等脱水剂。保持呼吸道通畅，对深昏迷者可作气管切开排痰、给氧。预防和治疗肾衰竭、呼吸衰竭、心力衰竭等。

5. 肝移植　是治疗各种终末期肝病的有效方法,适用于严重和顽固性的肝性脑病有肝移植指征者。

【常见护理诊断/问题】

1. **急性意识障碍**　与血氨增高、大脑处于抑制状态有关。

2. **营养失调:低于机体需要量**　与肝功能减退、消化吸收障碍、进食减少有关。

3. **照顾者角色困难**　与病人意识障碍、照顾者缺乏有关知识及经济负担过重有关。

4. **活动无耐力**　与肝功能减退、营养摄入不足有关。

【护理措施】

(一) 一般护理

1. 休息与活动　病人绝对卧床休息,实行专人护理,保持病室空气新鲜,环境安静,限制探视,避免交叉感染,促进肝功能恢复。消除诱发因素,减少有毒物质的产生和吸收,做好皮肤、口腔护理,防止皮肤、消化道、泌尿道感染。

2. 饮食护理

(1)保证足够热量:病人每日总热量保持在 5～6.7MJ 和足量维生素,昏迷病人可鼻饲或静脉注射 25% 葡萄糖溶液,以减少蛋白质的分解,在大量滴注葡萄糖的过程中,应警惕低钾血症、心力衰竭、脑水肿发生的可能。脂肪可延缓胃的排空,宜少用。提供丰富的维生素,但不宜用维生素 B_6,因其是多巴脱羧酶的辅酶,可使多巴转为多巴胺而影响多巴进入脑组织,从而减少中枢神经系统的正常传导递质。

(2)蛋白质摄入:控制和暂停蛋白质的摄入,昏迷病人应暂停蛋白质的摄入,以减少蛋白质在肠内经细菌和消化酶的作用而产氨增多,加重病情,神志清楚后,逐步增加蛋白质入量,开始 20g/d,病情好转后每隔 3～5 日增加 10g,逐渐达到 50g 左右,蛋白质摄入量为 1～1.5g/(kg·d),若病情复发,需再禁食蛋白质。以用植物蛋白最好,因其含芳香族氨基酸较少,含支链氨基酸较多,并含较多的非吸收性纤维素,有利于氨的排出和通便,纠正病人的负氮平衡。

(3)注意水、电解质平衡:水的入量应控制在 2500ml/d 内,对有腹水和脑水肿者,应控制在 1000ml/d 为宜,以免血液稀释、血钠过低而加重昏迷。正确记录出入液量,按需要测定血钠、钾、氯化物、血氨等。

(二) 病情观察

肝性脑病治疗成功的关键是早期诊断、早期治疗,应注意观察病人有无性格和行为失常、理解和记忆力减退等早期肝性脑病迹象,一旦发现应予重视,及时报告,协助医生及早诊断、治疗。对有意识障碍的病人应定期检查以判断意识障碍的程度,加强巡视,如发现意识障碍不断加重,应及时报告医生并作出相应的护理。加强生命体征及瞳孔等的监测与记录;遵医嘱检查电解质和酸碱平衡情况,记录每日的出入量;注意排便情况,若出现便秘可遵医嘱采用灌肠、导泻的方法处理,以减少有毒物质在肠内停留时间及增加吸收的机会;观察原发肝病症状和体征有无加重,有无上消化道出血、休克、脑水肿、感染等迹象,一旦发现立即报告,配合医生处理及做好护理。

(三) 用药护理

灌肠液宜用生理盐水或弱酸性溶液,禁用肥皂水灌肠,以防止加速氨的产生和吸收。使用导泻剂时应记录排便量、粪便颜色和尿量,注意观察血压、脉搏,加强肛周皮肤护理,血容量不足或血压不稳定者不宜导泻,以免诱发循环衰竭。使用降氨药谷氨酸钾和谷氨酸钠时,根据病人血钠、血钾和病情综合考虑,病人有肝肾综合征、少尿或无尿时慎用或禁用谷氨酸钾,以防血钾过高;严重水肿、腹水、心力衰竭、脑水肿病人慎用或禁用谷氨酸钠;血 pH 偏高病人可选用精氨酸,但该药不宜与碱性溶液配伍,长期使用可引起代谢性酸中毒,肾衰竭时禁用。乳果糖应从小剂量开始,其剂量以调节到排便 2 ~ 3 次/日,粪 pH 5.0 ~ 6.0 为宜,同时注意腹胀、腹痛、恶心、呕吐及电解质紊乱等不良反应。新霉素应注意长期服用后可出现听力或肾功能损害等不良反应,使用不宜超过 1 个月。甲硝唑可有明显的胃肠道反应,应交代病人饭后口服。支链氨基酸可以补充能量,降低血氨,但输液速度不宜过快。

(四) 对症护理

兴奋、烦躁不安或抽搐者应做好安全保护,取去病人的义齿、发夹,病床加床栏,必要时给病人使用约束带,以防止坠床和撞伤的发生,可遵医嘱给予地西泮、东莨菪碱等药物,禁用吗啡及其衍生物、副醛、水合氯醛、哌替啶及速效巴比妥类药物。昏迷时置病人仰卧位,头偏一侧,防止舌后坠阻塞气道;注意保持呼吸道通畅和防止感染,定期帮助病人翻身,按摩受压部位,预防压疮。脑水肿时用冰帽降低颅脑内温度,减慢脑代谢速率,减少氧和能量的消耗,有助于减轻水肿,保护脑细胞功能;遵医嘱滴注高渗葡萄糖、甘露醇等脱水剂,注意观察滴速和尿量。

(五) 心理护理

对病人及家属应尊重、体贴,对病人的某些不正常行为不嘲笑,忌伤害病人人格,病人清醒时要安慰病人,解释病人提出的有关问题,帮助病人树立战胜疾病的信心;对病人家属给予关心、主动交流,了解他们的基本情况及存在的具体照顾困难如时间、体力、照顾知识和能力等,肯定和承认照顾者的角色和价值,增强照顾信心。与照顾者一起商讨护理问题,帮助制订切实可行的照顾计划,对照顾内容和方法进行示范,使照顾者得以掌握。减轻和消除照顾者的困难,关心照顾病人,使病人得到切实有效的照顾。

(六) 健康指导

1. 疾病知识指导　向病人及家属介绍肝性脑病有关知识,使病人和家属认识疾病的严重性和自我保健的重要性。指导病人及家属认识肝性脑病的诱发因素和预防措施,自觉避免诱发因素。和病人及家属一起制订合理的饮食方案,避免进食过量蛋白质,戒烟酒,保持大便通畅。

2. 照顾者指导　指导家属给病人精神支持和生活照顾,帮助病人在病程中保持乐观情绪,积极配合治疗,树立战胜疾病的信心。使病人家属学会观察肝性脑病的早期征象如出现性格行为异常、睡眠异常等,应及时到医院就诊。

3. 用药指导　指导病人按医嘱用药,了解药物的不良反应为,避免使用对肝有损害的药物,出现病情变化及早治疗。并定期复诊。

(高健群)

第十六节　急性胰腺炎病人的护理

急性胰腺炎(acute pancreatitis, AP)是各种病因导致胰酶在胰腺内被激活引起胰腺组织自身消化、水肿、出血甚至坏死的炎症反应。是消化系统疾病常见急症之一,本病可见于任何年龄,但以青壮年多见,女性略多于男性。

【护理评估】

(一) 健康史

1. 病因　本病病因较多,常见的病因是胆道疾病、大量饮酒、暴饮暴食。

(1) 胆道疾病:是本病最常见病因。常见疾病有胆石症、胆道蛔虫病、胆道感染、胆道狭窄及肿瘤等,占50%以上,又称胆源性胰腺炎。机制可能为胆道疾病造成壶腹部狭窄或(和)Oddi括约肌水肿、痉挛,使胆道内的压力增高,当其压力超过胰管内压力时,胆汁逆流入胰管,引起急性胰腺炎;或反射性地引起Oddi括约肌松弛,使富含肠激酶的十二指肠液反流入胰管引起急性胰腺炎;或胆道炎症时,细菌毒素、游离胆酸、非结合胆红素等通过胆胰间淋巴管交通支扩散到胰腺,激活胰酶引起急性胰腺炎。

(2) 胰管疾病:如胰管结石、蛔虫、狭窄、肿瘤等引起胰管阻塞,胰管内压增高,使胰管小分支和胰腺腺泡破裂,胰消化酶外溢到间质引起急性胰腺炎。

(3) 十二指肠乳头邻近部位病变:如十二指肠球部溃疡、近乳头部的十二指肠憩室炎等致十二指肠内压增高,导致十二指肠液反流入胰管,激活胰消化酶而引起胰腺炎。

(4) 暴饮暴食和酗酒:暴饮暴食和酗酒可使胰液过度分泌、十二指肠乳头水肿、Oddi括约肌痉挛,引起胰管内压增高,使胰液反流入胰腺引起急性胰腺炎。慢性嗜酒者胰管内常有胰液蛋白沉淀,形成蛋白栓堵塞胰管,致胰液排出障碍。

(5) 手术与创伤:如腹腔手术特别是胰胆、胃等手术、腹部钝挫伤等可直接或间接损伤胰腺组织引起急性胰腺炎。

(6) 其他:服用某些药物如噻嗪类利尿药、糖皮质激素、硫唑嘌呤、磺胺类等可损伤胰腺组织引起炎症;某些病毒感染如肝炎病毒、腮腺炎病毒、柯萨奇病毒等可增加胰液分泌引起急性胰腺炎;内分泌代谢障碍如家族性高脂血症、甲状旁腺肿瘤所致高钙血症等可通过胰管钙化或胰液内脂质沉着等引发胰腺炎。

2. 发病机制　尚未完全阐明。正常胰腺中的各种胰酶均以无活性的酶原存在,这是胰腺避免自身消化的重要防御机制,当在各种病因的作用下,使胰腺自身防御机制受损,一方面使胰腺腺泡内酶原被激活,引起胰腺组织自身消化的连锁反应。另一方面胰腺导管内通透性增加,有活性的胰酶渗入胰腺组织,加重胰腺炎症,两者在急性胰腺炎发病中可能为序贯作用。

3. 病理　急性胰腺炎从病理上可分为急性水肿型和急性出血坏死型两型,急性水肿型约占90%。

(二) 身体状况

1. 临床表现　急性胰腺炎临床表现因病因、病理类型和诊治是否及时等不同而异。轻者临床多见,以胰腺水肿为主,病情常呈自限性,预后良好,又称为轻症急性胰腺炎(MAP);少数重者常继发感染、腹膜炎和休克等多种并发症,病死率高,称为重症急性胰腺炎(SAP)。

(1) 腹痛:为本病的主要表现和首发症状。多在暴饮暴食或酗酒后突然发生,特点是疼痛剧烈而持续,性质呈刀割样痛、钻痛或绞痛,可有阵发性加剧,一般胃肠解痉药无效,进食常使疼痛加剧,取弯腰抱膝体位可减轻疼痛,疼痛常位于中上腹,可向腰背部放射。水肿型腹痛3～5日后缓解,出血坏死型腹痛剧烈,甚至全腹痛,持续时间较长。但应注意年老体弱者可无腹痛或轻微腹痛。

(2) 恶心、呕吐及腹胀:多数病人起病后即出现,有时较频繁,呕吐后腹痛常不减轻。可同时伴有腹胀,甚至出现麻痹性肠梗阻。

（3）发热：多表现为轻至中等度发热，持续 3～5 日。若出现持续高热不退，应考虑有胰腺脓肿或胆道炎症等继发感染。

（4）水、电解质及酸碱平衡紊乱：多为程度较轻的脱水和代谢性碱中毒。重症病人脱水和代谢性酸中毒均较明显，血钾、血镁、血钙降低。低血钙时有手足抽搐，提示预后不良。

（5）低血压或休克：重症胰腺炎常发生，出现烦躁不安、皮肤苍白、湿冷等表现，极少数病人可突然出现　休克，甚至发生猝死。

（6）体征：轻症可有上腹压痛、腹胀、肠鸣音减弱，无腹肌紧张和反跳痛，往往与主诉腹痛程度不十分相符。重症上腹或全腹显著压痛、腹肌紧张及反跳痛。伴麻痹性肠梗阻时腹胀明显，肠鸣音减弱或消失。腹水较多时可出现移动性浊音。如两侧腰部皮肤呈暗灰蓝色称 Grey-Turner 征，或出现脐周围皮肤青紫称 Cullen 征，系由于胰酶或坏死组织液沿腹膜后间隙渗到腹壁下所致。胰腺脓肿或假性囊肿形成则在上腹部可触及压痛性肿块。胰头水肿压迫胆总管或出现肝损害时，可出现黄疸。

2. 并发症

（1）局部并发症：主要有胰腺脓肿和假性囊肿。胰腺脓肿在重症胰腺炎起病 2～3 周后，由于胰腺及胰周坏死继发感染所致。假性囊肿是胰液和液化的坏死组织在胰腺内或其周围包裹形成，常在起病 3～4 周后出现。

（2）全身并发症：重症急性胰腺炎可并发不同程度的多器官功能衰竭，出现急性呼吸窘迫综合征、消化道出血、急性肾衰竭、心力衰竭、胰性脑病、败血症、高血糖等，病死率极高。

3. 实验室及其他检查

（1）血常规检查：白细胞总数和中性粒细胞增多，可有核左移现象。

（2）淀粉酶测定：血清淀粉酶在发病后 6～12 小时开始升高，48 小时后开始下降，持续 3～5 日，血清淀粉酶超过正常值的 3 倍可确定诊断，但其升高的程度与病情的严重程度无相关性。有腹水或胸腔积液时，其腹水和胸水中的淀粉酶常明显升高。尿淀粉酶在发病后 12～14 小时开始升高，下降缓慢，持续 1～2 周，但受尿量的影响。

（3）血清脂肪酶测定：血清脂肪酶在病后 24～72 小时开始升高，持续 7～10 日，特异性较高，适合就诊较晚的急性胰腺炎病人的诊断。

（4）C 反应蛋白（CRP）：CRP 是组织损伤和炎症的非特异性标志物，在胰腺坏死时明显升高，有助于评估与监测急性胰腺炎的严重性。

（5）其他生化检查：血糖升高常见，多为暂时性，若持久的空腹血糖大于 10mmol/L 提示胰腺坏死，疾病预后不良。血清钙常下降并与病情严重程度成正相关，若低于 1.5mmol/L，提示预后不良。此外，血清 AST、LDH 可增高，血清清蛋白降低，高胆红素血症仅见少数病人。

（6）影像学检查：腹部 X 线检查可发现肠麻痹或麻痹性肠梗阻征象，腹部 B 超、CT、MRI 显像可见胰腺弥漫性肿大，其轮廓与周围边界模糊不清，坏死区呈低回声或低密度图像。对并发胰腺脓肿和假性囊肿的诊断有帮助。

（三）心理和社会状况

本病起病急，病情进展快，自觉症状明显，病人缺乏思想准备，常出现焦虑、恐惧情绪，希望能尽快解除病痛；因缺乏本病知识，病人终日惶惶不安，甚至出现死亡恐惧感。

（四）诊断要点

有胆道疾病、暴饮暴食或酗酒等病史，伴上腹部疼痛，血尿淀粉酶增高的病人，应考虑急性胰腺炎的可能。急性胰腺炎的诊断标准为具有以下第 1 项在内的 2 项以上标准,并排除其他急腹痛后即可诊断:①急性发作的上腹痛伴有上腹部压痛或加腹膜刺激征。②血清淀粉酶和(或)尿淀粉酶显著升高达到实验室标准。③影像学或手术发现胰腺炎症、坏死等间接或直接的改变。

（五）治疗要点

治疗以解痉止痛、抑制胰液分泌、补足血容量、维持水电解质和酸碱平衡、防止和治疗并发症为原则。

1. **抑制和减少胰腺分泌**　禁食以减少胃酸与食物刺激胰液分泌。胃肠减压减轻呕吐与腹胀。静脉输液以维持营养、水、电解质和酸碱平衡;抑酸剂可用 H_2 受体拮抗剂如雷尼替丁、法莫替丁或质子泵抑制剂奥美拉唑、兰索拉唑静脉给药;生长抑素、降钙素、胰高糖素等能抑制胰液和胰酶分泌,临床常用生长抑素人工合成类似物奥曲肽 $25 \sim 50\mu g/h$,持续静滴,疗程 $3 \sim 7$ 日。

2. **解痉止痛**　轻者可用抗胆碱药,重者可使用哌替啶,为防止 Oddi 括约肌痉挛与阿托品合用,禁用吗啡。

3. **抑制胰酶活性**　仅用于重症胰腺炎早期,可选用抑肽酶 $20 \sim 50$ 万 U/d,分 2 次溶于葡萄糖液中静滴,也可选用加贝酯等胰酶抑制剂。

4. **抗感染治疗**　重症胰腺炎常规使用抗生素,可预防胰腺坏死并发感染。选用对胰腺有较好渗透性的药物,常用的有如喹诺酮类、头孢菌素类及甲硝唑等。

5. **纠正低血压或休克**　对重症胰腺炎出现血压下降或休克征象者,应积极补充液体和电解质,可给予白蛋白、血浆或血浆代用品等,以维持有效循环血容量和电解质平衡,纠正酸碱紊乱,在扩充血容量的基础上选用血管活性药物,注意保护心肾功能。

6. **并发症治疗**　如重症胰腺炎伴腹腔大量渗液或伴急性肾衰竭病人,可采用腹膜透析治疗。出现急性呼吸窘迫综合征时,除药物治疗外可施行气管切开和应用呼吸机治疗等。

7. **内镜与手术治疗**　内镜下 Oddi 括约肌切开术(EST)适用于胆源性胰腺炎合并胆道梗阻或胆道感染者。

8. **外科治疗**　适用于急性出血坏死型胰腺炎经内科治疗无效,或并发胰腺脓肿、假性囊肿、弥漫性腹膜炎、肠穿孔、肠麻痹坏死及肠梗阻者。

【常见护理诊断/问题】

1. **疼痛:腹痛**　与急性胰腺炎所致的胰腺组织水肿或坏死有关。

2. **有体液不足的危险**　与呕吐、禁食、胰腺的急性出血有关。

3. **体温过高**　与胰腺的炎症过程有关。

4. **恐惧**　与剧烈腹痛有关。

5. **潜在并发症**:休克、胰腺脓肿、假性囊肿、急性肾衰竭、急性呼吸窘迫综合征等。

【护理措施】

（一）一般护理

1. **休息与体位**　病人应绝对卧床休息,以减轻胰腺的负担。保证睡眠,促进体力的恢复。腹痛时可取弯腰、前倾坐位或屈膝侧卧位,以减轻腹痛;疼痛剧烈辗转不安者要防止坠床,病床周围不应有危险物品,以保证病人的安全。

2. **饮食护理**　禁食和胃肠减压,轻症病人约 $3 \sim 5$ 日,当疼痛减轻、发热消退、白细胞计数和血、尿淀粉酶降到正常后,可先给予少量无脂流质,逐步过渡到半流、普通饮食。加强营养支持,及时补充液体,早期一般采用全胃肠外营养(TPN),如无肠梗阻,应尽早过渡到肠内营养(EN)。若病人禁食禁饮超过1周以上,可考虑在X线引导下经鼻腔置空肠营养管,实施肠内营养。

3. 对症护理 恶心、呕吐时应注意观察呕吐物的性质、色与量,呕吐后嘱病人漱口,注意保持口腔卫生,呕吐剧烈频繁者,可遵医嘱正确使用止吐药物。对施行胃肠减压病人,应做好口腔护理,以减少口腔感染;注意皮肤清洁卫生,减少皮肤感染;随时观察并记录体温的变化,若高热则应遵医嘱采用物理降温措施,如头部冰敷、乙醇擦浴等,必要时配合药物降温措施,并观察降温措施的效果。

(二)病情观察

密切观察腹痛的性质及其演变,若腹痛剧烈持久难于缓解,由局部转为全腹痛,并出现压痛、反跳痛和腹肌紧张,常提示重症胰腺炎。注意体温情况,若高热持续不退,同时上腹出现压痛性肿块,白细胞增高及核左移现象,提示并发胰腺脓肿的可能。密切观察呼吸、血压、脉搏、意识、尿量及肢体的温湿度等,以尽早发现休克、心功能不全、急性肾衰竭、胰性脑病、急性呼吸窘迫综合征等并发症。遵医嘱留取标本,监测血、尿淀粉酶,血清电解质、血糖等变化。

(三)用药护理

遵医嘱及时、准确使用解痉止痛药和麻醉性止痛药、抗生素、抑制胰液分泌及抑制胰酶活性药物等,注意药物的疗效。注意药物的不良反应,使用抗胆碱能药可使病人口干进一步加重,应注意有青光眼、前列腺增生等不宜使用;忌单用吗啡,因其可致Oddi括约肌痉挛,加重病情。使用抑制胰酶活性药物加贝酯时,注意加贝酯有低血压、静脉炎、皮疹等不良反应,故静脉滴注的速度不宜太快,防止药液漏出血管外,多次使用应更换注射部位,因药物性质不稳定应现配现用,对有药物过敏史、妊娠和儿童者应禁用。

(四)抢救配合

出血坏死型胰腺炎虽属少见,但病情严重、进展快、并发症多、病死率高,应积极做好抢救配合工作。迅速建立静脉通道,准备好抢救用物和药物,密切观察并记录生命征、意识、尿量等变化;若病人出现较多腹水、胸腔积液、心肾衰竭等,应做好相应的治疗与护理;若出现急性呼吸窘迫综合征,应给予高浓度吸氧,并做好气管切开或辅助呼吸治疗的护理;对疑有胃肠穿孔或并发胰腺脓肿、假性囊肿,或黄疸加深需解除胆道梗阻,或腹膜炎经抗生素治疗无效者,可考虑内镜下Oddi括约肌切开或外科治疗,应做好术前的各项准备、术后的护理工作。

(五)心理护理

关心、安慰、体贴病人,多与病人沟通,向病人解释胃肠减压有关问题,消除病人对治疗措施引起的不适而产生的顾虑,及时解决病人所提出问题,使其能正确认识疾病,从而消除紧张、恐惧等不良心理反应,配合治疗与护理。

(六)健康指导

1. 疾病知识指导 向病人和家属介绍本病的病因、诱发因素及并发症等知识。教育病人积极治疗胆道疾病、避免使用导致胰腺炎的有关药物等,以避免或减少胰腺炎的复发。

2. 饮食指导 指导病人掌握饮食卫生知识,养成良好的饮食卫生习惯,避免暴饮暴食、酗酒、高脂和高蛋白饮食等,戒烟酒,防止复发。

3. 用药指导 指导病人按医嘱坚持用药,并定期门诊复查。

（高健群）

第十七节 胰腺癌病人的护理

胰腺癌(cancer of pancreas)是消化系统较常见的恶性肿瘤,我国发病率有逐年上升的趋势。男女发病比例约为 1.5∶1,好发年龄为 40 岁以上。早期诊断率不高,中晚期手术切除率低,预后差。胰腺癌中,胰头癌是最常见的一种,约占胰腺癌的 70% ~ 80%,其次为胰腺体、尾部癌。

壶腹周围癌(periampullary carcinoma)系指发生于胆总管末端、壶腹部及十二指肠乳头附近的癌肿,主要包括壶腹癌、胆总管下端癌和十二指肠癌。在临床上与胰腺癌行很多共同之处,但壶腹周围癌恶性程度低于胰头癌,若能较早明确诊断,手术切除率和 5 年生存率明显高于胰头癌。

【护理评估】

(一)健康史

1. **病因** 具体病因尚不清楚,可能与吸烟、高蛋白和高脂肪饮食、糖尿病、慢性胰腺炎、遗传因素等有关。

2. **病理生理** 胰腺癌的组织类型以导管细胞腺癌多见,其次为黏液性囊腺癌和腺泡细胞癌等。胰头癌可经淋巴转移至胰头前后、幽门上下、肝十二指肠韧带、肝总动脉、肠系膜根部及腹主动脉旁淋巴结,晚期可转移至锁骨上淋巴结。胰头癌亦可直接浸润邻近脏器,如胆总管的胰内段、胃十二指肠、腹腔神经丛。部分经血行转移至肝、肺、骨、脑等处。此外,还可经腹腔种植。

壶腹周围癌的组织类型以腺癌最多见,其次为乳头状癌、黏液癌等。淋巴转移比胰头出现晚,远处转移多至肝。

(二)身体状况

1. **临床表现**

(1)腹痛:是最常见的首发症状。早期由于胰管或胆管部分梗阻,造成胰管及胆道压力增高,出现持续且进行性加重的上腹部钝痛、胀痛,可放射至腰背部;晚期疼痛加剧,常因癌肿侵犯胆总管下段,压迫肠系膜上静脉或门静脉,累及十二指肠及腹腔神经丛所致,夜间尤甚,一般止痛药无法缓解。

(2)黄疸:梗阻性黄疸是胰头癌的主要症状和体征,由癌肿侵及或压迫胆总管所致。黄疸呈进行性加重,伴皮肤瘙痒、茶色尿,大便可呈陶土色。壶腹周围癌位于胰胆管共同通道的开口处,故早期即可出现黄疸,但随部分肿瘤组织坏死脱落,黄疸呈波动性,是区别于胰头癌的一个重要特征。

(3)消化道症状:由于胰液和胆汁排出受阻,病人常有食欲不振、上腹饱胀、消化不良、便秘或腹泻等;部分病人可有恶心,呕吐。晚期癌肿侵及十二指肠可出现上消化道梗阻或消化道出血。

(4)消瘦和乏力:由于摄食减少、消化吸收障碍、严重疼痛影响睡眠及癌肿消耗,病人在短时期内即可出现明显的消瘦和乏力,同时可伴有贫血、低蛋白血症等营养不良症状。

(5)其他:癌肿致胆道梗阻一般无胆道感染,若继发感染,病人则出现反复发热,常被误诊为胆石症。黄疸明显的病人,大多能扪及腹部肿大的肝脏和胆囊。晚期病人偶可扪及上腹肿块,质硬,固定,可有腹水或远处转移症状。

2. 实验室及其他检查

(1)实验室检查:胆道梗阻时血清总胆红素和直接胆红素、碱性磷酸酶升高,转氨酶可轻度升高。血清学标记物如血清癌胚抗原、胰胚抗原、糖类抗原 19-9(CA19-9)等血清学标记物水平可升高,其中 CA19-9 是最常用的辅助诊断和随访项目。

(2)影像学检查:X 线钡餐检查可发现十二指肠曲扩大,局部黏膜皱襞异常、充盈缺损、不规则、僵直等;十二指肠造影或气钡双重造影可提高确诊率。B 超可以发现 2cm 以上的胰腺及壶腹部肿块、胆囊增大、胆管扩张,同时可观察有无肝脏及腹腔淋巴结肿大,近年来内镜超声的应用提高了诊断率。CT 能清楚显示肿瘤部位及与之毗邻器官的关系。ERCP 可直接观察十二指肠乳头部的病变,造影可显示胆管或胰管的狭窄或扩张,并能进行活检。

(3)经皮肝穿刺胆管造影(PTC):可显示胆道的变化,了解胆总管下段的狭窄程度。造影后置管引流胆汁可减轻黄疸,其缺点是可能并发胆瘘、出血等。

(4)选择性动脉造影:腹腔动脉造影可显示胰腺癌所造成的血管改变,对判断根治性手术的可行性有一定意义。

(5)细胞学检查:收集胰液查找癌细胞,在 B 超或 CT 指引下,经皮细针穿刺胰腺病变组织,涂片行细胞学检查。

(三)心理和社会状况

病人及家属对疾病的认识,对胰腺肿瘤诊断、治疗及预后有无信心,是否有不良情绪反应,家庭经济承受能力等。是否了解有关术前及术后护理配合的有关知识。

(四)治疗要点

早期发现、早期诊断、早期手术治疗。争取手术切除是最有效的方法。不能切除者行姑息性手术,辅以放疗或化疗。

【常见护理诊断/问题】

1. **焦虑** 与对癌症的诊断、治疗过程及预后的忧虑有关。

2. **疼痛** 与胰胆管梗阻、癌肿侵犯腹膜后神经丛及手术创伤有关。

3. **营养失调:低于机体需要量** 与食欲下降、呕吐及癌肿消耗有关。

4. **潜在并发症:**出血、感染、胰瘘、胆瘘、血糖异常。

【护理措施】

(一)手术前护理

1. **改善营养状态** 营养状况较差的胰腺癌病人,术前需要进行营养支持。通过提供高蛋白、高热量、低脂和丰富维生素的饮食,肠内、外营养或输注入人体血清蛋白等改善营养状况。有黄疸者,静脉补充维生素 K。

2. **PTCD 的护理** PTCD 能有效的缓解黄疸程度,改善手术前肝功能情况。要妥善固定导管,始终保持通畅引流,置管时间一般为 2 周。

3. **防治感染** 术前 3 天口服抗菌药以抑制肠道细菌,预防术后感染。术前 2 天给予流质饮食,术前晚清洁灌肠,以减少术后腹胀和并发症的发生。

4. **保肝护理** 手术前 1 周开始保肝护理,使凝血酶原时间正常,可肌内注射补充维生素 K。

5. **控制糖尿病** 遵医嘱使用胰岛素控制血糖。

6. **皮肤护理** 皮肤瘙痒者,指导病人外用止痒药物,避免指甲抓伤皮肤。对于疼痛剧烈病人,及时给予有效的镇痛。

（二）手术后护理

1. **密切观察病情**　注意监测病人的生命体征及肝功能、黄疸、血糖、血脂等。

2. **补液治疗**　静脉输液，维持水、电解质和酸碱平衡。

3. **防治感染**　术后继续合理使用抗菌药控制感染。

4. **饮食护理**　术后禁食、胃肠减压期间，静脉补充营养。肠蠕动恢复并拔除胃管后可给予少量流质，再逐渐过渡至正常饮食。胰腺切除术后，胰外分泌功能严重减退，应根据胰腺功能给予消化酶制剂或止泻剂，继续保肝护理。

5. **引流管的护理**　胰十二指肠切除术后，一般放置有 T 管、腹腔引流管、胰腺断面引流管、尿管等。除妥善固定各种引流管，保持引流通畅外，应注意观察引流液的性状和量，若为混浊或脓性液体，需考虑吻合口瘘或继发感染的可能，应及时通知医师并协助处理。

6. **常见并发症的观察和护理**

（1）术后出血：术后密切观察生命体征、伤口渗血及引流液，准确记录出入水量。有出血倾向者，根据医嘱补充维生素 K 和 C，防止出血。术后 1～2 日和 1～2 周时均可发生出血，表现为经引流管引流出血性液、呕血、便血等，病人同时有出汗、脉速、血压下降等现象。出血量少者可予静脉补液，应用止血药、输血等治疗；出血量大者需手术止血。

（2）胰瘘：术后 1 周左右，表现为病人突发剧烈腹痛、持续腹胀、发热、腹腔引流管或伤口流出清亮液体，引流液测定淀粉酶。应予以持续负压引流，保持引流装置有效。注意氧化锌软膏保护周围皮肤，多数胰瘘可自愈。

（3）胆瘘：多发生于术后 5～10 日，表现为发热、右上腹痛、腹肌紧张及腹膜刺激征；T 管引流量突然减少，但可见沿腹腔引流管或腹壁伤口溢出胆汁样液体。此时应保持 T 管引流通畅，做好观察和记录，予以腹腔引流，加强支持治疗；同时做好手术处理的准备。

（三）心理护理

大多数病人很难接受诊断，常会出现否认、悲哀、畏惧和愤怒等不良情绪，加之胰腺癌病人大多就诊晚，手术机会小，预后差，故病人对治疗缺乏信心。护理人员应予以理解，多与病人沟通，了解病人的真实感受，满足病人的精神需要。同时根据病人掌握知识的程度，有针对性地介绍与疾病和手术相关的知识，使病人能配合治疗与护理，促进疾病的康复。

（四）健康教育

1. 年龄在 40 岁以上，短期内出现持续性上腹部疼痛、腹胀、食欲减退、消瘦等症状时，应注意对胰腺作进一步检查。

2. 饮食宜少量多餐，以均衡饮食为主。

3. 按计划放疗或化疗，放、化疗期间定期复查血常规，一旦血白细胞计数过少应暂停放、化疗。

4. 术后每 3～6 个月复查一次，若出现进行性消瘦、贫血、乏力、发热等症状，及时到医院复诊。

（巫全胜）

第十八节　急性腹膜炎病人的护理

急性腹膜炎（acute pertonitis）是指由化脓性细菌包括需氧菌和厌氧菌或两者混合引起的腹膜的急性炎症。根据发病机制分为原发性腹膜炎和继发性腹膜炎。腹膜腔内无原发病灶,细菌经血行、泌尿道、女性生殖道等途径播散至腹膜腔,引起腹膜炎,称为原发性腹膜炎,占2%,病原菌多为溶血性链球菌、肺炎双球菌或大肠杆菌,多见于儿童,病人常伴有营养不良或抵抗力低下。临床所称急性腹膜炎,多指继发性的化脓性腹膜炎,是急性化脓性腹膜炎中最常见的一种,占98%,也是一种常见的外科急腹症。

【护理评估】

(一)健康史

1. 病因及发病机制 继发性腹膜炎的主要致病菌是胃肠道内的常驻菌群,其中以大肠杆菌最多见,其次为厌氧拟杆菌、链球菌等,大多为混合性感染。

(1)腹内器官穿孔、破裂:胃十二指肠溃疡急性穿孔、腹部损伤引起内脏破裂是继发性腹膜炎最常见的原因,常先引起化学性腹膜炎,继发细菌感染后形成化脓性腹膜炎;急性胆囊炎、胆囊壁的坏死穿孔常造成极为严重的胆汁性腹膜炎。

(2)腹内器官缺血及炎症扩散:见于绞窄性疝、绞窄性肠梗阻,以及急性阑尾炎、急性胰腺炎时含有细菌的渗出液在腹腔内扩散引起腹膜炎。

(3)其他:如腹部手术时污染腹腔,胃肠道吻合口渗漏,腹前、后壁的严重感染等也均可引起腹膜炎。

2. 病理 腹膜具有润滑、吸收和渗出、防御和修复等生理作用。病理情况下,因受到细菌或胃肠道内容物的刺激,腹膜迅速发生充血、水肿等反应,并失去原有光泽;继之产生大量浆液性渗出液以稀释腹膜腔内的毒素;渗出液中的大量吞噬细胞、中性粒细胞,以及坏死组织、细菌和凝固的纤维蛋白,使渗出液变混浊成为脓液,脓液多呈黄绿色,有粪臭味。病变严重者,腹膜严重充血水肿。引起水、电解质紊乱、血浆蛋白降低、贫血;腹腔内器官浸泡在大量脓液中,形成麻痹性肠梗阻。肠腔内大量积液,使血容量明显减少;细菌入血、毒素吸收,易致感染性休克;肠管扩张,使膈肌上移而影响心肺功能,可加重休克,甚至导致死亡。病变轻者,大网膜包裹、填塞病灶,使炎症局限,形成局限性腹膜炎或脓肿。腹膜炎治愈后,腹腔内多有不同程度的纤维性粘连,部分肠管的粘连、成角导致粘连性肠梗阻。

(二)身体状况

1. 临床表现

(1)腹痛:最主要的症状,为持续性、剧烈腹痛,常难以忍受,深呼吸、咳嗽、转动身体时疼痛加剧。腹痛范围多自原发病变部位开始,随炎症扩散而波及全腹,但仍以原发病灶处最显著。

(2)恶心、呕吐:最初为腹膜受到刺激引起的反射性恶心、呕吐,多较轻微,呕吐物为胃内容物;发生麻痹性肠梗阻时可出现持续性呕吐,呕出黄绿色胆汁,甚至粪汁样内容物。

(3)体温、脉搏变化:骤然发病的病例,体温由正常逐渐升高;原有炎性病变者,体温已升高,继发腹膜炎者更趋增高,但年老体弱者体温可不升。一般脉搏加速多与体温成正比。若脉搏快而体温下降,提示病情恶化。

(4)感染中毒症状:随着病情进展,病人可相继出现高热、寒战、脉速、呼吸急促、面色苍白、口唇发绀、肢端发凉、血压下降、神志恍惚等全身感染中毒的表现。

(5)腹部体征:腹胀明显,腹式呼吸运动减弱或消失。腹部压痛、反跳痛、腹肌紧张,是腹膜炎的标志性体征,称为腹膜刺激征。以原发病灶处最明显,腹肌紧张的程度与病人体位、年龄、病因有关。胃肠、胆囊穿孔时腹肌可呈"木板样"强直。因胃肠胀气而呈鼓音;胃肠穿孔时肠内气体移至膈下使肝浊音界缩小或消失;腹腔内积液较多时移动性浊音呈阳性,因肠麻痹导致肠鸣音减弱或消失。直肠指诊时如直肠前窝饱满且触痛,提示盆腔感染或脓肿形成。

2. 实验室及其他检查

(1)血常规:白细胞及中性粒细胞不同程度的增高。

(2)影像学检查:X线腹部平片有小液平面,胃肠穿孔时可见膈下游离气体。B超显示腹腔内有不等量液体。

（三）心理和社会状况

了解病人患病后的心理反应,如有无焦虑、恐惧等表现:询问其对手术的认知程度和心理承受能力,对医院环境的适应情况;家属及亲友的态度、经济承受能力等。

（四）诊断要点

根据病史中有引起继发性腹膜炎的病因,病人持续性腹痛,伴反射性恶心、呕吐,有感染的全身表现,以及典型的腹膜刺激征和其他腹部阳性体征,结合相关辅助检查的阳性结果即可诊断。

（五）治疗要点

积极处理原发病灶,消除引起腹膜炎的病因,清理或引流腹腔,促使脓性渗液局限,控制及消除炎症。

1. 非手术治疗　对病情较轻或病程较长已超过24小时,且腹部体征已减轻或炎症已有局限化趋势以及原发性腹膜炎者可行非手术治疗。包括禁食、胃肠减压、纠正水、电解质紊乱,合理应用抗生素,补充热量和营养支持,以及镇静、止痛、吸氧等对症处理。非手术治疗也可作为手术前的准备工作。

2. 手术治疗　多数继发性腹膜炎病人需手术治疗。手术类型视病情而定,手术包括腹膜腔探查、确定病因、处理原发病灶,彻底清理腹腔,充分引流等。术后予禁食、胃肠减压、静脉补液、抗生素应用和营养支持治疗,保持腹腔引流管通畅,密切观察病情变化,积极防治并发症。

【常见护理诊断/问题】

1. **腹痛**　与腹膜炎症刺激、毒素吸收有关。

2. **体温过高**　与腹膜炎毒素吸收有关。

3. **组织灌注量改变**　与炎症渗出、有效血容量降低有关。

4. **体液不足**　与大量腹腔渗出、高热、体液丢失过多有关。

5. **焦虑**　与病情严重、躯体不适、担心预后等有关。

6. **潜在并发症**:腹腔脓肿、水电解质紊乱、感染性休克。

【护理措施】

（一）非手术治疗病人的护理

1. 一般护理

(1)体位:无休克情况下一般取半卧位,尽量减少搬动和按压腹部。病情稳定时,鼓励病人活动双腿,预防血栓性静脉炎的发生。休克病人取平卧位或头、躯干和下肢均抬高20°。

(2)禁食、胃肠减压:禁食期间,做好口腔护理每日2次。

(3)营养支持:炎症、应激状态下,分解代谢增强,营养素补充不足易致营养不良,影响病人的抵抗力和愈合能力。长时间禁食时,可考虑经肠外途径补给人体所需的营养素。

2. 病情观察　定时测量生命体征,必要时监测尿量、中心静脉压、血清电解质以及血气分析等指标,记录液体出入量。加强巡视,多询问病人主诉,观察病人腹部症状和体征的变化。注意治疗前后对比、动态观察。

3. 静脉输液　迅速建立静脉输液通道,遵医嘱补液,纠正水、电解质及酸碱失衡。并根据病人丢失的液体量和生理需要量计算补液量,安排好输液的顺序,根据病人临床表现和补液的监测指标及时调整输液的量、速度和种类,保持每小时尿量达 30ml 以上,维持液体出入量平衡,必要时输血、血浆,维持有效的循环血量。

4. 控制感染　继发性腹膜炎多为混合性感染,根据细菌培养及药敏结果选用抗生素。

5. 对症护理　高热病人,给予物理降温。已确诊的病人可用哌替啶类镇痛药,减轻病人的疼痛与恐惧;诊断不明或病情观察期间,暂不用止痛药物,以免掩盖病情。

(二) 术后的护理

1. 一般护理

(1)体位:病人回病室后,给予半坐卧位。全麻未清醒者头偏向一侧。注意观察有无呕吐,保持吸道通畅。正确连接各引流装置,有多根腹腔引流管时,贴上标签标明各管位置,以免混淆。全麻清醒或硬膜外麻醉病人平卧 6 小时,血压、脉搏平稳后改为半卧位,鼓励病人翻身、床上活动,预防肠粘连。

(2)禁食、胃肠减压和营养支持:术后继续禁食、胃肠减压,待肠蠕动恢复,拔除胃管后逐步恢复经口饮食,禁食期间口腔护理每日 2 次,给予肠内、外营养支持,提高防御能力。

2. 病情观察　术后密切监测生命体征的变化,定时监测生命体征。经常巡视、倾听病人主诉,观察腹部体征的变化,了解有无膈下或盆腔脓肿的表现,若发现异常。及时通知医师,危重病人,尤其注意其循环、呼吸、肾功能的监测和维护。

3. 静脉输液　根据医嘱合理补充液体、电解质和维生素,必要时输新鲜血、血浆,维持水、电解质、酸碱平衡。

4. 控制腹腔内感染　合理选用抗生素。

5. 切口护理　保护切口清洁、防止感染。

6. 引流管护理　观察腹腔引流情况,对负压引流者及时调整负压,维持有效引流。妥善固定引流管,防止脱出或受压;记录引流液的量、颜色、性状,经常挤捏引流管以防血块或脓痂堵塞,保持腹腔引流通畅,预防腹腔内残余感染。当引流量减少、引流液颜色澄清、病人体温及白细胞计数恢复正常,可考虑拔管。

(三) 心理护理

做好病人、家属的解释安慰工作,稳定病人情绪;介绍有关腹膜炎的疾知识。使其积极配合治疗和护理。

(四) 健康教育

1. 提供疾病护理、治疗、知识　向病人说明非手术期间禁食、胃肠减压、半卧位的重要性。

2,饮食指导　讲解术后饮食恢复的知识,指导其从流质、半流、软食、普食,循序渐进、少量多餐,促进手术创伤的修复和切口愈合。

3. 康复指导　解释术后早期活动对于促进肠功能恢复,防止术后肠粘连的重要性,鼓励病人卧床期间进行床上活动,体力恢复后尽早下床走动。

4. 做好出院病人的健康指导,定期门诊随访。

（巫全胜）

第十九节　胆道感染病人的护理

胆道感染(biliary tract infection)是胆囊和或胆管发生的急、慢性化学性和细菌性炎症反应。发病率女性多于男性。95%的病人合并有胆囊结石,称结石性胆囊炎;未合并胆囊结石者,称非结石性胆囊炎。

【护理评估】

(一)健康史

1. 病因与发病机制

(1)胆囊炎症和结石互为因果关系:结石引起梗阻,导致胆汁淤积,细菌侵入繁殖,而致胆囊感染;炎症刺激胆囊分泌异常,导致胆汁成分和理化性质改变,促使结石形成。主要致病原因有胆囊管梗阻;细菌感染;其他如创伤、化学性刺激、手术等导致炎性反应。

(2)急性梗阻性化脓性胆管炎:急性胆管炎是细菌感染引起的胆道系统的急性炎症,大多在胆道梗阻的基础上发生。如胆道梗阻未能解除,感染未被控制,病情进一步发展至胆道系统脓液形成,称为急性梗阻性化脓性胆管炎(AOSC)。急性胆管炎和AOSC为同一疾病的不同发展阶段,最常见原因为胆管结石,其次为胆道蛔虫和胆管狭窄。正常情况下,由肠道经门静脉系进入肝的少量细菌可被肝单核—巨噬细胞系统所吞噬。但当胆管梗阻时,胆汁中的细菌则大量繁殖而导致胆管炎或化脓性变化。

2. 病理

胆囊炎依据胆囊内有无结石嵌顿,其感染严重程度,病理变化也不同。主要病理改变为单纯性胆囊炎、化脓性胆囊炎、坏疽性胆囊炎、胆囊穿孔、慢性胆囊炎。急性梗阻性化脓性胆管炎因胆道梗阻后,胆管内压升高,梗阻以上胆管扩张,管壁增厚,胆管黏膜充血、水肿,炎性细胞浸润,黏膜上皮糜烂脱落,形成溃疡。病变晚期肝细胞发生大片坏死,胆小管可破裂形成胆小管门静脉瘘,可在肝内形成多发性脓肿及引起胆道出血,大量细菌和毒素经肝静脉进入体循环引起全身性化脓性感染和多器官功能损害或衰竭。

(二)身体状况

1. 临床表现

(1)急性胆囊炎:临床主要症状有:①腹痛:常在摄入油腻食物后胆囊收缩,结石等引起胆囊管梗阻,胆汁排空受阻,胆囊内压突然增加,表现为突发性右上腹部疼痛。结石引起者,呈阵发性剧烈绞痛。疼痛可放射至右肩或右腰背部。②消化道症状:常有食欲不振,腹胀,腹部不适,厌食油腻食物等消化道症状,常伴有恶心、呕吐。③发热:可有轻度发热,发展至化脓性胆囊炎或合并胆道感染时,出现寒战、高热。④黄疸:部分病人出现轻度黄疸,如黄疸较重且持续,表明有胆总管梗阻。

(2)慢性胆囊炎:病人多有慢性胆绞痛病史,右上腹部和肩部隐痛,伴厌油腻食物、腹胀等消化道症状。

(3)急性梗阻性化脓性胆管炎:病人多有胆道疾病史或胆道手术史,发病急剧,病情进展快,并发症严重。除有一般胆道感染的Charcot三联症(腹痛、寒战高热、黄疸)外,可较快出现休克、神经中枢系统受抑制表现,即Reynolds五联症。体温较高,常在39℃以上,脉搏快而弱,可达120次/分以上,血压下降。

(4)体征:①急性胆囊炎:右上腹部有不同程度、不同范围的腹膜刺激征,Murphy征阳性,胆囊区叩击痛;胆囊增大时,可扪及肿大而有触痛的胆囊。发生胆囊坏死、穿孔,可出现弥漫性腹膜炎。②慢性胆囊炎:一般胆囊区有轻压痛和压之不适感。③急性梗阻性化脓性胆管炎:出现剑突下及右上腹部有不同范围和不同程度的压痛或腹膜刺激征;可有肝肿大及肝区叩击痛,Murphy 征阳性;有时可扪及肿大的胆囊。

2. 实验室及其他检查

(1)实验室检查:80%的病人有轻度白细胞升高,血清转氨酶、AKP 升高较常见;50%的病人血清胆红素升高;30%的病人血清淀粉酶升高。

(2)影像学检查:B 超、CT 检查对急性结石性胆囊炎的准确率为 65% ~ 90%。

(三)心理和社会状况

了解病人对本次发病的心理情况,有无焦虑及烦躁等评估病人对疾病的发展、治疗、护理及术后康复知识的了解。

(四)治疗要点

结石性胆囊炎最终需行手术治疗。

1. 非手术治疗　包括禁食、胃肠减压、补液;解痉、止痛;应用抗生素控制感染。胆囊炎症状控制后合并结石者,可行溶石治疗。

2. 手术治疗　包括胆囊切除术和胆囊造口术。急性梗阻性化脓性胆管炎需紧急手术解除胆道梗阻,及时而有效地降低胆道压力。

【常见护理诊断/问题】

1. 疼痛　与炎症反应刺激,胆道梗阻、感染,手术创伤有关。

2. 体温升高　与术前感染、术后炎症反应等有关。

3. 营养失调:低于机体需要量　与摄入量不足、消耗增加等有关。

4. 体液不足　与 T 管引流、呕吐、感染性休克等有关。

5. 焦虑　与胆道疾病反复发作危重,担心手术及预后有关。

6. 潜在并发症:休克、胆瘘、胆道结石残留、腹腔感染、肝功能不全等。

【护理措施】

(一)一般护理

慢性或非手术治疗病情稳定者,给予低脂肪、高蛋白、高热量、高维生素易消化饮食。

(二)病情观察

胆道疾病多为急、重症,病情变化快,应动态观察病人生命体征,循环血容量,心、肺功能状态变化;定时检查血清学等各项化验指标变化。若出现腹痛加重、腹痛范围扩大等,应考虑病情加重,并及时报告医师,并积极配合处理。

(三)用药护理

急性期或准备手术者,应禁食或胃肠减压。其间应积极补充体液、电解质和足够的热量等,以维持病人水、电解质、酸碱平衡和良好营养状态。体温升高者给予降温处理。胆道系统致病菌主要为肠道细菌,以大肠杆菌和厌氧菌为主,故选用 2 ~ 3 种有效抗生素,遵医嘱联合应用。根据疼痛的部位、性质、程度、诱因,采取积极护理措施给予缓解,先给予解痉剂扩张胆管,使胆汁得以引流减轻梗阻;抑制胆道收缩,降低胆道内压力,可达到缓解疼痛的目的,明确诊断和治疗方案后或术前给予镇痛药。

(四)并发症护理

防治休克,建立两条以上有效静脉通路,有条件的应放置中心静脉导管;快速给予补液恢复有效循环血容量;留置尿管;准确记录 24 小时出入量,保持水、电解质和酸碱平衡。

（五）手术治疗护理

1. 一般护理 胃肠功能恢复后给予流质饮食,3～5 日后给予低脂肪、高蛋白、高维生素、易消化食物,禁油腻食物及饱餐。

2. 病情观察 术后早期注意观测病人生命体征变化,腹部症状和体征,有无腹膜刺激征出现,胃肠功能恢复情况。急性梗阻性化脓性胆管炎病人多在术前已发生休克,手术虽使病情缓解,但对重要器官功能仍有损害;术后在严密观察病人生命体征的变化同时,准确记录各项指标。观察引流液的色、量、性质。发现异常及时报告医师,并积极配合医师进行治疗。

3. 防治感染 观察病人体温变化,遵医嘱合理应用抗生素。

4. 维持水、电解质和酸碱平衡 禁食、胃肠减压、胆管引流使消化液和体液丢失较多,应准确记录引流量;及时补充晶体和胶体液体,以保持内环境稳定。

5. 引流管的护理 术后常放置胃肠减压和腹腔引流管,术后 2～3 日,胃肠功能恢复后可拔除胃管;腹腔引流液小于 10ml,无腹膜刺激征,可拔除腹腔引流管。若引流液含有胆汁,应考虑胆瘘发生,应妥善固定引流管,保持引流通畅,密切观察腹部体征变化。

（六）心理护理

宣传本病的知识,使病人了解本病的诱发因素、疾病过程和治疗效果,指导病人心理放松技巧,帮助病人克服紧张、焦虑心理,向病人解释相关的手术知识,增强病人对手术的认知和信心,使之积极配合治疗和护理,增强治疗疾病的信心。

（七）健康教育

1. 选择低脂、高糖、高蛋白、高维生素、易消化饮食,避免暴饮暴食,养成良好的饮食和休息习惯。

2. 培养良好的卫生习惯,做到餐前、便后洗手,水果等彻底清洗后再食用。有排虫史者及时驱虫,或秋末预防性驱虫。驱虫时宜于清晨空腹或睡前服药。

3. 带 T 管出院的病人告知出院后的注意事项,妥善固定引流管,按时更换引流袋,注意观察引流液的颜色、量和性质,发现异常及时就诊。

（巫全胜）

现场:江某,女,40 岁,因"腹痛原因待查"入院,焦急地询问当班护士小邓:"我为啥不能吃东西,我好饿?",小邓翻看病历后回答:"您有胆结石病史,现在又有发热,腹部疼痛还在持续,有可能是胆石症,在诊断结果未出来前是不能吃东西的,请您配合我们治疗。",病人将信将疑地回到病房。

提问:

1. 针对病人情况,小邓对病人的解释是否到位,评估时应注意什么?

2. 临床上该病人要做哪些检查?

第二十节　胆石症病人的护理

胆石病(cholelithiasis)指发生于胆囊和胆管的结石。人群发病率为10%左右,随着生活水平的提高,胆结石的发病特点发生了明显变化,发生率胆囊结石高于胆管结石、胆固醇结石高于胆色素结石,女性高于男性。

【护理评估】

（一）健康史

1. 病因与发病机制　胆结石形成因素复杂,一般认为主要与胆道感染和代谢异常等因素密切相关。①胆道感染:各种原因所致胆汁滞留,细菌或寄生虫侵入胆道而致感染。胆汁内的大肠杆菌产生的p-葡萄糖醛酸酶使可溶性的结合胆红素水解为游离胆红素,后者与钙结合形成胆红素钙,促发胆红素结石形成。虫卵和成虫的尸体,感染脱落的细胞,也可作为核心形成结石。②代谢异常:胆汁内的主要成分为胆盐、磷脂酰胆碱和胆固醇,当胆盐的肝肠循环被破坏,三种成分可使胆固醇呈过饱和状态,析出结晶,沉淀而成为胆固醇结石。

胆结石按其化学成分不同分三类:①胆固醇结石:约占50%,80%发生于胆囊,X线多不显影。②胆色素结石:约占37%,几乎均发生于胆囊,X线常不显影。③混合性结石:约占6%,60%发生在胆囊内,40%发生在胆管内,X线常可显影。

2. 病理　结石刺激胆道黏膜,使其分泌大量的黏液糖蛋白,结石形成后引起胆囊收缩能力减低,胆道阻塞使胆汁淤滞,胆汁引流不畅又有利于结石形成。主要病理变化有胆管梗阻和继发感染。胆管梗阻并感染可引起肝细胞损害,甚至发生肝细胞坏死或胆源性肝脓肿;胆管炎症反复发作可致胆汁性肝硬化。胆石嵌顿于壶腹时可引起急、慢性胰腺炎。胆道长期受结石、炎症、胆汁中致癌物质的刺激,可发生癌变。

（二）身体状况

1. 临床表现　临床表现取决于结石的大小,部位,是否合并感染、梗阻。无症状而在其他检查、手术或尸体解剖时被偶尔发现者,称静止性结石。腹痛,寒战、高热和黄疸的典型临床表现称为 Charcot 三联症。

（1）消化道症状:大多数病人仅在进食后,特别是进食油腻食物后,出现上腹部或右上腹部不适,隐痛、饱胀、嗳气、呃逆等,常被误诊为"胃病"。

（2）胆绞痛:为典型症状,当饱餐、进食油腻食物后胆汁分泌增加,胆囊收缩,或睡眠时改变体位,引起结石移位刺激胆道或嵌顿,而发生胆绞痛。疼痛多位于上腹部或右上腹部,呈阵发性,可向右肩胛部和背部放射,常伴有恶心、呕吐。

（3）寒战、高热:胆道梗阻继发感染后内压进一步升高,细菌及毒素经毛细胆管进入肝窦至肝静脉,引起全身性感染。胆管感染时病人寒战、高热明显高于胆囊感染,体温可高达39~40℃。

（4）黄疸:胆管梗阻后即可出现黄疸,其程度和持续时间取决于胆管梗阻的程度、有无并发感染和胆囊等因素有关。胆囊结石形成 Mirizzi 综合征时黄疸明显。黄疸时常有尿色变深,粪色变浅。

（5）Mirizzi 综合征:胆囊内较大结石持续嵌顿压迫胆囊壶腹部和颈部时,可引起肝总管狭窄或胆囊胆管瘘,以及反复发作的胆囊炎、胆管炎及梗阻性黄疸,称 Mirizzi 综合征,其发生率约占胆囊切除术病人的0.7%~1.1%。解剖学变异,尤其是胆囊管与肝总管平行是发生本病的重要条件。

（6）体征：胆道结石未合并感染时，仅有剑突下和右上腹部轻度压痛。如胆管内压过高或合并感染时，则剑突下和右上腹部有明显压痛。严重时如发生胆汁外渗，甚至发生胆管壁坏死者，可出现不同程度和范围的腹膜刺激征，并可出现肝区叩击痛。胆囊肿大时可被触及，并有触痛。肝内胆管结石主要表现为肝呈不对称性肿大，肝区有压痛及叩击痛。

2. 并发症　胆囊结石进入胆总管后或胆总管的结石通过 Oddi 括约肌时引起损伤或嵌顿于壶腹部引起的胰腺炎，称为胆源性胰腺炎；因结石压迫可致胆囊十二指肠瘘；结石及炎症的反复刺激可诱发胆道癌变。

3. 实验室及其他检查

（1）血常规：白细胞计数及中性粒细胞升高。

（2）血清学检查：可有血清胆红素值升高，血清转氨酶和（或）碱性磷酸酶升高；尿中胆红素升高，尿胆原降低或消失，粪中尿胆原减少。胆囊结石时升高不明显或无，胆总管结石升高较显著。

（3）影像学检查：B 超为首选方法，对结石的诊断率高达70%～90%以上，在胆道疾病及黄疸的鉴别诊断中有重要意义。对黄疸原因可进行定位和定性诊断。亦可在手术中检查胆道并引导手术取石。腹部 X 线有15%的胆囊结石可在腹部平片中显影，由于其确诊率较低，一般不作为常规检查手段。CT、MRI 能清晰地显示肝、胆、胰的形态和结构，结石、肿瘤或梗阻的情况，准确性较高，主要用于 B 超诊断不清，疑有肿瘤的病人。

（4）其他检查：有口服胆囊造影（OC）、静脉胆道造影（IVC）、经皮肝穿刺胆管造影（PTC）、内镜逆行胰胆管造影（ERCP）、纤维胆道镜等，上述检查用于协助诊断和治疗胆道结石，了解胆道有无狭窄、畸形、肿瘤、蛔虫等。

（三）心理和社会状况

了解病人对发病的心理情况，有无焦虑及烦躁等评估病人对疾病的发展、治疗、护理及术后康复知识的了解。

（四）治疗要点

胆道结石目前主要以手术治疗为主。

1. 胆囊结石　胆囊切除是治疗胆囊结石的首选方法。对于无症状的胆囊结石，一般认为不需立即行胆囊切除，只需观察和随诊。对于老年，有严重疾病不能耐受手术者，可考虑溶石治疗。

2. 肝外胆管结石　肝外胆管结石目前以手术治疗为主。常用手术方法有：①胆总管切开取石加 T 管引流；②胆肠吻合术；③Oddi 括约肌成形术；④经内镜下括约肌切开取石术。

3. 肝内胆管结石　肝内胆管结石的治疗易采用以手术为主的综合治疗。手术方法有：①高位胆管切开取石；②胆肠内引流；③去除肝内感染性病灶。

4. 中西医结合治疗　在手术和其他综合治疗的同时，可配合针灸和服用消炎利胆类中药，对控制炎症，排除结石有一定作用。

5. 残石的处理　术后 T 管造影发现胆道残留结石时，可拔除 T 管，经其窦道插入纤维胆道镜取石或经 T 管注入接触性溶石药物。

【常见护理诊断/问题】

1. 焦虑　与胆道疾病反复发作危重，担心手术及预后有关。

2. 疼痛　与炎症反应刺激，胆道梗阻、感染，手术创伤有关。

3. 营养失调：低于机体需要量　与摄入量不足、消耗增加等有关。

4. T管引流异常的危险　与T管脱出、扭曲、阻塞等有关。

5. 体温升高　与术前感染、术后炎症反应等有关。

6. 潜在并发症：肝功能不全、体液平衡紊乱、肝脓肿、急性胰腺炎、休克、胆瘘、胆道结石残留、腹腔感染等。

【护理措施】

（一）手术治疗前的护理

手术治疗前的护理同胆道感染病人的护理。

（二）手术治疗的护理

1. 一般护理　胃肠功能恢复后给予流质饮食,3～5日后给予低脂肪、高蛋白、高维生素、易消化食物,禁油腻食物及饱餐。

2. 病情观察　术后早期注意观测病人生命体征变化,腹部症状和体征,有无腹膜刺激征出现,胃肠功能恢复情况。观察引流液的色、量、性质,发现异常及时报告,并积极配合治疗。

3. 防治感染　观察病人体温变化,遵医嘱合理应用抗生素。

4. 维持水、电解质和酸碱平衡　禁食、胃肠减压、胆管引流,使消化液和体液丢失较多,应准确记录引流量;及时补充晶体和胶体液体,以保持内环境稳定。

5. 引流管的护理　术后常放置胃肠减压和腹腔引流管,术后2～3日,胃肠功能恢复后可拔除胃管;腹腔引流液小于10ml,无腹膜刺激征,可拔除腹腔引流管。若引流液含有胆汁,应考虑胆瘘发生,应妥善固定引流管,保持引流通畅,密切观察腹部体征变化。

（三）T管引流的护理

胆总管探查或切开取石术后常规放置T管引流。

1. 目的　是引流胆汁、引流残余结石、支撑胆道。

2. 固定方法　术后除用缝线将T管固定于腹壁外,还应用胶布将其固定于腹壁皮肤。但不可固定于床上,以防因翻身、活动、搬动时受到牵拉而脱出。对躁动不安的病人应有专人守护或适当加以约束,避免将T管拔出。

3. 保持有效引流　平卧时引流袋应低于腋中线,站立或活动时应低于腹部切口,以防胆汁逆流引起感染。若引流袋的位置较低,可使胆汁流出过量,影响脂肪的消化和吸收。避免T管受压、扭曲、折叠,经常给予挤捏,保持引流通畅。若术后1周内发现阻塞,可用细硅胶管插入管内行负压吸引;1周后阻塞,可用生理盐水加庆大霉素8万U严格无菌下低压冲洗。

4. 观察并记录引流液的颜色、量和性状　术后24小时内引流量较少,常呈淡红色血性或褐色、深绿色,有时可含有少量细小结石和絮状物;以后引流量逐渐增加,呈淡黄色、渐加深呈橘黄色,清亮;随胆道末端通畅引流量逐渐减少;若胆汁突然减少甚至无胆汁流出,则可能有受压、扭曲、折叠、阻塞或脱出,应立即检查,并通知医师及时处理。若引流量较多,常提示胆道下端引流不畅或梗阻。

5. 预防感染　长期置管者,每周更换无菌引流袋1～2次。引流管周围皮肤每日75%乙醇消毒,管周垫无菌纱布,防止胆汁浸润皮肤引起红肿、糜烂。行T管造影后,应立即接好引流袋进行引流,以减少造影对胆道的刺激和继发胆道感染,造影后常规应用抗生素2～3天。

6. 拔管　在下列情况下可考虑拔管,术后2周以上;病人无腹痛、发热、黄疸已消退;血常规、血清胆红素正常;胆汁引流量减少至200ml,引流液呈黄色清亮无沉渣;胆管造影或胆道镜证实胆管无狭窄、结石、异物、通畅良好;试夹管 24 ~ 36 小时以上无不适。拔管前引流管应开放 2 ~ 3 日,使造影剂完全排出。拔除后残留窦道用凡士林纱布填塞,1 ~ 2 日内可自行闭合。

(四) 心理护理

宣传本病的知识,使病人了解本病的诱发因素、疾病过程和治疗效果,指导病人心理放松技巧,帮助病人克服紧张、焦虑心理,向病人解释相关的手术知识,增强病人对手术的认知和信心,使之积极配合治疗和护理,增强治疗疾病的信心。

(五) 健康教育

1. 选择低脂、高糖、高蛋白、高维生素易消化饮食,避免暴饮暴食。养成良好的饮食和休息习惯。

2. 带 T 管出院的病人告知出院后的注意事项,妥善固定引流管,按时更换引流袋,注意观察引流液的颜色、量和性质,发现异常及时就诊。

(巫全胜)

第二十一节　胆道蛔虫病病人的护理

胆道蛔虫病(biliary ascariasis)指肠道蛔虫上行钻入胆道后所引起的一系列临床症状。以青少年和儿童多见,农村发病率高于城市。随着卫生条件的改善,近年来本病发生率已有明显下降。

【护理评估】

(一) 健康史

1. **病因与发病机制**　蛔虫寄生于中下段小肠内,喜碱厌酸。当其寄生环境改变时,如胃肠道功能紊乱、饥饿、发热、驱虫不当等,蛔虫可上行至十二指肠,如有 Oddi 括约肌功能失调,有钻孔习性的蛔虫即可钻入胆道。

2. **病理**　蛔虫钻入胆道,刺激 Oddi 括约肌引起强烈痉挛诱发胆绞痛,亦可诱发急性胰腺炎;虫体带入的细菌可引起胆道感染,甚至引起急性梗阻性化脓性胆管炎、肝脓肿等。蛔虫可经胆囊管钻入胆囊,引起胆囊穿孔。虫体在胆道内死亡后,其残骸及虫卵可成为结石形成的核心。

(二) 身体状况

1. **临床表现**　突发性剑突下阵发性钻顶样剧烈绞痛,可向右肩背部放射,病人多坐卧不安,呻吟不止,大汗淋漓,常伴有恶心、呕吐或呕出蛔虫。疼痛可突然缓解,间歇期宛如正常人,片刻后可突然再次发作。体征一般仅有剑突下或稍右方有轻度深压痛。若合并胆道系统感染、胰腺炎时,出现相应的症状和体征。

2. **实验室及其他检查**　B 超为本病首选检查方法,可见胆管内有平行强光带,偶见活虫体蠕动。ERCP 偶见胆管开口处有蛔虫,并可行取虫、胆道引流治疗。

(三) 心理和社会状况

了解病人对疾病的认识程度及心理反应。

(四) 诊断要点

剧烈的腹部绞痛与腹部体征轻微不相称是本病的特点,结合 B 超或 ERCP 检查,一般可明确诊断。

（五）治疗要点

以非手术治疗为主，仅在非手术治疗无效或出现严重并发症时才考虑手术治疗。

1. 非手术治疗　①解痉止痛；②利胆驱虫；③抗感染治疗；④ERCP 取虫。

2. 手术治疗　无合并症者可采用胆总管探查取虫及 T 管引流；有合并症时选用相应术式，术中和术后均应行驱虫治疗，以防复发。

【常见护理诊断/问题】

1. 急性疼痛　蛔虫刺激 Oddi 括约肌有关。

2. 知识缺乏：缺乏饮食卫生知识及胆道蛔虫病知识有关。

3. 焦虑　与疾病反复发作、病程迁延或出现并发症有关。

【护理措施】

（一）一般护理

协助病人休息和采用舒适体位。指导病人进行有节奏的深呼吸，达到放松和减轻疼痛的目的。

（二）病情观察

观察病人疼痛的特点，如疼痛的部位、程度、持续时间、伴随症状等。监测生命体征及腹部体征变化，重点观察病人有无胆囊穿孔、出血征象，出现并发症迹象及时通知医师，并配合做好相关护理工作。

（三）用药护理

遵医嘱使用解痉或止痛药，以缓解疼痛。

（四）心理护理

宣传本病的知识，使病人了解胆道蛔虫病的诱发因素、疾病过程和治疗效果，指导病人心理放松技巧，帮助病人克服紧张、焦虑心理，增强病人对疾病的认知和信心，使之积极配合治疗和护理，增强治疗疾病的信心。

（五）健康指导

1. 疾病知识指导　宣传疾病常识，使病人了解胆道蛔虫病的病因和诱发因素及防治知识。

2. 生活指导　指导病人建立合理的饮食习惯，不喝生水，水果应洗干净再吃，饭前便后要洗手。

3. 用药指导　驱虫药应清晨空腹或晚上睡前服用，服用后注意观察大便中是否有残虫排出。

（巫全胜）

第二十二节　上消化道出血病人的护理

上消化道出血（upper gastrointestinal hemorrhage）是指屈氏韧带以上的消化道包括食管、胃十二指肠和胰、胆等病变引起的出血以及胃空肠吻合术后的空肠病变出血。上消化道出血是临床常见的急诊，大量出血常可危及生命。上消化道急性大量出血一般指在数小时内失血量超过 1000ml 或循环血容量的 20%，主要表现为呕血和（或）黑便，常伴有急性周围循环衰竭。及早识别出血征象，迅速确定出血部位和原因，严密观察病情，及时有效的救治与护理，是抢救病人生命的重要环节。

【护理评估】

（一）健康史

上消化道出血的病因很多,最常见的病因有消化性溃疡、急性糜烂出血性胃炎、食管胃底静脉曲张破裂和胃癌。

1. 上消化道疾病

（1）食管疾病:食管炎、食管癌、食管的物理和化学性损伤如食管贲门黏膜撕裂综合征等。

（2）胃十二指肠疾病:消化性溃疡、急性糜烂出血性胃炎、胃癌、胃黏膜脱垂、慢性胃炎、胃泌素瘤、残胃等。

（3）空肠疾病:胃肠吻合术后空肠溃疡、空肠克罗恩病。

2. 各种原因而致的门静脉高压引起食管胃底静脉曲张破裂或门静脉高压性胃病。

3. 上消化道邻近器官或组织的疾病　胆道出血、胰腺疾病以及胸或腹主动脉瘤、肝或脾动脉瘤破裂入食管、胃或十二指肠等。

4. 全身性疾病　血液病、尿毒症、血管性疾病、风湿性疾病、应激相关胃黏膜损伤、急性感染性疾病等。

（二）身体状况

1. 临床表现　上消化道出血的临床表现取决于出血病变的性质、部位、出血的量及速度,并与病人的年龄、出血前的全身状态有关。

（1）呕血与黑便:是上消化道出血的特征性表现,但呕血与及黑便的颜色取决于出血的速度及量,少量出血可仅表现为黑便,短时大量出血可呕鲜红或有血块的胃内容物,黑便多呈柏油样。

（2）失血性周围循环衰竭:为上消化道大出血的常见表现,程度轻重因出血量大小和失血速度快慢而异。可出现头晕、心悸、乏力、口渴、出汗、晕厥等一系列组织缺血的表现。出血性休克早期体征有脉搏细速、脉压变小、血压波动;呈现休克状态时,病人面色苍白、皮肤湿冷、呼吸急促、口唇发绀、烦躁不安,重者反应迟钝、意识模糊;收缩压降至80mmHg以下,脉压小于25~30mmHg,心率达120次/分以上,休克时尿量减少,若补足血容量后仍少尿或无尿,则应考虑并发急性肾衰竭。

（3）发热:多发生在出血24小时内,一般不超过38.5℃,可持续3~5天。可能与血容量减少、失血性贫血、急性周围循环衰竭等导致体温调节中枢功能障碍有关。

（4）氮质血症:可分为肠源性、肾前性、肾性氮质血症。①肠源性氮质血症:上消化道大出血后肠道中血液的蛋白质分解产物被吸收,引起血中尿素氮增高,称为肠性氮质血症。通常在出血后数小时尿素氮上升,约24~48小时达高峰,一般不超过14.3mmol/L,无继续出血,3~4天可降至正常;如尿素氮持续增高超过3~4天,血容量已基本纠正且病人出血前肾功能正常,提示病人有上消化道继续出血或再次出血可能。②肾前性氮质血症:是由于出血导致周围循环衰竭,使肾血流减少和肾小球滤过率降低引起氮质潴留。③肾性氮质血症:为严重而持久的休克造成肾小管坏死或出血加重原有肾病的肾损害而发生肾衰竭所致。出血停止,经补足血容量而尿量仍少,血尿素氮不能降至正常,应考虑肾性氮质血症的存在。

（5）贫血和血象变化:大量出血可致急性失血性贫血。出血早期因血液尚未明显稀释,血红蛋白浓度、红细胞计数与血细胞比容的变化可能不明显,经3~4小时后才出现失血性贫血的血象变化。出血24小时内网织红细胞可增高,出血停止后逐渐恢复正常,如出血不止则可持续增高。出血 2~5 小时后白细胞升高,出血停止后 2~3 天恢复正常。

2. 实验室及其他检查

(1)实验室检查:红细胞计数、血细胞比容、血红蛋白浓度、白细胞和血小板计数、肝肾功能、大便隐血试验等检查,对失血量和有无活动出血的估计有重要价值,并有助于判断治疗效果和协助病因诊断。

(2)内镜检查:是上消化道出血首选的定位、定性诊断检查方法,有助于治疗方案的确定和预后的判断。主张出血后 24~48 小时内进行急诊内镜检查,可在明确出血病因的同时行内镜下止血治疗。

(3)X 线钡餐检查:对明确病因有价值,一般在出血停止或病情稳定数天后进行检查。适用于不宜或不愿内镜检查者,或需排除十二指肠降段以下的小肠段有无出血病灶者。

(4)选择性动脉造影:选择性动脉造影如腹腔动脉、肠系膜上动脉造影可明确出血部位。适用于内镜、X 线钡餐检查不能明确原因的上消化道出血。

(5)放射性核素检查:是一种非创伤性的诊断方法,可重复检查,敏感性优于动脉造影,适用于内镜及 X 线钡餐检查未能确诊者。

(三)心理和社会状况

急性大量出血,因病情危急,病人常出现紧张、恐惧心理,若为慢性病或全身性疾病造成的反复出血,病人易对治疗失去信心,并可出现悲观、沮丧等心理反应。

(四)治疗要点

上消化道大出血应采取的治疗措施有迅速补充血容量、纠正水电解质平衡失调、预防和治疗失血性休克,采取有效止血措施及积极进行病因诊断和治疗。

1. 一般治疗 病人卧床休息,注意保暖;保持呼吸道通畅,防止窒息,必要时吸氧;少量出血可进温凉流质饮食,大量出血暂禁食;严密监测生命征、尿量、神志、血红蛋白浓度、红细胞计数及尿素氮等变化。

2. 积极补充血容量 建立静脉通道并保持通道畅通,必要时静脉切开;立即配血,在此过程中先输平衡液或葡萄糖盐水、右旋糖酐等,尽早输全血或浓缩红细胞以恢复和维持血容量及改善周围循环,防止微循环障碍引起脏器功能衰竭。液体量视出血情况而定,紧急输血的指征有血容量明显不足、失血性休克、血红蛋白低于 70g/L 或血细胞比容低于 25%。

3. 止血措施

(1)非食管胃底静脉曲张破裂出血的止血措施:是除了食管胃底静脉曲张破裂出血外的其他病因所致的上消化道出血。

1)抑制胃酸分泌药:常用 H_2 受体拮抗剂或质子泵抑制剂以抑制胃酸分泌,提高和保持胃内较高的 pH。如雷尼替丁、法莫替丁或奥美拉唑等静脉给药。

2)内镜下直视止血:适用于有活动性出血或暴露血管的溃疡及其他病因引起的出血。包括激光光凝、微波、高频电凝、热探头凝固止血、血管夹钳夹止血、局部药物喷洒和局部药物注射。

3)介入治疗:少数不能进行内镜止血或手术治疗的严重大出血病人可选择性肠系膜动脉造影给予血管栓塞治疗。

4)手术治疗:各种病因所致出血经治疗效果不佳者可采用手术治疗。

(2)食管胃底静脉曲张破裂出血的止血措施:治疗除采取上述措施外,特殊的止血措施有:

1）药物止血：有血管加压素和生长抑素及其拟似物。血管加压素使内脏血管收缩，减少门静脉血流量，降低门静脉及侧支循环的压力，从而控制食管胃底曲张静脉的出血。血管加压素 0.2U/min 持续静滴，根据治疗反应可逐渐增加至 0.4U/min，同时合用硝酸甘油静滴或舌下含服，硝酸甘油有协同降低门静脉压力的作用和减轻大剂量使用血管加压素的不良反应。生长抑素及其拟似物止血效果明显，能明显减少内脏血流量，为近年治疗食管胃底静脉曲张破裂出血的最常用药物。生长抑素首剂负荷量 250μg 缓慢静注，继以 250μg/h 连续静滴；或奥曲肽首剂 100μg 缓慢静注，继以 25～50μg/h 持续静滴。

2）气囊管压迫止血：用三腔两囊管压迫止血，止血效果肯定，但病人痛苦大、并发症多、早期再出血率高，目前只在药物治疗不能控制出血时暂时使用，以争取时间准备内镜止血等措施。

3）内镜直视下止血：在病情基本稳定后进行急诊内镜检查和止血治疗，常用方法有食管曲张静脉套扎术、硬化剂注射止血术、组织黏合剂注射法，是目前治疗本病的重要止血手段；也可作为预防性治疗，预防食管胃底静脉曲张破裂再出血。并发症有局部溃疡、出血、穿孔、术后感染、瘢痕狭窄等。

4）手术治疗：内科治疗无效时，应考虑经颈静脉肝内门体静脉分流术或外科手术。

【常见护理诊断/问题】

1. **体液不足**　与上消化道大量出血有关。

2. **活动无耐力**　与失血性周围循环衰竭有关。

3. **有受伤的危险：创伤、窒息、误吸**　与气囊压迫食管胃底黏膜时间过长、气囊阻塞气道、血液或分泌物反流入气管有关。

4. **恐惧**　与消化道出血对生命威胁有关。

5. **潜在并发症**：休克。

【护理措施】

（一）一般护理

1. **休息与体位**　少量出血应卧床休息，大出血应绝对卧床休息。协助安置病人适宜体位，大出血时病人取平卧位并将下肢略抬高，以保证脑部供血；呕吐时头偏向一侧，以防窒息或误吸，必要时用负压吸引器清除气道内的分泌物、血液或呕吐物，保持呼吸道通畅。注意保暖，病情稳定后逐渐增加活动量。

2. **饮食护理**　少量出血者，可进温凉、清淡流质，出血停止后给予营养丰富、易消化、无刺激性半流质或软食，少量多餐，逐步过渡到正常饮食；严重呕血病人应禁食。食管胃底静脉曲张破裂出血者，出血停止后 1～2 天可给高热量、高维生素流质，无再出血渐改为半流质、软食，应细嚼慢咽；限制钠和蛋白质摄入，避免坚硬、粗糙、刺激性食物。劝病人戒烟、酒。

3. **生活护理**　保持病室安静，及时清理呕吐物和黑便，避免不良刺激。协助病人完成日常生活护理，做好进食、皮肤清洁、口腔清洁、排泄等护理。应注意安全的护理，病人有活动性出血时，常因有便意去厕所，在排便时或便后起立时晕厥，应指导病人坐起、站起时动作缓慢，防止跌倒，重症病人用床栏加以保护。

（二）病情观察

1. **病情监测**　密切监测病情变化，尤其注意休克的早期表现，观察有无心率加快、脉搏细弱、血压降低、尿量减少、呼吸困难等；观察病人的意识状态，有无烦躁不安、嗜睡、表情淡漠、意识不清甚至昏迷;观察呕吐物和粪便的性质、量和颜色。定期复查红细胞计数、血红蛋白浓度、血细胞比容、网织红细胞计数、血尿素氮测定等,判断病人有无活动性出血或再出血迹象。密切观察病人原发病的病情变化,如肝硬化并发上消化道大出血病人,应观察有无并发感染、肝性脑病等。

2. 周围循环状况的观察　周围循环衰竭的临床表现对估计出血量有重要价值,如病人烦躁不安、面色苍白、四肢湿冷提示微循环血液灌注不足,皮肤逐渐转暖、出汗停止则提示血液灌注好转。可采用改变体位测量心率、血压并观察症状和体征来估计出血量:先测平卧时的心率与血压,然后测由平卧位改为半卧位时的心率与血压,如改为半卧位时立即出现心率加快 10 次/分以上、血压下降幅度 >15 ~20mmHg、头晕、出汗甚至晕厥,则表示出血量大,血容量已明显不足。

3. 出血量估计　主要根据病史、临床表现、实验室检查来判断。详细询问呕血和(或)黑便的发生时间、次数、量及性状,以便估计出血量和速度。大便隐血试验阳性提示每天出血量 >5 ~10ml,出现黑便提示每天出血量在 50 ~100ml 以上,出现呕血提示胃内积血量达 250 ~300ml,一次出血量在 400ml 以下时可不出现全身表现,出血量超过 400 ~500ml 时可出现头晕、心悸、乏力等表现,出血量超过 1000ml 时临床出现急性周围循环衰竭的表现,严重者引起出血性休克。

4. 出血是否停止的判断　出血是否停止应根据病人一般情况作出判断,如病人的神志、体力、食欲、脉搏和血压都逐渐恢复正常并保持稳定,可认为无活动性出血。出现下列情况提示活动性出血或再次出血:①反复呕血,持续黑便、次数增多且粪质稀薄,伴肠鸣音亢进;②周围循环衰竭的表现经充分补充血容量而无明显改善,或好转后又恶化;③红细胞计数、血红蛋白浓度、血细胞比容持续下降,网织红细胞计数持续增高;④在补液足够和尿量正常的情况下,血尿素氮持续或再次升高;⑤门静脉高压的病人原有脾大,出血后常暂时缩小,如不见脾恢复肿大则提示出血未停止。

(三) 用药护理

遵医嘱及时补充血容量和使用止血药物等,注意观察药物不良反应,肝硬化门静脉高压者忌用吗啡、巴比妥类药物。血管加压素可引起腹痛、血压升高、心律失常、心肌缺血,甚至发生心肌梗死,故应注意控制滴注速度,严密观察不良反应,有冠心病者忌用。

(四) 治疗护理

迅速建立静脉通道,遵医嘱准确地实施输液、输血等抢救措施,观察治疗效果和不良反应。门静脉高压所致食管胃底静脉曲张破裂出血病人宜输新鲜血,因库存血含氨量高易诱发肝性脑病。输液宜先快后慢,避免过多、过快而引起急性肺水肿,对老年病人和心肺功能不全者尤应注意,必要时测定中心静脉压作为调整输液量和速度的依据。配合医生施行急诊胃镜直视下止血或三(四)腔二囊管压迫止血,并做好相应的病情观察和护理。留置三(四)腔二囊管压迫止血时应注意防创伤、防窒息、防误吸。

(五) 心理护理

观察病人有无紧张、恐惧、沮丧、悲观等心理反应,有无对治疗失去信心。关心、安慰病人,解释安静休息有利于止血。大出血时经常巡视、陪伴病人,增强病人的安全感,抢救工作应迅速而不忙乱,减轻病人的紧张情绪。解释各项检查、治疗措施,听取并解答病人和家属的提问,减轻他们的疑虑和担心,积极配合治疗和护理。

（六）健康指导

1. 疾病知识指导　帮助病人和家属掌握上消化道出血的常见病因、诱因、防治和护理的基本知识，预防各种原发病，减少出血和再次出血的危险。

2. 疾病预防指导　指导病人养成良好的饮食卫生和生活习惯，合理饮食，保证营养，避免过饥或暴饮暴食，避免粗糙、刺激性、过冷、过热、产气多的食物及饮料，戒烟酒。避免长期精神紧张、过度劳累，保持乐观情绪，保证身心休息，紧张、恐惧的心理能使肾上腺素分泌增加，血压增高，可诱发和加重出血。

3. 用药指导　指导病人用药方法，向病人讲解药物作用和药物的不良反应。

4. 病情监测指导　病人和家属学会正确识别呕血、黑便的早期征象，学会应急处理措施，并及时送医院治疗。

（高健群）

学 与 思

案例4-1　刘某，男，35岁。因"反复上腹痛5年余，加重1周"住院治疗。病人反复出现上腹烧灼样疼痛5年余，多于餐后3~4小时发生，并有夜间痛，伴反酸、嗳气，进食或服用制酸药后缓解，1周前因饮食无规律，上腹部疼痛加剧，伴恶心、呕吐，呕吐物为胃内容物，胃镜检查示"十二指肠球部溃疡"。

问题：

(1)十二指肠球部溃疡病人的临床表现有哪些，其腹痛有何特点？

(2)消化性溃疡病人有哪些并发症？如何进行观察？

(3)针对病人情况如何选用药物治疗？

(4)如病人进行手术治疗，如何观察术后并发症？

(5)如何对病人进行健康教育？

案例4-2　汪某，47岁，因腹痛、腹胀、停止排气、排便3天入院。既往曾于2年前行胃大部切除术。身体评估：急性面容，神志清楚，心肺无异常。腹部膨隆，可见肠型，全腹轻度压痛、无反跳痛、肌紧张，叩鼓音，肠鸣音亢进，偶可闻气过水声。腹部立位X线平片，可见多个液平面。

请问：

(1)病人最可能的疾病是什么？诊断依据有哪些？

(2)病人常见护理诊断/问题有哪些？当前应采取哪些护理措施？

(3)如何对病人进行健康教育？

案例4-3　章某，33岁，因转移性右下腹痛8小时入院。身体评估：体温38.8℃，脉搏105次/分，右下腹压痛、反跳痛、肌紧张，肠鸣音消失，WBC：10.6×10^9/L。入院后急诊行阑尾切除术，术后第5天，出现高热，切口红肿，有压痛。

请问：

(1)该病人术后发生了什么并发症？如何预防及处理？

(2)为预防术后肠粘连，最关键的护理措施是什么？

案例4-4　张某，36岁，因肛周疼痛3天，加重1天入院。病人3天前感肛门周围疼痛，逐渐加重坐卧不安。体温：38.1℃。肛门直肠检查：膝胸位9至10点位离肛门约3cm皮肤红肿明显,触痛,拒按。

请问:

(1)病人最可能患什么疾病?诊断依据是什么?

(2)病人常见护理诊断/问题有哪些?应采取哪些护理措施?

案例4-5 周某,女,45岁。因"乏力、食欲减退6年余,加重伴腹胀、尿少3周"入院。既往有乙肝病史25年,近6年来常感全身乏力、食欲减退、右上腹不适,3周前因过度劳累,出现乏力、食欲减退加重,伴腹胀及尿量减少。身体评估:体温36.7℃,脉搏80次/分,呼吸24次/分,血压105/65mmHg,神清,面色灰暗,巩膜黄染,双手肝掌明显,上胸及颈部见4枚蜘蛛痣,心肺听诊无异常,腹部明显膨隆,脐周腹壁静脉曲张,肝肋下触及3cm,脾肋下4cm,质硬无压痛,移动性浊音阳性,双下肢凹陷性水肿。

问题:

(1)肝硬化病人的常见病因有哪些?

(2)哪些是肝功能减退的临床表现?

(3)本病人为进一步明确诊断,应做哪些检查?

(4)如何对病人进行饮食护理?

案例4-6 杨某,男,30岁。病人1周前出现上腹部不适,伴反酸、嗳气,每日解黑色软便1~2次,今日午餐后上腹不适加重,呕出咖啡色液体约300ml,并有便意如厕,排出柏油便约400g,伴头晕、心悸而急诊入院。既往有"十二指肠球部溃疡"病史10年。身体评估:体温37.8℃,脉搏112次/分,呼吸23次/分,血压90/50mmHg,神清,面色苍白,皮肤无出血点及蜘蛛痣,腹平坦,未见腹壁静脉曲张,上腹偏右轻压痛,无反跳痛,肝脾未触及,移动性浊音阴性。实验室检查:红细胞$3.6×10^{12}$/L,血红蛋白85g/L,白细胞$10.8×10^{9}$/L。

问题:

(1)上消化道出血的临床表现有哪些?

(2)上消化道出血的治疗要点有哪些?

(3)如何对本病人进行病情观察?

(4)如何对病人进行心理护理?

(高健群　巫全胜)

第五章 泌尿系统疾病病人的护理

泌尿系统由肾脏、输尿管、膀胱、尿道及有关的血管和神经等组成。肾脏是人体重要的生命器官,主要功能是生成尿液,以排泄人体代谢产物,调节水、电解质及酸碱代谢的平衡,对维持机体内环境的稳定具有十分重要的作用。此外,肾脏还具有内分泌功能,以调节血压、促进红细胞生成和骨骼生长等。近年来,肾脏病学的发展极为迅速,免疫学、分子遗传学和分子细胞学的研究,对许多肾脏疾病的发病机制有了新的认识,并为肾炎的治疗和某些与遗传密切相关的肾脏疾病的基因治疗打下了坚实的基础;器械检查、影像学检查使泌尿系统畸形、结石、肿瘤、肾积水等得到明确诊断;各种血液净化技术的进步,大大延长了尿毒症病人的寿命,同时为严重感染导致的多器官功能衰竭、严重水肿等治疗开辟了新的途径;肾脏病学的发展带来了肾脏病护理学的进步,使经皮穿刺肾活组织检查、血液透析、肾移植等的护理水平有了明显的提高。

第一节 肾小球肾炎病人的护理

一、急性肾小球肾炎病人的护理

急性肾小球肾炎(acute glomerulonephritis,AGN)简称急性肾炎,特点为起病急,是一组以血尿、蛋白尿、水肿和高血压为主要临床表现的肾脏疾病,可伴有一过性肾功能损害。多见于链球菌感染后,其他细菌、病毒和寄生虫感染后也可引起。本病好发于儿童,男性居多,多数病例自然痊愈,部分病例病情迁延或转为慢性肾炎。

【护理评估】

(一)健康史

1. 病因 链球菌感染后急性肾炎常因 β 溶血性链球菌"致肾炎菌株"感染所致,常见于上呼吸道感染(多为急性扁桃体炎)或皮肤感染(多为脓疱疮)等链球菌感染后。

2. 发病机制 本病是由链球菌感染诱发机体产生免疫反应,目前多认为链球菌的胞质成分或某些分泌蛋白是主要致病抗原,其刺激机体产生相应抗体,形成循环免疫复合物沉积于肾小球致病或种植于肾小球的抗原与特异性抗体相结合形成原位免疫复合物而致病。此外,肾小球内的免疫复合物可激活补体,促使肾小球内皮细胞和系膜细胞增生,可吸引中性粒细胞及单核细胞浸润,导致双侧肾脏弥漫性病变。

(二)身体状况

1. 临床表现 本病发病前常有前驱感染,潜伏期为 1~3 周,平均约 10 天,皮肤感染者发病的潜伏期较呼吸道感染者稍长。起病较急,病情轻重不一,轻者仅表现为尿常规及血清补体异常,重症者可表现为急性肾衰竭。多数病人预后良好,通常在数月内自愈。

(1)全身症状:表现为疲乏、精神不振、腰酸、头痛、恶心等。

(2)尿异常:①尿量减少:多数病人起病初期可出现尿量减少,尿量常降至 400～700ml/d,1～2 周后尿量逐渐增加,但无尿者较少见。②血尿:常为起病首发症状,几乎所有病人均有血尿,约 40% 病人出现肉眼血尿。③蛋白尿:大部分病人可伴有轻、中度蛋白尿,每天尿蛋白不超过 3.5g,少数可出现大量蛋白尿。

(3)水肿:80% 以上病人均有水肿,常为首发症状,多表现为晨起眼睑水肿或伴有双下肢轻度凹陷性水肿,严重者可出现全身性水肿、胸水、腹水。

(4)高血压:大多数病人出现一过性轻、中度高血压,主要与患病初期水钠潴留有关,经利尿后血压可逐渐恢复正常。少数病人可发生高血压脑病、充血性心力衰竭。

(5)肾功能异常:部分病人在起病早期可出现一过性轻度氮质血症,于 1～2 周后因尿量增加而恢复正常,极少数病人表现为急性肾衰竭。

2. 并发症　部分病人在急性期可发生较严重的并发症,如心力衰竭、高血压脑病、急性肾衰竭。

3. 实验室及其他检查

(1)尿液检查:病人均有镜下血尿,尿蛋白多为 + ～ + +,少数病人可有大量蛋白尿。尿沉渣中可见多种管型,如白细胞管型、上皮细胞管型、红细胞管型、颗粒管型。

(2)免疫学测定:起病初期血清补体 C_3 及总补体均明显下降,8 周内逐渐恢复正常,是本病的重要特征。病人血清抗链球菌溶血素“O”抗体(ASO)滴度升高,提示近期有链球菌感染。

(3)肾功能检查:可有肾小球滤过率降低,血尿素氮和血肌酐升高。

(三)心理和社会状况

本病症状反复出现,使病人及家属产生紧张、焦虑、抑郁等心理反应,肉眼血尿的直观刺激使病人感到恐惧,水肿还会影响到病人的外在形象,使病人感到自卑,拒绝社会交往等。

(四)治疗要点

以休息和对症治疗为主,并发急性肾衰竭者应予透析。本病为自限性疾病,应避免使用肾毒性药物,积极预防并发症。

1. 一般治疗　急性期应卧床休息,待肉眼血尿消失、水肿消退及血压恢复正常后可逐步增加活动量。根据病情适当限制水钠和蛋白质的摄入。

2. 控制感染　有上呼吸道或皮肤感染者,可选用抗生素治疗,如青霉素、头孢菌素、大环内酯类等无肾毒性抗生素,但不主张预防性用药。反复发作的慢性扁桃体炎,待病情稳定后可考虑行扁桃体摘除术,手术前后 2 周需使用青霉素防治感染。

3. 对症治疗　包括利尿消肿、降血压、预防心脑并发症的发生。经限制水钠摄入、应用利尿药后血压仍不能控制者,应加用降压药物。

4. 透析治疗　少数并发急性肾衰竭者且有透析指征时,应及时给予透析治疗。由于本病具有自愈倾向,肾功能多可逐渐恢复,一般无需长期维持透析。

【常见护理诊断/问题】

1. **体液过多**　与肾小球滤过率下降导致水钠潴留有关。

2. **有皮肤完整性受损的危险**　与水肿、营养不良、长期卧床休息有关。

3. **活动无耐力**　与水肿、低盐饮食有关。

【护理措施】

（一）一般护理

1. 休息与活动 急性期病人应绝对卧床休息,待肉眼血尿消失、水肿消退、血压正常后,可逐步增加活动量,但应避免剧烈活动和劳累,待完全康复后可从事正常的体力劳动。

2. 饮食护理 有明显水肿、高血压时,应严格限制钠的摄入,一般不超过3g/d。如尿量明显减少,还应控制水和钾的摄入。病情好转后可逐步转为正常饮食。此外,应根据肾功能调整蛋白质的摄入量。

（二）皮肤护理

观察皮肤有无异常情况发生,如潮红、破损或脓肿等。长期卧床者,床单应保持整洁、干燥,协助病人定期翻身;水肿病人衣着应柔软、宽松,勤换洗,保持皮肤清洁,避免发生破溃而感染。此外,水肿病人行肌注或静脉穿刺时,应将皮肤推向一侧后进针,拔针后用无菌干棉球按压穿刺部位,以防穿刺点渗液而发生感染。

（三）病情观察

注意观察水肿的范围、程度及消长情况,有无胸水、腹水或心包积液;定期测量病人体重;记录24小时出入量,监测尿量变化;监测病人的生命体征,尤其是血压;密切监测尿常规、肾功能等指标的变化。

（四）用药护理

遵医嘱使用利尿药,注意观察其疗效及不良反应。利尿药的不良反应主要有低钾血症、低钠血症及低氯性碱中毒,用药期间应监测血清电解质和酸碱平衡情况。

（五）心理护理

病人因需长期卧床,活动量受限制,尤其是儿童会产生焦虑、抑郁、烦躁等不良情绪,应多关心、巡视病人,多与病人沟通,仔细观察病人的情绪变化和心理需求,通过多种途径丰富病人的精神生活,使病人能以乐观、积极的心态接受治疗。

（六）健康教育

1. 疾病预防指导 介绍本病常见的发病因素,告知病人注意预防上呼吸道或皮肤感染,一旦发生应及时治疗。平时应加强锻炼,注意个人卫生。

2. 生活指导 病人患病期间应加强休息,在1~2年内避免剧烈运动或过度劳累。临床症状消失后,可仍有镜下血尿、蛋白尿等,应定期随访,监测病情。

3. 用药指导 遵医嘱合理用药,严格执行用药方案,注意观察各种药物的疗效和不良反应。

二、慢性肾小球肾炎病人的护理

慢性肾小球肾炎(chronic glomerulonephritis,CGN)简称慢性肾炎,是以蛋白尿、血尿、水肿和高血压为临床表现的一组肾小球疾病。起病方式各有不同,病程长,病变缓慢进展,初期可无明显症状,随后出现不同程度的肾功能减退,最终可发展为慢性肾衰竭。

【护理评估】

（一）健康史

1. 病因 仅少数慢性肾炎由急性链球菌感染后肾炎发展所致。病因大多尚不清楚,但起始因素多为免疫介导性炎症病变。此外,非免疫非炎症因素在慢性肾炎的发生与发展中亦可能起重要作用。

2. 发病机制　导致肾小球慢性病变的机制主要是：①原发病的免疫炎症因素导致肾实质进行性受损；②高血压引起肾小动脉硬化性损伤；③健存肾单位代偿性肾小球毛细血管高灌注、高压力和高滤过，导致肾小球硬化；④长期大量蛋白尿导致肾脏功能逐渐损伤；⑤脂质代谢异常引起肾小血管和肾小球硬化。

3. 病理　慢性肾炎可由多种病理类型引起，常见类型有系膜增生性肾小球肾炎、系膜毛细血管性肾小球肾炎、膜性肾病及局灶节段性肾小球硬化等，病变进展至晚期，肾脏体积缩小、肾皮质变薄，上述不同病理类型均可转化为硬化性肾小球肾炎。

（二）身体状况

1. 临床表现　本病起病缓慢、隐匿，可发生于任何年龄，但以中青年男性多见。临床表现各不相同，个体差异较大，蛋白尿、血尿、水肿、高血压为基本临床表现。

早期病人多出现轻度蛋白尿和镜下血尿，其中蛋白尿为必有表现；水肿可有可无，多为轻、中度水肿；多数病人有不同程度的高血压。早期肾功能正常或轻度受损，持续数年至数十年后，肾功能逐渐恶化并出现相应的临床表现。

慢性肾炎的病程取决于不同的病理类型，部分病人可因感染、劳累、应用肾毒性药物及高蛋白或高磷饮食等因素使病情急剧恶化。

2. 实验室及其他检查

（1）尿液检查：多数尿蛋白 + ~ + + + ，尿蛋白定量为 1 ~ 3g/d。尿沉渣镜检可见红细胞及管型尿等；肾浓缩功能不全时可有夜尿增多、低比重尿。

（2）血常规检查：早期无明显异常，晚期贫血病人可出现红细胞计数和血红蛋白明显下降。

（3）肾功能检查：肾功能正常或轻度受损，晚期血肌酐、尿素氮升高，内生肌酐清除率下降。

（4）B超检查：晚期可有双肾缩小，皮质变薄。

（5）肾活组织检查：肾穿刺活检可确定慢性肾炎的病理类型和预后，并为制定治疗方案提供依据。

（三）心理和社会状况

本病病程较长，疾病迁延不愈，使病人对疾病的治疗失去信心，产生焦虑、悲观等不良情绪，应了解病人的心理状态、家属的关心程度和社会的支持度。

（四）治疗要点

本病治疗以防止或延缓肾功能进行性恶化、改善临床症状及防治严重并发症为目的，而不以消除尿蛋白或尿红细胞为目标，一般不用糖皮质激素与细胞毒药物。

1. 饮食治疗　限制蛋白及磷的摄入，给予优质低蛋白、低磷饮食，以延缓肾小球硬化和肾功能减退。低蛋白饮食者应加用必需氨基酸或 α-酮酸，以防止负氮平衡。

2. 对症治疗　积极控制高血压和减少尿蛋白。主要的降压措施包括低盐饮食和应用降压药。对容量依赖性高血压病人可选用噻嗪类利尿药（如氢氯噻嗪），对肾素依赖性高血压者首选血管紧张素转化酶抑制药（ACEI）、血管紧张素Ⅱ受体拮抗剂（ARB）。研究证明，ACEI 或 ARB 不仅具有降压作用，还可以减少尿蛋白和保护肾功能。

3. 应用抗血小板解聚药　常用药物有双嘧达莫和阿司匹林，两者均有抗血小板聚集作用。目前研究结果显示，服用此类药物对系膜毛细血管性肾炎有降低尿蛋白的作用。

4. 避免加重肾损害的因素　如感染、劳累、妊娠、应用肾毒性药物均可能导致肾功能进一步恶化。

【常见护理诊断/问题】

1. **体液过多**　与水钠潴留,大量蛋白尿导致低蛋白血症有关。

2. **营养失调:低于机体需要量**　与蛋白丢失过多、限制蛋白摄入等有关。

3. **焦虑**　与疾病逐渐恶化、预后不良等有关。

4. **潜在并发症**:慢性肾衰竭。

【护理措施】

（一）一般护理

1. **休息与活动**　嘱病人多休息,以延缓肾功能减退。如病情急性加重且伴有血尿、心力衰竭或并发感染时,应限制活动。

2. **饮食护理**　肾功能正常可不必限制饮食,肾功能损害时应给予优质低蛋白、低磷饮食,蛋白摄入量为 $0.6\sim0.8g/(kg\cdot d)$,适当增加碳水化合物的摄入,补充多种维生素,以保证基本生理需要。必要时可遵医嘱静脉补充必需氨基酸。

（二）病情观察

严密监测血压的变化,持续高血压可加重肾功能恶化。观察水肿有无消退,监测病人的尿量变化及肾功能,警惕慢性肾衰竭的发生。此外,应加强营养监测,观察并记录病人的饮食情况,饮食结构是否合理;监测红血蛋白浓度和血清白蛋白浓度是否正常。

（三）用药护理

使用血管紧张素转化酶抑制药(ACEI)降压时,应监测血清电解质变化,以防血钾升高,如出现持续性干咳等不良反应,应及时报告。用血小板解聚药时注意观察有无出血倾向,监测出血、凝血时间等。

（四）心理护理

慢性肾炎病程迁延,可发展为慢性肾衰竭,部分病人预后较差,容易产生悲观、厌世、恐惧等心理反应。长期患病影响病人的生活和工作,家庭经济负担较重,可增加病人的心理压力,应加强心理疏导。多关心、安慰病人,鼓励其表达内心的感受,耐心解答病人的疑问,取得家属及社会的支持,帮助病人树立战胜疾病的信心。

（五）健康教育

1. **疾病知识指导**　向病人及家属介绍本病的特点,告知可能加重肾损害的因素,并注意避免。平时多加强休息,做到劳逸结合,以延缓肾功能减退。

2. **饮食指导**　严格遵循饮食原则,根据自身情况选择合理的饮食种类。

3. **用药指导与病情监测**　介绍降压药的种类、疗效、不良反应及注意事项。若选用血管紧张素转化酶抑制药可导致血钾升高,应注意观察有无高血钾的表现等。慢性肾炎病程长,需定期随访肾功能、血压、水肿等变化。

（高健群）

第二节　尿路感染病人的护理

尿路感染(urinary tract infection,UTI)是由于各种病原微生物感染所引起的尿路急、慢性炎症。根据感染发生的部位,可分为上尿路感染和下尿路感染,根据感染发生的部位分为上尿路感染和下尿路感染,上尿路感染主要是肾盂肾炎,下尿路感染包括膀胱炎和尿道炎。

上尿路感染常伴有下尿路感染,下尿路感染可单独存在。两者临床表现有时极为相似,故统称为尿路感染。本病多见于育龄期妇女、老年人及免疫功能低下者。本病急性期如能得到及时、彻底治疗和护理,一般预后良好,若病情反复发作,或迁延不愈,超过半年即转入慢性期,则可导致肾实质损害,影响肾功能。

【护理评估】

（一）健康史

1. 病因 尿路感染最常见致病菌为革兰氏阴性杆菌,其中以大肠杆菌最为常见,约占70%以上,其次为变形杆菌、克雷伯杆菌。约5%~10%的尿路感染由革兰氏阳性菌所致,主要为粪链球菌和葡萄球菌。此外,其他病原微生物(如真菌、厌氧菌、病毒、衣原体等)也可引起尿路感染。

2. 发病机制

(1)感染途径:①上行感染:是最常见的感染途径,约占尿路感染的90%。正常情况下,尿道口及其周围定居着少量细菌,但一般不引起感染。当机体抵抗力下降或尿道黏膜有轻微损伤(如月经期、尿液过度浓缩、性生活后、医源性操作等)时,或入侵细菌的毒力大、黏附于尿路黏膜并上行传播的能力强时,细菌经尿路上行经膀胱达肾盂及肾实质引起感染。②血行感染:较少见,多为体内慢性感染病灶(如慢性扁桃体炎、皮肤感染等)的细菌侵入血液循环到达肾脏,引起肾盂肾炎。③淋巴管感染:更少见,多因盆腔、肠道炎症时,细菌经该处淋巴管与肾周围淋巴管交通支进入肾脏,引起炎症。④直接感染:偶见外伤或肾周围器官发生感染时,该处细菌直接侵入肾脏引起感染。

(2)机体防御功能:正常情况下,细菌进入膀胱后,是否引起尿路感染取决于机体的防御能力与细菌的数量和毒力。机体本身的防御功能主要包括尿液的冲刷作用、尿道黏膜及其分泌物的抗菌能力、尿液中高浓度尿素和酸性环境及男性前列腺分泌物中的抗菌成分等。

(3)易感因素:在各种易感因素的作用下,尿路感染的发生率明显增加。最重要的易感因素为尿流不畅,常见于各种原因引起的尿路梗阻如结石、肿瘤、前列腺增生、妊娠期子宫对输尿管的压迫等。此外,尿路畸形或功能缺陷如肾、肾盂、输尿管畸形,多囊肾、马蹄肾、膀胱输尿管反流等而易感染。机体抵抗力降低时如女性月经期、糖尿病、慢性肝病、贫血、营养不良、长期应用肾上腺皮质激素等而易患本病。医源性因素如导尿或尿路器械检查不但会将细菌带入尿路,而且常使尿路黏膜损伤,引起感染。尿道内或尿路口周围的炎症病变如尿道炎、膀胱炎、阴道炎、前列腺炎、会阴部皮肤感染等,细菌沿尿路上行引起肾盂肾炎。女性因尿道宽、短、直,又与阴道、肛门邻近而易被细菌污染。

(4)细菌的致病力:细菌进入泌尿系统能否引起尿路感染与其数量及毒力有关。以大肠杆菌为例,仅少数具有特殊致病力的菌株能引起症状性尿路感染。致病性大肠杆菌还可产生溶血素、铁载体等物质,对人体杀菌作用具有抵抗能力。

（二）身体状况

1. 膀胱炎 占尿路感染的60%以上,病人局部症状较明显,主要表现为尿频、尿急、尿痛,伴耻骨弓上不适等。一般无全身毒血症状。约30%病人有血尿,尿液混浊,常有白细胞尿。

2. 肾盂肾炎

(1)急性肾盂肾炎:通常起病较急,可发生于各年龄段,育龄女性最多见。临床表现与感染程度有关。①全身症状:发热、寒战、头痛、全身酸痛、恶心、呕吐等,体温在38.0℃以上,多为弛张热,也可呈稽留热或间歇热。轻者全身症状不明显。②泌尿系统症状:出现尿频、尿急、尿痛等尿路刺激征,伴有腰部酸痛或肾区叩击痛。部分病人局部症状不典型,而以全身症状为主。

(2)慢性肾盂肾炎:临床表现较为复杂,全身及泌尿系统局部表现不典型,有时仅表现为无症状性菌尿。急性发作时病人症状明显,类似急性肾盂肾炎。

3. 无症状性菌尿 是指病人有真性菌尿而无尿路感染症状。多见于60岁以上的老年女性,发病率可达10%。孕妇也可出现无症状性菌尿,约占7%。病人可无症状,但尿培养有真性菌尿,如不及时治疗,约20%病人可出现急性尿路感染症状。

4. 并发症 本病如能及时诊治,并发症很少见,当致病菌的毒力增强合并易感因素时可出现肾乳头坏死和肾周围脓肿。前者主要表现为寒战、高热、剧烈腰痛和血尿等,可伴有败血症或急性肾衰竭。后者为严重肾盂肾炎发展所致,在原有症状加重的基础上,常出现明显的患侧腰痛,向健侧弯腰时疼痛加剧。慢性肾盂肾炎迁延不愈可导致肾衰竭。

5. 实验室及其他检查

(1)尿常规检查:尿沉渣镜检白细胞显著增多,出现白细胞管型提示肾盂肾炎;可有镜下血尿,尿蛋白常为阴性或微量。

(2)尿细菌学检查:采用清洁中段尿做尿细菌定量培养,菌落计数 $\geq 10^5/ml$,为真性菌尿,可确诊尿路感染。此外,清洁中段尿沉渣涂片,若每个视野下可见1个或更多细菌,提示尿路感染,操作简单、方便,并可初步确定致病菌种类,对选择抗生素有重要参考价值。

(3)血常规检查:急性肾盂肾炎血白细胞计数增加,血沉加快。

(4)影像学检查:可行B超、腹部平片、静脉肾盂造影等检查,以确定有无尿路结石、梗阻、膀胱-输尿管反流、畸形等因素。尿路感染急性期不宜做静脉肾盂造影,可做B超检查。

(三)心理和社会状况

症状较轻者,对疾病的重视程度不够,遵医行为差;症状严重或反复发作时,影响病人的工作和生活,病人容易产生紧张、焦虑等心理反应。注意评估病人的心理状态及其家属的支持程度。

(四)治疗要点

以抗感染治疗为主,应选用对致病菌较为敏感且肾毒性小的抗生素,单一药物治疗效果不佳,可联合用药。

1. 急性膀胱炎 主要是选用对革兰氏阴性杆菌敏感的抗菌药物,可选用磺胺类药物、氨基糖苷类药物、喹诺酮类药物或头孢菌素类药物等。同时,口服碳酸氢钠可碱化尿液缓解尿路刺激征及增强抗菌药物疗效。在停服抗生素7天后,行尿细菌定量培养,若结果阴性表示急性细菌性膀胱炎已治愈;如仍有真性菌尿,则应继续治疗2周。对于妊娠妇女、老年人、糖尿病病人、免疫力低下者及男性病人,应采用较长疗程(7天疗法)。

2. 肾盂肾炎 初次发病者,致病菌80%为大肠埃希菌,在留取尿细菌检查标本后,立即治疗。首选对革兰氏阴性杆菌有效的抗生素,72小时显效者无需换药;否则应按药敏试验结果更改抗生素。抗菌药物疗程通常为10~14天,或用药至症状完全消失,尿检阴性后继续用药3~5天。停药后,应每周复查尿常规和细菌培养1次,连续2~3周,至第6周再复查1次,若均为阴性可认为临床治愈。

(1)病情较轻者:可口服药物治疗,疗程10~14天。常用药物有喹诺酮类、半合成青霉素、头孢菌素等,约90%病人可治愈。如尿菌仍阳性,应参考药敏试验结果选用有效抗生素继续治疗4~6周。

（2）严重感染全身中毒症状明显者：需住院治疗，静脉给药，可选用氨苄西林、头孢噻肟钠、左氧氟沙星等，必要时可联合用药。经上述治疗如病情好转，可于热退后继续用药3天，再改为口服抗生素，完成2周疗程。若治疗72小时无好转，应按药敏试验结果更换抗生素，疗程不少于2周。经此治疗，仍有持续发热者，应注意有无肾盂肾炎并发症，如肾盂积脓、肾周脓肿、感染中毒症等。

（3）慢性肾盂肾炎：积极寻找并去除易感因素。急性发作时治疗同急性肾盂肾炎。

3. 无症状性菌尿　一般认为妊娠妇女、学龄前儿童的无症状性菌尿应予治疗。妊娠期尿路感染应选用肾毒性较小的抗菌药物，如阿莫西林、头孢菌素等。

4. 再发性尿路感染　包括重新感染和复发，以前者多见，约占尿路感染再发的80%。重新感染是指病人经治疗后症状消失，尿菌阴性，但在停药6周后再次出现真性菌尿，但菌株与上次不同。而复发是指治疗后症状消失，尿菌转阴后在6周内又出现菌尿，且菌株与上次相同。再发性尿路感染为重新感染者，可采用长疗程低剂量抑菌治疗，即每晚临睡前排尿后服用小剂量抗生素，疗程为半年；对于复发性尿路感染，应在去除易感因素的基础上，选择强效抗生素，疗程至少为6周。如仍反复发作，可再延长疗程。

【常见护理诊断/问题】

1. **排尿障碍：尿频、尿急、尿痛**　与炎症刺激膀胱有关。

2. **体温过高**　与急性肾盂肾炎引起全身症状有关。

3. **知识缺乏**：缺乏预防尿路感染的相关知识。

4. **潜在并发症**：肾乳头坏死、肾周脓肿等。

【护理措施】

（一）一般护理

1. **休息**　急性发作期注意卧床休息，采取合适的体位以缓解疼痛。指导病人放松心情，分散注意力，以减轻焦虑，缓解局部症状。

2. **饮食护理**　若无禁忌证，应尽量多饮水，以增加尿量，达到冲洗尿路、促进细菌和炎性分泌物排泄的目的。饮水量不少于2000ml/d，保证每天尿量达到1500ml以上，必要时可通过静脉补液增加尿量。

（二）皮肤护理

注意个人卫生，定期清洗会阴部，女性病人在月经期间应增加清洗次数。内衣裤穿着应宽松、舒适且透气性好，并及时更换。

（三）病情观察

监测体温的变化，观察尿路刺激征的程度有无减轻，有无伴随症状，如发热、全身酸痛、血尿等。如病情反复发作，分析是否存在尿路结石、肿瘤、畸形等易感因素。

（四）对症护理

1. **缓解疼痛**　可指导病人进行局部按摩或热敷，并利用放松疗法如看电视、阅读书报、聊天、听轻音乐等，以分散病人的注意力，减轻疼痛。必要时可遵医嘱用药。

2. **高热护理**　高热病人可采用局部冷敷、冰敷或酒精擦浴等措施进行物理降温，如高热持续不退或体温升高，应及时通知医生。

（五）用药护理

遵医嘱使用抗生素和口服碳酸氢钠等，注意药物用法、剂量、疗程和注意事项。如服用磺胺类药物时应多饮水,并服用碳酸氢钠,以增加疗效、减少磺胺结晶的形成。

(六)心理护理

向病人介绍本病的易感因素及预后,减轻其紧张、焦虑等不良心理反应。多与病人交流,愉悦心情,避免因不良情绪而加重局部症状,鼓励病人积极配合治疗。

(七)健康教育

1. 疾病预防指导　加强锻炼,增强体质。保持良好的卫生习惯,女性病人在月经期间尤其应注意会阴部及肛周皮肤的清洁,学会正确清洁外阴部的方法。与性生活有关的尿路感染反复发作者,应在性生活后立即排尿。多饮水、勤排尿是预防尿路感染最简便有效的措施。

2. 疾病知识指导　告知病人尿路感染的发病因素、疾病特点、治愈标准及预后,使病人能充分理解做好预防措施的重要性。定期复查,以达到彻底治愈。

3. 用药指导　嘱病人严格执行用药方案,切勿擅自停药或更改用药剂量,并按医嘱随访。

(高健群)

第三节　肾衰竭病人的护理

一、急性肾衰竭病人的护理

急性肾衰竭(acute renal failure,ARF)是指由多种病因引起的肾功能在短期内(数小时或数周)急剧下降而出现的临床综合征。主要表现为少尿或无尿、血尿素氮和肌酐迅速升高、水电解质和酸碱失衡及全身各系统并发症。其中急性肾小管坏死是急性肾衰竭最常见的类型,约占 75%~80%。本节重点叙述由急性肾小管坏死所致的急性肾衰竭。

【护理评估】

(一)健康史

1. 病因

(1)肾前性:常见病因包括有效循环血容量减少和肾内血流动力学改变等,导致肾脏血流灌注不足,肾小球滤过率下降而引发急性肾衰竭。

(2)肾后性:由急性尿路梗阻所致,梗阻可发生在从肾盂到尿道的尿路,多为可逆性因素,及时解除梗阻可使肾功能得以恢复。

(3)肾性:最常见,由肾实质损伤所致,常见病因有急性肾小管坏死、急性肾间质病变、肾小球和肾小管病变。

2. 发病机制　不同病因、不同病理类型的急性肾小管坏死,其发病机制也有所不同,可由肾血流动力学改变、肾小管损伤因素、炎症反应引起肾实质损伤等有关。

(二)身体状况

1. 临床表现　典型临床病程可分为 3 期。

(1)起始期:此期尚未出现明显的肾实质损伤,如及时治疗原发病,可预防急性肾衰的发生。但随着肾小管上皮细胞发生明显损伤,GFR 突然下降则进入维持期。

(2)维持期:又称少尿期。典型者可持续 7~14 天,也可短至数天或长达 4~6 周。病人常出现少尿或无尿,但有些病人尿量在 400ml/d 以上,称非少尿型急性肾衰竭,病情大多较轻,预后良好。但不论尿量是否减少,随着肾功能减退,均可出现一系列尿毒症的表现。

1)全身表现:①消化系统症状:常为首发症状,表现为食欲减退、恶心、呕吐、腹胀、腹泻等,重者可有消化道出血。②呼吸系统症状:主要表现为肺部感染和急性肺水肿,出现咳嗽、胸闷、呼吸困难等症状。③循环系统症状:常因尿量减少、水钠潴留导致高血压、心力衰竭和肺水肿;还可因代谢产物潴留、电解质紊乱及酸中毒引起各种心律失常和心肌病变。④神经系统症状:可出现意识障碍、躁动不安、谵妄、抽搐、昏迷等尿毒症脑病症状。⑤血液系统症状:表现为轻度贫血及出血倾向。⑤其他:急性肾衰竭常并发感染,常见部位依次为肺部、泌尿道、伤口及全身,是少尿期较为严重的并发症,也是 ARF 主要死亡原因之一。如并发多脏器功能衰竭,病人死亡率可高达 70% 。

2)水、电解质和酸碱平衡紊乱:①水过多:见于尿少、水钠潴留、大量输液时,表现为稀释性低钠血症、高血压、心力衰竭、急性肺水肿和脑水肿等。②代谢性酸中毒:由于酸性代谢产物排出减少且合并高分解代谢状态,使体内酸性产物明显增多。③高钾血症:与肾脏排钾减少、酸中毒、高分解状态等有关。病人可出现恶心、呕吐、腹痛、四肢麻木等症状,并可诱发房室传导阻滞、室性心动过缓等心律失常,严重者可发生心室颤动或心搏骤停。④其他:可有低钙、高磷血症等,但远不如慢性肾衰竭明显。

(3)恢复期:肾小管细胞再生、修复,肾小管完整性恢复。肾小球滤过率逐渐恢复正常或接近正常范围。少尿型病人可有多尿表现,尿量可达 3000～5000ml/d,通常持续 1～3 周,并逐渐恢复至正常。与肾小球滤过率相比,肾小管上皮细胞功能的恢复相对延迟,常需 3～6 个月才能恢复。少数病人最终遗留不同程度的肾脏结构和功能缺陷。

2. 实验室及其他检查

(1)血液检查:可有轻度贫血,血尿素氮和血肌酐进行性升高。血清钾浓度高于 5.5mmol/L,血浆 pH 值低于 7.35,血钠、血钙浓度降低,血磷浓度升高。

(2)尿液检查:尿蛋白多为 +～+++,以小分子蛋白为主。尿沉渣可见上皮细胞管型、颗粒管型等;尿比重多低于 1.015;尿渗透浓度低于 350mmol/L,尿血渗透浓度之比低于 1.1;尿钠含量增高,多在 20～60mmol/L。

(3)影像学检查:尿路 B 超检查可排除尿路梗阻。腹部平片有助于发现泌尿系统结石。如怀疑存在尿路梗阻,可行肾盂造影。CT 血管造影、磁共振血管造影有助于明确肾血管有无病变。

(4)肾活组织检查:是进一步明确病因的重要手段。排除肾前性及肾后性因素,对于无明确致病原因的肾性急性肾衰竭,如无禁忌证,应尽早做肾活检,有助于明确不同病理类型。

(三)心理和社会状况

因病情短时间内急剧恶化,病人及家属容易产生恐惧、悲观等消极情绪。护士应细心观察病人的心理反应,给予心理疏导。

(四)治疗要点

急性肾衰竭的治疗重点在于及时纠正可逆病因,维持水、电解质和酸碱平衡,防治并发症。

1. 纠正可逆病因
早期治疗应以纠正可逆病因为主,积极处理各种严重外伤、感染和休克等,并停用影响肾灌注或肾毒性药物。

2. 高钾血症
密切监测血钾浓度,当血钾超过 6.5mmol/L,心电图表现有异常变化时,应紧急处理：①10%葡萄糖酸钙10～20ml稀释后缓慢静注（不少于5分钟）；②11.2%乳酸钠或5%碳酸氢钠100～200ml静滴，以纠正酸中毒并促使钾离子向细胞内转移；③50%葡萄糖溶液50ml加普通胰岛素10U缓慢静脉注射；④离子交换（降钾）树脂15～30g口服，每天3次，起效慢，不能作为急救用药；⑤透析疗法是治疗高钾血症最有效的方法。

3. 代谢性酸中毒 应及时处理，如血清HCO_3^-浓度低于15mmol/L，可用5%碳酸氢钠100～250ml静滴。严重酸中毒者，应立即予以透析治疗。

4. 透析治疗 有明显尿毒症综合征且对利尿药治疗无效者，均为透析治疗的指征。重症病人主张早期透析治疗，以提高存活率。

5. 感染 是常见并发症，应尽早使用抗生素。根据细菌培养和药物敏感试验合理选用抗生素，并按GFR适当调整用药剂量。

6. 恢复期治疗 因肾功能尚未完全恢复，治疗重点仍在于维持水、电解质和酸碱平衡，控制氮质血症和防止各种并发症。对已行透析者，应继续透析治疗，待血肌酐和尿素氮水平降至正常范围，可逐渐减少透析，至病情稳定后停止透析。后期肾功能已恢复，尿量正常，一般无需特殊处理，定期复查肾功能，避免使用肾毒性药物。

【常见护理诊断/问题】

1. **体液过多** 与急性肾衰竭导致肾小球滤过率下降有关。

2. **营养失调：低于机体的需要量** 与病人食欲减退、限制蛋白摄入量、透析等因素有关。

3. **有感染的危险** 与机体抵抗力下降及透析治疗等有关。

4. **恐惧** 与肾功能急剧恶化、病情加重等有关。

5. **潜在并发症**：高血压脑病、心力衰竭、心律失常、DIC、多脏器功能衰竭等。

【护理措施】

（一）一般护理

1. 休息与体位 少尿期病人需绝对卧床休息，以减轻肾脏的负担。当病情好转后，逐渐增加活动量。下肢水肿者卧床期间可抬高下肢，以促进血液回流。

2. 饮食护理 应给予优质低蛋白饮食。水肿者若无氮质潴留，蛋白质的摄入量为0.8～1.0g/(kg·d)；有氮质血症的水肿病人，则应限制为0.6～0.8g/(kg·d)。对于营养不良或接受透析病人的蛋白质摄入量可适当增加。保证足够的热量供应，每日可供给35kcal/kg (147kJ/kg)热量，其中以碳水化合物为主，饮食应清淡、易消化。对少尿期病人，尽可能减少钠、钾的摄入量。有高血钾者应少食或忌食含钾高的食物，如紫菜、菠菜、榨菜、香蕉、橘子等。不能进食者可通过鼻饲或静脉补充营养。

3. 维持水平衡 急性肾衰竭少尿期，按照"量入为出"的原则补充入液量。液体入量视水肿程度及尿量而定。若每日尿量不足500ml或严重水肿者需限制水的摄入，每日液体入量不应超过前一日尿量加上不显示失水量（约500ml）。

（二）病情观察

监测病人的生命体征、神志、尿量等，注意尿常规、肾功能、电解质及血气分析的变化。密切观察有无高钾血症的现象，如心律失常、肌无力、心电图改变等，注意监测血钾浓度，如发现异常及时处理。观察有无感染征象，正确留取病人的痰液、尿液、血液等标本，并及时送检。此外，还应注意观察有无其他并发症的发生。

（三）用药护理

少尿期使用利尿药治疗时,应注意观察疗效及不良反应;纠正高血钾及代谢性酸中毒时,要严密监测电解质及血气分析结果;抗感染治疗时,应选用对肾脏无毒性或毒性低的抗生素。

（四）预防与控制感染

感染是急性肾衰竭少尿期常见且严重的并发症,应加强预防。具体措施应尽量将病人安置在单人房间,室内加强通风并定期空气消毒;严格无菌操作,避免不必要的侵入性治疗和检查,如留置导尿、静脉置管等;注意个人卫生,保持口腔、皮肤及会阴部清洁;嘱咐病人尽量少去人多聚集的场所。接受血液透析或腹膜透析的病人,应严格无菌操作。

（五）心理护理

病情急剧恶化可使病人产生恐惧感,同时因治疗费用高,可进一步加重病人及家属的心理负担。护士应了解其社会支持情况,如家庭经济状况、是否参加医疗保险、家庭成员对病人的支持度等,帮助病人获得更多的社会支持。注意观察病人的心理变化,多安慰、鼓励病人,取得病人的充分信任,使病人保持良好的心理状态。

（六）健康教育

1. 疾病预防指导　慎用氨基糖苷类等肾毒性药物;避免可能加重肾损害的因素,如感染、外伤、手术等。

2. 疾病知识指导　严格遵守饮食计划,肾功能恢复期应加强营养,增强体质。

3. 定期复查　定期监测肾功能、电解质等;教会病人测量和记录尿量的方法。如有病情变化,应及时就诊。

二、慢性肾衰竭病人的护理

慢性肾衰竭(chronic renal failure,CRF)是指在各种慢性肾脏疾病的基础上,由于肾功能缓慢进行性减退最终导致体内代谢产物潴留及水、电解质和酸碱平衡紊乱为主要表现的临床综合征。随着病情的进展,肾功能可呈进行性减退,根据肾功能减退程度和临床表现,可将慢性肾衰竭分为4期:肾功能代偿期、肾功能失代偿期、肾衰竭期和尿毒症期。

1. 肾功能代偿期　内生肌酐清除率下降,但在50ml/min以上,血尿素氮、血肌酐正常,临床除原发疾病表现外,无症状。

2. 肾功能失代偿期　是肾衰竭早期,内生肌酐清除率下降至25～50ml/min,出现氮质血症,血肌酐>178μmol/L,血尿素氮>9mmol/L,无明显症状。

3. 肾衰竭期　内生肌酐清除率降至25ml/L以下,血肌酐>445μmol/L,血尿素氮>20mmol/L,临床出现水、电解质、酸碱平衡紊乱和各系统症状。

4. 尿毒症期　是肾衰竭晚期,内生肌酐清除率降至10ml/min以下,血肌酐>707μmol/L,临床出现显著的各系统症状和血生化异常。

慢性肾衰竭一般为不可逆病变,病程拖延可长达数年,透析疗法和肾移植可明显延长病人的生存时间,如不进行积极治疗,所有慢性肾衰竭病人都可能死于尿毒症。

【护理评估】

（一）健康史

1. 病因　慢性肾衰竭的主要病因有原发性和继发性肾小球肾炎、糖尿病肾病、高血压肾小动脉硬化、肾小管间质病变、肾血管疾病、遗传性肾病等。在发达国家,糖尿病肾病和高血压肾小动脉硬化为慢性肾衰竭的主要病因;在我国常见病因依次为原发性肾小球肾炎、糖尿病肾病、高血压肾小球动脉硬化、狼疮性肾炎、梗阻性肾病等。近年来随着糖尿病、高血压的发病率逐年上升,糖尿病肾病、高血压肾小动脉硬化的发病率也有明显升高的趋势。在上述基本病因基础上,若存在诱发因素,可加剧肾功能损害而出现尿毒症。常见的诱发因素有:①感染:是最常见的诱因,主要有呼吸道或泌尿道感染;②肾血流量减少:如长期进食量少、严重呕吐、腹泻、利尿等使有效循环血容量减少;③摄入过多蛋白质;④水、电解质紊乱;⑤使用对肾脏有毒性的药物。

2. 发病机制　本病的发病机制尚未明确,主要以下列因素有关:①健存肾单位学说:肾实质疾病导致相当数量肾单位破坏,而残余健全肾单位代偿,当肾实质疾病的破坏继续进行,健全肾单位越来越少,最后不能达到人体代谢的最低要求,而出现肾衰竭。②矫枉失衡学说:当出现肾衰竭时,出现一系列病态现象,机体为了矫正这些现象,需作出相应调整,在调整过程中,却不可避免地要付出一定的代价,因而发生新的失衡,从而使机体受到新的损害。③肾小球高灌注、高压力、高滤过学说:随着肾单位的破坏增加,残余肾单位的代谢废物的排泄负荷增加,代偿性发生肾小球的高灌注、高压力和高滤过,导致肾小球毛细血管壁损伤,系膜区大分子物质沉积,继而肾小球硬化,使肾功能进一步恶化。此外,某些细胞因子和生长因子的损伤作用、尿蛋白和高蛋白饮食加速肾小球硬化等亦有密切关系。

(二) 身体状况

1. 临床表现　肾衰竭早期仅有原发病症状,晚期可引起全身各系统中毒症状及水、电解质和酸碱平衡紊乱的表现。

(1)各系统表现

1)消化系统表现:食欲不振为最常见且最早出现的症状,还可有恶心、呕吐、腹胀、腹泻,晚期病人口腔有尿味,口腔黏膜溃疡、胃黏膜糜烂或消化道溃疡及上消化道出血等。

2)心血管系统表现:①高血压:大部分病人有不同程度的高血压,与水钠潴留、肾素血管紧张素增高及某些血管舒张因子分泌不足有关。高血压可引起动脉硬化、左心室肥大、心力衰竭并加重肾损害。②心力衰竭:是慢性肾衰竭晚期最常见的死亡原因。大多与水钠潴留、高血压有关,少数病人与尿毒症性心肌病有关。③心包炎:分为尿毒症性心包炎、透析相关性心包炎。透析相关性心包炎与透析不充分、肝素使用过量有关,其表现与一般心包炎相似,但心包积液多为血性。轻者可无症状,重者可有心音低钝、遥远,甚至出现心脏压塞。④动脉粥样硬化:与高血压、脂肪代谢紊乱、钙磷代谢紊乱等有关,动脉硬化进展迅速,可引起冠状动脉、脑动脉、全身周围动脉粥样硬化和钙化。

3)呼吸系统表现:可有气促、呼吸深而长,与肺水肿、酸中毒有关。部分病人可出现尿毒症性胸膜炎或胸腔积液,及时利尿或透析可改善症状。

4)血液系统表现:主要为肾性贫血和出血倾向。大多数病人均有轻、中度贫血,为慢性肾衰竭的必有表现,主要与肾脏促红细胞生成素减少有关,如伴有铁摄入不足、营养不良、出血等因素可加重贫血程度。晚期病人有出血倾向,多与血小板功能障碍及凝血因子缺乏有关,表现为皮下或黏膜出血点、皮肤瘀斑、鼻出血、月经过多等,严重者可出现胃肠道出血、颅内出血。

5)皮肤表现:皮肤瘙痒是最常见症状之一,与继发性甲状旁腺功能亢进、尿毒素的沉积等有关。晚期病人因贫血导致面色苍白或因色素沉着而呈黄褐色,表现为尿毒症面容。

6)骨骼系统:慢性肾衰竭可引起骨营养不良症,又称肾性骨病。常见有纤维性骨炎、尿毒症骨软化症、骨质疏松症和骨硬化症等,病人可有骨酸痛、行走不便等。纤维性骨炎和骨软化症易引起自发性骨折。肾性骨病是由于缺乏活性维生素 D_3、继发性甲状旁腺功能亢进、营养不良等因素引起。

7)神经肌肉系统表现:早期常有精神萎靡不振、疲乏、失眠、注意力不集中等症状;后期可出现性格改变、抑郁、记忆力下降、表情淡漠、谵妄、幻觉、昏迷等。晚期病人常有周围神经病变,病人可出现肢体麻木、深反射减弱或消失、肌无力等,但最常见的是肢端袜套样分布的感觉丧失。

8)内分泌失调:除肾脏本身内分泌功能异常外,还可出现多种内分泌功能紊乱,如下丘脑-垂体内分泌功能紊乱、外周内分泌腺功能紊乱。女性病人可出现闭经、不孕,男性病人表现为阳痿、不育等。

9)代谢紊乱:尿毒症的毒素可干扰胰岛素的作用,加强外周组织对胰岛素的抵抗性,可表现空腹血糖轻度升高、糖耐量异常。因长期恶心、呕吐使蛋白质摄入不足,出现负氮平衡及低蛋白血症。另外,慢性肾衰病人基础代谢率下降,体温常偏低。

10)继发感染:是慢性肾衰竭主要死因之一,与机体免疫功能低下、白细胞功能异常等有关。多见于肺部感染、尿路感染和皮肤感染。

(2)水、电解质和酸碱平衡失调

1)脱水与水肿:因肾对尿的浓缩功能减退而致尿量增多,突出的表现为夜尿多,加上厌食、呕吐、腹泻等,易引起脱水。另一方面,肾排水能力差,多饮水或补液过多过快,则引起水潴留,出现水肿、高血压,甚至产生心力衰竭。容易脱水和水肿是尿毒症常见的表现。

2)低钾血症与高钾血症:由于长期使用排钾利尿药、呕吐、腹泻或因纠正酸中毒过快等易发生低钾血症,表现肌肉软弱无力、肢体瘫痪,重者表现心律失常、心搏骤停。另一方面,由于少尿、无尿时钾的排出减少,保钾利尿药的使用,酸中毒或摄入钾增加(包括含钾食物和药物)等均易发生高钾血症,导致严重心律失常,甚至心搏骤停。

3)低钙血症与高磷血症:慢性肾衰时,尿磷排出减少,血磷升高,为维持钙、磷平衡,血钙下降,病人可出现肌肉痉挛或抽搐。机体为调整高磷低钙使甲状旁腺素分泌增加,使骨质脱钙,引起骨质疏松、骨软化症等肾性骨病。

4)代谢性酸中毒:尿毒症病人都有不同程度的代谢性酸中毒,表现为乏力、嗜睡、恶心、呕吐、呼吸深而长、躁动不安等,严重者因呼吸中枢和血管运动中枢麻痹而死亡。

2. 实验室及其他检查

(1)血常规检查:红细胞数减少,血红蛋白浓度降低,白细胞计数可升高或下降。

(2)尿液检查:尿比重、尿渗透压均下降,尿沉渣可见红细胞、白细胞、颗粒管型和蜡样管型。

(3)肾功能检查:内生肌酐清除率下降,晚期血肌酐、血尿素氮水平明显升高。

(4)血生化检查:血钙降低,血磷升高,血清电解质可增高或降低,血气分析可有代谢性酸中毒等。

(5)影像学检查:B 超、CT 等显示双肾缩小。

(三)心理和社会状况

本病易反复发作,迁延不愈,使病人产生焦虑、抑郁、悲伤、恐惧等心理反应;各种并发症的出现,使病人对治疗失去信心,产生悲观、绝望等负面情绪,应注重病人心理、生活、经济等方面的评估,能否得到家庭、单位、社区的支持等。

(四) 诊断要点

根据慢性肾脏疾病病史,慢性肾衰竭的临床表现,内生肌酐清除率下降,血肌酐升高,B超示双肾体积缩小,即可初步诊断为慢性肾衰竭,应进一步查明原发病。

(五) 治疗要点

1. 治疗原发病和纠正加重肾衰竭的因素　及时有效的治疗原发疾病,如高血压、糖尿病肾病、肾小球肾炎等;纠正水、电解质和酸碱平衡紊乱、避免使用肾毒性药物、解除尿路梗阻、控制感染等可延缓或防止肾衰竭,保护残存肾功能。

2. 营养治疗　严格执行饮食治疗方案,给予低蛋白饮食,蛋白质的摄入量一般为 $0.6 \sim 0.8g/(kg \cdot d)$,以满足基本生理需要。对于不能透析或蛋白质摄入过少的尿毒症病人,须加用必需氨基酸或 α- 酮酸,以避免负氮平衡。

3. 控制高血压和降低肾小球内压　严格控制高血压是延缓慢性肾衰竭的重要措施之一。首选血管紧张素转化酶抑制药(ACEI)和血管紧张素 II 受体拮抗剂(ARB),此类药物能有效降压同时可降低肾小球内压及减轻蛋白尿。此外,还可选用利尿药、钙通道阻滞药及 β 受体阻滞药等。

4. 肾性贫血的治疗　常用重组人类促红细胞生成素(rHuEPO),使用剂量为每次 $2000 \sim 3000U$,每周 $2 \sim 3$ 次,首选皮下注射。治疗目标为血红蛋白上升至 $110 \sim 120g/L$。体内缺铁可影响 rHuEPO 的疗效,故在治疗期间应同时补充铁剂,可口服铁剂或静脉补充铁。严重贫血者可考虑输血。

5. 纠正水、电解质和酸碱平衡失调

(1)水、钠平衡失调:应限制水和钠盐的摄入。有明显水肿或高血压时,除限制钠摄入量,可使用袢利尿药(如呋塞米 20mg,每日 3 次)。合并急性左心衰竭者,应尽早行血液透析或持续性血液滤过。

(2)高钾血症:应定期监测血钾,防治措施见急性肾衰竭病人的护理。

(3)代谢性酸中毒:一般可口服碳酸氢钠纠正,必要时静脉给药,若仍不能纠正,应及时透析治疗。

(4)钙、磷代谢失调:出现高磷、低钙血症时,应限制磷的摄入,并采用磷结合剂,如口服碳酸钙 2g,每日 3 次,对低钙血症较为明显者,可口服 $1,25-(OH)_2D_3$(骨化三醇),治疗期间应监测血钙、血磷浓度,以防止发生肾性骨病。

6. 防治感染　应注意预防各种病原体感染。在保证疗效的前提下,应尽量选用肾毒性较小的药物。

7. 对症治疗　皮肤瘙痒者可口服抗组胺类药物、外用止痒剂及强化透析,对部分病人有效;恶心、呕吐较明显者,可选用甲氧氯普胺或氯丙嗪等药物止吐;有高脂血症者,可使用他汀类或贝特类药物。

8. 替代治疗　当慢性肾衰竭病人肾小球滤过率(GFR)在 $6 \sim 10ml/min$、血肌酐 > $707\mu mol/L$ 并有尿毒症明显临床表现,经治疗不能缓解时,则应进行透析治疗,血液透析、腹膜透析和肾移植是替代肾功能的治疗方法。血液透析和腹膜透析的疗效相近,各有优缺点,应结合考虑病人的情况来选用。透析一个时期后,待病情稳定后可考虑是否进行肾移植术。

肾 移 植

肾移植是目前治疗尿毒症最有效的方法,成功的肾移植可使病人的肾功能恢复正常。移植肾可由亲属供肾或尸体供肾,由兄弟姐妹或父母供肾进行肾移植的效果更好,但应选择 ABO 血型配型和 HLA 配型合适的供肾者。肾移植后需长期使用免疫抑制剂,常用药物包括环孢素、硫唑嘌呤等。

【常见护理诊断/问题】

1. **营养失调:低于机体需要量** 与食欲减退、长期限制蛋白质摄入、贫血等因素有关。

2. **焦虑** 与病情危重及预后差有关。

3. **有感染的危险** 与机体抵抗力下降、皮肤水肿、长期透析等有关。

4. **活动无耐力** 与水、电解质和酸碱紊乱,并发心力衰竭、贫血等因素有关。

5. **潜在并发症:**水、电解质和酸碱平衡失调、上消化道出血、心力衰竭等。

【护理目标】

1. 病人能保持足够的营养摄入,营养状况有所改善。

2. 病人情绪稳定,能够积极面对疾病。

3. 住院期间未发生感染。

4. 活动耐力逐步增强。

5. 预防并发症及无并发症发生。

【护理措施】

(一) 一般护理

1. **休息与活动** 病情较重者应绝对卧床休息,协助做好日常生活护理。病情稳定后,应鼓励病人适当下床活动并尽可能生活自理等。活动时应有人陪伴,活动量以不出现头晕、心慌、疲劳为宜。长期卧床者应指导其进行肢体的被动或主动运动,避免发生静脉血栓、肌肉萎缩或压疮等。有出血倾向者,活动时应注意安全,避免碰撞或受伤。

2. **饮食护理** 合理饮食既能维持营养,增强机体防御能力,还能延缓病情的发展。慢性肾衰竭病人应根据 GFR 来调整蛋白质的摄入量,其中 50% 以上的蛋白质为优质蛋白,如鸡蛋、牛奶、鱼、瘦肉等。尽量减少植物蛋白的摄入,如豆类及豆制品,因其含非必需氨基酸较多。对于非糖尿病肾病病人,当 GFR ≥ 60ml/(min · 1.73m^2) 时,蛋白质摄入量为 0.8g/(kg · d);当 GFR < 60ml/(min · 1.73m^2) 时,蛋白质摄入量为 0.6g/(kg · d);当 GFR < 25ml/(min · 1.73m^2) 时,蛋白质摄入量为 0.4g/(kg · d)。糖尿病肾病病人,如出现蛋白尿,则蛋白质摄入量应为 0.8g/(kg · d),当 GFR 下降时,应减量至 0.6g/(kg · d)。在限制蛋白质摄入时,应适当增加碳水化合物和脂肪的摄入,以供给病人足够的热量,从而减少体内蛋白质的消耗。供给病人足够的能量,以减少体内蛋白质的消耗,每天供应热量为 126 ~ 147kJ/kg(30 ~ 35kcal/kg),主要由碳水化合物和脂肪供给。此外,应避免进食含钾高的食物,注意补充钙、铁及维生素。

(二) 皮肤护理

嘱病人保持皮肤清洁,可用中性肥皂或沐浴液清洗皮肤,并涂抹润肤剂,避免皮肤过于干燥。定期修剪指甲,切勿用力搔抓皮肤,以免造成感染。必要时,可遵医嘱用药。

(三) 病情观察

观察病人的症状和体征有无变化;定期测量体重,监测血清清蛋白和血红蛋白浓度等,以了解病人的营养状况;准确记录出入量;观察有无感染的现象;结合肾功能、电解质、血气分析结果,观察病人有无电解质和酸碱平衡紊乱等并发症。

(四) 预防感染

感染是慢性肾衰竭的最常见诱因,故应采取切实措施,在护理的各个环节预防感染。尽量将病人安置在单人病室,注意保暖和室内清洁消毒,减少探视。协助病人做好全身皮肤黏膜清洁卫生,严重水肿的病人,尤其要保护好皮肤,以免损伤水肿皮肤而引起感染,唾液中的尿素可引起口角炎及腮腺炎,应做好口腔护理,保持口腔清洁、舒适。避免任意插放保留导尿管,需留置尿管的病人应加强消毒,定期更换尿管和进行尿液检查以确定有无尿路感染。意识清醒者鼓励病人每小时进行深呼吸及有效排痰,意识不清者定时抽取气管内分泌物,以预防肺部感染的发生。进行血浆置换、透析时应注意严格无菌操作。

(五) 用药护理

当病人蛋白质摄入量低于 $0.6g/(kg \cdot d)$,可遵医嘱补充必需氨基酸或 α-酮酸,可口服或静脉用药,以口服为宜,静脉输入时应控制输液速度,如有恶心、呕吐应减慢滴速,并给予止吐剂。切勿在氨基酸内加入其他药物,以免发生不良反应。有贫血者可遵医嘱应用促红细胞生成素,皮下注射,经常更换注射部位。注意观察药物疗效及有无头痛、高血压等不良反应,定期复查血红蛋白和血细胞比容等。遵医嘱用降压药、强心药等,注意观察药物疗效和不良反应。

(六) 心理护理

慢性肾衰竭病人的治疗效果不佳,且治疗费用昂贵,需要长期透析或肾移植时,病人及家属深感压力巨大,易出现焦虑、抑郁、悲观、绝望等不良情绪,护理人员应细心观察并及时给予心理疏导。了解其家庭经济状况,通过取得社会机构的支持,尽可能帮助病人缓解经济压力。与病人建立良好的护患关系,以情感支持,用积极乐观的生活态度感化病人。鼓励病人参加社会活动,使其认识到自身的社会价值,积极接受疾病的挑战。

(七) 健康教育

1. **疾病预防指导**　早期发现并积极治疗原发病。已有肾脏基础病变者,避免加剧肾功能减退的各种因素。

2. **疾病知识指导**　向病人及家属解释疾病的基本情况,以取得支持与配合。告知病人要积极配合治疗,消除或避免加重病情的因素,可延缓病情进展,提高生存质量。

3. **饮食指导**　指导病人严格遵从饮食原则,合理选择食物品种及数量,既保证营养供应,又可减轻肾脏的负担。

4. **用药指导**　严格遵医嘱用药,避免使用肾毒性药物,勿随意用药。

5. **透析指导**　尿毒症病人经药物治疗无效时,应尽早行透析治疗,注意提前保护血管并合理使用。已行透析治疗的病人,指导其保护好动静脉瘘管或腹膜透析管道。定期复查。

【护理评价】

1. 病人的营养状况是否好转,血红蛋白、血浆清蛋白是否在正常范围。

2. 病人情绪是否平稳,能否积极配合治疗。

3. 病程中有无出现感染征象。

4. 病人活动耐力是否增强,活动量能否逐步增加。

5. 病人是否出现并发症,并发症是否得到纠正。

（高健群）

第四节　尿石症病人的护理

尿路结石(urolithiasis)也称尿石症,是肾、输尿管、膀胱及尿道等部位结石的统称,按部位可分为上尿路(肾和输尿管)结石和下尿路(膀胱和尿道)结石,以上尿路结石多见,约占80%,多发于中年男性,男女比约为(2~3):1。随着我国经济的发展和饮食结构的改变,尿路结石总的发病率呈逐年上升的趋势,结石的发生率与病人的性别、年龄、种族、体重指数、职业、水的摄入量、水质、气候和地理位置有关。尿石症引起尿路梗阻和感染后,对肾功能损害较大,尤以下尿路长期梗阻及孤立肾梗阻时,对全身影响更为严重,处理上也较复杂,严重者可危及生命。

【护理评估】

（一）健康史

1. 病因与发病机制　绝大部分泌尿系结石起源于肾脏,多发生在青壮年。90%以上的输尿管结石是肾结石随尿流进入输尿管内,在输尿管3个狭窄部位处易梗阻。目前认为结石的病因并非单一的因素,而是许多因素综合作用的结果,如尿钙增加、营养和维生素缺乏、尿路感染、尿路异物、畸形、pH值变化。

2. 病理　结石对肾脏直接损伤,引起尿流梗阻、继发感染;结石随尿流移至输尿管、膀胱、尿道引起相应损害。结石引起梗阻,梗阻诱发感染,感染又促成结石加重梗阻,三者互为因果,最终破坏肾组织损害肾功能。

（二）身体状况

1. 临床表现

（1）肾和输尿管结石

1）疼痛:大部分病人出现腰痛或腹痛。较大的结石,在肾盂或肾盏内压迫、摩擦或引起积水,多为患侧腰部钝痛或隐痛,常在活动后加重;较小的结石,在肾盂或输尿管内移动,引起平滑肌痉挛而出现剧烈刀割样疼痛,可沿患侧输尿管向下腹部、会阴部和大腿内侧放射。

2）血尿:由于结石直接损伤肾和输尿管的黏膜,常在活动或剧痛后出现镜下血尿或肉眼血尿。

3）其他:结石梗阻可引起肾积水,检查时能触到肿大的肾脏。结石同时堵塞两侧输尿管或孤立肾时,常发生肾功能不全,甚至无尿,病变严重时可发展为尿毒症,出现贫血、水肿等相应临床表现。

（2）膀胱结石

1）排尿突然中断:病人在排尿过程中尿流突然中断,伴剧烈疼痛,且放射至会阴部或阴茎头,改变体位或摇晃身体后可继续排尿。

2）排尿困难和膀胱刺激征:结石堵塞尿道口,出现尿路不通畅,结石损伤膀胱黏膜可引起终末血尿,合并感染时出现脓尿,同时伴有尿急、尿频、尿痛等膀胱刺激症状。

（3）尿道结石:主要为尿痛和排尿困难。排尿时出现疼痛,前尿道结石疼痛局限在结石停留处,后尿道结石疼痛可放射至阴茎头或会阴部。尿道结石常阻塞尿道引起排尿困难,尿线变细、滴沥甚至急性尿潴留。

2. 实验室及其他检查

(1)实验室检查:尿常规检查常能见到肉眼或镜下血尿,伴感染时有脓尿,有时可见晶体尿。感染性尿结石病人尿细菌培养阳性。此外,应做肾功能检查。

(2)影像学检查:尿路平片(KUB)可显示90%以上泌尿系结石,可初步判断结石的位置、数目、形态大小及结石的化学性质。静脉肾盂造影(IVU)可以了解肾盂肾盏的解剖结构。在非肾绞痛发作期,KUB/IVU是诊断尿路结石的"金标准"。B超检查可用做上尿路结石普查及疑有结石病人初步筛选,另外对无症状的阴性结石及因结石梗阻引起的肾积水有辅助诊断意义。CT在尿路结石诊断中的应用越来越普及,其准确率在95%以上,高于KUB和IVU,能够检出其他影像学检查中可能遗漏的小结石。

(3)内镜检查:包括肾镜、输尿管镜和膀胱镜检查。通常在尿路平片未显示结石,排泄性尿路造影有充盈缺损而不能确诊时,借助内镜可以明确诊断和进行治疗。

(三) 心理和社会状况

泌尿系结石复发率较高,肾、输尿管结石梗阻可引起肾功能进行性减退,特别是双肾结石,最终可发展为肾衰竭。病人及家属担心治疗效果,易产生焦躁心理。

(四) 治疗要点

尿石症的治疗总体原则是解除痛苦、解除梗阻、保护肾功能、有效祛除结石、治疗病因、预防复发。保护肾功能是结石治疗的中心,具体的治疗方法需要个体化,根据病人的具体情况选择适宜的治疗方法。

1. 保守治疗　临床上多数尿路结石需要通过微创的治疗方法将结石粉碎并排出体外,少数比较小的尿路结石可以选择药物排石,如结石直径≤0.6cm、表面光滑、无尿路梗阻和感染、纯尿酸及胱氨酸结石等。一般直径≤0.4cm的光滑结石,80%能自行排出,再辅以排石药物,可进一步提高排石率。直径≥0.7cm的结石自然排石率很低。

2. 体外冲击波碎石 (ESWL)　通过X线、B超对结石进行定位,将冲击波聚焦后作用于结石,使之粉碎后随尿液排出,必要时可以重复治疗,但间隔时间以10~14天为宜,总数一般不超过3~5次。直径≥0.7cm的肾结石和≤1cm的输尿管上段结石、结石以下输尿管通畅、肾功能良好的病人首选ESWL。

3. 手术治疗　由于微创泌尿外科及ESWL的快速发展,绝大多数上尿路结石不再需要开放手术。

【常见护理诊断/问题】

1. **急性疼痛**　与结石刺激引起的炎症、损伤及平滑肌痉挛有关。
2. **排尿异常**　与结石或血块引起的尿路梗阻有关。
3. **知识缺乏**:缺乏预防尿石症的相关知识。
4. **潜在并发症**:血尿、感染、"石街"形成等。

【护理目标】

1. 病人自述疼痛缓解,舒适感增强。
2. 病人排尿功能恢复正常。
3. 病人能够复述尿石症的预防知识,并采取有利于结石预防的生活方式。
4. 及时预防、发现和处理并发症。

【护理措施】

（一）非手术治疗的护理

1. **缓解疼痛**　卧床休息，局部热敷、针灸、指导病人做深呼吸、放松；遵医嘱使用解痉止痛扩张输尿管药物，如654-2、黄体酮等。

2. **促进排石**　鼓励病人多饮水，保持每日尿量在2000ml以上，可减少尿路成石的机会，促进小结石排出，也利于感染的引流；指导病人适当运动，促进输尿管蠕动和结石下移。遵医嘱使用利尿药、排石中草药和溶石药物等。

3. **病情观察**　观察尿液颜色与性状、体温及尿液检查结果，及早发现感染征象。观察结石排出情况，做结石成分分析，以指导结石治疗与预防。

（二）体外冲击波碎石术的护理

1. **术前护理**

（1）心理护理：向病人及家属解释ESWL的操作过程、碎石效果、术中配合要求；解除病人的恐惧心理，使病人主动配合治疗。

（2）术前准备：术前3日忌食易产气食物，如豆制品、牛奶、肉及麦乳精等。手术日早晨禁食水，并排空膀胱。教会病人练习体位。手术日早晨行KUB平片复查，了解结石是否移位或排出，复查后用平车接送病人，以免结石因活动再次移位。

2. **术后护理**

（1）休息及饮食：嘱病人术后卧床休息6小时，卧床期间应经常更换体位；鼓励病人多饮水，每日3000ml以上，促进结石排出，必要时遵医嘱使用排石药物。如无异常反应，可正常进食。

（2）有效运动和体位促进排石：①肾结石碎石后，一般取健侧卧位，同时叩击患侧肾区，利于碎石由肾盏排入肾盂、输尿管。②结石位于肾中盏、肾盂、输尿管中上段，病人碎石后取头高脚低位，在无肾绞痛，血尿等并发症时可适当跳跃及跑步运动。③结石位于肾下盏取头低位，排石前30分钟病人饮水500~1000ml，引流时间为10~30分/次，2~3次/天，同时轻拍病人肾区，但心肺功能差，年老体弱者慎用此法。④碎石后可因短时间内大量碎石突然积聚于输尿管而发生堵塞，引起"石街"继发感染，严重者引起肾功能改变。因此巨大肾结石病人术后2~4日宜取患侧卧位或平卧位，使碎石随尿液缓慢排出体外。

（3）观察碎石后排石情况：观察并记录初次排尿时间、间隔时间，评估尿路是否梗阻；仔细观察有无碎石排出，一般需4~6周才能排完碎石。如留取尿液、筛出结石，收集结石碎渣做成分分析；碎石后复查摄腹部平片以观察结石排出情况。

（4）并发症的观察与护理：①血尿：多数病人碎石后出现暂时性肉眼血尿，一般无需处理。②发热：感染性结石者由于结石内细菌播散引起尿路感染，导致发热。低热者使用物理降温，高热者冰敷，遵医嘱使用抗生素。③疼痛：给予解痉止痛等对症处理。④"石街"形成：术后过多的碎石积聚于输尿管内，引起"石街"，是ESWL常见且较严重的并发症之一，若"石街"形成后有梗阻体征，在注意预防感染的同时，可协助医生进行经直肠或阴道按摩，必要时配合医生做好再次冲击波碎石、经输尿管镜取石或开放性手术取石的有关护理。

（三）内镜碎石术的护理

1. **术前护理**

（1）心理护理：向病人及家属解释内镜碎石术的操作过程及其优势，术中配合要求及注意事项，解除病人恐惧，使病人积极主动配合治疗与护理。

（2）术前准备：协助做好术前检查，注意病人凝血功能是否正常，若病人近期服用抗凝药物应停药，待凝血功能正常再行碎石治疗；术中病人需采用截石位或俯卧位，术前应指导病人俯卧位练习，从俯卧30分钟开始直至2小时，以提高病人术中体位的耐受性。术前晚行清洁灌肠。

2. 术后护理

（1）病情观察：观察病人生命体征，尿液颜色及性状等。

（2）引流管护理：严格无菌操作，防止继发感染。保持引流管的无菌，定期更换引流袋；保持尿道口清洁干燥。

1）肾造瘘管：经皮肾镜取石术后常规留置肾造瘘管以引流尿液及碎石渣，术后严密观察引流液的量、颜色、性状并做好记录，若发现引流液突然增多且为鲜红色应及时告知医生处理，遵医嘱给予止血药物；引流管应妥善固定，位置低于肾造瘘管，以防引流液逆流引起感染；保持引流管的通畅，如发现引流不畅、挤捏无效时可协助医生用少量（5~10ml）生理盐水无菌、低压缓慢冲洗造瘘管，注意保持瘘口周围皮肤清洁干燥；3~5日引流尿液清亮，体温正常，可先试夹管1~2日，如无排尿困难、腰腹痛、发热反应即可拔管。拔管后督促病人每2~4小时排尿一次，防止膀胱充盈过度。

2）双J管：于输尿管内放置双J管，起到内引流、内支架的作用，并扩张输尿管利于小结石排出，防止"石街"形成。护理：①术后指导病人取半卧位，多饮水、勤排尿；②鼓励病人早下床活动，但应避免活动不当，比如剧烈运动、过度弯腰、突然下蹲等动作，以免双J管滑脱或上下移位；③若出现尿液引流不畅，病人诉置管一侧腰部胀痛不适，应警惕尿液通过双J管反流至肾脏，及时通知医生；④双J管一般留置4~6周，经复查确定无结石残留后，即可在膀胱镜下取出。

（3）并发症的观察及护理

1）出血：术后早期造瘘管引流液一般为血性，1~3日内颜色转清，不需特殊处理。若术后短时间内造瘘管引流出大量鲜血，应安慰病人，嘱其卧床休息，立即报告值班医生处理。可夹闭造瘘管1~3小时，使肾盂内压力增高，以达到压迫止血的目的，待病人出血停止，生命体征平稳后可重新开放肾造瘘管。

2）感染：密切观察病人体温、血压、心率变化，警惕感染性休克的发生。遵医嘱使用抗生素，保持引流管的通畅，防止逆行感染，保持切口外敷料清洁干燥。留置尿管者，每日消毒尿道口2次。

（四）健康教育

1. 大量饮水　以增加尿量，稀释尿液，可减少尿中晶体沉积。成人保持每日尿量在2000ml以上，尤其是睡前及半夜饮水，效果更好。

2. 饮食指导　根据结石的成分指导防石饮食：①含钙结石的病人应限制牛奶、奶制品、豆制品等含钙高的食品，提倡食用含纤维素丰富的食物。②草酸结石的病人宜少吃富含草酸的食物，如浓茶、菠菜等。③尿酸结石的病人应避免高嘌呤饮食，如少食动物内脏及豆类等。④磷酸盐结石病人宜低钙、低磷饮食，少食蛋黄、牛奶等食物。

3. 药物预防　根据结石成分，血、尿钙磷、尿酸、胱氨酸和尿 pH，采用药物降低有害成分、碱化或酸化尿液，预防结石复发。维生素 B_6 有助减少尿中草酸含量，氧化镁可增加尿中草酸溶解度，枸橼酸钾、碳酸氢钠等可保持尿 pH 在6.5~7以上，对尿酸和胱氨酸结石有预防意义。口服别嘌醇可减少尿酸形成，对含钙结石亦有抑制作用；口服氯化氨使尿液酸化，有利于磷酸盐的溶解,有利于防止感染性结石的形成。

4. 预防骨脱钙　伴甲状旁腺功能亢进者,必须摘除腺瘤或增生组织;鼓励长期卧床者加强功能锻炼,注意多做床上活动,防止骨脱钙,减少尿钙排出。

5. 双 J 管的自我观察和护理　鼓励病人多饮水,勿憋尿,避免腰部剧烈运动或同侧上下肢同时做伸展运动,以免引起双 J 管移位或摩擦至血尿,嘱病人术后 4 周返院复查并拔除双 J 管。

6. 复查　告知病人出院后应定期门诊随访,治疗后定期行尿液化验、X 线或 B 超检查,了解残余结石情况,观察有无并发症或结石复发。若出现腰痛、血尿等症状,及时就诊。

【护理评价】

1. 病人是否缓解或减轻疼痛。
2. 病人是否恢复排尿功能。
3. 病人是否复述尿石症的预防知识并采取有利于结石预防的生活方式。
4. 是否发生并发症或发生并发症后是否得到及时处理。

（聂爱萍）

第五节　前列腺增生病人的护理

现场:护士小李在病区值夜班时接诊了一位因急性尿潴留入院的老年男性病人,病人由其家属搀扶步入病区护士站。病人脸色苍白,痛苦面容,大汗淋漓,自述有排尿延缓,排尿无力病史 3 年,排尿滴沥 6 个月,此次因久坐后不能排尿 8 小时。小李一边礼貌地接待和安慰病人及家属,一边通知值班医生前来处理。

请问:

1. 对于病人不能排尿的症状,护士应采取哪些措施?
2. 哪种疾病病人排尿时会成滴沥状?

良性前列腺增生(benign prostatic hyperplasia)简称前列腺增生,是以排尿困难为主要表现特征的中老年男性常见病,是前列腺细胞增生导致泌尿系梗阻而出现的一系列临床表现及病理改变。男性自 35 岁以上前列腺可有不同程度的增生,50 岁以后出现临床症状。前列腺是男性生殖器官之一,其结构和功能受下丘脑-垂体-睾丸轴和肾上腺的调节。

【护理评估】

（一）健康史

1. 病因与发病机制　病因尚未完全明确,目前认为与体内睾酮、双氢睾酮及雌激素的改变与失衡有关。受凉、劳累、情绪变化、辛辣饮食及酗酒等,易诱发急性尿潴留。

2. 病理　前列腺增生主要发生于前列腺尿道周围的移行带,增生组织将真正的前列腺组织向外压迫,被挤压的组织发生退行性改变,逐渐转变为纤维组织,形成灰白色坚硬的前列腺外科包膜并突向后尿道,使尿道前列腺部伸长、弯曲、受压变窄,加上围绕膀胱颈部的平滑肌收缩,可明显增加排尿阻力,引起排尿困难。

(二)身体状况

1. **临床表现** 与梗阻的部位、程度、病变发展的速度,是否合并感染和结石有关。增生未引起梗阻或轻度梗阻时可无症状,对健康亦无影响。

(1)尿频:是最常见的早期症状,夜间较显著。早期是因前列腺充血刺激所引起,梗阻加重、膀胱残余尿量增多时病人排尿次数明显增加。

(2)排尿困难:前列腺增生症最典型的症状为进行性排尿困难,是由于增生的前列腺压迫尿道,使尿道延长、弯曲、变窄,尿道阻力增加,出现不同程度排尿困难,表现为排尿时间延长、尿线细而无力、尿滴沥不尽。

(3)尿潴留:梗阻达到一定程度时,膀胱出现残余尿,随着残余尿量增加,膀胱肌收缩无力,逐渐出现尿潴留。受凉、劳累、饮酒、便秘、久坐等原因可诱发急性尿潴留。

2. **并发症** 当并发尿路感染时,可有发热、腰痛等症状;合并有肾功能损害时,可出现食欲不振、贫血、血压增高等症状;并发膀胱结石时,则出现血尿;长期排尿困难,可并发腹股沟疝、脱肛及内痔等。

3. **实验室及其他检查**

(1)直肠指检:是最简单、最直接有效的方法,可触及增大的前列腺,表面光滑,质地中等,边缘清楚,中间沟变浅或消失,一般无压痛。

(2)B 超:可显示增生的前列腺的体积大小、形态和内部结构,同时可测量残余尿,如达50ml 以上,则提示膀胱逼尿肌已处于失代偿状态。

(3)尿流动力学测定:可判定尿流梗阻的程度,最大尿流率小于15ml/s 说明排尿不畅,小于10ml/s 提示梗阻严重,常是手术指征之一。

(4)膀胱镜检查:可直接观察增大的前列腺,了解膀胱内的各种病变情况。

(5)血清前列腺特异抗原(PSA):前列腺体积较大、有结节或较硬时,应测定血清 PSA,以排除合并前列腺癌的可能性。

(三)心理和社会状况

良性前列腺增生是一种症状逐渐加重的疾病,进行性排尿困难严重影响病人的休息与睡眠,造成病人身体上的痛苦及较大的精神压力;留置导尿给病人的生活带来不便,病人常希望得到医护人员更多的照顾。

(四)治疗要点

1. **非手术治疗** 适用于刺激期和代偿早期的前列腺增生病人,口服 α_1 受体阻滞药,如高特灵、哌唑嗪等;5α 还原酶抑制剂,如保列治;停药后症状会复发,维持疗效需长期用药。

2. **手术治疗** 适用于尿路梗阻严重、残余尿量超过 50ml、药物治疗效果不佳、多次出现急性尿潴留或已并发膀胱结石、肾积水和肾功能损害者,身体状况能耐受手术者的病人。

(1)非开放手术:经尿道前列腺切除术(TURP)是目前最常用的手术方式,是 BPH 治疗的"金标准"。

(2)开放手术:耻骨上经膀胱前列腺切除术和耻骨后前列腺切除术仅用于巨大前列腺或合并膀胱结石者。

3. **其他疗法** 如尿道激光治疗、经尿道球囊高压扩张术、前列腺尿道网状支架、经直肠高强度聚焦超声等对缓解前列腺增生引起的梗阻症状有一定疗效,适用于不能耐受手术的病人。

【常见护理诊断/问题】

1. **急性疼痛**　与逼尿肌功能不稳定、导管刺激、膀胱痉挛有关。

2. **焦虑**　与反复排尿困难、充溢性尿失禁、担忧手术及预后等有关。

3. **排尿障碍**　与膀胱出口梗阻有关。

4. **潜在并发症**：出血、感染、尿失禁、TUR 综合征等。

【护理措施】

（一）急症护理

对急性尿潴留的病人,应及时配合医生施行导尿或行耻骨上膀胱造瘘术。尿管或造瘘管保留期间,常规做好相应护理工作。

（二）非手术治疗及手术前护理

1. 一般护理

(1)休息与活动:指导病人适当起床活动或床上活动,练习深呼吸和咳嗽。

(2)饮食护理:嘱病人进食易消化、高营养食物,辅以粗纤维食品以防便秘;忌饮酒及辛辣食物;鼓励病人多饮水。

2. 治疗配合

(1)指导轻症病人坚持药物治疗与个人保健相结合;病情严重的病人应遵医嘱配合手术治疗。

(2)遵医嘱适时使用抗生素,以防治感染。

（三）手术后护理

1. 一般护理　术后病人生命体征平稳、无特殊不适时取半卧位,卧床期间指导病人适度活动,并做好病人基础护理工作,预防肺部感染、下肢静脉血栓形成和压疮;当病情恢复可下床活动时,应加强陪护,防止意外损伤的发生;胃肠功能恢复后,指导病人多饮水,进食易消化、高蛋白、高纤维食物;指导病人进行肛提肌舒缩运动,关注病人排尿情况。

2. 病情观察　注意病人意识和生命体征、重要器官功能状况、呼吸及泌尿等系统的感染征象、各引流管的引流情况。

3. 治疗配合

(1)压迫止血护理:术后适当牵引手术中留置的气囊尿管以压迫前列腺窝,达到压迫止血的作用。病人取平卧位,气囊尿管稍向外牵拉并用胶布固定在病人一侧大腿的内侧,告知病人不能自行松开。也可用无菌纱布,在尿道外口扎住稍牵引着的尿管,尿管未见回缩即可。一般牵引压迫时间为 8～10h。术后 1 周禁止肛管排气或灌肠,以免诱发出血。

(2)膀胱冲洗护理:术后立即将三腔气囊尿管连接于密闭式冲洗装置,进行持续的膀胱冲洗,可预防血块形成和感染。三腔气囊尿管兼有压迫止血、引流尿液和施行膀胱冲洗的作用。用无菌的生理盐水持续膀胱冲洗,早期冲洗速度要快,一般 100 滴/分左右。当出血量减少时,可减慢冲洗速度,尿液澄清后即可停止持续冲洗。冲洗过程中,如发现血块阻塞,应及时快速冲洗或用无菌注射器适当冲击和抽吸血块,保持冲洗通畅,在膀胱冲洗过程中较易出现膀胱痉挛,多为一过性,必要时遵医嘱给予解痉止痛等药物。气囊导尿管一般在手术后 3～7 天拔除,尿管拔除后,嘱病人多饮水、勤排尿。

（四）心理护理

前列腺增生的病情有时长时间内变化不大,有时改善后又突然加重,病情反复,应做好心理护理,稳定情绪。

(五) 健康教育

1. 培养良好的饮食习惯,提倡均衡饮食,不吃辛辣刺激性食物,禁烟酒,少饮咖啡、浓茶,多饮凉开水,多选择高纤维和植物性蛋白,多吃新鲜蔬菜、水果、粗粮、大豆、蜂蜜,禁食如人参等活血类食物。

2. **休息与活动指导**　前列腺增生病人应尽量从事轻体力劳动,注意休息,防过度劳累,以免引起尿潴留,冬天应注意保暖,预防感冒。性生活要适度,防止前列腺过度充血。

3. 术后 3 个月内不做剧烈活动,不骑自行车、爬高、久坐、提重物等,以防前列腺窝创面再出血的危险。

4. 不留尿,不憋尿,定期行尿液检查、复查尿流率及残余尿量。

5. 常做提肛运动锻炼膀胱括约肌的功能,减少术后尿失禁的发生,若出现尿失禁,除坚持做提肛运动外,严重者可用尿控阀协助控制排尿。

6. **预防便秘**　指导病人按肠蠕动方向按摩,即升结肠→横结肠→降结肠→乙状结肠,每日数次,促进肠蠕动。如果以上无效,可适当给予润肠剂或缓泻剂,必要时行低压灌肠。

7. **指导病人自我监测**　术后 20～30 日,凝固坏死组织脱落,5% 病人可出现血尿,只要排尿通畅,多饮水可自行消失。因前列腺窝的创面往往需要 2～3 个月的时间才能完全被黏膜覆盖,如便秘或用力过猛,活动过多,都有再出血的可能,若出现继发性大出血,血块阻塞尿道,要及时到医院处理。

(聂爱萍)

第六节　膀胱癌病人的护理

膀胱癌(carcinoma of bladder)是泌尿系中最常见的恶性肿瘤,高发年龄为 50～70 岁,男女发病比例约为 4∶1,上皮性肿瘤占 95% 以上,其中多数为移行细胞癌,鳞癌和腺癌各占 2%～3%,膀胱癌的分级与膀胱癌的复发和侵袭行为密切相关。

【护理评估】

(一) 健康史

1. **病因**　膀胱癌病因复杂,确切病因尚不完全清楚,一般认为发病与下列危险因素相关。

(1)接触致癌物质:长期接触某些致癌物质的职业人员,如从事纺织、染料制造、药物制剂、橡胶化学和杀虫剂生产、油漆、皮革及铝、铁和钢生产,柴油机废气累积也可增加膀胱癌的发生危险,现已肯定的主要致癌物质是联苯胺和 4-氨基双联等。

(2)吸烟:是目前较为肯定的膀胱癌致病危险因素,约 30%～50% 的膀胱癌由吸烟引起,吸烟可使膀胱癌危险率增加 2～4 倍,其危险率与吸烟强度和时间成正比。

(3)其他:致癌因素还包括慢性感染(细菌、血吸虫及 HPV 感染等)、应用化疗药物环磷酰胺、滥用含有非那西汀的止痛药、盆腔放疗、长期饮用砷含量高的水和氯消毒水、咖啡、人造甜味剂及染发剂等。

2. **病理**　淋巴转移是膀胱肿瘤最主要的转移途径,晚期血行转移至肺、骨、肝等器官。

(二) 身体状况

1. **临床表现**

(1)血尿:绝大多数膀胱癌病人的首发症状是间歇性无痛性肉眼血尿,如肿瘤位于三角区或其附近,血尿常为终末出现。如肿瘤出血较多时,亦可出现全程血尿,血尿常能自行停止或减轻,容易造成"治愈"或"好转"的假象;血尿严重者因血块堵塞尿道内口可引起尿潴留。血尿程度与肿瘤大小、数目、恶性程度可不完全一致,非上皮肿瘤血尿情况一般不明显。

(2)膀胱刺激症状:常因肿瘤瘤体较大或侵入肌层较深所致,肿瘤坏死、溃疡、合并感染时更明显,病人可出现尿频、尿急、尿痛等膀胱刺激症状。

2. 并发症 当肿瘤浸润达肌层时,可出现疼痛症状。肿瘤较大影响膀胱容量或肿瘤发生在膀胱颈部,或出血严重形成血凝块等影响尿液排出时,可引起排尿困难甚至尿潴留。膀胱肿瘤位于输尿管口附近影响上尿路尿液排空时,可造成患侧肾积水。晚期病人可有贫血、水肿、下腹部肿块等症状,盆腔淋巴结转移可引起腰骶部疼痛和下肢浮肿。

3. 实验室及其他检查

(1)尿液脱落细胞检查:该检查方法简便,可做血尿病人的初步筛选,敏感性随膀胱癌细胞分级、临床分期的增高而增高。为了防止肿瘤细胞的自溶漏诊及增加阳性率,一般连续检查 3 日的尿液并及时送检。

(2)膀胱镜检查:对本病临床诊断具有决定性意义,绝大多数病人通过该项检查可直接看到肿瘤生长的部位、大小、数目、形态、浸润范围等,并可取活组织检查,对决定治疗方案及预后非常重要。

(3)影像学检查:B 超检查最简单,可发现直径 0.5cm 以上的膀胱肿瘤;X 线检查,排泄性尿路造影可了解肾盂、输尿管有无肿瘤,肾积水或显影差提示肿瘤浸润输尿管口,膀胱造影可见充盈缺损;CT、MRI 检查可了解肿瘤浸润深度及局部转移病灶。

(三)心理和社会状况

病人对疾病是否知情,以及是否能接受患病的事实,家属对病人的支持情况;病人与家属对采取的手术方式、尿流改道、手术并发症的认知程度与接受情况,以及家庭经济的承受能力。

(四)治疗要点

膀胱癌复发或进展的倾向与分期、分级、肿瘤多发病灶、肿瘤大小和早期复发率有关。本病治疗以手术为主,结合放疗、联合化疗和生物治疗等综合措施。手术方式有姑息术、经尿道膀胱肿瘤切除术和激光治疗、膀胱部分切除术、根治性膀胱全切术加尿流改道,尿流改道根据情况选用输尿管皮肤造口、输尿管乙状结肠吻合术等。

【常见护理诊断/问题】

1. 焦虑或恐惧 与恐惧癌症、担心手术及疾病预后有关。

2. 自我形象紊乱 与膀胱全切、尿流改道术后排尿方式改变有关。

3. 知识缺乏:缺乏疾病和手术的相关知识。

4. 潜在并发症:出血、感染、吻合口瘘、造瘘缺血狭窄、造瘘口周围皮肤炎症等。

【护理措施】

(一)术前护理

1. 饮食护理 进食易消化、营养丰富的食品,以纠正贫血、改善全身营养状况。多饮水可稀释尿液,以免血块引起尿路堵塞。

2. 病情观察 病程长、体质差、晚期肿瘤出现明显血尿者,应卧床休息,每日观察和记录排尿情况和血尿程度。

3. 肠道及皮肤准备 行膀胱全切、肠道代膀胱术的病人,按肠切除术准备。术前 3 日进食少渣半流质饮食,术前1~2日起进无渣流质饮食,口服肠道不吸收抗生素,术前1日及手术日早晨进行肠道清洁。拟做双侧输尿管皮肤造口术的病人,术前彻底清洁腹壁皮肤协助医生/造口治疗师选定好造口位置,并做好标记。

（二）术后护理

1. **一般护理**　生命体征平稳者取半坐卧位,以利呼吸、伤口引流及尿液引流;膀胱全切术后卧床8~10日。每日饮水量约2000~3000ml,多饮水以起到内冲洗作用。肛门排气后给予富含维生素及营养丰富的饮食。回肠膀胱术、可控膀胱术后按肠吻合术后饮食护理,禁食期间给予静脉营养支持。

2. **病情观察**　应严密观察生命体征,保证输血、输液通畅;观察尿量及颜色变化,以了解有无内出血及术后血尿;观察有无感染征象;及时更换敷料,保持外敷料及造口处皮肤清洁干燥。

3. **引流管的护理**　各种引流管,应贴标签分别记录引流液颜色、量、性状,发生异常立即通知医生处理,保持引流通畅。①输尿管支架管:术后双侧输尿管放置支架管的目的是支撑输尿管、引流尿液。一般于术后10~14日拔除。②代膀胱造瘘管:目的为引流尿液及代膀胱冲洗。术后2~3周,经造影新膀胱无尿瘘及吻合口无狭窄后可拔除。回肠代膀胱或可控膀胱因肠黏膜分泌黏液,易堵塞引流管,注意及时挤压将黏液排出,有贮尿囊者可用生理盐水每4h冲洗1次。③留置尿管:目的包括引流尿液、代膀胱冲洗及训练新膀胱的容量;应经常挤捏,避免血块及黏液堵塞。待新膀胱容量达150ml以上时可拔除。④盆腔引流管:目的是引流盆腔的积血积液,一般术后3~5日拔除。

4. **造口护理**　应及时清理造口及周围皮肤黏液,保持造瘘口周围皮肤清洁,预防感染发生。定时翻身、叩背咳痰,若痰液黏稠给予雾化吸入,适当活动。

5. **并发症的观察和护理**

（1）出血:膀胱全切术创伤大,术后易出血。密切观察病情,若病人出现血压下降、脉搏加快,引流管内引出大量鲜血;提示有活动性出血,应及时告知医生处理。

（2）感染:监测体温变化,观察病人有无体温升高,伤口处疼痛伴有白细胞计数和中性粒细胞比例增高等感染现象时,应及时通知医生并协助处理。

（3）尿瘘:术后代膀胱若分泌物过多易堵塞导尿管,导致储尿囊压力增大,易发生尿瘘。此外尿瘘的发生还与手术操作和腹压增高等因素有关。尿瘘常发生的3个部位是输尿管与新膀胱吻合处、储尿囊、新膀胱与后尿道吻合处。尿瘘发生时主要表现为盆腔引流管引流出尿液、切口部位渗出尿液、导尿管引流量减少,病人出现体温升高、腹痛、白细胞计数升高等感染征象。

6. **膀胱灌注化疗的护理**　此治疗主要用于保留膀胱的病人,术后早期每周一次,嘱病人灌注前4小时禁止饮水,排空膀胱。灌注前常规消毒外阴及尿道口,置入尿管。灌注方法:使用导尿管注入药液30~50ml,药物需保留1~2小时,保留期间每15~30分钟变换一次体位,分别取俯、仰、左、右侧卧位,灌注后嘱病人多饮水,每日2500~3000ml/d,起到生理性膀胱冲洗的作用,减少化疗药物对尿道黏膜的刺激。

（三）心理护理

对预后恐惧及不接受尿流改道者,应耐心做好心理疏导,以消除其恐惧、焦虑、绝望的心理。膀胱癌根治术后虽然改变了正常的排尿方式,但目的是避免复发,延长寿命。

(四) 健康教育

1. 加强营养,增强体质。加强劳动防护宣传,不吸烟,减少或避免接触致癌性物质和环境。

2. 教会病人自我护理定时更换尿袋,保持清洁。可控膀胱术后,开始每 2~3h 导尿一次,逐渐延长间隔时间至每 3~4h 一次。定期用生理盐水冲洗贮尿囊,清除黏液及沉淀物等。

3. 告知膀胱内灌注化疗的作用、疗程。保留膀胱术后病人能憋尿者,行膀胱灌注免疫抑制剂卡介苗或抗癌药,可预防或推迟肿瘤复发。每周灌注 1 次,共 6 次,以后每月 1 次,持续 2 年。灌注时插尿管排空膀胱,以蒸馏水或等渗盐水稀释的药液灌入膀胱后平、俯、左、右侧卧位,每 15 分钟轮换体位 1 次,共 2 小时。

4. **原位新膀胱训练**　新膀胱造瘘口愈合后指导病人进行新膀胱储尿、控尿、排尿功能的训练。①储尿功能:夹闭导尿管,定时放尿,开始每 30 分钟放尿 1 次,逐渐延长至 1~2 小时。放尿前收缩会阴,轻压下腹,逐渐形成新膀胱充盈感。②控尿功能:收缩会阴及肛门括约肌 10~20 次/日,每次维持 10 秒。③排尿功能:选择特定的时间排尿,如餐前 30 分钟,晨起或睡前;定时排尿,一般白天每 2~3 小时排尿 1 次,夜间 2 次,减少尿失禁。

5. 指导病人定期复查,膀胱癌不管采用哪种治疗方法均容易复发,如保留膀胱的各种手术,2 年内复发率在半数以上,故应定期到医院复查,尤其是手术后 1 年内应每 3 个月做 1 次膀胱镜检查。

（聂爱萍）

第七节　肾癌病人的护理

肾癌(renal cell carcinoma)是起源于肾实质泌尿小管上皮系统的恶性肿瘤,占肾脏恶性肿瘤的 80%~90%,约占成人恶性肿瘤的 2%~3%,高发年龄为 50~70 岁,男女发病比例约为 2:1。

【护理评估】

(一) 健康史

1. **病因**　肾癌的病因未明,其发病与吸烟、肥胖、长期血液透析、长期服用解热镇痛药物有关;某些职业如石油、皮革、石棉等产业工人患病率高;少数肾癌与遗传因素有关。

2. **病理**　肿瘤穿透假包膜后可经血液和淋巴转移,可直接扩展至肾静脉、腔静脉形成癌栓;亦可转移至肺、脑、骨、肝等,淋巴转移首先为肾蒂淋巴结。影响肾癌预后的最主要因素是病理分期,其次为组织学类型。此外与组织学分级、病人的行为状态评分、症状、肿瘤中是否有组织坏死等因素有关。

(二) 身体状况

1. **临床表现**　肾癌的临床表现是多样化的,早期的临床表现缺乏特异性,既往经典的肾癌三联征(血尿、腰痛和腹部包块)临床出现率不到 15%,这些病人诊断时往往较晚期。

(1) 血尿:无痛性、间歇性全程肉眼血尿为最常见症状,但此时肿瘤往往已穿入肾盏、肾盂,并非早期症状。

(2) 肿块:肿瘤较大时可在腹部或腰部触及肿块,质坚硬。

(3) 疼痛:早期病人常无明显疼痛症状。病变晚期由于肿瘤压迫肾包膜或牵拉肾蒂而引起腰部酸胀坠痛,出血严重时偶可因血块堵塞输尿管引起肾绞痛。

(4)肾外表现:常见有低热、高血压、血沉加快等,晚期病人常出现明显消瘦、贫血及低热、食欲减退、体重减轻等表现,左肾癌可出现左精索静脉曲张。

(5)转移症状:临床约有30%的初诊病人为转移性肾癌,可由于肿瘤转移所致的骨痛、骨折、咳嗽、咯血等症状就诊。

2. 实验室及其他检查

(1)B超检查:简单易行,有些无症状的肾癌,往往在B超体检时被发现。

(2)X线检查:可见肾外形增大、不规则,偶有钙化影,造影可见肾盏、肾盂因受肿瘤挤压而有不规则变形、狭窄、拉长或充盈缺损。静脉肾盂造影还能了解对侧肾脏功能情况。

(3)CT、MRI:有助于早期诊断和鉴别肾实质内肿瘤的性质、肾囊肿等。

(三)心理和社会状况

病人往往因为恶性肿瘤的确诊、较差的预后、沉重的经济负担及治疗引起的毒副反应而产生焦虑、悲观,甚至绝望。

(四)治疗要点

本病治疗要点为尽早实行根治性肾切除术。因为肾癌具有多药物耐药基因,对放射治疗及化学治疗不敏感,根治性肾癌切除术是肾癌最主要的治疗方法,切除范围包括患肾、肾周脂肪及肾周筋膜、近端1/2输尿管、区域肿大淋巴结。术前行肾动脉栓塞,可减少出血,使瘤体缩小。近年开展的腹腔镜肾癌根治术具有创伤小、恢复快等优点。

【常见护理诊断/问题】

1. 焦虑或恐惧　与恐惧癌症、担心手术及预后有关。

2. 营养失调:低于机体需要量　与长期血尿、癌肿消耗、手术创伤有关。

3. 知识缺乏:缺乏疾病和手术的相关知识。

4. 潜在并发症:出血、感染。

【护理措施】

(一)术前护理

1. 饮食护理　进食易消化、营养丰富的食品,以纠正贫血、改善全身营养状况。对胃肠功能障碍者,通过静脉途径给予营养,贫血者可给予少量多次输血以提高血红蛋白水平及病人抵抗力。

2. 观察病情　完善术前准备。病程长、体质差、晚期肿瘤出现明显血尿者,应卧床休息,每日观察和记录排尿情况和血尿程度。

(二)术后护理

1. 休息与饮食　生命体征平稳者取半坐卧位或健侧卧位,避免过早下床。行肾全切术后卧床3~5天;行肾部分切除术后卧床1~2周,待肛门排气后,进食富含维生素和营养丰富的食物。

2. 病情观察　密观察生命体征,保证输血、输液通畅。肾癌切除同时行腔静脉取瘤栓术后,需保留导尿并监测24h尿量、肾功能,防止肾衰竭。若病人术后引流液量较多,颜色鲜红且很快凝固,同时血压下降、脉搏增快,常提示有活动性出血,应立即通知医生处理。保持切口清洁干燥,敷料渗湿时及时给予更换,监测病人体温有无升高,出现感染现象时,应及时通知医生,遵医嘱应用抗生素。及时发现和处理并发症。

3. 引流管护理　各种引流管,应贴标签分别记录引流情况,保持引流通畅;拔管时间在肾癌术后伤口引流管无引流物排出,2~3日拔除。

(三)心理护理

对预后恐惧者,应耐心做好心理疏导,以消除其恐惧、焦虑、绝望的心理。与病人建立良好的关系,耐心解释治疗的安全性和手术对挽救生命的必要性,以使病人思想稳定,配合治疗。

(四)健康教育

1. 培养良好的生活习惯,加强营养,适当锻炼及娱乐活动,避免重体力活动,戒烟酒,保证充分的休息。

2. 及早治疗腺性膀胱炎、尿石症、慢性尿潴留等。

3. 发现小儿腰腹部肿大或肿块,成年人出现任何情况的血尿,应及时就诊。

4. 定期复查,肾癌复发率高,如出现血尿、乏力,消瘦、疼痛及腹部包块,应及时就诊。

（聂爱萍）

第八节　泌尿系统损伤病人的护理

一、肾损伤病人的护理

泌尿系损伤多是复合伤,常伴发胸、腹、腰部或骨盆等严重损伤,泌尿系损伤包括肾损伤、输尿管损伤、膀胱损伤、尿道损伤,以男性尿道损伤最常见,膀胱次之,输尿管损伤较少见。肾损伤(renal trauma)常是严重多发伤的一部分,发病率逐年上升,多见于成年男性。

【护理评估】

(一)健康史

1. 病因

(1)开放性损伤:主要以刀刺伤、枪击伤多见,常伴有胸、腹部等其他组织器官损伤,病情复杂而严重。

(2)闭合性损伤:临床上最多见,因直接外力(如撞击、跌打、挤压等)或间接外力(如对冲伤、突然暴力扭转等)所致。

(3)自发性肾破裂:如肾肿瘤、肾积水、肾结核以及肾囊性疾病等突然发生的肾实质、集合系统或肾血管的损伤,临床较罕见。

(4)医源性损伤:如体外冲击波碎石、腔内泌尿外科检查或治疗时发生的肾损伤。

2. 病理与分类　根据损伤的程度不同可分为4种类型,临床上以肾挫伤、肾部分裂伤多见。

(1)肾挫伤:损伤仅限于部分肾实质,形成肾瘀斑和(或)包膜下血肿,肾包膜及肾盂黏膜完整,损伤涉及肾集合系统时可有少量血尿。一般症状轻微,可以自愈。

(2)肾部分裂伤:肾实质部分裂伤伴有包膜破裂时,可致肾周血肿,如肾盏肾盂黏膜破裂,则有明显血尿。通常不需手术治疗,应绝对卧床,止血抗感染,观察病人生命体征,经积极治疗多可自行愈合。

(3)肾全层裂伤:肾实质深度裂伤,累及肾包膜,内达肾盂肾盏黏膜,常引起广泛性的肾周血肿、血尿和尿外渗,肾横断或碎裂时,可致肾组织缺血。此类肾损伤症状明显,后果严重,均需手术治疗。

(4)肾蒂伤:肾蒂血管损伤比较少见。肾蒂或肾段血管的部分或全部撕裂时可引起大出血、休克,需立即救治,否则会危及生命。

继发病理改变包括由于持久尿外渗形成尿囊肿;血肿、尿外渗引起组织纤维化,压迫肾盂输尿管交界处,导致肾积水;开放性肾损伤偶可发生动静脉瘘或假性动脉瘤;部分肾实质缺血或肾蒂周围纤维化压迫肾动脉,引起肾血管性高血压等。

(二)身体状况

1. 临床表现

(1)休克:由于创伤及(或)出血导致休克,伴有合并伤尤其腹内实质脏器损伤时更易出现,故治疗期间严密观测生命体征至为重要。

(2)血尿:发生率约为98%,是肾损伤最重要的症状,表现为排尿全过程均为血尿。值得注意的是血尿的程度并不一定与创伤严重程度相一致,肾蒂血管断裂、损伤性肾动脉血栓形成、肾盂广泛裂伤、输尿管断裂或被血块阻塞时,血尿不明显甚至无血尿。

(3)疼痛:局部软组织挫伤、肾包膜内压增高及血和尿外渗均可引起腰部或上腹部疼痛。血块阻塞输尿管可产生绞痛。外渗的血和尿流入腹腔时引起典型腹膜刺激症状。疼痛部位有肌紧张及压痛。

(4)发热:损伤、血肿及尿外渗可致吸收热,一般为低热;继发感染可引起寒战、高热。

(5)体征:腰腹部肿块、血液、尿液渗入肾周围组织可使局部肿胀,形成肿块,腰腹部可有明显触痛和肌紧张。

2. 实验室及其他检查

(1)实验室检查:尿中有大量红细胞,白细胞增高提示并发感染。

(2)影像学检查:X线平片常提示肾区阴影增大,提示肾周血肿可能;排泄性尿路造影可了解肾功能及型态、肾损伤的范围和程度;B超检查可了解肾损伤程度、包膜下和肾周血肿及尿外渗情况。

(三)心理和社会状况

家属和病人对病情的认知、知晓程度;对突发事故及预后的心理承受能力和对治疗费用的承受能力担忧。

(四)治疗要点

肾损伤的治疗与损伤程度直接相关。轻微肾挫伤经短期休息可以康复,多数肾挫裂伤可用保守方法治疗,仅少数需手术。

1. 急诊救治　有大出血、休克的病人需迅速抢救,快速输血补液,同时明确有无其他合并伤,做好手术探查准备。

2. 保守治疗　主要针对各项生命体征平稳、无闭合性损伤、影像学检查结果显示肾损伤分期为Ⅰ、Ⅱ期的轻度损伤、无多脏器损伤发生的病人。

3. 手术治疗　在外科治疗之前一定要明确对侧肾脏的情况,同时要告知病人及家属伤侧肾脏有切除的可能。对暂时不具备外科治疗适应证,同时存在出血风险的病人可以考虑进行血管造影及介入治疗以挽救肾功能。

【常见护理诊断/问题】

1. 焦虑与恐惧　与外伤打击、害怕手术与担心预后有关。

2. 疼痛　与肾损伤、血块堵塞输尿管有关。

3. 组织灌注量改变　与肾裂伤、肾蒂裂伤或其他脏器损伤引起的大出血有关。

4. 潜在并发症：出血、感染。

【护理措施】

（一）非手术护理及术前护理

1. 休息　肾损伤后4~6周才趋于愈合,所以病人需绝对卧床2~4周,待病情稳定、血尿消失后可离床活动。

2. 严密观察病情　密切观察生命体征、尿液颜色及量,观察腰腹部肿块的变化,观察肾功能,定时监测体温判断有无感染征象,发现异常情况及时告知医生。

3. 保证组织有效灌流量、维持水电解质平衡:建立静脉通路,遵医嘱及时输液、必要时输血,维持有效循环血量,合理安排输液种类。

4. 术前准备　有手术指征者,在抗休克的同时积极进行各项术前准备;除常规检查外应注意病人有无凝血功能障碍。

5. 预防感染　监测体温及血细胞分析,发现感染征象及时通知医生。保持外敷料的清洁干燥,遵医嘱应用抗生素。

（二）术后护理

1. 休息　为预防继发性出血,肾部分切除术后病人需绝对卧床休息1~2周。

2. 严密观察病情　手术后要密切观察24~48h内的生命体征变化,及时判断有无术后内出血;注意切口有无渗血、渗尿情况及感染;注意肾周围引流液体的量和性质;注意尿量及性质的变化;监测血、尿常规及肾功能。

（三）心理护理

稳定病人及家属情绪,减轻其焦虑与恐惧。向其介绍肾损伤的相关知识,鼓励病人及家属积极配合治疗和护理。

（四）健康教育

1. 活动指导　非手术治疗、病情稳定后的病人,出院后3个月不宜从事体力劳动或剧烈运动。

2. 健康肾的保护　防止外伤,不适用对肾功能有损害的药物,如氨基糖苷类抗生素等。

二、膀胱损伤病人的护理

膀胱位于盆腔深部,耻骨联合后方,周围有骨盆保护,通常很少发生损伤;膀胱充盈时壁紧张而薄,高出耻骨联合伸展至下腹部,易受损伤。

【护理评估】

（一）健康史

1. 病因　膀胱损伤大多发生于膀胱充盈时,受到外力打击导致损伤;随着腹腔镜手术的日益开展,医源性损伤也不容忽视,最常见于妇产科、下腹部手术以及某些泌尿外科手术;由意识障碍或病理性膀胱引起的自发性破裂比较少见。

2. 病理　膀胱损伤病理上大体分为挫伤及破裂两类。前者伤及膀胱黏膜或肌层,后者根据破裂部位分为腹膜外形、腹膜内型及两者兼有的混合型。

（二）身体状况

1. 临床表现

（1）休克:由创伤及大出血所致,如腹膜炎或骨盆骨折。

（2）疼痛:多为下腹部或耻骨后的疼痛,伴有骨盆骨折时,疼痛较剧。腹膜外破裂时,疼痛主要位于盆腔及下腹部,可放射至会阴部及下肢。膀胱破裂至腹腔时表现为腹膜炎的症状及体征,出现全腹疼痛、压痛及反跳痛、腹肌紧张、肠鸣音减弱或消失等。

（3）血尿和排尿困难:伤后有频繁的排尿感,但无尿排出或仅有少量鲜血排出。当有血块堵塞或尿外渗至膀胱周围或腹膜内时,则无尿液自尿道排出。

（4）尿瘘:贯穿性膀胱损伤时,有体表伤口、直肠或阴道漏尿;闭合性膀胱损伤时,可因尿外渗继发感染后破溃形成尿瘘。

2. 实验室及其他检查

（1）导尿检查:导尿管可以顺利插入膀胱,但不能导出尿液或仅导出少量血性尿液,此时注入生理盐水 300ml,停留 5min,如出入量相差很大,提示膀胱破裂,该方法简便但准确性差,易受干扰。

（2）膀胱造影:是诊断膀胱破裂最有价值的方法,尤其是对于骨盆骨折合并肉眼血尿的病人。自尿管注入造影剂,根据造影剂外溢情况,确切地判别有无膀胱破裂及破裂部位。由于10%~29%的病人常同时出现膀胱和尿道损伤,故在发生血尿或导尿困难时,尚应行逆行尿道造影,以排除尿道损伤。

（3）CT及MRI:临床应用价值低于膀胱造影,不推荐使用。但病人合并其他损伤需行CT或MRI检查,有时可发现膀胱破口或难以解释的腹部积液,应想到膀胱破裂的可能。

（三）心理和社会状况

病人对自身伤情和预后的担忧,表现出恐惧、焦虑。

（四）治疗原则

严重损伤、出血导致休克者应紧急处理,积极防治休克。膀胱挫伤或早期较小的膀胱破裂,仅需保守治疗,卧床休息,多饮水,充分引流尿液后多可自愈;膀胱破裂伴有出血和尿外渗,病情严重,须尽快手术,行膀胱修补术及耻骨上膀胱造瘘术,术后应用抗生素。

【常见护理诊断/问题】

1. **焦虑或恐惧**　与外伤打击、害怕手术与担心预后有关。

2. **组织灌注量改变**　与膀胱破裂、骨盆骨折损伤血管引起出血、尿外渗或腹膜炎有关。

3. **潜在并发症**:感染等。

4. **知识缺乏**:缺乏疾病和手术的相关知识。

【护理措施】

（一）非手术护理及术前护理

1. **保证组织有效灌流量、维持体液平衡**　密切监测生命体征,准确记录尿量,保持输液通畅,遵医嘱输液输血。

2. **术前准备**　合并有腹膜炎者行胃肠减压。有手术指征者,在抗休克的同时积极进行各项术前准备,危重病人尽量减少搬动。

（二）术后护理

1. 维持体液平衡和有效循环血量,合理输液,必要时输血,维持有效循环血量,保持水电解质及酸碱平衡。

2. 观察生命体征,定时测量呼吸、脉搏、血压,准确记录尿量,了解病情变化。

3. 保持留置尿管的通畅,防止逆行感染;定时清洁、消毒尿道外口,鼓励多饮水。

4. 保持膀胱造瘘管的通畅,造瘘口周围定时换药,膀胱造瘘管一般留置10日左右拔出,拔管前要先夹造瘘管,待病人排尿情况良好后再行拔管。

（三）心理护理

做好心理护理,消除其焦虑、紧张情绪。膀胱损伤病人对术后尿控功能缺乏信心,担心预后。应运用沟通技巧,从腹腔镜手术的微创优势入手,从生活上关心照顾病人,满足其基本生活护理需求,使其感到舒适、被关爱以争取病人的主动配合及增强战胜疾病的信心。

（四）健康教育

1. 告知病人留置尿管及膀胱造瘘的注意事项。

2. 定期复查,观察有无血尿,若出现血尿应立即到医院就诊。

三、尿道损伤病人的护理

尿道损伤多见于 15～25 岁青壮年,90% 以上是骨盆骨折或骑跨伤等闭合性损伤引起,开放性贯通伤罕见,偶可见到开放性枪伤损伤尿道。尿道损伤的初步处理取决于尿道损伤的程度、部位、病人的血流动力学是否稳定和相关的损伤情况。近年经尿道手术或操作的增多也使医源性尿道损伤有增加趋势。

【护理评估】

（一）健康史

1. **病因**　尿道损伤分前尿道损伤和后尿道损伤,好发于尿道球部和膜部,球部损伤多见于骑跨伤,膜部损伤多见于骨盆挤压伤,极少数病人属医源性损伤。

2. **病理**　尿道损伤按损伤程度分为尿道挫伤、尿道破裂及尿道断裂;病理分损伤期(伤后 72 小时之内的闭合性尿道损伤)、炎症期(伤后 72 小时到 3 周闭合性尿道损伤)及狭窄期(尿道损伤 3 周后)。

（二）身体状况

1. **临床表现**

(1)休克:骨盆骨折所致的后尿道损伤常合并其他内脏损伤,因大量出血和剧烈疼痛,可引起休克;前尿道损伤一般不出现休克,合并有其他内脏损伤或血尿重且时间长应密切观察生命体征及尿量。

(2)尿道滴血及血尿:尿道滴血及血尿程度与尿道损伤严重程度不相一致;后尿道损伤多表现为尿初及终末血尿或尿终末滴血;前尿道损伤病人在不排尿时即有血液从尿道口滴出或溢出,或出现尿初血尿,特别是伤后第一次排尿见出血尿强烈提示有前尿道损伤的可能。

(3)疼痛:损伤处疼痛,前尿道损伤时局部肿胀有时可放射至尿道外口,尤以排尿时剧烈。后尿道损伤表现为下腹部疼痛,局部肌紧张并有压痛。

(4)排尿困难及尿潴留:由于疼痛和括约肌痉挛,出现膀胱胀感和欲尿感,不能排出尿液。接诊时不可强令病人排尿,以免导致或加重尿外渗。

(5)血肿与瘀斑:球部尿道损伤,会阴部肿胀,皮下血肿瘀斑,严重者尿道周围血肿,阴囊、阴茎肿大呈青紫色。

(6)尿外渗:球部尿道创伤其血肿和外渗尿的部位均在会阴部,可蔓延至阴囊及阴茎或下腹壁,但不向股部延伸。膜部尿道创伤则其范围均在尿生殖膈以上膀胱周围。

2. **实验室及其他检查**

(1)直肠指诊:直肠指诊前列腺向上移位,有浮动感,可将其向上推动,提示后尿道断裂。

(2)诊断性导尿:在严格无菌操作下试插导尿管。如试插成功,提示尿道损伤不重,可保留导尿管作为治疗措施,不要随意拔除;如插入失败,不得再插;忌用金属导尿管,防止加重局部损伤,加重出血或继发感染。

(3)X线检查:疑有骨盆骨折时,应行骨盆正侧位平片检查;低压逆行尿道造影可确定尿道损伤程度,尿道显影良好且无造影剂外溢者,提示挫伤或部分裂伤;有造影剂外溢者,提示部分破裂;如造影剂未进入近端尿道而大量外溢,提示严重破裂或断裂。

知识链接

尿道扩张术的目的及注意事项

尿道扩张术是将金属探条由细到粗依次插入到尿道内,逐渐扩张尿道,使其狭窄段变粗,达到排尿通畅的目的。扩张成功后根据排尿情况选择尿道扩张周期,可每周1次、每两周1次到每月一次或更长时间,直至可通过22F金属尿道探条。尿道扩张术后嘱病人多饮水,并密切观察尿线、射程及排尿困难的改善情况。有急性尿道感染者禁行此术。

(三)心理和社会状况

病人对自身伤情的了解程度不到位,对并发症如尿道狭窄产生恐惧或焦虑。

(四)治疗要点

1. 紧急处理　伴有休克,须抗休克治疗,尽早施行手术,尿潴留行耻骨膀胱穿刺或造瘘术。

2. 非手术治疗　应用抗生素预防感染,必要时插入导尿管引流1周。

3. 手术治疗　前尿道损伤导尿失败或尿道断裂,行会阴尿道修补或断端吻合,留置尿管2~3周。骨盆骨折致后尿道损伤,局麻下行耻骨上高位膀胱造瘘,不能恢复排尿者,二期行尿道瘢痕切除术和尿道端端吻合术。

【常见护理诊断/问题】

1. 焦虑或恐惧　与外伤打击、害怕受伤与担心预后有关。

2. 排尿困难　与尿道损伤引起的局部水肿或尿道括约肌痉挛、尿道狭窄有关。

3. 组织灌注量改变　与创伤、骨盆骨折引起的大出血有关。

4. 潜在并发症:感染。

【护理措施】

(一)非手术护理及术前护理

1. 病情观察　对怀疑或确诊骨盆骨折病人,立即卧硬板床;密切监测生命体征,及时发现休克早期征象并建立有效静脉通道;动态观察排尿情况及尿液颜色,并做好记录。

2. 术前准备　做好必要的术前常规准备工作,以便随时改为手术治疗。

3. 留置尿管护理　尿管妥善固定,定时冲洗膀胱,每日2次用碘伏棉球擦洗尿道外口。尿道修补或吻合术后,导尿管留置2~3周;尿道重建术后,导尿管维持牵引2周,解除牵引后继续留置1~2周。

(二)术后护理

1. 膀胱造瘘管引流的护理　妥善固定,定时挤压,保持通畅;定时清洁,消毒尿道外口,防止逆行感染;遵医嘱10~12日后拔管,拔管前先夹管观察自我排尿顺畅情况。

2. 饮食护理　嘱进食高蛋白、高热量、高维生素易消化食物;多饮水以稀释尿液;增加植物纤维的摄入量,保持大便通畅。

3. 膀胱痉挛的护理　嘱病人深呼吸,加快冲洗速度,以防血凝块阻塞引流管,如凝血块已有阻塞引流管时,应及时挤压引流管或用生理盐水自气囊导尿管加压行膀胱冲洗使血凝块及时排出;同时调节冲洗液的温度,使之接近体温,减少对膀胱的冷刺激减少痉挛。

4. 尿道扩张术的护理　有尿道狭窄时配合医生行尿道扩张术,嘱病人多饮水。

5. 尿失禁的预防及护理　尿管牵引术过重或过久时易导致尿失禁,多数为暂时性尿失禁。应及时向病人解释,消除其思想负担,同时,指导病人进行提肛训练,每日进行200~300次,以增加尿道膜部括约肌的强度,预防尿失禁的发生。

(三) 心理护理

向病人及家属耐心讲解尿道损伤的相关知识,嘱其放松心情,保持良好心态。

(四) 健康教育

1. 定期行尿道扩张术　尿道损伤后病人尿道狭窄发生率较高,需定期进行尿道扩张以避免尿道狭窄。

2. 自我观察　若发现有排尿不畅、尿线变细、滴沥、尿液混浊等现象,可能为尿道狭窄,应及时来医院诊治。

（聂爱萍）

案例5-1　周某,女,35岁,因尿频、尿急、尿痛7天来院就诊,既往有多次类似发作。尿常规检查示尿蛋白(+),白细胞(+++)。

问题:

(1)为进一步明确诊断,还需做哪些检查?

(2)如何对病人进行健康教育?

案例5-2　杨某,男,48岁。入院诊断为"慢性肾衰竭",实验室检查结果:BUN 17mmol/L,SCr 860μmol/L,血钙1.95mmol/L,血磷2.16mmol/L,尿比重1.009,尿蛋白(++),B超示双肾缩小。

问题:

(1)该病人处于慢性肾衰竭的哪个期?

(2)病人可能存在哪些并发症?

(3)应采取哪些护理措施?

案例5-3　李某,男,35岁,右侧腰背部被车撞击后2h,因肉眼血尿、右侧腰痛,被人扶持就诊,入院体查:神志清醒,面色苍白,血压85/57mmHg,心率120次/分,呼吸24次/分,右侧腰部明显肿胀,局部表面皮肤淤血,右侧肾区饱满,明显压痛、叩击痛,腹部尚软,未叩出移动性浊音。

问题:

(1)该病人最可能的诊断是什么?

（2）为了明确诊断,进一步应做哪些检查?

（3）对于该病人主要应采取什么治疗方法?

（4）该病人主要护理诊断/问题有哪些?

（高健群　聂爱萍）

第六章 血液系统疾病病人的护理

血液系统由造血器官及组织和血液组成。造血器官及组织由骨髓、胸腺、肝脏、脾脏和淋巴结等构成,其中骨髓是成人主要的造血器官。血液由血浆及悬浮在其中的血细胞(包括红细胞、白细胞和血小板)组成。原发或主要累及造血器官及组织和血液的疾病,称为血液系统疾病(简称血液病),包括各类红细胞疾病、白细胞疾病和出血性疾病。共同特点表现为骨髓、脾、淋巴结等造血器官或组织的结构和功能异常、外周血中的血浆和血细胞成分的病理性改变、机体免疫功能下降以及出凝血机制的功能紊乱,临床确诊有赖于实验室检查。近年来随着医学技术的不断发展,治疗手段有很大的改善,如联合化学治疗、造血干细胞移植、免疫调节剂及单克隆抗体和细胞因子的临床应用等。

 走入现场

现场:张某,32 岁,因平日月经量多、面色苍白、全身乏力来院就诊,医生诊断为"缺铁性贫血"住院治疗,张某及家属来到护士站办理入院手续,按照工作要求,值班护士小王对张某及家属进行了有关缺铁性贫血知识的健康教育。

提问:

1. 假如你是值班护士,应如何制定一份有关缺铁性贫血的饮食计划?
2. 病人在使用铁剂治疗过程中应注意什么?

第一节 贫血病人的护理

贫血(anemia)是指单位容积外周血中血红蛋白浓度、红细胞计数和(或)血细胞比容均低于同年龄、同性别及同地区的正常标准以下,其中以血红蛋白最为重要,一般成年男性血红蛋白值低于120g/L,成年女性血红蛋白值低于110g/L,即可认为是贫血。贫血是血液病最常见的症状,其临床表现主要是由于血红蛋白浓度和红细胞数量减少引起全身组织和器官缺氧。

贫血按病因及发病机制进行分类:①红细胞生成减少:包括造血原料不足和骨髓造血功能障碍。②红细胞破坏过多:包括各种因素所致溶血。③失血:包括急性和慢性失血。此外,还可根据红细胞形态特点、贫血发生的速度和严重程度进行分类。病因治疗是贫血治疗的关键,其他措施有药物治疗、对症治疗和支持治疗等。

一、缺铁性贫血病人的护理

缺铁性贫血(iron deficiency anemia,IDA)是体内贮存铁缺乏,使血红蛋白合成减少而引起的一种小细胞、低色素性贫血。是各类贫血中最常见的贫血,各年龄均可发生,以婴幼儿和育龄期妇女多见,全球约有 6 亿~7 亿人患有此病。本病预后较好,及时彻底治疗原发病,并注意合理饮食及补充铁剂,血红蛋白和红细胞即可恢复正常。

【铁的代谢】

1. **铁的分布**　铁主要分为功能状态铁和贮存铁,前者包括血红蛋白、肌红蛋白、转铁蛋白、乳铁蛋白及酶和辅因子结合铁,后者包括铁蛋白和含铁血黄素。健康成人体内的含铁总量,男性为 50~55mg/kg,女性为 35~40mg/kg,其中血红蛋白中的铁占总量的 67%,贮存铁占总量的 29%,其余组织铁占总量的 4%,存在于肌红蛋白、转铁蛋白及细胞内某些酶类中。

2. **铁的来源和吸收利用**　正常人体每日造血所需的铁量约为 20~25mg,其中大部分来源于衰老红细胞破坏后释放的铁,成人每日还需从食物中摄取铁 1~2mg。含铁量较丰富的食物有动物肝、瘦肉类、蛋黄、豆类、海带及香菇等,而谷类、多数蔬菜、水果含铁低,乳类(如牛奶)含铁量最低。食物中的三价铁需转化为二价铁后才易被机体吸收,胃酸及维生素 C 能使三价铁还原成二价铁,以利于其吸收。铁的主要吸收部位在十二指肠及空肠上段,肠黏膜能根据体内贮存铁情况,调节其吸收率,正常人铁的吸收率为 10%,当缺铁时吸收率可增至30%~40%。

3. **铁的转运、贮存及排泄**　吸收入血的二价铁大部分被氧化为三价铁后,与血浆转铁蛋白结合成转铁蛋白复合体即血清铁,将铁运送到需要的各组织,主要是骨髓中的幼红细胞,参与血红蛋白的合成。贮存铁主要以铁蛋白和含铁血黄素形式贮存在肝、脾、骨髓、肠黏膜等组织中,当体内所需铁量增加时,铁蛋白可解离供机体利用。通过测定血浆铁蛋白浓度可了解贮存铁的状况。正常人铁排泄量不超过 1mg/d,主要由胆汁或粪便排泄,育龄期妇女主要通过月经、妊娠、哺乳而丢失。

【护理评估】

(一) 健康史

1. **病因**

(1)铁需要量增加而摄入不足:婴幼儿、青少年生长发育快,妊娠需供给胎儿铁,哺乳期妇女从乳汁中分泌出铁,以上的人群需铁量多,如铁供给不足,可导致缺铁性贫血。

(2)铁吸收不良:十二指肠及空肠上段是铁的主要吸收部位,胃大部分切除或胃空肠吻合术后,由于胃酸缺乏、肠道功能紊乱及小肠黏膜病变等均可使铁吸收障碍。

(3)铁丢失过多:慢性失血是缺铁性贫血最常见的病因,由于反复失血,常使体内贮存铁耗竭,如消化性溃疡、痔疮、月经过多、胃肠道肿瘤、钩虫病等。

2. **发病机制**

(1)缺铁对铁代谢的影响:当体内贮存铁减少到不足以补偿功能状态的铁时,铁代谢指标发生异常,铁蛋白、含铁血黄素减低,血清铁和转铁蛋白饱和度减低,总铁结合力和未结合铁的转铁蛋白升高、组织缺铁、红细胞内缺铁。

(2)缺铁对组织细胞代谢的影响:组织缺铁,细胞中含铁酶和铁依赖酶的活性降低,进而影响病人的精神、行为、体力、免疫功能及病儿的生长发育和智力;缺铁还可引起黏膜组织病变和外胚叶组织营养障碍。

（3）缺铁对造血系统的影响：红细胞内缺铁时则血红素合成障碍，大量原卟啉不能与铁结合成为血红素，以游离原卟啉的形式积留在红细胞内或与锌原子结合成为锌原卟啉，导致血红蛋白生成减少，红细胞胞质少、体积小，发生小细胞低色素性贫血。

（二）身体状况

1. 临床表现　本病发展缓慢，临床表现包括原发病和贫血两方面。

（1）原发病表现：如消化性溃疡、痔、月经过多、钩虫病、恶性肿瘤等疾病的表现。

（2）贫血共有的表现：面色苍白、头晕、心悸、疲乏无力、耳鸣、气短等，严重者可发生贫血性心脏病。

（3）缺铁的特殊表现

1）由组织中缺铁或含铁酶的功能紊乱所致：可出现黏膜损害表现如口角炎、舌炎、舌乳头萎缩，严重者引起吞咽困难。营养缺乏表现如皮肤干燥、角化、萎缩、无光泽、毛发干枯易脱落、指（趾）甲扁平、不光整、脆薄易裂，甚至反甲等。

2）神经、精神系统异常：如易激动、烦躁、兴奋、头痛、易动，以儿童多见；少数病人有异食癖，如喜吃生米、泥土、石子等；部分病人可出现神经痛、末梢神经炎，严重者可出现颅内高压、视神经水肿、智力障碍等。

2. 实验室及其他检查

（1）血常规检查：典型表现呈小细胞低色素性贫血，血红蛋白降低比红细胞明显，涂片可见红细胞体积较小且大小不一，中心淡染区扩大。网织红细胞数量正常或轻度增高。白细胞、血小板多正常。

（2）骨髓检查：骨髓增生活跃或明显活跃，以红系增生为主，尤以中、晚幼红细胞为主；粒系和巨核系无明显异常。铁染色检查示骨髓含铁血黄素（细胞外铁）减少。

（3）铁代谢检查：血清铁（ST）低于 $8.95\mu mol/L$，血清总铁结合力（TIBC）升高，$> 64.44\mu mol/L$；转铁蛋白饱和度（TS）降低，$<15\%$；血清铁蛋白（SF）是体内贮存铁的指标，$< 20\mu g/L$ 表现储存铁减少，$< 12\mu g/L$ 为储存铁耗尽，可作为早期贮存铁缺乏的常用诊断指标。骨髓铁染色反映单核-巨噬细胞系统中的贮存铁，可作为诊断缺铁的金指标。血清可溶性转铁蛋白受体测定是反映缺铁性红细胞生成的最佳指标。

（三）心理和社会状况

由于缺血、缺氧引起的不适和活动无耐力，病人自觉工作能力下降而忧虑不安、烦躁和焦虑等。

（四）诊断要点

根据病史、红细胞形态及骨髓检查和骨髓铁染色可做出诊断；早、中期病例常无贫血表现，必须借助有关铁的生化指标检查来确定诊断；试用铁剂治疗也是一种有效的诊断方法，但必须检查引起缺铁的原因或原发病。

（五）治疗要点

1. 病因治疗　查明原发病因并及时治疗，是根治缺铁性贫血的关键措施。

2. 铁剂治疗　药物首选口服铁剂，成人每日口服铁剂 150 ~ 200mg。如硫酸亚铁 0.3g，3 次/日；富马酸亚铁 0.2g，2 ~ 3 次/日；琥珀酸亚铁 0.1g，3 次/日；胃酸缺乏者可同服稀盐酸促进铁吸收。新型口服铁剂如多糖铁复合物，其胃肠道反应少、且易于吸收，目前临床上应用日趋普遍。口服铁剂不能耐受或胃肠道病变影响铁的吸收可用注射铁剂，常用右旋糖酐铁肌内注射，首次给药须用 0.5 ml 作为实验剂量，1 小时后无过敏反应可给足量治疗，成人第 1 日给 50mg,次日起每日或隔日给 100mg,直至完成总的注射铁剂量;为避免过量致铁中毒,肌注铁剂时需计算铁的总需要量,计算公式为注射铁总量 =(需达到的血红蛋白浓度-病人血红蛋白浓度)×0.33×病人体重(kg)。

【常见护理诊断/问题】

1. **营养失调:低于机体需要量**　与铁需要量增加、摄入不足、吸收障碍或丢失过多有关。

2. **活动无耐力**　与贫血引起全身组织缺氧有关。

3. **口腔黏膜受损**　与贫血导致营养素缺乏有关。

4. **知识缺乏**:缺乏缺铁性贫血有关防治方面的知识。

【护理目标】

1. 病人缺铁情况得到纠正,营养状况有改善。

2. 病人活动耐力增加,自觉症状好转。

3. 黏膜损害得到修复。

4. 能描述引起缺铁的原因和预防措施。

【护理措施】

(一) 一般护理

1. **休息与活动**　根据贫血程度、发生速度及基础疾病等,协助病人制定休息与活动计划。轻、中度贫血病人,活动量以不感到疲劳、不加重症状为度,鼓励病人生活自理,增加卧床休息时间;重度贫血伴贫血性心脏病且明显缺氧者,应卧床休息,必要时给予氧气吸入、输全血或成分输血。

2. **饮食护理**　鼓励病人多进食高蛋白、高维生素、高铁饮食,如瘦肉、动物血、肝、蛋黄、豆类、海带、香菇、黑木耳等,饮食要多样化,纠正不良的饮食习惯,如偏食或挑食。

(二) 病情观察

观察及判断病情,协助医生寻找有无失血的病因。观察病人的面色、皮肤和黏膜,以及自觉症状如心悸、头晕、气急等有无改善。定期监测血常规、血清铁蛋白等生化指标以判断药物的疗效。

(三) 用药护理

1. **口服铁剂的应用与护理**　向病人解释口服铁剂易引起恶心、呕吐等胃肠道刺激症状,饭后服用可减轻消化道不良反应,从小剂量开始。为避免牙齿及舌质被染黑,口服液体铁剂时要使用吸管,将药液吸至舌根部咽下,再喝温开水并漱口。服铁剂期间大便会变成黑色,应向病人说明以消除顾虑。口服铁剂时不宜与浓茶、咖啡、牛乳等同时服用,还应避免同时服用抗酸药(碳酸钙和硫酸镁)以及 H_2 受体拮抗剂,为促进铁的吸收,可服用维生素 C、乳酸或稀盐酸等酸性药物或食物。

2. **注射铁剂的护理**:为避免药液溢出引起皮肤染色,不要在皮肤暴露部位注射,应采用"Z"形注射法或留空气注射法。为减少或避免局部疼痛与硬结,注射铁剂应采取深部肌内注射并应经常更换注射部位。应用铁剂会引起局部肿痛外,尚可发生面部潮红、恶心、头痛、肌肉酸痛、关节痛和淋巴结炎、荨麻疹等过敏反应,严重者可发生过敏性休克,所以首次用药须用 0.5ml 的试验剂量进行肌内注射,同时备好肾上腺素,做好急救准备。

3. **疗效判断**:铁剂治疗 1 周后网织红细胞开始上升,网织红细胞数增加可作为治疗有效的早期指标,约 8~10 周血红蛋白恢复正常后,病人仍需继续服用铁剂 3~6 个月或待血清铁蛋白超过 50μg/L 后才能停药,目的是补足体内贮存铁,以免复发。

（四）心理护理

向病人及家属介绍本病的有关知识,解释缺铁性贫血是完全可以治愈的疾病,且痊愈后对身体无不良影响。讲明缺铁性贫血可能出现的一些神经精神异常症状是暂时的,在消除病因积极治疗后,这些症状会很快消失,以解除病人的心理障碍。

（五）健康教育

1. 疾病知识指导　向病人介绍缺铁性贫血的常见原因,说明消除病因的重要性,及时治疗各种慢性失血性疾病,如消化性溃疡、钩虫病、恶性肿瘤、痔疮等。

2. 饮食指导　开展预防缺铁性贫血的卫生宣传,对婴幼儿强调改进喂养方法,应及时增加辅食;妊娠期、哺乳期妇女除食用含铁多的食物,如动物肝脏、瘦肉、蛋黄、海带、香菇、木耳等,还可给小剂量铁剂预防。

3. 用药指导　说明坚持规则用药的重要性,在贫血纠正后仍应按医嘱完成整个用药疗程,定期复查血常规及铁蛋白,防止复发。

【护理评价】

1. 病人缺铁情况是否纠正,营养状况有无改善。
2. 病人活动耐力是否增强,自觉症状有无好转。
3. 病人口腔黏膜是否得到修复。
4. 病人能否描述缺铁性贫血的病因和预防措施。

二、巨幼细胞贫血病人的护理

巨幼细胞贫血(megaloblastic anemia,MA)是指叶酸、维生素 B_{12} 缺乏或某些影响核苷酸代谢药物的作用,引起细胞核脱氧核糖核酸(DNA)合成障碍所致的大细胞性贫血。在我国,营养性巨幼细胞贫血占 90%,以叶酸缺乏为主,山西、陕西、河南等地为高发区,恶性贫血罕见。在欧美国家,以维生素 B_{12} 缺乏及体内产生内因子抗体所致的恶性贫血多见。

【叶酸和维生素 B_{12} 的代谢】

1. 叶酸的代谢　叶酸亦称蝶酰谷氨酸,属水溶性 B 族维生素,性质不稳定,经腌制及烹煮易被分解破坏。人体不能合成叶酸,所需要的叶酸必须由食物供给,如新鲜蔬菜、水果和肉类食品等含叶酸较多;食物中的叶酸多为谷氨酸盐与蝶酰结合的化合物,溶解度低,需先经小肠分泌的谷氨酰胺羧基肽酶分解为谷氨酸盐后才能在空肠近端被吸收,在吸收过程中转变为 N^5-甲基四氢叶酸,通过维生素 B_{12} 的作用,去甲基后成为四氢叶酸进入细胞内;单谷氨酸的四氢叶酸通过 ATP 合成酶的作用,再形成多谷氨酸后贮存在肝脏;叶酸及其代谢产物主要从尿和粪便中排泄。人体内叶酸的贮存量约为 5~20mg,需要量为 $200\mu g/d$,每日排出 2~5μg,因此当食物中缺乏叶酸时,短时间内就会导致叶酸的缺乏。

2. 维生素 B_{12} 的代谢　维生素 B_{12} 又名氰钴胺,亦属水溶性 B 族维生素,体内代谢所需维生素 B_{12} 完全靠食物供给,如动物肝、肾、肉、鱼、蛋及乳制品等含维生素 B_{12} 较高。在胃内维生素 B_{12} 与胃体壁细胞分泌的内因子结合后,被回肠黏膜吸收。体内大部分维生素 B_{12} 存在于肝脏,其贮存量可用 2~5 年或更长时间,故极少见因食物缺少维生素 B_{12} 引起的巨幼细胞贫血,多为内因子缺乏而造成维生素 B_{12} 缺乏引起的恶性贫血。成人体内维生素 B_{12} 约有 2~5mg,每日的需要量仅为 2~5μg,由粪便和尿排出体外。大量摄入时,由尿中排出的量增多,约有 70%。

【护理评估】

(一)健康史

1. 病因

(1)叶酸缺乏的病因

1)需要量增加:婴幼儿、妊娠、哺乳、恶性肿瘤、溶血性贫血、慢性炎症、感染、甲状腺功能亢进症、白血病等均可使叶酸的需要量增加,其中婴幼儿、妊娠、哺乳期妇女的叶酸需要量是正常的 3～10 倍,如未能及时补足就会发生叶酸缺乏。

2)摄入量不足:食物中缺少新鲜蔬菜、水果、肉、蛋等,或因过度烹煮、腌制食物可使叶酸丢失。乙醇可干扰叶酸的代谢,因而酗酒者常有叶酸的缺乏。

3)吸收不良:小肠(尤其是空肠)的炎症、肿瘤、手术切除后、腹泻均可导致叶酸的吸收不良。

4)药物:应用抗叶酸制剂,如甲氨蝶呤、乙胺嘧啶、异烟肼、苯妥英钠等可阻断四氢叶酸形成。

(2)维生素 B_{12} 缺乏的病因

1)内因子缺乏:为维生素 B_{12} 缺乏最常见的原因。包括先天性或后天性原因使内因子生成减少或体内产生内因子抗体使维生素 B_{12} 吸收减少,如胃大部分切除术后、慢性萎缩性胃炎、胃体部糜烂性胃炎、胃体癌肿破坏壁细胞等。

2)摄入减少:长期素食、偏食、老年人、萎缩性胃炎者易发生维生素 B_{12} 摄入减少。由于维生素 B_{12} 每日需要量极少且可由肠肝循环再吸收,维生素 B_{12} 缺乏的发生常需若干年后才出现。

3)吸收不良:回肠疾病、细菌及寄生虫感染、外科手术后的盲祥综合征等均可影响维生素 B_{12} 的吸收。

4)其他:严重肝病影响维生素 B_{12} 贮备,长期接触氧化亚氮(N_2O)可影响维生素 B_{12} 的血浆转运和细胞内的转变、利用。

2. 发病机制　四氢叶酸和维生素 B_{12} 是合成 DNA 过程中重要的辅酶,而维生素 B_{12} 还可促进叶酸进入细胞和参与各种生化反应。当叶酸和维生素 B_{12} 缺乏到一定程度时,细胞核中的 DNA 合成速度减慢,细胞的分裂和增殖时间延长,而胞质内的 RNA 仍继续成熟,RNA/DNA 的比值增大,造成细胞核浆发育不平衡,细胞体积变大而核发育较幼稚,形成巨幼细胞,这种巨幼变也可发生在粒细胞和巨核细胞。巨幼变的细胞大部分在骨髓内未成熟就被破坏,称为无效造血。由于红细胞的生成速度变慢,进入血流中的成熟红细胞寿命也较短,故引起贫血,严重者可造成全血细胞减少。DNA 合成障碍也可造成局部组织萎缩,而影响口腔和胃肠道功能。维生素 B_{12} 缺乏还可导致 L-甲基丙二酰-CoA 变位酶和甲硫氨酸合成酶的催化反应发生障碍,神经髓鞘合成受阻及神经细胞甲基化反应受损,从而引起一系列的神经精神异常。

(二)身体状况

1. 临床表现

(1)营养性巨幼细胞贫血:绝大多数因叶酸缺乏所致,主要表现有:

1)血液系统表现:起病多缓慢,由于叶酸在体内的贮存量少,胃肠道疾病、孕妇或长期肠道外营养的病人,亦可急性发病。临床表现主要为中度到重度贫血,表现为疲乏无力、皮肤黏膜苍白、心悸、气短等。20% 左右的病人伴有白细胞和血小板减少,可发生感染和出血;少数病人肝脾肿大,或出现轻度黄疸。

2)消化道症状:早期出现食欲下降、腹胀、腹泻或便秘;部分病人出现口角炎、舌炎,舌面光滑称"镜面样舌"或舌质绛红称"牛肉样舌"。

3)神经精神症状:可有末梢神经炎,小儿生长发育受到影响;少数病人可出现锥体束征、共济失调及精神症状,如健忘、易怒、表情呆滞甚至精神失常。

(2)恶性贫血:由于缺乏内因子致维生素 B_{12} 吸收障碍,可能与自身免疫有关。临床上除营养性巨幼细胞贫血的表现外,常有较严重的神经系统表现,如末梢神经炎、手足对称性麻木无力、深感觉障碍、共济失调,部分病人腱反射消失和锥体束征阳性等。

2. 实验室及其他检查

(1)血常规检查:呈大细胞性贫血,红细胞平均体积(MCV)>100fl,多数病人血红蛋白 <60g/L,血涂片中红细胞大小不等,以大卵圆形红细胞为主;网织红细胞数正常或轻度增多;重症者白细胞、血小板减少,中性粒细胞呈核右移现象。

(2)骨髓检查:骨髓增生活跃,以红系增生为主,可见各阶段巨幼红细胞;细胞核发育晚于细胞质,称"核幼浆老"现象。粒细胞亦出现巨型变。巨核细胞数目大致正常,亦可见巨型变,部分核呈分叶状。骨髓铁染色增多。

(3)血清叶酸和维生素 B_{12} 测定:是诊断叶酸和维生素 B_{12} 缺乏的重要指标。血清维生素 B_{12} < 74pmol/L (< 100mg/L),血清叶酸浓度 < 6.8nmol/L (< 3ng/ml),红细胞叶酸 < 227nmol/L 有诊断意义。血清铁及转铁蛋白饱和度正常或高于正常。

(4)胃液分析:胃液分泌量减少,胃液酸度降低,胃蛋白酶含量减少或缺乏。恶性贫血者呈真性胃酸缺乏。

(三)心理和社会状况

由于缺血、缺氧引起不适和活动无耐力,使学习、工作、社交活动受到影响,因而常感不安或容易激动、生气;病人担心某些检查如骨髓穿刺对身体有影响,长期患病者因反复住院造成经济上的困难,出现紧张、忧虑等。

(四)诊断要点

根据病人存在导致叶酸、维生素 B_{12} 缺乏的病史等原因,有一般贫血及巨幼细胞贫血特殊的表现及典型的血象、骨髓象特点,可做出初步的临床诊断。血清叶酸、维生素 B_{12} 浓度降低,则有助于进一步明确是单纯性叶酸缺乏或维生素 B_{12} 缺乏。

(五)治疗要点

1. 去除病因 为巨幼细胞贫血根治的关键。针对不同原因采取相应措施,如补充含叶酸或维生素 B_{12} 丰富的食物、纠正偏食、治疗原发病等。

2. 药物治疗

(1)叶酸:叶酸缺乏者,可给予叶酸 5 ~ 10mg,3 次/日,口服,直至血象完全恢复正常。胃肠道疾病吸收障碍者,可用甲酰四氢叶酸钙 5 ~ 10mg,1 次/日,肌内注射。若伴有维生素 B_{12} 缺乏,单用叶酸治疗可导致或加重神经系统症状,故必须加用维生素 B_{12}。

(2)维生素 B_{12}:维生素 B_{12} 缺乏者,如无吸收障碍,可口服维生素 B_{12} 500μg,1 次/日,或给予维生素 B_{12} 100 ~ 1000μg/d,肌内注射,至血象恢复正常;以后每周 2 次,每次 100μg,以增加储备。恶性贫血病人血象正常后,改为 100μg,每月 1 次,终身维持治疗。

(3)其他:病人同时存在缺铁或治疗过程中出现缺铁的表现,应补充铁剂。

【常见护理诊断/问题】

1. 营养失调:低于机体需要量 与叶酸、维生素 B_{12} 需要量增加、摄入不足以及吸收不良有关。

2. 活动无耐力 与贫血引起组织缺氧有关。

3. 口腔黏膜改变 与贫血引起舌炎、口腔溃疡有关。

4. 感知改变 与维生素 B_{12} 缺乏引起神经系统损害有关。

5. 有感染的危险 与白细胞减少致免疫力下降有关。

【护理措施】

（一）一般护理

1. 休息与活动 根据贫血程度、发生速度及原有身体状况,协助病人制定活动计划。轻、中度贫血病人活动量以不感到疲劳、不加重症状为度,重度贫血伴显著缺氧者,应卧床休息,并注意保暖。有末梢神经炎、四肢麻木无力者,应注意保暖、避免受伤,共济失调者走路要有人陪伴。

2. 饮食护理

（1）增加叶酸和维生素 B_{12} 的补充:婴幼儿、妊娠、哺乳期妇女对叶酸需要量增加,应多吃绿叶蔬菜、水果、谷类和动物肝、肾等。维生素 B_{12} 缺乏者要多吃动物肝、肾、禽蛋、肉类以及海产品等。

（2）纠正不良的饮食习惯:向病人及家属说明饮食营养均衡的重要性,说明偏食、挑食、酗酒和长期素食的不良影响,使病人主动改变其不良的饮食习惯。

（3）减少叶酸的破坏:叶酸经高温或长时间烹煮后损失量可达50%以上。蔬菜在烹调过程中不宜用酸处理,应用急火快炒,烹煮后不宜久置。进食时同时服用维生素 C 或钙片,可促进叶酸的吸收。

（4）增进食欲:食欲降低、腹胀等消化道症状明显或吸收不好的病人应少食多餐、细嚼慢咽,餐后在病人耐受的范围内适当活动,如散步等,有利于食物消化。进食温凉清淡软食,避免对口炎的刺激。

3. 口腔护理 口腔炎或舌炎病人应保持口腔清洁,饭前、饭后用朵贝尔液或生理盐水漱口,以减少感染的机会和增进食欲。口腔溃疡面可涂溃疡膜、甲紫等。

（二）病情观察

观察及判断病情,观察病人的面色、皮肤和黏膜,以及自觉症状如心悸、头晕、气短、麻木无力、深感觉障碍、共济失调等有无改善。定期监测血常规、叶酸和维生素 B_{12} 等生化指标、判断药物的疗效。

（三）用药护理

肌内注射维生素 B_{12} 偶有过敏反应,甚至休克,应注意观察,发生过敏反应时立即停药,给予抗过敏治疗。注意观察药物疗效,在用药后 1~2 日,病人食欲好转;2~4 日网织红细胞增加,接着 1 周左右达到高峰并且血红蛋白开始上升,4~6 周后血红蛋白恢复正常;一般于治疗 1~2 个月后血象、骨髓象恢复正常;半年到 1 年后,病人的神经症状得到改善。严重贫血病人在补充叶酸及维生素 B_{12} 后,血钾可大量进入新生成的红细胞,导致血清钾突然下降。因此,对老年人、有心血管疾患和不能进食者,须遵医嘱预防性补钾。

（四）心理护理

应帮助病人及家属掌握本病的有关知识,只要坚持合理饮食及药物治疗,一般预后良好,增强病人治疗信心。

（五）健康教育

1. 疾病知识指导　给病人及家属讲述营养性贫血的有关知识,说明本病贫血纠正后,只要坚持合理饮食及药物治疗,一般预后好,增强病人治疗信心,积极主动配合治疗。指导病人贫血症状纠正后,可逐步增加活动量,但应保证休息和充足睡眠。注意口腔和皮肤的清洁,勤洗澡更衣,预防感染。

2. 饮食指导　在高发地区人群进行卫生宣教。指导病人及家属采用正确的烹调方法,纠正偏食的不良习惯,戒酒,食用富含叶酸和维生素 B$_{12}$ 的食物,如绿叶蔬菜、水果、谷类和动物肝、肾、禽蛋、肉类以及海产品等。

3. 用药指导　向病人解释巨幼细胞贫血的治疗措施,说明坚持正规用药的重要性,指导病人按医嘱用药,定期门诊复查血象。

三、再生障碍性贫血病人的护理

再生障碍性贫血(aplastic anemia, AA)简称再障,是由各种原因引起骨髓造血功能衰竭、造血干细胞减少及功能障碍的一类贫血。临床表现为进行性贫血、感染、出血及外周血中全血细胞减少,我国再障的年发病率为 7.4/100 万人。

再障按病因可分为原发性再障和继发性再障,按病程及表现分为急性再障和慢性再障,按病人的病情、血象、骨髓象及预后分为重型再障和非重型再障。虽然各年龄组均可发病,但以青壮年多见。

【护理评估】

（一）健康史

1. 病因

(1)药物和化学物质:是再障最常见的病因,药物有抗生素如氯霉素、磺胺药、四环素、链霉素、异烟肼等;抗肿瘤药如氮芥、环磷酰胺等;解热止痛药如保泰松、吲哚美辛、安乃近等;抗甲状腺药如他巴唑、甲亢平、甲基硫氧嘧啶等;抗惊厥药如苯妥英钠、三甲双酮等;其他药物如氯丙嗪、阿的平、氯唑、甲苯磺丁脲、乙酰唑胺等。其中引起再障以氯霉素最常见。导致再障的化学物质主要是有机磷农药、染发剂、苯及其衍生物如油漆、某些居室装修用物等。药物和化学物质主要损害骨髓造血微环境及造血干细胞。

(2)物理因素:X 线、γ 射线等可阻碍 DNA 的复制,使造血干细胞数量减少,对骨髓微环境也有损害。

(3)病毒感染:如各型肝炎病毒、EB 病毒、流感病毒、风疹病毒等导致机体免疫异常。其中以病毒性肝炎与再障的关系较明确,主要与丙型肝炎有关,又称病毒性肝炎相关性再障,预后较差。

(4)遗传因素:临床资料表明具有 HLA-Ⅱ型抗原的病人对免疫抑制剂的治疗反应较好,有些病人对氯霉素具有易感性,说明再障的发病可能与遗传因素有关。

2. 发病机制　再障的发病机制目前尚未完全明确,但可能与下列三种机制有关:①造血干细胞缺陷("种子"学说):各种病因损伤造血干细胞,导致造血干细胞质与量的改变,使骨髓各系造血细胞明显减少,引起外周全血细胞减少。②造血微环境受损("土壤"学说):骨髓微环境由巨噬细胞、网状组织及微血管构成。正常微环境是造血干细胞再生、分化的必备条件;骨髓微环境受损影响造血细胞的生长与发育。③免疫异常(免疫学说):研究发现骨髓体外培养时,再障病人骨髓或血中的淋巴细胞能抑制红、粒细胞生长,说明再障发生可能与免疫机制有关。

（二）身体状况

1. 临床表现　主要表现与全血细胞减少有关，主要为进行性贫血、出血、反复感染，而肝、脾、淋巴结多无肿大；临床按病程分为急性再障和慢性再障。

（1）急性再障：较少见，起病急，病情重，进展快，预后差，常于数月内死亡。以严重感染和出血为主要表现。

1）感染：常为全身多部位感染，以皮肤感染、呼吸道感染常见，严重者出现败血症、脓毒血症。

2）出血：多为不同程度的皮肤黏膜及内脏出血，如皮肤出血点或瘀斑、鼻出血、牙龈出血、眼结合膜出血、呕血、便血、尿血等，严重者可出现颅内出血，是本病死亡的主要原因之一。

3）贫血：多呈进行性加重，面色苍白、头晕、乏力、心悸和气短等明显。

（2）慢性再障：此型多见，起病较缓慢，病程长，经治疗后病情可缓解或治愈。部分病人病情恶化，表现同急性再障，预后较差。

1）贫血：多为首发和主要表现。

2）出血：较轻，常为皮肤、黏膜出血。

3）感染：较轻，常为呼吸道感染，出现较晚，治疗后较易控制。

2. 实验室及其他检查

（1）血常规检查：全血细胞减少，但三系细胞减少的程度不同。呈正常细胞正常色素性贫血；网织红细胞绝对值低于正常；白细胞计数减少，以中性粒细胞减少为主；血小板减少，出血时间延长。再障诊断指标应符合下列三项中的两项：①血红蛋白 $<100g/L$；②中性粒细胞绝对值 $<1.5\times10^9/L$；③血小板 $<50\times10^9/L$。若三系细胞减少未达上述标准时不能诊断为再障。

（2）骨髓检查：为确诊的主要依据。急性再障骨髓增生低下或极度低下，粒、红细胞明显减少，脂肪滴增多，淋巴细胞增多，无巨核细胞。慢性再障骨髓增生减低或呈灶性增生，三系细胞均由不同程度减少，淋巴细胞相对性增多。

（三）心理和社会状况

急性再障病人常伴有严重的出血和感染，病情凶险，治疗效果差，病人预感生命受到威胁，而出现紧张、恐惧、情绪低落或悲观失望，对治疗失去信心。慢性再障病人贫血呈进行性加重，需长期使用激素和免疫抑制剂，因激素会引起痤疮、多毛和体型变化，病人常感自卑或烦恼，不愿参加社交活动。

（四）诊断要点

诊断依据有：全血细胞减少，网织红细胞百分数 <0.01，淋巴细胞比例增加；进行性贫血、出血和感染，无肝、脾、淋巴结肿大；骨髓象增生低下或极度低下，三系细胞减少，淋巴细胞及非造血细胞比例增加，造血组织均匀减少；一般抗贫血治疗无效；除引起全血细胞减少的其他疾病外，可作为初步的临床诊断与分型。

（五）治疗要点

1. 去除病因　避免再次接触放射性物质、苯及其衍生物等有害因素，禁用对骨髓有抑制作用的药物。

2. 对症治疗　包括控制感染、控制出血和纠正贫血。

（1）控制感染：做好个人卫生及环境的清洁消毒，减少感染机会；发生感染时及时使用有效抗生素，必要时输注白细胞混悬液。

（2）控制出血：根据病人不同出血方式，选用不同的止血方法，皮肤、黏膜出血可用糖皮质激素，内脏出血可输浓缩血小板。

（3）纠正贫血：严重贫血可输全血或浓缩红细胞。

3. 免疫抑制药　急性再障常选用抗胸腺细胞球蛋白（ATG）或抗淋巴细胞球蛋白（ALG），抑制病人 T 淋巴细胞或非特异性自身免疫反应。环孢素可选择性地作用于异常 T 淋巴细胞，部分缓解骨髓抑制，是再障治疗的一线药物，各型再障均可使用，应注意肝、肾功能损害、脱发等不良反应。

4. 雄激素　是治疗慢性再障首选药物，可刺激肾脏产生更多的红细胞生成素，对骨髓有直接刺激红细胞生成作用。常用丙酸睾酮衍生物康力龙（司坦唑），需治疗 3～6 个月才能判断疗效，判断指标为网织红细胞或血红蛋白升高；还可用去羟甲基睾酮，但对肝有损害，需定期查肝功能。

5. 造血生长因子　主要用于重型再障，在免疫抑制剂治疗的同时或以后使用。如促红细胞生成素（EPO）、粒细胞集落刺激因子（rhG-CSF）、粒-巨噬细胞集落刺激因子（thCM-CSF）等，疗程 3 个月以上为宜。

6. 造血干细胞移植　包括骨髓移植、外周血干细胞移植、胎肝细胞输注、脐血输注等。最佳移植对象为年龄 40 岁以下、未接受输血、未发生感染的病人。

【常见护理诊断/问题】

1. **组织完整性受损：出血**　与血小板减少有关。

2. **活动无耐力**　与贫血、感染等有关。

3. **有感染的危险**　与粒细胞减少有关。

4. **恐惧**　与出血、病情恶化、预后不良有关。

5. **潜在并发症**：颅内出血。

【护理目标】

1. 出血减轻或缓解。

2. 病人的活动耐力恢复正常。

3. 无感染发生或感染得到有效控制。

4. 病人悲观情绪减轻或消失。

5. 无颅内出血的发生或颅内出血被及时发现并得到有效控制。

【护理措施】

（一）一般护理

1. **休息与活动**　急性病人需卧床休息，慢性轻、中度贫血者应适当休息，避免劳累，病情稳定后，与病人及家属共同制定日常活动计划，指导病人适度活动；病室内定期空气消毒，限制探视。

2. **饮食护理**　应给予高热量、高蛋白、高维生素、清淡易消化饮食。

（二）病情观察

定期检查血常规，了解白细胞、红细胞、血小板的变化，观察病人有无头晕、头痛、心悸、气促、体温升高、全身皮肤黏膜出血等症状。当血小板低于 $20 \times 10^9/L$ 时嘱病人卧床休息，禁止头部剧烈活动，以防颅内出血。如病人一旦出现头痛、呕吐、视物模糊、意识障碍等颅内出血征兆,应立即与医生联系,协助抢救。

(三) 用药护理

1. **免疫抑制药**　如抗胸腺细胞球蛋白(ATG)和抗淋巴细胞球蛋白(ALG)等,其不良反应是血清病(如猩红热样皮疹、关节痛、发热等)、超敏反应和出血加重等。用药前做过敏试验,用药期间应予以保护性隔离,加强支持疗法,防止出血及感染,密切观察药物反应。

2. **雄激素**　如丙酸睾丸酮、司坦唑、达那唑、去羟甲基睾丸酮等,雄激素为油剂,不易吸收,注射部位常可形成硬块,甚至发生无菌性坏死,故需深部缓慢分层注射,并注意轮换注射部位;雄激素长期使用可出现须毛增多、痤疮、女性病人出现闭经及男性化、肝损害、浮肿等不良反应,但停药后不良反应可逐渐消失,应加强观察,并定期检查肝功能。药物治疗需6个月可见疗效,有效者网织红细胞于1个月左右开始上升,随后血红蛋白开始上升,红细胞于3个月后开始上升,而血小板需要较长时间才上升。

(四) 输血护理

输新鲜血为佳。在输血前应进行双重核对,详细核对血袋及领血单上病人的姓名、住院号、血型、Rh因子、血量、血液成分、有效期限、血袋号码及血交叉等。经核对无误后,待血温度回到室温后,仍应再次双重核对,无误后给予输血。输血时滴速不宜过快,开始10分钟以20~40滴/分的滴速,观察一段时间后如无不良反应可调整在80~100滴/分;年龄较大或有心血管疾病者滴速宜慢,通常1个单位的血液制品最好在2小时内输完。注意有无输血反应,如病人出现呼吸困难、寒战、发热、头痛、恶心、呕吐、烦躁不安等不良反应,应立即停止输血,并报告医生进行处理。应及时记录开始输血时间、输血时间的长短、血袋号码、血液制品及量、输血后有无不良反应及其处理情况等。

(五) 骨髓移植护理

移植前向病人解释骨髓移植的必要性、要求、操作方法和配合事项,以消除其顾虑和心理排斥情绪;做好进层流室前清洁工作,包括病人剃发、沐浴、修甲、消毒液漱口、服肠道抗生素等,所进饮食和一切用品均需消毒;移植时观察有无输血反应和栓塞现象;移植后关心病人,帮助病人度过移植关,严密观察有无并发感染或移植物抗宿主反应。

(六) 心理护理

与病人建立信任关系,向病人介绍再障的疾病特点,有关药物不良反应,鼓励病人增强康复信心,积极配合治疗,鼓励病人坚持完成疗程。鼓励家属关心体贴病人,积极参与病人的治疗与护理,使病人感到温暖和关怀,消除不良情绪,增加治疗信心。

(七) 健康教育

1. **预防知识指导**　对长期接触有害骨髓造血物质(如放射性物质、农药、苯及衍生物等)的人员加强卫生宣教,提高对工作环境危害的认识,增强自我保健意识,严格遵守规章制度及操作规程,定期检查血常规。指导病人加强营养,注意个人卫生,注意个人日常生活中的自我照顾,劳逸结合,学会调理情绪,保持心情舒畅,避免皮肤黏膜损伤,预防各种出血及感染。

2. **用药指导**　向病人介绍本病的知识,说明坚持用药的重要性、长期性,坚持按医嘱用药。避免服用对造血系统有损害的药物,特别是氯霉素。嘱病人定期复查血常规和肝功能,出现病情变化时应及时就诊。

【护理评价】

1. 出血有无减轻或缓解。

2. 病人的活动耐力是否恢复正常。

3. 有无感染发生或感染是否得到有效控制。

4. 病人悲观情绪是否减轻或消失。

5. 有无颅内出血的发生或颅内出血是否及时被发现并得到有效控制。

（代思琦）

第二节 血友病病人的护理

血友病（hemophilia）是一组因遗传性凝血因子缺乏导致凝血活酶生成障碍引起的出血性疾病。分为血友病 A（FⅧ缺乏症）、血友病 B（遗传性 FⅨ缺乏症）、遗传性 FⅪ缺乏症,血友病 A 是临床上最常见的类型。血友病发病率为 5/10 万 ～ 10/10 万,血友病以阳性家族史、幼年发病、自发或轻度外伤后出血不止、血肿形成、关节出血、凝血时间延长为特征。

【护理评估】

（一）健康史

不同类型血友病的病因和发病机制不同,血友病 A 和 B 均为典型的性染色体（X 染色体）连锁隐性遗传（女性遗传、男性发病）,同属性染色体连锁隐性遗传性疾病。遗传性 FⅪ缺乏症为常染色体隐性遗传,男女均可遗传,子女均可发病。约 1/3 病人无家族史,发病原因不明。不同类型血友病均是因机体内源性凝血途径正常运作的原料缺乏、凝血活酶生成减少、凝血酶原激活受限,最终导致凝血功能障碍引起病人出血。

（二）身体状况

1. 临床表现 血友病是与生俱来,伴随终身的疾病。主要表现为出血和局部血肿形成所致的压迫症状与体征,其严重程度取决于血友病的类型及相关凝血因子缺乏的程度。

（1）出血:是本病最主要的表现,血友病 A 较血友病 B 出血严重,遗传性 FⅪ缺乏症最轻。多为自发性出血或轻微外伤、小手术（如拔牙）后出血不止。出血部位以皮下软组织及肌肉出血最常见,颅内出血是病人死亡的主要原因。肌肉及关节腔内出血是血友病病人的特征,负重关节,如膝、踝关节等反复出血甚为突出,最终可导致关节肿胀、僵硬、畸形,可伴骨质疏松、关节骨化及肌肉萎缩。

（2）血肿压迫症状及体征:血肿压迫周围神经可致局部疼痛、麻木;颈部、咽后壁、口腔底部及喉出血可致呼吸困难甚至窒息。

2. 实验室及其他检查

（1）血常规及血小板功能:红细胞、白细胞及血小板计数正常;出血时间、血块回缩试验正常。

（2）筛选试验:凝血时间和部分凝血活酶时间（APTT）延长。

（3）确诊试验:FⅧ活性测定辅以 FⅧ:Ag 测定和 FⅨ活性测定辅以 FⅨ:Ag 测定可以确诊血友病 A 和血友病 B。

（三）心理和社会状况

负重关节反复出血,影响学习、活动,病人易产生烦躁、易怒等心理反应。本病尚无法根治,且替代治疗的费用高,给病人及家属带来严重的精神和经济负担。

（四）治疗要点

以补充凝血因子的替代治疗为主,及时处理局部出血。

1. **补充凝血因子** 是目前防治血友病病人出血最重要的替代性治疗。常用 FⅧ制剂有冷沉淀物、FⅧ的浓缩剂或基因重组的纯化 FⅧ；FⅨ制剂有凝血酶原复合物、FⅨ浓缩剂或基因重组的纯化 FⅨ。FⅧ：C 或 FⅨ的活性 >20% 是最低止血水平；中度以上出血如关节腔出血、颅内出血或需行中型以上手术者，FⅧ：C 或 FⅨ的活性应提高到 30%～50% 以上。对于中重症病人在初始治疗的基础上必须予以维持性治疗：持续输注或每 8～12 小时输注 FⅧ1次；FⅨ则可每日 1 次。自发性出血者一般需用药 2～4 日；若为外伤或手术则需维持至伤口愈合。

2. **局部出血的处理** 压迫止血法用于皮肤表面出血；凝血酶、巴曲酶（巴曲酶注射液）、止血海绵等药物加压或堵塞止血用于鼻黏膜出血；含相关凝血因子的粘贴物覆盖伤口或创面可用于出血较多的伤口或拔牙后出血不止者。休息（制动）、局部压迫、冷敷及抬高患肢是局部深层组织血肿形成和关节腔出血病人最重要的非药物性治疗措施，可使用夹板、模具、拐杖或轮椅等，使病人出血的肌肉和关节处于休息位；局部予以冰敷或冷湿敷，每 4～6 小时 1 次，约 20 分钟/次，直至局部肿胀或疼痛减轻。

3. **药物治疗** 轻症血友病 A 病人可用去氨加压素治疗，常用剂量为 0.3μg/kg，用生理盐水 30～50ml 稀释后于 20～30 分钟内静注，也可分次皮下注射或鼻腔滴入。该药可暂时性提高病人 FⅧ水平约 3 倍，若反复注射可因体内贮存 FⅧ"耗竭"而迅速出现反应耐受。达那唑对轻中型者效果较好。糖皮质激素对反复接受 FⅧ：C 治疗而效果差者效果较佳。氨基己酸可用于口腔伤口及拔牙出血者。

【常见护理诊断/问题】

1. **有受伤的危险：出血** 与缺乏凝血因子有关。

2. **有失用综合征的危险** 与反复多次关节腔出血有关。

3. **恐惧** 与害怕出血不止，危及生命有关。

4. **潜在并发症**：颅内出血。

【护理措施】

（一）一般护理

1. **休息与活动** 平日可适量活动，行走、慢跑时间不可过长，告诉病人关节不可过度负重或进行剧烈的接触性运动（篮球、足球、穿硬底鞋或赤脚走路）。

2. **饮食护理** 为避免刺伤消化道黏膜，禁食带骨、刺及油炸的食物。

（二）病情观察

定期监测生命体征，观察肌肉、关节出血的情况。及时发现内脏出血尤其是颅内出血的征象，如有无呕血、咯血、头痛、呕吐、瞳孔不对称，甚至昏迷等，一旦发现，及时通知医生。

（三）用药护理

输注凝血因子时应取回后立即输注；输注冷冻血浆或冷沉淀物时，应先在 37℃温水中解冻、融化后尽快输入。输注过程中密切观察有无输血反应。禁忌使用抑制血小板聚集药，如阿司匹林、双嘧达莫等。

（四）出血的护理

早期关节出血者宜卧床休息，并用弹力绷带加压包扎，局部冷敷，抬高患肢、制动并保持其功能位，出血停止后可作适当体疗以防关节畸形。尽量避免肌肉、静脉注射及深部组织穿刺，必须穿刺时，须选小针头，拔针后至少按压 5 分钟，直至出血停止；禁止使用静脉留置套管针，以免针刺点出血。尽量避免手术，必须手术时，应根据手术大小调节补充凝血因子的用量。

（五）心理护理

与病人建立信任关系，向病人介绍血友病的疾病特点，有关药物不良反应，鼓励病人积极配合治疗。鼓励家属关心体贴病人，积极参与病人的治疗与护理，使病人感到温暖和关怀，消除不良情绪，增加治疗信心。

（六）健康指导

重视遗传咨询、婚前检查和产前诊断，是减少血友病发病率的重要举措。指导病人日常、适度的运动是有益的，如游泳、散步、骑自行车等，但应避免负重或剧烈的接触性运动。注意防止因拔牙而引起出血。教会病人及家属对出血的监测和急救处理方法，如对碰撞或外伤后引起的关节腔和伤口出血的情况等观察，一旦发现出血，常规处理效果不好或出血严重者，应及时就医。

（代思琦）

第三节　特发性血小板减少性紫癜病人的护理

特发性血小板减少性紫癜（idiopathic thrombocytopenic purpura，ITP）是由于外周血的血小板免疫性破坏，以致血小板的数量减少及其寿命缩短的一种出血性疾病。本病是血小板减少性疾病中最常见的一种，临床表现为自发性皮肤、黏膜及内脏出血，特点包括血液循环中存在抗血小板抗体、血小板计数减少、生存时间缩短、骨髓巨核细胞发育及成熟障碍等。临床发病率约为 1/10000，男女之比为 1∶4，65 岁以上的老年人发病率增多。

【护理评估】

（一）健康史

1. 病因　该病为自身免疫性疾病，具体病因不明，可能与下列因素有关。

（1）感染：80% 急性病人在发病 2 周左右有上呼吸道感染史，慢性病病人常因感染而加重病情。ITP 发病与病毒感染有密切关系，病毒感染后 ITP 病人血液中可发现抗病毒抗体或免疫复合物。

（2）免疫因素：正常血小板平均寿命为 7～11 日，病人体内有异常免疫所产生的抗血小板抗体，与血小板结合后，使 ITP 病人血小板寿命明显缩短，约为 1～3 日。此抗体不仅导致血小板破坏，同时影响巨核细胞成熟，使血小板生成减少。

（3）肝和脾因素：肝、脾不但是抗血小板抗体产生的主要部位，也是血小板被破坏的主要场所。病人行脾脏切除术后，多数血小板计数上升，表明脾脏是血小板破坏的重要场所。

（4）其他因素：慢性型多见于女性，且多发生在 40 岁以前，可能与雌激素抑制血小板生成及促进单核-巨噬细胞对抗体结合血小板的吞噬破坏。毛细血管脆性增高也可加重出血。

2. 发病机制

（1）抗血小板抗体：约 75% ITP 病人可检测到血小板相关自身抗体（PAIg），后者多为 IgG、IgA，也可是 IgM。抗体通过 Fab 片段与血小板膜糖蛋白（GpⅡb/Ⅲa 等）结合，带有抗体的血小板接触到单核-巨噬细胞表面的 FC 受体，易被吞噬破坏。另外，抗血小板抗体对巨核细胞分化也有抑制作用。

（2）血小板生成时间缩短：ITP 病人血小板生存可缩短至 2～3 日或更短，经放射性核素示踪了解到 ITP 病人血小板易在脾脏被滞留；脾脏可产生抗血小板抗体，脾内的巨噬细胞参与血小板的破坏过程。

（二）身体状况

1. 临床表现

（1）急性型：多为 10 岁以下儿童，起病前 1~2 周多有病毒引起的呼吸道感染史，病程多为自限性，治愈后很少复发。本病起病急骤，可出现畏寒、发热、全身皮肤黏膜出血如瘀点、紫癜及大小不等的瘀斑；鼻、牙龈及口腔黏膜出血常见，并可出现内脏出血如消化道、泌尿道出血、眼结合膜下出血等；严重者可出现颅内出血，引起剧烈头痛、意识障碍、瘫痪及抽搐、双侧瞳孔不等大等，是本病死亡的主要原因。

（2）慢性型：40 岁以下女性多见，易反复发作，少有自行缓解，治疗效果差，常可持续数周、数月或迁延数年。一般无前驱症状，起病缓慢隐匿，表现为皮肤黏膜持续性或反复发作的瘀点及瘀斑，以四肢远端较多见；女性以月经过多较常见，还常可出现与出血程度一致的贫血；严重内脏出血较少见。

2. 实验室及其他检查

（1）血常规检查：急性型血小板常低于 20×10^9/L，慢性型血小板常在（30~80）$\times 10^9$/L 左右，失血多时可出现红细胞和血红蛋白的减少，白细胞计数多正常，嗜酸性粒细胞可增多。

（2）骨髓检查：骨髓巨核细胞数量增多或正常，但形成血小板的巨核细胞减少，而且成熟障碍；急性型幼稚巨核细胞比例增多，慢性型颗粒巨核细胞增多。

（3）其他：出血时间延长、血块回缩不良、束臂试验阳性；血小板寿命明显缩短；血小板相关抗体（PAIg）阳性和血小板相关补体（PAC$_3$）增高，缓解期可恢复正常。

（三）心理和社会状况

由于反复发作的广泛出血或出血不止，可引起病人焦虑、恐惧。随着病情迁延，可使病人脾气粗暴、固执，易迁怒于他人等心理反应。

（四）治疗要点

1. 一般治疗　急性型及重症者应卧床休息，限制活动，避免外伤。当血小板低于 20×10^9/L 时，要严格卧床休息。禁用阿司匹林等一切影响血小板聚集的药物，以免加重出血。

2. 糖皮质激素　为本病首选药物，该类药物可以减少血小板自身抗体生成及减轻抗原抗体反应，抑制血小板与抗体结合，降低血管壁通透性，阻滞单核-巨噬细胞系统吞噬破坏血小板。常用泼尼松每次 10~20mg，3 次/日，口服，病情急重者可静脉滴注氢化可的松或地塞米松；一般用药后数日即可改善出血症状，但不能根治，停药后易复发；待血小板接近正常后，可逐渐减量，常用小剂量 5~10mg/d，维持 3~6 个月。

3. 脾切除　是 ITP 的有效疗法之一。适用于内科积极治疗 6 个月无效的慢性 ITP 病人、肾上腺皮质激素疗效差或需用较大剂量维持者（30~40mg/d）、对激素或免疫抑制药应用禁忌者。

4. 免疫抑制剂　一般不作首选。当以上治疗方法无效、疗效差或不能切脾者，可加用免疫抑制剂或单独使用免疫抑制剂。主要药物有长春新碱、环磷酰胺、硫唑嘌呤、环孢素等，其中最常用的是长春新碱。

5. 急重症的处理

（1）静脉注射免疫球蛋白：适用于危重型 ITP、难治型 ITP、不宜用糖皮质激素治疗的 ITP、需迅速提升血小板的 ITP 病人。剂量为 400mg/（kg·d），静滴，5 日为 1 个疗程。也可先静注免疫球蛋白 1000mg/kg，后再输注血小板，次日再用相同剂量 1 次。

（2）血浆置换：可减少循环中抗体和免疫复合物，使血小板上升。方法为每日置换3L，连续3～5日。

（3）输血和输血小板：适用于危重出血者、血小板低于$20 \times 10^9/L$者、脾切除术前准备或其他手术及严重并发症者，输新鲜血或浓缩血小板悬液有较好的止血效果者。

 知识链接

血小板计数的安全值

国内外专家一致认可的下列临床过程中血小板计数的安全值分别为：①手术：小手术$\geqslant 50 \times 10^9/L$，大手术$\geqslant 80 \times 10^9/L$。②口腔科：常规口腔检查$\geqslant 10 \times 10^9/L$，拔牙或补牙$\geqslant 30 \times 10^9/L$。③产科：正常阴道分娩$\geqslant 50 \times 10^9/L$，剖宫产$\geqslant 80 \times 10^9/L$。④其他：对必须服用阿司匹林等非甾体类抗炎药、华法林等抗凝药物者，应维持在$\geqslant 50 \times 10^9/L$水平。

【常见护理诊断/问题】

1. **组织完整性受损：出血**　与血小板减少有关。

2. **焦虑**　与反复发生出血及病人对疾病的发生、发展及预后不了解有关。

3. **潜在并发症**：颅内出血。

【护理目标】

1. 减少或消除病人出血。

2. 病人焦虑情绪减轻或消失。

3. 无颅内出血的发生或颅内出血被及时发现并得到有效控制。

【护理措施】

（一）一般护理

1. **休息与活动**　预防和避免加重出血的因素，指导病人保持适度的安静，避免造成身体受损的活动和参加剧烈体育运动。

2. **饮食护理**　应给予富含高生物效价的蛋白质饮食；根据病人的嗜好，烹调适合病人口味的饮食，但避免热烫、粗糙及刺激性强的饮食；如有胃肠道出血则应禁食。

3. **生活护理**　保持皮肤清洁，注意其干燥度、发红、皮疹、瘀点、瘀斑及有无压疮，注意肛门及会阴部清洁，大、小便后用温水擦拭，以增加舒适、预防感染。经常修剪指甲，避免抓伤皮肤，衣着应宽松。保持口腔清洁，刷牙时不要太用力，牙刷不要太硬，若出血严重则不要使用牙刷。

（二）病情观察

注意出血部位、范围、出血量及出血是否停止，有无内脏出血，监测血小板计数等。若病人出现视物模糊、头晕、头痛、呼吸急促、喷射性呕吐，甚至昏迷，提示颅内出血可能，应迅速通知医生，并配合抢救。

（三）用药护理

本病首选药物为糖皮质激素，用药期间应观察病人有无向心性肥胖、胃肠道反应、感染或骨质疏松等不良反应，并且长期服用还易合并高血压、糖尿病等。应用免疫抑制剂期间应注意有无如骨髓造血功能抑制、末梢神经炎、出血性膀胱炎等,必要时应停药。避免使用引起血小板减少或者抑制其功能的药物,如阿司匹林、双嘧达莫、吲哚美辛、保泰松等。

（四）心理护理

向病人讲述本病为慢性病,易反复发作,帮助寻找诱因,以减少发作,增强治愈信心。安慰病人,耐心解答病人提出的各种问题,满足病人情感上的需要。指导病人尽量保持情绪稳定,以利于疾病恢复。一旦发生严重出血,护士应沉着冷静,通过熟练操作和精心护理给病人以安慰,并注意观察病人的情绪状态,及时给予帮助和指导,以消除病人的焦虑、恐惧心理。

（五）健康教育

1. 预防知识指导　向病人及家属介绍本病的基本知识,嘱病人平时注意保暖,预防感染。避免一切外伤,血小板在 $50 \times 10^9/L$ 以下时,避免强体力活动,可适当散步,预防各种外伤的发生。定期复查,出现出血征象应及时就诊。

2. 用药指导　指导病人坚持服药,用药期间定期检查血小板、白细胞、血压和血糖等。服用糖皮质激素者,应告知必须按医嘱、按时、按剂量、按疗程用药,不可自行减量或停药,以免加重病情。为减轻药物的不良反应,应饭后服药,必要时可加用胃黏膜保护剂或制酸剂;注意预防各种感染。定期复查血象,以了解血小板数目的变化,并指导疗效的判断和治疗方案的调整。不要使用阿司匹林等影响血小板功能的药物。缓解期注意锻炼身体,增强体质。

【护理评价】

1. 是否减少或消除病人出血。

2. 病人焦虑情绪是否减轻或消失。

3. 有无颅内出血的发生或颅内出血被及时发现并得到有效控制。

（代思琦）

第四节　弥散性血管内凝血病人的护理

弥散性血管内凝血(disseminated intravascular coagulation,DIC)是一种发生在许多疾病基础上,由致病因素激活凝血及纤溶系统,导致全身微血栓形成,凝血因子大量消耗并继发纤溶亢进,引起全身出血及微循环衰竭的临床综合征。微血栓形成是 DIC 的基本和特异性病理变化,其发生部位广泛,多见于肺、肾、脑、肝、心、肾上腺、胃肠道及皮肤、黏膜等部位。本病起病急,进展快,死亡率高,是临床急重症之一。早期诊断及有效治疗是挽救病人生命的重要前提和保障。

【护理评估】

（一）健康史

1. 病因

（1）感染性疾病:最多见。常见的有败血症、斑疹伤寒、流行性出血热、内毒素血症、重症肝炎、麻疹和脑型疟疾等。

（2）恶性肿瘤:常见的有急性白血病、淋巴瘤、前列腺癌、胰腺癌、肝癌、绒毛膜上皮癌、肾癌、肺癌及脑肿瘤等。

（3）病理产科:如胎盘早剥、羊水栓塞、感染性流产、死胎滞留、重症妊娠高血压综合征等。

(4)组织损伤:少见,如大面积烧伤、严重创伤、毒蛇咬伤、广泛性手术(如脑、前列腺、胰腺、子宫及胎盘等富含组织因子器官的手术)。

(5)其他:包括全身各系统多种疾病,如恶性高血压、肺心病、巨大血管瘤、ARDS、急性胰腺炎、肝衰竭、溶血性贫血、血型不合输血、急进性肾炎、糖尿病酮症酸中毒、系统性红斑狼疮、中暑、脂肪栓塞等。

2. **发病机制**　各种病因导致组织损伤和细胞破坏,启动外源性或内源性凝血途径,激活机体的凝血系统,导致弥漫性微血栓形成,后继发纤溶亢进,最后导致广泛性出血。从病理生理角度上有 3 期变化(表6-1)。

表6-1　DIC 病理生理分期

分期	高凝期	消耗性低凝期	继发性纤溶期
凝血 纤溶	凝血酶↑ 微血栓形成	凝血系统激活的同时纤溶系统也 被激活;凝血因子和血小板消耗;	纤溶系统继发性激活,纤溶酶 大量生成。FDP 产生;
血液凝固性	升高	降低	降低
实验室检查	凝血时间↓ 血小板黏附性↑	血小板↓ 纤维蛋白原↓ 凝血时间延长 3P 试验阳性	血小板↓↓,FDP↑ 纤维蛋白原↓↓ 3P 试验阳性 凝血酶时间延长

(二)身体状况

1. **临床表现**　除了原发病的症状体征外,DIC 常见的临床表现是出血、休克、栓塞与溶血。

(1)出血倾向:是 DIC 最常见的临床表现之一。为自发性,多发性出血。

可遍及全身,多见于皮肤、黏膜、伤口及穿刺部位出血;其次为内脏出血,如咯血、呕血、血尿、便血、阴道出血,重者可发生颅内出血。

(2)低血压、休克或微循环衰竭:多为一过性或持续性血压下降,早期即出现肾、肺、脑等器官功能不全,表现为四肢皮肤湿冷、少尿或无尿、呼吸困难、发绀及神志改变等。休克可进一步加剧组织的缺血、缺氧与坏死,从而促进 DIC 的发生与发展,形成恶性循环。顽固性休克是 DIC 病情严重及预后不良的先兆。

(3)微血管栓塞:分布广泛,浅层栓塞表现为皮肤发绀,进而发生坏死、脱落,多见于眼睑、四肢、胸背及会阴部,黏膜损伤易发生于口腔、消化道、肛门等部位,呈灶性或斑块状坏死或溃疡形成。深部器官栓塞多见于肾、肺、脑等脏器,可表现为急性肾衰竭、呼吸衰竭、意识障碍、颅内高压综合征等,从而出现相应的症状与体征。

(4)微血管病性溶血:为微血管病性溶血,溶血一般较轻,早期不易察觉,也可表现为进行性贫血,贫血程度与出血量不成比例;大量溶血时还可出现皮肤、巩膜黄染、血红蛋白尿等。

2. **实验室及其他检查**

(1)消耗性凝血障碍的检测:血小板计数减少;凝血酶原时间(PT)延长、纤维蛋白原(Fg)定量减少;部分凝血活酶时间(APTT)延长。

(2)继发性纤溶亢进的检测:纤溶酶及纤溶酶原激活物的活性增高;纤维蛋白原的降解产物(FDP)明显增多;血浆鱼精蛋白副凝试验(3P 试验)阳性;D-二聚体定量增高或定性

阳性。

（3）其他：外周血涂片红细胞形态常呈盔形、多角形、三角形或碎片等改变。

（三）心理和社会状况

病人及家属对疾病的出现常有恐惧、焦虑等不良情绪，担心疾病的发展和预后。

（四）治疗要点

1. **治疗基础疾病和消除诱因**　是有效救治 DIC 的前提和基础。如抗感染、治疗肿瘤、产科疾病及外伤，纠正缺氧、缺血及酸中毒等。

2. **抗凝治疗**　是终止 DIC、减轻器官功能损伤、重建凝血-抗凝血功能平衡的重要措施。首选肝素抗凝治疗。急性期通常给肝素钠每日 $80\sim240$mg，用量每 6 小时不超过 40mg，静脉滴注，根据病情连用 3～5 日。目前临床趋向使用低分子肝素治疗，一般首次静脉点滴 25mg，以后按每 4～6 小时给予 6mg，使用 3～5 日。一旦病因消除，DIC 被控制，应及早停用肝素治疗。其他抗凝及抗血小板聚集药物如复方丹参注射液、抗凝血酶（AT）、双嘧达莫、阿司匹林、低分子右旋糖酐、噻氯匹定等药物有辅助治疗价值。

3. **补充凝血因子及血小板**　对于 APTT 时间显著延长者可输新鲜全血、新鲜血浆或冷沉淀物，以补充凝血因子。对于纤维蛋白原显著降低（<1g/L）或血小板显著减少者（$<10\times10^9$/L～20×10^9/L 或 $<50\times10^9$/L 有明显出血倾向）可分别输注纤维蛋白原浓缩剂或血小板悬液。

4. **抗纤溶治疗**　适用于 DIC 晚期，一般应在已进行有效原发病治疗、抗凝治疗及补充凝血因子的基础上应用。常用药有氨基己酸、氨甲苯酸等。

5. **其他**　尿激酶溶栓治疗适用于 DIC 后期，脏器功能衰竭明显而经上述治疗无效者。糖皮质激素治疗但不作常规应用。重组人活化蛋白 C（APC）已成功应用于败血症等引起的 DIC 治疗，因可降低疾病相关的死亡率，值得关注。

【常见护理诊断/问题】

1. **有受伤的危险：出血**　与 DIC 导致凝血因子被消耗、继发纤溶亢进、肝素应用等有关。

2. **组织灌注量改变**　与弥散性血管内凝血有关。

3. **潜在并发症**：休克、多发性微血管栓塞。

【护理措施】

（一）一般护理

卧床休息，根据病情采取合适的体位，如休克病人取中凹位，呼吸困难严重者可取半坐卧位，给予吸氧；注意保暖；加强皮肤护理，防压疮；协助排便，必要时保留尿管。给予营养丰富易消化的流质或半流质饮食，必要时禁食。

（二）病情观察

定时监测病人生命体征，注意意识状态的变化，记录 24 小时尿量，观察皮肤颜色、温度、末梢感觉，有无各器官栓塞的症状和体征，如肺栓塞表现为突然胸痛、呼吸困难、咯血；脑栓塞引起头痛、抽搐、昏迷等；肾栓塞会出现腰痛、血尿、少尿或无尿，甚至发生急性肾衰竭；胃肠黏膜栓塞有消化道出血；皮肤栓塞出现干性坏死、手指、足趾、鼻、颈、耳部发绀。正确、及时采集和送检各类标本，关注检查结果，及时报告医生。

（三）用药护理

遵医嘱给予预防低血压的药物，维持静脉输液畅通，防止血压降低后进一步减少末梢循环血量。遵医嘱准确给予肝素抗凝治疗，护士应熟知肝素的药理、适应证和禁忌证，使用时注意观察出血,减轻或加重情况,定期测凝血时间以指导用药,在肝素抗凝过程中,补充新鲜凝血因子,并注意观察输血反应。若肝素过量而致出血,可采用鱼精蛋白对抗。

（四）心理护理

对于神志清醒的病人解释病情,争取其积极配合治疗。减轻病人紧张、焦虑状态,缓解不良情绪,提高战胜疾病的信心。

（五）健康指导

1. 疾病知识指导　向病人及其家属,尤其是家属解释疾病的可能成因、主要表现、临床诊断和治疗配合、预后等。特别要解释反复进行实验室检查的重要性和必要性,特殊治疗的目的意义及不良反应。劝导家属多关怀和支持病人,以利缓解病人的不良情绪,提高战胜疾病的信心,主动配合治疗。

2. 生活指导　保证充足的休息和睡眠;根据病人的饮食习惯,提供可口、易消化、易吸收、富含营养的食物,少量多餐;循序渐进地增加运动,促进身体的康复。

（胡　翠）

现场:李某,因乏力,消瘦 1 个月,伴发热 1 周,食欲减退,以"急性白血病"收治入院,入院后遵医嘱进行化疗,一个疗程结束后实验室检查:红细胞计数 $3.0 \times 10^{12}/L$、白细胞计数 $2.5 \times 10^{9}/L$、血小板计数 $30 \times 10^{9}/L$。上午 11 时左右病人治疗结束,来到护士站询问当班护士:"林护士,我每天待在病房很闷,想出去散散步。"林护士看到病人情绪不佳,便告诉病人:"好的"。病人听后便出去了。

提问:

1. 对于病人此种情况,林护士的处理对不对? 为什么?

2. 病人经治疗后在缓解期出现头痛、恶心、呕吐、视力障碍、瞳孔改变。此时最可能发生了什么?

第五节　白血病病人的护理

白血病(leukemia)是一类起源于造血干细胞的恶性克隆性疾病。其克隆的白血病细胞增殖失控、分化障碍、凋亡受阻,而停滞在细胞发育的不同阶段。在骨髓及其他造血组织中白血病细胞大量积累,导致正常造血受到抑制;临床上以贫血、发热、出血和白血病细胞浸润为主要表现。我国白血病发病率约为 3～4/10 万,临床以急性白血病多见,急性与慢性之比约为 5.5:1;在恶性肿瘤所致死亡率中,白血病居第 6 位(男性)和第 7 位(女性),儿童及 35 岁以下成年人中则居第 1 位,是儿童和青少年人群最常见的恶性肿瘤。

【分类】

1. 按自然病程及白血病细胞的成熟程度分类

(1)急性白血病(AL):起病急、进展快、病情重,自然病程仅几个月。骨髓及外周血中主要为异常的原始细胞和早期幼稚细胞,原始细胞一般超过 30%。

(2)慢性白血病(CL):起病缓、发展慢,自然病程可达数年。骨髓和外周血中以较成熟的细胞为主,伴有幼稚细胞,原始细胞常为 10%～30%。

2. 按细胞类型分类

(1)急性白血病分为急性淋巴细胞白血病(ALL)和急性非淋巴细胞白血病(ANLL)或急性髓系白血病(AML)。

(2)慢性白血病分为慢性粒细胞白血病(CML)、慢性淋巴细胞白血病(CLL)和慢性单核细胞白血病。

3. 按外周血白细胞的数量分类

(1)白细胞增多性:外周血中白细胞明显增多,超过 $10 \times 10^9/L$ 并有较多幼稚细胞出现。若超过 $100 \times 10^9/L$,称高白细胞性白血病。

(2)白细胞不增多性:外周血中白细胞不增多甚至低于正常。血涂片中没有或较难找到幼稚细胞。

一、急性白血病病人的护理

急性白血病(acute leukemia)是造血干细胞的恶性克隆性疾病,其特点是骨髓中异常的原始细胞(白血病细胞)大量增殖并浸润各组织、器官,因而正常造血受抑制,使正常血细胞减少并产生相应临床表现。临床分为急性淋巴细胞白血病和急性非淋巴细胞白血病,未经治疗者平均生存期仅为 3 个月左右,化疗使成人急性非淋巴细胞白血病 5 年存活率达 30%～40%,但年龄越长者预后越差;急淋白血病化疗后 5 年生存率达 50%,1～9 岁病人预后较好,1 岁以下及 9 岁以上者预后较差。

【护理评估】

（一）健康史

1. 病因　白血病的病因迄今不完全清楚,可能与以下因素有关。

(1)生物因素:主要为病毒感染和免疫功能异常。目前已证实人类 T 淋巴细胞病毒能引起成人急性 T 细胞白血病。此外,EB 病毒、HIV 病毒与淋巴系统恶性肿瘤的关系也已经认识。部分免疫功能异常者,如某些自身免疫性疾病病人白血病危险度会增加。

(2)物理因素:包括 X 射线、γ 射线、中子射线等,白血病的发生取决于放射剂量的大小及放射部位。日本广岛、长崎发生原子弹爆炸后,受严重辐射地区白血病的发病率是未受辐射地区的 17～30 倍。

(3)化学因素:如苯及其衍生物、氯霉素、保泰松、烷化剂等,都公认有致白血病作用。

(4)遗传因素:遗传因素与白血病的发病有关。家族性白血病约占白血病的 7%,单卵孪生者中有一个成员发生白血病时,另一个发生率为 1/5～1/4,比双卵孪生者高 12 倍。

(5)其他血液病:某些血液病,如骨髓增生异常综合征、阵发性血红蛋白尿、淋巴瘤等血液病最终可能发展成急性白血病,特别是急性非淋巴细胞白血病。

2. 发病机制　白血病发病机制非常复杂,可能是在上述各种因素作用下致细胞基因突变,导致白血病细胞株形成,联合机体免疫功能缺陷,对恶性细胞不能识别及消灭,使之得以繁殖,最终导致白血病。

（二）身体状况

1. 临床表现　多数病人起病急骤,进展快,常以贫血、发热或出血为首发症状。部分病例起病较缓,以进行性贫血为主要表现。

（1）贫血：病人均有贫血，常为首发表现，并随病情发展而加重。表现为面色苍白、疲乏无力等。贫血的主要原因是骨髓中红细胞生成明显减少以及无效红细胞生成、溶血、出血及某些抗白血病药物的影响等。

（2）发热：50%以上的病人以发热起病，程度不一，热型不定，伴畏寒、出汗等。白血病本身可以发热（肿瘤性发热），但大多数发热由继发感染所致，以口腔炎、牙龈炎、咽峡炎最常见，肺部感染、肛周炎、肛周脓肿也较常见，严重时可导致菌血症或败血症。常见致病菌为革兰氏阴性杆菌如肺炎克雷伯杆菌、铜绿假单胞菌、大肠杆菌等，也可为病毒感染，随着长期化疗、激素和广谱抗生素的应用还可出现真菌感染。病人易发生感染的主要原因是血中成熟粒细胞缺乏，其次是人体免疫力低下。

（3）出血：近40%病人以出血为早期表现。病程中都有不同程度的出血，出血可发生于全身任何部位，以皮肤瘀点、瘀斑、鼻出血、牙龈出血、月经过多较常见，严重者可发生内脏出血，如颅内出血、咯血、尿血及便血等。出血主要原因是血小板减少、凝血异常及感染等。

（4）白血病细胞浸润的表现

1）肝、脾和淋巴结：急性白血病可有轻到中度肝、脾肿大，部分病人伴有浅表及深部淋巴结肿大，一般无压痛。

2）骨骼和四肢关节：以胸骨下端局部压痛最为显著，提示骨髓腔内白血病细胞过度增生，对白血病诊断有一定价值，儿童多见。粒细胞白血病累及骨膜可形成粒细胞肉瘤或绿色瘤，以眼眶最常见，可引起眼球突出、复视或失明。

3）皮肤和黏膜：皮肤可出现蓝灰色斑丘疹、结节性红斑、皮下结节等，牙龈增生或肿胀。

4）中枢神经系统白血病（CNSL）：是白血病髓外复发的根源，可发生在疾病的各个时期，常发生在化疗后的缓解期，这是由于多种化学药物难以透过血脑屏障，隐藏在中枢神经系统的白血病细胞不能被有效杀灭而引起。以急淋和儿童病人多见，轻者表现为头痛、头晕，重者可有呕吐、视物模糊、颈强直，甚至抽搐、昏迷。

5）睾丸：多为一侧睾丸无痛性肿大，多见于急淋白血病化疗缓解后的幼儿和青年，是仅次于CNSL的白血病髓外复发的根源。

6）其他：还可浸润其他组织器官，如心、肺、胃肠等，但不一定出现相应的症状。

2. 实验室及其他检查

（1）血常规检查：大多数病人白细胞计数增多，甚至大于100×10^9/L，少数病人正常或减少。血涂片分类检查可发现原始细胞及早幼细胞占30%～90%。贫血轻重不一，一般属正常色素性贫血。早期血小板轻度减少或正常，晚期明显减少，可伴出血时间延长。

（2）骨髓检查：是必查项目和确诊的主要依据，对指导治疗、判断疗效、估计预后等有重要意义。多数病人骨髓增生明显活跃或极度活跃，以原始细胞为主，而较成熟中间阶段细胞缺少，只残留少量成熟细胞，形成所谓"裂孔"现象；少数病人的骨髓呈增生低下，但原始细胞仍占30%以上。奥尔（Auer）小体仅见于急非淋白血病，有独立的诊断意义。

（3）其他：细胞化学染色、免疫学、细胞遗传学及分子生物学（染色体和基因）检查，可在形态学上进行白血病类型的鉴别；白血病病人血清尿酸浓度增高，在化疗期间更显著，甚至可形成尿酸结晶影响肾功能，这是由于大量白血病细胞破坏所致；CNSL病人脑脊液检查可找到白血病细胞。

（三）心理和社会状况

未确诊时病人因怀疑而焦虑，一旦确诊白血病易产生强烈的恐惧、忧伤、悲观、绝望等负面情绪,甚至萌生轻生之念。同时对家属也是沉重打击,精神和经济的负担对家庭成员可造成严重的心理影响。

(四)诊断要点

根据临床表现贫血、出血、发热、白血病细胞浸润的表现及血象、骨髓象检查特点一般可确诊;细胞化学、免疫学、染色体和基因检查等有助于白血病的分型。

(五)治疗要点

1. 对症支持治疗　病情严重病人须卧床休息,最好将病人安置在隔离病室或无菌层流室进行治疗。

(1)控制感染:严重感染是白血病病人的主要死亡原因。病人如有发热,应及时查找感染部位及病原菌,使用有效抗生素;若伴有粒细胞缺乏症,可应用一般升白细胞药物(利血生、鲨肝醇等)、激素类升白细胞药(糖皮质激素、去氢甲基睾丸素等)、粒细胞集落刺激因子等以提升正常白细胞。

(2)控制出血:轻度出血可使用各种止血药;出血严重者或血小板计数 $<20 \times 10^9/\text{L}$,应输浓缩血小板悬液或新鲜血。并发 DIC 者,应及时做出相应处理。

(3)纠正贫血:积极争取白血病缓解是纠正贫血最有效的方法,严重贫血者可给予吸氧,输浓缩红细胞或全血,维持 $\text{Hb} > 80\text{g/L}$。

(4)预防尿酸性肾病:化疗期间应励病人多饮水或静脉补液,碱化尿液,口服别嘌醇等抑制尿酸合成的药物。

2. 化学治疗　化疗是治疗白血病最主要的方法,也是造血干细胞移植的基础。急性白血病的化疗过程分为诱导缓解和缓解后治疗两个阶段。常用的化疗药物见表6-2。

表6-2　治疗急性白血病常用的化疗药物

药名	缩写	种类和药理作用	主要不良反应
长春新碱	VCR	生物碱,抑制有丝分裂	神经炎、腹痛、脱发
泼尼松	P	糖皮质激素,破坏淋巴细胞	库欣综合征、易感染、高血压、糖尿病
6-巯嘌呤	6MP	抗嘌呤代谢,阻碍 DNA 合成	骨髓抑制、胃肠道反应、肝脏损害
6-巯鸟嘌呤	6TG	抗嘌呤代谢,阻碍 DNA 合成	骨髓抑制、胃肠道反应、肝脏损害
甲氨蝶呤	MTX	抗叶酸代谢,干扰 DNA 合成	口腔黏膜溃疡、骨髓抑制
阿糖胞苷	Ara-C	抗嘧啶代谢,干扰 DNA 合成	恶心、骨髓抑制
环胞苷	CY	抗嘧啶代谢,干扰 DNA 合成	骨髓抑制、唾液腺增大
左旋门冬酰胺酶	L-ASP	酶类,影响瘤细胞蛋白质合成	肝脏损害、过敏反应
柔红霉素	DNR	抗生素,抑制 DNA、RNA 合成	骨髓抑制、心脏损害
阿霉素	ADM	抗生素,抑制 DNA、RNA 合成	骨髓抑制、心脏损害
高三尖杉酯碱	H	生物碱,抑制 DNA、RNA 合成	骨髓抑制、心脏损害、消化道反应
环磷酰胺	CTX	烷化剂,破坏 DNA	骨髓抑制、脱发、恶心、出血性膀胱炎
烃基脲	HU	抗嘧啶嘌呤代谢,阻碍 DNA 合成	消化道反应、骨髓抑制
依托泊苷	VP-16	生物碱,干扰 DNA、RNA 合成	骨髓抑制、消化道反应、肝肾功能损害

（1）诱导缓解：是急性白血病治疗的起始阶段，其目的是通过联合化疗迅速大量地杀灭白血病细胞，恢复机体正常造血，使病人的症状和体征消失，血常规和骨髓象基本恢复正常，达到完全缓解（CR）。完全缓解标准是急性白血病的症状、体征消失，血常规和骨髓检查基本正常。目前多采用联合化疗，优点是各药物作用在细胞周期不同阶段，且有协同作用，以提高疗效。给药时剂量要充足，第 1 次缓解愈彻底，则缓解期愈长，生存期亦愈长。目前急淋白血病首选 VP 方案，即长春新碱加泼尼松。若疗效不佳时，可改用 VDP 或 VLP 等方案。急非淋白血病一般首选 DA 方案，即柔红霉素加阿糖胞苷，或使用 HOAP 方案及其他方案。急非淋白血病总的缓解率不如急淋白血病。总之，应根据病人血常规、骨髓象、身体状况、年龄、对药物的反应和毒性反应的不同而选用化疗方案和调整剂量，常用联合化疗方案见表6-3。

表 6-3　急性白血病常用联合化疗方案

时期	治疗方案
ALL 诱导缓解治疗	DVLP 方案：DNR + VCR + L- ASP + P
ALL 缓解后治疗	HD Ara- C 或 HD MTX
AML 诱导缓解	DA（"标准"方案）：DNR + Ara- C
	HA 方案：H + Ara- C
	DAE 方案：DNR + Ara- C + VP- 16
M$_3$ 诱导缓解	ATRA
AML 缓解后治疗	HD Ara- C；可单用或与 DNR、IDR 等联合使用

注：HD 为高剂量

（2）缓解后治疗：是 CR 后病人治疗的延续阶段。急性白血病治疗前体内白血病细胞数量约为 $10 \times 10^9/L \sim 10 \times 10^{12}/L$，达到完全缓解后，体内尚有 $10^8 \sim 10^9/L$ 左右白血病细胞。缓解后治疗的目的是继续消灭体内残存的白血病细胞，延长缓解期，争取治愈。治疗方法可选用原诱导缓解方案或轮换使用多种药物，急淋白血病需治疗 3 ~ 4 年，急非淋白血病需治疗 1 ~ 2 年，以后随访。

3. CNSL 的防治　由于化疗药物难以通过血-脑屏障，隐藏在中枢神经系统内的白血病细胞常是白血病复发的根源，尤其是急淋白血病。因此对 CNSL 的病人需要进行鞘内注射或脑-脊髓放疗。常用甲氨蝶呤（MTX）、阿糖胞苷（Ara-C）在缓解后鞘内注射，同时加地塞米松以减轻不良反应。

4. 造血干细胞移植　原理是先对病人进行全身照射、化疗和免疫抑制预处理后，将正常供体或自体的造血细胞经血管输注给病人，使其重建正常的造血和免疫功能。进行造血干细胞移植的时间，目前主张急性白血病第 1 次完全缓解时进行，年龄控制在 45 岁以下。

【常见护理诊断/问题】

1. 有感染的危险　与粒细胞减少、化疗使机体免疫力低下有关。

2. 组织完整性受损：出血　与血小板减少、白血病细胞浸润等有关。

3. 活动无耐力　与贫血、白血病引起代谢率增高及化疗药物不良反应有关。

4. 预感性悲哀　与急性白血病治疗效果差、死亡率高有关。

5. 潜在并发症：中枢神经系统白血病、尿酸性肾病、化疗药物不良反应等。

【护理目标】

1. 病人体内白血病细胞减少,营养改善,减少或避免感染的发生。

2. 病人出血症状减轻或消失,组织保持完整无损。

3. 病人活动耐力增强,体力逐渐恢复,生活自理。

4. 病人悲观情绪减轻或消失,情绪稳定,能积极配合治疗和护理。

5. 病程中预防和未发生中枢神经系统白血病等并发症,积极应对化疗出现的不良反应。

【护理措施】

（一）一般护理

1. **休息与活动**　根据病人体力情况,轻症病人活动与休息可以交替进行,以休息为主,可每日室内活动 3~4 次,以后逐渐增加活动时间或活动次数。重症病人,应协助病人洗漱、进餐、大小便、翻身等,以减少病人体力消耗。

2. **饮食护理**　给予高热量、高蛋白、高维生素、适当纤维素、清淡易消化的食物,以半流质为主,并注意改善烹饪方法以适合病人口味和喜好。提供清洁、安静、舒适的进餐环境,指导病人少量多餐,细嚼慢咽;同时保证每日饮水量。化疗期间应避免在化疗前后 2 小时进食,并指导病人进食前做深呼吸及吞咽动作,进食后取坐位或半卧位,以减轻恶心、呕吐,避免饭后立即平卧。必要时遵医嘱给予止吐药。病情严重不能进食者,应尽早遵医嘱给予静脉补充营养。

（二）病情观察

观察生命体征及口腔、鼻腔、皮肤、肺部感染和贫血及颅内出血征象,发现异常,及时报告医生,并配合抢救。了解病人进食及营养状况。记录出入量,监测白细胞计数及分类、尿量、血尿酸及骨髓象等变化,发现异常,及时报告医生并协助处理。

（三）感染的预防与护理

化疗药物在杀伤白血病细胞的同时,正常细胞也会受损,导致病人的免疫力下降,易发生感染;当成熟粒细胞绝对值≤0.5×10^9/L 时,此时应实行保护性隔离;置病人于单人病房或层流室,定时进行地面及空气消毒,加强口腔皮肤及肛周护理,谢绝探视,以免交叉感染。严格执行消毒隔离制度和无菌技术操作。如病人有感染征象,应及时协助医生做血液、咽部、尿液、粪便和伤口分泌物的培养及药敏试验,遵医嘱使用有效抗生素、升白细胞药等。

（四）化疗护理

1. 化疗前向病人说明给药方法及不良反应,使病人对化学治疗有一定思想准备。

2. **合理使用静脉**　首选中心静脉置管,如外周穿刺中心静脉导管、植入式静脉输液港。如应用外周浅表静脉应注意选择和保护静脉,以保证化疗持续进行。有计划的选择和保留静脉,可由四肢远端向近端依次选择合适的小静脉穿刺,左右交替使用,不宜选择较细的静脉,以防药液外渗。静脉注射要求准确,防止药液外漏。注药前,先用生理盐水试穿刺,确定穿刺成功后再用化疗药物,静脉推注（或滴注）过程中要不断回抽检查,观察针头是否在血管内,注射完毕再用生理盐水 10~20ml 冲洗后拔针,然后压迫针眼数分钟。联合化疗时,先输注对血管刺激性小的药物,再输注刺激性发疱性药物。如静脉给药过程中有外渗时,应立即停止输注或推注,尽量回抽渗入皮下的药液,外渗局部立即冷敷或以利多卡因局部封闭,有静脉炎者可用利凡诺纱布湿敷或行皮下浸润封闭。静脉穿刺时不扎止血带,不拍打静脉,不挤压皮肤,以免皮下出血。

3. **防止和减轻胃肠道反应**　化疗常可引起恶心、呕吐、食欲减退等反应。因个体不同,反应出现的时间及程度有较大差异,一般第 1 次用药反应最重,以后逐渐减轻;胃肠道反应可给病人带来严重损耗、体质下降、抵抗力减低,故化疗期间应给病人提供尽量舒适的休息环境,给予清淡、易消化、营养可口的饮食,病人恶心、呕吐时不要进食,及时清除呕吐物,保持口腔清洁,必要时遵医嘱使用止吐药。

4. **骨髓抑制护理**　骨髓抑制是多种化疗药物共有的不良反应,多数化疗药物骨髓抑制作用最强时间为化疗后第 7～14 天,恢复时间为之后的 5～10 天,因此,在此用药期间应加强预防感染和出血的措施,化疗中必须定期查血常规、骨髓象,以观察疗效及骨髓受抑制情况。还应避免应用其他抑制骨髓的药物。

5. **防止肝肾功能损害**　巯嘌呤、甲氨蝶呤、左旋门冬酰胺酶对肝功能有损害作用,用药期间应观察病人有无黄疸,并定期监测肝功能。化疗期间应预防尿酸性肾病,多饮水,每日饮水量 3000ml 以上,口服碳酸氢钠碱化尿液,必要时口服别嘌醇。环磷酰胺可引起血尿,嘱病人多饮水,有血尿立即停药,并检查肾功能。

6. **做好口腔护理**　甲氨蝶呤、阿糖胞苷、多柔比星等可引起口腔溃疡,严重者可于餐前用普鲁卡因稀释液漱口,以减轻进食时疼痛,保证进食量。化疗期间应增加对病人口腔护理的次数,指导病人培养良好的口腔卫生习惯,早晚刷牙,饭后漱口。避免食用辛辣、酸等有刺激的食物以及带刺的食物,勿用牙签剔牙。观察口腔黏膜的颜色、性状,若有异常应采取相应措施。

7. **鞘内注射化疗药物的护理**　协助病人采取头低抱膝侧卧位,协助医生做好穿刺点的定位和局部消毒麻醉;推注药物宜慢,注毕去枕平卧 4～6 小时,注意观察有无头痛、呕吐、发热等症状及其他神经系统的损害症状。

8. **其他**　长春新碱能引起末梢神经炎,引起手足麻木感,停药后可逐渐消失。柔红霉素、多柔比星、高三尖杉酯碱等药物可引起心肌及心脏传导损害,用药时要缓慢静滴,注意心率、心律的变化,必要时做心电图检查。环磷酰胺可引起脱发,为减轻脱发可在注射药物前 10 分钟戴冰帽,至药物注射完毕后 30～40 分钟脱下,使头皮血管收缩,有效控制药物对毛囊的作用。

（五）造血干细胞移植的护理

造血干细胞的移植,目的是使病人的造血系统和免疫功能得到重建,应做好相关的术前护理,以提高移植成功率。

（六）心理护理

帮助病人认识到积极的心态有利于疾病的康复,向病人说明长期的消极心理会影响机体的生理功能,导致食欲下降、失眠、内分泌失调、免疫力功能下降,以致加重病情,不利康复。指导病人及家属理性对待疾病,应耐心倾听病人诉说,给予真诚的理解与同情,取得病人信任,因势利导,做好科普宣传,家属、亲友多给予病人精神及物质关怀。组织病友交流经验,请长期生存病人现身说法,帮助病人克服恐惧心理,增强战胜疾病的信心。帮助病人建立良好的生活方式及饮食规律,根据身体条件做些有益的事情,使病人感受到生命的价值,提高生存的信心。

（七）健康教育

1. **疾病知识指导**　向病人及家属解释白血病的知识、治疗方法和疗效等,坚持缓解后治疗是争取长期缓解或治愈的重要手段,使其树立信心,积极配合治疗。

2. **生活指导**　指导病人合理安排休息与活动,加强营养,指导病人减轻恶心、呕吐的方法。保持乐观情绪,平时注意个人卫生,保护皮肤、黏膜免受损伤,以预防感染、出血等发生。

3. 出院指导 向病人介绍治疗方法及化疗的不良反应,按医嘱按疗程治疗,定期复查血常规,有出血、发热及骨骼疼痛时要及时就诊。

【护理评价】

1. 病人病程中是否发生严重感染。
2. 病人出血症状有无减轻或消失,组织是否完整无损。
3. 病人活动耐力是否增强,进行日常活动是否有无不适。
4. 病人悲观情绪有无减轻或消失,情绪是否稳定。
5. 病程中有无中枢神经系统白血病、尿酸性肾病等并发症发生。

二、慢性粒细胞白血病病人的护理

慢性粒细胞白血病(chronic myeloid leukemia,CML)简称慢粒,是一种起源于多能干细胞的恶性骨髓增生性肿瘤。临床特点病程缓慢,脾脏显著肿大,外周血中粒细胞明显增多并有幼稚细胞。CML 在我国发病率为 0.39 ~ 0.99/10 万,约占全部白血病的 20% ~ 30%、慢性白血病的 90%,各年龄组均可发病,国内中位发病年龄 45 ~ 50 岁,男性多于女性。

【护理评估】

(一) 健康史

病因和发病机制迄今仍未完全阐明,是物理、化学、遗传等多因素性疾患,反复小剂量或一次大剂量接触苯及放射线照射是慢粒较肯定的病因,其次与遗传有关。

(二) 身体状况

1. 临床表现 自然病程可经历慢性期、加速期和急变期,多因急性变而死亡。

(1)慢性期:此期一般持续 1 ~ 4 年,起病缓慢,早期无自觉症状,随病情的发展可出现乏力、低热、多汗或盗汗、体重减轻等代谢亢进的表现。脾大为最突出的体征,可达脐平面,甚至伸入盆腔,质地坚实、平滑、无压痛。如果发生脾梗死,则脾区压痛明显,并有摩擦音。部分病人可有胸骨中下段压痛,肝脏明显肿大较少见。

(2)加速期:主要表现为原因不明的高热、体虚、体重下降、骨骼疼痛,逐渐出现贫血和出血,脾脏持续或进行性肿大。原来治疗有效的药物无效,可持续几个月到数年。

(3)急变期:为 CML 的终末期,表现与急性白血病相似。骨髓或外周血原始细胞 ≥ 20%;或原始加早幼粒细胞外周血达 30%,骨髓达 50%;或出现髓外原始细胞浸润。一旦发生急性变,获第 2 次完全缓解 < 30%,急性变预后极差,往往在数月内死亡。

2. 实验室及其他检查

(1)血常规检查:白细胞总数明显增高,常超过 $20 \times 10^9/L$,晚期可达 $100 \times 10^9/L$ 以上。各阶段中性粒细胞均增多,以中幼、晚幼、杆状核粒细胞居多,原始粒及早幼粒低于 10%,红细胞、血小板计数和血红蛋白减少。

(2)骨髓检查:为确诊慢粒的主要依据。骨髓呈现粒细胞增生明显至极度活跃,中幼粒、晚幼粒、杆状核粒细胞明显增多;慢性期原始粒细胞低于 10%,急变期可明显增高达 30% ~ 50%。

(3)染色体检查及其他检查:95% 以上 CML 病人血细胞中出现 Ph 染色体。少数病人 Ph 染色体呈阴性,此类预后较差。血及尿中尿酸浓度增高,与化疗后大量白细胞破坏有关。

(三) 心理和社会状况

慢粒进展缓慢,病人一般情况良好,但早期病人也有较大的心理负担,且因慢粒终将发生急性变,易使病人产生揣测,甚至终日惶惶不安,害怕急性变。

（四）治疗要点

1. 化学治疗　CML 治疗应着重于慢性早期,避免疾病转化,力争细胞遗传学和分子生物学水平的缓解,一旦进入加速期或急变期则预后不良。

（1）羟基脲:为目前治疗 CML 的首选化疗药,常用剂量 3g/d,分 2 次口服,用药后 2～3 天白细胞数下降,停药后又很快回升。待白细胞计数下降到 $20 \times 10^9/L$ 时剂量减半,降到 $10 \times 10^9/L$ 时改为$(0.5～1.0)g/d$ 维持治疗。用药期间需查血常规以调整药物剂量,需长期维持治疗。

（2）马利兰:又称白消安。该药使用方便,控制疾病较持久,中位生存期 30～40 个月,但作用缓慢,不良反应有骨髓抑制、肺和骨髓纤维化、皮肤色素沉着等。

（3）其他药物:高三尖杉酯碱、阿糖胞苷、环磷酰胺及其他联合化疗亦有效。

2. 干扰素　干扰素具有抗细胞增殖作用,不论在体外试验或体内治疗都有抑制 Ph 阳性细胞的作用。不良反应有乏力、发热、头痛、食欲缺乏、肌肉骨骼酸痛等流感样症状和体重下降、肝功能异常等。

3. 骨髓移植　异基因骨髓移植需在慢粒慢性期缓解后尽早进行,移植成功者可获得长期生存或治愈,是目前认为唯一能治愈慢粒的方法。

4. 其他治疗　脾肿大明显而化疗效果不佳时,可做脾区放射治疗。服用别嘌醇,多饮水,可以预防化疗期间细胞破坏过多过速引起的尿酸性肾病。

5. 慢粒急变治疗　同急性白血病的治疗方法。

【常见护理诊断/问题】

1. 活动无耐力　与慢粒致贫血有关。

2. 疼痛:脾区疼痛　与脾梗死或脾周围炎有关。

3. 有感染的危险　与慢粒致正常成熟粒细胞减少有关。

4. 潜在并发症:尿酸性肾病

【护理措施】

（一）一般护理

安置病人于安静、舒适的环境中卧床休息,并取左侧卧位以减轻不适感,应尽量避免弯腰及碰撞腹部,以免发生脾破裂。指导病人进食高热量、高蛋白、高维生素饮食,如瘦肉、牛奶、鸡、新鲜蔬菜、水果,每天饮水 1500ml 以上;宜少量多次进食、进水,以减轻食后腹部饱胀感。

（二）病情观察

每天测量病人脾脏大小、质地,并做好记录;注意脾区疼痛、压痛情况。发现不明原因的高热、贫血、出血加重、脾脏进行性肿大等慢粒急变表现,要及时报告医生,并配合处理。化疗期间定期检查白细胞计数、血尿酸和尿尿酸含量及尿沉渣检查。

（三）用药护理

观察用药效果及不良反应,羟基脲、白消安的不良反应主要是骨髓抑制,用药期间要严密观察血象,预防感染和出血。

（四）健康教育

1. 疾病知识指导　应向病人及家属讲解疾病知识,告诉病人及家属本病缓解时体内仍然存在白血病细胞,指导病人主动自我护理,争取缓解时间延长。定期医院复查,若病人出现贫血、出血加重、发热、脾脏增大时,要及时就诊。

2. **生活指导**　帮助病人建立良好的生活方式,缓解后可以工作或学习,但不可过劳,安排好休息与活动,保持情绪稳定。给予饮食指导,强调饮食调理的重要性,为病人提供高热量、高蛋白、高维生素、易消化吸收的食物以补充能量的消耗,减少体内蛋白质过度分解。

(胡　翠)

第六节　淋巴瘤病人的护理

淋巴瘤(lymphoma)起源于淋巴结和淋巴组织,其发生大多与免疫应答过程中淋巴细胞增殖分化产生的某种免疫细胞恶变有关,是免疫系统的恶性肿瘤。可发生于身体的任何部位,通常以实体瘤形式生长于淋巴组织丰富的器官中,其中以淋巴结、扁桃体、脾、骨髓等部位最易受累。按组织病理学改变,淋巴瘤可分为霍奇金淋巴瘤(HL)和非霍奇金淋巴瘤(NHL)两大类。我国淋巴瘤的总发病率男性为 1.39/10 万,女性为 0.84/10 万,发病率明显低于欧美各国及日本。我国淋巴瘤的死亡率为 1.5/10 万,排在恶性肿瘤死亡的第 11~13 位。

【护理评估】

(一)健康史

病因和发病机制不完全清楚,但病毒学说颇受重视。

1. **病毒感染**　EB 病毒与 HL 的关系极为密切,HL 病人的淋巴结在电镜下可见 EB 病毒颗粒。逆转录病毒人类 T 淋巴细胞病毒 I 型(HTLV-I)被证明是成人 T 细胞白血病或淋巴瘤的病因。另一种逆转录病毒 HTLV-II 近来也被认为与 T 细胞皮肤淋巴瘤(蕈样肉芽肿)的发病有关。Kaposi 肉瘤病毒也被认为是原发于体腔的淋巴瘤的病因。边缘区淋巴瘤合并 HCV 感染,经干扰素和利巴韦林治疗 HCV RNA 转阴时,淋巴瘤可获得部分或完全缓解。

2. **免疫缺陷**　免疫功能低下与淋巴瘤的发病有关。遗传性或获得性免疫缺陷病人伴发淋巴瘤者较正常人为多,器官移植后长期应用免疫抑制剂而发生恶性肿瘤者,其中 1/3 为淋巴瘤。

3. **其他**　幽门螺旋杆菌抗原的存在与胃黏膜相关性淋巴样组织结外边缘区淋巴瘤发病有密切的关系,抗幽门螺旋杆菌治疗可改善其病情,幽门螺旋杆菌可能是该类淋巴瘤的病因。

(二)身体状况

1. **临床表现**　HL 多见于青年,儿童少见。NHL 可见于各年龄组,随年龄增长发病率增多,男性多于女性。

(1)淋巴结肿大:多以无痛性颈部或锁骨上淋巴结进行性肿大为首发症状,其次是腋下淋巴结肿大。肿大的淋巴结可以活动,也可互相粘连,融合成块,触诊有软骨样感觉。

(2)全身症状:以发热、盗汗、皮肤瘙痒及消瘦等全身症状较多见。30%~40% 的 HL 病人以原因不明的持续发热为起病症状,热型多不规则,可持续高热,也可间歇低热。周期性发热约见于 1/6 的病人。NHL 一般在病变较广泛时才发热,且多为高热。局部及全身皮肤瘙痒,多为年轻女性。瘙痒可为 HL 的唯一全身症状。

(3)淋巴结外器官受累:少数 HL 病人可浸润器官组织或因深部淋巴结肿大压迫,引起各种相应症状。NHL 对各器官的压迫和浸润较 HL 多见,常以高热或各器官、系统症状为主要临床表现。约 20% 的 NHL 病人晚期累及骨髓发展成淋巴瘤白血病,皮肤受累表现为肿块、皮下结节、浸润型斑块、溃疡等。

（4）其他:5%~16%的 HL 病人发生带状疱疹。饮酒后引起的淋巴结疼痛（饮酒痛）是 HL 病人所特有,但并非每一个病人都是如此。

2. **分期** 根据病变范围不同,可将淋巴瘤分为 4 期:

Ⅰ期:病变涉及 1 个淋巴结区（Ⅰ）或 1 个淋巴系统以外的器官或部位（ⅠE）。

Ⅱ期:病变涉及横膈一侧的 2 个或更多的淋巴结区（Ⅱ）,或 1 个以上的淋巴结区伴 1 个淋巴结外器官或组织的局部侵犯（ⅡE）。

Ⅲ期:病变涉及横膈两侧的淋巴结区（Ⅲ）,或伴发结外器官或组织的局部侵犯（ⅢE）,或伴脾侵犯（ⅢS）或两者均受侵犯（ⅢES）。

Ⅳ期:在淋巴结、脾、鼻咽环之外,1 个或多个淋巴结外器官和组织的广泛侵犯,如骨髓（M）、肺实质（L）、胸膜（P）、肝（H）、皮肤（D）等分别以相应的字母注明。肝或骨髓只要受到累及均属Ⅳ期。

每期又可分为 A 组（无全身症状）或 B 组（有全身症状）。全身症状指 6 个月内原因不明的体重减轻 10% 或以上,或原因不明的发热（38℃以上）,或盗汗。

3. **实验室及其他检查**

（1）血液检查:HL 常有轻或中度贫血,部分病人嗜酸性粒细胞升高。骨髓被广泛浸润或发生脾功能亢进时,全血细胞减少。NHL 白细胞数多正常,伴有淋巴细胞绝对和相对增多。疾病活动期有血沉增速,血清乳酸脱氢酶升高提示预后不良。如血清碱性磷酸酶活力或血钙增加,提示病变累及骨骼。

（2）骨髓检查:骨髓象多为非特异性,若能找到 R-S 细胞是 HL 骨髓浸润的依据,活检可提高阳性率。部分病人的骨髓涂片中可找到淋巴瘤细胞。晚期并发急性淋巴细胞白血病时,可呈现白血病样骨髓象。

（3）病理活检:是确诊淋巴瘤及病理类型的主要依据,最常采用的是淋巴结活检。

（4）其他检查:胸部 X 线、腹部 B 超、胸（腹）部 CT 等影像学检查有助于确定病变部位及其范围。中枢神经系统受累时脑脊液中蛋白质含量增加。

（三）心理和社会状况

病人确诊后及长期治疗过程中,可能会出现抑郁、悲观等负性情绪,甚至放弃治疗。同时对家属也是沉重打击,精神压力和经济的负担对家庭成员可造成严重的心理影响。

（四）诊断要点

对慢性、进行性、无痛性淋巴结肿大者,经淋巴结活检证实即可确诊。伴有血细胞数量异常、血清碱性磷酸酶增高或有骨骼病变时,可做骨髓活检和涂片寻找 R-S 细胞或 NHL 细胞,了解骨髓受累的情况。

（五）治疗要点

1. **化学治疗** 多采用联合化疗,争取首次治疗获得缓解,有利于病人长期存活。常用联合化疗方案见表 6-4。其中,ABVD 为 HL 的首选方案,目前认为 4~6 个疗程的 ABVD 联合 20~30Gy 受累野的放疗是最佳的治疗方案;因疗效高而毒性较低,CHOP 则为侵袭性 NHL 的标准治疗方案。

2. **放射治疗** 有扩大及全身淋巴结照射两种。扩大照射除被累及的淋巴结及肿瘤组织外,还包括附近可能侵及的淋巴结。NHL 对放疗敏感但易复发,但若原发病灶在扁桃体、鼻咽部或为原发于骨骼的组织细胞型,对局部放疗后可以获得较满意的长期缓解。放射剂量为 30~40Gy,3~4 周为 1 疗程。

表 6-4　淋巴瘤常用联合化疗方案

分类	方案	药物
HL	MOPP	氮芥、长春新碱、丙卡巴肼、泼尼松
	ABVD	多柔比星、博来霉素、长春新碱、甲氮咪胺
	ICE	异环磷酰胺、卡铂、依托泊苷
	DHAP	地塞米松、顺铂、阿糖胞苷
	ESHAP	依托泊苷、甲泼尼龙、阿糖胞苷、顺铂
NHL	COP(基本方案)	环磷酰胺、长春新碱、泼尼松
	CHOP	环磷酰胺、多柔比星、长春新碱、泼尼松
	EPOCH	依托泊苷、多柔比星、环磷酰胺、长春新碱、泼尼松
	R-HyperCVAD	利妥昔单抗、环磷酰胺、长春新碱、多柔比星、地塞米松、甲氨蝶呤、阿糖胞苷
复发淋巴瘤	ESHAP	依托泊苷、甲泼尼松、阿糖胞苷、顺铂

3. 生物治疗　包括单克隆抗体、干扰素、抗幽门螺旋杆菌等。

4. 骨髓或造血干细胞移植　对 55 岁以下,重要脏器正常,能耐受大剂量放化疗的病人,行异基因或自体干细胞移植,可望取得较长缓解期和无病存活期。

5. 手术治疗　合并脾功能亢进者如有切脾指征,可行脾切除术以提高血象,为以后化疗创造有利条件。

【常见护理诊断/问题】

1. 体温过高　与 HL 本身或感染有关。

2. 有皮肤完整性受损的危险　与放疗引起局部皮肤烧伤有关。

3. 预感性悲哀　与治疗效果差或淋巴瘤复发有关。

4. 营养失调:低于机体需要量　与肿瘤对机体的消耗或放、化疗有关。

5. 潜在并发症:化疗药物不良反应。

【护理措施】

(一) 一般护理

1. 休息与活动　病人发热时按发热护理常规执行。呼吸困难时给予高流量氧气吸入,半卧位,适量镇静剂。早期病人可适当活动,发热、骨骼浸润时应卧床休息,减少活动以减少消耗,防止外伤。

2. 饮食护理　给予高热量、高蛋白、丰富维生素、易消化食物,多饮水。以增强机体对化疗、放疗承受力,促进毒素排泄。

(二) 病情观察

监测体温变化;观察病人贫血、乏力、消瘦、盗汗、皮肤瘙痒、肝脾肿大等全身症状;淋巴结肿大所累及范围及大小;有无深部淋巴结肿大引起的压迫症状,如纵隔淋巴结肿大引起咳嗽、呼吸困难、上腔静脉压迫症,腹膜后淋巴结肿大可压迫输尿管引起肾盂肾炎;观察有无骨骼浸润,警惕病理性骨折、脊髓压迫发生。严密观察放化疗期间的不良反应。

（三）皮肤护理

注意个人卫生,皮肤瘙痒者避免搔抓,以免皮肤破溃引起感染。放疗照射区皮肤在辐射的作用下一般都会有不同程度的损伤,故应避免皮肤受到强热或冷的刺激,尽量不用热水袋、冰袋,沐浴水温 37～40℃ 为宜;外出避免阳光直射;不要用有刺激性的化学物品,如肥皂、酒精、胶布等。放疗期间应穿着宽大、质软的纯棉内衣,洗浴毛巾要柔软,擦洗放射区皮肤动作轻柔,减少摩擦,并保持局部皮肤清洁干燥,防止皮肤破损。

（四）化疗护理

参照"白血病病人的护理"中的相关内容。化疗前向病人说明给药方法及不良反应,合理使用静脉,以保证化疗持续进行,化疗中必须定期查血常规、骨髓象,以观察疗效及骨髓受抑制情况,预防和治疗化疗药物的不良反应。

（五）心理护理

耐心与病人交谈,了解病人对本病的知识和病人对未来生活的看法,给予适当解释,鼓励病人积极接受治疗。指导家属应充分理解病人的痛苦和心情,注意言行,不要推诿、埋怨,要营造轻松的环境,以解除病人的紧张和不安,保持心情舒畅。

（六）健康指导

1. 疾病知识指导　向病人及家属介绍本病的病因、临床表现、治疗及化疗的不良反应,鼓励坚持治疗,与医护人员配合。耐心与病人交谈,鼓励病人积极接受治疗。营造轻松的环境,以解除病人的紧张和不安,保持心情舒畅。

2. 生活指导　保证充分地休息,尽量少活动。缓解期或全部疗程结束后,适当参与室外锻炼,如散步、打太极拳、体操、慢跑等,以提高机体免疫力。加强营养,食谱应多样化,避免进食油腻、生冷和容易产气的食物。有口腔及咽部溃疡者可进食牛奶、粥及淡味食物。若唾液分泌减少造成口舌干燥,可饮用柠檬汁、乌梅汁等。注意个人卫生,剪短指甲,皮肤瘙痒者避免用指甲抓搔,以免皮肤破溃。沐浴时避免水温过高,宜选用温和的沐浴液。

3. 用药指导　向病人说明近年来由于治疗方法的改进,淋巴瘤的缓解率已大大提高,坚持定期巩固强化治疗,可延长淋巴瘤的缓解期和生存期。

4. 自我监测与随访的指导　教会病人自查淋巴结的方法,若有身体不适,如疲乏无力、发热、盗汗、消瘦、咳嗽、气促、腹痛、腹泻、皮肤瘙痒以及口腔溃疡等,或发现肿块,应及早就诊。

（胡　翠）

案例 6-1　张某,女,30 岁,因头晕、乏力 3 年,加重 5 日而入院。病人近 3 年来月经量明显增多,且不规则,历时 8～10 日,未引起足够重视。入院后实验室检查结果:Hb 65g/L,RBC $2.8×10^{12}$/L,WBC $4.7×10^{9}$/L,PLT $300×10^{9}$/L,血清铁 $6μmol/L$,总铁结合力 $80μmol/L$,血清铁蛋白 $10μg/L$。初步诊断为"缺铁性贫血"。

问题:

(1)缺铁性贫血的病因有哪些?

(2)病人存在哪些护理诊断/问题?

(3)如何对病人进行健康教育?

案例6-2　周某,女,48 岁。大面积烧伤 2 周,伴发感染性休克,护士在观察病情时发现其皮肤上有瘀点、瘀斑。该病人神志不清、脉搏细速、呼吸浅促、血压 70/50mmHg、无尿。立即抽血进行实验室检查,结果血小板 $40 \times 10^9/L$,纤维蛋白原 1.0g/L,凝血酶原时间延长,3P 实验阳性。

(1)该病人出血的原因是什么?

(2)该病人有哪些护理诊断/问题?

(3)为了控制病情应首选什么药物治疗,用药过程中要注意什么?

(代思琦　胡 翠)

第七章 内分泌与代谢疾病病人的护理

内分泌与代谢疾病包括内分泌系统疾病、代谢疾病及营养疾病。内分泌系统疾病有下丘脑、垂体、甲状腺、肾上腺等疾病,其他系统疾病或激素药物的使用等也可能引起内分泌疾病。代谢疾病是机体新陈代谢过程中某一环节障碍引起的疾病,如糖尿病等。营养疾病是营养物质不足、过剩或比例失调引起的,如肥胖症等。随着人们生活方式和生活水平的提高,内分泌与代谢性疾病已成为严重威胁人类健康的世界性公共卫生问题。

第一节 甲状腺疾病病人的护理

一、单纯性甲状腺肿病人的护理

单纯性甲状腺肿(simple goiter)也称弥漫性非毒性甲状腺肿(diffuse nontoxic goiter),指非炎症和非肿瘤原因导致的不伴有临床甲状腺功能异常的甲状腺肿大。本病可呈地方性分布,也可呈散发性分布。散发性甲状腺肿病人约占人群的5%,任何年龄均可患病,但以青少年患病率高,男女之比约1:3~5。若某一地区儿童中单纯甲状腺肿的患病率超过10%,称为地方性甲状腺肿。

【护理评估】

(一)健康史

1. 病因

(1)碘缺乏:是地方性甲状腺肿最常见的原因,多见于山区及远离海洋的地区,其土壤、水源和食物中碘含量甚低,不能满足机体合成甲状腺激素(TH)时对碘的需要。

(2)TH合成或分泌障碍:常是散发性甲状腺肿的原因,主要有:①外源性因素:食物中的碘化物、致甲状腺肿物质(如食物中的花生、卷心菜、萝卜、黄豆、核桃、木薯)和某些药物(如硫脲类药物、碳酸锂、硫氰酸盐、保泰松)等。②内源性因素:儿童先天性甲状腺激素合成障碍,如甲状腺内碘转运障碍、过氧化物酶活性缺乏、碘化酪氨酸偶联障碍等。

(3)TH需要量增加:在青春期、妊娠期、哺乳期,机体对甲状腺激素的需要量增加,可出现相对性缺碘的生理性甲状腺肿。

2. 发病机制 以上一种或多种因素阻碍甲状腺合成和分泌功能,导致血液中TH不足,通过负反馈作用于腺垂体,使促甲状腺激素(TSH)分泌增加,从而使甲状腺滤泡上皮增生,摄碘功能增强,导致甲状腺代偿性肿大。部分病人血清TSH正常,可能与腺体组织对TSH的反应性增强有关,故TSH虽不增高,但仍能刺激腺体组织增生肥大。

(二)身体状况

1. 临床表现

(1)甲状腺肿大:多呈轻、中度弥漫性肿大,表面光滑,质软,无压痛,多无震颤及血管杂音。病程长时,可出现结节状肿大,不对称,质地变硬。

(2)局部压迫症状:见于甲状腺显著肿大的病人,压迫气管可引起刺激性干咳、呼吸困难;压迫食管可引起吞咽困难;压迫喉返神经引起声音嘶哑;胸骨后甲状腺肿大使上腔静脉回流受阻,表现为面部青紫、水肿、颈部与胸部浅静脉扩张。

(3)其他:病程长者,后期出现多结节性甲状腺肿时,可伴有甲状腺肿功能亢进。在地方性甲状腺肿流行地区,如自幼碘缺乏严重,可出现地方性呆小病。

知识链接

地方性呆小病

又称克汀病,分为地方性和散发性两种。主要见于地方性甲状腺肿流行地区,因母体缺碘,使胎儿的碘供应不足,致甲状腺发育不全和甲状腺素合成不足。表现为以神经系统症状为主,而甲状腺功能低下的其他表现较轻或不明显;患儿出现智能显著低下,听力障碍,肢体强直,运动障碍,也可以黏液性水肿为主,体格发育及智力发育落后,四肢短粗,特殊外貌,膝外翻、扁平足,骨龄低,性成熟延迟,而神经系统检查正常。

2. 实验室及其他检查

(1)甲状腺功能检查:血清 TT_4、TT_3 正常,TT_4/TT_3 比值常增高,血清 TSH 一般正常。血清甲状腺球蛋白(Tg)增高,增高程度与甲状腺的体积成正相关。

(2)甲状腺摄^{131}I率:摄^{131}I率增高但无高峰前移,增高的摄^{131}I率可被 T_3 所抑制。当甲状腺结节有自主功能时,可不被 T_3 抑制。

(3)甲状腺 B 超:确定甲状腺肿的主要检查方法。可见甲状腺弥漫性肿大。

(4)甲状腺扫描:弥漫性甲状腺肿常呈均匀分布,结节性甲状腺肿可呈温结节或凉结节。

(三) 心理和社会状况

病人可因颈部肿块致形体改变而出现自卑心理和挫折感;部分病人缺乏疾病的相关知识,而怀疑肿瘤或癌变产生焦虑,甚至恐惧心理。在流行地区,因患病人数多,人们习以为常,部分病人不愿配合治疗。

(四) 治疗要点

1. 对因治疗　缺碘所致者,应补充碘剂;生理性甲状腺肿(青春期)多自行消退,一般无需处理;因致甲状腺肿的物质引起者,在停用后甲状腺肿一般可消失。

2. 甲状腺制剂治疗　无明显原因的单纯性甲状腺肿病人,可采用甲状腺制剂治疗,以补充内源性 TH 的不足,抑制 TSH 的分泌。一般采用左甲状腺素(L-T_4)或甲状腺干粉片口服。

3. 手术治疗　一般不宜手术治疗,当出现压迫症状、药物治疗无效或疑有癌变时可行甲状腺次全切除术,术后予以甲状腺制剂长期替代治疗。

【常见护理诊断/问题】

1. 体像紊乱　与甲状腺肿大致颈部增粗有关。

2. 知识缺乏:缺乏使用药物及正确的饮食知识等。

3. 潜在并发症:呼吸困难、声音嘶哑、吞咽困难等。

【护理措施】

（一）一般护理

指导病人多食海带、紫菜等海产品及含碘丰富的食物，避免摄入抑制 TH 合成的食物和药物，尤其处于青春期、妊娠期、哺乳期的人群应增加碘的摄入。病人的活动一般不需限制。

（二）病情观察

观察甲状腺肿大的程度、质地，有无结节和压痛，颈部增粗的进展情况以及有无局部压迫症状。若甲状腺结节在短期内迅速增大，应警惕恶变。

（三）用药护理

指导病人遵医嘱准确服药，不可随意增减药物；观察药物治疗的效果和不良反应。避免大剂量应用碘剂、甲状腺制剂，以免诱发碘致甲状腺功能亢进症，如病人出现心动过速、呼吸急促、食欲亢进、怕热多汗、腹泻等甲状腺功能亢进症表现，应及时报告医生处理。

（四）心理护理

向病人讲解有关疾病知识，消除紧张情绪，使积极配合治疗。鼓励病人表达自身感受，指导其恰当修饰，改善自我形象，消除自卑，树立信心。

（五）健康教育

1. 疾病知识指导　告知病人及家属本病的病因和防治的重要性。

2. 疾病预防指导　我国是碘缺乏病较严重的国家之一。在碘缺乏地区推行食盐加碘，可有效控制碘缺乏病。食盐加碘应当根据地区的自然碘环境有区别推行，具有甲状腺遗传背景或潜在甲状腺疾病的个体不宜食用碘盐。此外，在青春期、妊娠期、哺乳期应增加碘的摄入。

3. 饮食指导　指导病人多进食含碘丰富的食物，如海带、紫菜等海产类食品，适当使用碘化食盐。避免大量摄入阻碍 TH 合成的食物，如花生、卷心菜、萝卜、菠菜等。

4. 用药指导　嘱使用甲状腺制剂的病人按医嘱长期准确服药，以免停药后复发。教会病人及家属观察药物疗效及不良反应，一旦出现甲状腺功能亢进症表现，应及时就诊。避免大剂量应用碘剂、甲状腺制剂，避免服用碳酸锂、硫氰酸盐、保泰松等阻碍 TH 合成的药物。

二、甲状腺功能亢进症病人的护理

甲状腺功能亢进症（hyperthyroidism）是指血液循环中甲状腺激素过多，引起以神经、循环、消化等系统兴奋性增高和代谢亢进为主要表现的一组临床综合征。根据甲状腺的功能状态，甲状腺功能亢进症分为甲状腺功能亢进型和非甲状腺功能亢进型（表 7-1）。在引起甲亢的各种病因中，以 Graves 病（Graves disease，GD）最多见，约占 80% ~85%。本节主要介绍 GD。

GD 也称弥漫性毒性甲状腺肿（diffuse toxic goiter）或 Basedow 病、Parry 病，是一种伴 TH 分泌增多的器官特异性自身免疫性疾病。多见于成年女性，男女之比 1∶（4~6），高发年龄为 20~40 岁。

【护理评估】

（一）健康史

1. 病因与发病机制　尚未完全阐明，目前比较公认的是与自身免疫反应相关，属器官特异性自身免疫疾病。

表 7-1　甲状腺功能亢进症的常见原因

甲状腺功能亢进原因	非甲状腺功能亢进原因
弥漫性毒性甲状腺肿(Graves 病)	亚急性甲状腺炎
多结节性毒性甲状腺肿	无症状性甲状腺炎
甲状腺自主高功能腺瘤(Plummer 病)	桥本甲状腺炎
碘致甲状腺功能亢进症	产后甲状腺炎
桥本甲状腺功能亢进症	外源甲状腺激素替代
新生儿甲状腺功能亢进症	异位甲状腺激素产生
滤泡状甲状腺癌	
妊娠一过性甲状腺功能亢进症	
垂体 TSH 腺瘤	

(1)遗传因素:该病有显著的遗传倾向,目前发现它与组织相容性复合体(MHC)基因相关。

(2)免疫因素:病人血清中存在能与甲状腺细胞 TSH 受体结合的抗体,即 TSH 受体抗体(TRAb)。TRAb 包括 TSH 受体刺激性抗体(TSAb)和 TSH 受体刺激阻断性抗体(TSBAb)两类。TSAb 与 TSH 受体结合后产生与 TSH 一样的生物学效应,致使甲状腺细胞增生和甲状腺激素合成、分泌增加,是本病的主要原因。此外,50% ~ 90% 的 GD 病人体内也存在针对甲状腺的其他自身抗体。

(3)环境因素:细菌感染、性激素、精神刺激、应激等因素对本病的发生和发展也有影响。

2. 病理　甲状腺呈不同程度的弥漫性对称性肿大,腺体内血管增生、充血。甲状腺滤泡上皮增生,滤泡内的胶质减少或消失,滤泡间可见 T 淋巴细胞为主的淋巴细胞浸润。浸润性突眼病人的球后组织中常有纤维组织增生,脂肪组织、淋巴细胞和浆细胞浸润;眼外肌纤维增粗、纹理模糊、透明变性和断裂破坏。

(二)身体状况

1. 临床表现

(1)甲状腺功能亢进症表现

1)高代谢综合征:TH 分泌增多导致交感神经兴奋性增高和促进营养物质代谢病人产热和散热明显增多,常有疲乏无力、怕热多汗、皮肤潮湿、低热,多食易饥、体重显著下降等。

2)精神神经系统:神经兴奋性增高,导致病人易激动、烦躁失眠、多言好动、注意力不集中、记忆力减退等。腱反射亢进,向前平伸双手和伸舌时有震颤。

3)心血管系统:心悸气短、心动过速(静息或睡眠时不缓解)、第一心音亢进。收缩压增高,舒张压降低致脉压差增大,可出现周围血管征。严重者可出现心律失常、心脏增大、心力衰竭,称为甲状腺功能亢进性心脏病,心律失常以心房颤动最常见。

4)消化系统:食欲亢进、胃肠蠕动增快、排便次数增多、稀便。病情重者可有肝大、肝功能异常,偶有黄疸。

5)肌肉骨骼系统:主要表现为甲状腺功能亢进症性周期性瘫痪,多见于 20 ~ 40 岁青年男性,病程呈自限性,甲亢控制后可治愈。少数病人可发生甲亢性肌病,也可伴发重症肌无力或骨质疏松。

6）血液系统：白细胞计数减少，淋巴细胞比例和单核细胞增加。血小板寿命短，可伴发紫癜。

7）生殖系统：女性可有月经减少或闭经；男性可有阳痿，偶有乳腺增生。

（2）甲状腺肿：一般甲状腺两叶呈弥漫性、对称性肿大。可随吞咽上下移动，质软，无压痛，但肿大程度与甲亢病情轻重无明显关系。由于甲状腺的血流量增多，故甲状腺左右叶上下极可触及震颤，闻及血管杂音，为本病重要的体征。

（3）眼征：大部分 GD 病人都存在眼球突出，突出程度与病情轻重无关。可分为单纯性突眼和浸润性突眼。

1）单纯性突眼（又称良性突眼）：约占 95%，由甲状腺功能亢进症所致的交感神经兴奋性增高，眼外肌和上睑提肌张力增高所致，随着治疗可恢复或好转，预后良好。表现包括：①轻度突眼：突眼度 <18mm；②Stellwag 征：瞬目减少，炯炯发亮；③上眼睑挛缩，睑裂增宽；④von Graefe 征：双眼向下看时，上眼睑不能随眼球下落，显现白色巩膜；⑤Joffroy 征：眼球向上看时，前额皮肤不能皱起；⑥Mobius 征：两眼看近物时，眼球辐辏不良。

2）浸润性突眼（又称恶性突眼、Graves 眼病）：约占 5%，与眶后组织的自身免疫性炎症有关。浸润性突眼与单纯性突眼的表现类似，但突眼度 >18mm，且左右眼突眼程度可不等，常见有眼睑肿胀肥厚、结膜充血水肿、眼球活动受限、眼部不适症状明显，如视力下降、视野缩小、复视、眼内异物感、胀痛、畏光流泪等。严重者眼球固定，眼睑闭合不全，角膜外露可形成角膜溃疡或全眼球炎，甚至失明。

（4）胫前黏液性水肿：少见，属自身免疫性病变，系大量黏蛋白沉积于皮下组织所致。多发生在胫骨前下 1/3 处，也可见于足背、踝关节、膝部等部位。皮损多呈对称性，早期皮肤粗厚，有广泛大小不等的棕红色、暗紫红色斑片状结节；结节表面皮肤薄而紧张，稍有发亮，毛粗而稀疏，偶有脱屑。晚期皮肤粗厚如橘皮或树皮样。

（5）特殊类型和临床表现

1）甲状腺危象：是甲状腺功能亢进症急性加重的临床综合征，可能与交感神经兴奋，垂体-肾上腺皮质轴应激反应减弱，短时间大量 T_3、T_4 释放入血有关。常因应激、感染、精神刺激、创伤、口服过量 TH 制剂、^{131}I 治疗反应、手术准备不充分、手术中过度挤压甲状腺等诱发。表现为原有甲亢症状加重，并出现高热（体温≥39℃）、心动过速（>140 次/分）、呼吸急促、大汗淋漓、烦躁不安、谵妄、厌食、恶心、呕吐、腹泻，严重者可出现心衰、休克及昏迷，甚至死亡。

2）淡漠型甲亢：多见于老年病人。起病隐袭，高代谢综合征、甲状腺肿和眼征均不明显。主要表现为神志淡漠、乏力、厌食、腹泻、消瘦、嗜睡、反应迟钝，可伴有心房颤动、心绞痛等，易误诊为恶性肿瘤、冠心病等。

3）其他：妊娠期甲亢、T_3 型甲亢、亚临床型甲亢、甲状腺功能亢进症性心脏病、Graves 眼病等。

2. 实验室及其他检查

（1）基础代谢率（BMR）测定：须在禁食 12h、睡眠 8h 以上、静卧空腹状态下测定。简易计算公式：BMR% = 脉率 + 脉压（mmHg）- 111。BMR 正常范围为 ±10%，约 95% 的 GD 病人 BMR 有不同程度的升高，+20% ~ +30% 为轻度甲亢，+30% ~ +60% 为中度甲亢，+60% 以上为重度甲亢。

（2）血清甲状腺激素测定

1）血清游离甲状腺激素（FT_4）与游离三碘甲状腺原氨酸（FT_3）：FT_3、FT_4 是血清中具有生物活性的 TH，不受血甲状腺结合球蛋白（TBG）影响，直接反映甲状腺功能状态，是临床诊断甲亢的首选指标。

2）血清总甲状腺素（TT_4）：是甲状腺功能的基本筛选指标，受 TBG 等结合蛋白量和结合力变化的影响。

3）血清总三碘甲状腺原氨酸（TT_3）：受 TBG 的影响，为早期 GD、治疗中疗效观察及停药后复发的敏感指标，亦是诊断 T_3 型甲亢的特异指标。老年淡漠型甲亢或久病者 TT_3 可正常。

（3）促甲状腺激素（TSH）测定：血清 TSH 浓度的变化是反映甲状腺功能最敏感的指标，尤其对亚临床型甲亢和亚临床型甲减的诊断有重要意义。甲亢时 TSH 降低，先于 FT_3、FT_4、TT_3、TT_4 出现异常，目前测定敏感 TSH（sTSH）成为筛查甲亢的一线指标。

（4）促甲状腺激素释放激素（TRH）兴奋试验：GD 病时血 T_3、T_4 增高，反馈性抑制 TSH，故 TSH 细胞不被 TRH 兴奋，故静脉注射 TRH 后 TSH 不增高支持甲亢诊断，若 TSH 增高则可排除甲亢。本实验安全，可用于老人及心脏病病人。

（5）甲状腺^{131}I 摄取率测定：目前已被 sTSH 测定所代替。

（6）甲状腺自身抗体测定：TRAb、TSAb 是诊断 GD 的指标之一，绝大多数新诊断的 GD 病人血清中此两种抗体阳性。

（7）影像学检查：可根据需要选用超声检查、放射性核素扫描、CT、MRI 等，有助于甲状腺、异位甲状腺肿和球后病变性质的诊断。

（三）心理和社会状况

甲亢病人常因神经过敏、急躁易怒，易与家人或同事发生争执，导致人际关系紧张。病人常表现焦虑、恐惧、多疑等心理变化。身体外形的改变如突眼、颈部粗大，可造成自我形象紊乱而加重病人的心理负担。长期治疗易造成经济负担而影响家庭生活。严重的精神刺激和创伤可诱发甲亢危象。

（四）治疗要点

目前尚不能对 GD 病进行病因治疗，治疗方法主要包括抗甲状腺药物应用、^{131}I 及手术治疗 3 种。

1. 一般治疗　保证休息，补充足够的热量和营养，避免情绪波动，对精神紧张、烦躁不安及失眠者可适当应用地西泮类镇静剂。

2. 抗甲状腺药物（ATD）治疗　ATD 适用于所有甲亢病人的初始治疗。

（1）主要适应证：①病情轻、中度病人；②甲状腺轻、中度肿大者；③20 岁以下者、孕妇、年老体弱者或合并其他严重疾病而不宜手术者；④手术前或^{131}I 治疗前准备；⑤手术后复发，又不适宜进行^{131}I 治疗者。

（2）常用药物：分为硫脲类和咪唑类两大类。前者有甲硫氧嘧啶（MTU）及丙硫氧嘧啶（PTU）；后者有甲巯咪唑（MMI、他巴唑）、卡比马唑（CMZ、甲亢平）。ATD 主要通过抑制甲状腺过氧化物酶阻断 TH 的合成而达到治疗目的。其中 PTU 还可以抑制外周组织中的 T_4 转变为 T_3，故在治疗甲状腺危象、重症甲亢或妊娠甲亢时常作为首选药物。

（3）剂量与疗程：本病的治疗有明显的个体差异，应按病情的轻重决定剂量。总疗程一般为 1~2 年，包括初治期、减量期、维持期 3 个阶段。

（4）其他药物治疗：①复方碘口服溶液：仅用于术前准备和甲状腺危象。②β 受体阻滞药:可与碘剂联合用于术前准备,也可作为^{131}I治疗前后及甲状腺危象时的辅助治疗。阿替洛尔、美托洛尔等较为常用,支气管哮喘或喘息型支气管炎病人禁用。

3. ^{131}I治疗　　利用甲状腺摄取^{131}I后释放β射线,破坏甲状腺滤泡上皮而减少TH的分泌。此法安全简便,费用低廉,效益高,治疗有效率达95%,临床治愈率达85%以上,复发率小于1%,现已是欧美国家治疗成人甲亢的首选疗法。

(1)适应证:①25岁以上的中度甲亢病人;②经ATD治疗无效或对其过敏者;③合并心、肝、肾等疾病不宜手术、不愿手术或术后复发者;④甲亢合并心脏病者。

(2)禁忌证:①25岁以下者;②妊娠、哺乳期妇女;③严重心、肝、肾衰竭或活动性肺结核者;④重症浸润性突眼;⑤外周血白细胞 $< 3 \times 10^9$/L 或中性粒细胞 $< 1.5 \times 10^9$/L 者;⑥甲状腺危象及甲状腺不能摄碘者。

(3)并发症:永久性甲状腺功能减退、放射性甲状腺炎、甲状腺危象、浸润性突眼加重等。

4. 手术治疗　　甲状腺次全切除治愈率为95%左右,复发率为0.6%~9.8%。

(1)适应证:①中、重度甲亢,长期服药无效,或不能坚持服药,或停药复发者;②甲状腺显著肿大,有压迫症状者;③多结节性甲状腺肿伴甲亢。

(2)禁忌证:①伴严重Graves眼病;②合并严重心脏、肝、肾疾病,不能耐受手术者;③妊娠初3个月和第6个月以后。

(3)并发症:可引起甲状旁腺功能减退症和喉返神经损伤等并发症。

5. 甲状腺危象的防治　　避免和去除诱因,积极治疗甲亢是预防甲状腺危象的关键,尤其是防治感染和做好充分的术前准备工作。一旦发生需积极抢救:①积极避免和去除诱因;②抑制TH合成:首选PTU,首剂600mg口服或经胃管注入;③抑制TH释放:口服PTU1h后使用碘剂,如复方碘口服溶液;④抑制外周组织 T_4 转换为 T_3:根据病情选用PTU、碘剂、β受体阻滞药或糖皮质激素等药物;⑤降低和清除血浆TH:必要时可选用血液透析、腹膜透析或血浆置换等措施,迅速降低血浆TH浓度;⑥对症支持治疗:降温、持续低流量给氧、防治感染、纠正水、电解质和酸碱平衡紊乱等,严密监测生命体征及神志变化,监护心、脑、肾功能,积极治疗并发症等。

【常见护理诊断/问题】

1. 营养失调:低于机体需要量　　与机体高代谢导致代谢需求超过摄入有关。

2. 活动无耐力　　与蛋白质分解增加、甲亢性心脏病、肌无力等有关。

3. 自我形象紊乱　　与突眼和甲状腺肿大引起的身体外观改变有关。

4. 有组织完整性受损的危险　　与浸润性突眼有关。

5. 焦虑　　与神经系统功能改变、甲亢所致全身不适、病程长等有关。

6. 潜在并发症:甲状腺危象。

【护理措施】

(一)一般护理

1. 休息与活动　　保持环境安静、舒适,室温保持20℃左右,避免强光和噪音刺激。病情轻者可有计划地适量活动,以不感到疲劳为度,适当增加休息时间,维持充足睡眠。病情重、有明显心衰或合并严重感染者应严格卧床休息。

2. 饮食护理　　给予高热量、高蛋白、高维生素、高脂肪及矿物质丰富的饮食。可增加奶类、蛋类、瘦肉类等优质蛋白以纠正体内的负氮平衡。避免摄入刺激性的食物和饮料,如浓茶、咖啡等;限制高纤维素饮食,以减少排便次数。避免吃含碘丰富的食物,如海带、紫菜等,食用无碘盐。避免食用卷心菜、甘蓝等易致甲状腺肿食物。鼓励病人多饮水,每日饮水2000～3000ml以补充丢失的水分,但并发心脏疾病者应避免大量饮水,以防水肿加重或诱发心衰。

(二)病情观察

监测体温、脉搏、心率、心律、呼吸、出汗、皮肤状况、大便次数、突眼症状、甲状腺肿大等情况以及有无精神、神经、肌肉症状等;注意有无感染、精神刺激等甲状腺危象的诱因存在,识别甲状腺危象的先兆及表现。

(三)用药护理

1. **抗甲状腺药物** 指导病人遵医嘱正确用药,不可任意调整药量、自行停药或更换药物,向病人说明ATD的疗效及疗程,观察药物的作用和不良反应,如发现异常立即通知医生并进行相应处理。主要的不良反应有:①粒细胞减少:多发生在用药后2～3个月内,严重者可致粒细胞缺乏症。指导病人定期复查血常规,如外周血白细胞 $< 3 \times 10^9/L$ 或中性粒细胞 $< 1.5 \times 10^9/L$ 时,应停药,并遵医嘱给予促进白细胞增生药;②皮疹:较常见,可先遵医嘱给予抗组胺药控制,不必停药。若皮疹加重则立即停药,以免发生剥脱性皮炎;③中毒性肝损害:多在用药3周后发生,表现为肝细胞坏死、转氨酶升高,指导病人定期复查肝功能。

2. **β受体阻滞药** 观察心率,以防心动过缓。支气管哮喘或喘息型支气管炎、慢性阻塞性肺疾病、二度及以上房室传导阻滞的病人禁用。

(四)放射性^{131}I治疗护理

1. **治疗前护理** 告知病人治疗前2周内禁用碘剂、溴剂、含碘丰富的药物,禁用ATD,避免使用影响甲状腺吸收碘的药物和食物。

2. **治疗及治疗后的护理** 按医嘱空腹口服^{131}I;服药后2h内禁食,24h内避免咳嗽、咳痰以免影响^{131}I的吸收和引起丢失;服药后1个月内禁用治疗前禁用的药物和食物;服药后的2～3d应每天饮水2000～3000ml,以增加排尿,减少放射性核素对内脏的损害;嘱病人充分休息,避免剧烈活动,1周内避免用手按压甲状腺,避免精神刺激和预防感染;治疗后可引起甲状腺水肿及放射性甲状腺炎,表现为甲状腺部位发痒、压迫感、喉痛、颈部疼痛等不适症状,症状明显者遵医嘱给予对症处理;密切观察病情,一旦发现甲状腺危象征兆,及时联系医生并做好抢救准备。

3. **安全防护** 安排病人住单间,指导其在指定区域内活动;杜绝孕妇、婴幼儿、哺乳期妇女探视;医护人员在近距离治疗护理时,应穿防护服,戴手套、口罩等,以避免造成自身伤害;病人的排泄物、衣服、被褥、用具等须单独存放,待放射作用消失后再做清洁处理。

(五)突眼的护理

采取眼部保护措施,预防眼睛受到刺激和伤害。外出戴深色眼镜,减少光线、灰尘和异物的侵害。经常用眼药水湿润眼睛,避免眼睛过度干燥;睡前涂抗生素眼膏,眼睑不能闭合者用无菌纱布或眼罩覆盖双眼。指导病人勿用手直接揉眼睛。睡觉或休息时高枕卧位,使眶内液回流减少,减轻球后水肿。发生角膜溃疡或全眼球炎时,应及时治疗和护理。

(六)胫前黏液性水肿护理

保持皮肤清洁,重症者可遵医嘱用肾上腺皮质激素软膏局部外用,或局部皮下注射肾上腺皮质激素。

(七)甲状腺危象的抢救与护理

1. **立即吸氧** 绝对卧床休息,呼吸困难时取半卧位,立即给予持续低流量吸氧,避免或去除诱因。

2. **及时准确给药** 迅速建立静脉通道,遵医嘱及时准确使用 PTU、复方碘溶液、β 受体阻滞药、氢化可的松等药物,准备好抢救药物。

3. **密切观察病情变化** 监测生命征和神志的变化;准确记录24h 出入量。

4. **对症护理** 体温过高者,给予物理降温,必要时用异丙嗪实行人工冬眠降温,避免使用阿司匹林。躁动不安者,使用防护栏进行保护。昏迷者加强口腔、皮肤护理,预防压疮和肺部感染。腹泻严重者应注意肛周皮肤护理。

(八)心理护理

充分理解病人的焦虑情绪,鼓励病人表达内心的感受,与病人交流时应态度和蔼,避免刺激性语言。告知病人突眼和甲状腺肿大等体形变化在疾病得到控制后将得到改善,以解除病人的焦虑不安,使病人积极配合治疗。注意了解病人生活与工作环境,请病人家属配合,控制各种可能对病人造成不良刺激的信息,帮助病人建立良好的生活氛围。

(九)健康教育

1. **疾病知识指导** 指导有关甲亢的知识和保护眼睛的方法和技巧,教会病人自我护理。指导病人注意外表的自我修饰,上衣领宜宽松,避免压迫肿大的甲状腺,严禁用手挤压甲状腺以免 TH 分泌过多,加重病情。

2. **生活指导** 鼓励病人保持身心愉快,注意身心休息,避免过度劳累和精神刺激,建立和谐的人际关系和良好的社会支持系统。

3. **用药指导与病情监测** 指导病人遵医嘱坚持及时准确服药,不可随意减量或停药。服用抗甲状腺药物的开始 3 个月,每周查血常规 1 次,每 1~2 个月做 1 次甲状腺功能测定。每日清晨起床前自测脉搏,定期测量体重。脉搏减慢、体重增加是治疗有效的标志。教会病人观察甲状腺危象、甲状腺功能减退、手足搐搦等并发症的表现,一旦出现相关症状,及时就诊。

4. **生育指导** 对有生育需求的女性病人,应告知妊娠会加重甲亢,宜治愈后再妊娠。对妊娠期甲亢病人,不宜[131]I 治疗及手术治疗,抗甲状腺药物首选 PTU,剂量宜减少,慎用 β 受体阻滞药,加强胎儿监测。产后如需继续服药者,则不宜哺乳。

三、甲状腺功能减退症病人的护理

甲状腺功能减退症(hypothyroidism),简称甲减,是由各种原因引起的 TH 合成、分泌或生物效应不足所致的一种全身性低代谢综合征。病理特征为黏多糖在组织或皮下积聚造成的黏液性水肿。按起病年龄可分为呆小病(起病于胎儿或新生儿)、幼年型甲减(起病于儿童期)、成年型甲减(起病于成年期)3 型。根据病变部位分为原发性甲减(由甲状腺腺体本身病变引起的甲减)、中枢性甲减(由下丘脑和垂体病变引起的甲减)、TH 抵抗综合征(由于外周组织对 TH 不敏感导致生物效应障碍而引起的综合征)。本节主要阐述成年型甲减,多见于中年女性,男女比约为 1:(5~10),多数起病隐匿,呈慢性发展。

【护理评估】

(一)健康史

1. **原发性甲减** 约占95%以上,其病因有:①自身免疫损伤:最常见的是自身免疫性甲状腺炎引起 TH 合成或分泌减少。②甲状腺组织受损:如甲状腺手术切除、放疗(如[131]I 治疗等)。③缺碘或碘过多:缺碘影响 TH 合成,碘过量可引起具有潜在性甲状腺疾病者发生一过性甲减,也可诱发和加重自身免疫性甲状腺炎。④抗甲状腺药物使用过量:抑制 TH 合成。

2. 中枢性甲减 由下丘脑和垂体病变引起的促甲状腺激素释放激素(TRH)或促甲状腺激素(TSH)产生或分泌减少所致的甲减。垂体外照射、垂体大腺瘤、颅咽管瘤及产后大出血是较常见的原因;其中由于下丘脑病变引起的甲减称为三发性甲减。

3. TH 抵抗综合征 少见,由于机体内存在结合 TH 的抗体或外周组织对 TH 敏感性降低,导致 TH 发挥作用缺陷而引起的甲减。

(二)身体状况

1. 临床表现 初起病时症状不一,病人可自觉软弱、疲乏、怕冷。症状明显者可有食欲减退而体重无明显减轻、大便秘结、皮肤干燥、指甲变薄而脆、智力减退、言语行动缓慢和表情淡漠等症状。

(1)黏液性水肿面容:表情淡漠、呆板,面色苍白,面颊及眼睑水肿,头发稀疏,眉毛外1/3脱落,鼻唇增厚。

(2)各系统表现:①精神神经系统:表现为反应迟钝、嗜睡、理解力及记忆力均减退。视力、听觉、触觉、嗅觉均迟钝。重者可出现痴呆、幻觉、木僵、昏睡或惊厥。②心血管系统:表现为窦性心动过缓、心肌收缩力下降、活动耐量减低等,重者可出现心力衰竭、心包积液。久病者由于血胆固醇增高,易并发冠心病。③消化系统:表现为畏食、腹胀、便秘等。严重者可出现麻痹性肠梗阻或黏液性水肿性巨结肠。④肌肉与关节:表现为肌肉乏力,可有暂时性肌强直、痉挛、疼痛。黏液性水肿病人可伴关节病变,偶有关节腔积液。⑤内分泌生殖系统:表现为性欲减退,女性病人可有月经过多、闭经或不孕,约 1/3 有溢乳,男性病人可出现阳痿。⑥血液系统:主要表现为缺铁性贫血或恶性贫血。⑦皮肤与指甲:皮肤苍白或蜡黄(有胡萝卜素血症时),干燥发凉、粗糙无汗,多脱屑,手、臂、眼等处尤为显著,呈非凹陷性水肿,至疾病后期出现凹陷性水肿。指甲生长缓慢,厚脆,表面常有裂纹。腋毛及阴毛脱落。

(3)黏液性水肿昏迷:见于病情严重者,冬季易发,老人多见,死亡率高。常见诱因包括寒冷、感染、手术、严重躯体疾病、中断 TH 替代治疗和使用麻醉剂、镇静剂等。临床表现为嗜睡、低体温($<35℃$)、呼吸减慢、心动过缓、血压下降、四肢肌肉松弛、反射减弱或消失,甚至昏迷、休克、心肾功能不全而危及生命。

2. 实验室及其他检查

(1)血常规及血生化检查:一般为轻、中度贫血。血胆固醇、甘油三酯、低密度脂蛋白常增高,高密度脂蛋白降低。

(2)甲状腺功能检查:血清 TSH 增高、FT_4 降低是诊断本病的必备指标,其中 TSH 升高是最早、最敏感的指标。血清 TT_4、FT_4 降低早于 TT_3、FT_3,TT_3、FT_3 可正常,后期或病重者降低。甲状腺摄^{131}I 率降低。

(3)病变定位检查:①TRH 兴奋试验:主要用于鉴别原发性甲减与中枢性甲减。静脉推注 TRH 后,血清 TSH 不增高者提示垂体性甲减;延迟升高者为下丘脑性甲减,血清 TSH 在增高的基础上进一步增高,提示原发性甲减。②影像学检查:有助于异位甲状腺、下丘脑-垂体病变的确定。

(三)心理和社会状况

疾病伴有的精神情绪改变引起反应迟钝、冷漠,导致与人沟通困难,自我评价降低,病人担心预后,常出现消极悲观、抑郁等心理,而慢性病程和长期治疗又常引起焦虑、性格改变、自我概念紊乱等。

（四）治疗要点

1. **替代治疗**　各种类型的甲减均需用 TH 替代,永久性者需终身服用。首选左甲状腺素(L-T$_4$)口服,初始剂量为 25～50μg/d,长期维持剂量为 75～150μg/d。治疗目标是用最小剂量纠正甲减而不产生明显不良反应,使血 TSH 和 TH 水平恒定在正常范围内。

2. **对症治疗**　有贫血者补充铁剂、维生素 B$_{12}$、叶酸等。胃酸低者补充稀盐酸,与 TH 合用疗效好。

3. **黏液性水肿昏迷的治疗**　①立即静脉注射 TH(L-T$_3$ 或 L-T$_4$),至清醒后改口服。②保持呼吸道通畅、吸氧、保暖。③氢化可的松 200～300mg/d 持续静滴,待病人清醒后递减,直至停药。根据需要补液,但补液量不宜过多。④严密监测水电解质、酸碱平衡及尿量、血压等。⑤控制感染,治疗原发病。

【常见护理诊断/问题】

1. **便秘**　与代谢率降低及体力活动减少引起的肠蠕动减慢有关。
2. **体温过低**　与机体基础代谢率降低有关。
3. **活动无耐力**　与甲状腺激素分泌不足所致肌肉乏力、贫血等有关。
4. **有皮肤完整性受损的危险**　与黏液性水肿有关。
5. **潜在并发症**:黏液性水肿昏迷。

【护理措施】

（一）一般护理

调节室温在 22～23℃,加强保暖。给予高蛋白、高维生素、低钠、低脂饮食,细嚼慢咽,少量多餐。鼓励病人摄入足够水分,以防止脱水。桥本甲状腺炎病人应避免摄取含碘食物,以免诱发严重的黏液性水肿。

（二）便秘护理

指导病人每日定时排便,养成规律排便的习惯,教会促进便意的技巧,如适当按摩腹部,或用手指进行肛周按摩。鼓励病人进行适度的运动,如散步、慢跑等。指导病人多进食粗纤维食物,如蔬菜、水果或全麦制品,促进胃肠蠕动。必要时根据医嘱给予轻泻剂或灌肠。

（三）皮肤护理

观察皮肤弹性与水肿情况,有无发红、发绀、起水疱或破损等。皮肤干燥、粗糙者,可局部涂抹乳液和润肤油以保护皮肤,洗澡时避免使用肥皂。协助病人按摩受压部位,预防压疮。

（四）病情观察

监测神志、生命体征变化及全身黏液性水肿的情况,每日记录体重。观察大便次数、性质改变,注意有无腹痛、腹胀等麻痹性肠梗阻的表现。观察有无黏液性水肿昏迷的诱因,识别黏液性水肿昏迷的症状,一旦发生,立即通知医生及时处理。

（五）用药护理

指导病人按时按量服用甲状腺制剂,注意观察有无用药过量的症状,如多食消瘦、脉搏>100 次/分、心律失常、发热、大汗、情绪激动等,一旦出现,应立即报告医生。对有心脏病、肾炎、高血压的病人,应特别注意剂量的调整。

（六）黏液性水肿昏迷的护理

迅速建立静脉通道,按医嘱给予甲状腺素和糖皮质激素。保持呼吸道通畅,吸氧,必要时配合医生行气管插管或气管切开。监测生命体征、动脉血气分析的变化,记录 24h 出入量。注意保暖,避免局部热敷,以免烫伤和加重循环不良。

(七)心理护理

多与病人沟通,注意语速缓慢,注意病人反应,告诉病人本病可以用替代疗法达到较好的效果,树立病人配合治疗的信心。鼓励病人多参加社交活动,以避免出现社交障碍。

(八)健康教育

1. 疾病知识指导　告知病人发病原因及注意事项,注意个人卫生,注意保暖,注意行动安全,减少出入公共场所,以防止创伤和感染,慎用催眠、镇静、止痛、麻醉等药物。

2. 饮食指导　指导病人高蛋白、高维生素、低钠、低脂饮食,细嚼慢咽,少量多餐。鼓励病人摄入足够水分,以防止脱水。指导病人多进食粗纤维食物,如水果、蔬菜等,预防便秘。

3. 用药指导　对需终身替代治疗者,向其解释终身服药的重要性和必要性,不可随意停药或变更剂量;告诉病人服用甲状腺激素过量的表现,提醒病人发现异常及时报告和就诊;交代长期用药替代者每6~12个月检测甲状腺功能1次。

4. 病情监测　讲解黏液性水肿昏迷发生的原因及表现,使病人学会自我观察。若出现低血压、心动过缓、体温<35℃等,应及时就诊。

四、甲状腺癌病人的护理

甲状腺癌(thyroid cancer)是最常见的甲状腺恶性肿瘤,约占所有恶性肿瘤的1%,近年来,发病有上升的趋势。女性发病率高于男性,约为3∶2。

【护理评估】

(一)健康史

病因和发病机制尚不清楚,根据甲状腺癌的病理类型可分为:①乳头状甲状腺癌:是甲状腺癌最常见的类型,约占全部甲状腺癌的75%,常见于30~45岁女性,肿瘤生长较慢,恶性程度较低,预后较好。②滤泡状甲状腺癌:约占16%,常见于50岁左右中年人,属中度恶性,预后较乳头状癌差。③未分化癌:又称间变性癌或肉瘤样癌,较少见,仅占3%左右,多见于70岁左右老年人,生长快,早期即可发生浸润和转移,恶性程度高,预后差。④甲状腺髓样癌:又称C细胞癌,约占5%,恶性程度中等,预后较差。除髓样癌外,绝大多数甲状腺癌起源于滤泡上皮细胞。

(二)身体状况

1. 临床表现

(1)甲状腺肿块:甲状腺内发现质地硬而固定、表面不平的肿块是各种类型的甲状腺癌的共同表现。

(2)局部压迫症状:压迫气管可产生呼吸困难;压迫食管可引起吞咽困难;压迫喉返神经可出现声音嘶哑;压迫交感神经可引起 Horner 综合征,侵犯颈丛可出现耳、枕、肩等处的疼痛。

(3)局部淋巴结及远处转移:未分化癌较早出现颈部淋巴结转移,晚期病人可出现骨、肺等远处转移的相应表现。

(4)其他:髓样癌可分泌降钙素、前列腺素、5-羟色胺、肠血管活性肽等,病人可出现腹泻、心悸、面部潮红等表现。

2. 实验室及其他检查

(1)放射性^{131}I 或^{99m}Tc 扫描:甲状腺癌呈冷结节,一般边缘较模糊。

（2）细胞学检查：结节用细针穿刺、抽吸、涂片，进行病理学检查。

（3）影像学检查：B超能发现甲状腺肿块，确定甲状腺大小，测定结节位置、大小、数目及与周围组织的关系。X线颈部正侧位片可了解有无气管移位、狭窄、肿块钙化等，胸部及骨骼摄片可了解有无肺及骨转移。

（4）血清降钙素测定：可协助诊断甲状腺髓样癌。

（三）心理和社会状况

病人担心预后，常出现消极悲观、抑郁等，而恐"癌"心理可进一步加重病人的心理负担，而慢性病程和长期治疗又常引起焦虑、性格改变等。

（四）治疗要点

1. 手术治疗　手术治疗是除未分化癌以外各型甲状腺癌的基本治疗方法，包括甲状腺本身的手术和颈淋巴结清扫。甲状腺的切除范围根据年龄划分的高危组、低危组有所不同，一般认为，低危组病人采用腺叶及峡部切除，若切缘无肿瘤，即可达到治疗目的。高危组病人采取患侧腺叶、对侧次全切除术为宜。也可根据肿瘤的临床特点来选择手术切除范围：①腺叶次全切除术：仅适用于诊断为良性疾病，术后病理检查诊断为孤立性乳头状微小癌。②腺叶＋峡部切除术：适用于肿瘤局限于一叶且直径≤1.5cm者。③近全切除术：适用于肿瘤直径＞1.5cm，较广泛的一侧乳头状癌伴颈淋巴结转移者。④甲状腺全切除术：适用于高度侵袭性乳头状、滤泡状癌，明显多灶性，两侧淋巴结肿大，肿瘤侵犯周围颈部组织或有远处转移者。

颈淋巴结清扫的手术效果肯定，但病人的生活质量受影响，故多不主张作预防性颈淋巴结清扫。一般对低危组病人，若手术未触及肿大淋巴结可不做颈淋巴结清扫。如发现肿大淋巴结，应切除后作快速病理检查，证实为淋巴结转移者，可做中央区颈淋巴结清扫或改良颈淋巴结清扫。对高危组病人应作改良颈淋巴结清扫，若病期较晚，颈淋巴结受侵犯广泛者，则应作传统颈淋巴结清扫。

2. 内分泌治疗　甲状腺癌作次全或全切除者应终身服用甲状腺素片，以预防甲状腺功能减退及抑制TSH。一般剂量掌握在保持TSH低水平，但不引起甲亢。

3. 放射性核素治疗　适用于乳头状癌、滤泡状腺癌、多发性癌灶、局部侵袭性肿瘤、有远处转移者。

4. 放射外照射治疗　主要用于未分化癌的治疗。

【常见护理诊断/问题】

1. 焦虑　与担心手术及预后等有关。

2. 清理呼吸道无效　与手术刺激、分泌物增多、切口疼痛等有关。

3. 疼痛　与肿块压迫和手术创伤有关。

4. 潜在并发症：窒息、呼吸困难、神经损伤及手足抽搐等。

【护理措施】

（一）一般护理

1. 术前　指导并督促病人练习颈过伸位体位，保证病人术前晚充分休息和睡眠。若需行颈淋巴结清扫，术前1日帮助病人剃除耳后毛发，并清洗干净。

2. 术后　取半卧位，病情稳定后可少量饮水，若无不适感，鼓励病人进食或吸管吸入流质，逐步过渡为半流质饮食及软食。鼓励病人床上活动，保证充足的睡眠和休息。

（二）病情观察

监测病人的生命体征,了解病人的发音和吞咽情况,判断有无声音嘶哑、误吸及饮水呛咳等;保持创面敷料清洁干燥,及时更换潮湿敷料,并估计渗血量;妥善固定颈部引流管并保持通畅;观察并记录引流液的量、颜色及性状。如有异常,及时通知医生处理。

（三）并发症的观察与护理

对于甲状腺手术,尤其是颈淋巴结清扫术的病人,床旁必须备气管切开包,严密监测病人呼吸情况,一旦出现窒息症状,立即配合医进行床旁抢救;若出现血肿并压迫气管,立即配合医生拆除切口缝线,清除血肿。

（四）心理护理

术前耐心地讲解有关知识,说明手术的必要性、手术方法、术后恢复过程及预后等情况,减轻病人的心理负担,增强病人对手术的信心;术后根据病人的病理结果,指导病人调整心态,积极配合治疗。

（五）健康教育

1. **疾病知识指导** 告知病人相关注意事项,注意个人卫生,注意保暖,保证充足的休息与睡眠,保证丰富的营养。

2. **功能锻炼指导** 指导病人头颈部制动一段时间后逐步开始练习活动,促进颈部功能恢复。颈淋巴结清扫术病人,宜等切口愈合后进行肩关节和颈部的功能锻炼,持续至出院后3个月。

3. **用药指导** 对作次全或全切除术的甲状腺癌病人术后遵医嘱终身服用甲状腺素片,定期查血清 TSH。

4. **病情监测** 指导病人出院后定期复查,教会病人自行检查颈部的方法,若出现颈部肿块或淋巴结肿大,及时就诊。

（李辉员）

 走入现场

现场:小刘患 1 型糖尿病 12 年,因发热,体温 39.6℃,食欲减退、恶心呕吐及腹痛入院治疗。值班护士小红发现病人呈嗜睡状态,呼吸加深加快,呼气中有烂苹果味;小红判断病人出现了酮症酸中毒,立刻到值班室通知医生。

请问:

1. 小红的判断是否正确? 处理是否恰当?
2. 对病人应采取哪些护理措施?

第二节 糖尿病病人的护理

糖尿病(diabetes mellitus,DM)是一组由遗传和环境等多种因素相互作用引起胰岛素分泌和(或)作用缺陷致使体内糖、脂肪和蛋白质代谢异常,以慢性高血糖为特征的内分泌代谢疾病。因胰岛素分泌和(或)作用缺陷而引起碳水化合物、蛋白质、脂肪、水和电解质等一系列代谢紊乱。病情迁延则引起眼、肾、心脏、血管、神经等多系统的慢性进行性损害,引起功能缺陷及衰竭,病情严重或应激时可发生酮症酸中毒、高血糖高渗状态等急性代谢紊乱。

DM 是常发病、多发病。随着人口老龄化、人们生活方式西方化和生活水平的提高,DM 的患病率、发病率和病人人数都在迅速增加,并向低龄化发展。DM 已成为严重威胁人类健康的世界性公共卫生问题。

糖尿病分为 4 型:①1 型糖尿病(T_1DM):约占 5%,主要发生在青少年。②2 型糖尿病(T_2DM):占 90% 以上,多发于 40 岁以上的中老年人。③妊娠糖尿病(GDM):即在妊娠期间首次发生或发现的糖耐量减低或糖尿病,不包括在糖尿病诊断之后妊娠者。④其他特殊类型糖尿病:指病因相对比较明确,如胰腺炎、库欣综合征等引起的一些高血糖状态,线粒体基因突变糖尿病,青年人中的成年发病型糖尿病。

【护理评估】

(一)健康史

1. 病因与发病机制 糖尿病病因和发病机制至今尚未完全阐明。但有证据显示遗传因素和环境因素共同参与发病过程。

(1)1 型糖尿病:又称胰岛素依赖型糖尿病,绝大多数 1 型糖尿病是自身免疫性疾病,其发病过程分为遗传易感期、启动自身免疫反应、免疫学异常、进行性胰岛 β 细胞功能丧失、临床糖尿病、胰岛 β 细胞衰竭时期。发病机制是某些外界因素(如病毒感染)作用于有遗传易感性的个体,激活一系列自身免疫反应,引起胰岛 β 细胞破坏或衰竭,致使体内胰岛素分泌绝对不足,导致糖尿病。1 型糖尿病遗传易感性与某些人类组织相容性抗原(HLA)基因位点相关。

(2)2 型糖尿病:又称非胰岛素依赖型糖尿病,其发生、发展分为 4 个阶段。①遗传易感:2 型糖尿病具有更明显的遗传倾向,有研究表明其与人类"节约基因"有关,即当食物充足时,"节约基因"不断积攒能量,可使人肥胖,导致胰岛素分泌缺陷和胰岛素抵抗,成为诱发糖尿病的潜在因素之一。②胰岛素抵抗和胰岛 β 细胞功能缺陷:是 2 型糖尿病发病机制的两个要素。胰岛素抵抗(IR)是指胰岛素作用的靶器官(主要是肝脏、肌肉、脂肪组织)对胰岛素作用的敏感性降低。存在 IR 时,若 β 细胞能代偿性增加胰岛素分泌,则可维持代谢正常。但病情进一步发展,β 细胞功能缺陷,对 IR 无法代偿时,就不能使血糖恢复至正常水平,最终导致 2 型糖尿病。③糖耐量减低和空腹血糖调节受损:两者代表正常葡萄糖稳态和糖尿病高血糖之间的中间代谢状态,都表示机体对葡萄糖的调节能力受损。目前认为两者均为糖尿病的危险因素。④临床糖尿病:此期血糖增高,达到糖尿病的诊断标准,可无任何症状或逐渐出现糖尿病症状。

2. 病理生理 糖尿病时,葡萄糖在肝、肌肉和脂肪组织中的利用减少以及肝糖输出增多,从而导致高血糖。脂肪代谢方面,由于胰岛素不足,脂肪组织摄取葡萄糖及从血浆移除三酰甘油减少,脂肪合成减少。脂蛋白脂酶活性降低,血游离脂肪酸和三酰甘油浓度升高。胰岛素极度缺乏时,脂肪组织动员分解增加,产生大量酮体,当超过机体对酮体的氧化利用能力时,酮体就会堆积形成酮症或发展为酮症酸中毒。

(二)身体状况

1. 临床表现 T_1DM 多在青少年期起病,起病急,症状明显,如不给予胰岛素治疗,有自发酮症倾向。某些成人 T_1DM 病人早期临床表现不明显,甚至可能不需胰岛素治疗,称为成人隐匿性自身免疫性糖尿病。T_1DM 病人一般很少肥胖,但肥胖也不能排除本病可能,同时

胰岛 β 细胞抗体一般呈阳性。T_2DM 多发生在 40 岁以上的中老年人,但近年来发病趋向低龄化,尤其在发展中国家,儿童发病率上升。T_2DM 病人多肥胖,起病缓慢,部分病人可长期无代谢紊乱症状,常在体检发现高血糖,随着病程进展可出现各种急慢性并发症。

(1)代谢紊乱症候群

1)"三多一少"症状:即多尿、多饮、多食和体重减轻。血糖升高而引起渗透性利尿导致尿量增多,每日尿量约 3～5L,甚至达 10L 以上;继而口渴多饮。体内葡萄糖不能充分氧化供能,导致病人易饥多食;同时脂肪和蛋白质消耗增加,引起消瘦、疲乏、体重减轻。

2)皮肤瘙痒:由于高血糖及末梢神经病变导致皮肤干燥和感觉异常,病人常有皮肤瘙痒,女性病人可出现外阴瘙痒。

3)其他症状:可有四肢酸痛、麻木、腰痛、性欲减退、阳痿不育、月经失调、便秘、视物模糊等。

(2)糖尿病急性并发症

1)糖尿病酮症酸中毒(DKA):为最常见的 DM 急症,T_1DM 有自发 DKA 倾向,T_2DM 在一定诱因作用下也可发生。DM 加重时,不仅血糖明显升高,且使脂肪动员和分解加速,大量脂肪酸在肝脏经 β 氧化产生大量中间产物酮体(乙酰乙酸、β-羟丁酸和丙酮),引起临床上的酮症(酮血症和酮尿)。酮体中的乙酰乙酸和 β-羟丁酸为较强的有机酸,大量消耗体内储备碱,超过机体的代偿能力时发生代谢性酸中毒,称为 DKA。严重时出现意识障碍,称为糖尿病酮症酸中毒昏迷。①诱因:感染、胰岛素治疗中断或不适当减量、饮食不当、应激情况如创伤、麻醉、手术、妊娠和分娩等,有时可无明显诱因。②临床表现:"三多一少"症状加重,继之出现食欲减退、恶心、呕吐,常伴有头痛、嗜睡、烦躁、呼吸深快,呼气中有烂苹果味。严重失水时,尿量减少、皮肤弹性差、眼球下陷、脉搏细速、血压下降。晚期各种反射迟钝甚至消失,出现昏迷。少数表现为腹痛等急腹症表现。部分病人以 DKA 为首发表现。③实验室检查:尿糖、尿酮强阳性;血糖升高多在 16.7～33.3mmol/L,血酮体升高,常 >4.8mmol/L,血 pH <7.35,CO_2 结合力降低等。

2)高血糖高渗状态(HHS):多见于 50～70 岁的老人,约 2/3 病人发病前无糖尿病病史或仅为轻症。①诱因:感染、急性胃肠炎、胰腺炎、脑卒中、严重肾脏疾病、血液或腹膜透析、静脉内高营养、误输较多葡萄糖溶液或大量饮用含糖饮料、不合理限水、利尿药的应用等。②临床表现:以严重高血糖、高血浆渗透压、脱水为特点,无明显酮症酸中毒,常有不同程度的意识障碍和昏迷。起病缓慢,常先有多尿、多饮,但多食不明显或食欲减退;随病程进展逐渐出现脱水和神经精神症状,反应迟钝,烦躁或淡漠、嗜睡,最后陷入昏迷。就诊时常呈严重脱水、休克,但无酸中毒样深大呼吸。③实验室检查:血糖多在 33.3～66.8mmol/L,尿糖强阳性,但尿酮多阴性,CO_2 结合力 >15mmol/L,血钠可达 155mmol/L,血浆渗透压显著升高达 330～460mmol/L。

3)感染:疖、痈等皮肤化脓性感染多见,可反复发生,有时可致败血症或脓毒血症。足癣、甲癣、体癣等真菌性感染也较常见,女性病人常并发真菌性阴道炎。肺结核发病率高,进展快,易形成空洞;肾盂肾炎和膀胱炎常见,尤其多见于女性,常反复发作,可转化为慢性肾盂肾炎。

(3)糖尿病慢性并发症

1)糖尿病大血管病变:是 DM 最严重而突出的并发症,患病率高、发病年龄较轻、病情进展快,主要表现为大、中动脉粥样硬化,主要侵犯主动脉、冠状动脉、大脑动脉、肾动脉和肢体外周动脉等,引起冠心病、出血性或缺血性脑血管病、肾动脉硬化、肢体外周动脉硬化等。肢体外周动脉硬化常以下肢动脉病变为主,表现为下肢疼痛、感觉异常和间歇性跛行等,严重供血不足可致肢体坏疽。

2)糖尿病微血管病变:是 DM 的特异性并发症,典型病理改变是微循环障碍、微血管瘤形成和微血管基膜增厚,病变主要表现在视网膜、肾、神经、心肌组织,尤以肾脏和视网膜病变最为重要。①糖尿病性肾病:多见于 DM 病史超过 10 年者,可有结节性肾小球硬化、弥漫性肾小球硬化、渗出性病变,导致肾功能异常或衰竭,是 T_1DM 病人死亡的主要原因。②糖尿病视网膜病变:多见于 DM 病史超过 10 年者,是病人失明的主要原因。此外,DM 还可引起黄斑病、白内障、青光眼、屈光改变、虹膜睫状体炎等。③其他:糖尿病心脏微血管病变和心肌代谢紊乱可引起心肌广泛灶性坏死等,称糖尿病性心肌病,可诱发心力衰竭、心律失常、心源性休克和猝死。

3)糖尿病神经系统病变:以周围神经病变最常见,常先出现肢端感觉异常,如手套或袜套状分布,伴麻木、针刺、灼热感或如踏棉垫感,可伴痛觉过敏,随后有肢体疼痛,呈隐痛、刺痛,夜间及寒冷时加重;后期累及运动神经,可有肌力减弱以至肌萎缩和瘫痪。自主神经损害表现为瞳孔改变、排汗异常、胃排空延迟、腹泻或便秘等胃肠功能紊乱、尿失禁、尿潴留、阳痿等。神经病变也可累及中枢神经系统。

4)糖尿病足(DF):指与下肢远端神经异常和不同程度的周围血管病变相关的足部感染、溃疡和(或)深层组织破坏。表现为足部溃疡与坏疽,是 DM 病人截肢、致残的主要原因。

 知识链接

糖尿病足的分级

临床通常采用 Wagner 分级法:0 级为有发生足溃疡的危险因素,目前无溃疡;1 级为表面溃疡,临床上无感染;2 级为较深的溃疡,常有软组织炎,无脓肿或骨的感染;3 级为深度感染,伴有骨组织病变或脓肿;4 级为局限性坏疽(趾、足跟或前足背);5 级为全足坏疽。

2. 实验室及其他检查

(1)血糖测定:是诊断糖尿病的主要依据,也是监测病情发展和疗效的主要指标。空腹血糖(FPG)的正常范围为 3.9～6.0mmol/L;6.1～6.9mmol/L 为空腹血糖调节受损;≥7.0mmol/L 或 OGTT 中 2h 血浆葡萄糖(2hPG)≥11.1mmol/L 为糖尿病。

(2)尿糖测定:尿糖阳性是发现和诊断糖尿病的重要线索,可作为调整降糖药物剂量的参考指标。

(3)口服葡萄糖耐量试验(OGTT):当血糖高于正常而又未达到诊断糖尿病标准者,需进行 OGTT。应在清晨空腹时进行,成人给予 75g 无水葡萄糖,儿童按每千克体重 1.75g 计算,总量不超过 75g。试验日晨空腹取血后将葡萄糖溶于 250～300ml 水中,于 3～5min 内饮完,服后 0.5h、1h、2h 和 3h 分别取静脉血测葡萄糖。结果判定:OGTT2h 血糖 <7.7mmol/L 为正常糖耐量,在 7.8～11.1mmol/L 之间为糖耐量减低,≥11.1mmol/L 诊断为糖尿病。

(4)糖化血红蛋白 A_1(GHbA$_1$)和果糖胺(FA)测定:GHbA$_1$ 的量与血糖浓度成正相关,

正常值为 3% ~6% ,可反映取血前 8 ~12 周血糖的总水平,可作为糖尿病病情控制的监测指标之一。FA 可反映取血前 2 ~3 周总的血糖水平,正常值为 1.7 ~2.8mmol/L,可作为糖尿病病人近期病情监测的指标。

(5)胰岛 β 细胞功能检查:包括胰岛素释放试验和 C- 肽释放试验,用于了解胰岛 β 细胞的功能和指导治疗,但不能用于诊断糖尿病。

(6)其他:根据病情需要可选用血脂、肝、肾功能等常规检查。急性严重代谢紊乱时可行酮体、电解质、酸碱平衡检查。

(三) 心理和社会状况

糖尿病为一终身性疾病,漫长的病程及多器官、多组织结构功能障碍易使病人产生焦虑、抑郁等心理反应,对治疗缺乏信心,不能有效应对。终身治疗和严格控制饮食,以致病人感受到失去生活乐趣而产生悲观情绪;部分病人抱无所谓态度,不认真治疗,随着并发症的出现造成躯体痛苦甚至致残,才意识到糖尿病的威胁而产生忧虑不安、恐惧心理。

(四) 诊断要点

根据"三多一少"症状,结合实验室检查结果可诊断。轻症及无症状者主要依据静脉葡萄糖检测结果。应注意单纯空腹血糖正常并不能排除糖尿病的可能性,应加测餐后血糖或进行 OGTT。诊断标准为:①空腹血浆血糖(FPG)≥7.0mmol/L,或 OGTT 中 2h 血浆葡萄糖(2hPG)≥11.1mmol/L,或糖尿病症状 + 随机血糖≥11.1mmol/L,需重复一次确认,诊断才能成立。②无糖尿病症状、仅一次血糖值达到糖尿病诊断标准者,必须在另一天复查核实而确定诊断;如复查结果未达到糖尿病诊断标准,应定期复查。③儿童糖尿病诊断标准与成人相同。

(五) 治疗要点

治疗原则是早期、长期、综合治疗和治疗方法个体化。DM 的综合治疗包括糖尿病健康教育、饮食治疗、运动锻炼、药物治疗和自我监测 5 个方面,以及降糖、降压、降脂和改变不良生活习惯 4 项措施。

1. 健康教育　是重要的基本治疗措施之一,是治疗成败的关键。良好的健康教育能充分调动病人的主观能动性,积极配合治疗,防止各种并发症的发生和发展,有利于疾病控制达标,提高病人的生活质量。

2. 饮食治疗　是所有糖尿病治疗的基础,饮食治疗的目的是维持理想体重,保证未成年人的正常生长发育,纠正已发生的代谢紊乱,使血糖、血脂达到或接近正常水平。饮食治疗对年长者、肥胖型病例、少症状的轻型病人是主要的治疗措施,对重症和 T_1DM 病人更应严格控制饮食,严格执行并长期坚持饮食计划。

3. 运动锻炼　原则是适量、经常性和个体化。有利于减轻体重,提高胰岛素敏感性,促进糖的利用,减少胰岛的负担,改善血糖和脂代谢紊乱,并可减轻病人的压力和紧张情绪。尤其对 T_2DM 肥胖病人,应鼓励其适当进行运动锻炼。

4. 口服药物治疗

(1)促胰岛素分泌剂:仅用于无急性并发症和严重慢性并发症的 T_2DM。①磺脲类(SUs):主要应用于新诊断的 T_2DM 非肥胖病人及饮食和运动治疗血糖控制不理想者。常用药物有甲苯磺丁脲(D860)、格列本脲(优降糖)、格列吡嗪(瑞易宁)、格列齐特(达美康)、格列喹酮(糖适平)、格列吡嗪控释片(瑞易宁)、格列美脲(亚莫利)等。②非磺脲类:主要用于控制餐后高血糖,适用于 T_2DM 早期餐后高血糖阶段或以餐后高血糖为主的老年病人。常用药物有瑞格列奈(诺和龙)和那格列奈。

(2)胰岛素增敏药:①双胍类:常用的药物有二甲双胍(甲福明)和格华止。是 T_2DM 肥胖或超重病人的临床第一线药物,最常见的不良反应为胃肠道反应,最严重的是乳酸酸中毒,故肝肾功能减退、高热、慢性胃肠病、严重感染及 80 岁以上的病人禁用。②噻唑烷二酮类(TZDs):也称格列酮类,常用药物有罗格列酮、吡格列酮。可单独或联合其他药物治疗 T_2DM,尤其是肥胖、胰岛素抵抗明显者。③α 葡萄糖苷酶抑制剂(AGI):可作为 T_2DM 的一线药物,尤其适用于空腹血糖正常(或稍高)而餐后血糖明显升高者。常用药物有阿卡波糖(拜糖平)、伏格列波糖(倍欣)。

5. 胰岛素治疗

(1)适应证:①T_1DM 和 GDM;②DKA、HHS 和乳酸酸中毒等各种急、慢性并发症;③DM处于应激状态如感染、创伤、手术、妊娠、分娩等;④T_2DM 病人经饮食、运动、口服降糖药物治疗血糖控制不满意者;⑤某些特殊类型 DM。

(2)制剂类型:胰岛素制剂一般为皮下或静脉注射液体,按作用快慢和维持作用时间长短可分为速效、短效、中效、长效、预混胰岛素 5 类(表7-2)。速效和短效胰岛素主要控制一餐后高血糖;中效胰岛素主要控制两餐后高血糖,以第二餐为主;长效胰岛素无明显作用高峰,主要提供基础水平胰岛素;预混胰岛素为速效或短效胰岛素与中效胰岛素的混合制剂。其中,短效的普通胰岛素是唯一可以静脉注射的胰岛素,可用于抢救 DKA。根据胰岛素来源不同分为动物胰岛素(猪、牛)、基因重组人胰岛素和胰岛素类似物 3 种。人胰岛素如低精蛋白胰岛素(NPH)、精蛋白锌胰岛素(PZI)比动物来源胰岛素如普通胰岛素更少引起免疫反应,胰岛素类似物如赖脯胰岛素、门冬胰岛素、甘精胰岛素比人胰岛素更符合生理胰岛素分泌及作用模式。

表 7-2　胰岛素制剂类型及作用时间

作用类别	制剂类型	皮下注射作用时间(小时)		
		开始	高峰	持续
速效	门冬胰岛素	15 分钟	0.5 ~ 1	2 ~ 5
	赖脯胰岛素			
短效	普通胰岛素(R)	0.5	2 ~ 4	6 ~ 8
中效	低精蛋白胰岛素(NPH)	1.5	4 ~ 12	16 ~ 24
	慢胰岛素锌混悬液			
长效	精蛋白锌胰岛素(PZI)	3 ~ 4	14 ~ 24	24 ~ 36
	特慢胰岛素锌混悬液			
	甘精胰岛素			
	地特胰岛素			
预混	优泌林 30R	0.5	2 ~ 12	16 ~ 24
	优泌乐 25、50	15 分钟	0.5 ~ 1.5	15
	诺和锐 30	15 分钟	1 ~ 4	24

注:受胰岛素剂量、吸收、降解等多种因素影响,个体差异大,仅供参考

（3）使用原则和方法:胰岛素剂量选择要综合考虑病人的血糖水平、β细胞功能缺陷程度、胰岛素抵抗程度、饮食和运动状况等。一般从小剂量开始,根据血糖水平逐渐调整。应力求模拟生理性胰岛素分泌模式,包括空腹时持续基础分泌和进餐后胰岛素追加分泌。方法有:①联合用药:口服降糖药加胰岛素治疗。适用于体内尚有一定数量的有功能的β细胞的 T_2DM 病人。一般白天口服降糖药,睡前加用胰岛素,此法可减少胰岛素用量。②常规胰岛素治疗:早、晚餐前各注射1次混合胰岛素或中效胰岛素。以后可根据血糖调整胰岛素剂量,若出现"黎明现象"(白天、夜间血糖水平都正常,清晨受皮质激素影响,血糖增高的现象),应增加睡前胰岛素的用量;若"Somogyi效应"(胰岛素用量过大,夜间出现低血糖反应,早晨发生反跳性高血糖),应减少睡前胰岛素的用量或改变剂型,睡前适量加餐。③胰岛素强化治疗:一种是每天3~4次(3餐前短效胰岛素加晚睡前中效胰岛素)皮下注射。 T_1DM 病人需严格控制血糖,常用此法。另一种是持续皮下胰岛素输注(CSII),亦称胰岛素泵。模拟人正常胰腺分泌胰岛素的模式,持续不断地向病人体内输注胰岛素,以保证正常的生理需要,称为基础量;进食时又能按需追加输注胰岛素,能使各种难以控制的高血糖、频繁发作的低血糖得到良好的控制,提高病人生活质量。采用强化胰岛素治疗时,低血糖发生率增加,应注意避免,及早识别和处理。2岁以下幼儿、老年人、已有晚期严重并发症者慎用。

6. 胰腺和胰岛细胞移植　治疗对象主要为 T_1DM 病人,目前尚局限于伴终末期肾病的病人。胰岛移植尚处在临床试验阶段。

7. 糖尿病酮症酸中毒(DKA)的治疗

（1）补液:是抢救DKA的首要和关键措施。一开始使用生理盐水,当血糖降至13.9mmol/L时,方可改输5%葡萄糖溶液,并按每2~4g葡萄糖加入1U短效胰岛素。补液量和速度视失水程度而定。如无心力衰竭,开始时补液速度应快,在2h内输入1000~2000ml,以便迅速补充血容量,改善周围循环和肾功能。以后根据血压、心率、尿量、末梢循环情况、中心静脉压等调整,一般第一个24h补液4000~6000ml,严重失水者可达6000~8000ml。

（2）胰岛素治疗:目前均采用小剂量短效胰岛素治疗方案,即每小时给予每千克体重0.1U胰岛素,加入生理盐水中持续静滴或静脉泵入,既能有效抑制脂肪分解和酮体产生,又可减少低血糖、低血钾等的发生。治疗中监测血糖,注意补钾及防止脑水肿。病情稳定后过渡到胰岛素常规皮下注射。

（3）纠正电解质及酸碱平衡紊乱:轻、中度酸中毒经充分输液和胰岛素治疗后,酮体水平下降,酸中毒可自行纠正,一般不必补碱。补碱指征: $pH \leqslant 7.1$ 、 $HCO_3^- < 5mmol/L$ 或 CO_2 结合力 $\leqslant 4.5 \sim 5.6mmol/L$,对严重酸中毒者可静滴小剂量等渗碳酸氢钠溶液,补碱不宜过多、过快。DKA病人有不同程度的失钾,故在输液和胰岛素治疗的同时即开始补钾,除非有肾功能不全或血钾偏高者,暂不补钾,严密观察。

（4）处理诱因和防治并发症:包括休克、感染、心力衰竭、心律失常、肾衰竭、脑水肿、急性胃扩张等。

8. 高血糖高渗状态(HHS)的治疗　病情危重,并发症多,强调早期诊断和治疗,治疗基本同DKA。给予补液和胰岛素治疗,严重失水时,24h补液量可达到6000~10 000ml,当血糖降至16.7mmol/L时改用5%葡萄糖溶液,并按每2~4g葡萄糖加入1U短效胰岛素。一般不补碱,根据尿量补钾。积极防治诱因和并发症。

【常见护理诊断/问题】

1. 营养失调:低于或高于机体需要量　与胰岛素分泌或作用缺陷引起物质代谢紊乱

有关。

2. **知识缺乏：缺乏糖尿病饮食、运动、用药和自我护理知识**　与缺乏指导有关。

3. **有感染的危险**　与血糖增高、脂代谢紊乱、营养不良、微循环障碍等有关。

4. **潜在并发症：**低血糖、酮症酸中毒、高血糖高渗状态、糖尿病足等。

【护理目标】

1. 病人能合理摄取营养,体重恢复正常并保持稳定,血糖、血脂正常或维持理想水平。

2. 病人对糖尿病有足够的认识和了解,积极配合饮食、运动、药物治疗,获得相应的自我护理知识。

3. 病程中未发生感染或发生时能被及时发现和处理。

4. 未发生低血糖、酮症酸中毒、高血糖高渗状态、糖尿病足或发生时能被及时发现和处理。

【护理措施】

（一）饮食护理

饮食治疗为各型糖尿病治疗的基础,是糖尿病自然病程中任何阶段预防和控治糖尿病必不可少的措施,需严格执行并长期坚持。

1. **制定总热量**　首先通过简易公式计算:40 岁以下者,理想体重(kg) = 身高(cm) − 105,40 岁以上者,理想体重(kg) = 身高(cm) − 100,再根据理想体重和活动强度计算每天所需总热量。成年人休息状态下每天每千克理想体重给予 105 ~ 125.5kJ,轻体力劳动 125.5 ~ 146kJ,中度体力劳动 146 ~ 167kJ,重体力劳动 167kJ 以上。儿童、孕妇、哺乳妇女、营养不良和伴有消耗性疾病者可酌情增加 21kJ,而肥胖者酌情减少 21kJ,使体重逐渐恢复至理想体重的 ± 5% 。

2. **食物的组成和分配**　将每天所需总热量、营养物质提供的热量及其分配比例计算出碳水化合物、蛋白质、脂肪的每天所需量。食物中供能物质的热量分配为:①碳水化合物占总热量的 50% ~ 60% ,提倡用粗制米、面和一定量杂粮,严格限制各种甜食(如糖果、甜点心、含糖饮料等)。②蛋白质占 10% ~ 15% ,成人每天每千克理想体重摄入蛋白质 0.8 ~ 1.2g,儿童、孕妇、哺乳妇女、营养不良和伴有消耗性疾病者宜增至 1.5 ~ 2.0g,伴有糖尿病肾病而肾功能正常者应限制在 0.8g,血尿素氮升高者应限制在 0.6g,蛋白质总量的至少 1/3 来自动物蛋白。③脂肪不超过总热量的 30% ,胆固醇摄入量 < 300mg/d,少食含胆固醇高的食物(如动物内脏、蛋黄、蟹黄、虾子、鱼子等),提倡使用植物油,饱和脂肪、多不饱和脂肪、单不饱和脂肪三者的比例应为 1:1:1。④多食富含纤维素的食物(如豆类、粗谷物、蔬菜、含糖成分低的水果等),40 ~ 60g/d 为宜,有利于增加肠蠕动,使餐后血糖下降及保持大便通畅,还可降低胆固醇和低密度脂蛋白,有助于预防糖尿病心血管并发症的发生;限制饮酒;食盐摄入 < 6g/d。

3. **三餐热量分配**　确定每天各种营养物质的热量后,将热量换算为食物重量。每克碳水化合物、蛋白质和脂肪的产热量分别为 13kJ、13kJ 和 38kJ。将其换算后,根据病人生活习惯、病情和配合药物治疗的需要进行安排。每天三餐分配为 1/5、2/5、2/5 或 1/3、1/3、1/3;或四餐分配 1/7、2/7、2/7、2/7。

4. **饮食治疗的注意事项**　治疗过程中要监测体重变化,随访调整。每周定期测量体重1 次,如果体重增加 > 2kg,进一步减少饮食总热量;如消瘦病人体重有所恢复,也应适当调整饮食方案,避免体重继续增加;如肥胖病人治疗中体重不下降,应进一步减少总热量。注意按时进餐,如已服用降糖药或注射胰岛素而未能按时进食,易发生低血糖。病人应随身携带一些方便食品,以便发生低血糖时即时食用。

（二）运动锻炼

原则强调因人而异、循序渐进、相对定时、定量、适可而止。运动量的简易计算方法:脉率 = 170 − 年龄。运动锻炼的方式以有氧运动为主,如散步、慢跑、骑自行车、做广播操、太极拳等。运动频率和时间为至少每周 150 分钟,T_1DM 病人运动应选在餐后 1h 后进行,运动量不宜过大,持续时间不宜过长,2 ~ 3h 内为宜,否则易诱发低血糖;T_2DM 尤其伴有肥胖症者可适当延长运动时间,有助于减肥;若有心、脑血管疾患或严重微血管病变者,应按具体情况选择运动方式。运动中出现饥饿感、心慌、头昏、乏力、出汗等,常提示低血糖反应,应立即停止活动并进食。运动时随身携带糖尿病卡以备急需。

（三）病情观察

1. **糖尿病控制状况**　定期监测血糖、血压、血脂、糖化血红蛋白、眼底、体重等,以正确判断病情。让病人学会尿糖定性及用血糖仪自我监测血糖的方法以指导治疗。

2. **急性并发症的观察**　严密观察和记录病人的生命体征、神志、24h 出入量等,遵医嘱定时监测血糖、血钠和渗透压的变化,以及时发现糖尿病酮症酸中毒和高血糖高渗状态的征兆。

3. **低血糖的观察**　低血糖的临床表现有:①自主（交感）神经过度兴奋表现:多有肌肉颤抖、心悸、出汗、饥饿感、软弱无力、紧张、焦虑、流涎、面色苍白、心率加快、四肢冰冷等;②脑功能障碍表现:初期为精神集中、思维和语言迟钝、头晕、嗜睡、视物不清、步态不稳,后可有幻觉、躁动、易怒、性格改变、认知障碍,严重者发生抽搐、昏迷。观察病人有无低血糖的临床表现,尤其是服用胰岛素促泌剂和注射胰岛素的病人。老年病人常有自主神经功能紊乱而导致低血糖症状不明显,应加强血糖监测。

4. **糖尿病足的观察**　每日检查双足 1 次,观察足部皮肤颜色、温度改变、感觉变化,注意足底有无水疱、溃疡、坏死等,及时发现糖尿病足,做好相应处理。

（四）口服用药的护理

指导病人正确服药,注意观察药物效果和不良反应。

1. **磺脲类药物**　应餐前半小时服用,不良反应有低血糖反应、胃肠道反应、皮肤瘙痒、胆汁淤滞性黄疸、肝功能损害、贫血、白细胞减少、皮疹等。

2. **双胍类药物**　应餐中或餐后口服,饭后服药及从小剂量开始可减轻不适症状。不良反应主要是胃肠道反应,如腹部不适、口中金属味、恶心、畏食、腹泻等,严重时发生乳酸酸中毒（服用苯乙双胍常见）。

3. **α 葡萄糖苷酶抑制剂**　应在进食第一口食物后服用,常见不良反应有腹胀、排气增多或腹泻等。如与胰岛素促泌剂或胰岛素合用可能出现低血糖,其处理应直接给予葡萄糖口服或静脉注射,进食淀粉类食物无效。

4. **噻唑烷二酮类药物**　要密切观察有无水肿、体重增加等不良反应,该药可增加缺血性心血管病的风险,一旦出现应立即停药。

（五）胰岛素应用护理

1. **胰岛素的注射途径**　包括静脉注射和皮下注射。紧急情况下,仅普通胰岛素可静脉给药。注射工具有胰岛素专用注射器、胰岛素笔和胰岛素泵 3 种。

2. **注射部位**　胰岛素采用皮下注射时,宜选皮肤疏松部位（如上臂三角肌、臀大肌、大腿前侧、腹部等)。腹部吸收最快,其次是上臂、大腿和臀部。注射部位要有计划按顺序轮换,同一区域注射时,应距上次注射部位1cm以上,1个月内不要在同一部位注射2次,以避免引起局部皮下脂肪萎缩或增生、局部硬结。如产生硬结,可热敷。注射胰岛素时应严格无菌操作,防止发生感染。

3. **注射时间**　中、长效胰岛素和进餐关系不大,一般在早餐前1h皮下注射,但速效制剂必须在进餐前半小时注射。

4. **使用胰岛素的注意事项**

(1)准确用药:熟悉各种胰岛素的名称、剂量及作用特点,准确执行医嘱,按时注射。我国常用制剂有每毫升40U和100U两种规格,每次注射尽量使用同一型号的1ml注射器,进针角度不超过45°,使用时应注意注射器与胰岛素浓度匹配。

(2)吸药顺序:不同起效时间胰岛素混用时,要先抽吸短效胰岛素,再抽吸中、长效胰岛素,混匀后注射。切不可反向操作,以免影响短效药的速效性。

(3)胰岛素的保存:未开封的胰岛素放于冰箱4~8℃冷藏保存,不可冷冻;正在使用的胰岛素在常温下(不超过28℃)可使用28d,无需放入冰箱,应避免过冷、过热、太阳直晒、剧烈晃动等,否则可因蛋白质凝固变性而失效。

(4)血糖监测:注射胰岛素病人一般常规监测血糖2~4次/日,如发现血糖波动过大或持续高血糖,应及时通知医生。

(5)使用胰岛素泵时应定期更换导管和注射部位以避免感染及针头堵塞。使用胰岛素笔时要注意笔与笔芯相互匹配,每次注射前确认笔内是否有足够剂量,药液是否变质;另外,每次使用前均应更换针头,注射后将针头丢弃。

5. **不良反应的观察及处理**　①低血糖反应:最常见,表现为疲乏、强烈饥饿感、出冷汗、脉速、恶心、呕吐,重者可昏迷,甚至死亡。应监测血糖,观察有无低血糖症状。病人一旦发生低血糖,应立即抽血检查血糖,反应轻者可用白糖以温水冲服,反应重者必须静脉注射50%葡萄糖40ml,清醒后再进食。②过敏反应:表现为注射部位瘙痒,继而出现荨麻疹皮疹,也可有恶心、呕吐、腹泻等,多见于应用动物胰岛素者,一旦发生可更换制剂或批号,并使用抗组胺药或糖皮质激素等。③注射部位脂肪萎缩或增生:更换注射部位后注可缓慢自然恢复。④胰岛素水肿:多出现在胰岛素治疗初期或因水钠潴留而继发轻度水肿,多可自行缓解。⑤视物模糊:部分病人出现,多为晶状体屈光改变,常于数周内自然恢复。

(六) 并发症的护理

1. **糖尿病酮症酸中毒和高血糖高渗状态**

(1)绝对卧床休息,注意保暖,给予持续低流量吸氧,去除或避免诱因。

(2)迅速建立两条静脉通道,确保液体和胰岛素的输入。

(3)严密监测病情:观察和记录病人神志、生命体征、呼吸气味、皮肤弹性、四肢温度及24h出入量。监测并记录血糖、尿糖、血酮、尿酮水平以及血气分析和电解质的变化。

(4)加强生活护理,特别注意皮肤、口腔护理。

(5)昏迷者按昏迷常规护理。

2. **感染**　注意保暖,避免接触上呼吸道感染者;指导病人注意个人卫生,加强口腔、皮肤、会阴部的清洁,勤洗澡、更衣;避免皮肤、黏膜破损。注意观察病人体温、脉搏等变化以及时发现感染,一经发现及时报告医生并配合处理。

3. **糖尿病足 (DF)**　发生足溃疡的危险性及足溃疡的发展均与血糖密切相关,足溃疡的预防教育就从早期指导病人控制和监测血糖开始。指导和协助病人采用多种方法促进肢体血液循环,如轻轻按摩、保暖、步行和腿部运动。应避免盘腿坐和跷二郎腿。鼓励戒烟。指导勤换鞋袜,每日清洗足部 1 次,10 分钟左右,水温适宜,不能烫脚;洗完后用软毛巾擦干,尤其是脚趾间。防止外伤,指导病人不要赤脚走路,以防刺伤;外出时不可穿拖鞋,以免踢伤;应选择轻巧柔软、透气性好、前端宽大、圆头、有带或鞋袢的鞋子,鞋底要平、厚。穿鞋前注意检查鞋子,清除异物和保持里衬平整。袜子选择以浅色、弹性好、吸汗、透气及散热性好的棉毛质地为佳,大小适中、不粗糙、无破洞。剪指甲时勿伤皮肉,应帮助视力不好的病人修剪指甲,指甲修剪与脚趾平齐,并挫圆边缘尖锐部分。防止烫伤、冻伤。夏天注意避免蚊虫叮咬。对鸡眼、胼胝、脚癣及时治疗。不乱涂外用药。

(七) 心理护理

指导病人和家属正确对待糖尿病,告诉病人和家属糖尿病虽然不能根治,但通过综合治疗,是可以控制的,病人能和正常人一样生活和长寿,帮助病人树立战胜疾病的信心,积极配合治疗。帮助病人建立良好的社会支持系统。

(八) 健康教育

1. 疾病知识指导　采取多种方法让病人和家属了解糖尿病的病因、危险因素、症状等,让病人认识到血糖监测、饮食控制和运动锻炼的意义,提高病人对治疗的依从性。指导病人外出时随身携带识别卡,以便发生紧急情况及时处理。

2. 用药与自我护理指导　介绍口服降糖药或(和)胰岛素的名称、剂量、给药时间,教会病人或其家属掌握胰岛素的注射方法,教会病人观察药物疗效和不良反应。教会病人饮食、运动治疗具体实施及调整的原则和方法;指导病人生活规律,戒烟酒,注意个人卫生。指导病人正确处理疾病所致的生活压力,树立起与糖尿病做长期斗争及战胜疾病的信心。指导病人及家属掌握糖尿病急性常见并发症的主要临床表现、观察方法和处理措施。

3. 病情监测　教会病人血糖、尿糖的监测方法,体重指数的监测,告知糖尿病控制良好的标准。嘱病人定期复查,每 3~6 个月复查 GHbA$_1$,血脂异常者每 1~2 个月监测 1 次,如无异常每 6~12 个月监测 1 次。

【护理评价】

1. 病人多饮、多食、多尿症状是否得到控制,血糖是否控制理想或较好。体重有无恢复或接近正常。

2. 病人是否对糖尿病有足够的认识和了解,能否积极配合饮食、运动、药物治疗,获得相应的自我护理知识。

3. 病程中有无感染发生或发生时是否得到及时发现和控制。

4. 病人有无低血糖、酮症酸中毒、高血糖高渗状态、糖尿病足或发生时是否得到及时的纠正和控制。

（李辉员）

第三节　库欣综合征病人的护理

库欣综合征(Cushing syndrome)又称皮质醇增多症,是各种病因引起肾上腺分泌过量的糖皮质激素(主要是皮质醇)所致病症的总称。主要临床表现为满月脸、多血质外貌、向心性肥胖、皮肤紫纹、痤疮、糖尿病倾向、高血压和骨质疏松等。库欣综合征多见于女性,男女比例为 1∶2~3,其中 20~40 岁者约占 2/3。

【护理评估】

（一）健康史

1. 依赖 ACTH（促肾上腺皮质激素）的库欣综合征　包括:①Cushing 病:是最常见的临床类型,约占 70%,即垂体 ACTH 分泌过多,伴肾上腺皮质增生,多为垂体微腺瘤所致。②异位 ACTH 综合征:指垂体以外的恶性肿瘤产生大量 ACTH,刺激肾上腺皮质增生,以小细胞肺癌最明显。

2. 不依赖 ACTH 的库欣综合征　包括:①肾上腺皮质腺瘤:占 15%~20%。②肾上腺皮质癌:占 5% 以下,进展快,病情重。③不依赖 ACTH 的双侧性肾上腺小结节性增生。④不依赖 ACTH 的双侧肾上腺大结节性增生等。

3. 医源性库欣综合征　长期大量使用糖皮质激素引起,与时间和剂量有关。

（二）身体状况

1. 临床表现

（1）满月脸、向心性肥胖、多血质:皮质醇促进脂肪的动员和合成,引起脂肪代谢紊乱及脂肪的重新分布,病人面圆呈暗红色,颈、胸、背、腹部脂肪增厚,因肌肉消耗,四肢显得相对瘦小。

（2）全身及神经、精神表现:全身肌无力,下蹲后起立困难。常出现不同程度的精神及情绪变化,如情绪不稳定、烦躁、失眠;严重者出现精神失常,如偏执狂等。

（3）皮肤表现:蛋白质合成减少而分解过多,致病人皮肤菲薄形成紫纹,以臀部外侧、下腹两侧、大腿内外侧等处多见,呈对称性。异位 ACTH 综合征和较重 Cushing 病病人皮肤色素明显加深。微血管脆性增加,轻微外伤即可引起瘀斑。

（4）心血管表现:高血压常见,长期高血压可致左心室肥大、心力衰竭和脑血管意外等;病人脂肪代谢紊乱,易发生动静脉血栓,增加心血管并发症的发生率。

（5）感染:长期皮质醇分泌增多导致抵抗力下降,免疫功能减弱,易发生各种感染,以肺部感染多见。因皮质醇增多,抑制发热等机体防御反应,炎症反应往往不显著,常因发热不明显而造成漏诊和严重后果。

（6）性功能异常:由于皮质醇抑制垂体促性腺激素及肾上腺雄激素分泌增多,女性病人出现月经减少或停经、痤疮等,若出现明显男性化提示肾上腺癌;男性病人则出现性欲减退、睾丸变软、阴茎缩小等。

（7）代谢障碍:大量皮质醇加强肝糖原异生,抑制外周组织对葡萄糖的酵解和利用,拮抗胰岛素作用,使血糖升高,部分病人出现类固醇性糖尿病。大量皮质醇有潴钠排钾作用,可有水肿、低钾表现。

2. 实验室及其他检查

（1）皮质醇测定:血浆皮质醇水平增高且昼夜节律消失,表现为早晨略高于正常,晚上下降不明显。24 小时尿 17-羟皮质类固醇升高。

（2）地塞米松抑制试验:①小剂量地塞米松抑制试验:尿 17-羟皮质类固醇不能降至对照值的 50% 以下,或尿游离皮质类固醇不能降至 55nmol/d 以下者,表示不能被抑制。②大剂量地塞米松抑制:尿 17-羟皮质类固醇或尿游离皮质类固醇,降至对照值的 50% 以下,表示被抑制,病变多为垂体性;不能被抑制者,可能为原发性肾上腺皮质肿瘤或异位 ACTH 综合征。

（3）ACTH 兴奋试验:垂体性 Cushing 病和异位 ACTH 综合征者有反应,原发性肾上腺皮质肿瘤者多数无反应。

（4）影像学检查：肾上腺超声检查、CT 等可诊断病变部位。

（三）心理和社会情况

病人常因身体外形和身体功能改变，导致自我形象紊乱，病人不敢面对社会，对健康、生活、工作和社交失去信心，或因担心工作、生活质量降低，而出现抑郁情绪。

（四）治疗要点

根据不同病因做相应治疗。在病因治疗前，对病情严重者，应对症治疗及改善并发症。

1. Cushing 病　治疗方法可分为手术、放射、药物治疗，其中经蝶窦切除垂体微腺瘤，为治疗本病的首选方法。

2. 肾上腺肿瘤　明确部位后行手术切除根治疗法，肾上腺癌尽早手术治疗。

3. 不依赖 ACTH 小结节性或大结节性双侧肾上腺增生　做双侧肾上腺切除术，术后用激素替代治疗。

4. 异位 ACTH 综合征　针对原发性恶性肿瘤，根据具体病情进行手术、放疗或化疗等，若不能根治，使用肾上腺皮质激素合成阻滞药，如米托坦、美替拉酮、酮康唑等。

【常见护理诊断/问题】

1. 自我形象紊乱　与库欣综合征引起身体外观改变有关

2. 体液过多　与皮质醇增多引起水钠潴留有关

3. 有感染的危险　与皮质醇增多导致机体免疫力下降有关

4. 有受伤的危险　与蛋白质代谢异常和钙吸收障碍有关

5. 潜在并发症：心力衰竭、脑血管意外、类固醇性糖尿病

【护理措施】

（一）一般护理

1. 休息与活动　取平卧位，抬高双下肢，有利于静脉回流，避免水肿加重。久病出现骨质疏松、关节腰背疼痛者，适当限制运动，做好安全防护及防止骨折。

2. 饮食护理　给予低钠、高钾、高蛋白、低热量饮食；避免刺激性食物，禁烟酒；多食柑橘类、枇杷、香蕉、南瓜等含钾高的食物，预防和控制水肿、低钾血症和高血糖；鼓励摄取富含钙及维生素 D 食物，如牛奶、虾皮、坚果等，预防骨质疏松。出现糖尿病症状时，严格执行糖尿病饮食。

（二）病情观察

注意监测血压、心率、心律、血常规检查等变化情况，观察有无感染征象，有无左心衰竭发生。监测血钾和心电图变化，观察有无恶心、呕吐、腹胀、乏力、心律失常等低钾血症表现；注意观察病人空腹血糖或糖耐量试验的结果，观察有无进食量增多和糖尿病表现。监测水肿、电解质等变化，观察每日体重及 24 小时液体出入量有无变化。

（三）用药护理

遵医嘱应用肾上腺皮质激素合成阻滞药，注意观察疗效和不良反应。用药期间应定期做肝功能检查。水肿病人应用利尿药，如出现心律失常、恶心、呕吐、腹胀等低血钾症状时，及时报告医生。

（四）并发症的观察及护理

1. 预防感染　当病人抵抗力下降时，易发生各种感染。应保持病室及床单位整洁、病室湿度适宜，避免病人暴露在污染的环境中，减少感染机会。严格执行无菌操作技术，必要时

戴手套和口罩,尽量减少侵入性治疗措施,降低感染及避免交叉感染的危险。一旦发生感染,遵医嘱及早治疗。

2. 预防外伤 为减少安全隐患,应移去环境中不必要的家具或摆设,在浴室铺防滑脚垫,防止病人外伤、滑倒或骨折等;避免过度劳累及剧烈运动;骨质疏松和骨痛病人变换体位时,动作轻柔;护理操作时,动作应轻稳,避免碰击或擦伤皮肤,以防引起皮下出血。

(五)心理护理

及时与病人进行沟通,给予安慰和心理疏导,鼓励病人说出身体外观改变的感受,解释并消除其顾虑,坚定治疗信心。

(六)健康教育

1. 疾病知识指导 告知病人有关疾病过程及治疗方法,指导病人正确用药并学会观察药物疗效和不良反应。对使用皮质激素替代治疗者,应详细介绍用法和注意事项。

2. 生活指导 教会病人自我护理的方法,保持生活规律,心情愉快;尽量少去公共场所,以免引起感染;指导病人和家属有计划地安排力所能及的活动,让病人独立完成,增强其自信心和自尊感。

3. 避免加重病情的诱因 指导病人避免感染,避免不适当的活动,避免外伤。

(陈 婧)

第四节 痛风病人的护理

痛风(gout)是一组长期嘌呤代谢紊乱和(或)尿酸排泄障碍所致血尿酸增高的一组异质性疾病。临床特点为高尿酸血症、痛风性急性关节炎反复发作、痛风石沉积、间质性肾炎,严重者呈关节畸形及功能障碍,常累及肾脏引起痛风性肾病和尿酸性肾结石。痛风患病率随年龄增长而增多,男性40岁以上人群多见,女性多见于绝经期后;发病高峰在40~50岁,其中男性占95%以上。近年来随经济迅速发展,我国痛风发病率逐年上升。

【护理评估】

(一)健康史

根据病因不同,痛风分为原发性和继发性2类。原发性痛风多有家族遗传史,与肥胖、原发性高血压、异常血脂、动脉粥样硬化、冠心病、糖尿病、胰岛素抵抗等关系密切;继发性痛风可由肾病、血液病、药物及高嘌呤食物等多种原因引起。与发病有关的因素主要有:

1. 尿酸排泄减少 是引起高尿酸血症的主要因素。主要包括肾小球尿酸滤过减少、肾小管重吸收增多、肾小管尿酸分泌减少及尿酸盐结晶在泌尿系统的沉积。

2. 尿酸生成增多 在嘌呤代谢过程中,均有酶参与各环节的调控,当嘌呤核苷酸代谢酶缺陷或功能异常时,引起嘌呤合成增加而导致尿酸水平升高。

(二)身体状况

1. 临床表现

(1)无症状期:仅有波动性或持续性高尿酸血症,从血尿酸增高至症状出现的时间可长达数年至数十年,有些可终身不出现症状,但随着年龄增长,痛风的患病率增加,并与高尿酸血症的水平和持续时间有关。

(2)急性关节炎期:为痛风的首发症状,是尿酸盐结晶、沉积引起的炎症反应。常在夜间发作,因疼痛而惊醒,突然发生下肢远端单一关节红、肿、热、痛和功能障碍,最易受累部位是

第一跖趾关节,依次为踝、膝、腕、指、肘等关节。初次发作呈自限性,经 1～2 日或数周自行缓解,缓解后关节局部出现特有的脱屑和瘙痒。缓解期可数月、数年乃至终身。

急性关节炎期多于春秋发病,酗酒、过度疲劳、关节受伤、关节疲劳、手术、感染、寒冷、摄入高蛋白和高嘌呤食物等为常见的诱因。

(3)痛风石及慢性关节炎期:痛风石是痛风的一种特征性损害,是尿酸盐沉积所致。痛风石可存在于任何关节、肌腱和关节周围软组织,导致骨、软骨的破坏及周围组织的纤维化和变性,常多关节受累,且多见于关节远端,一般以耳廓、跖趾、指间和掌指处多见;受累关节可表现为以骨质缺损为中心的关节肿胀,僵硬及畸形,无一定形状且不对称。严重时痛风石突出隆起,该处皮肤发亮、菲薄,容易皮肤破溃,排出白色豆渣样尿酸盐结晶,瘘管周围组织呈慢性肉芽肿,不易愈合,少有继发感染。

(4)肾病变:①痛风性肾病:是痛风特征性的病理变化之一,为尿酸盐结晶沉积引起慢性间质性肾炎,进一步累及肾小球血管床,可出现蛋白尿、夜尿增多、等渗尿,进而发生高血压、氮质血症等肾功能不全表现,最终可因肾衰竭或并发心血管病而死亡。②尿酸性肾结石:为尿酸盐结晶在肾形成的结石,结石较大者出现肾绞痛、血尿等表现。

(5)代谢综合征:高尿酸血症常伴有肥胖、原发性高血压、高脂血症、2 型糖尿病、高凝血症、高胰岛素血症等代谢综合征。

2. 实验室及其他检查

(1)血、尿尿酸测定:男性或绝经后女性血尿酸 >420μmol/L,绝经前女性 >350μmol/L,可确定高尿酸血症。若限制嘌呤饮食 5 日后,每日尿酸排出量 >3.57mmol/L,提示尿酸生成增多。

(2)滑囊液或痛风石内容物检查:急性关节炎期行关节腔穿刺,抽取滑囊液,在旋光显微镜下,可见白细胞内有双折光现象的针形尿酸盐结晶,是本病的确诊依据;痛风石活检也可见此现象。

(3)其他检查:X 线检查、CT 检查、关节镜、尿酸性尿路结石影像等均有助于发现骨、关节等相关病变或结石影。

(三) 心理和社会情况

由于疼痛而影响进食和睡眠,疾病反复长期发作导致关节畸形和功能障碍、肾功能损害,使病人丧失劳动能力,病人容易出现焦虑、抑郁、恐惧等心理反应。评估病人及家属对疾病的认识、治疗信心及饮食知识的掌握,以及家属对病人的支持情况等。

(四) 治疗要点

1. 一般治疗　控制饮食总热量,适当运动,防止超重、肥胖;限制饮酒和限制高嘌呤食物如动物内脏;多饮水,每日 2000ml 以上,增加尿酸的排泄;慎用抑制尿酸排泄的药物如噻嗪类利尿药等。

2. 高尿酸血症的治疗　肾功能良好的病人,应用排尿酸药,用药期间应多饮水,并服碳酸氢钠 3～6g/d,可碱化尿液,使尿酸不易在尿中积聚形成结晶。此类药物当内生肌酐清除率 <30ml/min 时无效;已有尿酸盐结石形成,或每日尿排出尿酸盐 >3.57mmol 时不宜使用。尿酸生成过多或不适合使用排尿酸药物的病人,可应用抑制尿酸生成药物如别嘌醇,每次100mg,每日 2～4 次。

3. 急性痛风性关节炎期的治疗　绝对卧床,抬高患肢,避免负重,迅速应用药物治疗,应及早、足量使用,见效后逐渐减停。

（1）秋水仙碱：是治疗急性痛风性关节炎的特效药物。口服用药初始口服剂量为 1mg，随后 0.5mg/h 或 1mg/2h，直到症状缓解，最大剂量 6～8mg/d，病人口服秋水仙碱后 48 小时内疼痛缓解。

（2）非甾体类抗炎药：吲哚美辛初始剂量 75～100mg，随后每次 50mg，6～8 小时 1 次；双氯芬酸钠每次口服 50mg，每日 2～3 次；布洛芬每次 0.3～0.6g，每日 2 次。

（3）糖皮质激素：在不能使用秋水仙碱和非甾体类抗炎药时或治疗无效可考虑使用。

4. 发作间歇期和慢性期的处理　实施高尿酸血症治疗，维持血尿酸正常水平，较大痛风石或经皮溃破者可手术剔除。

【常见护理诊断/问题】

1. 疼痛：关节痛　与尿酸盐结晶、沉积在关节引起炎症反应有关。

2. 躯体活动障碍　与关节受累、关节畸形有关。

3. 知识缺乏：缺乏与痛风有关的保健知识。

【护理措施】

（一）一般护理

1. 休息与活动　根据病情合理安排休息与活动，避免过度劳累。痛风性关节炎急性发作时，应绝对卧床休息，抬高患肢，疼痛缓解 72 小时后方可恢复活动；病情控制后，鼓励病人进行适当活动，以不出现疲劳为度。肥胖者应减轻体重。

2. 饮食护理　饮食原则为控制总热量的摄入、限制嘌呤食物、促进尿酸排出、调节饮食方式。严格控制总热量，尤其肥胖病人，总热量限制在 5020～6276kJ/d，蛋白质控制在 1g/（kg·d），尽量避免进食蔗糖等。限制高嘌呤性食物，病人应禁食动物内脏、鲤鱼、鱼卵、小虾、沙丁鱼、鹅、酵母等；限制食用肉类、菠菜、蘑菇、黄豆、扁豆和豌豆等。指导进食碱性食物，如牛奶、鸡蛋、马铃薯、各类蔬菜、柑橘类水果等，使尿液呈碱性，增加尿酸在尿中的可溶性，促进尿酸的排出。鼓励多饮水，保证液体摄入总量达到 2500～3000ml/d，尿量达 2000ml以上，以稀释尿液，增加尿酸排泄，防止结石形成。禁酒，饮酒易使体内乳酸堆积，乳酸对尿酸的排泄有竞争性抑制作用。故饮酒可使血清尿酸含量明显增高，诱使痛风发作。另外，慢性少量饮酒，可刺激嘌呤合成增加，使血尿酸水平升高。

（二）病情观察

观察疼痛部位、性质、发作间隔时间，有无午夜因剧痛而惊醒；受累关节有无红、肿、热、痛和功能障碍的表现。了解病人发病前有无过度疲劳、寒冷、潮湿、紧张、饮酒、饱餐、脚扭伤等诱因。观察病人有无痛风石体征，了解结石的部位及相应症状，局部皮肤的变化。定期监测尿酸水平。

（三）用药护理

1. 秋水仙碱　为治疗痛风急性发作的特效药。应尽早应用，对控制炎症、止痛有特效。口服药的不良反应有恶心、呕吐、厌食、腹胀和水样腹泻等胃肠道反应；静脉给药可引起骨髓抑制、肾衰、DIC、肝坏死等严重的不良反应，使用时应注意速度要慢，切勿漏出血管外，以免造成组织坏死。

2. 排尿酸药物　丙磺舒、磺吡酮、苯溴马隆等药，可出现皮疹、发热、胃肠道不适等不良反应。用药期间嘱病人多饮水，口服碳酸氢钠等碱性药，从小剂量开始逐渐递增。

3. 非甾体抗炎药　效果不如秋水仙碱，但较温和，发作超过 48 小时也可应用。禁止同时服用两种以上非甾体抗炎药，症状消退后减量。

4. 抑制尿酸合成药　主要有别嘌醇,使用别嘌醇的不良反应有皮疹、发热、胃肠道不适、肝脏损害、骨髓抑制等,多发生于肾功能不全的病人。因此,对肾功能不全者,剂量要减半。

5. 糖皮质激素　该类药物的特点是起效快,缓解率高,但应注意观察有无活动性消化性溃疡或消化道出血,密切注意有无症状的"反跳"现象。

（四）对症护理

1. 减轻疼痛　手、腕或肘关节受累时,为减轻疼痛,可用夹板固定制动,也可在受累关节处给予冰敷或25%硫酸镁湿敷,消除关节的肿胀和疼痛。痛风石严重时,可能导致局部皮肤溃疡发生,故要保持局部清洁,避免发生感染。

2. 皮肤护理　因痛风石严重时局部皮肤菲薄,要注意患处皮肤的保护,保持患处清洁,避免摩擦、损伤,防止溃疡的发生。

（五）心理护理

病人由于疼痛影响生活质量,疾病反复发作导致关节畸形和肾功能损害,思想负担较重,常表现情绪低落、忧虑,护士应向其宣教痛风的有关知识,讲解饮食与疾病的关系,给予精神上的安慰。

（六）健康教育

1. 疾病知识指导　告知病人该病的诱发因素和治疗方法,指导病人定期自我检查耳廓及手足关节处是否有痛风石,定期复查血尿酸,病情变化及时就诊。

2. 生活指导　指导病人劳逸结合,生活规律,保证充足睡眠;指导病人合理膳食,严格控制饮食,避免高嘌呤和高蛋白食物,肥胖者减轻体重。

3. 运动指导　鼓励病人适度运动,掌握保护关节的技巧及注意事项,如运动后疼痛超过1~2小时,应暂停运动;尽量使用大块肌肉完成运动,能用肩部负重不用手提;轻、重工作交替完成,不用同一肌群持续长时间超重工作;经常改变姿势,保持受累关节舒适,若局部发热和肿胀,尽可能避免活动该关节。

（陈　婧）

学 与 思

案例7-1　杨某,女,26岁,因怕热、多汗、食量增加而体重下降5月余来医院就诊,因怀疑得了严重的疾病感到焦虑不安。检查发现有轻度突眼,甲状腺呈弥漫性肿大,触诊有震颤,听诊有血管杂音。

请问:

（1）该病人还需什么检查以明确诊断?

（2）目前病人存在哪些护理诊断/问题?

（3）如何对病人进行心理护理?

案例7-2　田某,男,50岁,身高165cm,体重76kg,糖尿病史10年,服用罗格列酮治疗。

请问:

（1）如何为该病人进行饮食护理?

（2）护士对该病人的运动锻炼有何建议?

（3）用药护理应采取什么措施?

（李辉员　陈　婧）

第八章　神经系统疾病病人的护理

神经系统疾病是指神经系统与骨骼肌由于感染、血管病变、变性、肿瘤、遗传、中毒、免疫障碍、先天发育异常、代谢障碍和营养缺陷等所致的疾病。随着人们生活方式和环境的改变,脑血管病的发病呈现年轻化的趋势,也面临着越来越多的医疗、社会等问题,也给神经系统疾病病人的护理带来了新的挑战。因此,积极挽救病人的生命、预防并发症、减轻病人痛苦和促进康复成为神经系统疾病病人护理的主要目标,使病人恢复机体功能及生活自理能力,重返家庭和社会。

第一节　周围神经疾病病人的护理

周围神经是指嗅、视神经以外的脑神经和脊神经、自主神经及其神经节。周围神经疾病是指原发于周围神经系统结构或者功能损害的疾病。发病原因包括炎症、压迫、外伤、代谢、遗传、变性、免疫、中毒、肿瘤等,常见疾病主要有三叉神经痛、特发性面神经麻痹、面肌痉挛、多发性脑神经损害和脊神经疾病如单神经病及神经痛、多发性神经病、急性脱髓鞘性多发性神经炎、慢性炎症性脱髓鞘性多发性神经病等。

一、三叉神经痛病人的护理

三叉神经痛(trigeminal neuralgia)是最常见的脑神经疾病,以一侧面部三叉神经分布区内反复发作的阵发性剧痛为主要表现,女略多于男,多发生于中老年人,右侧多于左侧。

【护理评估】

(一)健康史

1. 分类　可分为原发性三叉神经痛和继发性三叉神经痛两大类,其中原发性三叉神经痛较常见。

2. 病因及发病机制　原发性三叉神经痛的病因及发病机制,目前尚无明确的定论;继发性三叉神经痛包括脑部占位性病变和血管压迫引起。

(二)身体状况

1. 临床表现

(1)症状:头面部三叉神经分布区域内,在说话、洗脸、刷牙或微风拂面,甚至走路时出现阵发性难以忍受的剧烈疼痛,似触电、刀割、火烫样剧痛,面颊部、上下颌及舌部最明显;持续数秒或1~2分钟不等,其发作来去突然,疼痛呈周期性发作,间歇期完全正常。

(2)体征:疼痛侧面部可呈现痉挛,即"痛性痉挛",局部皮肤粗糙、增厚、眉毛脱落、结膜充血、流泪及流涎;轻触或刺激扳机点可激发疼痛发作,张口活动停止;表情呈精神紧张、焦虑状态;神经系统检查无阳性体征。

2. **实验室及其他检查**　血常规、血电解质一般无特异性改变,发作时血中白细胞可稍偏高。血糖、免疫学检查、脑脊液检查如异常则有鉴别诊断意义。

(三) 心理和社会状况

三叉神经痛好发于女性,心理反应可随病人的个性特点而异。本病病程长,可反复发作,从而影响病人的工作和生活,使病人产生焦虑、急躁情绪。

(四) 治疗要点

治疗三叉神经痛最关键的措施是迅速有效地止痛。

1. **药物治疗**　首选药物为卡马西平,当疼痛停止后可考虑逐渐减量。不良反应可见头晕、嗜睡、口干、恶心、消化不良等,出现皮疹、共济失调、再生障碍性贫血、昏迷、肝功能受损、心绞痛、精神症状时需立即停药。其次可选用苯妥英钠、氯硝西泮等。轻者可服用解热镇痛药。

2. **封闭治疗**　药物治疗无效者可进行三叉神经无水乙醇或甘油封闭治疗,不良反应为注射区面部感觉缺失。

3. **神经节射频电凝疗法**　适用于年老体弱及不能耐受手术者,疗效较好。部分病人可出现面部感觉异常、角膜炎、咀嚼肌无力、复视、带状疱疹等并发症。

4. **手术治疗**　以上治疗无效者,可考虑三叉神经感觉支部分切断术或三叉神经微血管减压术。

【常见护理诊断/问题】

1. **疼痛**　与三叉神经损害有关。

2. **焦虑**　与疼痛剧烈、病程长且反复发作有关。

【护理措施】

(一) 一般护理

提供安静、舒适、光线柔和的环境,保持室内空气新鲜,维持适宜的温度和湿度;减少可能诱发或加重病人疼痛的因素,如情绪紧张、睡眠不足等。饮食宜清淡,保证机体营养,避免粗糙、干硬、辛辣食物,严重者予以流质饮食。病人在休息或睡眠后,疼痛症状可减轻或消失,减少头部活动,以免加重疼痛。

(二) 疼痛的护理

观察疼痛的部位、性质,向病人解释疼痛的原因,指导和帮助病人减少或消除诱发疼痛和加重疼痛的因素,鼓励病人参加一些娱乐活动以减轻疼痛和消除紧张情绪;尽可能减少刺激因素如洗脸、刷牙、刮胡子、咀嚼等。指导病人运用有效缓解疼痛的方法,如按压疼痛部位、局部热敷等,并按医嘱正确使用镇痛药物。

(三) 用药护理

嘱病人按医嘱从小剂量开始服用卡马西平,逐渐加量,疼痛控制后逐渐减量,并告知药物可能出现的不良反应,如用卡马西平可致眩晕、嗜睡、恶心、行走不稳,多在数天后消失,偶有皮疹、白细胞减少;氯硝西泮可出现嗜睡、步态不稳等。嘱病人不要随意更换药物或自行停药,护士需做好服药情况观察、记录并及时报告医生。

(四) 心理护理

加强与病人的沟通交流,介绍疾病相关知识,缓解病人的紧张情绪,指导其保持身心放松,消除诱发因素,鼓励病人树立信心,积极配合治疗。

（五）健康教育

1. 饮食要有规律，宜选择质软、易嚼食物。
2. 吃饭、漱口、说话、刷牙、洗脸动作宜轻柔，以免诱发扳机点而引起三叉神经痛。
3. 注意头、面部保暖，常听柔和音乐，心情平和，保持充足睡眠。
4. 保持精神愉快，避免精神刺激。

二、急性脱髓鞘性多发性神经炎病人的护理

急性脱髓鞘性多发性神经炎（acute inflammatory demyelinating polyradicu-loneuropathies，AIDP）又称吉兰-巴雷综合征（GBS），是一种以周围神经炎症改变并伴有脱髓鞘的多发性神经根神经病。目前认为是自身免疫性疾病，主要损害为脊神经根、脊神经和脑神经。临床特征以发展迅速的四肢对称性无力伴腱反射消失为主。病情严重者出现延髓和呼吸肌麻痹而危及生命。本病多发于青壮年及儿童，男性略多，冬夏季稍多。

【护理评估】

（一）健康史

本病的病因及发病机制不明，普遍认为吉兰-巴雷综合征是由免疫介导的迟发型超敏反应，感染是启动免疫反应的首要因素，最主要的感染因子有空肠弯曲杆菌、多种病毒及支原体等。

（二）身体状况

1. 临床表现　本病一年四季均可发病，多数病人发病前 1~4 周有上呼吸道或消化道感染症状，少数有疫苗接种史。起病急骤、发展迅速，多于数天至 2 周达到高峰；部分病人在 1~2 天内迅速加重。

1）瘫痪：常为首发症状，为四肢对称性肌无力，并逐渐自远端向近端扩展，或远、近端同时受累，呈四肢对称性弛缓性瘫痪，腱反射减低或消失，病理反射阴性。延髓麻痹以儿童多见；脑神经损害时可出现双侧面瘫和吞咽、发音、转颈等困难。严重者可导致呼吸肌麻痹，引起呼吸困难甚至呼吸衰竭，为本病死亡的主要原因。

2）感觉障碍：多有对称性轻型的肢体末端感觉减退，有些病人以疼痛为主或无感觉障碍。

3）脑神经损害：半数以上病人有脑神经损害，而且多为双侧；成人以双侧面神经麻痹多见，儿童以舌咽神经和迷走神经麻痹为多见。

4）自主神经损害：以心脏损害最常见也最严重，表现为心律失常、心肌缺血、血压不稳、手足水肿、多汗、皮肤干燥。

2. 实验室及其他检查

1）脑脊液改变：在发病 3 周后最明显，脑脊液检查出现细胞数正常而蛋白质明显增高即蛋白细胞分离现象，这是急性脱髓鞘性多发性神经炎最重要的特征性检查结果。

2）电生理检查：神经传导速度减慢，对急性脱髓鞘性多发性神经炎的诊断有一定的意义。

（三）心理和社会状况

本病起病急，发病突然，呈进行性加重，出现吞咽、呼吸困难，往往会导致病人的恐惧，注意评估病人心理状态。

（四）治疗要点

1. **保持呼吸道通畅**　维持呼吸功能是增加治愈率、减少死亡率的关键,如缺氧症状明显应及早使用呼吸机。

2. **血浆置换**　通过血浆置换可清除血中有害的抗体、免疫复合物、炎性物质,以及某些不利的补体。

3. **滴注大剂量丙种球蛋白**　按每日每千克体重0.4g,静脉滴注,连用4～5日。

4. **对症治疗及预防并发症**　重症病人需心电监护,不能吞咽的病人应尽早鼻饲,尿潴留病人在腹部按摩,无效后可留置导尿,应用抗生素预防感染。

5. **康复治疗**　可采用针刺、理疗、主动及被动功能锻炼等,以利于瘫痪肌的功能恢复。

【常见护理诊断/问题】

1. **低效性呼吸型态**　与呼吸肌麻痹有关。

2. **清理呼吸道无效**　与呼吸肌麻痹、咽反射减弱、肺部感染致呼吸道分泌物增多有关。

3. **躯体移动障碍**　与脊神经受累有关。

4. **吞咽障碍**　与延髓麻痹致舌咽神经损害有关。

5. **恐惧**　与呼吸困难或害怕气管切开有关。

6. **潜在并发症**:急性呼吸衰竭、心脏损害、肺部感染。

【护理措施】

（一）一般护理

1. 保持病室通风良好,环境温度适宜,定时、定期用紫外线消毒。

2. **保持呼吸道通畅**　协助病人选择最佳的呼吸姿势和体位,及时排除呼吸道分泌物,保持呼吸道通畅,必要时给予吸氧,防止机体缺氧。

（二）病情观察

严密观察呼吸的频率、节律、深度等;观察有无胸闷、气短、呼吸费力等呼吸困难表现,以及咳嗽是否有力,咳痰是否顺利等。观察有无烦躁不安、出汗、皮肤黏膜发绀等缺氧表现;监测动脉血氧分压和血氧饱和度。当病人出现呼吸费力、烦躁、出汗、口唇发绀等缺氧症状,血氧饱和度降低、动脉血氧分压<70mmHg(9.3kPa)时,先行气管插管,如24小时无好转,行气管切开,外接呼吸机。观察呼吸肌麻痹的迹象、吞咽和进食情况;观察脉搏、心率、心律和血压,必要时进行心电监测;检查神经功能障碍及恢复情况等。

（三）对症护理

1. **保持呼吸道通畅**　及时有效清理呼吸道,如鼓励病人主动有效咳嗽,对咳嗽无力者可用电动吸引器吸痰。备好抢救物品,如气管插管、气管切开器械或人工呼吸机等,以备呼吸肌麻痹者使用。

2. **氧疗**　呼吸肌轻度麻痹者,给予鼻导管吸氧,以防缺氧和呼吸中枢抑制。根据病情调整氧流量,一般吸氧流量为2～4L/min。

3. **预防并发症**　保持皮肤清洁,床单干燥,勤擦洗,定时更换体位,预防压疮。保持瘫痪肢体于功能位,早期做好关节的主动运动和被动运动训练,预防肌肉失用性萎缩及肢体关节畸形。

（四）瘫痪护理

1. **肢体瘫痪**　应定时翻身、按摩、被动和主动运动,保持瘫痪肢体功能位等,病情稳定后,及时进行肢体的被动和主动运动,加强功能锻炼,促进瘫痪肢体功能恢复。

2. 咽肌瘫痪　做好进食护理,选择适合吞咽且营养丰富的食物,保持营养状况良好,发现误吸时立即急救,若病人不能经口进食,应安排鼻饲,注意进行吞咽功能训练,促进吞咽功能恢复。

（五）心理护理

病人出现呼吸困难时,立即采取措施缓解病人的呼吸困难症状,需要气管切开时,向病人解释气管切开的必要性,以减轻或消除病人的恐惧。

（六）健康教育

1. 疾病知识指导　向病人及家属介绍简明病情,指导病人及家属掌握与本病相关的知识及自我护理方法,使病人及家属认识到肢体功能锻炼的重要性,学会观察肢体运动功能和感觉障碍的恢复情况。共同制订肢体功能锻炼计划,及早进行肢体功能锻炼,由被动运动转向主动运动,以争取早日康复。

2. 出院后要均衡饮食,选择含高蛋白、丰富维生素的食物。多吃新鲜蔬菜、水果、豆及谷类、蛋、肝及瘦肉等。

3. 注意保暖,避免受凉、雨淋、疲劳等,以防感冒。

4. 定期复查,按时服药。

（彭文蔚）

第二节　颅内压增高与脑疝病人的护理

现场:吴某,男,70 岁,有高血压病史 10 年。2 小时前解大便用力后突然出现头痛、喷射状呕吐、言语不清,跌倒在地,家属紧急送病人就诊。门诊分诊护士小王跟病人家属解释,病人可能有颅内压增高,帮助家属把病人送到神经外科就诊。

提问:

1. 小王对家属的解释是否到位,安排是否合理?

2. 当病人出现瞳孔改变时,考虑该病人可能出现了什么情况?

颅内压是指颅腔内容物对颅腔壁所产生的侧压力,颅腔内容物包括脑组织、血液和脑脊液,三者与颅腔容积相适应,使颅内保持一定的压力。颅内压正常值成人为 $70 \sim 200mmH_2O$,儿童为 $50 \sim 100mmH_2O$。成人的颅腔是一个骨性的半封闭的腔隙,借枕骨大孔与椎管相同,其容积是固定不变的。当颅腔内容物的体积增加或颅腔容积缩小超过颅腔可代偿的容量时,颅内压持续高于 $200mmH_2O$,即称为颅内压增高。脑组织由高压区向低压区移动,部分脑组织被挤入颅内生理空腔或裂隙,形成脑疝。

【护理评估】

（一）健康史

1. 病因

（1）颅内容物体积增加:常见于各种颅内血肿、肿瘤、脓肿及各种肉芽肿;也可因各种原因引起的脑水肿,或脑脊液循环障碍导致的脑积水;或因颅内动静脉畸形使脑血流量持续增加等。

（2）颅腔容积缩减:如狭颅症、颅底凹陷症等。

2. **发病机制**　脑疝常见类型有小脑幕切迹疝又称颞叶沟回疝,枕骨大孔疝又称小脑扁桃体疝。

（二）身体状况

1. **临床表现**　头痛、呕吐、视神经盘水肿是颅内压增高的典型表现,即"三主征"。

（1）头痛:颅内压增高最常见的症状,常在晨起或夜间时出现,咳嗽、低头、用力时加重。头痛部位在前额或两颞部。

（2）呕吐:常发生于头痛剧烈时,呈喷射状,可伴有恶心,与进食无关。

（3）视神经盘水肿:颅内压增高最重要的客观体征,早期多不影响视力,时间较长者有视物模糊或减退。

（4）生命体征改变:早期代偿性出现血压升高,脉搏慢而有力,呼吸加深变慢(即两慢一高);病情严重失代偿时,血压下降,脉搏快而弱,呼吸浅促或潮氏呼吸,称为库欣(Cushing)反应,最终因呼吸、循环衰竭而死亡。

（5）意识障碍:急性颅内压增高时,常有进行性意识障碍。慢性颅内压增高者,表现为神志淡漠、反应迟钝和呆滞,症状时轻时重。

（6）其他:颅内压增高还可引起展神经麻痹或出现复视、头晕或猝倒等。婴幼儿颅内压增高可见囟门饱满、颅缝增宽、头颅增大、头皮静脉怒张等。

（7）脑疝的表现:颅内压升高到一定程度,部分脑组织发生移位,挤入硬脑膜的裂隙或枕骨大孔内,形成脑疝。常见脑疝有 2 种:①小脑幕切迹疝(颞叶沟回疝):同侧动眼神经麻痹,表现为患侧瞳孔缩小,然后散大,最后双侧瞳孔散大,对光反射迟钝或消失;对侧肢体瘫痪和出现病理反射,不同程度的意识障碍,生命体征变化。②枕骨大孔疝(小脑扁桃体疝):后颈部及枕部疼痛,颈肌强直,强迫头位,意识障碍,大、小便失禁,甚至深昏迷,双侧瞳孔散大,对光反射迟钝或消失,呼吸深慢或突然停止。

2. **实验室及其他检查**　早期行 CT 或 MRI 检查。

（三）心理和社会状况

了解病人和家属对疾病的认知与适应程度。

（四）诊断要点

典型的颅内高压症三主症,诊断颅内高压症不难。颅压增高症病人突然昏迷或出现瞳孔不等大,应考虑为小脑幕切迹疝;颅压增高病人呼吸突然停止或腰椎穿刺后出现危象,应考虑可能为枕骨大孔疝。结合 CT 检查可明确病因。

（五）治疗要点

1. **原发病处理**　治疗颅内压增高的关键。对占位性病变常采用手术切除。

2. **脑积水病人**　实行脑脊液分流术。也可采用内外减压手术,降低颅内压。

3. **控制脑水肿**　主要措施包括脱水、降温和使用肾上腺皮质激素等。

【常见护理诊断/问题】

1. **有体液不足的危险**　与剧烈呕吐有关。

2. **自理缺陷**　与意识障碍有关。

3. **潜在并发症**:压疮、泌尿系感染、失用综合征等。

【护理措施】

（一）一般护理

1. **体位**　一般取床头抬高 15°～30°的斜坡位,有利于颅内静脉回流,减轻脑水肿,降低颅内压。昏迷病人取侧卧位,便于呼吸道分泌物排出。

2. **保持呼吸道通畅**　及时清理呼吸道分泌物,持续或间断吸氧。

3. **限制液体入量**　不能进食者,成人每日静脉输液量控制 1500～2000ml,以 10% 葡萄糖液为主,等渗盐水不超过 500ml/d,保持每日尿量不少于 600ml,并且应控制输液速度,防止短时间内输入大量液体,加重脑水肿。

4. **饮食**　神志清醒者给予普通饮食,但要限制钠盐摄入量。

（二）病情观察

注意观察生命征、神志、瞳孔及肢体运动改变,如发现头痛剧烈,呕吐频繁,血压升高,脉搏减慢,呼吸深慢,瞳孔不等大,对光反射迟钝,甚至意识不清,表示脑疝形成,及时报告医生处理。

（三）用药护理

1. **脱水疗法的护理**　最常用 20% 甘露醇 250ml,在 30 分钟内快速静脉滴注,每日 2～4 次。若同时使用利尿药,能增加降低颅内压的效果。停止使用脱水剂时,应逐渐减量或延长给药间隔,以防止颅内压反跳现象。

2. **应用肾上腺皮质激素的护理**　改善血脑屏障通透性,预防和治疗脑水肿,并能减少脑脊液生成,使颅内压下降。在使用过程中应注意防止感染和应激性溃疡。

（四）脑疝及其他并发症的观察及护理

1. **预防诱因**　避免剧烈咳嗽、用力排便、快速输液、脱水剂滴注速度过慢、烦躁不安等诱发因素。

2. **病情观察**　严密观察脑疝的先兆表现,一旦出现立即报告医生。

3. **配合抢救**　保持呼吸道通畅,防止舌根后坠和窒息,及时清除呕吐物和口鼻分泌物,给予高流量吸氧。迅速建立静脉通道,遵医嘱快速给予脱水、降颅压药物,如静脉滴注 20% 甘露醇或静脉注射 50% 高渗葡萄糖,避免药物外渗。备好气管切开包、脑室穿刺引流包、监护仪、呼吸机和抢救药物等。

4. **压疮**　保持皮肤清洁干燥,定时翻身,尤应注意骶尾部、足跟、耳廓等骨隆凸部位。

5. **泌尿系感染**　留置导尿者,需严格执行无菌操作,加强会阴部护理。

6. **预防肌肉萎缩**　帮助病人活动瘫痪肢体。

（五）手术治疗护理

1. **术前护理**　做好紧急手术前的常规准备。术前 2 小时内剃净全部头发,洗净头皮,涂擦 75% 乙醇,用无菌巾包扎。

2. **术后护理**

（1）病情观察:注意观察切口及敷料情况,切口敷料妥善固定,保持敷料干燥、清洁,一旦污染,应及时更换或通知医生;观察生命征、神志、瞳孔及肢体活动情况,了解手术治疗后的效果。

（2）注意脑室引流的护理

1）引流管和位置:引流管妥善固定与连接,引流管开口应高于侧脑室平面 10～15cm,以维持正常的颅内压。

2）引流速度和量:术后早期应适当将引流瓶挂高,以减慢流速,待颅内压平稳后再适当放低,每日引流量以不超过 500ml 为宜。

3）保持引流通畅：引流管不可受压、扭曲或折叠，病人翻身或活动时，应避免牵拉引流管。

4）观察并记录引流液的颜色、量及性状：正常脑脊液无色透明、无沉淀。若引流液逐渐加深或混浊时，应报告医生处理。

5）严格无菌操作：每日应定时更换引流瓶，换瓶时应先夹闭引流管，以免引流液逆流入脑室。必要时应作脑脊液检查或细菌培养。

（六）健康教育

1. 知识宣教　告知病人保持情绪稳定，尽量避免导致颅内压骤升的各种因素，如剧烈咳嗽、用力排便等。

2. 饮食指导　多食粗纤维食物，保持大便通畅。

（彭文蔚）

第三节　脑损伤病人的护理

脑损伤（brain injury）是指暴力作用于头部造成脑膜、脑组织、脑血管以及脑神经的损伤。

【护理评估】

（一）健康史

脑损伤可分为原发性与继发性两类。原发性脑损伤是指脑组织受到外力作用的当时发生的损伤，损伤以后立刻出现相应的临床表现，如脑震荡、脑挫裂伤和原发性脑干损伤等。继发性脑损伤是指脑组织受到外力作用以后，经过一段时间，由于脑的出血、水肿或血肿造成的临床表现。根据损伤时脑组织是否与外界相通，又可分为闭合性和开放性脑损伤。

（二）身体状况

1. 临床表现

（1）脑震荡：头部受暴力作用后，立即出现短暂的大脑功能障碍，但无明显的器质性脑组织损伤者，称为脑震荡。受伤当时即出现短暂意识障碍，常为数秒或数分钟，多不超过半小时。病人有逆行性遗忘，即病人清醒后，对受伤经过和受伤前后一段时间的事物不能记忆，而对于远事仍能追述，称为逆行性遗忘。伴有头痛、头晕、失眠，烦躁等症状，神经系统检查无阳性体征。

（2）脑挫裂伤：脑挫裂伤是头部外伤后脑组织发生的器质性损伤。伤后常立即发生意识障碍，其程度和持续时间与损伤的程度和部位有关。轻者持续数小时，重者可达数日、数周或更长时间，头痛、恶心、呕吐是脑损伤后常见的症状；病人可立即出现受伤皮质区相应的神经系统表现，如肢体单瘫或偏瘫，失语症等；重者因脑水肿或继发颅内血肿致急性颅内压增高或脑疝时，除体温、脉搏、呼吸和血压等生命体征变化外，瞳孔可呈进行性散大，光反应消失，并可出现偏瘫或使原有瘫痪加重。脑干损伤者，昏迷多深而持久，可有高热以及脉搏、呼吸等明显改变。此外，尚可出现两侧瞳孔大小不等，变化不定，以及去大脑强直等。

（3）颅内血肿：是颅脑损伤的继发性病变。颅脑损伤伴发颅内出血时，血液积聚于颅腔内某一部位，体积增大到一定程度，占据了颅内空间，造成急性脑受压和颅内压增高，并可导致脑疝而危及生命。血肿可发生在硬脑膜外、硬脑膜下或脑实质内，其中以硬脑膜下血肿发生率较高。

1) 硬脑膜外血肿：可继发于各种类型颅脑损伤以后，由于原发损伤的程度及血肿发生的部位不同，其临床表现亦不尽相同。硬脑膜外血肿的典型意识变化是有"中间清醒期"，原发性昏迷-中间清醒期-继发性昏迷。随着血肿的增大及颅内压增高，瞳孔逐渐散大、光反应也随之消失。对侧肢体瘫痪、肌张力增高、腱反射亢进等。因颅内压增高及脑疝形成，使血压、脉搏、呼吸等生命体征发生变化，先是出现血压升高、脉搏缓慢有力、呼吸加深等代偿表现；至失代偿时，则相继出现血压下降、脉搏细速、潮式呼吸，最终可因呼吸心跳停止而死亡。

2) 硬脑膜下血肿：急性表现为原发脑挫裂伤症状进行性恶化，迅速出现急性颅内压增高及脑疝的症状。因系继发于脑挫裂伤后，多已有严重意识障碍，故一般并无"中间清醒期"。慢性硬脑膜下血肿时，由于出血缓慢，血肿形成的时间较长，故伤后早期无明显症状，血肿逐渐形成，血肿体积不断增大，颅内压也随之逐渐增高，引起头痛、呕吐、视神经盘水肿等慢性颅内压增高征象。

3) 脑内血肿：较少见，好发于颞叶和额叶的深部或其他挫伤部位。浅部血肿主要由于皮质浅血管破裂出血所致，多发生在脑挫裂伤病灶及其附近，血液可渗入蛛网膜下腔和硬脑膜下腔，并可伴发硬脑膜下血肿。深部血肿多为脑深部血管破裂所致。

2. 实验室及其他检查　脑脊液中有无红细胞或血性脑脊液。头部 CT 或 MRI 显示有无脑组织损伤、损伤的病变部位及范围。

（三）心理和社会状况

无意识障碍病人，了解病人有无恐惧心理反应；意识障碍病人，了解家属有无焦虑心理反应。

（四）治疗要点

1. 脑震荡　伤后短时间密切观察意识、肢体活动和生命体征变化；急性期卧床休息，头痛时可用镇痛及对症治疗。

2. 脑挫裂伤　对脑水肿明显者，应及时使用脱水疗法，亦可采用冬眠低温疗法，并早期使用肾上腺皮质激素；常规应用抗生素以防治感染；重症脑挫裂伤病人，经非手术疗法无效或出现脑疝征象时，应及时手术治疗，清除血块和破碎的脑组织，减低颅内压和解除脑疝。

3. 颅内血肿　确诊后皆需手术，急性者，颅内压迅速增高，易发生脑疝，病情危急，一经确诊，即应紧急施行手术治疗。手术旨在清除血肿，解除脑受压，以挽救生命。术前有明显颅内压增高或脑疝者，应先使用脱水剂降低颅内压。

【常见护理诊断/问题】

1. **意识障碍**　与脑损伤、颅内压增高有关。

2. **清理呼吸道无效**　与脑损伤后意识不清有关。

3. **营养失调：低于机体需要量**　与脑损伤后高代谢、呕吐、高热等有关。

4. **有失用综合征的危险**　与脑损伤后意识和肢体功能障碍及长期卧床有关。

5. **潜在并发症**：颅内压增高、脑疝及癫痫发作。

【护理措施】

（一）一般护理

一般取床头抬高 15°～30°位置，昏迷病人取侧卧位，便于呼吸道分泌物排出。保持呼吸道通畅，及时清理呼吸道分泌物，持续或间断吸氧。限制液体入量，并应控制输液速度，防止短时间内输入大量液体，加重脑水肿。

（二）病情观察

1. **意识状态**　反映大脑皮质功能和脑干功能状态,观察时采用相同程度的语言和痛刺激,对病人的反应作动态的分析,判断意识状态的变化。意识障碍的程度目前通用的格拉斯哥昏迷计分法(Glasgow coma scale,GCS),分别对病人的睁眼、言语、运动三方面的反应进行评分,再累计得分,用量化方法来表示意识障碍的程度,最高分 15 分,总分低于 8 分即表示昏迷状态,分数越低表明意识障碍越严重(表 8-1)。

表 8-1　格拉斯哥昏迷计分(GCS)

睁眼反应	计分	言语反应	计分	运动反应	计分
自动睁眼	4	回答正确	5	遵医嘱活动	6
呼唤睁眼	3	回答错误	4	刺痛定位	5
刺痛睁眼	2	语无伦次	3	刺痛躲避	4
不能睁眼	1	只能发声	2	刺痛肢屈	3
		不能发声	1	刺痛肢伸	2
				刺痛无反应	1

2. **生命体征**　病人伤后可出现持续的生命体征紊乱。监测时,为避免病人躁动影响准确性,应先测呼吸,再测脉搏,最后测血压。

3. **神经系统病症**　原发性脑损伤引起的局灶症状,在受伤当时立即出现,且不再继续加重;继发性脑损伤引起的则在伤后逐渐出现。神经系统病症包括多种,其中以眼征及锥体束征最为重要。

4. **瞳孔**　瞳孔变化可因动眼神经、视神经及脑损伤引起。伤后一侧瞳孔散大、对侧肢体瘫痪,提示脑受压或脑疝;双侧瞳孔散大、对光反射消失、眼球固定,多为原发性脑干损伤或临终状态,双侧瞳孔缩小,对光反射迟钝,可能为脑桥损伤或蛛网膜下腔出血;双侧瞳孔大小多变,对光反射消失伴眼球分离,可能为中脑损伤。

5. **其他**　观察有无脑脊液漏,呕吐及呕吐物的性质,有无剧烈头痛或烦躁不安等颅内压增高表现或脑疝先兆。

（三）并发症的观察及护理

1. **压疮**　保持皮肤清洁干燥,定时翻身,尤应注意骶尾部、足跟、耳廓等骨隆凸部位。

2. **颅内压增高和脑疝护理**　参见颅内压增高和脑疝病人的护理。

3. **外伤性癫痫病人护理**　应定期服用抗癫痫药物,控制后继续服药 1~2 年,逐渐减量后停药。

（四）手术治疗护理

参见颅内压增高和脑疝病人的护理。

（五）心理护理

对轻型脑损伤病人,应鼓励其尽早自理生活,对恢复过程中出现的头痛、耳鸣、记忆力减退者应给予适当解释和宽慰,使其树立信心。

（六）健康教育

1. **外伤性癫痫病人**　应定期服用抗癫痫药物,不能单独外出、登高、游泳等,以防意外。

2. **康复训练**　脑损伤遗留的语言、运动或智力障碍,在伤后 1~2 年内有部分恢复的可能,应提高病人自信心,同时制定康复计划,进行功能训练,如语言、记忆力等方面的训练,以改善生活自理能力以及社会适应能力。

（彭文蔚）

第四节　脑血管疾病病人的护理

现场：晚8点，70岁的张奶奶接电话后，腿发软，立刻倒地，昏迷不醒，口角歪斜，家属立即将她送医院就诊。

提问：

1. 护士接诊张奶奶后，如何评估她的病情？
2. 针对张奶奶出现的意识障碍，应采取哪些护理措施？

脑血管疾病（cerebrovascular disease，CVD）是指在脑血管病变或血流障碍的基础上发生的局限性或弥漫性脑功能障碍。依据神经功能缺失持续时间，将不足24小时者称短暂性脑缺血发作，超过24小时者称脑卒中（stroke）。脑卒中是指急性起病，由于脑局部血液循环障碍所致的神经功能缺损综合征，包括缺血性脑卒中（如脑血栓形成、脑栓塞等）和出血性脑卒中（如脑出血、蛛网膜下腔出血等）。脑血管疾病是神经系统的常见病和多发病，是危害中老年人身体健康和生命的主要疾病之一。我国脑卒中发病率为120～180/10万，患病率为400～700/10万。脑卒中是单病种致残率最高的疾病，在存活的脑卒中病人中，约3/4不同程度地丧失劳动能力，其中重度致残者约占40%。本病的高发病率、高死亡率和高致残率给社会、家庭带来沉重的负担和痛苦。

【病因】

（一）病因

依据解剖结构和发病机制，脑血管疾病的病因有：

1. **血管壁病变**　最常见的是高血压性动脉硬化和动脉粥样硬化，还有先天性血管病，如动脉瘤、动静脉畸形等。

2. **血液成分及血液流变学异常**　高脂血症、高血糖、高蛋白血症等所致血液黏滞度增高；特发性血小板减少性紫癜、血友病、DIC等所致凝血机制异常。

3. **心脏病和血流动力学异常**　高血压、低血压或血压的急骤波动、心脏瓣膜病、心律失常（尤其是心房颤动）等。

4. **其他**　颅外栓子如空气、脂肪、羊水、癌细胞进入颅内；颈椎病压迫邻近的大血管等。

（二）脑血管疾病的危险因素

1. **不可干预的因素**　年龄、性别、性格、种族和遗传等。55岁以后发病率明显增加，男性发病率高于女性，父母双方有脑卒中史的子女脑卒中风险增加。

2. **可干预的因素**　高血压是各类脑卒中最重要的独立危险因素。糖尿病、吸烟、酗酒均为重要的危险因素。高血脂、心脏病、体力活动少、高盐饮食、肥胖等也与脑血管疾病的发病有关。

【预防】

加强脑卒中的三级预防,可减少脑卒中的发病、致残和死亡风险,提高社区人群的生活质量和生命质量。

(一)一级预防

指发病前的预防。通过各种措施干预高危致病因素,以降低发病率。对于脑卒中而言,其重点是对高血压人群的监控,防治心脏病、血脂异常和糖尿病;改变居民不良生活方式,戒烟限酒、低盐低脂饮食、合理运动、减轻体重等;督促高危人群定期体检。

(二)二级预防

是疾病发生后积极治疗,防止病情加重,预防器官或系统导致残疾和功能障碍。积极寻找病因,治疗危险因素,以达到预防或降低再次发生卒中的危险,减轻残疾程度。

(三)三级预防

在疾病发生且造成残疾后,积极进行功能康复训练,同时避免原发病复发。采取现代康复技术和我国传统康复手法(针灸、推拿)相结合的方法,尽量恢复脑卒中致残者的功能。

一、短暂性脑缺血发作病人的护理

短暂性脑缺血发作(transient ischemic attack,TIA)是由颅内动脉病变致脑动脉一过性供血不足引起的短暂性、局灶性脑或视网膜功能障碍,表现为供血区神经功能缺失的症状和体征。发作一般持续10~15分钟,多在1小时内恢复,最长不超过24小时,可反复发作,不遗留神经功能缺损的症状和体征。TIA是脑卒中,尤其是缺血性卒中最重要的危险因素。

【护理评估】

(一)健康史

1. 病因 TIA的病因尚不完全清楚,其发病与动脉粥样硬化、动脉狭窄、心脏病、血液成分改变及血流动力学变化等有关。

2. 发病机制 短暂性脑缺血发作的病因和发病机制的学说主要有:①动脉分叉处的动脉粥样硬化斑块、附壁血栓或心脏的微栓子脱落造成颅内供血动脉栓塞;②脑血管痉挛、狭窄或受压;③血流动力学改变,如低血压或血压波动、血液高凝状态等。

(二)身体状况

起病突然,迅速出现局灶性脑或视网膜功能障碍。持续数分钟或数小时,24小时内完全恢复。可反复发作,每次发作的症状相似,不留后遗症状。

1. 颈内动脉系统TIA 最常见的症状为病灶对侧发作性的肢体单瘫、偏瘫或面瘫。可伴有对侧单肢或偏身麻木;病变侧单眼一过性黑矇或失明;优势半球受累还可出现失语等。

2. 椎-基底动脉系统TIA 最常见症状有眩晕、恶心和呕吐,大多数不伴有耳鸣。可引起跌倒发作(病人转头或仰头时下肢突然失去张力而跌倒,无意识丧失,可很快自行站起)、短暂性全面性遗忘(发作性短时间记忆丧失,持续数分钟至数十分钟)、复视、眼震、共济失调及平衡障碍、吞咽困难和构音障碍、交叉性瘫痪等。

3. 实验室及其他检查 CT或MRI检查多正常;数字减影血管造影(DSA)及彩色经颅多普勒(TCD)可见动脉狭窄、动脉粥样硬化斑块;血脂、血液流变学检查有助于寻找病因。

(三)心理和社会状况

因突然发病或反复发作,常使病人产生紧张、焦虑和恐惧心理;部分病人因对疾病缺乏认识而麻痹大意,易发展为缺血性脑卒中。

(四) 治疗要点

治疗原则是消除病因,减少及预防复发,保护脑功能。

1. **病因治疗**　是预防 TIA 复发的关键。如有效控制高血压、糖尿病、高脂血症等。颈动脉内有明显动脉粥样硬化斑或血栓形成影响脑内供血且反复发作者,可行颈动脉内膜剥离术、血栓内膜切除术和支架植入术等。

2. **药物治疗**　多采用抗血小板聚集药,如阿司匹林、噻氯匹啶和氯吡格雷等;抗凝药物,如肝素、低分子肝素和华法林等;钙拮抗剂可防止血管痉挛,增加血流量,改善微循环,如尼莫地平、盐酸氟桂嗪等;或应用活血化瘀性中药制剂,如丹参、川芎、红花等。

【常见护理诊断/问题】

1. **有跌倒的危险**　与突发眩晕、平衡失调及一过性失明等有关。

2. **知识缺乏**:缺乏疾病的防治知识。

3. **潜在并发症**:脑卒中。

【护理措施】

(一) 一般护理

发作时卧床休息,枕头不宜太高,以 15°~20°为宜,以免影响头部的血液供应;仰头或头部转动时应缓慢且幅度不宜太大;频繁发作者应避免重体力劳动,必要时如厕、沐浴及外出活动时应有家人陪伴。进行散步、慢跑等适当的运动,改善心脏功能,增加脑血流量,改善脑循环。

(二) 病情观察

频繁发作的病人应注意观察和记录每次发作的持续时间、间隔时间和伴随症状,警惕缺血性脑卒中的发生。

(三) 用药护理

指导病人遵医嘱正确服药,不可自行调整、更换或停用药物。告知病人所用药物的机制和不良反应。阿司匹林、氯吡格雷等抗血小板聚集药有恶心、腹痛、腹泻等消化道症状和皮疹,偶可出现可逆性粒细胞减少,应定期监测血常规。抗凝药首选肝素,用药过程中应观察有无出血倾向,有消化性溃疡和严重高血压者禁用。

(四) 心理护理

安慰病人,向病人解释病情,使其了解本病治疗与预后的关系,消除病人紧张和恐惧心理;又要强调本病的危害性,帮助病人建立良好的生活习惯,积极配合治疗与护理。

(五) 健康指导

1. **疾病知识指导**　介绍吸烟、酗酒、肥胖及不合理饮食与脑血管病的关系;说明积极治疗病因,避免危险因素的重要性;对频繁发作的病人应尽量减少独处时间,避免发生意外。

2. **饮食指导**　选择低盐、低脂、适量蛋白质、丰富维生素的饮食。少摄入糖类及甜食,忌食辛辣、油炸食物,戒烟、限酒。

3. **用药指导**　告知病人和家属遵医嘱用药和在医护人员指导下调整用药的意义及用药期间应观察的指征和定期复查相关项目的重要性。

二、脑梗死病人的护理

脑梗死(cerebral infarction,CI)是指各种原因引起脑部血液循环障碍,缺血、缺氧所致的局限性脑组织缺血性坏死或软化,又称缺血性脑卒中。临床最常见的类型为脑血栓形成(cerebral thrombosis,CT)和脑栓塞(cerebral embolism)。

脑血栓形成是临床最常见的脑血管疾病,是在脑动脉粥样硬化的基础上,管腔狭窄、闭塞或有血栓形成,造成局部脑组织血流中断而发生缺血、缺氧性坏死,引起相应的神经系统症状和体征。脑血栓形成于颈内动脉和椎-基底动脉系统的任何部位,以动脉分叉处多见。

脑栓塞是指血液中的各种栓子随血流进入颅内动脉系统,导致血管腔急性闭塞,当侧支循环不能代偿时,引起该动脉供血区的脑组织缺血坏死,出现局灶性神经功能缺损。

【护理评估】

(一) 健康史

1. 脑血栓形成的病因　脑血栓形成最常见的病因是动脉粥样硬化,常伴高血压。高血压与动脉粥样硬化互为因果,糖尿病和高脂血症等也可加速动脉粥样硬化进程。

2. 脑栓塞的病因　脑栓塞栓子来源可分为三类

(1)心源性脑栓塞:是脑栓塞中最常见的,约75%的心源性栓子栓塞于脑部。心房颤动时附壁血栓脱落是引起心源性脑栓塞最常见原因,心瓣膜病瓣膜受损赘生物形成,感染性心内膜炎心瓣膜表面形成含细菌的赘生物,心肌梗死、心肌病时因心内膜损伤或室壁瘤导致附壁血栓的形成等,脱落可引起脑栓塞。

(2)非心源性脑栓塞:动脉粥样硬化性病变,斑块破裂脱落多见,损伤的动脉壁形成附壁血亦可致脑栓塞,其他少见的栓子有脂肪滴、空气、羊水、肿瘤细胞等。

(3)来源不明性栓子:少数病例查不到栓子的来源。

(二) 身体状况

1. 脑血栓形成的临床表现　好发于中老年人,常在安静状态下或睡眠中起病,部分病人的前驱症状表现为反复出现 TIA。起病缓慢,根据脑血栓形成部位和范围的不同,相应地出现神经系统局灶性症状和体征,常表现为早晨醒来时发现一侧肢体瘫痪、失语、偏身感觉障碍等。多数病人意识清楚,病情多在几小时或 1~2 天内发展达到高峰。病情轻者经治疗在短期内缓解;在发生基底动脉血栓或大面积脑梗死时,病情严重,出现意识障碍,甚至脑疝形成,最终导致死亡。

2. 脑栓塞的临床表现　任何年龄均可发病,风湿性心脏瓣膜病所致以青壮年多见,动脉粥样硬化所致以中老年为主。多在活动中急骤发病,无前驱症状,是所有急性脑血管病中发病速度最快者。神经系统局灶表现(如偏瘫、失语等)与脑血栓形成相似,有无意识障碍及程度取决于栓塞血管的大小和梗死的部位与面积,严重者可突发昏迷、全身抽搐,因脑水肿或颅内压增高继发脑疝而死亡。部分病人可伴有肾、脾、肠、肢体及视网膜等血管栓塞的表现。

3. 实验室及其他检查

(1)实验室检查:血常规、血糖、血脂、肾功能及血液流变学检查有助于发现脑梗死的危险因素并对病因进行鉴别。

(2)常规进行心电图、胸部 X 线和超声心动图检查:心电图检查可确定有无心律失常及类型,还可协助诊断心肌梗死;胸部 X 线检查可了解心脏的大小、外形等;超声心动图检查有助于证实是否存在心源性栓子。

(3)头颅 CT:是脑梗死病人最常用的检查,可显示梗死的部位和范围;多数病例于发病24 小时后逐渐显示低密度梗死灶;发生出血性梗死时,在低密度梗死区可见 1 个或多个高密度影像。

（4）其他检查：功能性 MRI，如弥散加权成像（DWI）可以早期（发病 2 小时以内）显示缺血组织的部位、范围；数字减影血管造影（DSA）可发现血管狭窄、闭塞，是脑血管病变检查的金标准；彩色多普勒超声检查（TCD）可发现颅内外血管狭窄、动脉硬化斑块或血栓形成，用于溶栓治疗监测，对判断预后有参考意义。

（三）心理和社会状况

病人因突然发病，出现肢体瘫痪或语言障碍，且恢复时间长或留下后遗症而难以接受；由于瘫痪、生活自理缺陷影响工作及生活；家庭经济状况、家属对病人的关心程度和对疾病治疗的支持情况影响病人的心理状况，常出现自卑、消极或急躁心理。

（四）治疗要点

1. 脑血栓形成的治疗　急性期强调整体化综合治疗与个体化治疗相结合的原则，主要通过两个途径实现，即溶解血栓和脑保护治疗。以溶栓治疗为主，结合抗凝、降纤、抗血小板聚集、调整血压、降低颅内压及脑保护治疗等措施；必要时紧急进行血管内取栓、颈动脉血管成形和支架植入术（CAS）等介入治疗。溶栓治疗应在发病后 6 小时内（溶栓时间窗）进行，常用药物有尿激酶、链激酶、重组组织型纤溶酶原激活物（rt-PA）等。恢复期应尽早进行康复治疗以促进神经功能恢复。

2. 脑栓塞的治疗　急性期尽可能恢复脑部血液循环，尽早进行物理治疗和康复治疗。积极治疗原发病，消除栓子来源，防止复发，是防治脑栓塞的重要环节。感染性栓塞应用抗生素，禁用溶栓抗凝治疗；脂肪栓塞采用肝素、5% 碳酸氢钠及脂溶剂；心律失常者予以纠正；空气栓塞者指导病人头低左侧卧位，进行高压氧舱治疗。

【常见护理诊断/问题】

1. **躯体活动障碍**　与肢体麻木、偏瘫或平衡能力降低有关。

2. **语言沟通障碍**　与大脑语言中枢受损有关。

3. **吞咽障碍**　与意识障碍或延髓麻痹有关。

4. **有失用综合征的危险**　与意识障碍、偏瘫所致长期卧床有关。

5. **焦虑**　与肢体瘫痪、感觉障碍、语言沟通困难等影响工作和生活，或家庭照顾不周及社会支持差有关。

【护理措施】

（一）一般护理

1. 休息与活动　急性期病人卧床休息，取平卧位，保持肢体良好位置，抑制患肢痉挛。瘫痪病人垫气垫床或按摩床，抬高患肢并协助被动运动。恢复期病人鼓励其独立完成生活自理活动，如用健肢穿脱衣服、洗漱、进食等；根据疾病恢复状况适量运动，如散步、骑车等，以改善心功能，增加脑部血流量。

2. 环境与安全　卧床及瘫痪病人应保持床单位整洁、干燥、无渣屑，减少对皮肤的机械性刺激；地面保持平整、干燥，减少活动空间的障碍物，卫生间、走廊及楼梯应设置扶手，沐浴、外出时应有家人陪伴，以防发生跌倒和外伤；头部禁用冷敷，以免脑血管收缩减少血流量而加重病情；感觉障碍肢体避免高温或过冷刺激，热水袋水温不宜超过 50℃，以防烫伤；下肢深感觉障碍者，避免夜间独自行走，以防跌伤。

3. 饮食护理　给予低盐、低糖、低脂、丰富维生素及足量纤维素的饮食；忌辛辣食物，少量多餐，禁烟限酒；保持大便通畅。

(二)病情观察

监测病人生命体征、意识状态、瞳孔、肌力、肌张力、腱反射的改变,及时发现有无脑缺血加重及合并颅内出血征象;观察病人头痛、呕吐、视神经盘水肿情况,判断有无脑水肿、颅内压增高的征象,发现异常及时报告医生并协助处理。

(三)对症护理

吞咽障碍病人的护理措施:①观察病人能否自口腔进食,饮水有无呛咳,了解病人进食不同稠度食物的吞咽情况,进食量及速度。②鼓励能吞咽的病人自行进食,选择营养丰富易消化的食物,将食物调成糊状易于形成食团便于吞咽,避免粗糙、干硬及辛辣的刺激性食物,少量多餐。③进食时病人取坐位或健侧卧位,不能坐起的病人取仰卧位将床头摇起30°,头下垫枕使头部前屈。④将食物送至口腔健侧的舌根部,以利于吞咽;空吞咽和吞咽食物交替进行;吞咽困难病人避免使用吸水管;进食后应保持坐位30～60分钟。⑤床旁备齐吸引装置,一旦发生误吸应立即清除口鼻分泌物和呕吐物,保持呼吸道通畅。⑥不能进食的病人,应予鼻饲饮食,告知照顾者鼻饲饮食的方法及注意事项,加强留置胃管的护理。

(四)用药护理

病人常联合应用多种药物治疗,护士应熟悉病人所用药物的药理作用、注意事项、不良反应和观察要点,遵医嘱正确用药。

1. 溶栓、抗凝药物　严格掌握用药剂量,用药前后监测出、凝血时间、凝血酶原时间;密切观察病人意识、血压变化,有无牙龈出血、黑便等出血征象。如病人原有症状加重,或出现剧烈头痛、恶心呕吐、血压增高、脉搏减慢等应考虑继发颅内出血。应立即报告医生,遵医嘱立即停用溶栓和抗凝药物,积极协助头颅 CT 检查。

2. 低分子右旋糖酐　用药前做皮试,部分病人用后可出现发热、皮疹甚至过敏性休克等,应密切观察。

3. 脱水剂　20%甘露醇快速静脉滴注(250ml 在 15～30 分钟内滴完),观察用药后病人尿量和尿液颜色,准确记录 24 小时出入液量;观察有无脱水速度过快所致头痛、呕吐、意识障碍等低颅压综合征的表现;定时复查尿常规、肾功能及电解质,肾功能不全者可改用呋塞米静脉推注,同时监测电解质。

4. 钙通道阻滞药　可有头部胀痛、颜面部发红、血压下降等不良反应,应调整输液速度,监测血压变化。

(五)心理护理

给病人提供有关疾病、治疗及预后的可靠信息;帮助病人正视现实,说明积极配合治疗和护理有助于病情恢复和改善预后;鼓励病人克服困难,摆脱对照顾者的依赖心理,积极参与生活自理;充分利用家庭和社会的力量关心病人,消除病人思想顾虑,树立战胜疾病的信心。

(六)健康指导

1. 疾病知识指导　告知病人和家属疾病发生的基本病因和主要危险因素、早期症状和就诊时机。遵医嘱正确服用降压、降糖和降血脂药物,定期复查。教会病人康复训练的基本方法,通过感觉、运动及言语功能等训练,促进神经功能恢复,重视心理康复,逐步达到职业康复和社会康复。

2. 生活指导　指导病人选择低盐、低脂、低热量、高蛋白质和丰富维生素的饮食,多食新鲜蔬菜、水果、谷类、豆类及鱼类,少吃甜食,戒烟限酒。生活起居要有规律,平时保持适量体力活动,如慢跑、散步等运动。指导病人改变体位时应缓慢,转头不宜过猛,洗澡时间不要过长、水温不要过高,以防发生直立性低血压。

三、脑出血病人的护理

脑出血(intracerebral hemorrhage,ICH)是指原发性非外伤性脑实质内出血,也称自发性脑出血。占急性脑血管病的20%～30%,急性期病死率约为30%～40%,是急性脑血管病中最高的。好发于50岁以上的人群,男性多于女性。

【护理评估】

(一)健康史

脑出血最常见的病因是高血压合并细小动脉硬化,其他还可见于脑动-静脉畸形、动脉瘤、血液病、抗凝或溶栓治疗等。常因用力活动、情绪激动、酗酒等诱发。高血压脑出血好发部位以基底节区最多见,供应此处的豆纹动脉从大脑中动脉近端呈直角分出,受高压血流冲击后易致血管破裂出血。

(二)身体状况

1. 临床表现　脑出血常发生于50岁以上,多有高血压病史。多在情绪激动或活动时突然起病,常于数分钟至数小时内病情发展至高峰。发病前多无先兆,少数有头晕、头痛、肢体麻木和口齿不清等前驱症状。血压常明显升高,出现剧烈头痛、呕吐、肢体瘫痪、失语、意识障碍及大小便失禁等。病情的轻重主要取决于出血量和出血部位。

(1)基底节区出血:其中壳核是高血压脑出血最常见的部位,血肿扩展波及累及内囊,病人出现典型"三偏综合征",即病灶对侧偏瘫、对侧偏身感觉障碍和同向性偏盲。优势半球受累常伴失语;扩展至下丘脑引起中枢性高热;出血量大时病人很快出现昏迷,并发脑疝导致死亡。

(2)脑桥出血:小量出血病人意识清楚,表现为交叉性瘫痪,头和双眼转向非出血侧,呈"凝视瘫肢"状。大量出血(>5ml)迅速波及两侧脑桥后,病人很快进入昏迷,出现双侧面部和肢体瘫痪,两侧瞳孔缩小呈"针尖样"(脑桥出血的特征性表现)、中枢性高热、呼吸衰竭等,常在48小时内死亡。

(3)小脑出血:发病突然,眩晕和共济失调明显,可伴有频繁呕吐及枕部疼痛等。少量出血常表现为病变侧共济失调、眼球震颤、构音障碍等,无肢体瘫痪。出血量较多者可有脑桥受压体征,如展神经麻痹、侧视麻痹、周围性面瘫、肢体瘫痪等;并很快进入昏迷、双侧瞳孔缩小呈针尖样、呼吸节律不规则,形成枕骨大孔疝而死亡。

2. 实验室及其他检查

(1)影像学检查:头颅CT是确诊脑出血的首选检查,血肿在CT上显示为圆形或椭圆形的高密度影,边界清楚,CT可准确显示出血部位、大小、脑水肿情况,有助于指导治疗和判断预后。头颅MRI对幕上出血的诊断价值不如CT,对幕下出血的检出率优于CT;MRI及DSA比CT更易发现脑血管畸形、血管瘤等病变。

(2)脑脊液检查:只在无条件进行CT检查,且临床无明显颅内压增高表现时进行。脑脊液压力常增高,多为均匀血性脑脊液。当病情危重,有脑疝形成或小脑出血时,禁忌腰穿检查。

(3)其他:同时进行血常规、尿常规、血糖、血脂、肝功能、肾功能、凝血功能、心电图等检查,有助于了解病人的全身状态。

（三）心理和社会状况

病人面对运动障碍、感觉障碍及言语障碍等残酷现实,生活需要依赖他人而产生焦虑、恐惧、绝望等心理反应;家庭经济状况欠佳,家属对病人的关心、支持程度差,病人会产生苦闷、急躁心理,对生活能力和生存价值丧失信心。

（四）治疗要点

脑出血的基本治疗原则是脱水降颅压、调整血压、防治继续出血、减轻血肿造成的继发性损害、促进神经功能的恢复、加强护理防治并发症。

1. 一般治疗　就地诊治,避免长途搬动,一般应卧床休息 2 ~ 4 周。保持呼吸道通畅,有意识障碍、血氧饱和度下降或有缺氧现象的病人应给予吸氧。病情危重时加强体温、血压、呼吸和心电监测,注意维持水电解质平衡。

2. 减轻脑水肿　脱水降颅压,常选用 20% 甘露醇 125 ~ 250ml,快速静脉滴注,每 6 ~ 8 小时一次。可同时应用呋塞米 20 ~ 40mg,静脉注射,二者交替使用。

3. 调整血压　脑出血时血压升高,是为了保证脑组织供血出现的脑血管自动调节反应,暂时不使用降压药。脱水降颅压治疗后,血压≥200/110mmHg 时,应采取降压治疗,使血压维持在略高于发病前水平或 180/105mmHg 左右。

4. 止血和凝血治疗　仅用于并发消化道出血或凝血障碍时,对高血压脑出血无效。常用 6- 氨基己酸、氨甲环酸等。

5. 手术治疗　必要时采用经皮钻孔血肿穿刺抽吸、脑室穿刺引流或开颅血肿清除等手术疗法。

6. 康复治疗　只要病人生命体征平稳,病情不再进展,康复治疗应尽早进行,最初 3 个月内神经功能恢复最快,是治疗的最佳时机。

【常见护理诊断/问题】

1. 急性意识障碍　与脑出血、脑水肿所致大脑功能受损有关。

2. 疼痛:头痛　与脑水肿、颅内高压等有关。

3. 躯体活动障碍　与肢体麻木、偏瘫或平衡能力降低有关。

4. 语言沟通障碍　与大脑语言中枢功能受损有关。

5. 有受伤的危险　与脑出血导致脑功能损害、意识障碍有关。

6. 潜在并发症:脑疝、上消化道出血。

【护理措施】

（一）一般护理

1. 休息与安全　绝对卧床休息,抬高床头 15° ~ 30°以减轻脑水肿,发病后 24 ~ 48 小时内避免搬动。取平卧位头偏向一侧或侧卧位,若病人有面瘫,可取面瘫侧朝上侧卧位,有利于口腔分泌物引流。瘫痪肢体置于功能位,每 2 ~ 3 小时协助病人变换体位,尽量减小头部摆动幅度,以免加重出血。病室保持安静,严格限制探视,各项护理操作应集中进行,动作轻柔。对谵妄躁动病人加保护性床栏,必要时使用约束带或遵医嘱应用镇静剂,但禁用吗啡与哌替啶,以免抑制呼吸或降低血压。避免打喷嚏、屏气、剧烈咳嗽、用力排便、大量快速输液等引起颅内压增高的因素。

2. 饮食护理　急性脑出血病人发病 24 小时内应暂禁食。病人生命体征平稳、无颅内压增高及严重消化道出血时,给予高蛋白质、丰富维生素、清淡、易消化、营养丰富的流质或半流质饮食,保证进食安全;昏迷或有吞咽障碍者可鼻饲流质饮食并做好鼻饲管的护理;有消化道出血不能鼻饲者改为静脉营养支持。

3. 保持大便通畅 避免用力排便,可进行腹部按摩,为病人提供安全而隐蔽的排便环境,遵医嘱应用导泻药物,但禁止灌肠。

(二)病情观察

严密观察并记录病人的生命体征、意识、瞳孔的变化,观察尿量,记录 24 小时出入量,定期复查电解质。及时判断病人有无病情加重及并发症的发生,若病人出现剧烈头痛、频繁呕吐、血压进行性升高、脉搏减慢、呼吸不规则、意识障碍进行性加重、两侧瞳孔大小不等时,常为脑疝先兆表现;若病人出现呕血、黑粪或从胃管抽出咖啡色或血性液体,伴面色苍白、呼吸急促、皮肤湿冷、血压下降和尿量减少等,应考虑上消化道出血或出血性休克。

(三)用药护理

甘露醇不能与电解质溶液等混用,以免发生沉淀;低温出现结晶时,需加温溶解后再用;长期大量应用易出现肾损害、水电解质紊乱等,应记录 24 小时出入液量,注意定期复查尿常规、肾功能及电解质的变化,防止低钾血症和肾功能受损;静脉输液过快可致一过性头痛、眩晕,应向病人做好解释。尼卡地平可出现皮肤发红、多汗、心动过缓或过速、胃肠道不适、血压下降等不良反应,适当控制输液速度。6-氨基己酸应持续给药,保持有效血药浓度,观察病人有无消化道反应、直立性低血压等不良反应。

(四)脑疝的护理

见脑疝病人的护理。

(五)心理护理

随时向病人通报疾病好转的消息,请康复效果理想的病人介绍康复成功经验;鼓励病人做自己力所能及的事情,减少依赖性;鼓励家属充分理解病人,给予各方面的支持,减少病人的心理负担,树立战胜疾病的信心。

(六)健康指导

1. 疾病知识指导 指导高血压病人避免血压骤然升高的各种因素,如保持心态平和,避免情绪激动;告知病人和家属脑出血的基本病因、主要危险因素,明确积极治疗原发病对防止再出血的重要性;教会病人及家属测量血压的方法,发现血压异常波动,或有头痛、头晕、肢体麻木等不适及时就诊。

2. 康复训练指导 向病人和家属说明康复训练越早疗效越好,强调坚持长期康复训练的重要性,并介绍和指导康复训练的具体方法,使病人尽可能恢复生活自理能力。

3. 生活指导 指导病人建立健康的生活方式,戒烟酒;保证睡眠充足,适当运动,避免过度劳累;养成定时排便的习惯,保持大便通畅。

四、蛛网膜下腔出血病人的护理

蛛网膜下腔出血(subarachnoid hemorrhage,SAH)通常指脑底部或脑表面血管破裂后,血液流入蛛网膜下腔引起的一种临床综合征,又称原发性蛛网膜下腔出血。蛛网膜下腔出血约占急性脑卒中的 10%,各年龄组均可发病。

【护理评估】

(一)健康史

蛛网膜下腔出血最常见的病因为颅内动脉瘤,包括先天性动脉瘤、高血压和动脉粥样硬化所致动脉瘤;其次为脑血管畸形,主要是动-静脉畸形,青少年多见。

（二）身体状况

1. 临床表现　起病突然,情绪激动,剧烈运动,如用力、咳嗽、排便、性生活等是常见的发病诱因。各年龄段及男女均可发病,青壮年更常见。突然发生剧烈头痛,可为局限性或全头痛,呈胀痛或爆裂样疼痛,持续不能缓解或进行性加重,2 周后逐渐减轻,如头痛再次加重常提示再次出血。多伴恶心、呕吐,可有意识障碍或烦躁、谵妄、幻觉等精神症状。发病数小时后可见脑膜刺激征,表现为颈项强直、Kernig 征及 Brudzinski 征阳性,是蛛网膜下腔出血最具有特征性的体征。可出现局灶性神经功能缺损体征如动眼神经麻痹、轻偏瘫、失语或感觉障碍等。

2. 实验室及其他检查

（1）头颅 CT:是诊断蛛网膜下腔出血的首选方法,CT 平扫最常表现为基底池弥散性高密度影像。还可显示局部脑实质出血或硬膜下出血,动态 CT 检查还有助于了解出血的吸收情况,有无再出血。

（2）头颅 MRI:当发病后 1~2 周,CT 不能提供蛛网膜下腔出血的证据时,MRI 可作为诊断蛛网膜下腔出血和了解破裂动脉瘤部位的一种重要方法。

（3）数字减影血管造影:是确诊蛛网膜下腔出血病因特别是颅内动脉瘤最有价值的方法,可显示动脉瘤的位置、大小、有无血管痉挛等。宜在出血 3 日内或 3 周后进行,以避开脑血管痉挛和再出血的高峰期。

（4）脑脊液检查:最好于发病 12 小时后进行腰穿,脑脊液压力增高,呈均匀一致的血性脑脊液。如 CT 检查已明确诊断者,腰穿不作为常规检查。

（三）心理和社会状况

病人多为青壮年,突然发病,头部剧烈疼痛使病人产生紧张、焦虑甚至恐惧等心理反应。

（四）治疗要点

治疗原则是防治再出血、降低颅内压、防治血管痉挛及脑积水等并发症,降低死亡率,必要时手术治疗。急性期处理与脑出血基本相同,但主张适当使用止血剂,如 6-氨基己酸、氨甲苯酸和酚磺乙胺等抗纤溶药物;防治脑血管痉挛,可选用钙通道阻滞药如尼莫地平等。

【常见护理诊断/问题】

1. 疼痛:头痛　与脑水肿、颅内高压、血液刺激脑膜或继发性脑血管痉挛等有关。

2. 自理缺陷　与长期卧床(医源性限制)有关。

3. 恐惧　与剧烈头痛、担心再出血和疾病预后有关。

4. 潜在并发症:再出血。

【护理措施】

（一）一般护理

1. 休息与活动　绝对卧床休息 4~6 周,抬高床头 15°~20°,告知病人和家属绝对卧床休息的重要性,避免搬动和过早下床活动。经治疗病人症状好转、头部 CT 检查证实出血基本吸收,可逐渐抬高床头、床上坐位、下床站立或适当活动。

2. 环境与安全　提供安静、舒适的环境,限制探视,避免不良的声、光刺激;避免导致血压和颅内压升高的因素,如剧烈咳嗽、屏气、用力排便等。

（二）病情观察

严密观察并记录病人的生命体征、神经系统体征及头痛、呕吐等变化。及时判断病人有无病情加重及并发症的发生,若病人再次剧烈头痛、恶心、呕吐、意识障碍加重、原有局灶症状和体征重新出现等表现,应及时报告医生。

(三)用药护理

甘露醇应快速静脉滴注,注意观察尿量,记录 24 小时出入液量,定期复查电解质;当收缩压 >180mmHg,可在密切监测血压情况下使用短效降压药,如钙通道阻滞药、β 受体阻滞药或 ACEI 类等,但避免突然将血压降得太低;6- 氨基己酸、氨甲苯酸等抗纤溶药易引起脑缺血性病变的可能,一般与尼莫地平联合使用。

(四)心理护理

耐心向病人解释头痛发生的原因、随着出血停止及血肿吸收,头痛会逐渐缓解。向病人和家属解释脑血管造影检查的相关知识,消除病人紧张、恐惧和焦虑心理,积极配合检查,以明确病因,指导治疗。

(五)健康指导

1. 疾病知识指导 向病人和家属介绍蛛网膜下腔出血的病因、诱因、临床表现、相关检查、防治原则、病程和预后,如脑血管造影检查应避开脑血管痉挛和再出血的高峰期。

2. 预防再出血 告知病人保持情绪稳定,避免过度劳累、突然用力过猛和用力排便。使病人了解遵医嘱绝对卧床并积极配合治疗和护理的重要性。

（巫章华）

第五节 颅内肿瘤病人的护理

生长于颅内的肿瘤通称为脑瘤,可分为原发性与继发性两类,其中原发性脑瘤占中枢神经系统原发肿瘤的 80% ~90%,椎管内肿瘤占 10% ~20%。原发性脑肿瘤来自颅内各种组织,如脑实质、脑膜、血管、神经、垂体及胚胎残余组织等。继发性颅内肿瘤为身体其他部位的肿瘤转移而来,或直接侵入即转移瘤和侵入瘤。颅内肿瘤可发生于任何年龄,以 20 ~50 岁为最多见。不论其性质是良性还是恶性,随着肿块的增大引起颅内压升高,压迫脑组织,导致中枢神经损害,危及生命。

【护理评估】

(一)健康史

1. 病因 颅内肿瘤的确切病因目前尚未完全清楚。可能的致病因素有:①癌基因和遗传学因素:肿瘤分子生物学研究表明与肿瘤发生、发展密切相关的基因有两类基因。癌基因的活化和过度表达诱发肿瘤形成,抗癌基因的存在和表达有助于抑制肿瘤的发生。神经纤维瘤病、血管网状细胞瘤和视网膜母细胞瘤等有明显的家族发病倾向。②物理因素:放射线可增加肿瘤发生率,射线量在 30Gy 以上,可使细胞变性,带有癌基因的细胞发生失控性增殖,形成程度不等的恶性肿瘤。③化学因素:化学因素中以蒽类化合物为主,其中甲基胆蒽易诱发神经胶质瘤,苯并芘易诱发垂体腺瘤。④致瘤病毒:病毒侵入细胞后,在细胞核内合成 DNA 的细胞增殖 S 期内被固定于染色体内,改变了基因特性,促使增殖失控。

2. 常见类型及特性 ①神经胶质瘤:来源于神经上皮,多为恶性,约占颅内肿瘤的 40% ~50%;②脑膜瘤:约占颅内肿瘤的 20%,良性居多,生长缓慢;③垂体腺瘤:属于良性,根据细胞的分泌功能不同可分为不同的肿瘤,如催乳素腺瘤、生长激素腺瘤等;④听神经瘤:良性肿瘤,发生于第Ⅷ脑神经前庭支上;⑤颅咽管瘤:良性肿瘤,位于鞍上区;⑥转移瘤:来自于肺、乳腺等部位的恶性肿瘤。

（二）身体状况

1. 临床表现

（1）起病方式:常较缓慢,病程可自 1~2 个月至数年不等,有些病例可呈急性或亚急性发病,甚至可能出现卒中。后者多数是因肿瘤的恶性程度较高,进展迅速,或因肿瘤发生出血、坏死、囊变等继发性变化的结果。

（2）颅内压增高症状:约占 90% 以上脑瘤病人中出现颅内高压症状,如未及时治疗,重者可引起脑疝。

（3）局灶性症状:取决于颅内肿瘤的部位。常见的局灶性症状有运动及感觉功能障碍,表现为肢体的乏力、瘫痪及麻木,抽搐或癫痫发作,视力障碍、视野缺损,嗅觉障碍,神经性耳聋,语言障碍,平衡失调,智能衰退,精神症状及内分泌失调、发育异常等,常组成不同的综合征。

2. 实验室及其他检查　影像学检查包括头颅 X 线摄片、放射性核素脑造影、脑室和脑池造影、脑血管造影等,CT 及 MRI 检查诊断价值高。

（三）心理和社会状况

了解病人有无焦虑、恐惧的心理反应;病人及家属对疾病的认知程度。

（四）治疗要点

1. 手术治疗　颅内肿瘤最基本、最为有效的治疗方法。

2. 放射治疗　手术治疗后可给予放射治疗。

3. 化学治疗　口服、静脉注射、鞘内注射、动脉内插管选择肿瘤供血动脉灌注和瘤腔内给药等方式。

4. 光动力学治疗（PDT）　用血卟啉衍生物(HPD)注入,在此期间用氩激光照射瘤床,瘤细胞因发生光理化反应而失去活力或死亡。

5. 热能治疗　用微波或射频电流,温度控制在 43℃,时间为 20~30 分钟。

【常见护理诊断/问题】

1. 疼痛　与颅内压增高和手术伤口有关。

2. 清理呼吸道无效　与意识障碍、肿瘤手术有关。

3. 营养失调:低于机体需要量　与呕吐、食欲下降、放疗、化疗有关。

4. 恐惧　与肿瘤诊断和担心疗效有关。

【护理措施】

（一）术前护理

1. 一般护理　取头高足底位,床头抬高 15°~30°,以利颅内静脉回流,降低颅内压,减轻头痛。加强营养支持及生活护理;鼓励病人进食高维生素、高蛋白、高热量、易消化饮食。

2. 注意保护病人,对出现神经系统症状的病人应视具体情况加以保护。

3. 协助病人完善术前各项检查,做好手术准备。

4. 加强心理疏导,增强病人战胜疾病的信心。

（二）术后护理

1. 一般护理　一般病人清醒后抬高床头 15°~30°。幕上开颅术后应卧向健侧,避免切口受压;幕下开颅术后早期宜无枕侧卧或侧俯卧位。

2. 病情观察　注意生命体征及肢体活动,特别是意识及瞳孔的变化。

3. **保持出入量平衡**　术后静脉补液时,注意应控制液体的入量在1000~2000ml。

4. **脑室引流的护理**　引流管妥善固定与连接,引流管开口应高于侧脑室平面10~15cm,以维持正常的颅内压。术后早期应适当将引流瓶挂高,以减慢流速,待颅内压平稳后再适当放低,每日引流量以不超过500ml为宜。引流管不可受压、扭曲或折叠,病人翻身或活动时,应避免牵拉引流管。观察并记录引流液的颜色、量及性状,若引流液逐渐加深或混浊时,应报告医生处理。严格无菌操作,每日应定时更换引流瓶,换瓶时应先夹闭引流管,以免引流液逆流入脑室。

5. **并发症的预防和护理**　颅内出血是颅脑手术后最危险的并发症,应注意颅内出血的表现。避免出现颅内压增高的因素;注意伤口、耳、鼻有无脑脊液漏;鞍上手术后应及时发现有无口渴、多饮、多尿等尿崩症的表现。

(三) 健康教育

术后加强肢体功能锻炼和语言训练,防止肌肉萎缩和关节畸形。家属应鼓励病人尽快适应社会及身体器官功能和外观的改变,学会自我照顾的方法,适当休息,劳逸结合,保持情绪稳定。病人出院后要随时观察全身症状,如再次出现颅内压增高症状、局灶性症状或身体其他部位的不适,应及时就诊。

（彭文蔚）

第六节　癫痫病人的护理

癫痫(epilepsy)是一组由不同病因引起的脑部神经元高度同步化异常放电所导致,以发作性、短暂性、重复性及刻板性的中枢神经系统功能失常为特征的综合征。每次发作称为痫性发作,反复多次发作所引起的慢性神经系统病症则称为癫痫。目前我国约有900万以上癫痫病人,可见于各年龄组,青少年和老年是发病的两个高峰阶段。

【护理评估】

(一) 健康史

癫痫按照病因分为特发性、症状性和隐源性癫痫三大类,临床上以症状性癫痫常见。特发性癫痫与遗传因素关系密切,症状性癫痫的主要病因是脑部器质性病变(如脑外伤、脑血管病、颅脑肿瘤、中枢神经系统感染等)和其他全身系统疾病,临床表现提示为症状性癫痫,但尚不能明确病因者则称为隐源性癫痫。

(二) 身体状况

1. **临床表现**　所有癫痫发作都有的共同特征,即发作性、短暂性、重复性、刻板性。发作性指癫痫突然发生,持续一段时间后迅速恢复,间隙期正常;短暂性指发作持续时间都非常短,数秒钟、数分钟或数十分钟,除癫痫持续状态外,很少超过半小时;重复性指癫痫都有反复发作的特征,仅发作过一次不能诊断为癫痫;刻板性指每种类型发作的临床表现几乎一致。癫痫发作常分为部分性发作、全面性发作和不能分类的癫痫发作三大类。

(1)部分性发作

1)单纯部分性发作:发作时意识始终存在,发作后能复述发作的生动细节是其主要特征。①运动性发作:常为身体的某一局部发生不自主抽动,多见于一侧眼睑、口角、手或足趾,也可涉及一侧面部或肢体。以Jackson发作为最常见,表现为抽搐发作从手指-腕部-前臂-肘-肩-口角-面部逐渐发展,沿大脑皮质运动区的分布顺序扩延,逐渐传至半身。②感觉性发作:表现为一侧面部、肢体或躯干的麻木感、针刺感,也可出现视觉性、听觉性、嗅觉性和味觉性发作以及眩晕性发作。③自主神经性发作:表现为上腹部不适、恶心、呕吐、面部苍白、出汗、竖毛、瞳孔散大等。④精神症状性发作:可表现为各种类型的遗忘症、情感障碍、错觉及复杂幻觉等。

2)复杂部分性发作:主要特征是意识障碍,发作时病人对外界刺激没有反应,发作后不能或部分不能复述发作的细节。①自动症:表现为意识障碍和看起来有目的、但实际上无目的的发作性行为异常,如噘嘴、咀嚼、舔舌、反复搓手、不断地穿衣、脱衣、解衣扣、摸索衣裳,还可表现为游走、奔跑、自言自语、唱歌、叫喊等。②仅有意识障碍。③先有单纯部分性发作,继之出现意识障碍。④先有单纯部分性发作,后出现自动症。

3)部分性发作继发全面性发作:先出现部分性发作,随之出现全面性发作。

(2)全面性发作:发作多在初期就有意识障碍或以意识障碍为首发症状。

1)全面强直-阵挛性发作(GTCS):又称大发作,是常见的发作类型,主要特征为全身肌肉强直和阵挛、意识丧失。部分病人发作前一瞬间可有疲乏、麻木、恐惧或无意识动作等先兆表现,突然意识丧失、跌倒。全面强直-阵挛发作分3期:①强直期:表现为全身骨骼肌持续性收缩。眼肌收缩出现眼睑上牵,眼球上翻或凝视;咀嚼肌收缩出现口强张,随后猛烈闭合,可咬破舌尖;喉肌和呼吸肌强直性收缩致病人尖叫一声,呼吸暂停;颈部和躯干肌肉强直性收缩使颈和躯干先屈曲、后反张;上肢上举后旋转为内收前旋,下肢先屈曲后猛烈伸直、足内翻,持续10~20秒后进入阵挛期。②阵挛期:全身肌肉一张一弛交替抽动,阵挛频率逐渐变慢,间隙期逐渐延长,在一次强烈阵挛后发作停止,进入发作后期。③发作后期:此期尚有短暂阵挛,可引起牙关紧闭和大小便失禁。呼吸首先恢复,瞳孔、血压和心率也随之恢复正常,意识逐渐恢复。发作开始至意识恢复历时5~15分钟。清醒后常感头痛、全身酸痛和疲乏无力,对发作过程不能回忆。

2)强直性发作:表现为与全面强直-阵挛性发作中强直期相似的全身骨骼肌强直性收缩,常伴有明显的自主神经症状,如面色苍白等。

3)阵挛性发作:几乎都发生于婴幼儿,类似全面强直-阵挛性发作中阵挛期的表现。

4)肌阵挛发作:表现为全身或某个肌群突发快速、短暂、触电样肌肉收缩,声、光等刺激可诱发。

5)失神发作:典型失神发作称小发作,多见于儿童。突然发生和突然终止的意识丧失是失神发作的特征。常表现为活动突然停止、发呆、呼之不应,手中物体落地,一般不会跌倒。每次发作持续数秒钟,每日可发作数次至数百次。发作后立即清醒,无明显不适,继续原先的活动,对发作过程无记忆。

6)失张力发作:表现为肌张力突然丧失,可致头、肢体下垂和跌倒等。

(3)癫痫持续状态:全面性发作在两次发作之间意识不清楚,全面或部分性发作持续30分钟以上称为癫痫持续状态。常见原因为突然停用抗癫痫药,或因急性脑病、脑卒中、脑炎、外伤、肿瘤和药物中毒引起,抗癫痫药物治疗不规范、感染、精神紧张、过度疲劳、孕产和饮酒等均可诱发。

2. 实验室及其他检查

(1)脑电图检查:脑电图上的痫性放电是人类癫痫的另一个重要特征,也是诊断癫痫的主要佐证,但有部分病人尽管多次脑电检查却始终正常。发作时脑电图可清楚记录出棘波、尖波、棘-慢或尖-慢复合波,不同类型的癫痫,脑电图上有不同表现,可辅助进行发作类型的确定。

（2）影像学检查：CT 和 MRI 可脑部器质性改变、占位性病变、脑萎缩等,有助于继发性癫痫的病因诊断。

（3）实验室检查：血常规、血糖、血寄生虫等检查,可了解病人有无贫血、低血糖及寄生虫病等。

（三）心理和社会状况

癫痫反复发作影响生活与工作,使病人产生紧张、焦虑、抑郁心理。因癫痫发作时出现抽搐、跌伤、尿失禁等有碍病人自身形象的表现,常使病人自尊心受挫而产生自卑感。

（四）治疗要点

1. 病因治疗 有明确病因者应首先行病因治疗,如颅内肿瘤,需手术切除。

2. 药物治疗 无明确病因,或有明确病因但不能根除病因者,需药物治疗。

（1）用药时机：半年内发作两次以上者,一经诊断明确,就应用药;首次发作或半年以上发作一次者,可酌情选择用或不用抗癫痫药。

（2）选药方法：抗癫痫药依据癫痫发作类型、副作用大小等决定。苯妥英钠对全面强直-阵挛发作、部分性发作有效;卡马西平是部分性发作、继发性全面强直-阵挛发作的首选药;苯巴比妥是小儿癫痫的首选药;丙戊酸是全面强直-阵挛发作、典型失神发作的首选药;乙琥胺仅用于单纯失神发作。托吡酯、拉莫三嗪、加巴喷丁等新型抗癫痫药物可作为难治性癫痫的单一用药或与传统药物联合应用。癫痫持续状态控制发作首选地西泮。

（3）药物剂量：从小剂量开始,逐渐增加,达到既能有效控制,又没有明显的副作用时为止。如不能达到此目的,宁可满足部分控制,也不要出现副作用。

（4）单用或联合用药：单一药物治疗是应遵守的基本原则,如无效,可更换另一种药物,但换药应有 5~7 日的过渡期。当有多种类型的发作,可考虑联合用药。

（5）终止治疗的时机：全面强直-阵挛性发作、强直性发作、阵挛性发作完全控制 4~5 年后,失神发作停止半年后可考虑停药,但停药前有一个 1~1.5 年的缓慢减量过程。

【常见护理诊断/问题】

1. 有窒息的危险 与癫痫发作时意识障碍、喉头痉挛及气道分泌物增多有关。

2. 有受伤的危险 与癫痫发作时意识障碍、判断力失常有关。

3. 知识缺乏：缺乏长期、正确服药的知识。

【护理措施】

（一）一般护理

1. 保持呼吸道通畅 应立即安置病人头低侧卧位或平卧位头偏向一侧;松开衣领、衣扣和腰带;取下活动义齿,及时清除口鼻腔分泌物;立即放置压舌板,必要时用舌钳将舌拖出,防止舌后坠阻塞呼吸道;床边备好吸引器、气管切开包等。

2. 避免受伤 告知病人有发作先兆时立即平卧;或发作时陪伴者立即将病人缓慢就地平放,防止外伤;将手边的柔软物垫在病人头下,移去病人身边的危险物品,如热水瓶、玻璃杯等;将牙垫或厚纱布垫在上下臼齿之间,以防咬伤舌、口唇及颊部,但不可强行塞入;抽搐发作时,适度扶住病人的手脚,以防自伤及碰伤,切不可用力按压抽搐肢体,以免骨折和关节脱位;躁动的病人应专人守护,加保护性床栏,必要时使用约束带。

（二）病情观察

严密观察生命体征、意识及瞳孔变化,注意发作过程中有无心率加快、血压升高、呼吸减慢或暂停、瞳孔散大、牙关紧闭及大小便失禁等;观察并记录发作类型、发作持续时间和频率;观察病人意识完全恢复的时间,在意识恢复过程中有无头痛、疲乏及行为异常等。

(三) 用药护理

告知病人及家属长期甚至终身服药的重要性,告知病人及家属少服或漏服可导致癫痫发作、癫痫持续状态、难治性癫痫的危险。告知病人和家属用药的原则、常见不良反应(表8-2)和应注意的问题。服药前应做血、尿常规和肝肾功能检查,服药期间每月监测血、尿常规,每季度检查肝、肾功能,必要时做血药浓度的测定;药物应分次餐后服用,以减轻胃肠道不良反应;葡萄糖溶液能使苯妥英钠发生沉淀,静脉注射时应溶于生理盐水中。向病人和家属说明能否停药取决于癫痫的类型、发作控制的时间及减量后的反应。勿自行减量、停药和更换药物。

表8-2　常用抗癫痫药物的不良反应

常用药物	不良反应
苯妥英钠	眼球震颤、共济失调、恶心、呕吐、厌食、毛发增多、粒细胞减少、肝损害等
卡马西平	头晕、恶心、视物模糊、嗜睡、中性粒细胞减少、再生障碍性贫血、肝损害、皮疹等
苯巴比妥	抑郁、嗜睡、注意力涣散、易激惹、攻击行为、记忆力下降
丙戊酸	震颤、厌食、恶心、呕吐、体重增加、脱发、月经失调、骨髓损害、肝损害及胰腺炎等
托吡酯	厌食,注意力、记忆力及语言障碍,感觉异常、体重减轻
拉莫三嗪	复视、头晕、头痛、嗜睡、恶心、呕吐、共济失调、攻击行为、易激惹、皮疹
加巴喷丁	嗜睡、头晕、疲劳、复视、感觉异常、健忘

(四) 癫痫持续状态的护理

1. **安全护理**　保持呼吸道通畅,给予高流量吸氧,必要时行气管插管或气管切开;保持病室安静,避免刺激,做好安全护理,避免外伤。

2. **控制发作**　迅速建立静脉通道,遵医嘱缓慢静脉注射地西泮,若15分钟后再发可重复给药,或于12小时内缓慢静脉滴注地西泮。如出现呼吸抑制,昏迷加深,血压下降,则需停止注射。

3. **病情监测**　对病人进行呼吸、血压等的监测;观察抽搐发作持续的时间与频率;定时进行动脉血气分析及血液生化检查;及时发现病情变化,配合医生做好相应处理。

(五) 心理护理

帮助病人正确面对疾病,同情和理解病人,鼓励病人表达自己的内心感受,做好自我调节,维持良好的心态;鼓励病人积极参与各种社交活动,承担力所能及的社会工作;鼓励家属关爱、理解和帮助病人,缓解病人的精神负担,配合长期药物治疗。

(六) 健康指导

1. **疾病知识指导**　向病人及其家属介绍癫痫的基本知识及发作时家庭紧急护理方法。保持良好的饮食习惯,注意饮食清淡、少量多餐、戒烟酒。养成良好的生活习惯,注意劳逸结合。指导病人避免过度疲劳、睡眠不足、饥饿、情绪激动、饮酒、便秘、强烈的声光刺激、惊吓、长时间看电视、洗浴等诱发因素。

2. **用药指导与病情监测**　告知病人遵医嘱坚持长期、规律用药,切忌突然停药、减药、漏服药及自行换药。告知病人定期复查血、尿常规和肝、肾功能,动态观察药物不良反应。当癫痫发作频繁或症状控制不理想,或出现发热、皮疹时应及时就诊。

3. 安全与婚育指导 告知病人禁止从事攀高、游泳、驾驶及带电作业等危及自己或他人生命的工作或活动;嘱病人随身携带写有姓名、地址、所患疾病及家人联系方式的信息卡;病情未得到有效控制时,病人外出活动或就诊时应家属陪伴。男女双方均有癫痫,或一方有癫痫,另一方有家族史者不宜结婚;特发性癫痫且有家族史的女性病人,婚后不宜生育。

(巫章华)

第七节 帕金森病病人的护理

帕金森病(Parkinson disease,PD)又称震颤麻痹,是一种中老年人常见的运动障碍疾病。主要的病理变化是黑质多巴胺能神经元变性缺失和路易小体形成,以静止性震颤、运动迟缓、肌强直和姿势步态异常为临床特征。65 岁以上的老年人患病率为 2%,我国帕金森病病人数已超过 200 万。

【护理评估】

(一)健康史

帕金森病的病因和发病机制十分复杂,至今仍未完全明了,可能与年龄老化、遗传和环境因素等有关。帕金森病时黑质多巴胺能神经元变性、缺失,纹状体多巴胺含量显著降低,造成乙酰胆碱系统功能相对亢进,导致肌张力增高、运动减少等临床表现。

(二)身体状况

1. 临床表现 起病缓慢,逐渐进展。病人最早的感受往往是肢体震颤和僵硬。症状常自一侧上肢开始,逐渐扩展至同侧下肢、对侧上肢及下肢,呈"N"字形进展。

(1)静止性震颤:常为首发症状,震颤多自一侧上肢远端开始,表现为规律性的手指屈曲和拇指对掌运动,如"搓丸样"动作。随病情的进展逐渐扩展至四肢、下颌、口唇、头部。震颤在静止时明显,精神紧张时加重,做随意运动时减轻,睡眠时消失。在疾病晚期,震颤变为经常性,做随意运动时亦不减轻或停止。

(2)肌强直:系锥体外系性肌张力增高,即伸肌和屈肌的张力同时增高。当被动运动关节时,始终保持呈均匀一致的阻力增高,称为"铅管样肌强直"。伴有静止性震颤时,在屈伸肢体时感到在均匀阻力上出现断续的停顿,如同转动齿轮一样,称"齿轮样肌强直"。帕金森病病人常因肌强直严重而出现腰痛和肩、髋关节疼痛。

(3)运动迟缓:可表现为动作缓慢、随意运动减少,尤其是开始动作为甚。如坐下时不能起立,起床、翻身、系纽扣或鞋带、穿鞋袜或衣裤等日常活动发生困难。面部表情肌少动,表现为面部无表情、瞬目减少、双眼凝视,形成"面具脸"。由于上肢不能做精细动作,表现为书写困难,字弯弯曲曲、越写越小,尤其在行末写得特别小,称为"写字过小征"。

(4)姿势步态异常:由于四肢、躯干和颈部肌肉强直,常呈现"屈曲体姿"。步态异常最为突出,表现为走路拖步、迈步时身体前倾,行走时自动摆臂动作减少或消失。行走时起步困难,一迈步时即以极小的步伐前冲,越走越快,不能立刻停下脚步,称为"慌张步态",是帕金森病病人的特有体征。有时行走中全身僵住,不能动弹,称为"冻结现象"。

(5)其他症状:口、咽和腭肌运动障碍使讲话缓慢、语调变低、吐字不清,还可有流涎和吞咽困难。自主神经功能紊乱表现为便秘、夜间大量出汗、直立性低血压等。精神症状以抑郁最常见,部分病人可出现智力衰退现象。

2. 实验室及其他检查　血、脑脊液常规检查均无异常,头颅 CT、MRI 检查无特征性改变。采用高效液相色谱可检测到脑脊液和尿中多巴胺代谢产物高香草酸降低。正电子发射断层(PET)、单光子发射断层(SPECT)进行特定的放射性核素检测对帕金森病早期诊断、鉴别诊断及监测病情有一定价值。

(三) 心理和社会状况

由于病人出现的肢体震颤、动作笨拙、面具脸及说话含混不清、流口水等,使病人常有自卑感,不愿参加社会活动,可产生焦虑、失落、抑郁和恐惧等心理。

(四) 治疗要点

帕金森病病人应采取综合治疗措施,包括药物、手术、康复及心理治疗等,以药物治疗最为有效。

1. 抗胆碱药　对震颤和肌强直有效,对运动迟缓疗效较差,适用于震颤突出且年龄较轻的病人。常用药物有盐酸苯海索、苯甲托品等。

2. 复方左旋多巴　可补充黑质纹状体内多巴胺的不足,可改善帕金森病病人所有的临床症状,是治疗帕金森病最基本、最有效的药物。常用药物有美多芭(左旋多巴 + 苄丝肼)、心宁美(左旋多巴 + 卡比多巴)等。

3. 其他:有金刚烷胺、多巴胺受体(DR)激动剂(如普拉克索)、单胺氧化酶 B 抑制剂(如司来吉兰)等。

【常见护理诊断/问题】

1. 躯体活动障碍　与黑质病变、锥体外系功能障碍所致震颤、肌强直、体位不稳、随意运动异常有关。

2. 自尊低下　与震颤、流涎、面肌强直等身体形象改变和言语障碍、生活依赖他人有关。

3. 知识缺乏:缺乏本病相关知识与药物治疗知识。

4. 营养失调: 低于机体需要量　与吞咽困难、饮食减少和肌强直、震颤所致机体消耗量增加等有关。

5. 语言沟通障碍　与咽喉部、面部肌肉强直及运动减少有关。

6. 潜在并发症:外伤、压疮、感染。

【护理措施】

(一) 一般护理

1. 生活护理　室内光线要充足,地面平坦,床的高度适中,方便病人上下,各种生活用品和呼叫器置于病人伸手可及处;病人如厕下蹲及起立困难时,配备高位坐厕;病人衣裤合身,尽可能选用按扣、拉链,便于穿脱;鼓励病人自我护理,协助生活自理能力显著降低病人进食、洗漱、沐浴等。

2. 饮食护理　给予高热量、高维生素、高纤维素、低脂、低盐、适量优质蛋白、易消化饮食,戒烟、酒。因蛋白质可降低左旋多巴类药物的疗效,应限制蛋白质摄入量;避免食用槟榔,其为拟胆碱能食物,可降低抗胆碱能药物的疗效。病人进食或饮水时抬高床头,取坐位或半坐卧位,头稍向前倾;不催促、打扰病人进食;对于流涎过多的病人可使用吸管吸食流质;对于咀嚼和吞咽功能障碍者应选细软、黏稠不易反流的食物,少量多餐;当病人发生呛咳时应暂停进食,待呼吸完全平稳再喂食物,必要时予以鼻饲。

3. 运动护理　告知病人运动的目的在于预防肢体挛缩、关节强直的发生。应坚持肢体功能锻炼,如散步、打太极拳等,进行四肢各关节最大关节活动度的屈伸、旋转等训练。步行困难者练习走路时要目视前方、不要目视地面,集中注意力保持步行的幅度与速度;鼓励病人步行时两腿尽量保持一定距离,双臂要摆动,以增加平衡;转身时要以弧形线形式前移,尽可能不要在原地转弯;提醒病人不可一边步行一边讲话、碎步急速移动、起步时拖着脚走路,双脚紧贴地面站立及穿着拖鞋行走等,这样容易跌倒;协助病人行走时,不要强行拉着病人走,当病人感觉脚粘在地上时,可告诉病人先向后退一步,再往前走。晚期做被动肢体活动和肌肉、关节的按摩,以促进肢体的血液循环。

4. **安全护理** 病房内尽可能减少障碍物,病人下肢行走不便时,应配备手杖、床铺护栏、卫生间和过道扶手等必要的辅助设施,以防跌倒;起床或躺下时应手扶床沿,动作缓慢,避免直立性低血压的发生;避免拿热水、热汤,谨防烧伤、烫伤;禁止病人自行使用锐利器械和危险品,病人在外出活动或做检查时应有专人陪护,避免自伤、伤人、走失等意外发生。

(二)对症护理

注意居室的温湿度,根据季节、气候、天气等及时增减衣服,预防感冒;卧床病人垫气垫床,保持床单位整洁、干燥,定时翻身,预防压疮的发生;注意口腔护理,翻身、拍背,预防吸入性肺炎和坠积性肺炎;被动活动肢体,加强肌肉、关节按摩,防止和延缓骨关节的并发症;多吃新鲜蔬菜和水果,养成定时排尿、排便的习惯,顺时针按摩腹部和热敷,促进肠蠕动,防治大便秘结;对言语功能障碍者,指导病人采用手势、纸笔、画板等沟通方式与他人交流,并进行言语功能训练。

(三)用药护理

告知病人需要长期或终身用药治疗,了解常用药物种类、名称、剂型、用法、服药注意事项、疗效及不良反应的观察与处理(表8-3)。从小剂量开始,逐步缓慢加量直至有效维持,服药期间避免使用维生素 B_6、利血平、氯丙嗪、氯氮䓬、奋乃静等药物,以免降低药物疗效或导致直立性低血压。

表8-3 帕金森病常用药物的不良反应和注意事项

常用药物	不良反应	注意事项
苯海索(安坦)	口干、视物模糊、便秘、排尿困难,严重者有幻觉、妄想	老年病人慎用,闭角型青光眼及前列腺增生病人禁用;不可立即停药,需缓慢减量
盐酸金刚烷胺	失眠、眩晕、神经质,恶心、呕吐、四肢皮肤青斑和踝部水肿	肾功能不全、癫痫、严重胃溃疡、肝病病人慎用,哺乳期妇女禁用
多巴丝肼	恶心、呕吐、心律失常、幻觉、异动症、开关现象、剂末现象	应安排在饭前30分钟或饭后1小时,避免与高蛋白食物同服
普拉克索	恶心、呕吐、眩晕、直立性低血压、嗜睡、幻觉、精神障碍	服药后卧床休息,监测血压;避免驾驶车辆或操作机器

(四)心理护理

细心观察病人的心理反应,鼓励病人表达并注意倾听他们的心理感受;及时给予病人正确的信息和引导,使其能够接受和适应自己目前的状态并能设法改善;尊重病人,鼓励病人积极参与各种娱乐活动,树立战胜疾病信心,提高生活质量。

(五)健康指导

1. **疾病知识指导** 向病人和家属解释帕金森病相关知识,病程可长达数十年,家属应关心体贴病人,给病人更好的家庭支持。督促病人遵医嘱正确服药,防止错服、漏服;定期门诊复查,了解血压变化和肝肾功能、血常规等指标;细心观察,及时发现病情变化,当病人出现发热、外伤、骨折、吞咽障碍、运动障碍、精神智能障碍加重时及时就诊。

2. 生活指导　指导病人戒烟、酒,维持和培养兴趣爱好,建立健康的生活方式;指导病人坚持适当的运动和体育锻炼,延缓身体功能障碍的发展;鼓励病人加强日常生活活动训练,尽量生活自理,争取做力所能及的家务。

3. 安全指导　指导病人避免登高和操作高速运转的机器,不能单独使用煤气、热水器及锐利器械等,防止发生意外。外出时需有人陪伴,尤其是精神、智能障碍者要佩戴写有病人姓名、家庭住址、联系电话的"安全卡片"或佩戴手腕"识别牌",以防走失。

(巫章华)

第八节　阿尔茨海默病病人的护理

随着世界人口老龄化的日益加速,老年期痴呆的病人明显增加,又以阿尔茨海默病(Alzheimer disease,AD)为最主要的类型,已成为全球性的重大公共健康问题。阿尔茨海默病是一组病因未明的原发性退行性脑变性疾病,多起病于老年期,潜隐起病,病程缓慢且不可逆,临床上以智能损害为主。阿尔茨海默病的患病率与年龄成正相关,女性多于男性。65岁以上的老年人中痴呆的患病率约为5%,80岁以上的患病率可达20%以上。

【护理评估】

(一)健康史

阿尔茨海默病发病的危险因素包括年老、痴呆家族史、21-三体综合征家族史、脑外伤史、抑郁症史、低教育水平等,其中最重要的因素是年老和遗传因素。近年发现阿尔茨海默病致病基因分别位于21号、19号、14号、1号染色体上。主要病理改变为皮质弥漫性萎缩,沟回增宽,脑室扩大,神经元大量减少,可见老年斑、神经原纤维缠结等病变大量出现于大量皮层中。乙酰胆碱含量显著减少,乙酰胆碱酯酶和胆碱乙酰转移酶活性降低。

(二)身体状况

1. 临床表现　阿尔茨海默病多数起病隐匿,为持续性、进行性病程。其临床症状分为两方面,即认知功能减退症状和非认知性精神症状。根据疾病的发展和认知功能缺损的严重程度,可分为轻度、中度和重度。

(1)轻度:近事记忆障碍常为首发及最明显症状,如经常失落物品,忘记重要的约会及已许诺的事情;学习新事物困难,看书读报后不能回忆其中的内容。常有时间定向障碍,病人记不清具体的年月日。计算能力减退,很难完成简单的计算,如100减7再减7的连续运算。思维迟缓,思考问题困难,特别是对新的事物表现出茫然难解。病人早期对自己记忆问题有一定的自知力,并力求弥补和掩饰,如经常作记录,避免因记忆缺陷对工作和生活带来不便,可伴有轻度的焦虑和抑郁。随着记忆力和判断力减退,病人对较复杂工作不能胜任,如妥善管理钱财、为家人准备膳食等,尚能完成已熟悉的日常事务或家务,个人生活基本能自理。人格改变往往出现在疾病的早期,病人变得缺乏主动性,活动减少,孤独,自私,情绪不稳,易激惹。对周围环境兴趣减少,对新的环境难以适应,对周围人群较为冷淡,甚至对亲人漠不关心。

(2)中度:表现为日益严重的记忆障碍,用过的物品随手即忘,日常用品丢三落四,甚至遗失贵重物品。忘记自己的家庭住址及亲友的姓名,但尚能记住自己的名字。有时因记忆减退而出现错构和虚构。远记忆力也受损,不能回忆自己的工作经历,甚至不知道自己的出生年月。除有时间定向障碍外,地点定向也出现障碍,容易迷路走失,甚至不能分辨地点。言语功能障碍明显,讲话无序,内容空洞,不能列出同类物品的名称,在命名测验中对少见物品的命名能力丧失,随后对常见物品的命名亦困难;失认以面容认识不能最常见,不认识自己的亲人和朋友,甚至不认识镜子中自己的影像;失用表现为不能正确地以手势表达,无法做出连续的动作,如刷牙动作。病人已不能工作、难以完成家务劳动,甚至洗漱、穿衣等基本的生活料理也需家人督促或帮助。病人的精神和行为障碍也比较突出,情绪波动不稳;或因找不到自己放置的物品,而怀疑被他人偷窃;或因强烈的嫉妒心而怀疑配偶不贞;可伴有片段的幻觉;睡眠障碍,部分病人白天思睡、夜间不宁。行为紊乱,常拾捡破烂、藏污纳垢;乱拿他人之物;亦可表现本能活动亢进,当众裸体,有时出现攻击行为。

（3）重度:记忆力、思维及其他认知功能皆严重受损。忘记自己的姓名和年龄,不认识亲人。语言表达能力进一步退化,只有自发言语,内容单调或反复发出不可理解的声音,最终丧失语言功能。活动逐渐减少,并逐渐丧失行走能力,甚至不能站立,最终只能终日卧床,大、小便失禁。最明显的神经系统体征是肌张力增高,肢体屈曲,晚期可出现原始反射如强握、吸吮反射等。病程一般经历 8～10 年左右,最后发展为严重痴呆,常因压疮、骨折、肺炎、营养不良等继发躯体疾病或重要脏器衰竭而死亡。

2. 实验室及其他检查　脑电图变化无特异性。CT 和 MRI 检查显示皮质性脑萎缩和脑室扩大,伴脑沟裂增宽,但部分病人并没有明显的脑萎缩。单光子发射计算机断层成像术（SPECT）和正电子发射断层成像（PET）可显示顶-颞叶联络皮质有明显的代谢紊乱,额叶亦可能有此现象。

（三）心理和社会状况

病人在家中的地位、经济状况、受教育的程度、社会支持系统;家庭成员之间的关系是否融洽,家属的护理能力和照顾病人的意愿;家属的情绪状况,家属的行为是否会缓解或加剧病人的心理反应等。

（四）治疗要点

治疗主要包括药物治疗和心理社会治疗。改善认知功能障碍的药物较多,有乙酰胆碱酯酶抑制剂（如多奈哌齐、艾斯能、石杉碱甲等）,NMDA 受体拮抗剂（如美金刚）等,维生素 E 有抗氧化作用,亦可缓解病情。对轻症病人加强心理支持和行为指导,鼓励病人参加适当的活动;对重症病人加强生活上的照顾和护理极为重要。

【常见护理诊断/问题】

1. **有受伤的危险**　与神志错乱、走路不稳、环境危险性识别能力下降等有关。
2. **语言沟通障碍**　与认知功能受损、理解能力减弱、失读、失语等有关。
3. **自理能力缺陷**　与认知能力丧失有关。
4. **家庭应对无效**　与认知能力改变、智能减退等有关。

【护理措施】

（一）安全护理

保持环境安静,避免嘈杂、拥挤、强光、强声刺激,不随意变更病人病室内物品的陈设,使病人获得安全感和归属感。台阶、走廊、厕所应设有扶手,穿轻便、防滑的软底鞋,防跌倒。

定时检查病房设施,确保病房内无危险物品,防止病人出现自伤或伤人。对有妄想、幻觉、易激惹的病人,进行护理操作时要轻、稳、准,各项护理操作尽量一次性完成,避免反复刺激病人。病人外出时须有人陪伴,或佩戴写有姓名、地址、联系人、电话等的身份识别卡,走失时方便寻找。

(二)一般护理

1. **生活护理**　尽量保持病人规律的生活,作息时间相对固定。协助病人晨间护理、沐浴、更衣、如厕、修剪指(趾)甲,保持皮肤清洁,防止感染。

2. **饮食护理**　提供易消化、营养丰富的软食或半流质饮食,维持机体水、电解质平衡。暴饮暴食病人要控制进食量及速度;拒绝进食者,鼓励与他人一起进餐,以增进食欲;对进食困难者,协助喂食,注意喂食速度和进食姿势,以免发生呛咳。

3. **大小便护理**　训练病人养成定时排便的习惯,保持大便通畅。对认知障碍而不能自行管理排便的病人,每日定时送至卫生间,帮助病人认识并记住卫生间的标志和位置。大小便失禁病人需及时处理,尿潴留病人诱导排尿或导尿;便秘病人给予缓泻剂。

4. **睡眠护理**　为病人创造安静的睡眠环境,晚餐不宜过饱,晚餐后不宜多饮水,不宜参加引起兴奋的娱乐活动;对谵妄状态、恐惧性错觉或幻觉的病人,护士应陪伴病人;对睡眠规律颠倒的病人,日间增加活动时数,保证夜间睡眠。

(三)对症护理

对病人进行定向能力的训练,尽可能纠正或提醒其准确的人、时间、地点的概念。病房设置大指针的时钟和以日期分页的日历,有助于病人对时间的认识。鼓励病人读报或收听广播电视节目,以保持或促进病人对新事件的兴趣。对长期卧床病人,定时翻身、按摩、进行肢体功能活动,预防压疮发生。对行为退缩、懒散的病人进行行为训练,鼓励病人参加工娱治疗活动,促使病人记忆和行为等不同程度的改善。对有自杀、自伤或攻击行为的病人,密切观察其情绪反应,及时发现轻生观念和暴力倾向,去除危险因素,主动提供护理,严禁单独活动,必要时采取保护性约束。

(四)用药护理

监测药物的不良反应,如应用多奈哌齐可出现腹泻、肌肉痉挛、乏力、失眠等不良反应;石杉碱甲的主要不良反应是消化道症状;应用抗胆碱药物致排尿困难时,注意观排尿情况,及时解除尿潴留,避免尿潴留使病人烦躁不安,加重病情。

(五)健康指导

给病人和家属介绍疾病特征、临床表现,指导家属掌握观察病情的方法和如何训练生活技能,调动病人家庭和社会支持系统,帮助病人进一步恢复生活功能和社会功能,延缓病情进展速度。指导家属为病人提供日常生活照顾,防止发生并发症。青春期要不断培养个人兴趣爱好和开朗性格;老年期必须坚持学习、坚持体力活动和社会活动,保持积极向上的乐观情绪。

(巫章华)

 学 与 思

案例8-1　宋某,男,75岁。晚餐后接电话过程中出现倒地,继之昏迷。既往有高血压病史18年。体检血压200/120mmHg,左侧上、下肢瘫痪。头颅CT示高密度病灶。

请问：

(1)该病人的主要护理诊断/问题？

(2)在治疗过程中护士应如何观察病人的病情变化？

案例8-2　宁某,女,35岁。突然意识丧失、肢体抽搐、口吐白沫、大小便失禁,约3~5分钟后逐渐清醒,醒后对发作过程全无记忆。体检双侧瞳孔等大、等圆,对光反射存在,上、下肢肌力正常,双侧病理反射阴性。

请问：

(1)该病人发作时的急救处理措施？

(2)该病人的健康教育原则？

（彭文蔚　巫章华）

第九章　运动系统疾病病人的护理

 走入现场

　　现场：小林是医院的一名导诊护士，今天上午，一群人推着一中年男性来到导诊台，一名家属着急地说："躺平车上的是我弟弟，今天高空作业时不小心从楼上摔下来，他现在胸部很痛，深呼吸、咳嗽的时候加剧，刚刚还咯血了，请问我们应该挂哪个科？"小林见病人疼痛表情，微笑接待，告知科室名并以手示意所挂科室的方向。

　　提问：

　　1. 如果你是这名护士，你该如何做呢？能让他直接去挂号吗？

　　2. 在接诊病人时，小林对病人的评估是否到位，应该注意什么？

第一节　肋骨骨折病人的护理

　　肋骨骨折（rib fracture）是指肋骨的连续性或完整性部分甚至全部中断，是最常见的胸部损伤，约占胸廓骨折的90%。第1~3肋骨粗短，且有锁骨、肩胛骨保护，不易发生骨折；第4~7肋骨长而薄、最易折断；第8~10肋骨前端形成肋弓与胸骨相连，第11~12肋前端游离，弹性大均不易发生骨折，若发生骨折应警惕腹内脏器和膈肌损伤。肋骨骨折可分为单根或多根多段骨折，易发合并症，且可导致严重后果。尤其是老年人肋骨骨质疏松、弹性减弱，容易发生骨折。

　　【护理评估】

　　（一）健康史

　　1. 病因　造成肋骨骨折的暴力通常有四种形式。

　　（1）直接暴力：撞、击、打等。骨折发生于暴力直接作用的部位，常呈横断或粉碎型，骨折端内陷，易形成副损伤，如刺伤肺脏，造成气胸、血胸。

　　（2）间接暴力：胸廓受到前后方对挤的暴力，往往在腋中线段附近发生骨折。骨折端向外突出，易穿破皮肤造成开放性骨折，如塌方或心脏体外按摩时用力不当等。亦有因暴力打击前胸致后肋骨折，或打击后胸而前肋骨折者，骨折多为斜形。

　　（3）混合暴力：直接暴力使局部骨折，余力未尽而成间接暴力，造成该肋的另处骨折（多段骨折），此骨折常造成胸内损伤，易形成反常呼吸。

（4）肌肉收缩：严重咳嗽、喷嚏时偶发肋骨骨折，一般发生在体质弱，骨质疏松者。如产妇、百日咳病人及长期脱钙的病人。

2. 病理生理　骨折断端向内移位可刺破胸膜、肋间血管和肺组织，产生血胸、气胸、皮下气肿或咯血。伤后晚期骨折断端移位发生的损伤可能造成迟发性血胸或血气胸。多根多处肋骨骨折后，尤其是前侧局部胸壁因失去完整肋骨的支撑而软化，出现反常呼吸运动，这类胸廓称连枷胸。在呼吸时由于两侧胸膜腔内压力不平衡，使纵隔左右扑动，影响气道的换气，引起体内缺氧和 CO_2 滞留，并影响静脉回心血流，严重时发生呼吸和循环衰竭。反常呼吸是多根肋骨骨折时，该处胸廓失去支持，吸气时因胸腔内负压增加而使胸廓向内凹陷，呼气时因胸腔内负压减低而使胸廓向外凸出，正好与正常呼吸活动相反。反常呼吸可影响呼吸与循环功能，产生呼吸困难、发绀等严重症状。

（二）身体状况

1. 临床表现

（1）症状：局部疼痛，尤其在深呼吸、咳嗽或转动体位时加剧；部分病人有气促、咳嗽、咯血痰症状；多根多处骨折、严重病人出现不同程度的呼吸困难、发绀或休克等循环障碍。

（2）体征：胸部轮廓改变，出现畸形，局部肿胀、压痛、骨摩擦感（与软组织挫伤鉴别）。发生连枷胸时出现反常呼吸运动、皮下气肿及血气胸相应体征。

（3）并发症：若骨折端刺破胸膜，空气进入胸膜腔，则可并发气胸，进入的空气可使伤侧肺萎缩，影响了正常呼吸功能和血液循环；如胸膜穿破口已闭合，不再有空气进入胸膜腔，则称为闭合性气胸；如胸膜穿破口未闭合，空气仍自由流通，则称为开放性气胸。

2. 实验室及其他检查

（1）血常规：出血时血常规血红蛋白和血细胞比容下降。

（2）X线检查：可显示肋骨骨折断裂线、断端错位，确定骨折部位、性质、有无血气胸。

（3）胸部CT：能进一步检查并结合临床表现来判断以免漏诊。

（三）心理和社会状况

随着工业化现代化进程的加快，工伤交通等外力造成的肋骨骨折发生率逐年增加，对于原来健全的病人来说，突如其来的打击，同时伴随的是疼痛、卧床及生活方式的改变，由此引发紧张焦虑恐惧甚至是抑郁绝望等一系列心理问题，同时给病人带来生活质量的下降。在临床治疗和护理上应给予病人必要的心理支持及治疗，帮助病人及家属对肋骨骨折的认识。

（四）诊断要点

有外伤史，根据临床表现和X线胸片检查可快速做出诊断。

（五）治疗要点

肋骨骨折的处理原则为有效控制疼痛、胸部物理治疗和早期活动。

1. 闭合性单处肋骨骨折　多能自行愈合。采用宽胶布条、多带条胸布或弹性胸带固定胸廓，减少肋骨断端活动，减轻疼痛。适用于胸背部、胸侧壁多根多处肋骨骨折，胸壁软化范围小且反常呼吸运动不严重的病人。

2. 闭合性多根多处肋骨骨折

（1）厚敷料加压包扎固定：解决反常呼吸运动，不能解决胸壁内陷畸形。

（2）牵引固定法：既解决反常呼吸运动，又解决胸壁内陷畸形。

（3）内固定法：用于骨折断端错位大，病情重的病人。方法是切开胸壁，肋骨两端钻孔，钢丝固定。

（4）清除呼吸道内分泌物：鼓励咳嗽、吸痰、气管插管或切开。

（5）预防感染：合理应用抗生素。

3. 开放性肋骨骨折 清创缝合、固定包扎、注射破伤风抗毒素。如胸膜穿破需行胸腔闭式引流术。

【常见护理诊断/问题】

1. **急性疼痛** 与胸部组织损伤有关。

2. **焦虑** 疾病相关知识缺乏，担心预后有关。

3. **气体交换受损** 与肋骨骨折导致的疼痛、胸廓运动受限、反常呼吸运动有关。

4. **生活自理能力下降** 与肋骨骨折疼痛有关。

5. **潜在并发症**：心力衰竭、血气胸、肺部和胸腔感染等。

【护理目标】

1. 病人能避免导致和加重疼痛的因素，疼痛减轻或消失。

2. 病人能应用有效应对措施控制焦虑的情绪。

3. 病人能有效的进行气体交换，呼吸运动正常。

4. 病人能逐步恢复自理能力，生活需要得到满足。

5. 并发症能得到有效预防或减少。

【护理措施】

（一）一般护理

1. 疼痛护理 肋骨骨折病人常诉胸痛难忍，疼痛感甚至放射至胳膊及下肢。护理人员要关心、体贴病人，协助病人取合适的体位，不能扭曲胸廓，给予四肢按摩放松，转移病人的注意力。教会病人腹式呼吸，以缓解胸式呼吸引起的胸痛。咳嗽时予双手轻按压胸壁，减轻疼痛，必要时遵医嘱予镇静、止痛药物。

2. 呼吸道管理 护士向病人讲解咳嗽、咳痰的重要性，鼓励病人腹式呼吸。指导并协助病人进行有效咳嗽，护士用双手掌按压伤处，保护骨折部位，减少胸壁震动引起疼痛，吸气时双手放松，咳嗽时双手加压。可常规雾化吸入，以使痰液稀释，易于咳出。

3. 饮食护理 饮食宜清淡，早期可进食具有止血、活血、祛瘀的食物，如花生、藕节、木耳及新鲜的蔬菜、水果，保持每日有足够的水分及糖类的摄入。待病人病情稳定、脾胃功能恢复后，可逐渐进食具有滋补作用的食物如牛奶、豆制品、家禽、鱼虾、骨汤、黑芝麻等，以促进骨骼的生成、愈合。

（二）病情观察

观察病人的呼吸、循环情况，注意气管有无偏移及胸廓活动度。监测血压、脉搏、血氧饱和度情况及胸腔闭式引流的颜色、量、性状，并做详细的记录，防止引流管折叠、扭曲、受压和脱落，保持引流通畅，防止管道堵塞。发生异常及时报告医生并协助处理。出血量多时，做好输血准备。同时警惕继发迟发性血胸。观察有无皮下气肿、气胸、血胸相应体征，如皮下捻发音、胸廓膨隆、呼吸困难、面色苍白、脉细速、血压下降等，记录气肿范围，若气肿迅速蔓延立即报告医生。

（三）用药护理

充分镇痛可口服去痛片、曲马多、双氯芬酸钠等镇痛镇静药物，必要时可予吗啡、哌替啶等肌内注射，亦可用1%普鲁卡因溶液行肋间神经阻滞或封闭骨折处。中药三七片、云南白药等亦有良好疗效。鼓励病人咳嗽排痰，遵医嘱行雾化吸入，以减少呼吸系统的并发症。老年人或有慢性肺疾病的病人,当有呼吸道分泌物蓄积时,早期使用抗生素。

（四）并发症护理

1. **心力衰竭** 发生急性心力衰竭时,应密切观察生命体征及病情变化,防止心肺功能衰竭,一旦出现心衰症状应立即组织抢救,严防发生心搏骤停。心跳一旦停止不宜行胸外心脏按压术,因胸外按压术能使肋骨骨折断端加深对心肺的损伤,影响抢救效果危及病人生命,应立即作开胸,行胸内心脏按压术。

2. **气胸** 气胸是胸部创伤的常见并发症,发生率高达 60%,可分为闭合性气胸、开放性气胸、张力性气胸,其危害往往比骨折本身更为严重。张力性气胸是一种危及生命的胸外伤,常在短时间内引起呼吸循环衰竭,因此护理人员应密切观察病情变化。

3. **血胸** 在胸外伤中的发生率可高达 75%,其血液来源多因肋骨或胸骨骨折刺激胸壁血管或胸内脏器,血液流入胸膜腔所致,要及时判断胸内出血是否继续出血。

4. **创伤性窒息** 人工开放气道,有舌后坠者钳出舌头,及时清理呼吸道分泌物及呕吐物,保持呼吸道通畅。密切观察病人有无继发性脑损伤。当胸腔遭受强烈而持久的挤压,胸内压上升,此高压也可通过颈部血管传递到颅脑,使脑压及脑脊液压增高,引起脑组织广泛的毛细血管扩张、出血,造成继发性脑损伤。

（五）手术治疗护理

1. **术前护理** 严格观察病情及生命体征,认真检查有无其他脏器损伤并及时处理,病情允许时取半坐卧位,以利于呼吸。鼓励病人经常咳嗽排痰,以保持呼吸道通畅,防止发生肺不张。对病情危重、呼吸困难、无排痰能力的病人,缺氧明显时给予持续低流量吸氧,必要时行气管切开术,术后专人护理,并执行气管切开术后护理常规。

2. **术后护理**

(1)体位护理:麻醉未清醒前去枕平卧位,清醒后病情平稳一般取半卧位。

(2)病情观察:根据病情每 10~30 分钟监测生命体征,观察胸部起伏、口唇及颜面色泽、氧饱和度,及时听诊双肺呼吸音,注意窒息早期表现。

(3)呼吸道的护理:术后 24~48 小时指导病人深呼吸及有效咳嗽,雾化吸入。

(4)胸腔闭式引流的护理:伴血胸、气胸的病人,应迅速排除胸膜腔内积气、积液,在抗休克的同时,协助医生行胸腔闭式引流术。

(5)疼痛护理:病人咳嗽时,用手轻压骨折处及伤口处,遵医嘱给予止痛。

(6)并发症的观察与护理:病人术后长期卧床,加之疼痛,病人不愿翻身等运动,很容易发生压疮、坠积性肺炎、泌尿系感染等。护理人员应协助病人定时翻身,鼓励病人咳嗽,加强排痰,防止感冒等,保持病房通风、温度、湿度适宜,每日进行空气消毒。留置尿管的病人要保持导尿管通畅,必要时做膀胱冲洗,防止泌尿系感染,每日会阴擦洗 2 次。保持大便通畅,对 3 日未解大便的病人,予开塞露纳肛或缓泻剂通便。

（六）心理护理

为病人创造安静、舒适的环境,多与病人沟通,宣传疾病知识及治疗效果,指导病人心理放松技巧,分散注意力,克服紧张焦虑的心理。向病人解释相关手术知识,增强病人对手术的认知和信心,使之积极配合治疗和护理,增强治疗疾病的信心。

（七）健康指导

1. **疾病知识指导** 宣教疾病常识,使病人及家属知晓肋骨骨折的病因、分类和应急处理方法,了解深呼吸、有效咳嗽的意义,胸腔闭式引流治疗的目的、意义及注意事项。

2. 生活指导 指导病人保持乐观的情绪,注意安全,防止意外事故的发生。注意饮食调节,多进食补气血、壮筋骨、润肺食物如牛肉、羊肉、鸡蛋、牛奶、肉汤、骨头汤、梨、蜂蜜、核桃、大枣等。多做深呼吸运动,指导术侧手臂和肩膀的运动,预防肺不张、肺换气不良、预防术侧肩关节的粘连、僵硬,维持正常的关节活动范围。嘱病人逐步增加活动量,预防上呼吸道感染。告知病人戒烟,房间要定期通风,并注意寒冷刺激,保证充分休息和睡眠。

3. 用药指导与定期复诊 遵医嘱正确服药,教会病人观察药物疗效和不良反应。嘱病人3个月后复查胸部 X 线片,以了解骨折愈合情况,有异常不适随时就诊。

【护理评价】

1. 病人疼痛是否减轻或消失。
2. 情绪是否稳定,能否保持良好的心理状态。
3. 病人是否能够正常的进行气体交换、呼吸运动。
4. 并发症是否得到有效预防、减少或无并发症发生。

（闵 燕）

第二节 常见四肢骨折病人的护理

走入现场

　　小李是医院的一名急诊护士。一名老年人走到急诊科,向其询问,"我今天走路时不小心跌倒了,手先着地的,我现在左手好痛,不敢活动,请问我应该挂哪个科的号?"小林看到该病人痛苦表情,微笑接待,告知科室名并以手示意所挂科室的方向。

请问:

1. 让该病人自行挂号入科是否合适,他是否需要更多的帮助?
2. 在接诊病人时,小李对病人的评估是否到位,应该注意什么?

一、肱骨干骨折的护理

　　肱骨干骨折(fracture of shaft of the humerus)是发生在肱骨外科颈下 1～2cm 至肱骨髁上 2cm 段内的骨折。在肱骨干中、下 1/3 交界处后外侧有桡神经自内上斜向外下行走,此处骨折容易发生桡神经损伤,下 1/3 骨折易发生骨不连。

【护理评估】

(一) 健康史

　　肱骨干骨折由直接或间接暴力引起。直接暴力常由外侧打击肱骨干中 1/3 处,致横形或粉碎性骨折。间接暴力常由于手或肘部着地,外力向上传导,加上身体倾倒所产生的剪式应力,多导致中下 1/3 骨折。有时也可因投掷运动或"掰手腕"引起,多为斜行或螺旋形骨折。

(二) 身体状况

1. 临床表现 患侧上臂出现疼痛、肿胀、皮下瘀斑,上肢活动障碍。患侧上臂可见畸形,反常活动,骨摩擦感或骨擦音。若合并桡神经损伤,可出现病人垂腕畸形,各手指掌指关节不能背伸,拇指不能伸直,前臂旋后障碍,手背桡侧皮肤感觉减退或消失。

2. **实验室及其他检查**　上臂的正位和侧位 X 线片(肩关节和肘关节也需拍片)可确定骨折类型、移位方向。

(三) 心理和社会状况

根据损伤的范围和程度,评估病人和家属的心理状态、家庭经济情况和社会支持系统。

(四) 治疗要点

1. **非手术疗法**　手法整复外固定适用于各种类型的肱骨干骨折。在止痛、持续牵引和肌肉放松的情况下复位,复位后可选择石膏或小夹板固定。中、下段长斜形或长螺旋形骨折因手法复位后不稳定,可采用上肢悬垂石膏固定,宜采用轻质石膏,以免因重量太大导致骨折端分离。选择小夹板固定者可屈肘 90°前臂用三角巾悬吊位于中立位,成人固定 6~8 周,儿童固定 4~6 周。

2. **手术治疗**　适用于开放性骨折、分段骨折、多发伤、合并有血管损伤等情况,手术选择有切开复位内固定、外固定支架、可吸收螺钉等。

3. **康复治疗**　无论是手法复位外固定,还是切开复位内固定,术后均应早期进行康复治疗,在锻炼过程中,要随时检查骨折对位、对线及愈合情况,在锻炼过程中,可配合理疗、中医、中药治疗等。

【常见护理诊断/问题】

1. **疼痛**　与骨折、软组织损伤、肌肉痉挛和组织水肿有关。

2. **潜在并发症**:肌肉萎缩、关节僵硬。

【护理措施】

(一) 减轻疼痛

评估病人疼痛程度,遵医嘱给予止痛药物。

(二) 体位

用吊带或三角巾将患肢托起,减轻肢体肿胀疼痛,以促进静脉回流。

(三) 生活护理

指导病人在患肢制动期间进行力所能及的活动,为其提供必要的帮助,如协助进食、进水、排便和翻身。

(四) 功能锻炼

复位固定后尽早开始手、掌、腕关节屈伸活动,并进行上臂肌肉的主动舒缩运动,但应提醒病人不能做上臂旋转运动。复位固定 2~3 周后,指导病人开始练习肘关节活动和肩关节的外展、内收活动。6~8 周后加大活动量,并做肩关节旋转活动,以防肩关节僵硬或萎缩。

(五) 健康教育

告知病人出院后坚持功能锻炼的意义和方法,指导家属如何协助病人完成各种活动,告知病人若骨折远端肢体肿胀或疼痛明显加重,肢体感觉麻木、肢体端发凉、夹板、石膏或外固定器松动等,应立即到医院复查并评估功能恢复情况。

二、肱骨髁上骨折的护理

肱骨髁上骨折(supracondylar fracture of the humerus)是指肱骨干与肱骨髁的交界处发生的骨折,以 5~12 岁儿童多见。若骨折处理不当,可引起前臂的缺血性挛缩,导致爪形手畸形或肘内翻或外翻畸形。

【护理评估】

（一）健康史

病因　肱骨髁上部位于肱骨下端,此处前方有冠状窝,后方有鹰嘴窝,骨质薄弱容易发生骨折,多为间接暴力所致,根据暴力类型和骨折移位方向,可分为屈曲型和伸直型。

（1）伸直型:跌倒时,肘关节处于半屈状手掌着地,暴力经前臂向上传导而达肱骨下端,有将肱骨髁推向后上方的趋势,同时自上而下的体重和冲力,欲将肱骨干下部推向前下方,致使肱骨髁上部位发生骨折。

（2）屈曲型:跌倒时肘后方着地,肘关节处于屈曲位,暴力传导致肱骨下端导致骨折,很少合并血管和神经损伤。

（二）身体状况

1. 临床表现　受伤后肘部出现疼痛、肿胀、皮下瘀斑,肘后凸起,患肢处于半屈曲位。体征有肘关节外髁处有明显压痛和肿胀,有骨摩擦音和反常运动,有时可摸到活动的骨折块。若正中神经、尺神经或桡神经受损,可有手臂感觉异常和运动功能障碍。

2. 实验室及其他检查　肘部正、侧位 X 线拍片明确骨折的存在并判断移位情况,必要时摄健侧片对照。

（三）心理和社会状况

病人的心理状态取决于损伤的范围和程度,多发性损伤病人多需住院和手术等治疗,由此形成的压力可影响病人与家庭成员的心理状态和相互关系,故应评估病人和家属的心理状态、家庭经济情况和社会支持系统。

（四）治疗要点

1. 手法复位外固定　受伤时间短、局部肿胀轻,没有血液循环障碍者,可进行手法复位外固定。复位后用后侧石膏托在屈肘位固定 4~5 周。出现骨折部严重肿胀时,抬高患肢,或用尺骨鹰嘴悬吊牵引,牵引重量 1~2kg 同时加强手指活动,待 3~5 日肿胀消退后进行手法复位。

2. 切开复位内固定　手法复位失败或有神经血管损伤者,陈旧性肱骨髁上骨折影响肘关节功能者如肘内翻畸形,小儿可在 12~14 岁时做肱骨下端截骨矫正术,在切开直视下复位后用作内固定。

3. 康复治疗　应严密观察肢体血液循环及手的感觉、运动功能,同时进行功能锻炼。

【常见护理诊断/问题】

1. 有外周神经血管功能障碍的危险　与骨和软组织损伤、外固定不当有关。

2. 不依从行为　与患儿年龄小、缺乏对健康的正确认识有关。

【护理措施】

（一）一般护理

1. 术前护理　积极配合医生进行各种化验检查,做好术前护理,对于需行手术切开复位的术前常规戒烟、训练床上排便,向病人解释手术方式及术后可能出现的问题,如疼痛、麻木等,告知其医护人员将采取的措施,增加其对手术及术后护理的认知度。

2. 饮食护理　给病人提供优美、舒适、安全、安静的环境,能让病人心情舒畅,并减少各种不良刺激。鼓励病人进食高蛋白、高维生素、高热量易消化的食物,且应加强食物的色、香、味,以促进食欲。

3. **体位护理** 用吊带或三角巾将患肢托起,以减轻肢体肿胀疼痛。

4. **疼痛护理** 若因创伤性骨折造成的疼痛,给予固定后可以缓解疼痛,若因伤口感染引起疼痛,应及时清创并应用抗生素进行治疗,疼痛较轻者可鼓励病人听音乐或看电视以分散注意力,也可用局部冷敷或抬高患肢来减轻水肿以缓解疼痛,热疗和按摩可减轻肌肉痉挛引起的疼痛,疼痛严重时可遵医嘱给予止痛药。

(二)病情观察

观察石膏绷带或小夹板的松紧度,以免神经、血管受压,影响有效组织灌注。观察前臂肿胀程度及手的感觉运动功能,如果出现高张力肿胀,手指发凉,感觉异常,手指主动活动障碍,被动伸指剧痛,桡动脉搏动减弱或消失,即应确定骨筋膜室高压的存在,须立即通知医生,并做好手术准备。

(三)用药护理

遵医嘱联合、足量合理使用抗生素,按时给药,保证抗生素的效用。联合使用甘露醇等减轻肢体肿胀程度,疼痛严重者遵医嘱给予止痛药。

(四)并发症的观察及护理

1. **肘关节肿胀** 创伤造成组织损伤、水肿,24h内肿胀最明显,注意观察肘部肿胀的面积、程度,观察肢端感觉、运动和末梢血液循环,应警惕因过度肿胀造成的皮肤缺血、坏死。

2. **肺部感染** 对长期卧床病人应定时翻身叩背,鼓励咳嗽咳痰,练习深呼吸,以防压疮和坠积性肺炎的发生。

3. **伤口感染** 开放性骨折病人应尽早清创,有效引流,严格按无菌技术清洁伤口和更换敷料,遵医嘱使用抗生素,预防伤口感染。

4. **关节僵硬** 骨折后遵医嘱抬高患肢或采取相应体位、保证有效固定,积极进行功能锻炼,预防急性骨萎缩和关节僵硬等并发症的发生。

5. **患肢缺血坏死** 骨折局部内出血、包扎过紧、不准确使用止血带或患肢严重症状等原因均可导致患肢血液循环障碍,应严密观察肢端有无剧痛、麻木、皮温降低、皮肤苍白或青紫、脉搏减弱或消失等血液灌注不足的表现,一旦出现应对因对症处理。

(五)心理护理

向病人及家属解释骨折的愈合是一个循序渐进的过程,充分固定能为骨折断端连接提供良好的条件,而正确的功能锻炼可以促进断端生长愈合和患肢功能恢复。

(六)健康教育

1. **安全指导** 指导病人及家属评估家庭环境的安全性,妥善放置可能影响病人活动的障碍物,对于小孩行走练习时需有人陪伴,以防摔倒。

2. **功能锻炼** 病人复位及固定后当日,护士开始指导其做握拳、伸指活动,第二天增加腕关节屈伸练习。1周后督促增加肩部的主动舒缩运动,有利于减轻水肿。手术切开复位内固定稳定的病人,术后2周即可开始肘关节活动。4~6周后固定解除,开始肘关节屈伸活动。

3. **随诊与复查** 告知病人若骨折远端肢体出现肿胀或疼痛明显加重,肢体感觉麻木、肢体发凉、夹板、石膏或外固定松动等,应立即到医院复查并评估功能恢复情况。

三、前臂双骨折的护理

尺桡骨骨干双骨折(fracture of the ulna and radius)多见于青少年,约占全身骨折的6%,

应注意有无血管、神经及肌肉组织的伴发伤,尤其是被机器绞压者,软组织的损伤可能重于骨的损伤,易引起挤压综合征或缺血性挛缩等。

【护理评估】

（一）健康史

病因及发病机制

（1）直接暴力:重物打击、机器或车轮的直接碾压,导致同一平面的横向或粉碎性骨折,多伴有不同程度的软组织损伤,包括肌肉、肌腱断裂,神经血管损伤等。

（2）间接暴力:跌倒时手掌着地,暴力间接通过腕关节向上传导,由于桡骨负重多于尺骨,首先使桡骨骨折,若残余暴力比较强大,则通过骨间膜向内下方传导,引起低位尺骨斜形骨折。

（3）扭转暴力:跌倒时手掌着地,同时前臂发生旋转,导致不同平面的尺桡骨螺旋形骨折或斜形骨折。

（二）身体状况

1. 临床表现　前臂出现疼痛、肿胀、畸形及功能障碍。体征可发现骨摩擦音及假关节活动。X线拍片检查应包括肘关节或腕关节,可发现骨折的准确部位、骨折类型及移位方向,以及是否合并有桡骨头脱位或尺骨小头脱位。尺骨上 1/3 骨干骨折可合并桡骨小头脱位,称为孟氏（Monteggia）骨折。桡骨干下 1/3 骨折合并尺骨小头脱位,称为盖氏（Galeazzi）骨折。

2. 实验室及其他检查　X线正、侧位平片检查不仅能明确诊断,且有助于分型、随访观察及疗效对比。

（三）心理和社会状况

病人的心理状态,对本次治疗有无信心,病人所具有的疾病知识和对治疗、护理的期望。

（四）治疗要点

1. 非手术治疗　注意防止畸形和旋转,复位成功后可采用石膏固定,即用上肢前、后石膏夹板固定,待肿胀消退后改为上肢管型石膏固定,一般 8~12 周可达到骨性愈合,也可采用小夹板固定。

2. 手术治疗　在骨折部位选择切口,在直视下准确对位,用加压钢板螺钉固定或髓内针固定术。

3. 功能锻炼　无论手法复位外固定,或切开复位内固定,术后均应抬高患肢,严密观察肢体肿胀程度、感觉、运动功能及血循环情况,警惕骨筋膜室综合征的发生。术后 2 周即开始练习手指屈伸活动和腕关节活动,4 周以后开始练习肘、肩关节活动,8~10 周后拍片证实骨折已愈合,才可进行前臂旋转活动。

【护理措施】

（一）一般护理

1. 完善术前准备　参见肱骨外上髁骨折。

2. 环境护理　给病人提供优美、舒适、安全、安静的环境,能让病人心情舒畅,并减少各种不良刺激。

3. 饮食护理　鼓励病人进食高蛋白、高维生素、高热量易消化的食物。

（二）病情观察

移位的骨端压迫邻近血管和神经,进而引起患肢缺血、感觉、运动障碍。定时观察患肢远端血运、皮肤颜色、温度、感觉和活动情况,若发现患肢苍白、发冷、患处瘀肿、疼痛加剧、感觉麻木等,及时通知医生并配合处理。

(三)用药护理

遵医嘱联合、足量合理使用抗生素,现配现用,按时给药,保证抗生素的效用。

(四)并发症的观察及护理

1. 警惕筋膜间隙综合征的发生　术后如果伤肢或手疼痛剧烈、肿胀严重,手部皮肤青紫或苍白、手指麻木、不能活动和无脉搏等,应及时报告医生进行处理。

2. 切口感染　注意观察切口周围有无红、肿、热、痛的急性炎症表现,更换一次性负压吸引器时应注意无菌操作,对体温超过38.5℃的病人须告知医生,结合其他表现及时进行治疗,术后遵医嘱应用广谱抗生素。

3. 伤肢神经的观察　复位后密切观察手指活动情况,若不能伸拇指者,应警惕桡神经损伤,不能分指者则考虑尺神经损伤。

(五)手术治疗护理

密切观察患肢指端血运情况,注意患肢手的温度、颜色,如发现指肢端肿胀、麻木、发凉、发绀等症状,应及时报告医生处理。适当抬高患肢,促进静脉回流。但不可过高,以略高于心脏水平为宜。勤巡视病房,满足病人基本的生活需求。根据病情尽早进行关节和肌肉的主动运动,促进局部血液循环。保持石膏清洁,注意抬高石膏固定的患肢,观察和判断石膏固定肢体的远端血运、感觉和运动情况,注意预防器具性压疮。

(六)心理护理

尺桡骨干骨折多由意外事故造成,病人常焦虑,恐惧以及自信心不足等,在生活上给予帮助,加强沟通,耐心开导,使之心情舒畅,从而愉快地接受并配合治疗。

(七)健康教育

向病人及家属讲解尺桡骨干骨折治疗和康复的知识,讲述功能锻炼的重要性和必要性,并指导其进行康复锻炼,使病人能自觉按计划实施,固定期间进行肌肉舒缩活动及邻近关节主动活动,切忌被动运动,固定拆除后,逐步进行肢体的全范围功能锻炼,防止关节粘连和肌萎缩。

四、股骨干骨折病人的护理

股骨干骨折(fracture of the shaft of the femur)是指转子以下、股骨髁上一段骨干的骨折。约占全身各处骨折的6%,多见于青壮年。股骨干血运丰富,一旦骨折不仅营养血管破裂出血,周围肌肉肌支也常被撕破出血,常有大量失血出现休克前期表现,骨折也对股部肌肉有所损失,使肌肉功能发生障碍,从而导致膝关节屈伸活动受限。

【护理评估】

(一)健康史

1. 病因　股骨是人体最粗、最长、承受应力最大的管状骨,遭受强大暴力才能发生股骨干骨折,同时也使骨折后的愈合与重塑时间延长。直接暴力容易引起股骨干的横形或粉碎性骨折,同时有广泛软组织损伤;间接暴力常导致股骨干斜形或螺旋形骨折,周围软组织损伤较轻。

2. 分类　股骨干骨折可分为上1/3、中1/3和下1/3骨折。

(二) 身体状况

1. 临床表现 患肢疼痛、肿胀,远端肢体异常扭曲,不能站立和行走。体征有患肢明显畸形、反常活动、骨擦音。单一股骨干骨折因失血量较多,可出现休克前期表现;若合并多处骨折,可出现休克表现。若下 1/3 骨折损伤腘动脉、腘静脉、胫神经或腓总神经,可出现远端肢体相应的血液循环、感觉和运动功能障碍。

2. 实验室及其他检查 X 线正、侧位拍片可明确骨折的准确部位、类型和移位情况。

(三) 心理和社会状况

根据股骨干骨折的病因,病人遭受强大暴力才能发生股骨干骨折,同时骨折后的愈合与重塑时间长,使病人产生一系列的负面情绪。

(四) 治疗要点

1. 非手术治疗

(1) 皮牵引:儿童股骨干骨折多采用手法复位、小夹板固定,皮肤牵引维持方法治疗。3 岁以下儿童则采用垂直悬吊皮肤牵引,即将双下肢向上悬吊,牵引重量应使臀部离开床面有患儿 1 拳大小的距离。

(2) 骨牵引:成人股骨干骨折闭合复位后,可采用 Braun 架固定持续牵引,或 Thomas 架平衡持续牵引,一般需持续牵引 8 ~ 10 周。

2. 手术治疗 非手术疗法失败、多处骨折、合并神经血管损伤、老年人不宜长期卧床者、陈旧骨折不愈合或有功能障碍的畸形愈合等病人,可行手术治疗。髓内钉固定治疗股骨干骨折具有创伤小、闭合复位不破坏骨外膜血运、促进骨痂生长、可早期负重等优点,被视为治疗股骨干骨折的金标准。

【常见护理诊断/问题】

1. 躯体活动障碍 与骨折或牵引有关。

2. 有外周神经血管功能障碍的危险 与骨牵引时损伤神经、血管及皮牵引时包扎过紧等有关。

3. 潜在并发症:低血容量性休克。

【护理措施】

(一) 病情观察

股骨干骨折失血量较大,应观察病人有无脉搏增快、皮肤湿冷、血压下降等低血容量性休克表现。下 1/3 骨折可损伤下肢重要神经或血管,应观察足背动脉搏动和毛细血管充盈情况,并与健肢比较,同时观察患肢是否出现感觉和运动功能障碍等。一旦出现异常,及时报告医生并协助处理。

(二) 牵引护理

1. 保持牵引的有效性 皮牵引时胶布绷带、海绵有无松脱,扩张板位置是否正常,若出现移位,及时调整;牵引重锤保持悬空,不可随意增减或移去牵引重量,不可随意放松牵引绳,以免影响骨折的愈合;保持对抗牵引力,抬高床尾 15 ~ 30cm,若身体移位,应及时调整,以免失去反牵引作用;告知病人和家属牵引期间牵引方向与肢体长轴应成直线,以达到有效牵引。

2. 维持有效血液循环 牵引时应密切观察牵引肢体远端血液循环情况,如动脉搏动情况、末梢皮肤温度、皮肤颜色及毛细血管反流情况等。如有异常,详细检查、分析原因并及时报告医生。

3. **皮肤护理** 评估可能发生压疮的高危部位,放置水垫、减压贴或应用气垫床等,保持床单位清洁、干燥和平整,定时翻身,并观察受压皮肤的情况。

4. **并发症的观察与护理** ①血管和神经损伤:观察创口敷料的渗血情况、肢体末梢的血运、病人生命体征及肢体运动情况。②牵引针、弓的脱落:多系牵引针打入太浅,螺母未拧紧或术后未定期拧紧引起。③牵引针眼感染:严格无菌操作,牵引针两端套上软木塞或胶盖小瓶;针眼处每日滴75%乙醇两次;及时擦去针眼处分泌物或痂皮;牵引针若向一侧偏移,消毒后调整;发热感染者及时通知医生处理。

(三)心理护理

采用焦虑自评量表和抑郁自评量表评估病人的焦虑、抑郁程度,了解引起焦虑、抑郁等心理的影响因素并进行分析。建立良好的护患关系,对病人进行疾病知识宣教,介绍治疗状况、预后情况,开导病人及家属接受现实,积极面对,减轻因对疾病认识不足带来的恐惧、焦虑心理。协助病人的生活护理,满足正常生理需要,如洗头、擦浴,教会病人使用床上拉手、床上便盆等;加强与病人的沟通,倾听病人的倾诉,及时开导,介绍成功的病例,加强战胜疾病的信心。鼓励家属、亲友探视,与病人多沟通、接触,让病人感受到关爱,消除或者减轻自责、孤单等不良心理。

(四)健康教育

向病人及家属讲解股骨干骨折治疗和康复的知识,讲述功能锻炼的重要性和必要性,并指导功能锻炼,患肢复位固定后,可在维持牵引条件下作股四头肌等长舒缩运动,并活动足部、踝关节和小腿。在X线摄片证实有牢固的骨折愈合后,才能取消牵引,进行较大范围的运动。也可在牵引8~10周后,改用外固定架保护,早期不负重活动,以后逐渐增加负重。

五、股骨颈骨折病人的护理

股骨颈骨折(fracture of femoral neck)是指自股骨颈头下至股骨颈基底之间的骨折,多见于老年女性。

【护理评估】

(一)健康史

1. **病因** 股骨颈骨折是骨科临床常见的骨折类型之一,约占全身骨折的3.58%,常出现骨折不愈合(约占15%)和股骨头缺血性坏死(20%~30%)。老年人常有骨质疏松,轻微外力如平地滑倒,或从床上跌下即可致股骨颈骨折。青壮年也可发生股骨颈骨折,但需要较大的能量,如交通事故或高处坠落等。

2. **分型**

(1)Pauwels分型:Pauwels角小于30°者为Ⅰ型,30°~70°者为Ⅱ型,大于70°者为Ⅲ型。Pauwels角系指股骨颈骨折的骨折线与两侧髂嵴连线所形成的夹角,Pauwels角越大骨折越不稳定。

(2)Garden分型:GardenⅠ型为不完全骨折;Ⅱ型为无移位的完全骨折;Ⅲ型为部分移位的完全骨折;Ⅳ型指完全移位的完全骨折。

(3)按骨折部位:可分为头下型、头颈型、经颈型和基底型。头下型骨折,股骨头完全游离,股骨头的血液循环大部中断,只保留圆韧带中小凹动脉的血供,而小凹动脉只能供应股骨头圆韧带凹周围的血循环,此类骨折发生股骨头缺血性坏死的可能性最大;经颈型骨折者,股骨头的血液循环优于头下型者,而基底型骨折者,股骨头的血液循环最好,骨折较容易愈合。

（二）身体状况

1. 临床表现

（1）症状：老年人跌倒后诉髋部疼痛，不敢站立和走路，应考虑股骨颈骨折的可能。

（2）体征：①畸形：患肢多有轻度屈髋屈膝及外旋畸形。②疼痛：髋部除有自发疼痛外，移动患肢时疼痛更为明显。在患肢足跟部或大粗隆部叩打时，髋部也感疼痛，在腹股沟韧带中点下方常有压痛。③肿胀：股骨颈骨折多系囊内骨折，骨折后出血不多，又有关节外丰厚肌群的包围，因此，外观上局部不易看到肿胀。④功能障碍：移位骨折病人在伤后不能坐起或站立，但也有一些无移位的线状骨折或嵌插骨折病例，在伤后仍能走路或骑自行车。对这些病人要特别注意，不要因遗漏诊断使无移位稳定骨折变成移位的不稳定骨折。在移位骨折，远端受肌群牵引而向上移位，因而患肢变短。⑤患肢缩短：在移位骨折，骨折远端受肌群牵引而向上移位，因而患肢变短。

2. 实验室及其他检查 X 线检查作为骨折的分类和治疗上的参考，有些无移位的骨折在伤后立即拍摄的 X 线片上可以看不见骨折线，可行 CT、磁共振检查，或者等 2～3 周后，因骨折处部分骨质发生吸收现象，骨折线才清楚地显示出来。

（三）心理和社会状况

病人的心理状态，对本次治疗有无信心，病人所具有的疾病知识和对治疗、护理的期望。

（四）治疗要点

1. 非手术治疗 无明显移位的骨折、外展型或嵌插型等稳定性骨折者，年龄过大，全身情况差或合并有严重心、肺、肝、肾等功能障碍者，可选用非手术治疗。病人可穿防旋鞋，下肢 30°外展中立位皮肤牵引，卧床 6～8 周。对全身情况很差的高龄病人应以挽救生命和治疗并发症为主。

2. 手术治疗 对内收型骨折和有移位的骨折，65 岁以上的老年人的股骨头下型骨折、青少年股骨颈骨折、股骨颈陈旧性骨折不愈合以及影响功能的畸形愈合等，采用手术治疗。

（1）闭合复位内固定：对所有类型股骨颈骨折病人均可进行闭合复位内固定术。闭合复位成功后，在股骨外侧打入多根空心加压螺钉内固定或动力髋钉板固定。

（2）切开复位内固定：对闭合复位困难或复位失败者可行切开复位内固定术。经切口在直视复位，用加压螺钉。

（3）人工髋关节置换术：对全身情况尚好的高龄病人股骨头下型骨折，已合并骨关节炎或股骨头坏死者，可选择单纯人工股骨头置换或全髋关节置换术。

【常见护理诊断/问题】

1. 疼痛 与骨折引起机体组织损伤有关。

2. 躯体活动障碍 与骨折、牵引或石膏固定有关。

3. 有失用综合征的危险 与骨折、软组织损伤或长期卧床有关。

4. 潜在并发症：下肢深静脉血栓、肺部感染、压疮、股骨头缺血坏死、骨折不愈合、泌尿系感染等。

【护理措施】

（一）一般护理

1. 完善术前准备 积极配合医生进行各种化验检查，做好术前护理，对于需行手术切开复位的术前常规戒烟、训练床上排便，向病人解释手术方式及术后可能出现的问题，如疼痛、麻木等,告知其医护人员将采取的措施,增加其对手术及术后护理的认知度,同时应对病人进行全身的病情评估。及时监测病人的血压、心率、血糖等相关指标,发现异常应及时告知医生给予积极治疗。

2. 饮食及胃肠道护理　为防病人出现便秘、消化不良等胃肠症状,应鼓励病人进食蔬菜、水果等富含膳食纤维的食物,且食物尽量以细软、碎、糊状等为主。手术前后尽量让病人少食油脂、肥腻等不容易消化的食物。并指导病人养成良好的排便习惯,对于部分排便困难者,可遵医嘱给予开塞露等药物促进排便。

3. 营造优美、舒适的病房环境　环境能对病人产生良好的影响,使其心情舒畅而愉悦。

（二）病情观察

应密切观察病人的切口周围是否出现红肿、热痛等反应,若发现问题则应及时通知医生,并协助进行处理。

（三）用药护理

遵医嘱合理使用抗生素,现配现用,按时给药,保证抗生素的效用。

（四）并发症的观察及护理

1. 防止深静脉血栓形成及肌萎缩、关节僵硬　在遵医嘱常规应用抗凝药物基础上,鼓励病人在卧床期多进行患肢股四头肌等长收缩训练和踝关节、足趾屈伸旋转运动,依据病人的年龄、体力以及配合程度等,可适当进行 200～300 次以上训练,以防下肢深静脉血栓、肌萎缩和关节僵硬等并发症的发生。

2. 防止肺部感染　应指导并鼓励病人每日进行深呼吸和有效咳嗽训练,且至少每 2 小时进行翻身和拍背,从而促进痰液顺利排出,若出现咳嗽和咳痰等症状,应及时报告医生,并进行雾化治疗和进一步处理。

3. 防止压疮　每日对病人进行定时翻身,查看病人皮肤是否出现压疮等现象,对于易发生压疮部位如臀部、足部等,应每日用温水擦洗,保持皮肤干燥清洁,避免皮肤长时间受压。

4. 防止泌尿系感染　指导病人术后每日多饮水,且饮水量尽可能控制在 2～3L 左右,若长期留置导尿管,则应每日按常规进行会阴冲洗。若病人可以自行排尿,指导病人行膀胱锻炼后尽早拔除导尿管。

（五）手术治疗护理

1. 一般术后护理　常规采取平卧位,患肢外展 15°～20° 中立位,1 个月内穿丁字鞋。需要变换体位时,尽量避免患肢屈髋、内收、内外旋转,并尽早恢复为平卧体位。注意观察切口周围有无红、肿、热、痛等炎症反应表现,发现问题及时通知医生处理。

2. 并发症预防

（1）出血:术后及时与医生沟通,了解术中出血量。观察病人的意识、血压、心率、呼吸、血氧饱和度,警惕出现失血性休克。观察切口出血量(尤其是术后 6h 内),观察记录引流液的颜色、量,确保引流管不受压、不扭曲,以防积血残留在关节内,尤其注意引流管是否在位。

（2）切口感染:遵医嘱预防性于术前 30min 内应用抗生素静脉注射。引流管拔除后观察敷料的渗出情况,渗出较多时及时更换。术后出现发热应对症处理,同时观察切口有无肿胀、发红。

（3）血栓形成:在常规抗凝药物治疗的基础上,鼓励病人清醒时根据年龄、体力、配合意识等情况持续不间断行双下肢股四头肌收缩训练、小腿肌肉群收缩训练。

（六）心理护理

股骨颈骨折多由意外事故造成,住院时间长,病人常孤僻,恐惧,失落、焦虑等,应争取家属与亲友的配合,建立良好的护患关系,经常鼓励病人,消除不良情绪。

（七）健康教育

1. 非手术治疗　卧床期间保持患肢外展中立位,不可使患肢内收或外旋,坐起时不能交叉盘腿,以免发生骨折移位。翻身过程中应由护士或家属协助,是患肢在上而且始终保持外展中立位,然后在两大腿之间放一个枕头以防内收。在锻炼患肢的同时,指导病人进行双上肢及健侧下肢全范围关节活动和功能锻炼。一般 8 周后复查 X 线片,若无异常可去除牵引后在床上坐起;3 个月后骨折基本愈合,可先扶双拐患肢不负重活动,后逐渐换单拐部分负重活动;6 个月后复查 X 线片检查显示骨折愈合牢固后,可完全负重行走。

2. 内固定治疗　卧床期间不可使患肢内收,坐起时不能交叉盘腿。若骨折复位良好,术后早期即可扶双拐下床活动,逐渐增加负重重量,X 线检查证实骨折愈合后即可弃拐行走。

3. 人工关节置换术　骨水泥型假体置换者术后第一日后,即可遵医嘱进行床旁坐、站及扶拐行走练习。生物型假体置换者一般于一周开始逐步行走练习。在手术后 3 个月内,关节周围软组织没有充分愈合,为避免关节脱位,应尽量避免屈髋大于 90°和下肢内收超过身体中线。因此应避免下蹲、坐矮凳、坐沙发、跪姿、盘腿、过度内收或外旋、交叉腿站立、跷二郎腿或过度弯腰拾物等动作,侧卧时应健肢在下,患肢在上,两腿间夹枕头。此间排便时应使用坐便器,可以坐高椅。上楼时健侧先上,下楼时患肢先下。另外,嘱病人尽量不做或少做有损人工关节的活动,如爬山、爬楼梯和跑步等。避免在负重状态下反复做髋关节伸曲动作,或做剧烈跳跃和急停急转运动。若人工关节置换术多年后关节扭动或磨损,可在活动时出现关节疼痛、跛行、髋关节功能减退。

六、胫腓骨干骨折病人的护理

胫腓骨干骨折(fracture of the tibia and fibula)是胫骨平台以下至踝以上部分发生的骨折。约占全身骨折的 6.8%。其中胫腓骨干双骨折最为多见,骨折表面软组织严重缺损、感染、骨筋膜室综合征、骨折延迟愈合或不愈合是本症的特点和治疗难点。

【护理评估】

（一）健康史

1. 直接暴力　由于胫腓骨表浅,又是负重的主要骨,如为重物撞击、车轮辗轧等直接暴力损伤,可引起胫腓骨同一平面的横形、短斜形或粉碎性骨折。

2. 间接暴力　在高处坠落后足着地,身体发生扭转所时。可引起胫、腓骨螺旋形或斜行骨折。

（二）身体状况

1. 临床表现　患肢局部疼痛、肿胀,不敢站立和行走。患肢可有反常运动和明显畸形,由于胫腓骨表浅,骨折常合并软组织损伤,形成开放性骨折,可有骨折端外露。

2. 并发症　骨折后期,若骨折对位对线不良,使关节面失去平行,改变了关节的受力面,易发生创伤性关节炎。

3. 实验室及其他检查　X 线检查应包括膝关节和踝关节,可确定骨折的部位、类型和移位情况。

（三）心理和社会状况

病人的心理状态，对本次治疗有无信心，病人所具有的疾病知识和对治疗、护理的期望。

（四）治疗要点

1. 非手术治疗

（1）手法复位外固定：稳定的胫腓骨干横形骨折或短斜形骨折可在手法复位后用小夹板或石膏固定，6~8 周可扶拐活动。单纯胫骨干骨折由于有完整的腓骨支撑，石膏固定 6~8 周后可下地活动。单纯腓骨干骨折若不伴有胫腓上、下关节分离，也不需特殊治疗。

（2）牵引复位：不稳定的胫腓骨干双骨折可采用跟骨结节牵引，纠正短缩畸形后行手法复位，小夹板固定。6 周后去除牵引，改用小腿功能支架固定，或行长腿石膏固定，可下地负重行走。

2. 手术治疗：手法复位失败、损伤严重或开放性骨折者应切开复位，选择钢板螺钉或髓内针固定。若固定牢固，手术 4~6 周后可负重行走。

【常见护理诊断/问题】

1. 有外周神经血管功能障碍的危险　与软组织和骨损伤、外固定不当有关。

2. 有失用综合征的危险　与固定肢体长期缺乏功能锻炼有关。

3. 躯体活动障碍　与石膏固定后肢体活动受限有关。

4. 潜在并发症：肌肉萎缩、关节僵硬等。

【护理措施】

（一）病情观察

保持有效固定，行石膏管型固定者，因肢体肿胀消退或肌萎缩可导致原石膏失去固定作用，必要时应重新更换。保持牵引的有效性，维持有效的血液循环，皮牵引时密切观察病人患肢末梢血液循环情况，检查局部包扎有无过紧、牵引重量有无过大，若局部出血青紫、肿胀、发冷、麻木、运动障碍以及脉搏细弱时，应详细检查，分析原因并及时报告。

（二）用药护理

遵医嘱联合、足量合理使用抗生素，现配现用，按时给药，保证抗生素的效用，联合使用甘露醇等减轻肢体肿胀程度，疼痛严重者遵医嘱给予止痛药。

（三）并发症的观察及护理

1. 血管和神经损伤　多由于骨牵引穿针时判断不准确导致，骨牵引后密切观察创口敷料的渗血情况、肢体末梢的血运、病人的生命体征及肢体运动情况。

2. 牵引针、弓的脱落　多系牵引针打入太浅，螺母未拧紧引起。

3. 牵引针眼感染　操作时应严格执行无菌操作技术，避免反复穿刺，及时清除针眼处积血及分泌物，针眼处每日滴 75% 乙醇 2 次，牵引针若向一侧偏移，消毒后调整，发生感染者充分引流，严重时须拔去钢针，改变牵引位置。

4. 关节僵硬　最常见的是足下垂畸形，主要与腓总神经受压及患肢缺乏功能锻炼有关，因此应保持肢体的功能位置，若病情许可，定时做小腿关节活动，预防足下垂。

5. 其他　由于长期卧床，病人可能出现坠积性肺炎、便秘、下肢深静脉血栓形成等并发症，应注意预防，加强病情观察并及时处理。

（四）健康教育

1. 安全指导　指导病人及家属评估家庭环境的安全性，妥善放置可能影响病人活动的障碍物，以防摔倒。

2. 功能锻炼　复位固定后尽早开始趾间和足部关系的屈伸活动,做股四头肌等长舒缩运动以及髌骨的被动运动。有夹板外固定者可进行踝、膝关节活动,但禁止在膝关节伸直情况下旋转大腿,以防发生骨不连。去除牵引或外固定后遵医嘱进行踝关节和膝关节的屈伸练习和髋关节各种运动,逐渐下地行走。

3. 复查　告知病人若骨折远端肢体出现肿胀或疼痛明显加重,肢体感觉麻木、肢体发凉、夹板、石膏或外固定松动等,应立即到医院复查并评估功能恢复情况。

(闵　燕)

第三节　骨盆骨折病人的护理

骨盆骨折多由高能量创伤所致,多见于交通事故和塌方,战时则为火器伤。骨盆骨折创伤多伴有并发症或多发伤,有合并症的骨盆骨折病人死亡率达到 31%,最严重的是创伤性失血性休克及盆腔脏器合并伤。

【护理评估】

(一)健康史

1. 病因　骨盆骨折多由直接暴力挤压骨盆所致,年轻人骨盆骨折主要是由于交通事故和高处坠落引起,老年人最常见的原因是摔倒。

2. 分类

(1)按骨折位置和数量分类:①骨盆边缘撕脱性骨折:发生于肌肉猛烈收缩而造成骨盆边缘肌肉附着点撕脱性骨折,骨盆环不受影响。最常见的有髂前上棘撕脱性骨折、髂前下棘撕脱性骨折和坐骨结节撕脱性骨折。②骶尾骨骨折:包括骶骨骨折和尾骨骨折,后者通常与滑倒坐地时发生,一般移位不明显。③骨盆环单处骨折:包括髂骨骨折、闭孔环处骨折、轻度耻骨联合分离和轻度骶髂关节分离,此类骨折不会引起骨盆环变形。④骨盆环双处骨折伴骨盆变形:包括双侧耻骨上、下支骨折,耻骨上下支骨折合并耻骨联合分离、合并骶髂关节脱位和合并髂骨骨折。

(2)按暴力的方向分类:暴力来自侧方(LC 骨折)、暴力来自前方(APC 骨折)、暴力来自垂直方向的剪力(VS 骨折)、暴力来自混合方向(CM 骨折,通常是混合性骨折)。

(二)身体状况

1. 临床表现

(1)症状:病人髋部肿胀、疼痛、不敢坐起或站立。有大出血或严重内脏损伤者可有面色苍白、冷汗、脉搏细速、烦躁不安等低血压和休克早期表现。

(2)体征:①骨盆分离试验与挤压试验阳性:检查者双手交叉撑开两髂嵴,此时两骶髂关节的关节面更紧贴,而骨折的骨盆前环产生分离,如出现疼痛即为骨盆分离试验阳性。检查者用双手挤压病人的两髂嵴,伤处出现疼痛为骨盆挤压试验阳性。在做上两项检查时偶尔会感到骨擦音。②肢体长度不对称:用皮尺测量胸骨剑突与两髂前上棘之间的距离,骨盆骨折向上移位的一侧长度较短。也可测量脐孔与两侧内踝尖端的距离。③会阴部瘀斑:是耻骨和坐骨骨折的特有体征。

2. 实验室及其他检查　X 线检查可显示骨折类型及骨折块移位情况,但骶髂关节情况以 CT 检查更为清晰,只要情况许可,骨盆骨折病人都应做 CT 检查。

（三）心理和社会状况

评估病人和家属对疾病的心理承受能力、对相关康复知识的认知程度。

（四）治疗要点

处理原则是先处理休克和各种危及生命的并发症，再处理骨折。

1. **非手术治疗** 骨盆边缘性骨折、骶尾骨骨折和骨盆环单处骨折时无移位，以卧床休息为主，卧床休息 3~4 周或至症状缓解即可。骨盆环单处骨折者用多头带作骨盆环形固定，可以减轻疼痛。单纯性耻骨联合分离却较轻者可用骨盆兜带悬吊固定，但由于治疗时间较长，目前大都主张手术治疗。

2. **手术治疗** 对骨盆环双处骨折伴骨盆变形者，多主张手术复位及内固定，再加上外固定支架。

【常见护理诊断/问题】

1. **组织灌注量不足** 与骨盆损伤、出血有关。

2. **潜在并发症**：出血性休克，膀胱损伤、尿道损伤、直肠损伤或神经损伤等。

【护理措施】

（一）一般护理

1. **疼痛护理** 根据疼痛原因对症护理，若因创伤性骨折造成的疼痛，给予固定后可以缓解疼痛，若因伤口感染引起疼痛，应及时清创并应用抗生素进行治疗，疼痛较轻者可鼓励病人听音乐或看电视以分散注意力，也可用局部冷敷或抬高患肢来减轻水肿以缓解疼痛，热疗和按摩可减轻肌肉痉挛引起的疼痛，疼痛严重时可遵医嘱给予止痛药，护理操作时动作轻柔，严禁粗暴搬动骨折部位。

2. **骨盆兜带悬吊牵引的护理** 骨盆兜带用厚帆布制成，其宽度上抵髂骨翼，下达股骨大转子，依靠骨盆挤压合拢的力量，是耻骨联合分离复位。选择宽度适宜的骨盆兜带，悬吊重量以将臀部抬离床面为宜，不要随意移动，保持兜带平整，排便时尽量避免污染兜带。

3. **体位和活动** 卧床休息期间，髂前上、下棘撕脱骨折可取髋、膝屈曲位；坐骨结节撕脱性骨折者应取大腿伸直、外旋位；骶尾骨骨折者可在骶部垫气圈或软垫。帮助病人更换体位，骨折愈合后可患侧卧位。行牵引者 12 周以后可负重，长期卧床者需练习深呼吸，进行肢体肌肉等长舒缩，允许下床后，可使用助行器或拐杖，以减轻骨盆负重。

（二）病情观察

观察病人意识、体温、脉搏、呼吸、尿量以及末梢循环，如毛细血管再充盈时间，患肢骨折远端脉搏情况，皮温、色泽，有无肿胀和感觉运动障碍。

（三）用药护理

遵医嘱联合、足量合理使用抗生素，现配现用，按时给药，保证抗生素的效用，联合使用甘露醇等减轻肢体肿胀程度，疼痛严重者遵医嘱给予止痛药。

（四）并发症的观察及护理

骨盆骨折常伴有严重并发症，如腹膜后血肿、腹腔内脏损伤、膀胱或后尿道损伤、直肠损伤和神经损伤，这些并发症常较骨折本身更为严重，因此应进行重点观察和护理。

1. **休克的护理** 骨盆骨折中最常见、最紧急、最严重的并发症是失血性休克，外伤出血每延迟抢救 10min，生存率下降 10%，医护人员应以最快的速度让病人在出现体温不升、凝血障碍前的黄金时期得到最合理的治疗，应快速建立有效的静脉通道，给予抗休克治疗，包括输液、输血等。注意保暖，保持呼吸道通畅，给予氧气吸入，密切观察病人意识、皮肤色泽、肢体温度、血压、脉搏,以及凝血酶原消耗时间、凝血酶原时间等凝血项目,警惕弥散性血管内凝血。

2. **腹膜后血肿** 骨盆各骨主要为松质骨,又有许多动脉和静脉丛,血液循环丰富。骨折后巨大血肿可沿腹膜后疏松结缔组织间隙蔓延至肾区或膈下,病人可有腹痛、腹胀等腹膜刺激征。大出血可造成出血性休克引起病人迅速死亡。应严密观察生命体征和意识变化,立即建立静脉输液通道,遵医嘱输液输血,纠正血容量不足。若经抗休克治疗仍不能维持血压,应配合医生及时做好手术准备。

3. **腹腔内损失** 肝、肾、脾等实质脏器损伤可有腹痛与失血性休克;胃肠道的空腔脏器损伤可变现为急性弥漫性腹膜炎。应严密观察病人的意识和生命体征,观察有无腹痛、腹胀或腹膜刺激征等表现,及时发现和处理内脏损伤。

4. **膀胱或后尿道损伤** 尿道的损伤远比膀胱损伤多见。注意观察有无血尿、无尿或急性腹膜刺激等表现,及时发现和处理并发症。尿道损伤需行修补手术,留置导尿管2周。注意保持引流管固定、通畅并记录引流液情况,每日用0.2%碘伏或生理盐水棉球擦洗尿道口,避免逆行感染,必要时行膀胱冲洗。

5. **直肠损伤** 较少见,直肠破裂如发生在腹膜返折以上可引起弥漫性腹膜炎,如在返折以下,则可发生直肠周围感染。应要求病人严格禁食,遵医嘱静脉补液,合理应用抗生素。由于行直肠修补术时还需做临时的结肠造瘘口,以利于直肠恢复,因此应做好造瘘口护理。

6. **神经损伤** 主要是腰骶神经丛与坐骨神经损伤。注意观察病人有无括约肌功能障碍,下肢某些部位感觉减退或消失,肌萎缩无力或瘫痪等表现,发现异常及时报告医生。

(五)健康教育

1. **心理护理** 给予心理安慰,精神支持,减轻其焦虑情绪。

2. **体位** 取半卧位,并告知病人家属注意保持床铺清洁干燥,定时给病人按摩骶尾部,防止压疮的发生。

3. **功能锻炼** 指导病人床上有效适当的活动,长期卧床的病人指导深呼吸,有效咳嗽,进行肢体肌肉的等长舒缩,每日多次,每次5~20分钟,帮助病人活动关节。

4. **防止泌尿系感染** 告知病人多饮水,起到自然冲洗尿路的作用。

5. **安全指导** 加好床栏,防止坠床。

6. **饮食指导** 告知病人高热量、高蛋白、高纤维素饮食,多饮水,从而预防便秘。

（闵 燕）

走入现场

现场: 一个工地上出了事故,医院急诊科走廊里满是人,护士小刘发现有一个工人坐在地上,一手托着脑袋一手在用餐巾纸塞鼻子,看到有淡红色的液体渗透餐巾纸往下滴,他一般情况还好,没见有明显的外伤。

护士小刘:你好,你感觉怎么样? 有哪里受伤吗?

工人:没什么大问题,就是头有点疼,流鼻血,塞一下就好,我可以回家了吗?

提问:

1. 如果你是这名护士,你该如何做呢? 能让他直接回家吗?

2. 他用餐巾纸塞鼻子可以吗? 如果不行你又该如何指导帮助他呢?

第四节 颅骨骨折病人的护理

颅骨骨折(skull fracture)指颅骨受暴力作用致颅骨结构的改变。颅骨骨折提示受伤者受暴力较重,其严重性并不在于骨折本身,而在于可能合并脑、脑膜、颅内血管和脑神经的损伤。

【护理评估】

(一)健康史

1. **病因** 遭受外力作用,如外力较大使颅骨的变形超过其弹性限度,即发生骨折。

2. **发病机制** 颅骨遭受外力时是否造成骨折,主要取决于外力大小、作用方向、致伤物与颅骨接触面积及颅骨的解剖特点。如果暴力强度较大、受力面积较小,使受力点呈锥形内陷,内板首先受到较大牵张力而折裂。若外力作用终止,则外板可弹回复位保持完整,内板骨折片可穿破硬脑膜造成局限性脑挫裂伤,较易被忽视,是后期外伤性头痛及外伤性癫痫的原因。当外力引起颅骨整体变形较严重,受力面积又较大时,可不发生凹陷性骨折,而在较为薄弱的颞骨鳞部或颅底引发线性骨折。

3. **分类** 颅骨骨折按骨折部位分为颅盖骨骨折和颅底骨折;按骨折形态分为线性骨折和凹陷性骨折;按骨折是否与外界相通分为开放性骨折和闭合性骨折。颅底骨折虽不与外界直接沟通,但是伴有硬脑膜破损引起脑脊液漏或颅内积气,一般视为内开放性骨折。

(二)身体状况

1. **临床表现**

(1)颅盖骨折:线性骨折发生率最高,局部压痛、肿胀,病人常伴有局部骨膜下血肿;凹陷性骨折好发于额、顶部,多为全层凹陷,局部可扪及下陷区,部分病人仅有内板凹陷,若骨折片损伤脑功能区,可出现偏瘫、失语、癫痫等神经系统定位体征。

(2)颅底骨折:多为颅盖骨折延伸到颅底,或由强烈的间接暴力作用于颅底所致,常为线性骨折。颅底部的硬脑膜与颅骨贴附紧密,故颅底骨折时易撕裂硬脑膜,产生脑脊液外漏而成为开放性骨折,依骨折的部位可分为颅前窝、颅中窝和颅后窝骨折,临床表现为皮下或黏膜下瘀斑、脑脊液外漏和脑神经损伤3个方面(表9-1)。

表9-1 颅底骨折的临床表现

骨折部位	脑脊液漏	瘀斑部位	可能损伤的脑神经
颅前窝	鼻漏	眶周、球结膜下(熊猫眼、眼镜征)	嗅神经、视神经
颅中窝	鼻漏和耳漏	乳突区(Battle征)	面神经、听神经
颅后窝	无	乳突区(Battle征)、咽后壁	舌咽神经、迷走神经、舌下神经

2. **实验室及其他检查**

(1)X线检查:颅盖骨折依靠头颅X线摄片确诊,凹陷骨折者可显示骨折片陷入颅内的深度;颅底骨折X线摄片检查价值不大。

(2)CT检查:有助于了解骨折情况和有无合并脑损伤。

（三）治疗要点

1. 颅盖骨折 单纯线性骨折或凹陷性骨折下陷较轻,一般无需特殊处理;合并脑损伤或大面积骨折片陷入颅腔导致颅内压升高有脑疝可能者、骨折片压迫脑重要部位引起神经功能障碍者、开放性粉碎性凹陷骨折者,则需手术整复或摘除陷入的骨片。

2. 颅底骨折 本身无需特殊处理,重点是预防颅内感染。出现脑脊液漏时即属开放性损伤,应使用 TAT 及抗生素预防感染。大部分脑脊液漏在伤后 1~2 周自愈,4 周以上仍未停止,可行手术修补硬脑膜。若骨折片压迫视神经,应尽早在 12 小时内行视神经探查减压术。

【常见护理诊断/问题】

1. 有感染的危险 与脑脊液外漏有关。

2. 知识缺乏: 缺乏受伤后的有关保健知识。

3. 恐惧 与脑损伤的诊断和担心疾病的预后有关。

4. 潜在并发症: 颅内出血、颅内压增高、颅内低压综合征。

【护理措施】

（一）脑脊液外漏的护理

1. 休息与活动 病人取头高位卧床休息,头偏向患侧,借重力作用使脑组织移至颅底,促使脑膜形成粘连而封闭漏口,待脑脊液漏停止 3~5 日后可改平卧位。如果脑脊液外漏多,应取平卧位,头稍抬高,以防颅内压过低。

2. 保持局部清洁 每日 2 次清洁、消毒外耳道、鼻腔或口腔,注意消毒棉球不可过湿,以免液体逆流入颅。劝告病人勿挖鼻、抠耳。

3. 预防颅内逆行感染 脑脊液漏者,禁忌堵塞、冲洗鼻腔、耳道和经鼻腔、耳道滴药,禁忌作腰椎穿刺。脑脊液鼻漏者,严禁从鼻腔吸痰或放置鼻胃管。注意有无颅内感染迹象:如头痛、发热等。遵医嘱应用抗生素和破伤风抗毒素。

4. 避免颅内压骤升 嘱病人勿用力屏气排便、咳嗽、擤鼻涕或打喷嚏等,以免颅内压骤然升降导致气颅或脑脊液逆流。

（二）病情观察

观察病人疼痛的特点,如疼痛的部位、程度、持续时间、诱发因素、与饮食的关系、伴随症状等。监测生命体征及变化。

（三）并发症的观察与处理

(1) 颅内继发性损伤:颅骨骨折病人可合并脑挫伤、颅内出血,因继发性脑水肿导致颅内压增高。脑脊液外漏可推迟颅内压增高症状的出现,一旦发现颅内压增高的症状,救治更为困难。因此,应严密观察病的意识、生命体征、瞳孔及肢体活动等情况,以及时发现颅内压增高及脑疝的早期迹象。

(2) 颅内低压综合征:若脑脊液外漏多,可使颅内压过低而导致颅内血管扩张,出现剧烈头痛、眩晕、呕吐、厌食、反应迟钝、脉搏细弱、血压偏低。头痛在立位时加重,卧位时缓解。若病人出现颅压过低表现,可遵医嘱补充大量水分以缓解症状。

（四）健康教育

1. 颅骨的愈合多属纤维性愈合,线性骨折后,小儿约需 1 年,成人则需25 年才可望达到骨性愈合。

2. 勿挖耳、抠鼻,也勿用力屏气排便、咳嗽、擤鼻或打喷嚏。

3. 多食豆制品、香蕉等粗纤维食物,以保持大便通畅并养成定时排便的习惯。

4. 颅骨缺损者应避免局部碰撞,以免损伤脑组织,嘱咐病人在伤后半年左右作颅骨成形术。

(闵 燕)

第五节 关节脱位病人的护理

关节脱位(dislocation)是直接或间接暴力作用于关节,或病理性改变,使骨与骨相对关节面失去正常的对合关系。本节主要阐述肩关节脱位病人的护理。

【护理评估】

（一）健康史

1. 病因

(1)创伤:由外来暴力间接作用于正常关节引起的脱位,多发生于青壮年,是导致脱位最常见的病因。

(2)病理改变:关节结构发生改变,骨端遭到破坏,不能维持关节面正常的对合关系,如关节结核或类风湿关节炎所导致的脱位。

(3)先天性关节发育不良:胚胎发育异常导致关节先天性发育不良,出生后即发生脱位且逐渐严重,如由于髋臼和股骨头先天性发育不良或异常引起的先天性髋关节脱位。

(4)习惯性脱位:创伤性脱位后,关节囊及韧带松弛或在骨附着处被撕脱,使关节结构不稳定,轻微外力即可导致再脱位,如此反复,形成习惯性脱位。

2. 发病机制 多是在上肢外展、外旋、伸展情况下受外力的结果,喙突下脱位多发生在上肢处于低到中度的外展、外旋位,盂下脱位通常发生在快速的过度外展过程中,锁骨下脱位和胸腔内脱位是由于很大的外力由外向内作用于外展的肱骨干上。

（二）身体状况

1. 临床表现 关节疼痛,组织肿胀,局部压痛,关节功能障碍。肩关节脱位后,关节盂空虚,尖峰突出,肩部失去正常饱满圆钝的外形,呈"方肩"畸形,上臂保持轻度外展前屈位,关节盂空虚,在外可触及肱骨头,Dugas征阳性,即患肢肘部贴近胸壁,患手掌不能触及对侧肩,反之,患手掌搭到对侧肩时,患肘不能贴近胸壁。

2. 实验室及其他检查 X线检查能帮助明确脱位的类型及发现是否合并有骨折。

（三）心理和社会状况

病人的心理状态,对本次治疗有无信心,病人所具有的疾病知识和对治疗、护理的期望。

（四）治疗要点

1. 复位 以手法复位为主,最好在脱位后3周内进行,因为早期复位容易成功,且功能恢复好,若脱位时间较长,关节周围组织发生粘连,空虚的关节腔被纤维组织充填,导致手法复位常难以成功,若发生以下情况,应考虑行手术切开复位:①合并关节内骨折;②经手法复位失败或手法难以复位;③有软组织嵌入;④陈旧性脱位经手法复位失败者,关节脱位复位成功的标志是被动活动恢复正常、骨性标志恢复、X线检查提示已复位。

2. 固定 复位后的关节固定于适当位置,以修复损伤的关节囊、韧带、肌等软组织。固定的时间视脱位情况而定,单纯脱位,复位后用三角巾悬吊上肢,肘关节屈曲90°,腋窝处垫棉垫,一般为2~3周,陈旧性脱位经手法复位后,固定时间应适当延长。

3. **功能锻炼**　鼓励早期活动,指导病人进行腕部与手指的活动。解除固定后,鼓励病人主动进行肩关节各个方向的活动,指导病人进行举手摸顶或者手指爬墙锻炼,以促进肩关节尽快恢复正常功能,要经常进行关节周围肌和患肢其他关节主动活动,防止肌萎缩及关节僵硬,并辅以理疗、中药熏洗等手段,逐渐恢复关节功能,功能锻炼过程中,切忌粗暴的被动活动,以免增加损伤。

【常见护理诊断/问题】

1. **疼痛**　与关节脱位引起局部组织损伤及神经受压有关。

2. **躯体活动障碍**　与关节脱位、疼痛、制动有关。

3. **有皮肤完整性受损的危险**　与外固定压迫局部皮肤有关。

4. **潜在并发症**:血管、神经损伤。

【护理措施】

（一）一般护理

1. **完善术前准备**　积极配合医生进行各种化验检查,做好术前护理,对于需行手术切开复位的术前常规戒烟等,根据对手术的了解程度,向病人解释手术方式及术后可能出现的问题,如疼痛、麻木等,告知其医护人员将采取的措施,增加其对手术及术后护理的认知度。

2. **环境护理**　给病人提供优美、舒适、安全、安静的环境,能让病人心情舒畅,并减少各种不良刺激,定时按摩皮肤受压部位,保持床铺平整、清洁、干燥、无渣屑。

3. **饮食护理**　鼓励病人进食高蛋白、高维生素、高热量易消化的食物,且应加强食物的色、香、味,以促进食欲。

（二）病情观察

移位的骨端压迫邻近血管和神经,进而引起患肢缺血、感觉、运动障碍。定时观察患肢远端血运、皮肤颜色、温度、感觉和活动情况,若发现患肢苍白、发冷、患处瘀肿、疼痛加剧、感觉麻木等,及时通知医生并配合处理。

（三）用药护理

遵医嘱联合、足量合理使用抗生素,现配现用,按时给药,保证抗生素的效用。

（四）并发症的观察及护理

1. **肩关节肿胀**　手术创伤造成组织损伤、水肿,术后24h内肿胀最明显,注意观察肩部肿胀的面积、程度,应警惕因过度肿胀造成的皮肤缺血、坏死,如颈部肿胀应注意观察呼吸道情况及有无气管受压,窒息症状。

2. **切口感染**　注意观察切口周围有无红、肿、热、痛的急性炎症表现,更换一次性负压吸引器时应注意无菌操作,对体温超过38.5℃的病人及时处理。

3. **臂丛神经损伤**　因术中器械损伤,过度牵引等原因可引起臂丛神经损伤,表现为上肢部分肌肉无力及皮肤感觉障碍,预防方法为术中患肢外展不大于45°,术后观察患肢前臂及手有麻木或感觉异常时及时处理。

4. **肺部感染**　术后病人因肩部伤口疼痛不敢咳嗽,又插管引起呼吸道分泌物增多而影响呼吸,应教会病人在保护好伤口的情况下做深呼吸及咳嗽,有痰尽量咳出,必要时行雾化吸入,防止发生呼吸道并发症。

（五）手术治疗护理

1. **生命体征的观察**　根据病情术后行心电监护、密切观察病人生命体征的变化,予持续低流量吸氧,严密观察患肢活动、肿胀、神经感觉、皮肤温度、颜色、末梢循环的充盈及桡动脉的波动情况,出现异常及时报告医生。

2. 伤口及体位护理　术后去枕平卧6h后可取半卧位,患肢胸前悬吊并制动,卧位时患侧手臂下垫枕头,使手臂保持稍前屈位,以减轻疼痛,保持伤口敷料干燥,渗血较多时及时更换敷料,术后12h内肩关节周围冰袋冷敷,以减轻肿胀,缓解疼痛,减少出血,注意使用冰袋时不要与皮肤直接接触。

(六)心理护理

关节脱位多由意外事故造成,病人常焦虑,恐惧以及自信心不足等,在生活上给予帮助,加强沟通,耐心开导,使之心情舒畅,从而愉快地接受并配合治疗。

(七)健康教育

向病人及家属讲解关节脱位治疗和康复的知识,说明复位后固定的目的、方法、重要意义及注意事项,指导其进行康复锻炼,固定期间进行肌肉舒缩活动及邻近关节主动活动,切忌被动运动。固定拆除后,逐步进行肢体的全范围功能锻炼,防止关节粘连和肌萎缩,习惯性反复脱位者,须保持有效固定并严格遵医嘱坚持功能锻炼,避免各种导致再脱位的原因。

(闵　燕)

第六节　骨和关节化脓性感染病人的护理

化脓性关节炎指发生在关节腔内的化脓性感染。好发于髋关节和膝关节,多见于小儿,男性多于女性。化脓性骨髓炎是指骨膜、骨密质、骨松质及骨髓由化脓菌感染引起的炎症。本节主要阐述化脓性关节炎病人的护理。

【护理评估】

(一)健康史

1. 病因　化脓性关节炎最常见的致病菌为金黄色葡萄球菌,约占85%,其次分别为B溶血性链球菌、白色葡萄球菌、淋病双球菌、肺炎球菌及大肠埃希菌等。身体其他部位或邻近关节部位化脓性病灶内的细菌,如呼吸道感染、疖肿或毛囊炎等,通过血液循环播散或直接蔓延至关节腔是最常见的感染途径;其他途径包括开放性关节损伤后继发感染和医院性感染,如关节腔注射药物、关节术后感染等。近年来由于人工关节置换术的普遍应用,也成为关节感染的重要途径。

2. 病理　化脓性关节炎的病变发展过程可分为三个阶段。

(1)浆液性渗出期:细胞入侵关节腔后,滑膜炎性充血、水肿;关节腔内白细胞浸润及浆液性渗出,渗出物内含大量白细胞和红细胞,纤维蛋白少。此期关节软骨尚未被破坏,若能及时、正确治疗,关节功能可完全恢复。

(2)浆液纤维素性渗出期:毛细血管壁和滑膜基质屏障功能丧失,渗出物增多、混浊,内含量白细胞及纤维蛋白。白细胞释放的溶酶体类物质破坏软骨基质;纤维蛋白的沉积影响软骨代谢,氨基酸聚糖开始丢失,使关节软骨破坏,并造成关节粘连。

(3)脓性渗出期:炎症得不到控制,关节腔内的渗出液转为脓性,炎症侵及软骨下骨质,滑膜和关节软骨被破坏,可出现多发脓肿,脓肿破溃可形成窦道。由于关节重度粘连呈纤维性或骨性强直,治愈后遗留重度关节功能障碍。

（二）身体状况

1. 临床表现

（1）症状：起病急骤，寒战、高热，体温可达39℃以上，甚至出现谵妄与昏迷，小儿可见惊厥。全身中毒症状严重，病变关节处剧烈疼痛。

（2）体征：局部可见红、肿、热及关节积液表现，压痛明显，皮温升高。关节积液在膝部最为明显，可见髌上隆起，浮髌实验可为阳性。病人关节多处于半屈曲位以缓解疼痛。髋关节因有皮下组织和周围肌覆盖，局部红、肿、热、压痛多不明显，但关节内旋受限，常处于屈曲、外展、外旋位。

（3）并发症：当肢体石膏固定而不能进行活动时，易发生肌肉萎缩、关节僵硬等并发症的发生。

2. 实验室及其他检查

（1）实验室检查：白细胞计数升高，中性粒细胞比例升高，红细胞沉降率增快，C反应蛋白增加，血培养可为阳性。

（2）影像学检查：X线检查早期可见关节周围软组织肿胀、关节间隙增宽；中期可见周围骨质疏松；后期关节间隙变窄或消失，关节面毛糙，可见骨质破坏或增生，甚至出现关节畸形或骨性强直。

（3）关节腔穿刺：病变早期抽出液呈浆液性，中期关节液混浊，后期关节液为黄白色脓性；镜下可见大量脓细胞，细菌培养可明确致病菌。

（三）心理和社会状况

评估病人和家属对疾病的发展过程、治疗和护理的了解和期望程度；有无焦虑和恐惧，病人对此病预后的心理承受能力如何。

（四）治疗要点

早期诊断、早期治疗是治愈感染、保全关节功能和生命的关键。治疗原则是全身支持治疗、应用广谱抗生素、消除局部感染灶。

1. 非手术治疗

（1）广谱抗生素：早期、足量、全身性使用广谱抗生素治疗，而后根据关节液细菌培养及药物敏感试验结果选择和调整抗生素种类。

（2）全身治疗：加强全身支持治疗，适量输血或血制品以提高全身抵抗力。改善营养状况，摄入高蛋白、富含维生素的饮食。

（3）局部治疗：①关节腔穿刺减压术：适用于浆液性渗出期。关节穿刺、抽净积液后可注入抗生素液，每日1～2次，直至关节液清亮，体温正常，实验室检查正常。②关节腔灌洗：适用于表浅大关节，如膝关节感染者。在关节部位两侧穿刺，经穿刺套管置入灌注管和引流管，退出套管。每日经灌注管滴入含抗生素的溶液2000～3000ml，直至引流液清澈，细菌培养阴性后停止灌注。再引流数日至无引流液吸出、局部症状和体征消退，即可拔管。③患肢制动：用皮牵引或石膏固定关节于功能位，以减轻疼痛，促进炎症消散和预防关节畸形。

2. 手术治疗

（1）关节镜下手术：适用于浆液性纤维渗出期。在关节镜下清除脓苔，彻底冲洗关节腔，并置管灌洗引流。

（2）关节切开引流：适用于浆液性纤维渗出期或脓性渗出期。手术彻底清除关节腔内坏死组织、纤维素性沉积物并用生理盐水冲洗后，在关节腔内置入两根硅胶管后缝合，进行持续性灌洗。

(3)关节矫形术:适用于关节功能严重障碍者,常用手术为关节融合术或截骨术。

【常见护理诊断/问题】

1. **体温过高** 与化脓性感染有关。

2. **疼痛** 与化脓性感染和手术有关。

3. **组织完整性受损** 与化脓性感染和骨质破坏有关。

【护理措施】

(一)一般护理

1. **心理护理** 热情接待、关心和爱护病人,与病人建立良好的护患关系。鼓励,安慰病人的同时,注意与家属的沟通,并告知将要进行的检查与治疗方法,请求家属的配合,让病人能在良好的状态下接受治疗。

2. **术前护理宣教** 积极配合医生进行各种化验检查,做好术前护理,交代禁食水等事宜,做好手术的物品准备。

3. **环境护理** 应勤擦洗、勤更换衣裤及被单,更换时要避免着凉,使病人舒适,保持皮肤清洁及床单干燥。对受压部位皮肤,应2~3h翻身一次,以防压疮。排便后,及时温水擦拭会阴部,必要时可涂爽身粉,保持局部干燥拆除石膏后,应帮助病人用温水洗净患肢,保持清洁。

4. **饮食护理** 进食高蛋白、高维生素、高热量易消化的半流质或软食,如牛奶、豆浆、鱼汤、新鲜蔬菜和水果等,且应加强食物的色、香、味,以促进食欲。血色素、白蛋白低时,根据医嘱输血、血浆及白蛋白,增强病人的抵抗力。

(二)病情观察

密切观察生命体征及神志变化,尤其应加强体温的监测;观察关节肿胀情况。

(三)用药护理

遵医嘱联合、足量合理使用抗生素,现配现用,按时给药,保证抗生素的效用。护士应关注药物敏感试验和关节液细菌培养的结果,及时通知医生调整抗生素,注意用药后的反应及副作用,警惕双重感染的发生。

(四)并发症的观察及护理

当肢体石膏固定而不能进行活动时,应抬高患肢,加强练习肌肉等长收缩运动,次数由少到多,强度由弱到强,每次以病人感觉肌肉轻微酸痛为度,循序渐进,不可用力过猛,防止病理性骨折。按摩患肢,未固定的关节应进行主动活动,做引体向上、抬臀、深呼吸活动,促进血液循环,减少肌肉萎缩、关节僵硬等并发症的发生。

(五)术后护理

1. **病情观察** 术后按硬膜外麻醉后护理,予去枕平卧6h,持续低流量吸氧。术后应严密观察生命体征的变化,给予床边心电监护,密切观察面色、血压、脉搏、心率、呼吸、血氧饱和度、体温的变化,每30分钟监测一次,并注意病人的意识状态,做好记录。

2. **体位的护理** 术后平卧,患肢太高约10°左右,以利于患肢静脉回流,减轻患肢的肿胀。膝后垫一软枕,患肢保持屈曲10°~30°。关节功能位以防感染扩散,减轻肌肉痉挛及疼痛,防止畸形及病理性脱位,减轻对关节软骨面的压力及软骨破坏,防止非功能性挛缩或僵直。

3. **保持有效引流护理** 术后用生理盐水进行关节腔冲洗。冲洗时嘱病人从前后左右各个方向按压膝关节,使各关节室都得到充分的冲洗,直到引流液未见明显肉眼血性液体为止。冲洗时应注意引流管是否通畅、引流液性质、颜色及气味的变化。引流液发现异常者,及时报告医生,冲洗速度要快慢交替,保持出入量一致。

4. 功能康复锻炼　局部炎症消除后,即开始进行缓慢的被动活动,2~3d 后让病人主动活动关节,行股四头肌收缩锻炼,每 2 小时 1 次,每次 3~5min。进行直腿抬高练习,腿抬高到适当的高度,停留 3~5min 再放下,逐渐增加抬高的幅度。术后 1 周后,在床上做屈伸关节的活动,逐渐增加屈伸角度,直至股四头肌疲劳为止,待肌力完全恢复,2 周后,拔除引流,开始指导病人非负重功能锻炼。3 周后可进行负重锻炼。

5. 出院指导　按医嘱继续服药,重视患肢功能锻,防止关节僵硬及挛缩的发生。康复过程发现有异常者,定期复查,及时与医生取得联系。

(闵　燕)

第七节　颈肩痛和腰腿痛病人的护理

一、颈椎病病人的护理

颈椎病(cervical spondylosis)指因颈椎间盘退变及其继发性椎间关节退行性改变,刺激或压迫相邻脊髓、神经、血管等组织,并引起相应的临床表现。颈椎病为 50 岁以上低头工作人群的常见病,男性多于女性,好发部位为颈 5~6,颈 6~7。随着人们日常生活和行为习惯的改变,发病年龄也日趋年轻。颈椎病分为神经根型、脊髓型、交感型、椎动脉型及混合型。

【护理评估】

(一) 健康史

1. 病因

(1)颈椎退行性病变:是颈椎病发生和发展最基本的原因。颈椎活动性大,随年龄增长,椎间盘逐渐发生退行性变,使椎间隙狭窄,关节囊、韧带松弛,脊柱活动时稳定性下降,进一步发展引起椎体、椎间关节及其周围韧带发生变性、增生、钙化,最后致相邻脊髓、神经、血管受到刺激或压迫。

(2)损伤:急性损伤使已退变的颈椎和椎间盘损害加重而诱发颈椎病;慢性损伤可加速其退行性变的发展。

(3)先天性颈椎管狭窄:颈椎管的矢状内径对颈椎病的发展有密切关系。先天性颈椎管的矢状径小于正常(14~16mm)时,即使仅有轻微退行性变,也可出现临床症状和体征。

2. 分类与发病机制　颈椎病是颈椎间盘变性、颈椎骨质增生以及由此而引起的一系列临床症状的总和。根据受压部位和临床表现的不同可分为 4 型,有的病人以 1 型为主,同时伴有其他类型的表现,称为复合型颈椎病。

(1)神经根型颈椎病:约占颈椎病的 50%~60%,系椎间盘向后外侧突出致颈椎关节或椎间关节增生、肥大,进而刺激或压迫神经根所致。

(2)脊髓型颈椎病:约占颈椎病的 10%~15%,由后突的髓核、椎体后缘的骨赘、增生肥厚的黄韧带及钙化的后纵韧带压迫或刺激脊髓所致。

(3)椎动脉型颈椎病:由颈椎横突孔增生狭窄、颈椎稳定性下降、椎间关节活动移位等直接压迫或刺激椎动脉,使椎动脉狭窄或痉挛,造成椎-基底动脉供血不全所致。

(4)交感神经型颈椎病:由颈椎各种结构病变刺激或压迫颈椎旁的交感神经节后纤维所致。

(二)身体状况

1. 临床表现

(1)神经根型颈椎病:①症状:颈部疼痛及僵硬,短期内加重并向肩部及上肢放射,用力咳嗽、打喷嚏及颈部活动时疼痛加重。皮肤可有麻木、过敏等感觉改变。上肢肌力减退、肌萎缩,以鱼际、小鱼际肌和骨间肌最明显,手指动作不灵活。②体征:颈部肌痉挛,颈肩部有压痛,颈部和肩关节活动有不同程度受限。上肢腱反射减弱或消失,上肢牵拉实验、压头实验阳性。

(2)脊髓型颈椎病:由于脊髓型颈椎病的颈椎退变结构压迫脊髓,所以为颈椎病诸型中症状最严重的类型。①症状:手部麻木,运动不灵活,尤其是精细活动失调,手握力减退;下肢无力、步态不稳、有踩棉花样感觉;后期出现大小便功能障碍,表现为尿频或排尿、排便困难等。②体征:肌力减退,四肢腱反射活跃或亢进,腹部反射、提睾反射和肛门反射减弱或消失。Hoffmann 征、髌阵挛及 Babinski 征等阳性。

(3)椎动脉型颈椎病:①眩晕:最常见,多伴有复视、耳鸣、耳聋、恶心呕吐等症状,头颈部活动和姿势改变可诱发或加重眩晕。②猝倒:本型特有的症状,表现为四肢麻木、软弱无力而跌倒,多在头部突然活动或姿势改变时发生,倒地后再站起来可继续正常活动。③头痛:表现为发作性胀痛,以枕部、顶部为主,发作时可有恶心、呕吐、出汗、流涎、心慌、憋气以及血压改变等自主神经功能紊乱症状。④体征:颈部压痛,活动受限。

(4)交感神经型颈椎病:表现为一系列交感神经症状如偏头痛、视物模糊、眼球胀痛、耳鸣、听力下降、心律失常、心前区疼痛、血压增高等;交感神经抑制症状如畏光、流泪、头晕、眼花、血压下降等。

2. 实验室及其他检查 脊髓型颈椎病者行脑脊液动力学试验显示椎管有梗阻现象。颈椎 X 线检查可见颈椎曲度改变,生理前凸减小、消失或反常,椎间隙狭窄,椎体后缘骨赘形成,椎间孔狭窄。CT 和 MRI 可示颈椎间盘突出,颈椎管矢状径变小,脊髓受压。

(三)心理和社会状况

病人及家属对该病的认识、心理状态,有无焦虑、恐惧等不良情绪,家庭对社会对病人的支持程度。

(四)治疗要点

神经根型、椎动脉型、交感神经型颈椎病以非手术治疗为主;脊髓型颈椎病由于疾病自然史逐渐发展使症状加重,故确诊后应及时手术治疗。

1. 非手术治疗 原则是去除压迫因素,消炎止痛,恢复颈椎稳定性。

(1)枕颌带牵引:牵引可解除肌痉挛,增大椎间隙,减少椎间盘压力,使嵌顿于小关节的滑膜皱襞复位,减轻对神经、血管的压迫和刺激。病人取坐位或卧位,头前屈10°,牵引重量为2~6kg,每次1~1.5小时,每日2次;若无不适,可行持续牵引,每日6~8小时,2周为1疗程。脊髓型颈椎病者不适宜牵引。

(2)颈围:可限制颈椎过度活动,且不影响病人日常生活。

(3)推拿按摩:可以减轻肌痉挛,改善局部血液循环。推拿按摩应由专业人员操作,以防发生颈椎骨折、脱位和脊髓损伤。脊髓型颈椎病忌用此法。

(4)理疗:采用热疗、磁疗、超声疗法等,达到改善颈肩部血液循环、松弛肌肉、消炎止痛的目的。

(5)药物治疗:目前尚无治疗颈椎病的特效药物,所用药物均属对症治疗,如非甾体抗炎药、肌松弛剂及镇静剂等。

2. 手术治疗　当病人出现以下情况时,考虑手术治疗。①保守治疗半年无效或影响正常生活和工作;②神经根性剧烈疼痛,保守治疗无效;③上肢某些肌肉,尤其手内在肌无力、萎缩,经保守治疗4～6周后仍有发展趋势。手术的目的是切除突出的椎间盘、骨赘、韧带或椎管扩大成形,使脊髓和神经得到充分减压;通过植骨、内固定行颈椎融合,获得颈椎稳定性。常用的术式有颈椎间盘摘除、椎间盘植骨融合术、前路侧方减压术、颈椎半椎管切除减压或全椎板切除术、椎管成形术等。

【常见护理诊断/问题】

1. 低效性呼吸型态　与颈髓水肿、植骨块脱落或术后颈部水肿有关。

2. 有受伤害的危险　与肢体乏力及眩晕有关。

3. 躯体活动障碍　与颈肩痛及活动受限有关。

4. 潜在并发症:术后出血、脊髓神经损伤。

【护理措施】

(一)术前护理

1. 心理护理　因颈椎手术危险性较大,病人年龄又较大,常合并有内脏疾病,易出现焦虑或恐惧情绪,必须做好心理疏导,解除其恐惧心理,并积极配合医护人员治疗原发病,使其能耐受手术。

2. 饮食　高蛋白、低脂、高热量、富含维生素和粗纤维且易消化的食物,以保证营养,预防便秘。劝病人戒烟,以防术后痰液排出困难而致呼吸困难或呼吸道阻塞。

3. 制动　使用颈托或颈围,以限制颈椎过度活动。

4. 牵引护理　采用枕颌带牵引,以解除椎间隙、减少椎间盘压力,从而减少神经根压力,缓解椎动脉刺激。一般持续牵引2小时后休息15分钟,每日牵引总时间10～14小时。

5. 安全护理　病人存在肌力下降致四肢无力时应做好安全评估,以防烫伤、坠床、跌倒,嘱咐病人穿平跟软底鞋,保持地面干燥;走廊、浴室、洗手间等公共日常生活场所配有扶手,以防步态不稳而摔跤;椎动脉型颈椎病病人,应避免头部过快转动或屈伸,以防猝倒。

6. 术前训练

(1)呼吸功能训练:脊髓型颈椎病病人以老年人居多,由于颈髓受压致呼吸肌功能降低,加上有些病人长期吸烟或患有慢性呼吸系统疾病等,伴有不同程度的肺功能低下。因此,术前指导病人练习深呼吸、行吹气泡或吹气球等训练,以增加肺的通气功能;术前1周戒烟。

(2)俯卧位训练:适用于后路手术病人,以适应术中长时间俯卧位并预防呼吸受阻。开始每次为30～40分钟,每日3次;以后逐渐增至每次3～4小时,每日1次。

(3)大小便适应性训练:术前让病人在床上训练排大小便,以防术后因卧床不习惯导致尿潴留、便秘。术前晚要排空肠道内淤积的大便,以减轻术后腹胀,并有利于胃肠功能恢复。

(二)术后护理

1. 密切监测生命体征　注意呼吸频率、深度的改变,脉搏节律、速率的改变,保持呼吸道通畅,低流量给氧。呼吸困难是前路手术最危急的并发症,多发生于术后1～3日内。常见原因有切口内出血压迫气管、喉头水肿压迫气管、术中损伤脊髓或植骨块松动和脱落压迫气管等,一旦病人出血呼吸困难、张口状急迫呼吸、应答迟缓、口唇发绀等表现,应立即通知医生,并做好气管切开及再次手术的准备。因此,颈椎手术病人床旁应常规准备气管切开包。

2. **体位护理**　行内固定植骨融合的病人,加强颈部制动。病人取平卧位,颈部稍前屈,两侧颈肩部放置沙袋以固定头部,侧卧位时枕与肩宽同高,在搬动或翻身时,保持头、颈和躯干在同一平面上,维持颈部相对稳定。术后病人常因颈部制动而惧怕翻身,应耐心为病人解释相关知识,解除病人紧张情绪。

3. **引流管的护理**　常规妥善放置固定引流管,在引流过程中防止引流管扭曲、松动、受压及脱落,确保通畅。以防伤口内积血致局部血肿、压力增高而压迫气管,乃至窒息危及生命。

4. **并发症的观察与护理**

(1)术后出血:颈深部血肿多见于手术当日,尤其是 12 小时内,因此术后应注意观察生命体征、伤口敷料及引流液量。前路手术如 24 小时出血超过 200ml,检查是否有活动性出血;若引流量多且呈淡红色,考虑有脑脊液漏发生,及时报告医生处理。若发现病人颈部肿胀明显,并出现呼吸困难、烦躁、发绀等表现时,立即报告医生对症处理。

(2)脊髓神经损伤:手术牵拉和周围血肿压迫均可损伤脊髓及神经,病人出现声音嘶哑、四肢感觉运动障碍以及大、小便功能障碍。手术牵拉所致的神经损伤为可逆的,一般在术后 1~2 日内明显好转或消失;血肿压迫所致的损伤为渐进的不可逆的,术后应注意观察,以便及时发现问题并处理。

(3)严重的应激反应:由于手术后可诱发原有内脏疾病的恶化、应激性溃疡等,应严密观察病人全身情况,尤其是血压、脉搏呼吸及腹部情况,有无胸闷、心前区疼痛,剧烈头痛、神志模糊、一侧肢体无力等,以判断有无心绞痛、心肌梗死及脑血管意外的发生。

(三) 健康教育

1. **纠正不良姿势**　在日常生活、工作、休息时注意纠正不良姿势,保持颈部平直,以保护头颈肩部。

2. **保持良好睡眠体位**　理想的睡眠体位应该是使头颈部保持自然仰伸位、胸部及腰部保持自然曲度、双髋及双膝略呈屈曲,使全身肌肉、韧带及关节获得最大限度的放松与休息。

3. **选择合适的枕头**　以中间低两端高、透气性好、长度超过肩宽 10~16cm、高度以头颈部压下后一拳头高为宜。

4. **避免外伤**　行走或劳动时注意避免损伤颈肩部,一旦发生损伤,尽早诊治。

5. **加强功能锻炼**　长期伏案工作或长时间玩手机者,宜定期远视,以缓解颈部肌肉的慢性劳损。

二、腰椎间盘突出症病人的护理

腰椎间盘突出症(lumbar intervertebral disc herniation)是指由于腰椎间盘发生退行性改变后,在外力作用下纤维环破裂、髓核组织突出刺激和压迫马尾神经或神经根所引起的以腰腿痛为主要症状的病变。腰椎间盘突出症是骨科常见病和多发病,是腰腿痛最常见的原因。

【护理评估】

(一) 健康史

1. **病因**　导致腰椎间盘突出的原因既有内因也有外因,内因主要是腰椎退行性变,外因则有外伤、劳损、受寒受湿等。

(1)椎间盘退行性变:是腰椎间盘突出的基本病因。随着年龄增长,纤维环和髓核水分减少,弹性降低,椎间盘变薄,易于脱出。

(2)长期震动:汽车和拖拉机驾驶员在驾驶过程中,长期处于坐位及颠簸状态,腰椎间盘承受的压力过大,可导致椎间盘退变和突出。

(3)过度负荷:腰部负荷过重时,髓核向后移动,引起后方纤维环破裂。如长期从事重体力劳动者,如煤矿工人或建筑工人,因过度负荷易造成纤维环破裂。

(4)外伤:是腰椎间盘突出的重要因素。特别是儿童与青少年的发病与之密切相关。

(5)妊娠:妊娠期间体重突然增长,腹压增高,而韧带相对松弛,易使椎间盘膨出。

(6)其他:如遗传、吸烟以及糖尿病等诸多因素。

2. **病理生理** 由于椎间盘组织承受人体躯干性及上肢的重量,在日常劳损较其他组织更为严重。其仅有少量血液供应,营养极为有限,极易退变。一般认为人在 20 岁以后,椎间盘即开始退变,髓核的含水量逐渐减少,椎间盘的弹性蛋白减少和弹性纤维密度降低。在外力及其他因素的影响下,椎间盘继续发病理性改变,导致纤维环破裂,髓核突出(或脱出)引起腰腿痛和神经功能障碍。腰椎间盘突出症多发生在脊柱活动度量大,承重较大或活动较多的部位,以腰 4~5 级腰 5 骶 1 多见,发生率约占 90%。

(二)身体状况

1. **临床表现**

(1)症状:①腰痛:超过 90% 的病人有腰痛表现,也是最早出现的症状。疼痛范围主要是在下腰部及腰骶部,多为持久性钝痛。②下肢放射痛:典型表现为从下腰部向臀部、大腿后方、小腿外侧直至足部的放射痛,伴麻木感。③间接性跛行:行走时随距离增加而出现腰背痛或患侧下肢放射痛、麻木感加重,蹲位或坐位休息一段时间路症状缓解,再行走症状再次出现,这是椎间盘组织压迫神经根或椎管容积减小,使神经根出现充血、水肿等炎性反应。④马尾综合征:突出的椎核或脱垂的椎间盘组织马尾神经,出现鞍区感觉迟钝,大小便功能障碍。

(2)体征:①腰椎侧凸:系腰椎为减轻神经根受压而引起的姿势性代偿畸形。②腰部活动障碍:腰部活动在各方向均有不同程度的障碍,尤以前屈受限最明显。③压痛、叩痛:在病变椎间隙的棘突间,棘突旁侧 1cm 处有深压痛、叩痛,向下肢放射。直腿抬高试验及加强试验阳性。

2. **实验室及其他检查** X 线能直接反映腰部有无侧突、椎间隙有无狭窄等;CT 可证实黄韧带是否增厚及椎间盘突出大小、方向等;MRI 显示椎管形态,全面反映出各椎体、椎间盘有无病变及神经根和脊髓受压情况,对本病有较大诊断价值。

(三)心理和社会状况

病人及家属对该病的认识、心理状态,有无焦虑、恐惧等不良情绪,家庭对社会对病人的支持程度。

(四)治疗要点

1. **非手术治疗** 适用于初次发作、病程较短且经注意后症状明显缓解,影像学检查无严重突出者。80%~90% 的病人可经非手术治愈。

(1)绝对卧床休息:包括卧床大小便,卧床休息可以减少椎间盘承受的压力,缓解脊柱旁肌肉痉挛引起的疼痛。一般卧床三周或至症状缓解后,可戴腰围下床活动。

(2)骨盆牵引:牵引可增大椎间隙,减轻对椎间盘的压力和对神经的压迫,改善局部循环水肿。多采用盆骨持续牵引,抬高床脚作反牵引。牵引重量一般为 7~15kg,持续两周;也可采用杜波牵引法,每日2次,每次1~2小时,但效果不如前者。

(3)物理治疗:正确的理疗、推拿、按摩可缓解肌痉挛及疼痛,减轻椎间盘压力,减轻对神经根的压迫。

(4)皮质激素硬膜外注射:皮质激素可减轻神经根周围的炎症与粘连,常选用长效皮质类固醇剂加2%利多卡因经硬膜外注射,每周1次,3次为一个疗程。

(5)髓核化学溶解法:将胶原酶注入椎间盘或硬脊膜与突出的髓核之间,达到选择性耸肩髓核和纤维环、缓解症状的目的。

2. 手术治疗 有10%~20%的病人需要手术治疗。

(1)手术指征:①急性发作,具有明显马尾神经对神经症状;②诊断明确,经系统的保守治疗无效,或保守治疗有效但经常反复发作且疼痛较重,影响工作和生活;③病史虽不典型,但影像学检查证实椎间盘对神经或硬膜囊有严重压迫;④合并腰椎管狭窄症。

(2)手术类型:根据椎间盘位置和脊柱的稳定性选择手术类型。①椎板切除手术和髓核摘除手术:摘除或切除1个或多个椎板、骨赘及突出髓核,减轻神经受压,是最常用的手术方式。②椎盘切除术:将椎间盘部分切除。③脊柱融合术:在椎体间插入一楔形骨块或骨条以稳定脊柱。④经皮穿刺髓核摘除术:在X线监控下插入椎间盘镜或持特殊器械,切除或吸出椎间盘以达到减轻椎间盘内压力和缓解症状的效果。

【常见护理诊断/问题】

1. 慢性疼痛 与要醉间盘突出压迫神经、肌肉痉挛与术后切开疼痛有关。

2. 躯体活动障碍 与疼痛、牵引或手术有关。

3. 潜在并发症:脑脊液漏、神经根粘连等。

【护理措施】

(一)术前护理

1. 卧硬床板 卧位时椎间盘承受的压力比站立时降低50%,故卧床休息可减轻负重和体重对椎间盘的压力,缓解疼痛。卧床时抬高床头20°,侧卧位时屈髋屈膝,双腿分开,上腿下垫枕,避免脊柱弯曲的"蜷缩"姿势,以降低椎间盘压力,减小椎间盘后突倾向,减轻疼痛,增加舒适。仰卧位时可在膝、腿下垫枕,避免头前倾、胸部凹陷等不良姿势,俯卧位时可在腹部及踝部垫枕,以放松脊柱肌肉。

2. 佩戴腰围 腰围能加强腰椎的稳定性,对腰椎起到保护和制动作用,卧床3周后,戴腰围下床活动。

3. 保持有效牵引 牵引前,在牵引带压迫的髂缘部位加减压保护贴,预防压疮。牵引期间观察病人体位、牵引线及重量是否正确。经常检查牵引带压迫部位的皮肤有无疼痛、红肿、破损、压疮等。

4. 有效镇痛 因疼痛影响入睡时,遵医嘱给予镇痛剂等药物,缓解疼痛,保证充足睡眠。

5. 完善术前准备 术前常规戒烟、训练床上排便,根据对手术的了解程度,向病人解释手术方式及术后可能出现的问题,如疼痛、麻木等,告知其医护人员将采取的措施,增加其对手术及术后护理的认知度。

6. 心理护理 鼓励病人多与家属交流,使家属能够帮助他们克服困难,介绍病人与病友进行交流,以增加自尊和自信心。

(二)术后护理

1. 观察病情 包括生命征、下肢皮肤温度、感觉及运动恢复情况;观察手术切口敷料有无渗湿及渗出液的颜色、性状、量等,渗湿后及时通知医生更换敷料,以防感染;观察病人术后有无疼痛,疼痛严重者予以镇痛剂或镇痛泵。

2. **体位护理** 术后平卧,轴线翻身即指导病人双手交叉放于胸前,双腿自然屈曲,一名护士扶肩背部,另一名护士托臀部及下肢,同时将病人翻向一侧,肩背部及臀部垫软枕支撑。

3. **引流管护理** 防止引流管脱出、折叠,观察并记录引流液颜色、性状、量,有无脑脊液流出,是否有活动性出血,有异常及时报告医生。

4. **功能锻炼** 为预防长期卧床所致的肌萎缩、关节僵硬等并发症,病人宜早期行床上肢体功能锻炼。若病人不能进行主动锻炼,在病情许可的情况下,由医护人员或家属协助活动各个关节、按摩肌肉,以促进血液循环,预防并发症。

(1)四肢肌肉、关节的功能锻炼:卧床期间坚持定时活动四肢关节,以防关节僵硬。

(2)直腿抬高锻炼:术后第 1 日开始进行股四头肌舒缩和直腿抬高锻炼,每分钟 2 次,抬放时间相等,每次 15~30 分钟,每日 2~3 次,以能耐受为限,逐渐增加抬腿幅度,以防神经根粘连。

(3)腰背肌锻炼:根据术式及医嘱,指导病人锻炼腰背肌,以增加腰背肌肌力,预防肌萎缩和增强脊柱稳定性。但腰椎有破坏性改变、感染性疾患、内固定物植入、年老体弱及心肺功能障碍的病人不宜进行腰背肌锻炼。

(4)行走训练:制定活动计划,帮助病人按时下床活动。2 周后借助腰围或支架下床活动,须根据手术情况适当缩短或延长下床时间。正确指导病人起床,预防卧床时间长引起的直立性低血压及肌无力;方法为协助病人系好腰围或支架,抬高床头,先半卧位 30 秒;然后移向床的一侧,将腿放于床边,胳膊将身体支撑起,移到床边休息 30 秒;无头晕、眼花等症状后,在护士或家属的扶助下利用腿部肌肉收缩使身体由坐位改为站立位。躺下时按相反顺序进行。

5. **并发症的观察与护理** 常见并发症为神经根粘连和脑脊液漏,需予以积极预防。及时测量体温、脉搏、血压和呼吸,观察下肢感觉、运动情况,并与健侧和术前对比,评估病人术后疼痛情况有无缓解。加强引流液的观察,若引流袋内引流出淡黄色液体,同时病人出现头痛、呕吐等症状,应考虑发生脑积液漏,须立即报告医生予与处理;同时适当抬高床尾,去枕卧位 7~10 日。脑积液漏期间,须监测及补充电解质,预防颅内感染发生。必要时探查伤口,行裂口缝合,或修补硬脊膜。

(三)健康教育

1. **指导病人采取正确姿势** 指导病人采取正确的卧、坐、立、行和劳动姿势,减少急、慢性损伤发生的机会。

(1)正确卧、坐、立、行姿势:坐位时选择高度适合、有扶手的靠背椅,保持身体与桌子距离适当,膝与髋保持同一水平,身体靠向椅背,并在腰部衬垫一软枕;站立时尽量使腰部平坦伸直、收腰、提臀;行走时抬头、挺胸、收腹,利用腹肌收缩支持腰部。

(2)更换体位:避免长时间保持同一姿势,适当进行原地活动或腰背部活动,以解除腰背肌疲劳。长时间伏案工作者,积极参加课间操活动,以避免肌肉劳损。勿长时间穿高跟鞋站立或行走。

(3)合理应用人体力学原理:如站位举起重物时,高于肘部,避免膝、髋关节过伸;蹲位举重物时,背部伸直勿弯;搬运重物时,宁推勿拉;搬抬重物时,弯曲下蹲屈膝,伸直腰背,用力抬起重物后再行走。

（4）采取保护措施：腰部劳动强度过大的工人、长时间开车的司机,佩戴腰围保护腰部。

2. 加强营养　加强营养可缓解机体组织及器官退行性变。

3. 佩戴腰围　脊髓受压的病人,可佩戴腰围,直至神经压迫症状解除。

4. 积极参加体育锻炼　适当的体育锻炼可以锻炼腰背肌,增加脊柱稳定性。参加剧烈运动时,运动前应有预备活动,运动后有恢复活动,切忌活动突起突止,应循序渐进。

（闵　燕）

第八节　系统性红斑狼疮病人的护理

现场:周某,女,28 岁,临床诊断为"系统性红斑狼疮"2 年,今日与家属一同到医院咨询妊娠事宜,担心疾病的影响而焦虑不安。

提问:

1. 如果你是当班护士,如何提供健康教育?
2. 目前病人存在哪些护理诊断/问题?

系统性红斑狼疮(systemic lupus erythematosus,SLE)是一种累及多系统、多器官的慢性自身免疫性疾病。以皮肤、关节和肾脏损害,血清中出现多种自身抗体,并有多种免疫反应异常等为主要临床特征。急性型起病急,多脏器受累,发展迅速,预后差;亚急性型起病缓慢,虽有多脏器受损,但病程反复迁延,时轻时重;慢性型起病隐袭,病变多只局限于皮肤,内脏累及少,进展缓慢,预后良好。本病以女性多见,发病年龄多在 20～40 岁。

【护理评估】

（一）健康史

1. 病因　尚未完全清楚,可能与多种因素相互作用引起机体免疫调节功能紊乱有关。SLE 的发病有家族倾向,同卵孪生、携带 SLE 易感基因的人群、有色人种患病率明显高于正常人群。环境因素包括物理因素(如日光、紫外线等)、化学因素(药物如普鲁卡因胺、肼屈嗪、苯妥英钠等)及生物因素(如麻疹病毒、风疹病毒)都可能诱发 SLE。SLE 与雌激素、泌乳素水平增高有关,妊娠可诱发或加重 SLE,经检测病人体内雌酮羟基化产物增高。心理应激和社会压力会对 SLE 产生不良影响。

2. 发病机制　目前尚不明确。可能的机制是在遗传易感性基础上,由于各种因素作用,激发了异常的免疫应答,T 辅助淋巴细胞功能亢进促使了 B 淋巴细胞的高度活化,产生了多种自身抗体,自身抗体和相应的自身抗原结合形成大量的免疫复合物,沉积于小血管壁和其他组织,导致各个组织和器官发生病变。SLE 的基本病理变化是炎症反应和组织损伤。受损器官的特征性改变是狼疮小体(苏木紫小体)、"洋葱皮样"病变等,从而引起多系统、多脏器受损的临床表现。

（二）身体状况

1. 临床表现　本病临床表现复杂多样,起病可急可缓,早期症状不典型,发作与缓解交替出现,反复发作。

(1)全身症状:发热,多为低、中度热,热型不定。还可出现全身不适、乏力、食欲不振、体重减轻等。

(2)皮肤黏膜:SLE有皮肤损害者约占80%,表现多样,为皮肤暴露部位出现各种类型的对称性皮疹,典型表现是面部蝶形红斑。部分病人还可有盘状红斑、鱼际、小鱼际处红斑、手指末端和甲周红斑、血管炎性皮损、光过敏、口腔溃疡、雷诺现象及脱发等。

(3)关节与肌肉:约90%以上的SLE有关节痛,且往往是就诊的首发症状,最易受累的是近端指间关节,膝、足、踝、腕关节亦可累及。可有肌痛、肌无力。

(4)肾:几乎所有病人都有肾组织病理改变,约75%病人有肾脏疾病临床表现,可表现为蛋白尿、血尿、管型尿、肾性高血压、肾功能不全等。狼疮性肾炎的表现为急慢性肾炎、肾病综合征、远端肾小管酸中毒甚至尿毒症等,尿毒症为SLE的主要死因。

(5)心血管:以纤维素性心包炎最常见,可有心包积液,也可发生心内膜炎、心肌炎、心律失常、心力衰竭、血栓性静脉炎等。

(6)肺与胸膜:受累者约占50%,其中约10%患狼疮性肺炎,胸膜炎和胸腔积液较常见,狼疮性肺炎的特征是肺部有斑状浸润,可由一侧转到另一侧,激素治疗可使阴影消除;在狼疮性肺损害基础上,常继发细菌感染。

(7)消化系统:表现有食欲减退、恶心、腹痛、腹泻、腹腔积液等,可有肝脏肿大、肝功能异常等。

(8)血液系统:常出现贫血、白细胞减少、血小板减少等,约20%的病人可有无痛性轻、中度淋巴结肿大,以颈部和腋下淋巴结多见,少数病人有脾大。

(9)神经系统:约25%的病人出现神经系统损害,多提示病情危重,以脑损害多见,称为神经精神狼疮(NP-SLE),可表现为头痛、呕吐、癫痫样发作、偏瘫、意识障碍,或出现精神障碍如幻觉、妄想、猜疑等。

(10)其他:15%的病人有眼底变化,如出血、乳头水肿、视网膜渗出物等,甚至致盲。此外,可产生继发性干燥综合征,表现为口干、眼干等。

2. 实验室及其他检查

(1)一般检查:病人常有正细胞正色素性贫血,白细胞和血小板减少,血沉常增快。肾损害者有尿液改变,如蛋白尿、血尿等,严重者可有血尿素氮和肌酐升高。血清转氨酶升高提示肝损害。

(2)免疫学检查

1)抗核抗体(ANA):是目前最佳的筛选指标,如血清效价≥1:80,对风湿性疾病的诊断有重要意义,但其特异性较差。

2)抗双链DNA抗体(ds-DNA):特异性较高(95%),但阳性率较低(70%),与SLE病情活动及预后有关,抗体滴度高者常有肾损害,且预后差。

3)抗Sm抗体:特异性高(99%),敏感性低(25%),在SLE不活动时亦可阳性,又称为SLE的标记抗体,是回顾性诊断的指标。

4)其他自身抗体:抗核糖核蛋白(RNP)抗体、抗SSA抗体、抗SSB抗体、抗磷脂抗体以及抗红细胞抗体、抗血小板抗体等均可阳性。此外,约20%~50%SLE病人类风湿因子(RF)阳性。

5)补体检查:总补体(CH_{50})及C_3、C_4降低有助于SLE的诊断,并提示狼疮活动。

6)狼疮带试验:用免疫荧光法检测皮肤的真皮和表皮交界处是否有免疫球蛋白(Ig)沉积带。阳性率约为50%,代表SLE活动性。

7)肾活组织病理检查:对狼疮性肾炎的诊断、治疗及估计预后有重要价值。

(3)其他:必要时对相应部位作X线、CT及超声心动图等检查,有助于早期发现器官损害。

(三) 心理和社会状况

由于病情反复发作,迁延不愈,并常有多脏器损害,往往使病人心理压力过重,表现出焦虑、恐惧、哀伤等心理反应。

(四) 诊断要点

对SLE的诊断,目前普遍采用美国风湿病学会(ACR)1997年推荐的SLE分类标准:①颊部红斑;②盘状红斑;③光过敏;④口腔溃疡;⑤非畸形性关节炎或关节痛;⑥浆膜炎(胸膜炎或心包炎);⑦肾脏病变(蛋白尿或血尿或管型尿);⑧神经系统损伤(抽搐或精神症状);⑨血象异常(白细胞小于$4 \times 10^9/L$或血小板小于$80 \times 10^9/L$)或溶血性贫血;⑩免疫学异常(狼疮细胞或抗双链DNA抗体阳性;或抗Sm抗体阳性);⑪抗核抗体阳性。该分类标准的11项中,符合4项或4项以上者,除外感染、肿瘤和其他结缔组织病后,即可诊断为SLE。

(五) 治疗要点

治疗目的在于控制病情及维持临床缓解。提倡早期诊断、早期治疗。

1. 一般治疗 急性活动期应卧床休息,避免阳光曝晒和紫外线照射,避免使用可能诱发狼疮的食物和药物,如避孕药等。

2. 药物治疗

(1)非甾体类抗炎药:主要适用于以关节、肌肉疼痛为主,而无重要脏器明显损伤的病人。代表药物如阿司匹林、布洛芬、双氯芬酸、萘普生等。此外,尚有环氧酶(COX)选择性或特异性的抑制剂。

(2)糖皮质激素:是目前治疗系统性红斑狼疮的首选药物,尤其适用于急性、暴发性狼疮病例或者有主要脏器受累的病人。对一般病例可用泼尼松$1mg/(kg \cdot d)$,晨起顿服,服用8周后逐渐减量,然后给予维持治疗。对急性暴发性危重病例如急性肾衰、癫痫发作或明显精神症状及严重溶血等,可予激素冲击疗法,即用甲基泼尼松龙1000mg,缓慢静滴,1次/日,连用3日,再用上述的泼尼松治疗。需注意长期使用激素引起的不良反应。

(3)免疫抑制剂:对于较严重的SLE,除大剂量激素外,应给予免疫抑制剂以减少激素的用量,该类药物以环磷酰胺(CTX)较常用。大剂量激素联合免疫抑制剂治疗4~12周,如病情改善,在病情允许情况下,激素宜尽快减至小剂量。CTX的不良反应有骨髓抑制、脱发、肝损害等,在需用CTX的病例,如因白细胞减少而不能使用时可用环孢素替代。硫唑嘌呤适用于中等度严重病例,脏器功能恶化缓慢者,硫唑嘌呤不良反应有骨髓抑制、肝损害、胃肠道反应等。

(4)其他药物:抗疟药氯喹对皮疹、光敏感和关节症状有一定疗效,但久用可引起视网膜退行性变。雷公藤总苷对狼疮性肾炎有一定疗效,用量为$3 \sim 5mg/(kg \cdot d)$,但有性腺毒性的不良反应。

3. 血浆置换法 对于危重病人或经多种治疗无效的病人有迅速缓解病情的效果。

【常见护理诊断/问题】

1. 皮肤完整性受损 与皮肤黏膜自身免疫复合物沉积损害有关。

2. **预感性悲哀** 与疾病反复发作、迁延不愈等有关。

3. **疼痛：关节痛** 与疾病引起关节炎症有关。

4. **有感染的危险** 与免疫功能紊乱及应用激素引起机体抵抗力低下有关。

5. **潜在并发症**：慢性肾衰竭。

【护理目标】

1. 病人的皮肤损害减轻或修复。

2. 病人能接受患病的事实，悲哀的情绪反应减轻或消失。

3. 病人关节疼痛程度减轻或消失。

4. 病程中无继发感染发生。

5. 病程中避免加重因素，未发生慢性肾衰竭。

【护理措施】

（一）一般护理

在疾病的活动期应卧床休息。安排在避免阳光直射的房间，或用窗帘遮挡。房间温度、湿度适宜，定期通风。饮食宜清淡，以高糖、高蛋白、高维生素易消化饮食为原则，忌食芹菜、无花果、蘑菇、烟熏食物及辛辣等刺激性食物，以促进组织愈合。病情缓解期可适当活动，注意劳逸结合。

（二）病情观察

观察生命体征；观察皮肤黏膜情况，注意有无红斑、血管炎情况；观察受累关节、肌肉的部位及疼痛的性质和程度；观察各器官功能，注意神志、瞳孔、尿量，注意有无心包摩擦音、心包积液、心律失常、呼吸困难、咳嗽、胸痛、出血、感染、恶心、呕吐、腹痛、腹泻等情况。监测血清电解质、肌酐和尿素氮的改变。

（三）用药护理

避免使用可诱发本病的药物，如普鲁卡因胺、肼屈嗪、避孕药等；饭后服用非甾体类抗炎药，并注意观察肾功能情况。使用糖皮质激素时指导病人遵医嘱用药，勿随意减量、停药，饭后服药；严密观察血糖、尿糖，及早发现药物性糖尿病；注意观察精神变化情况，鉴别是药物不良反应还是神经精神狼疮；采取预防感染的护理措施，避免受凉，注意皮肤、口腔、会阴等处清洁，若病人出现高热、咳嗽、咳痰等感染征象，立即报告医生并配合处理。使用免疫抑制剂时应定期监测血象变化及肝肾功能，注意有无出血、感染现象，若胃肠道反应明显，给予镇静止吐药物，脱发时向病人解释停药后头发可以再生。使用氯喹期间要注意观察有无眼部病变，有无心动过缓或传导阻滞等心律失常现象。

（四）对症护理

1. **发热护理** 保持房间温度、湿度适宜，出汗时及时擦拭并更换内衣，多饮水；高热时监测体温变化，遵医嘱给予物理或药物降温，必要时静脉补液，保证出入量平衡。

2. **口腔与皮肤护理** 保持口腔卫生，注意饭前、饭后漱口，早晚口腔护理。保持会阴部清洁。合并皮疹及皮肤破溃的病人避免光照，不用化妆品，温水清洁皮肤，可用中性乳液润滑皮肤；避免抓挠，忌染发、烫发等；房间温度、湿度适宜，勤换内衣，保持皮肤清洁，避免感染。

3. **其他** 对颅内压增高的病人，遵医嘱给予脱水剂降颅压及镇静治疗。对于神志不清伴有躁动、高热、抽搐等症状的病人，应注意专人护理，加床栏，必要时使用约束带。

（五）心理护理

加强与病人的沟通,鼓励病人倾诉心理感受,给予同情、理解及引导,帮助病人正确认识疾病。通过安慰、疏导消除病人恐惧心理,树立病人战胜疾病的信心。鼓励病人亲属多陪伴病人,使其获得感情支持。

（六）健康教育

1. 疾病知识指导　告诉病人 SLE 并非不治之症,如能早期确诊并有效治疗,病情可长期缓解。介绍如何观察病情,如何配合用药,如何合理饮食。避免诱发因素,此外,育龄女性应注意避孕,待病情稳定后再考虑妊娠,对病情严重伴心、肺、肾功能不全者不宜妊娠。

2. 用药指导与复查　遵医嘱服药,不得擅自加量、减量或停药,注意激素及免疫抑制剂等药物的各种不良反应。并定期复查,及时发现病情变化。

【护理评价】

1. 病人皮肤受损情况是否得到及时修复。
2. 能否正确应对病情变化,情绪是否稳定。
3. 病人关节疼痛症状是否减轻或消失。
4. 病人有无继发感染发生。
5. 病程中肾脏功能是否发生进一步损害。

（李辉员）

第九节　类风湿关节炎病人的护理

类风湿关节炎(rheumatoid arthritis,RA)是一种主要累及周围关节为主的多系统、炎症性自身免疫性疾病。临床上以慢性、对称性、周围性、多关节炎性病变为主要特点,可出现关节畸形和功能障碍,是造成我国劳动力丧失及致残的主要病因之一。

【护理评估】

（一）健康史

1. 病因与发病机制　本病病因与发病机制并未完全阐明,目前认为主要与下列因素有关。

(1)病因:①感染因素:细菌、病毒、支原体、原虫等的感染与 RA 关系密切。②遗传因素:RA 的家族及同卵孪生者中类风湿关节炎的发病率远远高于异卵孪生,说明本病有一定的遗传倾向。

(2)发病机制:目前一般认为 RA 是一种自身免疫性疾病,其发生及病程迁延是免疫紊乱和遗传基因相互作用的结果。

2. 病理　RA 基本病理改变是滑膜炎。在急性期滑膜表现为渗出和细胞浸润,滑膜下层有小血管扩张,内皮细胞肿胀、细胞间隙增大,间质有水肿和中性粒细胞浸润;当病变进入慢性期,滑膜肥厚形成许多绒毛样突起,突向关节腔内或侵入到软骨或软骨下的骨质,造成关节破坏、关节畸形和功能障碍。RA 的关节外表现主要与血管炎有关,可累及中、小动脉或(和)静脉,伴随内膜增生,导致血管腔狭窄、堵塞,或管壁纤维素样坏死。

（二）身体状况

1. 临床表现　本病起病多缓慢,可先有低热、乏力、全身不适、食欲缺乏、体重下降等全身表现,随后出现明显的关节症状。

（1）关节表现：①关节痛与压痛：关节疼痛是最早的关节症状，最常出现的是掌指关节、近端指间关节及跖趾关节，腕、膝、足关节也多见，其次是踝、髋、肘、肩关节，多呈对称性、多关节性、持续性，时轻时重，疼痛的关节往往伴有压痛和肿胀。②关节肿胀：受累关节可肿胀，多呈对称性。③晨僵：指病变的关节在夜间或日间静止不动后出现较长时间（至少1小时）的僵硬，如胶粘着样的感觉，活动后方能缓解或消失。95%以上的 RA 病人可出现晨僵，是 RA 突出的临床表现，其持续时间与关节炎症的程度成正比，常可作为观察本病活动的指标之一。④关节畸形：多见于较晚期病人。出现手指关节的半脱位，如手指尺侧偏斜、天鹅颈样畸形等。关节周围肌肉的萎缩、痉挛使畸形更严重。⑤关节功能障碍：关节肿痛和结构破坏都可引起关节的活动障碍。美国风湿病学会将因本病而影响了生活的程度分为四级。Ⅰ级：能照常进行日常生活和各项工作。Ⅱ级：可进行一般的日常生活和某种职业工作，但对参与其他项目活动受限。Ⅲ级：可进行一般的日常生活，但参与某种职业工作或其他项目的活动受限；Ⅳ级：日常生活的自理和参与工作的能力均受限。

（2）关节外表现：①类风湿结节：类风湿结节为本病较特异的表现，多位于关节隆凸部位及受压部位的皮下，如肘鹰嘴附近、枕、跟腱等处，结节呈对称分布，质硬无压痛，大小不一，直径数毫米至数厘米不等，出现提示病情活动。深部结节可出现在肺部、心脏、肠道等，肺部结节可发生液化，咳出后形成空洞。②类风湿血管炎与器官系统受累：可见指甲下或指端小血管炎、皮肤溃破、心包炎、心肌炎、胸膜炎、肺间质纤维化、脑血管意外、周围神经炎、巩膜炎、结膜炎等。费尔蒂（Felty）综合征是指类风湿关节炎病人伴有脾大、中性粒细胞减少，有的可有贫血、血小板减少。③其他：部分类风湿关节炎病人可出现干燥综合征，表现为眼干、口干等。

2. 实验室及其他检查

（1）血液检查：血常规检查可有轻至中度贫血，活动期血小板增多，白细胞及分类多正常。活动期血沉增快、C 反应蛋白增高、血清补体升高。

（2）类风湿因子（RF）检查：RF 是一种自身抗体，可分为 IgM 型、IgG 型及 IgA 型 RF，在常规临床中测得的是 IgM 型 RF；其滴度高低与类风湿性关节炎的活动性和严重性成正比。

（3）关节液检查：在关节有炎症时关节腔内滑液量常超过 3.5ml，滑液中白细胞明显增多，以中性粒细胞为主。

（4）关节 X 线检查：是对本病的诊断、分期及病情监测的重要指标，其中以手指和腕关节的 X 线片最有价值，可表现为关节周围软组织肿胀，关节端的骨质疏松（Ⅰ期）；关节间隙因软骨破坏变得狭窄（Ⅱ期）；关节面出现虫凿样破坏性改变（Ⅲ期）；可有关节半脱位和关节破坏后的纤维性和骨性强直（Ⅳ期）。

（5）类风湿结节活检：类风湿结节中心为纤维素样坏死组织，周围有上皮样细胞浸润，外层为肉芽组织。类风湿结节活检的典型病理改变有助于本病的诊断。

（三）心理和社会状况

由于关节活动受限，自理能力下降，缺乏家庭或社会支持，或由于病程长、疗效不佳，病人易产生依赖、抑郁或自卑心理。

（四）治疗要点

目前缺乏根治和预防类风湿性关节炎的办法，早诊断、早治疗是治疗的关键。治疗目的是缓解关节症状，控制病情发展，防止和减少关节、骨的破坏，维护关节功能，提高生活质量。

1. 一般治疗

包括休息、关节制动、关节功能锻炼、物理疗法等。急性期宜卧床休息，缓解期应鼓励关节功能锻炼,促进关节功能恢复。

2. 药物治疗 目前抗 RA 的药物是基于改善症状的药物。

(1)非甾体类抗炎药(NSAID):有塞来昔布、布洛芬、双氯芬酸、萘普生等;该类药物是治疗 RA 不可缺少的非特异性对症治疗药物,但只能缓解临床疼痛症状,不能阻止疾病进展,要与慢作用抗风湿药联合应用。该类药物治疗效果因人而异,至少服用 1～2 周后方能判断其疗效,效果不佳时可换另一种 NSAID,但不宜同时服用两种以上的非甾体类抗炎药。

(2)糖皮质激素:不作为治疗 RA 首选药物,仅适用于关节炎明显或急性发作病人及有关节外症状的 RA 病人。常用泼尼松、泼尼松龙等。

(3)缓解病情抗风湿药(DMARD):本类药物能阻止关节结构的破坏,并有抗炎作用。本类药起效时间长,比 NSAID 发挥作用慢,多与 NSAID 联合应用;包括甲氨蝶呤(MTX)、硫唑嘌呤、环磷酰胺、环孢素、金制剂、青霉胺、柳氮磺吡啶等,一般首选 MTX。生物制剂和免疫治疗也属于此范畴,生物制剂如 IL-1 拮抗剂、CD20 单克隆抗体等,有抗炎及防止骨质破坏的作用,为增加疗效和减少不良反应,生物制剂宜与 MTX 联合应用;免疫治疗如血浆置换、免疫吸附等疗法,仅用于难治的重症病人,以去除血浆中异常免疫球蛋白。

(4)植物药制剂:如雷公藤总苷、白芍总苷等。

3. 手术治疗 滑膜切除术用于药物治疗效果不佳的非晚期病例,关节置换术主要针对较晚期有畸形并失去功能的关节。

【常见护理诊断/问题】

1. 疼痛:关节疼痛 与关节滑膜炎症及肌肉的痉挛有关。

2. 有失用综合征的危险 与关节炎反复发作致关节骨质破坏有关。

3. 预感性悲哀 与疾病久治不愈、关节功能丧失、影响生活质量有关。

4. 个人应对无效 与自理能力缺陷、慢性疾病过程、角色改变有关。

【护理措施】

(一)一般护理

在疾病活动期,应卧床休息,限制受累关节的活动,并使关节保持功能位;症状缓解后应鼓励病人及早下床活动,必要时提供辅助工具。

(二)病情观察

观察病人关节病变的部位、注意关节肿胀、疼痛及活动受限的程度,晨僵持续的时间等。判断病人活动情况及生活自理能力的程度,了解关节外各脏器功能状况。

(三)用药护理

抗风湿病的药物大多有胃肠反应,宜在饭后服用,必要时使用保护胃黏膜的药物。非甾体类抗炎药长期使用可出现肾间质损害。缓解病情慢作用抗风湿药有骨髓抑制、肝功能损害、胃肠道反应等不良反应,但停药后不良反应将逐渐消失,用药期间要严密观察血象及有无感染、出血、贫血等骨髓抑制现象,注意观察有无黄疸及肝功能情况。糖皮质激素长期应用可出现向心性肥胖、高血压、精神兴奋、消化性溃疡、继发感染等现象,应加强观察及处理。

(四)对症护理

对于有晨僵症状的病人,夜间睡眠时应注意受累关节的保暖,晨起后可用热水浸泡僵硬的关节,随后活动关节。应鼓励病人加强关节功能锻炼,可由被动向主动渐进,如手部抓握、肢体屈伸等,同时配合按摩等物理治疗,预防和防止关节失用。

（五）心理护理

同情、理解病人的心理感受,帮助病人正确对待关节功能障碍的事实,引导病人自强自立,加强锻炼,鼓励病人生活自理及参加一些娱乐活动,增强生活的信心;应争取家庭、社会的支持,以稳定病人的情绪,有利于疾病的治疗与康复。

（六）健康指导

1. 疾病知识指导　教育病人及家属了解 RA 的表现、治疗方案,如何观察病情,如何配合用药等。避免诱因如寒冷、感染、潮湿、过度疲劳、精神刺激等。

2. 康复指导　强调休息和治疗性锻炼的重要性,指导病人学会常用的锻炼方法,帮助病人做好与疾病做长期斗争的心理准备。坚持治疗,并定期到医院复查。

（李辉员）

第十节　骨质疏松症病人的护理

骨质疏松症(osteoporosis,OP)是一种以骨量降低和骨组织微结构破坏为特征,骨强度降低,导致骨脆性增加和骨折风险性增加的一种全身性骨骼疾病。按病因可分为原发性、继发性和特发性 3 类。继发性骨质疏松症的原发病因明确,常因内分泌代谢疾病(如性腺功能减退症、甲亢、库欣综合征、T_1DM 等)或全身性疾病引起。原发性骨质疏松症是一种随着年龄增长必然发生的生理性退行性病变,分为 I 型和 II 型。I 型即为绝经后骨质疏松症(PMOP),发生于绝经后女性。II 型即老年性骨质疏松症,多见于 65 岁以上老年人。特发性骨质疏松症多见于 8~12 岁青少年或成人,女性多于男性,多伴有遗传家族病史,女性妊娠期和哺乳期所发生的骨质疏松症也列为此类。

【护理评估】

（一）健康史

1. 病因与发病机制

(1)原发性骨质疏松症:骨密度峰值降低主要遗传因素决定,也与环境因素(如钙、蛋白质摄取和运动因素等)有关。雌激素缺乏使骨细胞功能增强,骨丢失加速,这是 PMOP 的主要原因。年龄增加、雄激素缺乏和骨重建功能衰退等导致骨形成不足和骨丢失,是老年性骨质疏松症的重要原因。

(2)继发性骨质疏松症:内分泌代谢疾病如性腺功能减退症、甲亢、库欣综合征、T_1DM等;全身性疾病如失用、长期卧床等;营养缺乏、微量元素缺乏;医源性、药物性及其他疾病。

(3)特发性骨质疏松症:与遗传关系密切。

2. 骨质疏松症和骨质疏松症性骨折的危险因素　高龄、吸烟、酗酒、体力活动过少、跌倒、长期卧床、光照减少、钙和维生素 D 摄入不足、药物、体型瘦小等。

（二）身体状况

1. 临床表现

(1)疼痛:最常见、最主要的症状。以腰背痛多见,约占疼痛病人的70%~80%。疼痛沿脊柱向两侧扩散,直立时后伸或久坐久立时疼痛加重,仰卧或坐位时疼痛减轻。日间疼痛轻,夜间和清晨醒来时加重,弯腰、肌肉运动、咳嗽、用力排便时加重。

(2)身长缩短和驼背:是继腰背痛后出现的重要体征之一。脊柱椎体前部几乎多为松质骨组成,身体负重量大,尤其是第 11、12 胸椎和第 3 腰椎负荷量更大,容易压缩变形使脊柱前倾背曲,加剧形成驼背。正常椎体高度约2cm,老年人骨质疏松时,每个椎体缩短2mm左右,身长平均缩短3~6cm。

(3)骨折:常因轻微活动、创伤、弯腰、负重、挤压或摔倒后发生骨折,骨折部位相对固定,多发生于脊柱、髋部和前臂,肋骨、骨盆、肱骨甚至锁骨和胸骨亦可发生。

(4)呼吸系统障碍:胸腰椎压缩性骨折后导致脊柱后弯、胸廓畸形,病人常有胸闷、气短、呼吸困难,甚至发绀等表现。

2. 实验室及其他检查

(1)骨代谢生化检查:测定血、尿的矿物质及相关生化指标(如血清钙、磷、碱性磷酸酶、骨钙素等)有助于判断骨代谢状态及骨更新率的快慢,对骨质疏松症的鉴别诊断有重要意义。

(2)X线检查:是一种较易普及的检查骨质疏松症的方法,表现为骨密度减低,骨小梁减少、变细,脊椎骨小梁以稀疏排列呈栅状。

(3)骨密度(BMD)测量:可通过单光子吸收测定法、双能X线吸收测定法、定量CT和定量超声等方法测量骨密度,其中双能X线吸收测定法最常用,是测量骨密度的金标准,可准确地测量骨量流失的程度。WHO规定,骨密度和骨量低于同性别年轻人平均骨量2.5SD可诊断为骨质疏松症。

(三) 心理和社会状况

病人缺乏疾病的相关知识,很容易忽视疾病的发生、发展,往往在发生骨折之后才发现,耽误最佳治疗时间。部分股骨骨折的病人因行动不便,需要别人长期照顾而产生焦虑等心理。

(四) 治疗要点

由于骨质疏松是由不同原因所致,个体差异大,故强调综合治理、早期治疗和个体化治疗。

1. 一般治疗 改善营养状况,补充足够的蛋白质有助于骨质疏松症和骨质疏松症性骨折的治疗,伴有肾衰者要选用优质蛋白饮食并适当限制摄入量。加强运动;纠正不良生活习惯;避免使用致骨质疏松症药如抗癫痫药、苯妥英、苯巴比妥、丙戊酸、乙琥胺等。

2. 对症治疗 有疼痛者可给予适量非甾体类抗炎药,如阿司匹林0.3~0.6g,每日2次;或者吲哚美辛(消炎痛)25mg,每日3次;或塞来昔布100~200mg,每日1次。骨畸形者应局部固定或采用相应矫形措施。骨折病人应给予牵引、固定、复位或手术治疗,并辅以物理康复治疗,尽早恢复运动功能。

3. 药物治疗

(1)补充钙剂和维生素D:无论何种骨质疏松症均应补充适量钙剂,成人800~1000mg/d,青年及孕妇1200mg/d,绝经后的妇女1500~2000mg/d,同时补充维生素D 400~600IU/d。骨化三醇(0.25~0.5μg/d)可促进肠道钙的吸收,增加骨矿化,刺激骨形成新的骨基质。

(2)性激素补充治疗:①雌激素:促进降钙素分泌,抑制PTH分泌,减少骨吸收,主要用于PMOP的预防。戊酸雌二醇1~2mg/d或雌二醇皮肤贴剂0.05~0.1mg/d。②雄激素:用于男性的骨质疏松症治疗。天然雄激素有睾酮、雄烯二酮和二氢睾酮,一般选用雄酮类似物丙酸诺龙和司坦唑醇。

(3)选择性雌激素受体调节剂(SERM):主要用于PMOP的治疗,可增加骨密度,降低骨折发生率。

(4)二膦酸盐:主要是抑制破骨细胞生成和骨吸收,用于 PMOP 和继发性骨质疏松症。常用依替膦酸二钠 400mg/d,清晨空腹口服,服药 1h 后方可进餐或引用含钙饮料,连服 2～3 周;亦可用帕米磷酸钠静滴或阿仑膦酸钠口服。

(5)降钙素:为骨吸收抑制剂,具有降血钙、抑制破骨细胞活性、调节钙磷代谢和促进骨折愈合等作用,主要适用于 PMOP、骨质疏松症伴或不伴骨折病人。临床上常用鲑鱼降钙素和鳗鱼降钙素,应用之前需提前补充钙剂和 VitD,孕妇和过敏反应者禁用。

(6)甲状旁腺素(PTH):小剂量 PTH 可促进骨形成,增加骨量。

【常见护理诊断/问题】

1. 疼痛 与骨质疏松症有关。

2. 知识缺乏:缺乏对疾病进程不理解、不熟悉医治方案等有关。

3. 活动无耐力 与逐步衰老、骨质疏松性骨折等有关。

【护理措施】

(一)一般护理

1. 生活护理 注意保暖,避免寒冷刺激,多走平地,勿持重物;睡硬板床,取仰卧位或侧卧位,定时翻身防止发生压疮;鼓励病人多进行户外活动,多晒太阳,注意减少和避免病人可能受伤的因素。指导病人不过度饮用浓茶、咖啡等,戒烟酒。

2. 饮食护理 指导病人高蛋白、高热量、高纤维素和高维生素饮食,从膳食中补充足够的钙,每日摄取量不少于 1000～2000mg,食物中的钙磷比要高于 2:1,才有利于骨质疏松症的预防和治疗,鼓励病人多饮水,以防泌尿系统感染。

(二)病情观察

观察病人有无腰背疼痛;有无身长缩短、驼背等情况,注意有无胸闷、气短、呼吸困难等表现,注意监测血钙、血磷等生化指标。

(三)用药护理

指导病人遵医嘱准确服药,服用钙剂时注意增加饮水量,同时服用 VitD;服用二膦酸盐时应空腹,并同时饮水 200～300ml,半小时内禁食禁饮,也不能平卧,以减轻对食管的刺激;性激素必须在医生指导下服用,雌激素补充治疗的疗程一般不超过 5 年,治疗期间要定期进行妇科和乳腺检查;雄激素补充治疗时注意监测肝功能。

(四)心理护理

向病人耐心讲解有关疾病知识,消除紧张情绪,解除疾病所带来的精神痛苦,减轻思想负担。

(五)健康教育

1. 疾病知识指导 告知病人及家属本病的相关知识,指导病人养成良好的生活习惯,避免吸烟、酗酒、饮浓茶和咖啡等引起骨质疏松症发病的危险因素。

2. 疾病预防指导 鼓励病人加强体育锻炼,运动时肌肉收缩是增加骨质的重要因素,特别是有规律的负重运动对发展和维持骨质量和骨密度很重要。

3. 饮食指导 指导病人多进食含钙、蛋白质丰富的食物,如牛奶、虾皮、芝麻、豆制品等。有助于防止骨质疏松和促进骨折愈合。

4. 用药指导 嘱病人按医嘱准确服药,性激素补充治疗时定期进行妇科和乳腺检查或肝功能检查。

(李辉员)

案例 9-1 刘某,男,69 岁,因车祸导致胸外伤,主诉左侧胸部疼痛,当深呼吸、咳嗽或转动体位时疼痛加剧。去医院检查拍 X 线片示左胸第 4、5、6、肋骨骨折,伴有血气胸。

问题:

(1)肋骨骨折的临床表现有哪些?其疼痛有何特点?

(2)如病人进行手术治疗,如何观察术后并发症?

(3)胸部损伤后如何维持病人的呼吸功能?

(4)如何对病人进行健康教育?

案例 9-2 张某,男,54 岁,因车祸受伤,入院检查左上臂肿胀畸形,中段外后侧 1.5cm 长创口,流血,量约 100ml,诊断:左肱骨中段开放性粉碎性骨折。

问题:

(1)若病人需行手术治疗,应如何进行术前准备?

(2)应如何采取措施预防伤口感染?

(3)应如何观察并发症的发生并及时处理?

案例 9-3 周某,男,6 岁,因左肘关节伤痛伴功能障碍 1 小时入院,检查左肘关节肿胀,靴形畸形,肱骨远端压痛,异常活动,扪及骨擦感,纵向挤压痛,桡动脉搏动正常,五指活动自如,X 线检查左肱骨髁上骨折。处理:臂丛麻醉下,手法复位,经皮内固定。

问题:

(1)在固定期间,对于患儿的不依从行为,应怎样去维持有效的固定?

(2)复位成功后,应侧重哪些方面的观察,如何观察?

(3)在医院应采取哪些措施来预防患儿的二次损伤?

案例 9-4 鲁某,女,46 岁,有腰痛史多年,半月前田间劳作后有臀区疼痛,逐渐加重伴跛行,引同侧下肢放射痛,检查下腰椎段叩痛阴性,门诊经 CT 检查,以腰椎间盘突出症收入院。

问题:

(1)应如何做好健康教育来减轻病人的疼痛?

(2)应如何预防及处理并发症的发生?

案例 9-5 谢某,女,25 岁,已婚,因面部片状红斑伴关节痛 2 月入院,检查面部见蝶形红斑,实验室检查:血常规示白细胞 $2.8 \times 10^9/L$,红细胞 $3.0 \times 10^{12}/L$,血红蛋白 75g/L;尿常规示尿蛋白(++);血清学检查示抗 ANA(+)。

问题:

(1)SLE 病人有哪些临床表现?

(2)该病人还需什么检查?

(3)病人应采取哪些护理措施?

(闵 燕 李辉员)

第十章 皮肤及皮下组织疾病病人的护理

第一节 皮肤及皮下组织化脓性感染病人的护理

皮肤及皮下组织化脓性感染是由化脓性致病菌导致的各种感染。主要有疖、痈、急性蜂窝织炎、丹毒、急性淋巴管炎、脓肿等。

【护理评估】

(一)健康史

1. 病因及发病机制

(1)致病菌:疖、痈的致病菌以金黄色葡萄球菌为主;急性蜂窝织炎、丹毒、急性淋巴管炎的致病菌为溶血性链球菌、金黄色葡萄球菌等。

(2)机体抵抗能力:与皮肤不洁、局部擦伤及机体抵抗能力降低有关。

(3)环境:天气炎热及潮湿也是重要因素。

2. 病理
致病菌侵入组织并繁殖,产生毒素,导致炎症介质的生成而使机体产生炎症反应,局部出现红、肿、热、痛等,全身出现恶寒、发热等中毒症状。

(二)身体状况

1. 临床表现

(1)疖:俗称疔疮,是单个毛囊及其所属皮脂腺的急性化脓性感染。常为金黄色葡萄球菌所致,好发于毛囊及皮脂腺丰富的部位如头、面、颈、背等,多个疖同时或反复发生时,称疖病。初起时局部为红、肿、痛、热的小硬结,逐渐隆起高出于皮肤,中央组织坏死,液化成脓,顶部出现脓栓,日后破溃,排出脓液后炎症消退。发生在危险三角区的疖,如碰撞或挤压可引起化脓性海绵窦炎,出现头痛、呕吐、高热等,局部结膜充血、水肿、眼球突出,病情凶险。

(2)痈:指邻的多个毛囊及其周围组织的急性化脓性感染,也可由多个疖融合而成。中医称"疽""对口疮""搭背"等。多为金黄色葡萄球菌感染所致,好发于上唇、颈后、肩背等皮肤厚硬部,亦见于糖尿病病人。局部呈紫红色炎性浸润区,质硬,逐步出现多个脓栓,呈蜂窝状,局部发热、剧痛,进而中央坏死、溶解成"火山口"状,而周围水肿。全身中毒症状明显,唇痈可致颅内海绵窦感染。

(3)急性蜂窝织炎:指发生在皮下、筋膜下、肌间隙或深部疏松结缔组织的急性感染。浅表者局部红、肿、痛、热,并迅速向周围扩大,进而中心缺血、坏死,触之波动感。深部者局部水肿、压痛明显。颌下蜂窝织炎可致喉头水肿,引起呼吸困难、窒息。

(4)急性淋巴管炎和急性淋巴结炎:指致病菌经破损的皮肤、黏膜,或其他感染灶侵入淋巴管,引起淋巴管及其周围组织的急性炎症。管状淋巴管炎以下肢最多见,常因足癣所致。皮下浅层急性淋巴管炎表现为表皮下一条或多条红线,中医称红丝疗,触之硬且有压痛。深层急性淋巴管炎则无表面红线,但患肢肿胀,局部有条形触痛区。急性淋巴管炎波及所属淋巴结时,即为急性淋巴结炎。急性淋巴结炎早期局部淋巴结肿大、疼痛和触痛,分界清楚;感染加重时有多个淋巴结肿大,可融合成片,疼痛和触痛加剧,表面皮肤发红、发热;脓肿形成时有波动感,少数可破溃流脓。

(5)丹毒:又称网状淋巴管炎,好发于下肢和面部,表现为皮肤片状微隆起的红疹(鲜红色),边界清楚,中央较淡红,随之消退而转为棕黄色。局部有烧灼样疼痛,周围淋巴结常肿大、触痛。下肢丹毒可因淋巴水肿,发展为"象皮肿"。

(6)脓肿:是急性感染后,病灶局部组织发生坏死、液化而形成的脓液积聚,周围有一完整的脓腔壁将其包绕。浅部脓肿的表现同疖或痈,与周围组织界线清楚;深部脓肿常有明显的全身症状,局部症状较轻。

2. 实验室及其他检查

(1)血常规:白细胞及中性粒细胞常增高。细菌培养可从感染灶取脓液、分泌物进行细菌培养。

(2)穿刺检查:在压痛或波动明显处用穿刺针穿刺可抽出脓液,即可确诊。

(三) 心理和社会状况

局部疼痛、发热等影响病人的工作和生活,使病人产生焦虑、急躁情绪。应注意评估家属对疾病的认识,了解病人及家属对本病防治知识情况。

(四) 治疗要点

1. 一般治疗　加强营养、保证休息、对症处理、控制糖尿病。危险三角区疖严禁挤压。

2. 保护感染部位　早期理疗、热敷、外涂敷鱼石脂软膏,化脓后切开引流。

3. 应用抗生素　根据病情选择抗生素治疗。

【常见护理诊断/问题】

1. 体温过高　与病菌感染有关。

2. 疼痛　与炎症刺激有关。

3. 知识缺乏:缺乏预防感染的知识。

4. 潜在并发症:海绵窦炎、脓毒症。

【护理措施】

(一) 一般护理

1. 休息与活动　注意休息,保护感染部位,抬高患肢。

2. 指导缓解疼痛　指导病人运用有效缓解疼痛的方法,如局部热敷、抬高患肢等,并按医嘱正确使用镇痛药物。

3. 饮食护理　加强营养,给予高蛋白质、高热量及高维生素的饮食。合理饮食可避免或减轻疼痛,改善营养状况,促进康复。

(二) 病情观察

注意病人生命体征及有无寒战、发热、头痛、呕吐及意识障碍等。

(三) 用药护理

及时应用抗生素,根据细菌培养和药物敏感试验,合理应用。保护感染部位,早期给予理疗、热敷,外敷鱼石脂软膏等,化脓后切开引流。

(四) 并发症护理

1. 预防颅内化脓性海绵状静脉窦炎　"危险三角区"的疖严禁挤压,注意观察是否出现海绵状静脉窦感染征。

2. 窒息 颌下、颈部等蜂窝织炎可影响病人的呼吸,应注意防治喉头水肿,做好气管切开或气管插管的急救准备。

3. 预防脓毒症 观察病情变化,注意病人有无突发寒战、高热、头痛头晕、意识障碍等,预防脓毒症等全身化脓性感染,若发现异常及时报告医生并配合救治。

(五)心理护理

向病人及家属宣传本病的知识,使病人了解本病的诱发因素、疾病过程和治疗效果,指导病人克服紧张、焦虑心理,使之积极配合治疗和护理,增强治疗疾病的信心。

(六)健康教育

1. 注意个人日常卫生,保持皮肤清洁,做到勤洗澡、勤换内衣、洗头、理发、剪指甲,注意消毒剃刀等。

2. 及时治疗疖,防止感染扩散。对免疫力较差的老年人及小儿应加强防护,糖尿病者应有效控制血糖。

第二节 手部急性化脓性感染病人的护理

手部急性化脓性感染的临床类型主要有甲沟炎、指头炎、急性化脓性腱鞘炎、滑囊炎和手掌深部间隙感染等。

【护理评估】

(一)健康史

1. 致病菌 致病菌以金黄色葡萄球菌为主。

2. 外伤 与皮肤不洁、局部擦伤或刺伤、炎症扩散及机体抵抗能力降低有关。

(二)身体状况

1. 临床表现

(1)甲沟炎:甲沟炎是指甲沟或其周围组织的感染。初起时,一侧甲沟皮肤出现红肿、疼痛,一般无全身症状,可迅速发展形成脓肿,红肿区有波动,但不易破溃流脓。感染可发展至甲根部或对侧甲沟,形成半环形脓肿,若未及时切开排脓,感染向深层蔓延可形成指头炎、指甲下脓肿或指骨骨髓炎。

(2)指头炎:指头炎是末节手指掌面皮下组织的化脓性感染。末节指头发红、轻度肿胀剧烈跳痛,病人多伴寒战、发热等全身症状,重者引起指骨缺血性坏死,形成慢性骨髓炎,伤口经久不愈。

(3)化脓性腱鞘炎:患指肿胀、疼痛,尤以中、近指节为甚。皮肤张力明显增加,指关节仅能轻微弯曲,任何伸指运动或触及肌腱处均可加剧疼痛。

(4)化脓性滑囊炎:桡侧化脓性滑囊炎常继发于拇指腱鞘炎,表现为拇指肿胀、微屈、不能外展和伸直,拇指中节及鱼际肿胀、明显压痛。尺侧滑囊炎多继发于小指腱鞘炎,表现为小指及环指呈半屈状,小指和小鱼际处肿胀、压痛。

(5)掌中间隙感染:掌心凹陷消失,呈肿胀、隆起状;皮肤紧张、发白,背和指蹼明显水肿;中指、环指和小指处于半屈位。

(6)鱼际间隙感染:掌心凹陷存在,鱼际和"虎口"明显肿痛和压痛;屈、活动受限,拇指不能对掌;被动伸指可致剧痛,压痛明显。

2. 实验室及其他检查

（1）血常规：白细胞及中性粒细胞常增高。细菌培养可从感染灶取脓液、分泌物进行细菌培养。

（2）影像学检查：手掌的超声波检查可显示肿胀腱鞘和积存的液体。

（三）心理和社会状况

局部疼痛、发热等影响病人的工作和生活，使病人产生焦虑、急躁情绪。应注意评估家属对疾病的认识，了解病人及家属对本病防治知识情况。

（四）治疗要点

1. 感染初期、未形成脓肿者甲沟炎　局部热敷、理疗、外敷鱼石脂软膏及金黄散等治疗。指头炎除局部用药外，患手与前臂保持平置位，患指向上，避免下垂加重疼痛。

2. 感染后期、已形成脓肿者　切开减压、引流和合理应用抗生素。感染严重者尽早切开引流，并积极应用有效抗生素治疗。

【常见护理诊断/问题】

1. 体温过高　与感染有关。

2. 疼痛　与炎症刺激有关。

3. 潜在并发症：指骨坏死、肌腱坏死、手功能障碍。

【护理措施】

（一）一般护理

1. 休息与活动　注意休息，保护感染部位。

2. 指导缓解疼痛　患指制动并抬高，可减轻疼痛。促进创面愈合应保持创面干燥无菌，定时换药；并按医嘱正确使用镇痛药物。

3. 饮食护理　加强营养，鼓励高蛋白质、高热量及高维生素的饮食，改善营养状况，促进康复。

（二）病情观察

注意病人生命体征及密切观察患手的局部症状，应警惕腱鞘组织坏死或感染扩散的发生，预防指骨坏死。

（三）用药护理

按医嘱及时、合理应用抗生素。严密监测体温、脉搏等变化，必要时予以物理降温或应用退热药。未形成脓肿者，按医嘱予以局部热敷、理疗、外敷药物等，以促进炎症消退。脓肿形成者行脓肿切开引流，应保持脓腔引流通畅，观察伤口渗出情况和引流物性状、颜色之量的变化。保持敷料清洁、干燥，及时更换浸湿的敷料。

（四）心理护理

手部感染常出现剧烈疼痛，向病人及家属宣传疼痛的诱发因素及缓解方法，指导病人克服紧张、焦虑心理，使之积极配合治疗和护理，增强治疗疾病的信心。

（五）健康教育

1. 注意个人日常卫生，剪指甲不宜过短，如手指有微小伤口，及时外涂3%碘酊。

2. 炎症消退后加强手部功能锻炼，防止发生肌肉萎缩、肌腱粘连、关节僵硬等并发症，及时治疗疖，防止感染扩散。

第三节　荨麻疹病人的护理

荨麻疹(urticaria)是由多种因素引起皮肤黏膜小血管扩张、通透性增高而导致的局限性水肿反应,临床表现为风团、瘙痒等。

【护理评估】

(一) 健康史

1. 病因　慢性荨麻疹多数找不到确切病因。急性荨麻疹常见的病因有食物、药物、感染、理化因素如冷物、热、日光、压迫、动物和植物因素如蚊虫叮咬、动物羽毛、皮屑等。此外,精神因素也有重要影响。

2. 发病机制　分为变态反应与非变态反应两种。

(1)变态反应:①Ⅰ型变态反应:最常见,是上述变应原进入体内产生 IgE 附着在肥大细胞表面,当相同抗原再次进入与 IgE 结合,使肥大细胞等释放组胺、激肽、慢反应物质等化学介质引起皮肤、黏膜毛细血管扩张,通透性增高,局部组织水肿,平滑肌痉挛,腺体分泌增多而临床上出现一系列皮肤、黏膜、消化道、呼吸道症状。②Ⅱ型及Ⅲ型变态反应:较少见,输血引起的荨麻疹属Ⅱ型变态反应。有的病人 IgA 缺乏时接受 A 型输血,产生 IgA,当再次输入 A 型血后即形成免疫复合物,激活补体,产生过敏毒素及各种炎症介质,引起红细胞破碎及过敏性休克和荨麻疹。Ⅲ型变态反应由于抗原(如血清、呋喃唑酮、某些细菌病毒)抗体反应激合补体,使肥大细胞释放组胺等而发生荨麻疹。

(2)非变态反应:某些药物、毒素、食物类等进入体内,直接刺激肥大细胞产生组胺、激肽而引起荨麻疹。饮酒、运动、情绪激动可使乙酰胆碱释放增多而出现胆碱能性荨麻疹。

(二) 身体状况

1. 临床表现　临床上根据病程分为急性、慢性及特殊类型荨麻疹。

(1)急性荨麻疹:发病较急,先出现皮肤瘙痒,在瘙痒处不久便出现水肿性红斑、风团,鲜红色、皮色、瓷白色,大小不等,形状不定,圆形、椭圆形或不规则形,表面凹凸不平。全身泛发,也可局限于某1~2个部位,持续数分钟至数小时逐渐消退,持续时间一般不超过 12 小时,但新疹又不断发出,此起彼伏,一日数次不等,风团出现时自觉剧痒或灼热。病情重者可出现头昏心慌、脉细速、血压降低等过敏性休克;呼吸道受累可出现胸闷、呼吸困难、面唇发绀,甚至窒息死亡;累及消化道可有恶心、呕吐、腹痛、腹泻等。皮肤划痕试验可呈阳性。

(2)慢性荨麻疹:风团反复发作,超过 6 周以上时为慢性荨麻疹,时轻时重,常在睡前或晨起较重,部位不定,迁延数月至数年之久。除瘙痒外,全身症状较轻。急、慢性荨麻疹又称寻常性荨麻疹。

(3)特殊类型荨麻疹

1)人工性荨麻疹:又称皮肤划痕症,如搔抓、摩擦、钝器划过皮肤后该处即出现与划痕一致的条形风团,自觉瘙痒。皮肤划痕试验阳性。

2)寒冷性荨麻疹:当接触冷风、冷水、冷物或气温突然降低于接触部位或暴露部位出现风团或水肿,自觉瘙痒,持续半小时或数小时消退。有的进冷饮后出现口腔和喉头水肿,少数可出现胸闷、气紧、心悸、腹痛、腹泻,唇及手足发麻甚至晕厥、休克等。

3)胆碱性荨麻疹:多见于年轻人,常在饮酒、热饮、运动受热或情绪激动时使胆碱能神经发生冲动、释放乙酰胆碱,作用于肥大细胞释放组胺等而发风团。

4)日光性荨麻疹:皮肤经日光、紫外线、红外线照射后,在暴露部位出现红斑、风团,持续数分钟至1小时消退,自觉瘙痒及针刺感。

5)压力性荨麻疹:又称迟发性压力性荨麻疹。皮肤受压后4~6小时内出现真皮及皮下组织弥漫性水肿,持续8~12小时消退。常累及行走、站立后的足底,久坐后的臀部,手提重物或穿紧身衣等受压处,自觉瘙痒、紧绷感、灼痛等。发病机制不明,可能与皮肤划痕症相似。

2. 实验室及其他检查

(1)血常规:急性细菌感染者血中白细胞总数及中性粒细胞增高,可出现核左移及中毒颗粒,有的血培养阳性;病毒感染者血中淋巴细胞可增多;变态反应者血中嗜酸性粒细胞增多或很低,有浆细胞增高。

(2)组织病理学:真皮水肿,乳头及真皮上部有浆液性渗出,小血管及毛细血管、淋巴管扩张,血管周围轻度炎细胞浸润。

(3)变应原检测:可以进一步明确病因。

(三)心理和社会状况

主要因瘙痒而产生明显的焦虑、忧郁、易怒、失眠等。

(四)治疗要点

积极寻找和去除病因,避免各种诱发因素。以内用药治疗为主。

1. 全身治疗

(1)急性荨麻疹:任选1~2种抗组胺药,症状缓解后逐渐减量。皮疹广泛者加用钙剂;如喉头水肿、呼吸困难或过敏性休克应立即注射肾上腺素,静脉注射氢化可的松或地塞米松,酌情给予氨茶碱,吸氧,必要时气管切开;如感染引起则要选用有效的抗生素;腹痛者加用阿托品、654-2等。

(2)慢性荨麻疹:选用抗组胺药为主,一种无效则可选2~3种抗组胺药联用,风团控制后继续用药并逐渐减量,忌突然停药。

(3)特殊类型荨麻疹:可参考慢性荨麻疹的治疗。

2. 局部药物治疗 可用1%薄荷或樟脑炉甘石洗剂外用。

【常见护理诊断/问题】

1. **舒适受损** 与皮肤瘙痒有关。

2. **焦虑** 与疾病反复发作、病程迁延或出现并发症有关。

3. **潜在并发症**:喉头水肿、过敏性休克。

【护理措施】

(一)一般护理

1. **休息与活动** 病人生活有规律,创造舒适的休息环境保证病人安静休息,病情较轻者鼓励适当活动,以分散注意力。

2. **饮食护理** 合理饮食可避免一切可疑致敏食物。

(二)病情观察

观察病人生命体征、腹部体征特别是呼吸变化,重点观察病人有无喉头水肿等并发症迹象,并配合做好相关护理工作。

(三)用药护理

停用一切可疑致敏药物。急性荨麻疹任选1~2种抗组胺药,症状缓解后逐渐减量。皮疹广泛者加用钙剂。慢性荨麻疹选用抗组胺药为主,一种无效则可选 2~3 种抗组胺药联用。风团控制后继续用药并逐渐减量,忌突然停药。注意药物嗜睡等不良反应。

（四）心理护理

为病人创造安静、舒适的环境,减少不良刺激,宣传本病的知识,使病人了解疾病的诱发因素、疾病过程和治疗效果,指导病人心理放松技巧,帮助病人分散注意力,克服紧张、焦虑心理,使之积极配合治疗和护理,增强治疗疾病的信心。

（五）健康教育

积极寻找和去除病因及可能的诱因。饮食适度,忌食腥辣发物,避免摄入可疑致敏食物、药物等。注意气候变化时,冷暖适宜,加强体育锻炼,增强体质,保持良好心态。

第四节　带状疱疹病人的护理

现场:王某,50 岁,因"带状疱疹"入院,经治疗 1 周后,疼痛未缓解,来到护士站焦急地询问当班护士小杨:"我住院已 7 天,疼痛怎未好转,是否诊断有错误?"小杨翻看病历后回答:"您不要着急,这种疾病确实有这种情况,还可能持续一段时间,但还是会好的,请不要担心。"病人将信将疑地回到病房。

提问:

1. 针对病人情况,小杨对病人的解释是否到位,评估时应注意什么?

2. 临床上当该病人出现疼痛未缓解时,可能有哪些原因?

带状疱疹(herpes zoster)是一种由水痘-带状疱疹病毒(VZV)引起的神经和皮肤同时受累的急性疱疹性皮肤病,多见老年人。

【护理评估】

（一）健康史

1. 病因与发病机制　本病由水痘-带状疱疹病毒感染所致。该病毒仅感染人,而对动物不致病。初次感染病毒,在儿童临床表现为水痘,或呈隐性感染,此病毒进入皮肤的感觉神经末梢,并沿神经纤维向中心移动,持久地潜伏于脊髓后根神经节的神经元中。

2. 病理　当机体细胞免疫功能缺损,以及接受免疫抑制药,或劳累、感染等影响时,病毒被激活而沿神经轴索到达相应神经所支配的皮肤,而产生皮肤损害,使受侵犯的神经节发炎及坏死,产生神经痛。带状疱疹治愈后一般可获终身免疫。

（二）身体状况

1. 临床表现　发疹前往往有发热、倦怠、全身不适、食欲不振等前驱症状。患部皮肤神经痛,皮疹先为红斑,后在红斑的基础上出现集簇成群的大小水疱,重者可见大疱、血疱。皮疹沿周围神经延伸,作单侧分布为一群或数群水疱,并呈带状,各群之间皮肤正常。

2. 特殊类型带状疱疹

（1）眼带状疱疹:是三叉神经眼支的鼻下支受累。在角膜上发生水疱并形成溃疡性角膜炎,以后可因瘢痕形成而丧失视力,严重者可致全眼球炎、脑炎。

(2)泛发型带状疱疹:主要发生在老年体弱,尤其患有淋巴瘤或骨髓瘤的病人。皮疹泛发,可波及全身皮肤,出现大疱、血疱、坏疽,伴有严重的发热、头痛等全身症状。

(3)耳部带状疱疹:病毒侵犯面神经及听神经,外耳道及耳膜有疱疹,患侧有面瘫及耳鸣、耳聋等听觉症状。甚至出现面瘫、耳痛及外耳道疱疹三联症,称为 Ramsty-Hunt 综合征。

3. 实验室及其他检查

(1)疱疹刮片:刮取新鲜疱疹基底组织涂片可见细胞核内包涵体。

(2)病毒 DNA 检测:PCR 检测 VZV。

(三) 心理和社会状况

病人由于疼痛可出现焦虑、忧郁等反应。要了解病人及家属对本病的认知程度。

(四) 治疗要点

本病有自限性,治疗原则是止痛,抗病毒,控制炎症,保护局部和防止继发感染。

【常见护理诊断/问题】

1. 疼痛　与病毒侵犯神经节及相应神经节的皮肤有关。

2. 皮肤完整性受损　与皮损发生有关。

3. 焦虑　与疾病疼痛迁延有关。

【护理措施】

(一) 一般护理

1. 休息与活动　病人生活有规律,创造舒适的休息环境保证病人安静休息,鼓励适当活动,以分散注意力。注意劳逸结合,避免过度劳累。

2. 饮食护理　合理饮食,选择营养丰富刺激性小的食物,改善营养状况,促进康复。避免进食过冷、过热、酸、辣、油炸等刺激性食物和调味品。

(二) 病情观察

观察病人疼痛的特点,如疼痛的部位、程度、持续时间、诱发因素等,观察病人有无并发症迹象及时通知医师,并配合做好相关护理工作。

(三) 用药护理

1. 疼痛护理　伴有剧烈神经疼痛可使用镇痛药,必要时可用神经阻滞疗法。激素类药如泼尼松可防止后遗神经痛,但应注意其不良反应。

2. 营养神经　常用维生素 B 以营养神经,提高机体免疫力。

3. 抗病毒　药物可选用如阿昔洛韦、伐昔洛韦等。

4. 局部治疗　可选用 2% 龙胆紫溶液外用、炉甘石洗剂外擦、阿昔洛韦乳膏外用。0.1% 疱疹净眼药水用于眼部带状疱疹。

5. 物理疗法　用红斑量或超红斑量紫外线照射患处及相应的神经根部位。

(四) 心理护理

为病人创造安静、舒适的环境,减少不良刺激,多与病人交谈,宣传本病的知识,使病人及家属了解本病的诱发因素、疾病过程和治疗效果,指导病人心理放松技巧,帮助病人分散注意力,克服紧张、焦虑心理,使之积极配合治疗和护理,增强治疗疾病的信心。

(五) 健康指导

1. 疾病知识指导　宣传疾病常识,使病人及其家属了解带状疱疹的病因和诱发因素及防治知识。

2. **生活指导** 指导病人保证充足的睡眠和休息,避免过度紧张和劳累;指导病人建立合理的饮食习惯,避免摄入刺激性食物,戒烟酒。

3. **用药指导** 教育病人遵医嘱正确服药,避免盲目用药。

4. 避免接触毒性物质,以防伤害皮肤,影响身体健康,降低机体抵抗力。

（巫全胜）

 学 与 思

案例 10-1 刘某,男,30 岁,小腿部被蚊虫叮咬后感染,感染灶近侧出现一条红线,硬而有压痛,患肢肿胀,伴有畏寒、发热。身体评估:神志清醒,血压 120/77mmHg,,心率 90 次/分,呼吸 24 次/分,体温 38.5℃。

请问:

(1)该病人考虑可能是什么疾病?

(2)护理措施如何?

案例 10-2 杨某,女,35 岁,1 小时前因进海鲜后,突感全身瘙痒,在瘙痒处不久便出现水肿性红斑、风团,鲜红色,表面凹凸不平,头昏心慌。身体评估:T 38.5℃,P 120 次/分,BP 80/50mmHg,上腹轻度压痛,无腹肌肌紧张及反跳痛。血常规检查:白细胞计数 $17 \times 10^9/$L,中性粒细胞 85%。

请问:

(1)该病人可能的诊断是什么? 有何依据?

(2)本病主要的治疗措施是什么?

（巫全胜）

第十一章　传染病病人的护理

传染病(communicable diseases)是由病原体感染人体后产生的具有传染性的疾病。病原体包括病毒、细菌、立克次体、衣原体、支原体、螺旋体、真菌、原虫、蠕虫和节肢动物等。传染病属于感染性疾病,但并非所有感染性疾病都具有传染性,有传染性的感染性疾病才是传染病。我国大力开展传染病防治工作,许多传染病被消灭或得到控制,但仍有许多传染病如病毒性肝炎、艾滋病等广泛存在,已被消灭或控制的传染病有死灰复燃的迹象,如结核病、霍乱、血吸虫病等发生与流行,发病率上升,并不断有新的传染病出现,如传染性非典型肺炎、手足口病、人感染高致病性禽流感等。因此,传染病的防治工作仍十分艰巨。传染病病人的护理是传染病防治工作的重要组成部分,对预防和控制传染病具有重要作用。

第一节　传染病概述

【感染与免疫】

(一)感染的概念

感染(infection)是病原体入侵机体后与人体相互作用、相互斗争的过程。感染与传染的含义并非完全相同,传染属于感染的范畴,而感染不一定有传染性。病原体感染人体后的表现主要与病原体的致病力及人体的免疫功能有关,因而产生了感染过程的不同表现。

(二)感染过程的表现

病原体通过各种途径侵入机体后即开始了感染过程,在机体与病原体相互作用中,由于机体免疫功能和病原体的致病力的不同,感染后可出现5种不同的表现。5种表现在不同的传染病中各有所侧重,在一定条件下可相互转化,通常隐性感染最多见,病原携带状态次之,显性感染比例最低。

1. **病原体被清除**　病原体侵袭人体后,由于人体非特异性或特异性免疫的作用,将病原体消灭或清除排出体外,不产生病理变化,也不引起任何临床表现。

2. **病原携带状态**　是指病原体进入人体后,在人体内生长繁殖并不断排出体外,而不出现疾病表现的状态。根据携带病原体种类不同可分为带菌者、带病毒者及带虫者。病原携带发生在隐性感染之后称为无症状病原携带者;发生在显性感染临床症状出现之前称为潜伏期病原携带者,发生在显性感染临床症状出现之后称为恢复期携带者。携带病原体持续时间小于3个月称为急性病原携带者,大于3个月称为慢性病原携带者。病原携带者不易发现和管理,且能排出病原体,故是重要传染源。

3. **隐性感染**　亦称亚临床感染或不显性感染。病原体侵入人体后,仅引起机体发生特异性免疫应答,病理变化轻微,临床无任何症状、体征,只有通过免疫学检查才能发现的一种

433

感染过程,是最常见的感染过程。大多数隐性感染后可获得对该病的不同程度的特异性免疫力,使免疫人群扩大。少数人因未能形成足以清除病原体的免疫力,则转变为病原携带者。

4. 潜伏性感染 病原体侵入人体后,机体的免疫功能使病原体局限在某个部位,可长期潜伏不排出体外,也不出现临床表现。当机体免疫功能下降时,潜伏在机体内的病原体可引起显性感染。潜伏性感染期间,病原体一般不排出体外,不会成为传染源,这是与病原携带状态不同之点。常见于结核病、疟疾、水痘等。

5. 显性感染 又称临床感染。病原体侵入人体后,因免疫功能的改变,致使病原体不断繁殖,并产生毒素,导致组织损伤和病理改变,临床出现传染病的临床表现。

(三) 感染过程中机体的免疫应答作用

在感染过程中人体免疫反应在抵御病原体致病方面起着主导作用,另一方面病原体的侵袭力、毒力、数量、特异性定位、变异性等也起重要作用。

免疫应答包括非特异性和特异性免疫应答,可以是保护机体免受病原体入侵、破坏的保护性免疫应答,也可以是促进病理生理过程及组织损伤的变态反应。病原体侵入机体后是否发病,取决于病原体的致病能力和机体免疫应答的综合作用。

1. 非特异性免疫 是机体对进入人体内异物的一种清除机制,通过遗传获得,无抗原特异性,又称先天性免疫。包括:

(1)天然屏障:外部屏障如皮肤、黏膜及其分泌物;内部屏障如血-胎盘屏障、血-脑脊液屏障等。

(2)吞噬作用:单核-巨噬细胞系统具有非特异性吞噬功能,可清除机体体液中的颗粒状病原体。

(3)体液因子:包括溶菌酶、补体、各种细胞因子如白细胞介素、肿瘤坏死因子、γ-干扰素等,可直接或通过免疫调节作用清除病原体。

2. 特异性免疫 系机体通过对抗原识别后产生的针对该抗原的特异性免疫应答,是通过后天获得的一种主动免疫,包括由T淋巴细胞介导的细胞免疫和B淋巴细胞介导的体液免疫。

机体免疫反应可分为抗感染的保护性免疫反应和引起组织损伤及生理功能紊乱的变态反应两大类,保护性免疫反应包括非特异性免疫和特异性免疫两种,变态反应属于特异性免疫。

1. 非特异性免疫 亦称先天性免疫。人类在长期进化过程中形成,由遗传获得,出生就有,不针对某一特定病原体的免疫。包括天然屏障、吞噬作用及体液因子的作用。

2. 特异性免疫 亦称获得性免疫。某种病原体侵入人体,机体对抗原进行特异性识别后而产生的免疫,不能遗传,只对该种特定病原体的抗原起作用。特异性免疫通过细胞免疫(T细胞)和体液免疫(B细胞)实现免疫应答。

【传染病的流行过程和影响因素】

传染病在人群中发生、发展和转归的过程称为流行过程。决定流行过程的三个基本环节是传染源、传播途径和易感人群。缺少任何一个环节或阻断它们之间的联系,流行过程就不能发生或中断。传染病的流行过程还受到自然因素和社会因素的影响。

(一) 传染病的流行过程

1. 传染源 指体内有病原体生长繁殖并能将其排出体外的人或动物。①病人:是重要的传染源。不同病期的病人传染性强弱不同,一般在发病期传染性最强。传染病病人在排出病原体的整个时期称为传染期,是制定隔离期限的依据。②隐性感染者:无任何症状或体征而不易被发现,是某些传染病的重要传染源,如流行性脑脊髓膜炎、脊髓灰质炎等。③病原携带者:指没有临床症状而能排出病原体的人。由于没有症状而难以发现,有的排出病原体时间很长,故是很重要的传染源。④受感染的动物:某些动物间的传染病也能传给人类导致发病,称为动物源性传染病,如狂犬病、布鲁杆菌病等。以野生动物为传染源传播的疾病,称为自然疫源性传染病,如钩端螺旋体病、鼠疫、流行性出血热等。

2. 传播途径　指病原体从传染源体内排出后,通过一定的方式再侵入易感者体内所经过的途径。传播途径由外界环境中的各种因素组成,各种传染病有其各自的传播途径。①呼吸道传播:通过谈话、咳嗽、打喷嚏等方式将含有病原体的飞沫喷出,漂浮于空气中,进入易感者呼吸道引起感染,称为飞沫传播。大的飞沫和痰液坠落到地上,干燥后随尘埃被易感者吸入呼吸道而感染称尘埃传播。②消化道传播:传染源的分泌物、排泄物中的病原体直接或间接污染水源、食物而引起,如霍乱、痢疾等疾病。③接触传播:有直接接触和间接接触传播2种方式。直接接触是指传染源与易感者皮肤、黏膜直接接触所造成的传播,如各种性病、狂犬病等。间接接触是指传染源的分泌物或排泄物污染日常生活用品和餐具等引起的传播。④虫媒传播:通过节肢动物为媒介而造成的传播,可分吸血传播和机械传播,如乙脑、疟疾等。⑤血液、体液传播:通过输血、注射血制品等途径传播,如乙型肝炎、艾滋病等。⑥母婴传播:母体内的病原体经胎盘、产道或哺乳传给胎儿或新生儿,如艾滋病。

3. 人群易感性　是指某一特定人群中对某种传染病的易感程度。对某一传染病缺乏特异性免疫力的人称为易感者,人群易感性取决于易感者在某一特定人群中的比例。人群易感性高低受许多因素的影响,如新生儿增加、具有免疫力的人口死亡、人群免疫力自然消退,以及易感人口的大量流入等,均能使人群易感性升高;有计划地预防接种或传染病流行之后,均能使免疫人口增加,降低人群易感性。人群对某种传染病的易感性明显影响传染病的发生和传播,如果易感人群多,一旦有传染源侵入则发病率增高;反之,如果易感人群少,即便有传染源侵入,传染病不易发生或发病率低。

(二) 影响流行过程的因素

1. 自然因素　地理、气象和生态等条件对流行过程的发生和发展起着重要作用。传染病的地区性和季节性与自然因素关系密切。寄生虫病和虫媒传播的传染病对自然条件的依赖尤为明显,如长江流域湖沼地区有适合于钉螺生长的地理、气候环境,这就形成了血吸虫病的地区性分布特点。

2. 社会因素　社会制度、文化水平、居住条件、风俗习惯、经济和生活条件等,对传染病的流行过程有重要的影响。社会因素对传染源的影响表现在对动物宿主的管制和消灭,严格的国境检疫等方面;对传播途径的影响表现在饮水卫生、粪便处理的改善等;对人群易感性的影响表现在广泛进行计划免疫,使许多传染病得到控制和消灭。

【传染病的基本特征和临床特点】

(一) 基本特征

传染病与其他疾病的主要区别在于具有4个基本特征,但这些基本特征不要孤立地而应综合地加以考虑。

1. 有病原体　每种传染病都是由特异的病原体感染所引起,其中以病毒和细菌最常见。从病人体内的组织、血液、体液、分泌物及排泄物中发现病原体是确诊传染病的依据。

2. 有传染性　病原体从一个宿主排出体外,经一定的途径传给另一个宿主,这种特性称为传染性,这是传染病与其他感染性疾病最主要的区别。不同的传染病传染性强弱不一。传染病病人具有传染性的时期称为传染期,每一种传染病的传染期相对固定,可作为隔离病人的依据之一。

3. 有流行病学特征

(1)有流行性:在一定条件下,传染病能在人群中广泛传播蔓延的特性称为流行性。按流行强度的不同可分为:①暴发:指传染病病例的发病时间分布高度集中在一个短时间之内(通常为该病的潜伏期内),且多由同一传染源或同一传播途径引起,如流行性感冒、食物中毒。②散发:某种传染病发病率在某地区处于常年一般水平,各病例间在发病时间和地点方面无明显联系地散在发生。③流行:某种传染病的发病率显著超过当地常年发病率数倍(一般3~10倍)。④大流行:某种传染病在一定时间内迅速蔓延,波及的范围广泛,超出国界或洲界。

(2)有地方性:是指某些传染病受地理气候等自然条件或人们生活习惯等社会因素的影响,常局限于一定地区内发生,这种传染病称为地方性传染病。如虫媒传染病、自然疫源性疾病等。

(3)有季节性:指某些传染病的发生和流行受季节的影响,在每年一定季节出现发病率升高的现象称为季节性。如冬春季节易发生呼吸道传染病,夏秋季节易发生消化道传染病等。

4. 有免疫性　人体受病原体感染后在一定时间内能产生针对病原体及其产物(如毒素)的特异性免疫。不同传染病和不同个体,病后获得免疫力水平不同,持续时间长短也有很大差别。如麻疹病后可获得持久的免疫力,流行性感冒病后免疫力较低,持续时间较短,蠕虫感染后通常为带虫免疫。

(二)临床特点

1. 临床分期　急性传染病的发生、发展和转归,通常可分为4期。①潜伏期:从病原体入侵开始到出现最初的临床症状之前的这段时间称为潜伏期。各种传染病的潜伏期长短不一,即使同一种传染病亦有一定范围内的波动。潜伏期短则数小时,长则达数月或更长;②前驱期:从起病至症状明显开始为止的时期称为前驱期。在此期中,会出现一些与其他传染病共有的一般症状,如头痛、发热、乏力、食欲不振等,一般持续1~3日。起病急骤者,则无前驱期;③症状明显期:前驱期过后,该病特有的症状和体征相继出现,病情由轻到重,然后逐渐缓解,称为症状明显期或称发病期。此期通常病情最重,并发症的发生率较高;④恢复期:体内病理生理过程基本终止,临床症状和体征基本消失,临床上称恢复期。某些传染病在恢复期结束后,机体功能仍长期未能恢复正常,称为后遗症。

2. 临床类型　根据传染病临床过程的长短可分为急性、亚急性、慢性;根据病情轻重可分为轻型、中型、重型、极重型;发病急骤而病情严重者称为暴发型;根据临床特征可分为典型及非典型。临床分型对治疗、隔离、护理等具有指导意义。

【传染病的治疗和预防】

(一)传染病的治疗

1. 治疗的原则　一经确诊应早期治疗,有效控制传染源防止进一步传播,同时必须做好隔离、消毒、疫情报告、接触者的检疫与流行病学的调查。病原治疗与支持、对症治疗相结合消灭病原体、中和毒素是最根本的有效治疗措施。

2. 治疗方法　一般治疗包括隔离、护理、饮食、心理治疗。病原治疗应用抗生素、抗病毒、化学治疗药物。抗毒素用于治疗白喉、破伤风、肉毒杆菌中毒等外毒素引起的疾病;免疫调节剂用于临床的有左旋咪唑、白细胞介素等。对症与支持治疗如降温、纠正酸碱失衡及电解质紊乱、镇静止惊、控制心功能不全、改善微循环障碍及中医中药治疗等。

(二)传染病的预防

传染病预防是传染病护理工作的一项重要内容,所有措施均应针对构成传染病流行的3个基本环节进行,即管理传染源、切断传播途径、保护易感人群。预防工作应采取经常性预防和疾病发生后的防疫措施相结合的原则。

1. 管理传染源

(1)病人:对病人必须做到早发现、早诊断、早报告、早隔离、早治疗。传染病报告制度是预防传染病传播的重要措施,必须严格遵守。根据我国法律规定,护士是法定疫情报告人之一,对确诊或疑似的传染病必须及时向有关疾病控制中心报告。

1)报告病种:我国将全国发病率较高、流行面较大、危害严重的急性和慢性传染病列为法定传染病,并根据其传播方式、传播速度及其危害程度,分为甲、乙、丙3类传染病,目前共有39种。①甲类:为强制管理传染病,共2种,包括鼠疫与霍乱;②乙类:为严格管理传染病,共26种,包括甲型H1N1流感、传染性非典型肺炎、艾滋病、病毒性肝炎、脊髓灰质炎、人感染高致病性禽流感、麻疹、流行性出血热、狂犬病、流行性乙型脑炎、登革热、炭疽、细菌性和阿米巴性痢疾、肺结核、伤寒和副伤寒、流行性脑脊髓膜炎、百日咳、白喉、新生儿破伤风、猩红热、布鲁杆菌病、淋病、梅毒、钩端螺旋体病、血吸虫病、疟疾;③丙类:为监测管理传染病,共11种,包括流行性感冒、流行性腮腺炎、风疹、急性出血性结膜炎、麻风病、流行性和地方性斑疹伤寒、黑热病、棘球蚴病、丝虫病,除霍乱、细菌性和阿米巴性痢疾、伤寒和副伤寒以外的感染性腹泻病、手足口病。

2)报告时限:发现甲类传染病和乙类传染病中的肺炭疽、甲型H1N1流感、传染性非典型肺炎、脊髓灰质炎、高致病性禽流感的病人、疑似病人以及其他暴发传染病、新发传染病以及原因不明的传染病疫情时,实行网络直报的责任报告单位应于2h内以最快的方式(电话)向当地县级疾病预防控制机构报告,同时将传染病报告卡通过网络进行报告,尚未实行网络直报的单位,城镇2h内、农村6h内以最快的方式报告,同时送(寄)出传染病报告卡。对其他乙、丙类传染病病人、疑似病人、按规定报告传染病的病原携带者应于24h内进行网络报告或寄出传染病报告卡。

(2)接触者:对接触者采取的措施叫检疫,可根据具体情况对接触者分别采取医学观察、留验或卫生处理,也可给予免疫接种或药物预防。

(3)病原携带者:重点在不同人群、不同职业中开展普查,查出病原携带者应进行治疗、卫生宣传教育或调换工作岗位。

(4)动物:对有经济价值的患病动物或携带病原体的动物应隔离、治疗或宰杀后消毒处理,无经济价值的动物可采取杀灭、焚烧的办法。

2. 切断传播途径
根据传染病的不同传播途径采取不同措施。如消化道传染病,应着重加强饮食卫生、个人卫生及粪便管理,保护水源,消灭苍蝇、蟑螂、老鼠等。对呼吸道传染病,应着重进行空气消毒,提倡外出时戴口罩。对虫媒传染病,应大力开展爱国卫生运动,采用药物等措施进行防虫、杀虫、驱虫。

3. 保护易感人群

(1)增强非特异性免疫力:通过加强体育锻炼、调节饮食、养成良好的卫生生活习惯、改善居住条件、保持良好的人际关系及愉快心情等提高非特异性免疫力。

(2)增强特异性免疫力:提高特异性免疫力是预防传染病最有效的措施,包括被动免疫与主动免疫,其中主动免疫是目前最广泛采用的预防措施。

1)预防接种种类:①被动免疫:将特异性抗体注入人体,使人体迅速获得免疫力,持续时间一般不超过2~4周,常用制剂有抗毒血清、人胎盘或丙种球蛋白等,可用于治疗或对接触者的应急预防;②主动免疫:将减毒或灭活的病原体、纯化的抗原和类毒素制成菌(疫)苗接种于人体内,使人体于接种后1~4周产生特异性免疫力,称为主动免疫,免疫力可保持数月甚至数年。主要用于传染病预防。

2)计划免疫:①儿童计划免疫:我国目前对适龄儿童进行常规接种乙肝疫苗、卡介苗、脊髓灰质炎疫苗、百白破疫苗、麻疹疫苗、甲肝疫苗、流脑疫苗、乙脑疫苗、麻腮风疫苗,使传染病发病率明显下降;②其他人员接种:在重点地区对重点人群进行出血热疫苗接种;发生炭疽、钩端螺旋体病疫情或发生洪涝灾害可能导致钩端螺旋体病暴发流行时,对重点人群进行炭疽疫苗和钩端螺旋体疫苗应急接种。

(3)药物预防:对某些尚无特异性免疫方法或免疫效果尚不理想的传染病,在流行期间可给易感者口服预防药物,如口服磺胺药预防流行性脑脊髓膜炎,口服乙胺嘧啶预防疟疾等。

【传染病病人的护理】

(一)护理评估

1. 流行病学资料 传染源、传播途径、人群易感性和流行特征是评估传染病病人的重要参考资料。包括年龄、性别、籍贯、居住和旅居地区、职业、接触史、预防接种史、发病季节、卫生习惯、家庭或集体发病情况等。

2. 身体评估 详细询问病史和认真细致的全面体格检查,是正确评估传染病病人的重要方法。除了解饮食、排泄、睡眠、生命体征等外,尚须注意传染病所特有的基本特征和临床特点,如潜伏期长短、起病方式、热型及热程、皮疹出现的时间、形态及分布等。

3. 实验室及其他检查 ①一般项目:包括血液、尿液、粪便化验和生化检查;②病原学检查:包括病原体直接检查、病原体分离、分子生物学检测等;③免疫学检查:是目前最常用于传染病诊断的检测技术,包括血清学检查、皮肤试验、T细胞亚群和免疫球蛋白测定等检测;④其他检查:根据需要可以进行内窥镜、活体组织病理、肾功能、脑脊液、计算机断层摄影(CT)、磁共振显像(MRI)、X线、超声波、心电图、脑电图、同位素扫描、诊断性穿刺等检查,还可采用药物诊断性治疗等。

4. 心理和社会状况评估 评估病人对所患传染病的认识程度、顾虑及疾病痛苦所造成的心理反应,病人对住院及隔离治疗是否理解,是否有被约束、孤独、被遗弃感,是否有不良情绪造成的生理反应,如食欲不振、睡眠障碍等。评估社会、家庭成员对病人的关怀程度、单位所能提供的帮助、所在社区的医疗保健资源、设施,病人出院后继续就医的条件等。

(二)常见护理诊断/问题

1. 体温过高 与病原体感染后释放各种内、外源性致热原,致体温中枢功能紊乱有关。

2. 组织完整性受损 与病原体和(或)代谢产物引起皮肤(黏膜)发疹有关。

3. 有传染的危险 与传染病的传染性有关。

4. 恐惧 与病情严重、缺乏理解隔离有关。

5. 潜在并发症:肝性脑病、肾功能不全、肠出血、肠穿孔等。

（三）护理措施

1. 一般护理　①消毒隔离:这是传染病护理的特殊要求,是避免交叉感染、防止传染病扩散的重要措施。②疫情报告:及时将传染病疫情报告给疾病预防控制机构,以便采取措施进行疫源地消毒,控制传染源。③休息:急性期绝对卧床休息,以减低机体消耗,减轻病损器官的负担,防止并发症,症状减轻方可适当活动。④病室环境:应保持室内空气新鲜,光线充足,室温在18～20℃,相对湿度在50%～60%。⑤营养、水分的摄入:传染病病人大多有高热,新陈代谢增加,而食欲减退、进食减少,应给予高热量、易消化、富含营养的半流质饮食,昏迷病人应鼻饲,不能进食者按医嘱静脉补液。⑥口腔、皮肤护理:每日注意用温盐水漱口3～4次,嘴唇干裂时可涂石蜡油,保持床褥整洁干燥,勤换衣被,昏迷病人应定时翻身。⑦病情观察:及时观察病情变化、服药反应、治疗效果、特殊检查后的情况等。⑧标本采集:及时、准确采集各种标本,按时送检。

2. 常见症状护理

（1）高热护理:通风和降低室温于18℃以下。头部保持冷敷可提高脑组织对缺氧的耐受性。高热而四肢温暖者可用冰水或乙醇擦浴,但不宜用于有皮疹的病人;高热而四肢冰冷者提示循环不良,禁用冰水擦浴或乙醇擦浴,可用比体温低2℃的温水擦浴。在物理降温同时使用药物降温者体温下降幅度较大,并且出汗较多,常可出现低温或虚脱,应注意保暖,严密观察病情,以便及时采取适当措施。如高热、烦躁不安、昏迷抽搐时,应采取安全保护措施,以防发生意外伤害。降温后大汗者应注意防止虚脱并及时更换衣服。

（2）皮疹护理:保持皮肤清洁,可用温水清洗皮肤,禁用肥皂水擦洗;衣被勤洗换,保持床铺干燥、柔软、清洁;及时修剪指甲。幼儿自制能力差,应将其手包起来,防止抓破皮肤造成感染。皮疹已破者可涂0.5%～1%碘伏。瘙痒剧烈者,用炉甘石洗剂涂擦局部。皮疹结痂后不要强行撕脱,应让其自行脱落,或剪去翘起的痂皮,皮肤干燥可涂石蜡油。避免吃辛辣刺激性食物。

3. 隔离　将传染病病人或病原携带者在传染期内安置到指定的地方,与健康人或非传染病病人隔开,暂时避免接触,以防止病原体向外扩散。隔离的目的在于控制传染源,防止交叉感染和传染病的蔓延扩散,并对传染病病人排出的病原体和污染物集中消毒处理,以切断传播途径。目前将隔离分为A、B两大系统。A系统是以类别为特点的隔离方法,将许多不同的疾病归纳在6个类目中,每个类目措施相同。B系统是以疾病分类的隔离方法,即针对每个疾病而制定的隔离措施。目前我国大多数医院实行A类隔离方法。

（1）严密隔离(黄色标志):适用于有高度传染性及致死性的传染病,以防空气和接触传播,如鼠疫、霍乱等。主要措施为:①同病种同住一室,但应尽量住单人间;②入室者要戴口罩,穿隔离衣、拖鞋、戴手套;③接触病人和污染敷料后,在护理病人前后必须洗手;④病人的分泌物、排泄物及污染物品应严格消毒;⑤污染的敷料应装袋、贴签,消毒处理后弃去;⑥禁止探视;⑦病室每日消毒,病人出院或死亡后,应进行终末消毒。

（2）呼吸道隔离(蓝色标志):适用于由空气飞沫传播的呼吸道传染病,如麻疹、流脑等。主要措施为:①相同病种可同住一室;②接近病人要戴口罩,必要时穿隔离衣、戴手套;③接触病人或污染物品后,护理病人前后应洗手;④病人呼吸道分泌物应消毒后弃去,痰具每日消毒,病人须往其他科行诊治应戴口罩;⑤病室每日通风至少3次,空气紫外线消毒2次。

（3）消化道隔离(棕色标志):适用于消化道传染病的隔离,如伤寒、细菌性痢疾、甲型肝炎等。主要措施为:①同病种病人可住一室;②接触病人应穿隔离衣,接触污染物品时戴手套,接触病人或污染物品后及护理病人前后要严格消毒双手,不要求戴口罩;③病人的食具、便器、呕吐物、排泄物应严密消毒;④病室内做好防蝇、防蚊及灭蟑螂工作。

(4)接触隔离(橙色标志):适用于病原体直接或间接接触皮肤、黏膜而引起的传染病,如破伤风、狂犬病等。主要措施为:①不同病种应分室收住;②接近病人要戴口罩,接触病人须穿隔离衣、戴手套,护理不同病种病人时须更换隔离衣;③接触病人或污染物品后及护理下一个病人前应洗手;④污染物品、敷料应装袋、贴签后送消毒处理;⑤病人出院或死亡,病室应进行终末消毒。

(5)血液与体液隔离(红色标志):适用于直接或间接接触感染的血液及体液引起的传染病,如乙型肝炎、艾滋病等。主要措施为:①同一病种可同住一室;②接触病人时要穿隔离衣,接触血液或体液要戴手套;③注意避免损伤皮肤,用过的针头、注射器丢入密闭的硬塑料盒内送指定地点销毁;④污染的物品应装袋,标记并销毁或清洗消毒处理;⑤室内表面物品被血、体液污染,立即用次氯酸钠溶液清洗消毒。

(6)脓汁及(或)分泌物隔离(绿色标志):适用于轻型皮肤和伤口感染、溃疡、脓肿、小面积烧伤感染等。隔离措施为不要求隔离室;换药时要戴口鼻罩,有可能污染工作服时穿隔离衣,接触污物时应戴手套;接触病人、污染物后及护理下一个病人前洗手;污染物要弃去,并装袋,贴签,然后送去消毒处理。

(7)昆虫媒介传染隔离:适用于病原体通过蚊、虱、蚤等昆虫传播的疾病所进行隔离的方法。如流行性乙型脑炎、疟疾、斑疹伤寒等。其隔离措施为病室应有严密的防蚊设备;由虱传播的疾病,病人须洗澡、更衣、灭虱处理后才可进入病房,病人的衣被须进行灭虱消毒。

(8)结核病隔离(灰色标志):适用于肺结核病人痰涂片结核菌阳性者,或阴性但 X 线检查证实为活动性肺结核者。其隔离措施病人应住在有特别通风装置的隔离室,门要保持经常关闭状态,同疗程者可住一室;密切接触病人时,应戴口鼻罩;接触病人或污染物后要洗手;病人用过的物品应充分洗涤消毒或销毁。

4. 消毒　消毒是通过物理、化学或生物学方法,消除或杀灭环境中病原微生物的一系列方法,是切断传播途径、阻止病原体播散、控制传染病蔓延的重要措施。

(1)消毒的种类

1)预防性消毒:指虽未发现传染源,但对可能受到病原体污染的场所、物品和人体进行消毒。如对水源、食物及餐具的消毒,也包括对病房、手术室和医护人员手的消毒等。

2)疫源地消毒:指对目前存在或曾经存在传染源的地区进行消毒,目的是消灭由传染源排到外界环境中的病原体,包括终末消毒与随时消毒。终末消毒指当病人痊愈或死亡后对其原居地进行的最后一次彻底消毒,包括对病人居住环境、所接触物品和排泄物的消毒,并包括病人出院前自身消毒或死亡后对尸体的消毒处理。随时消毒指对传染源的分泌物、排泄物及污染物品的及时消毒。

(2)消毒的方法:常用的方法包括物理消毒法和化学消毒法。物理消毒法中热力灭菌法包括煮沸消毒、高压蒸汽灭菌、预真空型压力蒸汽灭菌和脉动真空压力蒸汽灭菌、巴氏消毒法和干热灭菌法,其中高压蒸汽灭菌是医院最常用的消毒灭菌法。化学消毒法中常用的有含氯消毒剂、氧化消毒剂、醛类消毒剂、杂环类气体消毒剂、醇类消毒剂、碘类消毒剂等。此外,医院还常用非电离辐射和电离辐射消毒灭菌法,如紫外线、微波、γ 射线等。

(3)消毒效果监测:常用方法包括物理测试法、化学指示剂测试法、生物指示剂测试法、自然菌采样测定法和无菌检查法。

5. 心理护理 应热情接待病人,介绍病区环境与传染病有关制度。以细致的关心和同情心去发现和解除病人的各种心理应激,对病情较重、失去自信心的病人,特别要加强警惕,防止意外发生。

6. 健康教育

(1)疾病知识指导:向病人及家属进行卫生知识宣传教育,耐心讲解传染病的隔离措施,使他们主动配合医护人员做好隔离消毒工作。

(2)预防知识指导:开展传染病预防知识宣传,传染病的预防工作应采取经常性预防和传染病发生后的防疫措施相结合的原则,消灭传染源、切断传播途径、保护易感人群。积极面向社区的广大人民,开展卫生知识咨询,教会简易的隔离消毒措施,增强人民防病知识,为保护社会人群健康起促进作用。

第二节　流行性感冒病人的护理

流行性感冒(influenza)简称流感,是由流感病毒引起的急性呼吸道传染病。临床特征为发热、乏力等全身中毒症状较重,上呼吸道症状较轻,但重症病例可引起呼吸或多脏器衰竭,病情进展快、病死率高。人感染高致病性禽流感病死率可高达60%以上。

【护理评估】

(一)健康史

1. 病原学 流感病毒属单股RNA正黏病毒,根据核蛋白和基质蛋白分为甲、乙、丙三型。甲、乙型流感病毒都带有8个不同的RNA节段,丙型流感病毒只有7个RNA节段,由于基因组是分节段的,故易产生同型不同株间基因重配,同时流感病毒在复制过程中不具有校正功能,因此病毒易发生突变。甲型流感病毒根据表面血凝素(HA)和神经氨酸酶(NA)蛋白结构及基因特性又可分成许多亚型,目前已发现的血凝素有16个亚型(H1~16),神经氨酸酶有9个亚型(N1~9)。甲型流感病毒在动物中广泛存在,所有亚型的甲型流感病毒都可以感染鸟类特别是水禽,还可感染猪、马、海豹及鲸鱼和水貂等,有时可感染人,如H5N1亚型可引起人感染高致病性禽流感。目前乙型流感病毒除感染人之外还没有发现其他的自然宿主。丙型流感病毒除感染人外还可以感染猪。流感病毒很容易被紫外线和加热灭活,通常56℃30分钟可被灭活,流感病毒在pH值<5或>9,病毒感染性很快被破坏。流感病毒是包膜病毒,对于所有能影响膜的试剂都敏感,包括离子和非离子清洁剂、氯化剂和有机溶剂,但对干燥及寒冷有相当耐受力,真空干燥或-20℃以下可较长期保存。

2. 发病机制 流感病毒颗粒吸入呼吸道后,通过细胞内吞作用进入细胞,在细胞核内进行转录和复制,产生大量新的子代病毒颗粒,这些病毒颗粒通过呼吸道黏膜扩散并感染其他细胞,季节性流感只有极少数有病毒血症或肺外组织感染的情况。在人H5N1禽流感有时会出现病毒血症、胃肠感染、肺外传播,偶有中枢神经系统感染。流感病毒感染后支气管的炎症反应和肺功能的异常可持续数周至数月。

3. 流行病学

(1)传染源:季节性流感主要为病人及隐性感染者,从潜伏期末到发病的急性期都有传染性。甲型H1N1流感病人为主要传染源,禽流感主要是病禽和健康携带流感病毒的禽,包括水禽和飞禽。

(2)传播途径:通过空气飞沫传播,也可通过口腔、鼻腔、眼睛等处黏膜直接或间接接触传播,接触病人的呼吸道分泌物、体液和污染病毒的物品也可能引起感染。

(3)易感人群:普遍易感,病后具有一定的免疫力,但不同亚型间无交叉免疫力。流感病毒常常发生变异,如甲型流感病毒每隔2~3年就会有抗原变异株出现,使人群重新易感染而反复发病。感染率最高的通常是青少年。

(4)流行特征:流感在流行病学上最显著的特点是突然暴发,迅速扩散,造成不同程度的流行。甲型流感常以流行形式出现,能引起世界大流行;乙型流感常引起局部流行;丙型流感多为散发,主要侵袭婴幼儿。

(二)身体状况

1. 临床表现 潜伏期一般为1~7日,多数为2~4日。

(1)单纯型流感:最常见。突然起病,高热,可有畏寒、寒战,多伴头痛、全身肌肉关节酸痛、乏力、食欲减退等全身症状,常有咽喉痛、鼻塞、流涕、干咳,颜面潮红,眼结膜轻度充血。如无并发症呈自限性过程,多于发病3~4日后体温逐渐消退,全身症状好转。轻症者如普通感冒,症状轻,2~3日可恢复。

(2)中毒型流感:极少见。表现为高热、休克及弥散性血管内凝血(DIC)等严重症状,病死率高。

(3)胃肠型流感:除发热外,以呕吐、腹泻为显著特点,儿童多于成人,2~3日即可恢复。

(4)重症病例的临床表现:①流感病毒性肺炎:季节性甲型流感主要发生于婴幼儿、老年人、慢性心肺疾病及免疫功能低下者。人禽流感引起的肺炎常可发展成急性肺损伤或ARDS,病死率高。②肺外表现:主要表现为心脏损害、神经系统损伤、肌炎和横纹肌溶解综合征,危重症病人可发展为多器官功能衰竭和DIC等。

(5)并发症:呼吸系统的并发症有细菌性肺炎、鼻炎、鼻窦炎、气管炎、支气管炎等。肺外并发症有中毒性休克、心肌炎及心包炎等。

2. 实验室及其他检查

(1)血常规检查:白细胞计数正常或减少,继发细菌感染时白细胞总数和中性粒细胞增高。

(2)血生化检查:少数病例肌酸激酶、天门冬氨酸氨基转移酶、丙氨酸氨基转移酶、乳酸脱氢酶、肌酐等升高。

(3)病原学检查:主要包括病毒分离、核酸、抗原和抗体检测。病毒分离为实验室检测的"金标准",病毒的抗原和核酸检测可以用于早期诊断,抗体检测可以用于回顾性调查,但对病例的早期诊断意义不大。

(4)影像学检查:X线检查发生肺炎者可见肺内斑片状、多叶段渗出性病灶,进展迅速者可发展为双肺弥漫渗出性病变或实变。

(三)心理和社会状况

甲型H1N1流感、禽流感作为一种突发公共卫生事件,所引起的心理反应可出现情绪变化复杂多样,恐惧并因而导致行为变化、认知偏差。

(四)治疗要点

1. 一般治疗 卧床休息,多饮水,注意营养。高热者予解热镇痛药,必要时使用止咳祛痰药物,儿童忌服含阿司匹林的药物,以免产生瑞氏综合征。

2. 抗病毒治疗 在发病36~48h内尽早开始抗流感病毒药物治疗,常用药物有神经氨酸酶抑制剂如奥司他韦、扎那米韦等;M2离子通道阻滞药如金刚烷胺和金刚乙胺。

3. 重症病例的治疗 原则为积极治疗原发病,防治并发症,进行有效的器官功能支持。

(1)呼吸支持:给氧,保证动脉血氧饱和度(SpO_2)>90%,出现急性肺损伤、ARDS 时可考虑行无创正压通气、有创机械通气。

(2)循环支持:感染性休克时给予补液、血管活性药物、正性肌力药物,必要时小剂量糖皮质激素;心源性休克时遵循补充血容量、血管活性药物应用、正性肌力药物应用,机械性辅助循环支持如主动脉内球囊反搏。

(3)肾脏支持:可采用持续的静脉-静脉血液滤过或间断血液透析治疗。

【常见护理诊断/问题】

1. 体温过高 与病毒感染有关。

2. 气体交换受损 与肺部炎症有关。

【护理措施】

(一)一般护理

1. 隔离和消毒 主要采用呼吸道隔离和接触隔离,呼吸道隔离至热退后 2 日。病室每日空气消毒 2 次,病人用过的衣物、手帕等应煮沸、紫外线照射、1% 漂白粉澄清液浸泡等消毒。

2. 休息和饮食 症状明显或有并发症者应注意卧床休息。急性期病人给予高热量、高蛋白质、高维生素、易消化饮食,进食不足者,应静脉补液。

(二)病情观察

老、幼或原有慢性病者流感后易继发细菌性肺炎,应密切观察体温、咳嗽性质、痰的颜色,呼吸困难情况,肺部是否出现湿啰音等临床表现。

(三)对症护理

1. 高热护理 卧床休息,监测体温;可用温水或乙醇擦浴、冷敷,或使用解热药;供给足够的水分,必要时经静脉补充液体。

2. 呼吸道的护理 观察咳嗽的性质、痰液颜色、痰液咳出的难易;指导并鼓励病人进行有效的咳嗽排痰方法,协助病人排痰,如翻身、拍背,必要时遵医嘱给予止咳祛痰剂。肺炎型流感易并发呼吸衰竭和循环衰竭,应密切观察病情变化,注意有无呼吸、循环衰竭征兆,一旦发现异常反应及时通知医生并协助处理。

(四)心理护理

近年来,在我国流行的甲型流感(如甲型 H1N1 流感)、高致病性禽流感(如甲型 H5N1 流感、甲型 H7N9 流感)为新型传染病,病人因缺乏疾病知识而易出现紧张焦虑等心理反应,护理人员应主动向病人介绍有关甲型 H1N1 流感、高致病性禽流感知识,给予心理安慰,使其尽快适应环境,消除孤蚀感,增强机体免疫功能,促使病人康复。

(五)健康教育

1. 疾病预防教育 ①管理传染源:隔离治疗病人,单位流行应进行集体检疫,健全和加强疫情报告。②切断传播途径:流行期间减少集会,加强环境消毒。③保护易感者:接种流感疫苗是最有效预防流感及其并发症的手段,疫苗需每年接种方能获有效保护;可服用抗病毒药物进行预防,但不能代替疫苗接种,只能作为没有接种疫苗或接种疫苗后尚未获得免疫能力的高合并症风险人群的紧急临时预防措施。亦可采用中草药预防。

2. 疾病知识教育 尽量保持室内空气流通;咳嗽、打喷嚏时使用纸巾等,避免飞沫传播;经常彻底洗手,避免脏手接触口、眼、鼻。饮食宜清淡、营养,多吃新鲜的蔬菜和水果;保持良好心态,适量运动,睡眠充足。

现场:小周拿着检查的化验单咨询护士小汪,化验单结果是 HBsAg(+),HBsAb(−),HBeAg(+),HBeAb(+),HBcAb(−)。

提问:
1. 检验结果如何分析?
2. 如何进行健康教育?

第三节 病毒性肝炎病人的护理

病毒性肝炎(viral hepatitis)简称肝炎,是由多种肝炎病毒引起的以肝脏病变为主的一组传染性疾病。目前确定的肝炎病毒有甲、乙、丙、丁、戊型,但临床表现基本相似,表现以乏力、食欲减退、肝区疼痛、肝大、肝功能异常为主,部分病人可出现黄疸。甲、戊型主要表现为急性肝炎,乙、丙、丁型可转化为慢性肝炎,并可发展为肝硬化,且与肝癌的发生有密切的关系。

【护理评估】

(一) 健康史

1. 病原学

(1)甲型肝炎病毒(HAV):属嗜肝 RNA 病毒,无包膜,只有 1 对抗原抗体系统和 1 个血清型。HAV 抵抗力较强,加热 100℃ 1 分钟和紫外线照射 1h 可灭活。

(2)乙型肝炎病毒(HBV):属嗜肝 DNA 病毒,完整的 HBV 颗粒(丹氏颗粒)分为包膜及核心两部分,包膜蛋白质含有 3 种抗原成分,即乙型肝炎病毒表面抗原(HBsAg)、前 S1 蛋白抗原、前 S2 蛋白抗原。HBsAg 本身无传染性,但有抗原性。前 S1 蛋白和前 S2 蛋白与 HBV 整合于肝细胞内与 HBV 的嗜肝性有关。核心部分含有环状双股 DNA、DNA 聚合酶(DNA-P)和核心抗原(HBcAg),是病毒复制的主体。HBV 抵抗力很强,对低温、干燥、紫外线及一般化学消毒剂均能耐受,煮沸 10 分钟、高压蒸汽、0.5% 过氧乙酸、2% 戊二醛和含氯消毒剂均可使其灭活。

(3)丙型肝炎病毒(HCV):为单股正链 RNA 病毒,用一般化学消毒剂和加热 100℃ 5 分钟可使 HCV 灭活。

(4)丁型肝炎病毒(HDV):为单股环状闭合 RNA 病毒,是一种缺陷病毒,需 HBV 等嗜肝 DNA 病毒辅佐才能复制。

(5)戊型肝炎病毒(HEV):为单股正链 RNA 病毒,只有 1 对抗原抗体系统和 2 个亚型。

2. 发病机制 目前病毒性肝炎的发病机制尚未完全明确。HAV 经口感染后可能先在肠道中增殖,然后经病毒血症定位于肝脏,HAV 引起肝细胞损伤的机制可能与免疫反应有关。HBV 侵入人体后,迅速通过血流到达肝脏和其他器官,如胰腺、肾脏、脾脏、淋巴结等,并在部分组织细胞内复制,HBV 虽能在肝细胞内复制,但乙型肝炎的组织损伤可能是机体一系列免疫反应所致;其慢性化机制可能与机体免疫耐受状态和针对 HBV 感染的特异性免疫功能低下有关。丙型肝炎的发病机制和 HBV 感染相似。丁型肝炎的发病一般认为是 HDV 对肝细胞的直接致病作用。戊型肝炎的发病机制主要是细胞免疫引起肝细胞损伤,同时病毒进入血液导致病毒血症。

3. 流行病学

(1)传染源:甲型和戊型肝炎的传染源是急性病人和隐性感染者,病人在起病前 2 周和起病后 1 周从大便中排出 HAV 的量最多,传染性最强。乙、丙、丁型肝炎传染源分别是急性和慢性的乙、丙、丁型肝炎病人和病毒携带者。

(2)传播途径:①粪-口传播:甲、戊型肝炎以粪-口传播为主,水源污染和水生贝类(如毛蚶)受污染可致暴发流行。②体液和血液传播:乙型肝炎以血源传播为主,如输入污染有病毒的血液和血制品,或使用污染有病毒的注射器、医疗器械等方式传播,亦可通过精液和阴道分泌物传播。HCV 主要通过输血及注射途径传播。HDV 的传播方式与 HBV 基本相同。③母婴传播:包括经胎盘、产道、哺乳等方式所引起的 HBV 感染。④接触传播:日常生活密切接触,性接触亦是乙型肝炎的传播途径之一。

(3)人群易感性:人群对各型肝炎普遍易感。甲型肝炎以幼儿、学龄儿童发病率最多,但遇有暴发流行时各年龄组均可发病。戊型肝炎以青壮年发病为多。乙型肝炎多发生于婴幼儿及青少年,丙型肝炎多见于成年人。

(4)流行特征:甲型肝炎的发病有明显的秋、冬季高峰。戊型肝炎多发生于雨季或洪水后。乙、丙、丁型肝炎无明显季节性,乙型肝炎有家庭聚集现象。

(二)身体状况

1. 临床分型　甲型肝炎潜伏期一般 30 日,乙型肝炎、丁型肝炎潜伏期一般 60～90 日,丙型肝炎潜伏期一般 6～12 周,戊型肝炎潜伏期一般 40 日。临床表现因发病类型而有差异,按临床表现轻重与病程经过分为 4 型。

(1)急性肝炎:各型肝炎病毒可引起急性肝炎,分黄疸型与无黄疸型。

1)急性黄疸型肝炎:①黄疸前期:甲、戊型肝炎起病较急,有畏寒、发热,乙、丙、丁型肝炎多起病缓慢,常无发热。常见症状为显著乏力、食欲减退、厌油、恶心、呕吐、腹胀、右季肋部疼痛等,可有腹泻或便秘,尿色逐渐加深,可呈浓茶色。持续 5～7 日。②黄疸期:发热消退,但尿色更黄,巩膜、皮肤出现黄染,于 1～2 周内达高峰。多有肝大,有压痛及叩击痛,可有轻度脾大。持续 2～6 周。③恢复期:黄疸逐渐消退,症状减轻以至消失,肝、脾回缩,肝功能逐渐恢复正常。持续 2 周～4 个月,平均 1 个月,此型甲、戊型肝炎多见,特别是戊型肝炎黄疸常较重,持续时间更长。

2)急性无黄疸型肝炎:占急性肝炎病例的 90% 以上。症状较轻,整个病程不出现黄疸,仅表现为乏力、食欲减退、腹胀、肝区疼痛等症状,肝脏多有肿大,脾大少见。肝功能呈轻、中度异常。由于症状较轻且无特征性,一般不易诊断,病程约 3 个月。此型乙、丙型肝炎多见,特别是丙型肝炎常仅表现为血清 ALT 升高。

(2)慢性肝炎:仅乙、丙、丁型肝炎可迁移不愈演变成慢性肝炎。慢性肝炎是指急性肝炎病程超过半年者,或发病日期不明,或虽无肝炎病史,但有明显肝外表现,如肝病面容、蜘蛛痣、肝掌和(或)影像学或肝活检病理学检查符合慢性肝炎表现者。慢性肝炎按实验室检查结果可分为 3 度:①轻度:病情较轻,自觉症状不明显,肝功能仅 1 或 2 项轻度异常,丙氨酸氨基转移酶(ALT)≤正常值 3 倍,血清总胆红素(TBiL)≤正常值 2 倍,白蛋白≥35g/L,凝血酶原活动度(PTA)>70%；②中度：病情介于轻度和重度之间，有肝病样表现或肝外表现，ALT≥正常值3倍≤正常值10倍，TBiL<85μmol/L；③重度：有明显乏力、食欲缺乏、腹胀等症状，肝病面容、蜘蛛痣、肝掌、肝脾大，皮肤、巩膜黄染。实验室检查ALT反复或持续升高>正常值10倍，血清白蛋白≤32g/L，清蛋白/球蛋白(A/G)比值≤1.0，TBiL>85μmol/L，PTA 60%~40%，胆碱酯酶(CHE)≤4500U/L。白蛋白、TBiL、PTA、CHE4项中有达标即可诊断为重度慢性肝炎。

(3)重型肝炎：约占全部病例0.2%~0.5%，病死率达70%~80%。分为：①急性重型肝炎：又称急性肝坏死，发病初期类似急性黄疸型肝炎，但病情发展迅猛，可有高热、极度乏力，14日内消化道症状进行性加重、黄疸迅速加深、肝脏进行性缩小，并发出血及明显出血倾向、腹水、肝肾综合征；出现精神神经症状如性格改变、行为异常、意识障碍等肝性脑病表现；病人因并发肝性脑病、肝肾综合征、脑疝、消化道出血等而死亡，发病诱因多为消化道出血、感染、营养不良、嗜酒、服用损害肝脏的药物、妊娠等。②亚急性重型肝炎：又称亚急性肝坏死，急性黄疸型肝炎起病14日以上而出现上述症状者属此型。精神神经症状多出现于疾病的后期，病人常死于消化道出血、肝衰竭、肺部或腹腔等处感染，存活者易发展为肝炎后肝硬化。③慢性重型肝炎：在慢性肝炎肝硬化的基础上出现亚急性重型肝炎表现，预后较差，病死率高。

(4)淤胆型肝炎：又称毛细血管型肝炎。主要表现为较长期(>3周)肝内梗阻性黄疸，可有皮肤瘙痒、大便颜色变浅呈白陶土样、肝大和梗阻性黄疸的实验室结果。

2. 并发症　可出现肝性脑病、出血、肝肾综合征等并发症。

3. 实验室及其他检查

(1)肝功能检查

1)血清酶检查：以血清ALT最为常用，是判断肝细胞损害的重要指标，但ALT增高程度与肝细胞损害的严重性无关。急性肝炎在黄疸出现前3周，ALT即开始增高，直至黄疸消退后2~4周恢复正常。慢性肝炎病人病情活动进展时，ALT也增高。重型肝炎由于大量肝细胞坏死，ALT随黄疸迅速加深反而下降，出现胆-酶分离现象。血清碱性磷酸酶(ALP)、γ-谷氨酰转移酶(GGT)增高提示胆汁排泄不畅。血清CHE活性明显降低常提示肝脏损害严重。

2)血清蛋白检查：慢性肝炎和肝硬化时常表现为血清清蛋白减少，球蛋白升高，形成清/球(A/G)比值下降，甚至倒置，反映肝功能损害严重，对诊断有一定参考价值。

3)血清和尿胆色素检查：黄疸型肝炎时血清直接和间接胆红素均增高。黄疸期尿胆红素及尿胆原均增加。

4)凝血酶原时间(PT)和凝血酶原活动度(PTA)检查：凝血酶原及多种凝血因子主要由肝脏合成，肝病时PT延长，并与肝损害程度成正比。PTA<40%提示重型肝炎。

5)血氨检查：血氨增高提示肝性脑病。

(2)肝炎病毒标记物检查

1)甲型肝炎：病人在起病开始至12周内血清抗HAV IgM呈阳性，一般持续8~12周，故此抗体检测具有早期诊断价值。抗HAV IgG出现稍晚，2~3个月达高峰，持续多年或终身，阳性则提示既往感染。

2)乙型肝炎：①HBsAg和抗HBs：感染HBV后3周便可在血中出现HBsAg，在急性乙型肝炎病人中持续5周~5个月，在慢性乙型肝炎病人和无症状携带者血中可持续存在多年，故HBsAg阳性表示HBV感染。HBsAg消失后数周，血中出现保护性抗体即抗HBs，可保持多年,提示可能通过预防接种或过去感染产生对 HBV 的免疫力。②HBeAg 和抗 HBe：HBeAg 阳性是病毒复制活跃与传染性强的指标之一。抗 HBe 是 HBV 感染时间较久、病毒复制减弱与传染性减低的指标。③HBcAg 和抗 HBc：HBcAg 阳性意义同 HBeAg,但 HBcAg 主要存在于受感染的肝细胞核内,用一般方法不能在血液中检出。血液中的抗 HBc 有 2 型,即抗 HBcIgM 和抗 HBcIgG。前者在 HBcAg 阳性后 2～4 周出现,可存在于乙型肝炎的急性期和慢性乙型肝炎的急性发作期。抗 HBcIgM 下降或消失后出现抗 HBcIgG,可持续多年,是 HBV 既往感染的标志。④HBV-DNA：阳性提示 HBV 有活动性复制、传染性较大。

3）丙型肝炎：检测血清中抗 HCV 是 HCV 感染的标志,此抗体无保护性。HCVRNA 具有早期诊断价值。

4）丁型肝炎：血清中 HDVAg 是 HDV 感染的直接证据。抗 HDV-IgM 阳性是现症感染的标志。高滴度抗 HDV-IgG 提示感染持续存在,低滴度抗 HDV-IgG 提示感染静止或终止。本病尚可检出 HBV 感染的标记物。

5）戊型肝炎：抗 HEV-IgM、抗 HEV-IgG 于 HEV 感染后在血液中几乎同期出现,均可作为近期感染的标志。

（三）心理和社会状况

本病病程长,有传染性,可发展为慢性及肝硬化甚至肝癌,思想负担沉重可产生紧张、焦虑、悲观等心理,因此应评估病人及家属对疾病的认知程度,了解病人家庭和社会支持情况等。

（四）诊断要点

有不洁饮食、输血等流行病学资料,出现乏力、食欲减退、恶心呕吐、肝区不适、厌油、皮肤巩膜黄染、肝脏肿大等表现应注意本病的诊断。重型肝炎主要表现为黄疸迅速加深,肝脏进行性缩小,有出血倾向、中毒性肠胀气或少量腹水,早期出现精神、神经症状。确诊有赖于病毒标志物及病原学的检查。

（五）治疗要点

1. 急性肝炎 卧床休息,适当补充 B 族维生素、维生素 C 和维生素 E,护肤药物,抗病毒治疗,中医中药治疗。

2. 慢性肝炎 ①保肝药：如各种维生素、肌苷等；②降转氨酶药：如甘草甜素（强力宁）、五味子制剂等；③抗病毒药：如干扰素、核苷类药物（拉米夫定）等；④免疫调节药：如胸腺素等；⑤中医中药：根据表现辨证施治。

3. 重型肝炎 可输入人血白蛋白或新鲜血浆,注意维持水、电解质及酸碱平衡。促进肝细胞再生,可应用促肝细胞生长因子（HGF）及极化液（普通胰岛素 10U 和 10% 氯化钾 10ml 加入 10% 葡萄糖液 500ml）等。免疫调节疗法可应用胸腺素及免疫抑制药等。防治肝性脑病、出血、继发感染、肝肾综合征等并发症。必要时人工肝支持系统（ALSS）和肝移植的应用。

【常见护理诊断/问题】

1. 活动无耐力 与肝炎病毒感染有关。

2. 营养失调：低于机体需要量 与发热、摄入减少、呕吐、消化和吸收功能障碍有关。

3. 焦虑 与病情重、病程长、需隔离治疗等有关。

4. 潜在并发症：肝性脑病、消化道出血、肝肾综合征、继发感染、肾衰竭等。

【护理目标】

1. 病人体力增强,能参加适宜的体力活动。

2. 营养状况改善,体重逐渐增加并维持在正常范围内。

3. 焦虑状态缓解,情绪稳定。

4. 及时发现和预防有关的危险因素,未发生并发症。

【护理措施】

（一）一般护理

1. 隔离和消毒 甲、戊型肝炎采用消化道隔离;乙、丙、丁型肝炎采用血液、体液隔离和接触隔离。

2. 休息和活动 休息是治疗肝炎的主要措施,嘱病人注意卧床休息,减少机体能量消耗。①急性肝炎:在1个月内,除进食、洗漱、排便外应卧床休息,当症状好转、黄疸减轻、肝功能改善后,每日可轻微活动1~2h,以病人不感觉疲劳为度。以后随病情进一步好转,可逐渐增加活动量,至肝功能正常1~3个月后方可恢复日常活动及工作,但仍应避免过劳及重体力劳动。②慢性肝炎:应注意劳逸结合,活动期应卧床休息,静止期病人注意活动时以不疲劳为度。慢性肝炎病人当消化道症状明显或有并发症时应卧床休息。③重型肝炎:应绝对卧床休息。

3. 皮肤护理 要注意皮肤、口腔黏膜的清洁护理。保持床单清洁、干燥,每日用温水擦拭全身皮肤1次,不用有刺激性的肥皂与化妆品,瘙痒明显者可给予局部涂擦止痒剂,也可口服抗组胺药;及时修剪指甲,避免搔抓。

（二）饮食护理

合理的营养、适宜的饮食是治疗肝炎的重要措施。合理的饮食可以改善病人的营养状况,促进肝细胞再生及修复,有利于肝功能的恢复。肝炎病人应严禁饮酒,因乙醇能严重损害肝脏,使肝炎加重或使病程迁延而变成慢性肝炎。急性肝炎早期宜进高热量、高维生素、低脂、易消化、清淡可口的饮食,保证足够热量,鼓励多吃水果、蔬菜等含维生素丰富的食物,随着病情好转,食欲改善,则应防止营养过剩,对体重增加较快的病人,应适当控制饮食,防止并发脂肪肝及糖尿病等。慢性肝炎给予高热量、高维生素、低脂、高蛋白、软质饮食。重症肝炎给予低脂、低盐、高糖、高维生素、易消化流质或半流质饮食,严格限制蛋白质摄入量,蛋白质<0.5g/(kg·d)为宜。合并腹水者应限制钠盐摄入,采取低盐(<2g/d)或无盐(<0.5g/d)饮食。

（三）用药护理

1. 干扰素 注射干扰素2~4h后可出现发热、头痛、面色潮红、全身乏力、酸痛等“流感样综合征”,体温常随剂量增大而增高,反应随治疗次数增加而逐渐减轻,应详细告知病人,并嘱病人多饮水,卧床休息,必要时按医嘱对症处理;干扰素有骨髓抑制的作用,应定期进行肝功能和血常规检查;少数病人可出现恶心、呕吐、食欲减退、ALT升高,甚至黄疸、脱发等,一般不需要停药,治疗终止后会逐渐好转。

2. 拉米夫定 应注意有无停药反跳及骨髓抑制等现象。

（四）并发症的护理

1. 肝性脑病 密切观察生命体征、意识状态、肝臭、少尿、出血倾向、瞳孔改变等,并及时记录出、入水量;及时发现和消除诱因,特别是消化道出血和感染;遵医嘱执行降血氨措施;及时纠正氨基酸比例失衡;遵医嘱应用促进肝细胞再生的药物;遵医嘱执行降颅内压措施;对兴奋、躁动病人,应加床栏、约束带等安全防范措施,必要时给予镇静处理;昏迷者按相应护理常规护理。

2. **出血**　观察出血的部位、出血量、生命体征等,特别注意血压变化;及时鉴定血型,查血红蛋白及凝血功能等,并配血备用;告知病人不要用手指挖鼻孔或用牙签剔牙,不用硬牙刷刷牙。注射后局部至少压迫 10~15 分钟,以避免出血;根据不同出血部位给予相应止血措施。

3. **肝肾综合征**　对有上消化道出血、大量利尿、大量及多次放腹水、严重感染等病人应加强观察尿量的变化,及时发现肝肾综合征;严格记录出、入水量;及时了解尿常规、尿相对密度、尿钠、血尿素氮、肌酐及血清钾、钠等情况;遵医嘱应用利尿药;必要时行血液透析疗法。

4. **继发感染**　注意观察体温、血常规的变化,注意观察各个器官、腔道感染的相应症状及体征,及时发现感染的征象;保持病室空气流通,定时环境消毒;做好口腔护理,定时翻身,及时清除呼吸道分泌物,防止口腔及肺部感染;注意饮食卫生及餐具的清洁和消毒,防止肠道感染;衣服、被褥保持清洁,防止皮肤感染。

（五）心理护理

建立良好护患关系,在采取个性化护理时充分体现以人为本的人文关怀,体现尊重人、关怀人的护理理念,对于重型肝炎病人应对焦虑、恐惧进行正确引导,积极暗示,使其对疾病有一个正确认识,对悲观抑郁的病人,应帮助病人进行自我调节,消除心理障碍,保持稳定情绪。同时积极争取家属的密切配合,鼓励病人做力所能及的活动,培养兴趣,树立信心,使其看到治疗疾病的希望。

（六）健康教育

1. **疾病预防指导**

（1）管理传染源:①隔离传染源:甲、戊型肝炎应自发病之日起,按肠道隔离 3 周;乙、丙、丁型肝炎及病毒携带者,按体液和接触隔离措施隔离。②观察接触者:接触甲、乙、丙型肝炎者应医学观察 45 日,密切接触戊型肝炎者应医学观察 60 日。③献血员管理:各型病毒性肝炎病人及病毒携带者严禁献血,有肝炎病史及肝功能异常者亦不能献血。健康人献血前应按规定进行健康检查。

（2）切断传播途径:甲、戊型肝炎应预防消化道传播,病人和健康人之间应做好生活隔离,食具、茶具、生活用具严格分开。注意个人卫生,做到餐前、便后洗手。乙、丙、丁型肝炎主要应预防以血液为主的体液传播,凡接受输血、应用血制品、接受大手术等病人,应定期检测肝功能及病毒标记物,以及时发现肝炎病毒感染。

（3）保护易感者

1）甲型肝炎:对婴幼儿、儿童和血清抗 HAV-IgG 阴性的易感人群,均可接种甲型肝炎疫苗。对近期与甲型肝炎有密切接触的易感者可选用人血清或胎盘免疫球蛋白肌内注射,尽早使用,不应迟于接触后 1 周。

2）乙型肝炎:新生儿、HBsAg、抗 HBs 阴性者均应按种乙型肝炎疫苗。被动免疫可用高效价抗-HBV-IgG（HBIG）,一般与乙型肝炎疫苗联合使用,用于阻断母婴传播和意外暴露于 HBV 的易感者。一旦发生乙型肝炎病毒感染性血液事故,如被污染针头刺伤,污染血液溅入眼结膜、唇部、皮肤损伤处,应及时采取以下措施:①HBsAg、抗-HBs(－)者,应在 48h 内注射 HBIG,未注射过乙型肝炎疫苗的应加用乙型肝炎疫苗预防接种。以后每 1~3 个月检测 HBV 血清标志物和转氨酶,如任何一项出现阳性则应休息、观察和治疗。②HBsAg 或抗-HBs 有一项阳性者亦应观察 HBV 血清标志和转氨酶,因还可能感染其他 HBsAg 亚型的

HBV 或 HBV 变异株。③接受过乙型肝炎疫苗而抗-HBs 已转为阴性,则宜注射 HBIG,以后观察转氨酶有无上升等现象。

2. 疾病知识指导 ①强调彻底治愈急性肝炎的重要性:肝炎迁延不愈对个人、家庭、社会将造成较大的危害,实施恰当的治疗计划,可彻底治愈急性肝炎。②介绍各型病毒性肝炎的预后及慢性化因素:一般甲、戊型肝炎不会发展为慢性肝炎,而其余各型肝炎部分病人反复发作可发展为慢性肝炎、肝硬化甚至肝癌。反复发作的诱因为过度劳累、暴饮暴食、酗酒、不合理用药、感染、不良情绪等,应帮助病人分析复发原因,予以避免。③肝炎与婚育的关系:急性肝炎病人病情稳定 1 年后方可结婚,已婚者 1 年内应节制性生活。慢性肝炎病人应节制性生活,女性不宜妊娠。

【护理评价】

1. 病人是否能够充分休息,体力是否较前增强。
2. 病人食欲是否好转,能否获得足够营养,体重是否正常。
3. 病人焦虑情绪有无好转或消失,是否情绪稳定。
4. 并发症是否得到有效预防,减少或无并发症发生。

第四节 艾滋病病人的护理

艾滋病即获得性免疫缺陷综合征(acquired immune deficiency syndrome,AIDS)是由人类免疫缺陷病毒(HIV)引起的慢性传染病。本病主要经性接触、血液及母婴传播。HIV 主要侵犯、破坏辅助性 T 淋巴细胞(CD4$^+$T 淋巴细胞),导致机体细胞免疫功能缺陷,发生各种机会性感染及肿瘤为特征。临床上由无症状病毒携带者发展为持续性全身淋巴结肿大综合征和艾滋病相关综合征,最后并发严重机会性感染和恶性肿瘤。本病目前尚无有效防治方法,病死率极高,已成为当今世界最为关注的公共卫生问题。

【护理评估】

(一)健康史

1. 病原学 HIV 为单链 RNA 病毒,有 HIV-1 和 HIV-2 两型,均可引起艾滋病,目前全球流行的主要是 HIV-1 型。HIV 既有嗜淋巴细胞性,又有嗜神经性,主要感染 CD4$^+$T 淋巴细胞,也能感染单核巨噬细胞等。HIV 对外界抵抗力不强,加热 56℃30 分钟、60℃2h 或 80℃30 分钟可灭活,70%乙醇、5%～8%的甲醛及 0.2%次氯酸钠和漂白粉等亦可灭活,但对紫外线抵抗力较强。

2. 发病机制 主要是由于 HIV 有选择性地损伤和破坏 CD4$^+$T 淋巴细胞,导致细胞溶解或破裂,使 CD4$^+$T 细胞数量大大减少,导致机体细胞免疫缺陷,引起机会性感染和恶性肿瘤。

3. 流行病学

(1)传染源:艾滋病病人和无症状病毒携带者为本病传染源,病人传染性最强,无症状病毒携带者危险性更大。

(2)传播途径:①性接触传播:为本病的主要传播途径,以同性恋者发病率较高,异性恋者亦可相互感染。②经血液及血制品传播:输入染有病毒的血液、血制品或共用污染的注射器和针头(如静脉吸毒、药瘾者)可感染艾滋病。③母婴传播:感染 HIV 的孕妇可通过胎盘、产道、哺乳使胎儿受感染。④其他途径:在移植 HIV 携带者的器官或人工授精时亦可感染;偶有医务人员不慎被染有 HIV 的注射针头、刀具等刺破皮肤或被病毒污染皮肤破损处而感染。

(3)人群易感性:普遍易感,多发生于50岁以下的青壮年。高危人群为男性同性恋者、静脉药瘾者、性乱交者、血友病及多次输血者、HIV感染母亲所生婴儿。

(二)身体状况

1. 临床表现　本病潜伏期一般15~60日,HIV侵入机体后2~10年左右可以发展为AIDS期。我国将艾滋病的全过程分为急性期、无症状期和艾滋病期。

(1)急性期:HIV感染后2~4周,可出现一过性发热、出汗、乏力、头痛、咽痛、恶心、腹泻及关节、肌肉痛等类似感冒症状,一般持续1~3周后自然消失,因症状轻微,无特异性而被忽略。此期可检出HIV-RNA抗原,HIV抗体约在感染后5周出现,CD4$^+$T细胞计数一过性减少,CD4$^+$T/CD8$^+$T比率倒置。部分病人可有轻度白细胞和血小板减少或肝功能异常。

(2)无症状期:可从急性期进入此期,或无明显的急性期症状而直接进入此期。临床上无任何症状,但血清中能检出HIV及HIV抗体,CD4$^+$T细胞计数逐渐下降,有传染性。此期可持续6~8年或更久。

(3)艾滋病期:为感染HIV后的最终阶段。临床表现为HIV相关症状、各种机会性感染及肿瘤。CD4$^+$T细胞计数明显下降,大多<$0.2×10^9$/L,HIV血浆病毒载量明显升高。

1)HIV相关症状:主要表现为持续1个月以上的发热、疲乏、腹泻;体重减轻10%以上。部分表现为神经精神症状,如精神淡漠、记忆力减退、癫痫、痴呆等。还可出现持续性全身性淋巴结肿大,其特点为:①除腹股沟以外有两个或两个以上部位的淋巴结肿大;②淋巴结直径≥1cm,无压痛,无粘连;③持续时间3个月以上。

2)临床表现:①机会性感染:由于严重的细胞免疫缺陷而出现多种条件致病性微生物感染,如卡氏肺孢子菌、隐孢子虫、巨细胞病毒、疱疹病毒、军团菌、隐球菌、念珠菌、弓形体、鸟分枝杆菌、结核杆菌等。卡氏肺孢子虫性肺炎约占艾滋病肺部感染的70%~80%,是引起艾滋病病人死亡的主要原因。临床表现为慢性咳嗽、短期发热、渐进性呼吸困难、发绀、动脉血氧分压降低,少数病人肺部能闻及啰音,X线特征为间质性肺炎。念珠菌感染病人出现鹅口疮、食管炎或溃疡。②肿瘤:多为卡波西肉瘤及淋巴瘤。卡波西肉瘤常侵犯下肢皮肤和口腔黏膜,表面为深蓝色浸润斑或结节,可融合成大片状,表面出现溃疡并向四周扩散,还可向淋巴结和内脏转移。③神经系统病变:约有60%病人出现亚急性脑炎、脊髓炎、神经炎表现,出现头晕、头痛、幻觉、癫痫、进行性痴呆、痉挛性共济失调及肢体瘫痪等神经系统病变的表现。

2. 实验室及其他检查

(1)常规检查:血常规有不同程度的贫血,白细胞数量减少,主要为淋巴细胞减少。尿常规可出现蛋白尿。

(2)病原学检查:病毒分离取感染者血液、脑脊液、精液及其他体液分离HIV,阳性率较高,但方法复杂,成本较高,一般仅用于实验室研究。

(3)血清学检查:一般用酶联免疫吸附试验检测抗HIV作为初筛,对连续两次阳性者,再用固相放射免疫沉淀试验或免疫印迹法确诊。

(4)免疫学检查:T细胞绝对计数下降及CD4$^+$T淋巴细胞计数下降,CD4/CD8比值<1.0。

(三)心理和社会状况

艾滋病预后不良,病人缺乏战胜疾病的信心和决心,出现焦虑、抑郁、孤独无助或恐惧等心理障碍,甚至出现报复、自杀等行为。社会上人们多对艾滋病知识缺乏,对病人有恐惧、防范心理,往往采取歧视态度。

(四)治疗要点

1. 抗病毒治疗 常用核苷类、非核苷类、蛋白酶抑制剂(如双脱氧胞苷、奈非雷平、沙奎那韦)等抗病毒药物治疗。

2. 免疫治疗 基因重组 IL-2 与抗病毒药物同时应用可以有效提高免疫功能。

3. 并发症的治疗 可根据机会性感染的病原选择相应的治疗,如卡氏肺孢菌肺炎可用喷他脒(戊烷脒)等治疗,卡波西肉瘤可用阿霉素等化学治疗或放射治疗。

4. 支持及对症治疗 包括营养支持疗法,补充维生素特别是 B_{12} 和叶酸。

【常见护理诊断/问题】

1. 营养失调:低于机体需要量 与长期发热、摄入减少有关。

2. 焦虑 与对本病的传播过程、治疗效果及防护措施的知识缺乏有关。

3. 恐惧 与艾滋病预后不良,疾病折磨、被人歧视有关。

【护理措施】

(一)一般护理

1. 隔离与消毒 采取严格的血液、体液隔离,对病人的血液、体液、粪便及可传染物品进行随时严格消毒;护理病人时为防止血溅感染,应戴口罩及护目镜。接触血液、体液时应穿隔离衣、戴手套,处理污物、利器时防止皮肤刺伤;一切人员进入隔离室应穿隔离衣、裤、鞋,戴口罩和手套;病室门口放消毒垫,病室每日空气消毒一次;送检标本应作明显的特殊标志;与艾滋病病人及病毒携带者发生性行为时应使用避孕套。

2. 休息 急性期应注意休息,避免劳累;静止期应注意劳逸结合。

3. 饮食 给予高热量、高蛋白、高营养、清淡可口的饮食。

(二)口腔及皮肤护理

做好口腔护理和皮肤护理,防止继发感染。长期腹泻的病人要做好肛周护理,每次大便后用温肥皂水清洗局部,再用吸水软布吸干,防止皮肤糜烂;保持床铺干燥、整洁及皮肤清洁,勤换衣被;长期卧床者应定时翻身,防止发生压疮;勤剪指甲,及时评估皮肤有无抓伤及继发感染。

(三)病情观察

观察否出现慢性咳嗽、气促、发绀等表现;注意观察脑膜刺激征、意识状态等;注意观察有无吞咽疼痛、胸骨后烧灼感、腹泻、体重减轻等;注意观察鹅口疮、舌毛状白斑、牙龈炎等;注意观察皮肤、眼部的变化等。

(四)心理护理

应与病人进行有效沟通,针对其心理障碍进行疏导,满足其合理要求,解除病人的孤独感、恐惧感,不应表现出怕被传染的恐惧心理。尊重和关爱病人,做好家属及亲戚朋友的思想工作,不应对病人采取歧视态度,应充分尊重病人人格,给予关心和温暖,得到家庭和社会的支持。

(五)健康教育

1. 疾病预防教育 ①管理传染源:建立艾滋病监测网络,加强对人群的检测及国境检疫,及时发现感染者,对其血液和体液进行严格消毒处理。②切断传播途径:加强性道德教育,洁身自好,禁止性乱交,取消娼妓,提倡使用避孕套,严禁吸毒。③保护易感者:对密切接触者和医护人员加强自身防护,定期检查。

2. 疾病知识教育　病人因机体免疫功能低下而机会性感染使病情恶化,甚至死亡,应教育病人及家属学会减少机会性感染的措施。鼓励病人及家属树立战胜疾病的信心,积极配合医护人员进行治疗与护理。

3. 定期检查　对无症状的病毒携带者应嘱每 3~6 个月做一次临床及免疫学检查,出现症状及早就诊。

第五节　流行性乙型脑炎病人的护理

流行性乙型脑炎(epidemic encephalitis B)简称乙脑,是由乙型脑炎病毒引起的急性中枢神经系统传染病。临床以高热、意识障碍、抽搐、脑膜刺激征及病理反射为特征,重症病人常出现中枢呼吸衰竭,病死率较高,常留有神经系统后遗症。

【护理评估】

(一)健康史

1. 病原学　乙型脑炎病毒属虫媒病毒 B 组,按形态结构分类属披盖病毒,呈球形,核心为单股 RNA,外有脂蛋白的包膜。病毒能寄生在人或动物的细胞内,尤其在神经细胞内更适宜生长繁殖,故又称嗜神经病毒。乙型脑炎病毒抵抗力不强,易被常用消毒剂杀灭,加热 100℃ 2 分钟、56 ℃ 30 分钟即可灭活,但耐低温和干燥。

2. 发病机制　人被带乙型脑炎病毒的蚊虫叮咬后,病毒即进入人体,在单核-巨噬细胞系统内繁殖,继而进入血液循环引起病毒血症,如不侵入中枢神经系统则呈隐性感染。当机体防御功能降低或病毒数量多、毒力强时,病毒可通过血-脑屏障进入中枢神经系统,引起中枢神经系统广泛性炎症。

3. 流行病学

(1)传染源:乙脑是一种人畜共患的动物源性传染病,猪是本病的主要传染源,病人及隐性感染者作为传染源的意义不如动物重要。

(2)传播途径:为虫媒传播,主要通过蚊虫叮咬吸血而传播。

(3)人群易感性:普遍易感,但感染后仅极少数人发病,绝大多数为隐性感染,感染后可获持久免疫力。

(4)流行特征:具有严格季节性,主要流行于夏秋季。发病年龄以 10 岁以下儿童居多,近年来发病年龄有上升趋势。

(二)身体状况

本病潜伏期 4~21 日,一般为 7~14 日,临床表现因类型而不同。

1. 典型乙脑　临床经过可分为 4 个阶段。

(1)初期:病程第 1~3 日。起病急,体温在 1~2 日内升高达 39~40℃,伴头痛、恶心、呕吐,可出现不同程度精神倦怠或嗜睡。少数病人可有颈项强直或抽搐。

(2)极期:病程第 4~10 日。初期症状逐渐加重,主要为脑实质损害表现。高热、惊厥和呼吸衰竭为乙脑极期的三大严重表现,且相互影响,互为因果。

1)持续高热:为乙脑必有的表现,体温常达 40℃ 左右,多呈稽留热型,持续 7~10 日,重者可达 2~3 周。体温越高,热程越长,则病情越重。

2)意识障碍:为本病的主要表现,表现为嗜睡、昏睡、谵妄或不同程度的昏迷。意识障碍多发生于病程第 3~8 日,通常持续 1 周左右,重者可达 4 周以上。意识障碍程度越深持续时间越长,则病情越重。

3)抽搐或惊厥:是乙脑严重表现之一,多见于病程第 2~5 日。先有面部、眼肌、口唇的小抽搐,随后出现肢体阵挛性抽搐或全身强直性抽搐,历时数分钟至数十分钟不等,伴有不同程度意识障碍。频繁抽搐可出现发绀,甚至呼吸暂停,使脑缺氧和脑水肿加重。抽搐、惊厥越频繁越持久,部位越广,病情越重。

4)呼吸衰竭:是本病最严重的表现和主要死亡原因。主要为中枢性呼吸衰竭,常因脑实质炎症、脑水肿、脑疝和低钠性脑病等引起。表现为呼吸节律不整、幅度不均,如呼吸表浅、双吸气、叹息样呼吸、抽泣样呼吸、潮式呼吸、间停呼吸等,直至呼吸停止。呼吸衰竭由颞叶钩回疝(主要压迫中脑)及枕骨大孔疝(压迫延髓)引起者,可出现剧烈头痛、喷射性呕吐、昏迷加重或烦躁不安、血压升高、脉搏减慢、瞳孔变化、肌张力增强及不易控制的反复抽搐等。

5)其他神经系统症状和体征:浅反射减弱或消失,深反射先亢进后消失。病理反射出现,脑膜刺激征阳性。其他神经受损体征依病变部位和程度不同而异,如出现吞咽困难、瘫痪、语言障碍、大小便失禁等。

(3)恢复期:多数病人于病程 8~12 日后进入恢复期,体温逐渐下降,神志转清,语言、表情、运动及各种神经反射逐渐恢复,通常 2~3 周完全恢复。部分病人需 1~3 个月以上的恢复期。少数重症病人可有低热、神志迟钝、痴呆、失语、多汗、吞咽困难、肢体瘫痪等,大多数病人 6 个月内恢复。

(4)后遗症期:5%~20% 重症病人在发病半年后仍留有精神、神经症状,称为后遗症。其中以失语、痴呆、中枢性瘫痪、精神障碍较为常见,经积极治疗后可有不同程度恢复。

2. **临床类型** ①轻型:体温在 39℃ 以下,神志清楚,有轻度嗜睡,头痛与呕吐不明显,无抽搐,脑膜刺激征不明显,约 1 周可自行恢复。②普通型:体温在 39~40℃ 之间,有意识障碍,头痛及呕吐、脑膜刺激征明显,偶有抽搐,病理反射征可阳性,病程约 7~14 日,多无后遗症。③重型:体温持续在 40℃ 以上,昏迷,反复或持续抽搐,瞳孔缩小,浅反射消失,深反射先亢进后消失,病理反射征阳性,常有神经定位体征,可出现肢体瘫痪及呼吸衰竭。病程多在 2 周以上,常有恢复期症状,部分病人有后遗症。④极重型:起病急骤,体温迅速上升至 40℃ 以上,反复持续性强烈抽搐,伴重度昏迷,迅速出现中枢性呼吸衰竭及脑疝,病死率高,多在极期中死亡,幸存者常留有后遗症。

3. **并发症** 最常见并发症为支气管肺炎,多因昏迷病人呼吸道分泌物不易咳出,或因应用人工呼吸机后引起。其次是肺不张、尿路感染、压疮等。少数重症病人亦可出现应激性溃疡,导致上消化道出血。

4. **实验室及其他检查**

(1)血常规检查:白细胞总数常在 $(10~20)×10^9/L$,初期中性粒细胞增至 0.8 以上,随后淋巴细胞增加。

(2)脑脊液检查:压力增高,外观清亮或微混。白细胞计数多在 $(50~500)×10^6/L$,个别类似于化脓性改变。白细胞分类早期以中性粒细胞为主,以后则以单核细胞为主。蛋白轻度增高、糖正常或偏高,氯化物正常。

(3)血清学检查:①特异性 IgM 抗体检查:最早在病程第 4 日即出现阳性,3 周内阳性率达 70%~90%,可作为早期诊断之用;②血凝抑制试验:病程第 5 日抗体可阳性,效价于第 2 周达高峰,持续时间长,可用于临床诊断及流行病学调查。临床诊断需双份血清效价呈 4 倍增高才有诊断意义。

（三）心理和社会状况

病人和家属因发病急,进展快,病情凶险,加之重症病人恢复较慢、预后差,少数留有后遗症,常可引起病人、家属悲观失望、产生恐慌、焦虑不安等不良情绪。

（四）治疗要点

乙脑缺乏有效的病原治疗,以对症治疗为主,重点做好高热、惊厥、呼吸衰竭等危重症状对症处理,尽量减少病人脑组织损害,减少后遗症发生。

1. 对症治疗

（1）高热:物理降温与药物降温同时使用。药物降温可用复方阿司匹林、氨基比林等。高热伴频繁抽搐者多用氯丙嗪＋异丙嗪进行亚冬眠疗法。

（2）抽搐:在止惊的同时应针对产生抽搐的不同原因进行治疗。脑水肿应用20%甘露醇脱水治疗为主;脑实质病变常用抗惊厥药,地西泮（安定）为首选药,此外,还可用水合氯醛、苯巴比妥钠等;呼吸道分泌物阻塞给予吸痰、必要时气管切开。

（3）呼吸衰竭:针对引起呼吸衰竭的不同原因进行治疗。脑水肿、脑疝所致呼吸衰竭,应进行脱水治疗;中枢性呼吸衰竭及时应用呼吸兴奋药,如尼可刹米（可拉明）、洛贝林（山梗菜碱）、二甲弗林（回苏灵）;血管扩张剂如东莨菪碱、阿托品应用,可改善血液循环,对抢救乙脑中枢性呼吸衰竭有效;气管内插管适用于呼吸衰竭发展迅速或呼吸突然停止者;气管切开适用于深昏迷痰阻,经多种处理呼吸功能仍恶化者,中枢性呼吸衰竭、呼吸肌麻痹经吸痰、吸氧仍不能维持其换气功能者;如自主呼吸停止或呼吸微弱、有严重换气障碍者,可应用人工呼吸机辅助呼吸。

2. 其他治疗 肾上腺皮质激素可减轻炎症反应,保护血-脑屏障,减轻脑水肿;并发细菌感染者可针对性选用抗菌药物。

3. 恢复期及后遗症的治疗 恢复期病人应加强护理,注意营养,防止压疮及继发感染,并给予中西医结合治疗。有后遗症者,应根据不同情况采用相应的综合治疗措施,如针灸、按摩及各种功能康复锻炼。

【常见护理诊断/问题】

1. 体温过高 与乙型脑炎病毒感染有关。

2. 意识障碍 与中枢神经系统、脑实质损害、抽搐、惊厥有关。

3. 潜在并发症:颅内压增高、脑疝、惊厥、呼吸衰竭。

【护理措施】

（一）一般护理

采用虫媒隔离相关措施。急性期注意卧床休息,昏迷者应注意定时翻身,防止压疮的发生。乙脑病人应按不同病期给予不同饮食,以补充营养。初期及极期应给予清淡流质饮食。昏迷及有吞咽困难者给予鼻饲或静脉输液,并注意电解质平衡。恢复期应逐渐增加有营养、高热量饮食。

（二）病情观察

注意观察生命体征,如体温变化,呼吸频率、节律改变;观察意识状态,注意意识障碍是否继续加重;观察惊厥发作先兆、发作次数、持续时间、抽搐部位和方式;观察颅内压增高及脑疝的先兆,重点应观察瞳孔大小、形状、两侧是否对称、对光反射是否灵敏等;准确记录24小时出入量;观察有无并发症,如有无肺部感染及压疮的症状及体征。

（三）对症护理

1. 高热的护理 密切观察热型、热程及体温变化,及时监测体温,每1~2h测体温1次。及时补充热量、水分、电解质及维生素。可使用空调、床下放冰块等方法,将室温降至22~28℃为宜。乙脑病人体温不易下降,可采用综合措施控制体温。采用物理降温要注意防止局部冻伤或坏死,应用解热药时注意用量不宜过大以防虚脱;亚冬眠法适用于高热并频繁抽搐的病人,连续应用3~5日。

2. 惊厥或抽搐的护理 立即将病人置于仰卧位,头偏向一侧,松解衣领;用缠有纱布的压舌板或开口器置于病人上下臼齿之间,以防舌咬伤;清除口鼻分泌物,保持呼吸道通畅。惊厥或抽搐发作时,注意防止窒息及外伤。脑水肿所致者进行脱水治疗,应注意甘露醇等脱水剂是高渗液体,应注意病人心脏功能,防止发生心功能不全。脑实质病变引起的抽搐可按医嘱使用抗惊厥药,应注意给药途径、作用时间及不良反应特别是观察抗惊厥药对呼吸的抑制。呼吸道分泌物阻塞引起抽搐者,应予以吸痰,并6~8L/min大流量给氧,以迅速改善脑组织缺氧。高热所致者在积极降温同时按医嘱给予镇静药。

3. 呼吸衰竭的护理

(1)外周性呼吸衰竭的护理:①解除呼吸道梗阻:保持呼吸通畅,及时、彻底吸痰是解除呼吸道梗阻的有效措施,并加强翻身、拍背引流有利于痰液排出。痰液黏稠者可雾化吸入糜蛋白酶,伴有支气管痉挛可用异丙肾上腺素雾化吸入。无效者行气管内插管、气管切开;②给氧:在呼吸道通畅基础上保证氧气供给;③呼吸肌麻痹者应用新斯的明,无效者用人工呼吸机维持呼吸;④肺部感染者遵医嘱使用抗菌药物。

(2)中枢性呼吸衰竭的护理:颅内压增高、脑水肿者,快速静脉注射脱水剂;遵医嘱应用呼吸兴奋药,维持自主呼吸;及早应用血管扩张药改善微循环;延髓呼吸中枢病变自主呼吸消失者,应用人工呼吸机维持呼吸。

4. 皮肤的护理 对昏迷、瘫痪、长时间卧床的病人要定时协助翻身;保持床单及被褥平整、清洁、干燥;用温水擦身,1~2次/日,预防压疮的发生和继发感染。一旦形成压疮,应积极处理促使愈合。

5. 昏迷的护理 将病人头转向一侧,定时翻身拍背,促使痰液咳出;及时吸出呼吸道分泌物,预防吸入性肺炎;用生理盐水或1%硼酸溶液洗眼,1~2次/日,用氯霉素滴眼液滴眼睛,湿生理盐水纱布遮盖眼部;用生理盐水或3%过氧化氢溶液清洗口腔,3~4次/日,鼻唇部涂以液状石蜡;经常注意膀胱充盈情况,尿潴留时按摩膀胱底部协助排尿,必要时给予导尿。

6. 后遗症的护理 促进机体运动功能的恢复,加强心理护理;瘫痪的患肢、关节常呈强直或挛缩状态,长期不动会肌肉萎缩。根据病情每日按摩或进行被动运动。鼓励病人自觉锻炼,瘫痪不易恢复者注意保持肢体于功能位置;对吞咽障碍、失语者,应坚持进行吞咽、语言的功能训练;由于病情严重、恢复缓慢及后遗症者,病人及家属心情沉重、焦虑不安,应做好病人及家属工作,鼓励其树立战胜疾病的信心,以配合各项治疗,争取康复;出院前教会家属进行按摩、被动锻炼的方法,鼓励并指导病人进行功能锻炼,帮助其尽快康复。

（四）健康教育

1. 疾病预防指导 ①管理传染源:加强对猪的管理,在流行季节前对猪进行疫苗接种,控制乙脑在人群中的流行。②切断传播途径:防蚊、灭蚊是预防本病的主要措施。应消除蚊虫孳生地,如填平洼地、清除积水、除杂草等。流行季节采用各种防蚊措施。③保护易感者:

对易感者进行乙型脑炎疫苗接种。流行前 1 个月完成接种,主要接种对象是 6 个月至 10 岁儿童,有中枢神经系统疾病和慢性酒精中毒者禁用。

2. 疾病知识指导 讲述乙脑的发病原因、主要症状特点、治疗方法、病程及预后等。本病无特效治疗,病情轻者约 2 周完全恢复,病情重者病死率在 15% 以上,存活者可留有不同程度后遗症,使病人及家属对此病有所了解,以配合医护人员进行治疗与护理。

3. 后遗症康复指导 对于乙脑恢复期遗留有精神、神经症状者,应向病人及家属讲述积极治疗的意义,尽可能使病人的功能障碍于 6 个月内恢复,以防成为不可逆性后遗症,增加家庭及社会负担。还应教育家属不要嫌弃病人,并教其切实可行的护理措施,如鼻饲、按摩、肢体功能锻炼及语言训练方法等,促进病人康复。

第六节 伤寒病人的护理

伤寒(typhoid fever)是由伤寒杆菌引起的急性肠道传染病,以回肠下段淋巴组织增生、坏死为主要病变。临床特征为持续发热、相对缓脉、全身中毒症状与消化道症状、玫瑰疹、肝脾肿大、白细胞减少等,主要并发症为肠出血和肠穿孔。病后可产生持久免疫力。

【护理评估】

(一)健康史

1. 病原学 伤寒杆菌属沙门菌属中的 D 群,革兰氏染色阴性,菌体裂解时释放内毒素,不产生外毒素。伤寒杆菌具有菌体("O")抗原、鞭毛("H")抗原及表面("Vi")抗原,在机体感染后可诱生相应的抗体。伤寒杆菌在自然环境中生活力强,水中能存活 2~3 周,粪便中可存活 1~2 个月,冰冻环境中可维持数月。但对热、干燥及消毒剂的抵抗力不强,60℃ 15min 或煮沸后即可杀死;对一般化学消毒剂敏感,在 5% 石炭酸溶液中 5min 内死亡,消毒饮水余氯达 0.2~0.4mg/L 时迅速死亡。

2. 发病机制 伤寒杆菌内毒素是重要的致病因素。伤寒杆菌进入消化道后,未被胃酸杀死的细菌则进入小肠,在肠腔内繁殖,然后侵入肠黏膜,进入肠壁淋巴组织及肠系膜淋巴结继续繁殖,再由胸导管进入血流,引起第一次菌血症,病人无症状(相当于潜伏期内)。伤寒杆菌随血流进入全身各脏器,如肝、脾、胆囊和骨髓中继续大量繁殖,再次进入血流引起第二次菌血症,释放内毒素,产生临床症状(相当于初期)。随着血液中内毒素的增多,症状也由轻渐重,病程第 2~3 周,伤寒杆菌在胆囊内大量繁殖,随胆汁再次进入肠道,一部分随粪便排出,另一部分经肠黏膜再度侵入肠壁已致敏的淋巴组织,产生严重的炎症反应,导致局部坏死、脱落而形成溃疡,病变如累及血管引起肠出血,侵入肌层及浆膜层则引起肠穿孔(相当于极期与缓解期)。随着病程进展,人体的防御能力逐渐增强,病人随之恢复健康。少数病人症状消失后,由于胆囊长期保留病菌而成为慢性带菌者。

3. 流行病学

(1)传染源:病人及带菌者是主要传染源。病人在潜伏期内即从粪便排菌,发病后 2~4 周排菌最多,传染性最强,恢复期或病愈后排菌渐少,但少数病人可持续排菌 3 个月以上,成为慢性带菌者,个别可终身带菌。慢性带菌者是引起伤寒不断传播流行的重要传染源。

(2)传播途径:伤寒杆菌可通过水、食物、日常生活接触、苍蝇和蟑螂等媒介而传播,水源污染是传播本病的重要途径,常是引起暴发流行的原因。散发病例大多与日常生活接触传播有关。

(3)人群易感性:普遍易感,病后可产生持久免疫力,很少2次发病。但伤寒与副伤寒之间无交叉免疫。

(4)流行特征:本病主要发生于夏秋季,发病以儿童与青壮年为多,无明显性别差异。

（二）身体状况

本病潜伏期7~23日,一般为10~14日。

1. **典型伤寒** 临床经过可分4期。

(1)初期:病程第1周。缓慢起病,首起发热,随病程进展体温呈阶梯上升,5~7日达39~40℃。伴有乏力、不适、食欲减退、咽痛、咳嗽等症状。

(2)极期:约在病程第2周进入极期。出现伤寒特有的典型表现,肠出血、肠穿孔等并发症多在本期出现。高热持续不退,多呈稽留热型,少数可呈弛张热或不规则热,一般持续10~14日。食欲减退更显著,腹胀、腹部不适或有隐痛,多有便秘,个别有腹泻,或腹泻与便秘交替出现,右下腹可有压痛。神经系统症状与病情轻重成正比,可出现表情淡漠、反应迟钝、听力减退、耳鸣,重者可出现谵妄、抽搐、昏迷、脑膜刺激征。出现相对缓脉,通常体温升高1℃,脉搏增快10~20次/分,但伤寒病人体温达40℃,脉搏仅90~100次/分,并发心肌炎时相对缓脉可不明显。玫瑰疹多见于病程6~13日,为淡红色小斑丘疹,直径2~4mm,压之褪色,分批出现,常分布于下胸部、上腹部及背部,多在2~4天内消退。病程第1周末,肝脾开始肿大,质软,可有轻度触痛,若出现黄疸或肝功能明显异常时,提示有中毒性肝炎存在。

(3)缓解期:病程第3~4周,病情开始好转,食欲增加,腹胀渐消失,体温逐渐下降,中毒症状减轻,肿大的肝脾开始回缩,但仍可出现各种并发症。

(4)恢复期:病程第5周末进入恢复期,体温恢复正常,食欲明显好转,通常1月左右完全康复。

2. **其他临床类型** 有轻型(毒血症状轻、病程短)、暴发型(起病急、毒血症状严重)、迁延型(病初表现与普通型相同,病程长达5周以上或数月)。

3. **复发与再燃** 少数病人体温正常后1~3周,临床症状再现,血培养再度阳性,称为复发,多由于潜伏在体内的伤寒杆菌再度繁殖并侵入血流所致。复发的症状一般较轻,病程较短,并发症较少。部分病人在缓解期体温逐渐下降但尚未降至正常时又重新上升,称再燃,可能与菌血症未被完全控制有关。

4. **并发症** ①肠出血:为最常见的并发症,多在病程2~3周出现,过早床活动、饮食不当、排便过度用力、腹泻及治疗性灌肠等为常见诱因。少量便血可无症状,仅粪便呈深褐色,隐血试验阳性。大量出血可引起体温骤降、面色苍白、血压下降等休克表现。②肠穿孔:为最严重的并发症,多见于病程第2~3周,好发于回肠末段。穿孔前常有饮食不当、腹痛、腹泻、肠出血、粪便用力过度等诱因。穿孔时突然感腹痛,右下腹为甚,出冷汗、脉快、体温与血压下降,继而出现腹部压痛、反跳痛、腹肌强直、腹胀等腹膜炎征象。肝浊音界消失,血白细胞数增高,体温再度升高,X线检查膈下有游离气体。③中毒性肝炎:常见于病程第1~3周。表现为肝大及触痛、ALT升高,少数病人有轻度黄疸。

5. **实验室及其他检查**

(1)血常规检查:白细胞数一般$(3~5)×10^9/L$,中性粒细胞减少,嗜酸性粒细胞减少或消失。嗜酸性粒细胞计数随病情好转而恢复正常。

(2)细菌培养检查:培养阳性是确诊依据。发病第1~2周血培养阳性率可达90%。骨髓培养阳性率高于血培养,阳性持续时间长,适用于经抗生素治疗、血培养阴性的病人。粪便培养在发病第 3~4 周阳性率最高,对早期诊断价值不高,常用于判断带菌情况。

(3)伤寒血清凝集反应(肥达反应)检查:伤寒抗体通常在病后 1 周左右出现,第 3~4 周阳性率最高,并可持续数月至数年。"O"抗体凝集效价≥1:80 及"H"抗体≥1:160 时,可确定为阳性,有辅助诊断价值。5~7 日后复检 1 次,效价上升 4 倍以上方有诊断价值。若只有"O"抗体升高而"H"抗体不升高,可能为沙门菌属感染早期;若只有"H"抗体升高而"O"抗体不升高,可能是既往患过伤寒或接种过伤寒菌苗,或因其他发热性疾病所致的非特异性回忆反应。"Vi"抗体的检测用于慢性带菌者的调查,效价在 1:32 以上有意义。

(三)心理和社会状况

伤寒具有传染性,症状多且严重,隔离后与社会交往疏远,病人多有抑郁、孤独、多虑、悲观等心理反应。由于不理解病程中需限制活动,限制饮食的意义,病人常出现焦虑情绪。

(四)治疗要点

伤寒以病原治疗为首要治疗措施,首选喹诺酮类药物,可选用诺氟沙星、氧氟沙星、环丙沙星等。还可选用磺胺类、头孢菌素类等抗生素。病原治疗同时配合对症及并发症治疗,肠出血多采用保守治疗,肠穿孔时需手术治疗。

【常见护理诊断/问题】

1. **体温过高**　与伤寒杆菌释放的内毒素有关。

2. **营养失调:低于机体需要量**　与高热、消化吸收功能低下有关。

3. **潜在并发症**:肠出血、肠穿孔。

【护理措施】

(一)一般护理

按肠道传染病隔离。发热期须绝对卧床休息,退热 1 周后可逐步增加活动量。协助长期卧床病人定期翻身,以防压疮等并发症。

(二)饮食护理

伤寒饮食监护极为重要,宜给易消化、低纤维素、高热量、富有营养的流质或半流质食物。腹胀者给予少糖、低脂饮食,并禁食牛奶等产气食物;退热期间可给高热量、无渣或少渣、少纤维素、不易产生肠胀气的半流质饮食;恢复期可逐渐过渡到正常饮食,但要严格监督饮食量;切忌暴饮暴食或进质硬多渣不易消化的食物,以防肠出血和肠穿孔。

(三)高热护理

监测体温变化,观察热型,体温≥39℃时,可采用头部冷敷、温水或乙醇拭浴等物理降温,有皮疹时禁用擦浴法,以避免对皮肤的刺激。避免药物降温,以防虚脱。高热期间,应鼓励并协助病人多饮水,成人液体入量不少于每日 3000ml,口服量不足可静脉补充。

(四)用药护理

遵医嘱使用抗生素,并观察疗效和不良反应。喹诺酮类药物能影响骨骼发育,故儿童、孕妇、哺乳期妇女应慎用,使用中要密切观察血常规变化,注意有无胃肠不适、失眠等。

(五)并发症的护理

1. **肠出血**　禁食,绝对卧床休息,密切观察病人面色、脉搏和血压变化,记录粪便性状和量,留标本送验。对轻度肠出血病人应暂禁食24h,以后根据病情可给少量流质,以免饥饿引起肠蠕动增强促使出血加重。有休克征象时则应抗休克处理。肠出血病人严禁灌肠,也不宜腹部放置冰袋。

2. **肠穿孔**　密切观察病情,如突发右下腹剧痛,伴恶心呕吐、面色苍白、体温骤降、腹肌紧张、压痛及反跳痛明显,肝浊音界消失,立即报告医生采取手术治疗。手术前禁服任何药液和饮食,行胃肠减压,给予抗生素。严密观察病情,保证抢救药物能从胃肠道外进入病人体内。

(六)健康教育

1. **疾病预防教育** ①管理传染源:向病人及家属阐明实施肠道传染病隔离措施的重要性。及早发现病人,及早隔离。体温正常后 15 日,或每隔 5~7 日作粪便培养 1 次,连续 2 次阴性后方可解除隔离。密切接触者医学观察 2~3 周,如有发热等症状,立即隔离。对病人的呕吐物、粪便及污染物品应进行严格消毒。②切断传播途径:加强公共饮食卫生的管理,搞好粪便、水源和个人卫生管理,做到餐前、便后洗手。③保护易感者:可口服灭活 Ty2la 株菌苗,保护效果可达 50% 以上。

2. **疾病知识教育** 帮助病人和家属掌握本病的有关知识和自我护理方法、家庭护理等。做好病人和家属工作,取得合作。病人出院后,仍应休息 1~2 周,恢复期仍应避免粗纤维、多渣饮食。督促病人定期复查,若有发热等不适,应及时就诊,以防复发或成为慢性带菌者。

第七节 细菌性痢疾病人的护理

细菌性痢疾(bacillary dysentery)简称菌痢,是痢疾杆菌引起的肠道传染病。以发热、腹痛、腹泻、里急后重和黏液脓血便为主要临床表现,严重者可有感染性休克和(或)中毒性脑病。

【护理评估】

(一)健康史

1. **病原学** 痢疾杆菌属肠杆菌科志贺菌属,革兰氏染色阴性,根据生化反应与抗原性质的不同分为 A 群(痢疾志贺菌)、B 群(福氏志贺菌)、C 群(鲍氏志贺菌)、D 群(宋内志贺菌)4 群及 47 个血清型,国内以 B 群最为常见,约占 70%,其次为 D 群和 A 群。各型志贺菌均可产生内毒素,是引起全身毒血症的主要因素,痢疾志贺菌还可产生外毒素,具有细胞毒活性、神经毒和肠毒素作用,可引起神经麻痹、细胞坏死和水样腹泻,因而由志贺菌群所致细菌性痢疾临床表现较重。该菌在自然环境下生存力较强,在瓜果、蔬菜及污染物上可生存 1~2 周,在阴暗潮湿及冰冻条件下生存数周。阳光直射 30 分钟、加热 60℃ 10 分钟、煮沸 2 分钟即被杀死,对各种化学消毒剂均很敏感。

2. **发病机制** 痢疾杆菌经口进入人体后,大部分在胃酸、肠道的短链脂肪酸、过氧化氢、分泌型 IgA 的作用下被杀灭,如全身和胃肠道局部防御功能减低时,则痢疾杆菌可侵入乙状结肠和直肠肠黏膜上皮细胞,经基底膜而进入固有层,并在其中繁殖,产生内、外毒素,引起肠黏膜炎症、坏死及溃疡,临床上产生腹痛、腹泻和黏液脓血便,直肠括约肌受刺激致里急后重感。痢疾杆菌释放的内毒素入血后,不但可引起发热及毒血症,少数对毒素敏感者,可产生强烈的过敏反应,引起急性微循环障碍,临床上出现感染性休克、脑水肿及脑疝表现。菌痢的肠道病变主要累及结肠,以乙状结肠和直肠最为显著。

3. **流行病学**

(1)传染源:急慢性菌痢病人和带菌者。轻型、慢性病病人及带菌者,由于症状轻或无症状,不易被发现,在流行病学上意义更大。

(2)传播途径:病原菌主要通过污染水源与食物,通过粪-口途径经消化道传播。

(3)人群易感性:普遍易感,病后可获得一定的免疫力,但持续时间短暂,且不同菌群和血清型之间无交叉免疫,易反复感染。

（4）流行特征：全年均可发生，但有明显季节性，以夏、秋季多见，儿童和青壮年发病率高。

（二）身体状况

本病潜伏期数小时至 7 日，一般为 1～2 日。不同菌群感染的临床表现轻重各有不同，痢疾志贺菌感染临床表现较重；宋内志贺菌感染多较轻，非典型病例多，易被误诊或漏诊；福氏志贺菌介于上述两者之间，但排菌时间长，易转为慢性。根据临床病程分为急性菌痢和慢性菌痢。

1. 急性菌痢

（1）普通型：起病急，畏寒、寒战、发热，体温可高达 39℃，伴头痛、乏力、食欲减退，继之出现腹痛、腹泻，每日排便 10 余次至数十次，每次量不多，开始为稀水便，以后呈黏液脓血便，里急后重明显。体检可有左下腹压痛，肠鸣音亢进。如早期治疗，一般于 1 周内痊愈，少数病人可转为慢性。

（2）轻型：全身毒血症状和肠道症状均较轻。可无发热或仅有低热，腹痛轻微，无里急后重，腹泻次数每日不超过 10 次，大便呈糊状或水样，含少量黏液。病程 3～7 日。

（3）中毒型：多见于 2～7 岁体质较好的儿童。起病急骤，病情凶险，病死率高。突然畏寒、高热达 40℃ 以上，严重毒血症状，如反复惊厥、嗜睡、昏迷，迅速发生循环衰竭和呼吸衰竭，而消化道症状多不明显，可于发病数小时后方出现痢疾样大便。根据临床表现分为 3 型：①休克型（周围循环衰竭型）：此型较多见，主要表现为感染性休克，出现精神萎靡、面色苍白、皮肤花斑、脉细速、血压下降、发绀、尿量减少，并可出现心、肾功能不全的症状。②脑型（呼吸衰竭型）：以严重脑症状为主，由于脑血管痉挛引起脑缺血缺氧、脑水肿甚至脑疝，出现中枢性呼吸衰竭。早期表现嗜睡、烦躁、呼吸增快；后期神志不清、频繁惊厥、瞳孔大小不等、对光反射迟钝或消失、呼吸节律不整、深浅不匀，最终因呼吸衰竭死亡。③混合型：具有以上 2 型的临床表现，最为凶险，病死率极高。

2. 慢性菌痢　细菌性痢疾反复发作或迁延不愈，病程超过 2 个月即称为慢性菌痢。根据临床表现可分为 3 型：①慢性迁延型：急性菌痢后病情长期迁延不愈。反复出现腹痛、腹泻，或腹泻与便秘交替，大便经常有黏液或脓血，伴乏力、营养不良、贫血等表现，可长期间歇排菌。体检可有左下腹压痛、部分病人可扪及增生呈条索状的乙状结肠。②急性发作型：有慢性菌痢史，常因某种因素如进食不当、受凉、劳累等诱因而引起急性发作，出现腹痛、腹泻、脓血便，症状较急性菌痢轻，发热不明显。③慢性隐匿型：1 年内有菌痢病史，近期无明显腹痛、腹泻等临床症状。但大便培养可出现痢疾志贺菌阳性，乙状结肠镜检查有肠黏膜炎症甚至溃疡等病变。

3. 实验室及其他检查

（1）血常规检查：急性菌痢者白细胞总数增高，可达（10～20）×10⁹/L，以中性粒细胞增高为主。慢性病病人常有轻度贫血。

（2）粪便常规检查：外观为黏液脓血便，镜检可见大量脓细胞或白细胞，少量红细胞，出现巨噬细胞则有助诊断。

（3）粪便细菌培养：大便培养出痢疾杆菌即可确诊，并应做药敏试验以指导治疗。

（4）免疫学检查：具有早期、快速的优点，对菌痢的早期诊断有一定帮助。

（5）乙状结肠镜或纤维结肠镜检查：适用于慢性菌痢病人，以助诊断。

（三）心理和社会状况

急性菌痢具有传染性,起病急,全身症状和肠道症状明显,尤其是中毒型菌痢出现休克、呼吸衰竭等凶险情况,常使病人及家属出现紧张和惊恐不安。慢性菌痢因病程迁延,病人易出现焦虑情绪。

（四）治疗要点

细菌性痢疾病原治疗首选喹诺酮类药物,对痢疾杆菌有强大的杀菌作用,口服吸收好,耐药菌株相对较少,毒副作用小,可选用诺氟沙星、环丙沙星、氧氟沙星、加替沙星等,磺胺类药物等亦可选用。

【常见护理诊断/问题】

1. **体温过高** 与痢疾志贺菌释放的内毒素作用有关。

2. **营养失调：低于机体需要量** 与胃肠道炎症、浅表溃疡形成有关。

3. **腹泻** 与志贺菌释放的内、外毒素引起肠黏膜炎症、坏死、溃疡有关。

【护理措施】

（一）一般护理

1. **消毒隔离** 实施消化道隔离,粪便、便器及呕吐物必须严格消毒处理。

2. **休息** 急性期病人应卧床休息,对频繁腹泻伴发热、虚弱无力者协助其床边排便以减少体力消耗。中毒型菌痢病人应绝对卧床休息,专人监护,安置病人平卧或休克体位,病人去枕平卧,头偏向一侧。

（二）饮食护理

严重腹泻、呕吐时暂禁食,可静脉补充所需营养。待病情缓解能进食后,予高蛋白、高维生素、易消化、清淡流质或半流质饮食,少量多餐,忌生冷、多渣、油腻或刺激性食物,当大便正常后逐渐恢复到正常饮食。

（三）腹泻、腹痛的护理

记录大便次数、性状、量,及时留便做细菌培养。频繁腹泻伴发热、全身无力、严重脱水者应协助病人床边解大便,以减少体力消耗。大便频繁者,便后在肛周涂凡士林,以防糜烂,每日用1:5000的高锰酸钾溶液坐浴,以保持肛周皮肤清洁。伴明显里急后重者,嘱病人排便时不要过度用力,以防脱肛,如有脱肛,用手隔以消毒纱块轻揉局部,帮助肛管回纳。腹痛明显时,可在腹部放置热水袋,缓解肠痉挛。

（四）组织灌注量改变的护理

1. **一般护理** 采取头部与下肢均抬高30°的休克体位,抬高头部有利于膈肌活动,增加肺活量。循环衰竭病人的末梢循环不良,应注意保暖,尽量减少暴露部位,必要时可用热水袋,但要防止烫伤。

2. **给氧** 一般采用鼻导管吸氧,氧流量2~4L/min,必要时为4~6L/min。

3. **建立静脉通路** 迅速建立静脉通路,必要时开放2条通路,以便及时用药以增加组织灌注,改善微循环,纠正酸中毒。应根据血压、尿量随时调整输液速度,输液过程中注意防止肺水肿及左心衰竭的发生。应用血管活性药物时,注意滴速缓慢调整,观察血压变化。

4. **病情观察** 组织灌注量改变有效的指征:面色转红、肢端回暖、血压渐回升,收缩压维持在80mmHg、脉压差>30mmHg,尿量>30ml/h。

（五）健康教育

1. **疾病预防教育** ①管理传染源:加强肠道门诊管理,及早发现病人,及时隔离,彻底治疗。病人症状消失后粪便培养2次阴性方可解除隔离,从事餐饮业、托幼机构和自来水的工作人员,必须大便培养连续3次阴性才能解除隔离。接触者医学观察7日。②切断传播途径:是预防菌痢的主要措施。搞好饮食、饮水和环境卫生,防止"病从口入"。注意个人卫生,养成良好的个人卫生习惯,饭前便后要洗手,餐具要消毒。③保护易感人群:在痢疾流行期间,口服多价痢疾减毒活菌苗,流行季节亦可采用中草药预防。

2. 疾病知识教育　讲解患病时对休息、饮食、饮水的要求,教给病人作肛门周围皮肤护理的方法、留取粪便标本的方法。告知病人及时、按时、按量、按疗程坚持服药,在急性期彻底治愈。向慢性痢疾病人介绍急性发作的诱因,避免如进食生冷食物、暴饮暴食、过度紧张、劳累、受凉和情绪波动等因素,病情变化时及时就诊。

(吴少林)

案例 10-1　段某,男,30岁。因发热、乏力3周,黄疸进行性加重1周,神志不清2天转入院。体检发现皮肤、巩膜深度黄染,移动性浊音(+),扑翼样震颤(+)。实验室检查结果血清总胆红素 275μmol/L,ALT 105U/L,HBsAg(+),HBeAg(+)。

问题:

(1)病人最可能的诊断是什么? 还需要做哪些检查?

(2)病人存在哪些护理诊断/问题?

(3)应采取哪些饮食护理措施?

案例 10-2　黄某,男,35岁,曾有静脉吸毒史。因不规则发热伴间断腹泻、食欲减退、消瘦5个月来院就诊。体检发现全身多处淋巴结肿大,口腔黏膜布满白色膜状物。

问题:

(1)该病人应选择哪些实验室检查以明确诊断?

(2)如何对病人进行健康教育?

(吴少林)

成人护理教学大纲（参考）

（供中高职对接护理类专业用）

一、课程性质和地位

成人护理是从现代护理观出发,以护理程序为框架,介绍对成人疾病病人进行整体护理的一门应用性专业临床护理课程。护理专业学生对本课程的掌握程度,可直接影响到其他临床课程的学习和今后的临床工作能力,是护理专业的必修课程。

二、课程内容

成人护理是护理专业一门重要的临床课程,以内科和外科护理为基本模块,是护理类专业学生必修的专业主干课程。本课程为学生提供维护和促进成人健康的基本理论、基本知识和基本技能,为学习其他临床课程及毕业后从事临床、科研、教学工作打下基础。本课程在教学过程中贯穿科学精神、人文关怀、职业情感和道德的养成教育,在传授临床基本知识、基本理论和基本技能的基础上,通过开展多种形式的教学和实践,注重临床思维能力、沟通交流能力、专科护理能力、解决问题能力和健康教育能力的训练。

三、课程的基本要求

（一）知识要求

1. 了解成人常见疾病的发病机制。
2. 熟悉成人常见疾病的病因、治疗原则、护理目标、护理评价及有关概念。
3. 掌握成人常见疾病的护理评估、常见护理诊断/问题、护理措施、健康教育的内容。

（二）能力要求

1. 能应用成人护理的基本理论、技术,对成人疾病病人能进行护理评估,并运用护理程序实施整体护理。
2. 在老师指导下,能对急危重症病人进行应急处理和配合医生抢救。
3. 具有对成人常见疾病病人的病情变化、治疗反应及术后进行观察和分析的能力。
4. 具有实施常用护理操作技术、常用手术护理配合、常用检查配合的能力。
5. 具有向个体、家庭、社区提供健康教育的能力。

（三）素质要求

1. 能勤奋刻苦学习专业知识,有丰富的学识和娴熟的技能,为从事临床护理工作打下扎实的"三基"基础。
2. 能对病人表现出关心、爱护和尊重,具有高尚的职业思想品质。
3. 能善于与病人、家庭及相关人员进行沟通。

四、教学时间分配建议

	授课内容	时数		合计
		理论	实验(实习)	
1	总论	8	0	8
2	呼吸系统疾病病人的护理	18	10	28
3	循环系统疾病病人的护理	16	12	28
4	消化系统疾病病人的护理	26	12	38
5	泌尿系统疾病病人的护理	16	4	20
6	血液系统疾病病人的护理	12	2	14
7	内分泌与代谢疾病病人的护理	6	4	10
8	神经系统疾病病人的护理	11	4	15
9	运动系统疾病病人的护理	10	4	14
10	皮肤及皮下组织疾病病人的护理	4	0	4
11	传染病病人的护理	8	0	8
合计		135	52	187

五、教学内容和要求

教学内容	教学要求				
	理论知识			实践能力	
	了解	理解	掌握	熟练	掌握
一、总论					
1. 水、电解质、酸碱平衡失调病人的护理					
(1)水和钠代谢紊乱病人的护理 护理评估、常见护理诊断/问题、护理措施			√		√
(2)钾代谢异常病人的护理 护理评估、常见护理诊断/问题、护理措施		√		√	
(3)酸碱平衡失调病人的护理 护理评估、常见护理诊断/问题、护理措施		√		√	
2. 休克病人的护理 护理评估、常见护理诊断/问题、护理目标、护理措施、护理评价		√			√
3. 营养支持及护理					
(1)肠内营养支持的护理 护理评估、常见护理诊断/问题、护理措施	√				
(2)肠外营养支持的护理 护理评估、常见护理诊断/问题、护理措施	√			√	

教学内容	教学要求				
	理论知识			实践能力	
	了解	理解	掌握	熟练	掌握
4. 损伤病人的护理 护理评估、常见护理诊断/问题、护理措施		√			√
二、呼吸系统疾病病人的护理					
1. 急性支气管炎病人的护理 护理评估、常见护理诊断/问题、护理措施		√			
2. 肺炎病人的护理 护理评估、常见护理诊断/问题、护理目标、护理措施、护理评价			√	√	
3. 支气管哮喘病人的护理 护理评估、常见护理诊断/问题、护理措施			√		√
4. 支气管扩张病人的护理 护理评估、常见护理诊断/问题、护理措施			√		
5. 慢性阻塞性肺疾病病人的护理					
(1)慢性支气管炎病人的护理 护理评估、常见护理诊断/问题、护理措施			√		√
(2)阻塞性肺气肿病人的护理 护理评估、常见护理诊断/问题、护理措施		√		√	
6. 慢性肺源性心脏病病人的护理 护理评估、常见护理诊断/问题、护理措施			√		√
7. 肺结核病人的护理 护理评估、常见护理诊断/问题、护理措施			√		√
8. 原发性支气管肺癌病人的护理 护理评估、常见护理诊断/问题、护理措施		√			
9. 自发性气胸病人的护理 护理评估、常见护理诊断/问题、护理措施			√	√	
10. 呼吸衰竭病人的护理 护理评估、常见护理诊断/问题、护理措施	√	√			√
11. 急性呼吸窘迫综合征病人的护理 护理评估、常见护理诊断/问题、护理措施	√			√	
三、循环系统疾病病人的护理					
1. 心力衰竭病人的护理					
(1)慢性心力衰竭病人的护理 护理评估、常见护理诊断/问题、护理目标、护理措施、护理评价			√	√	
(2)急性心力衰竭病人的护理 护理评估、常见护理诊断/问题、护理措施		√			√

续表

教学内容	教学要求				
	理论知识			实践能力	
	了解	理解	掌握	熟练	掌握
2. 心律失常病人的护理 护理评估、常见护理诊断/问题、护理措施		√			√
3. 心脏瓣膜病病人的护理 护理评估、常见护理诊断/问题、护理措施			√	√	
4. 冠状动脉粥样硬化性心脏病病人的护理					
(1)心绞痛病人的护理 护理评估、常见护理诊断/问题、护理措施			√	√	
(2)心肌梗死病人的护理 护理评估、常见护理诊断/问题、护理目标、护理措施、护理评价			√		√
5. 高血压病人的护理 护理评估、常见护理诊断/问题、护理措施		√		√	
6. 心肌疾病病人的护理					
(1)心肌病病人的护理 护理评估、常见护理诊断/问题、护理措施		√		√	
(2)心肌炎病人的护理 护理评估、常见护理诊断/问题、护理措施	√				√
7. 感染性心内膜炎病人的护理 护理评估、常见护理诊断/问题、护理措施			√		√
8. 心包疾病病人的护理 护理评估、常见护理诊断/问题、护理措施	√				√
9. 周围血管疾病病人的护理					
(1)下肢静脉曲张病人的护理 护理评估、常见护理诊断/问题、护理措施		√		√	
(2)血栓闭塞性脉管炎病人的护理 护理评估、常见护理诊断/问题、护理措施			√		√
四、消化系统疾病病人的护理					
1. 慢性胃炎病人的护理 护理评估、常见护理诊断/问题、护理措施		√			√
2. 食管癌病人的护理 护理评估、常见护理诊断/问题、护理措施		√		√	
3. 消化性溃疡病人的护理 护理评估、常见护理诊断/问题、护理目标、护理措施、护理评价			√	√	
4. 胃癌病人的护理 护理评估、常见护理诊断/问题、护理措施		√			√

教学内容	教学要求				
	理论知识			实践能力	
	了解	理解	掌握	熟练	掌握
5. 溃疡性结肠炎病人的护理 护理评估、常见护理诊断/问题、护理措施			√		√
6. 肠结核和结核性腹膜炎病人的护理 护理评估、常见护理诊断/问题、护理措施		√			
7. 肠梗阻病人的护理 护理评估、常见护理诊断/问题、护理措施			√	√	
8. 急性阑尾炎病人的护理 护理评估、常见护理诊断/问题、护理目标、护理措施、护理评价		√		√	
9. 大肠癌病人的护理 护理评估、常见护理诊断/问题、护理措施			√	√	
10. 腹外疝病人的护理 护理评估、常见护理诊断/问题、护理措施		√			√
11. 腹部损伤病人的护理 护理评估、常见护理诊断/问题、护理措施			√		√
12. 肛管疾病病人的护理					
(1)痔病人的护理 护理评估、常见护理诊断/问题、护理措施			√	√	
(2)肛裂病人的护理 护理评估、常见护理诊断/问题、护理措施		√			√
(3)直肠肛管周围脓肿病人的护理 护理评估、常见护理诊断/问题、护理措施		√			√
(4)肛瘘病人的护理 护理评估、常见护理诊断/问题、护理措施			√	√	
13. 肝硬化病人的护理 护理评估、常见护理诊断/问题、护理措施			√		√
14. 原发性肝癌病人的护理 护理评估、常见护理诊断/问题、护理措施			√	√	
15. 肝性脑病病人的护理 护理评估、常见护理诊断/问题、护理措施		√		√	
16. 急性胰腺炎病人的护理 护理评估、常见护理诊断/问题、护理措施		√		√	
17. 胰腺癌病人的护理 护理评估、常见护理诊断/问题、护理措施			√		√
18. 急性腹膜炎病人的护理 护理评估、常见护理诊断/问题、护理措施		√			√

续表

教学内容	教学要求				
	理论知识			实践能力	
	了解	理解	掌握	熟练	掌握
19. 胆道感染病人的护理 护理评估、常见护理诊断/问题、护理措施		✓			✓
20. 胆石症病人的护理 护理评估、常见护理诊断/问题、护理措施			✓		✓
21. 胆道蛔虫病病人的护理 护理评估、常见护理诊断/问题、护理措施	✓			✓	
22. 上消化道出血病人的护理 护理评估、常见护理诊断/问题、护理措施			✓	✓	
五、泌尿系统疾病病人的护理					
1. 肾小球肾炎病人的护理					
(1)急性肾小球肾炎病人的护理 护理评估、常见护理诊断/问题、护理措施		✓		✓	
(2)慢性肾小球肾炎病人的护理 护理评估、常见护理诊断/问题、护理措施			✓		✓
2. 尿路感染病人的护理 护理评估、常见护理诊断/问题、护理措施			✓		✓
3. 肾衰竭病人的护理					
(1)急性肾衰竭病人的护理 护理评估、常见护理诊断/问题、护理措施			✓		✓
(2)慢性肾衰竭病人的护理 护理评估、常见护理诊断/问题、护理目标、护理措施、护理评价			✓	✓	
4. 尿石症病人的护理 护理评估、常见护理诊断/问题、护理目标、护理措施、护理评价			✓		✓
5. 前列腺增生病人的护理 护理评估、常见护理诊断/问题、护理措施			✓		✓
6. 泌尿系统肿瘤病人的护理 护理评估、常见护理诊断/问题、护理措施		✓			✓
7. 膀胱癌病人的护理 护理评估、常见护理诊断/问题、护理措施		✓		✓	
8. 肾癌病人的护理 护理评估、常见护理诊断/问题、护理措施		✓			✓
9. 泌尿系统损伤病人的护理					
(1)肾损伤病人的护理 护理评估、常见护理诊断/问题、护理措施			✓	✓	

教学内容	教学要求				
	理论知识			实践能力	
	了解	理解	掌握	熟练	掌握
(2)膀胱损伤病人的护理 护理评估、常见护理诊断/问题、护理措施		√			√
(3)尿道损伤病人的护理 护理评估、常见护理诊断/问题、护理措施		√			√
六、血液系统疾病病人的护理					
1. 贫血病人的护理					
(1)缺铁性贫血病人的护理 护理评估、常见护理诊断/问题、护理目标、护理措施、护理评价			√	√	
(2)巨幼细胞性贫血病人的护理 护理评估、常见护理诊断/问题、护理措施	√				√
(3)再生障碍性贫血病人的护理 护理评估、常见护理诊断/问题、护理措施		√			√
2. 血友病病人的护理 护理评估、常见护理诊断/问题、护理措施		√			√
3. 特发性血小板减少性紫癜病人的护理 护理评估、常见护理诊断/问题、护理措施		√		√	
4. 弥散性血管内凝血病人的护理 护理评估、常见护理诊断/问题、护理措施	√				√
5. 白血病病人的护理					
(1)急性白血病病人的护理 护理评估、常见护理诊断/问题、护理目标、护理措施、护理评价		√		√	
(2)慢性粒细胞白血病病人的护理 护理评估、常见护理诊断/问题、护理目标、护理措施、护理评价		√		√	
6. 淋巴瘤病人的护理 护理评估、常见护理诊断/问题、护理措施			√		√
七、内分泌与代谢疾病病人的护理					
1. 甲状腺疾病病人的护理					
(1)单纯性甲状腺肿病人的护理 护理评估、常见护理诊断/问题、护理措施			√		√
(2)甲状腺功能亢进症病人的护理 护理评估、常见护理诊断/问题、护理措施			√		√
(3)甲状腺功能减退症病人的护理 护理评估、常见护理诊断/问题、护理措施	√				√

教学内容	教学要求				
	理论知识			实践能力	
	了解	理解	掌握	熟练	掌握
(4)甲状腺癌病人的护理 护理评估、常见护理诊断/问题、护理措施	√				√
2. 糖尿病病人的护理 护理评估、常见护理诊断/问题、护理目标、护理措施、护理评价		√		√	
3. 库欣综合征病人的护理 护理评估、常见护理诊断/问题、护理措施	√				√
4. 痛风病人的护理 护理评估、常见护理诊断/问题、护理措施		√			√
八、神经系统疾病病人的护理					
1. 周围神经疾病病人的护理					
(1)三叉神经痛病人的护理 护理评估、常见护理诊断/问题、护理措施		√			√
(2)急性脱髓鞘性多发性神经炎病人的护理 护理评估、常见护理诊断/问题、护理措施	√				√
2. 颅内压增高与脑疝病人的护理 护理评估、常见护理诊断/问题、护理措施			√	√	
3. 脑损伤病人的护理 护理评估、常见护理诊断/问题、护理措施			√	√	
4. 脑血管疾病人的护理					
(1)短暂性脑缺血发作病人的护理 护理评估、常见护理诊断/问题、护理措施		√			√
(2)脑血栓形成病人的护理 护理评估、常见护理诊断/问题、护理措施			√	√	
(3)脑栓塞病人的护理 护理评估、常见护理诊断/问题、护理措施			√	√	
(4)脑出血病人的护理 护理评估、常见护理诊断/问题、护理措施			√	√	
(5)蛛网膜下腔出血病人的护理 护理评估、常见护理诊断/问题、护理措施			√	√	
5. 颅内肿瘤病人的护理 护理评估、常见护理诊断/问题、护理措施			√		√
6. 癫痫病人的护理 护理评估、常见护理诊断/问题、护理措施		√			√
7. 帕金森病病人的护理 护理评估、常见护理诊断/问题、护理措施	√				√

教学内容	教学要求				
	理论知识			实践能力	
	了解	理解	掌握	熟练	掌握
8. 阿尔茨海默病病人的护理 护理评估、常见护理诊断/问题、护理措施			√		√
九、运动系统疾病病人的护理					
1. 肋骨骨折病人的护理 护理评估、常见护理诊断/问题、护理目标、护理措施、护理评价		√			√
2. 常见四肢骨折病人的护理 护理评估、常见护理诊断/问题、护理措施			√		√
3. 骨盆骨折病人的护理 护理评估、常见护理诊断/问题、护理措施			√		√
4. 颅骨骨折病人的护理 护理评估、常见护理诊断/问题、护理措施			√		√
5. 关节脱位病人的护理 护理评估、常见护理诊断/问题、护理措施		√			√
6. 骨和关节化脓性感染病人的护理 护理评估、常见护理诊断/问题、护理措施			√		√
7. 颈肩痛和腰腿痛病人的护理					
(1)颈椎病病人的护理 护理评估、常见护理诊断/问题、护理措施			√		√
(2)腰椎间盘突出症病人的护理 护理评估、常见护理诊断/问题、护理措施			√		√
8. 系统性红斑狼疮病人的护理 护理评估、常见护理诊断/问题、护理措施		√			√
9. 类风湿关节炎病人的护理 护理评估、常见护理诊断/问题、护理措施	√				√
10. 骨质疏松症病人的护理 护理评估、常见护理诊断/问题、护理措施			√		√
十、皮肤及皮下组织疾病病人的护理					
1. 皮肤及皮下组织化脓性感染病人的护理 护理评估、常见护理诊断/问题、护理措施		√			√
2. 手部急性化脓性感染病人的护理 护理评估、常见护理诊断/问题、护理措施		√			√
3. 荨麻疹病人的护理 护理评估、常见护理诊断/问题、护理措施			√		√

教学内容	教学要求				
	理论知识			实践能力	
	了解	理解	掌握	熟练	掌握
4. 带状疱疹病人的护理 护理评估、常见护理诊断/问题、护理措施		√			√
十一、传染病病人的护理					
1. 概述			√	√	
2. 流行性感冒病人的护理 护理评估、常见护理诊断/问题、护理措施			√		√
3. 病毒性肝炎病人的护理 护理评估、常见护理诊断/问题、护理目标、护理措施、护理评价		√			√
4. 艾滋病病人的护理 护理评估、常见护理诊断/问题、护理措施			√		√
5. 流行性乙型脑炎病人的护理 护理评估、常见护理诊断/问题、护理措施		√			√
6. 细菌性痢疾病人的护理 护理评估、常见护理诊断/问题、护理措施			√		√

说　　明

（一）本课程于中高职对接护理类专业高职阶段第二、三学期开设,本课程建议学时数可结合各学校教学实际情况作适当调整。

（二）本课程的教学要求

1. 对理论教学要求分为:了解、熟悉、掌握三个层次。

（1）了解:知道"是什么"。指对基本知识、基本理论有一定的认识,能够识记所学的知识点。

（2）熟悉:懂得"为什么"。能领会概念、原理的基本含义,解释护理现象。

（3）掌握:能够"应用"。对基本知识、基本理论有较深刻的认识,并能综合、灵活地运用知识分析、解决实际护理问题。

2. 对实践技能的教学要求分为:熟悉、掌握两个层次。

（1）熟悉:能独立进行操作或实验,能运用护理程序对病人实施整体护理。能运用常用的医学词汇与病人进行沟通。

（2）掌握:娴熟地进行操作或实验,能灵活运用护理程序对病人实施整体护理。

（三）教学建议

1. 本课程的教学分为课堂教学、实训或临床见习和临床实习三个环节。

2. 课堂理论教学应理论联系实际,积极采用现代化的教学手段,组织学生展开必要的讨论,以启迪学生思维、加深对教学内容的理解。

3. 临床见习采用课间见习的方式,配合课堂教学进行病例示教、护理查房、病例讨论、成人护理常用诊疗技术见习,以及指导学生进行收集资料、书写护理病历及护理计划的练习等。实验课在临床护理实验室进行,在教师指导下进行操作练习。在临床见习和实验过程中,应充分调动学生的主动性、积极性,训练学生的动手能力和人际沟通能力,注意学生实际工作能力和护士素质、专业形象的培养。

4. 临床实习要求学生在临床老师的指导下,通过实施对成人疾病病人的整体护理,将所学的理论、知识和技能运用于实践之中。

5. 在教学过程中,应注意贯穿整体护理的思想,以护理程序为主线组织教学,应注重护理实践从医院向社区的延伸,从人的疾病向患病的人,从病人向所有的人,从个体向群体扩展的观念。

6. 通过提问、作业、讨论、小测验、操作技能考核、护理病历书写及理论考试等方式,对学生的认知、能力及态度进行综合评价。

中英文名词对照索引

主要参考文献

1. 陈灏珠,林果为. 实用内科学. 13 版. 北京:人民卫生出版社,2009.

2. 高健群. 健康评估. 3 版. 北京:科学出版社,2012.

3. 高健群,王绍峰. 内科护理. 人民卫生出版社,2015.

4. 葛均波,徐永建. 内科学. 8 版. 北京:人民卫生出版社,2013.

5. 李丹,冯丽华. 内科护理学. 3 版. 北京:人民卫生出版社,2014.

6. 罗凯燕,喻娇花. 骨科护理学. 北京:中国协和医科大学出版社,2005.

7. 林梅英,朱启华. 内科护理. 北京:人民卫生出版社,2015.

8. 路潜,李乐之. 外科护理学. 5 版. 北京:人民卫生出版社,2012.

9. 李平,李小鹏. 外科护理学. 人民卫生出版社,2015.

10. 李秋萍. 内科护理学. 2 版. 北京:人民卫生出版社,2010.

11. 罗先武,王冉. 2017 护士执业资格考试轻松过. 北京:人民卫生出版社,2016.

12. 马秀芬. 内科护理学. 2 版. 北京:人民卫生出版社,2011.

13. 浦权. 实用血液病学. 2 版. 北京:科学出版社,2009.

14. 宋金兰,高小雁. 实用骨科护理及技术. 北京:科学出版社,2008.

15. 吴江. 神经病学. 2 版. 北京:人民卫生出版社,2010.

16. 吴江,贾建平. 神经病学. 3 版. 北京:人民卫生出版社,2015.

17. 王绍锋,彭宏伟. 传染病护理学. 北京:科学出版社,2013.

18. 万学红,卢雪峰. 诊断学. 8 版. 北京:人民卫生出版社,2013.

19. 夏泉源,刘士生. 内科护理学. 北京:科学出版社,2010.

20. 熊云新,叶国英. 外科护理学. 3 版. 北京:人民卫生出版社,2014.

21. 尤黎明,吴瑛. 内科护理学. 北京:人民卫生出版社,2014.

22. 叶任高,陆再英. 内科学. 6 版. 北京:人民卫生出版社,2005.

23. 全国护士执业资格考试用书编写专家委员会. 2016 全国护士执业资格考试指导. 北京:人民卫生出版社,2015.